周易图像汇编

第四册

陈居渊　刘舫　编撰

复旦大学出版社

周世金

生卒年不详,字仲兰,清湖南衡山人。性友爱,笃志于学,主讲白山书院,生徒云集。生平著述遍及经史子集传著注笺释,多有创建独造。著有《易解拾遗》七卷、《周易句读读本》二卷等。现存有《周易》图像五十四幅。

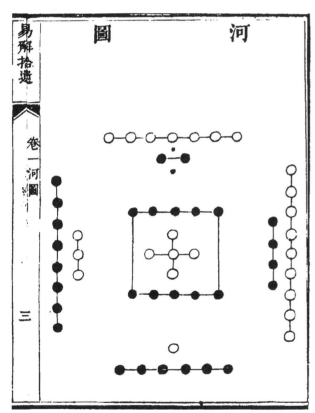

图1 河图
(周世金《易解拾遗》)

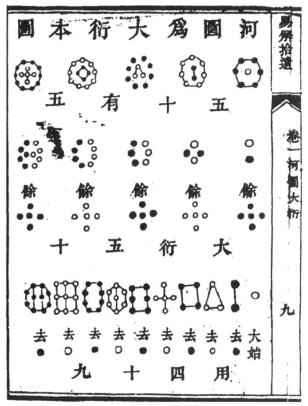

图2 河图为大衍本图
(周世金《易解拾遗》)

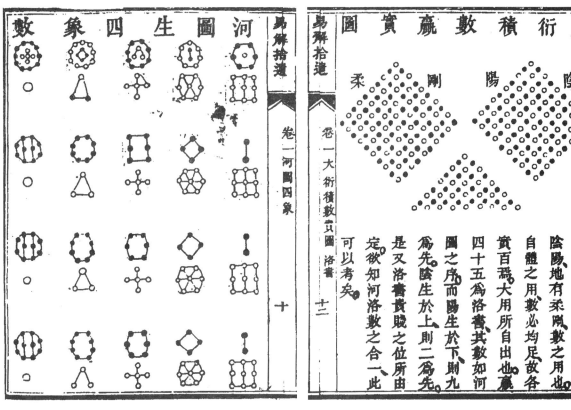

图 3　河图生四象数图
（周世金《易解拾遗》）

图 4　大衍积数赢实图
（周世金《易解拾遗》）

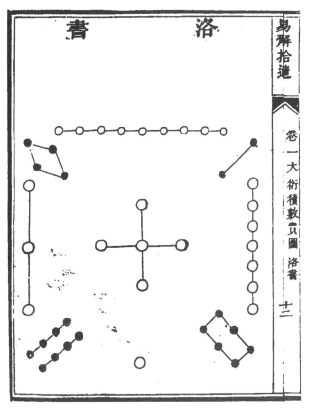

图 5　洛书
（周世金《易解拾遗》）

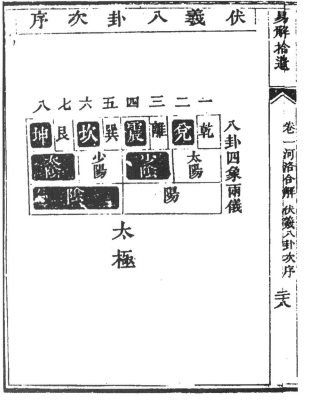

图 6　伏羲八卦次序图
（周世金《易解拾遗》）

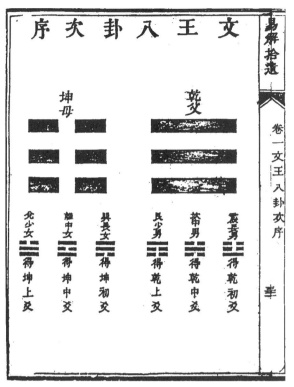

图7 文王八卦次序图
（周世金《易解拾遗》）

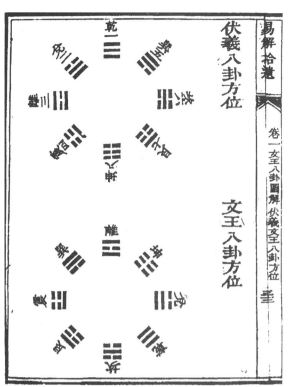

图8 伏羲八卦方位图
图9 文王八卦方位图
（周世金《易解拾遗》）

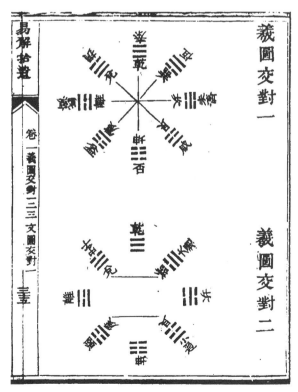

图10 羲图交对一二图
（周世金《易解拾遗》）

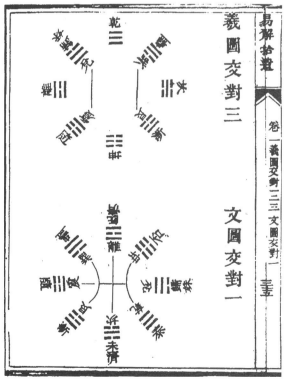

图11 羲图交对三图
图12 文图交对一图
（周世金《易解拾遗》）

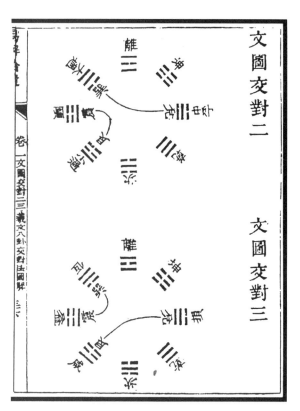

图 13　文图交对二图
图 14　文图交对三图
（周世金《易解拾遗》）

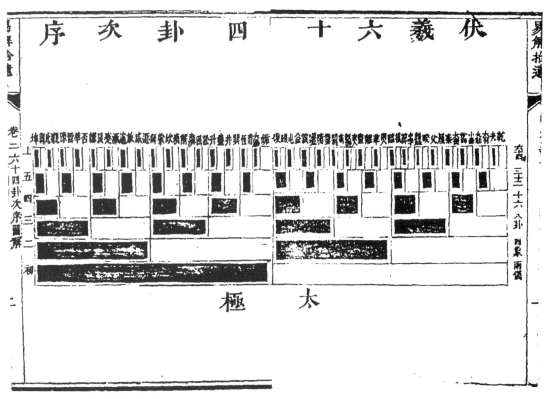

图 15　伏羲六十四卦次序图
（周世金《易解拾遗》）

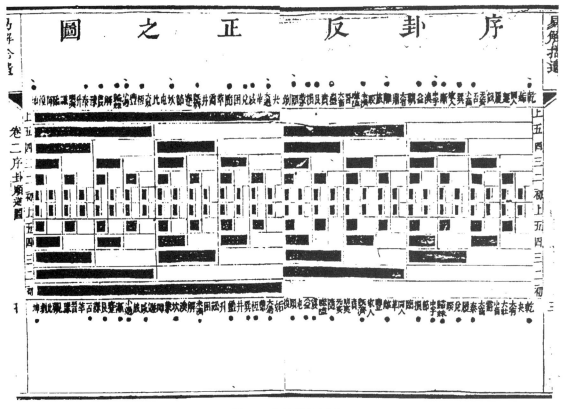

图 16 序卦反正之图
（周世金《易解拾遗》）

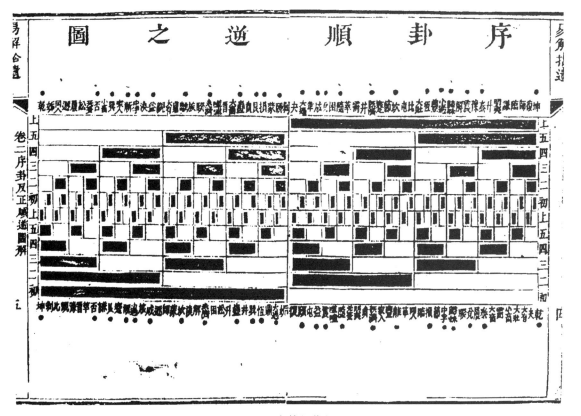

图 17 序卦顺逆之图
（周世金《易解拾遗》）

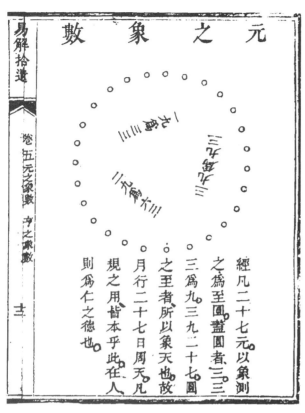

图 18　元之象数图
（周世金《易解拾遗》）

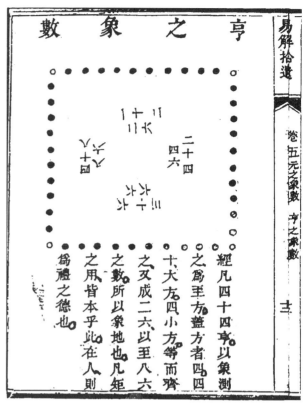

图 19　亨之象数图
（周世金《易解拾遗》）

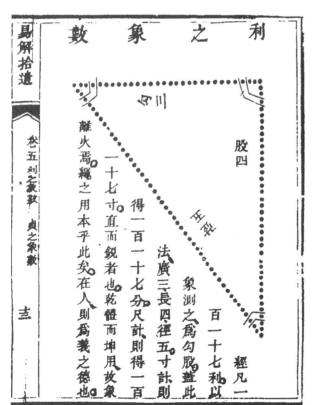

图 20　利之象数图
（周世金《易解拾遗》）

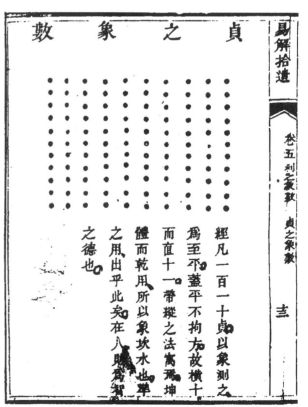

图 21　贞之象数图
（周世金《易解拾遗》）

图 22　杂卦虚八不用交错义图之法图
（周世金《易解拾遗》）

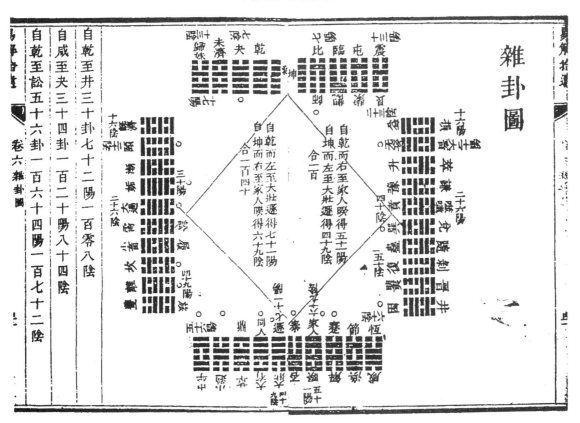

图 23　杂卦图
（周世金《易解拾遗》）

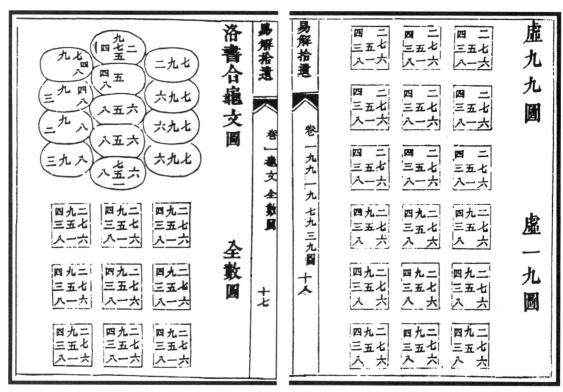

图 24　洛书合龟文图
（周世金《易解拾遗》）

图 25　虚九九图
图 26　虚一九图
（周世金《易解拾遗》）

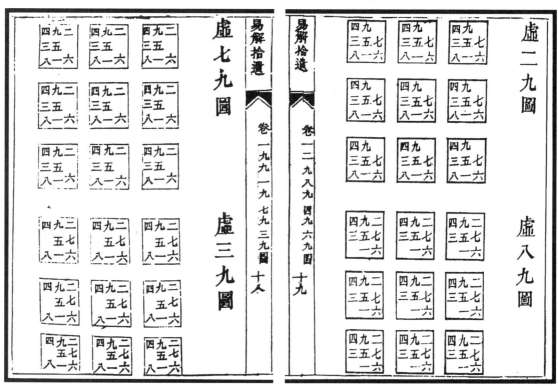

图 27　虚七九图
图 28　虚三九图
（周世金《易解拾遗》）

图 29　虚二九图
图 30　虚八九图
（周世金《易解拾遗》）

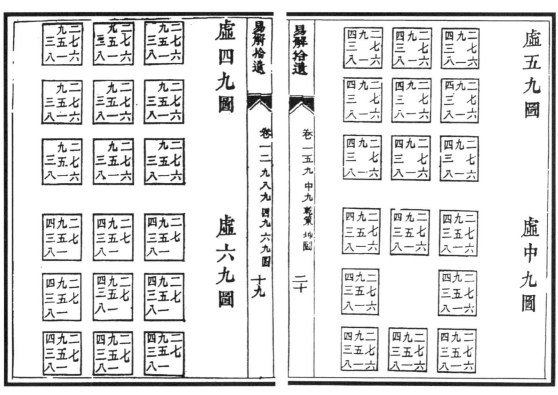

图 31 虚四九图
图 32 虚六九图
（周世金《易解拾遗》）

图 33 虚五九图
图 34 虚中九图
（周世金《易解拾遗》）

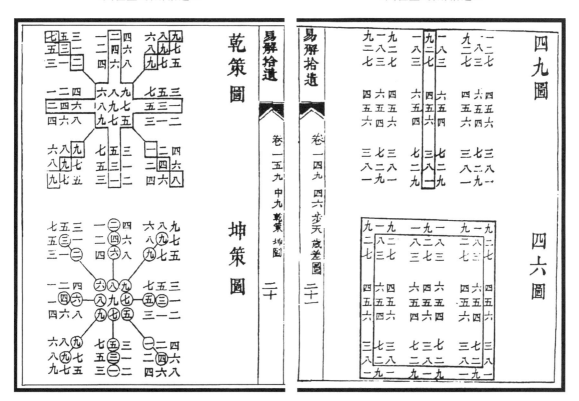

图 35 乾策图
图 36 坤策图
（周世金《易解拾遗》）

图 37 四九图
图 38 四六图
（周世金《易解拾遗》）

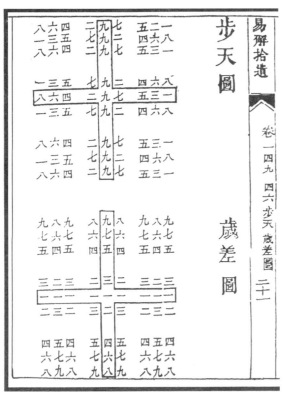
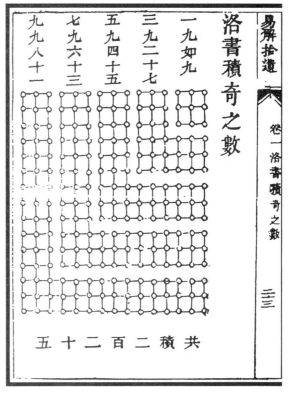

图 39　步天图
图 40　岁差图
（周世金《易解拾遗》）

图 41　洛书积奇之数图
（周世金《易解拾遗》）

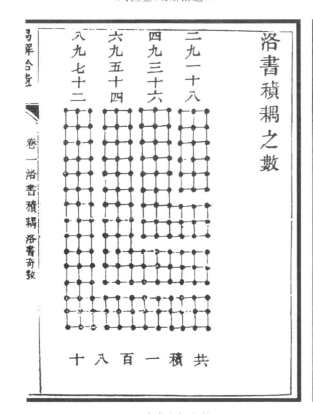
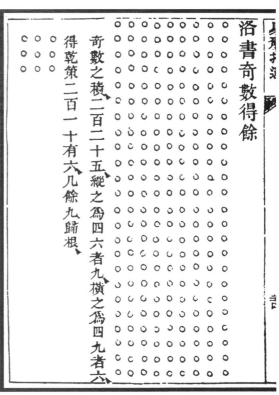

图 42　洛书积偶之数图
（周世金《易解拾遗》）

图 43　洛书奇数得余图
（周世金《易解拾遗》）

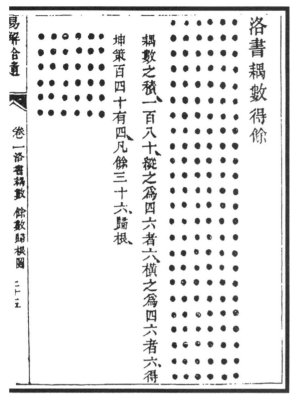

图 44　洛书偶数得余图
（周世金《易解拾遗》）

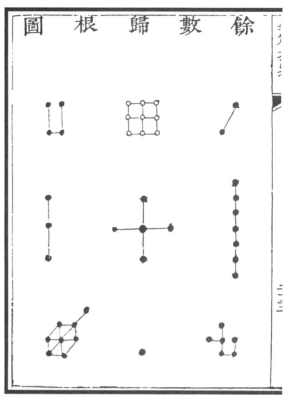

图 45　余数归根图
（周世金《易解拾遗》）

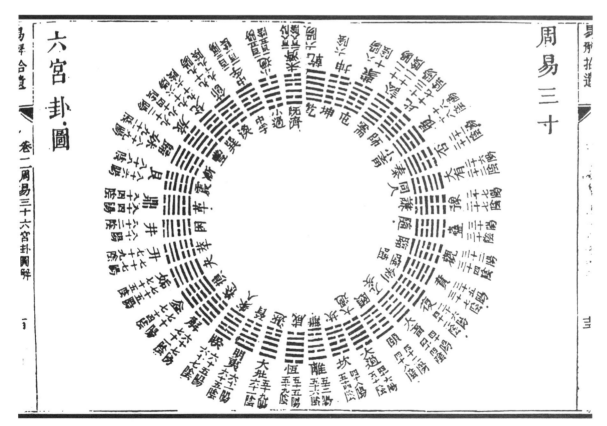

图 46　周易三十六宫卦图
（周世金《易解拾遗》）

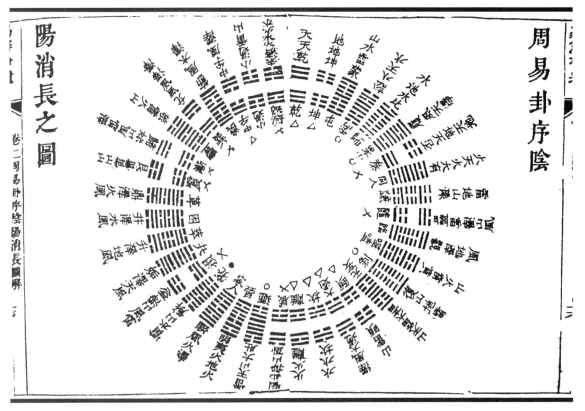

图 47　周易卦序阴阳消长之图
（周世金《易解拾遗》）

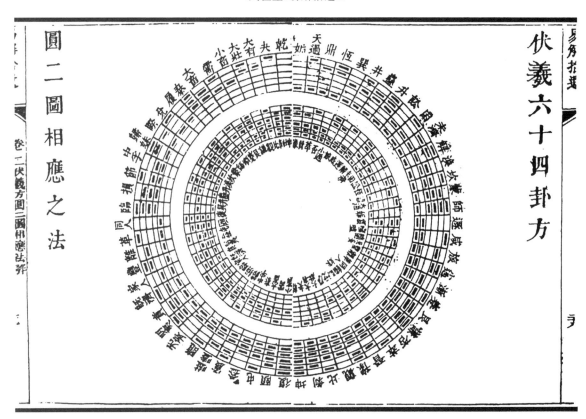

图 48　伏羲六十四卦方圆二图相应之法图
（周世金《易解拾遗》）

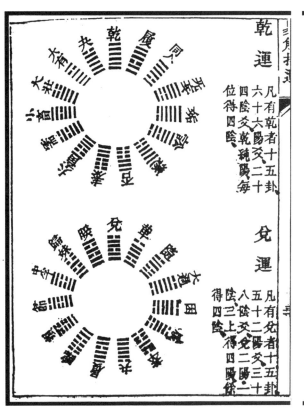
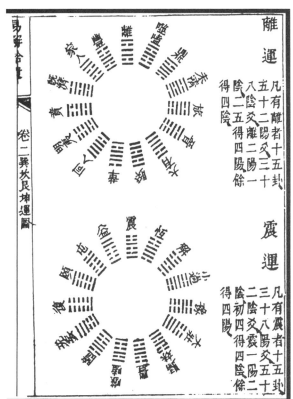

图 49-1 八卦八运八图
（周世金《易解拾遗》）

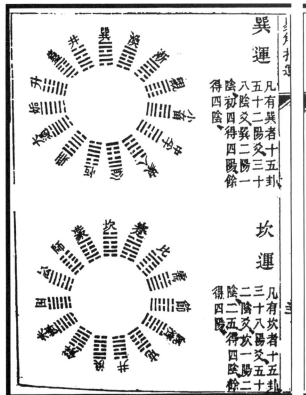
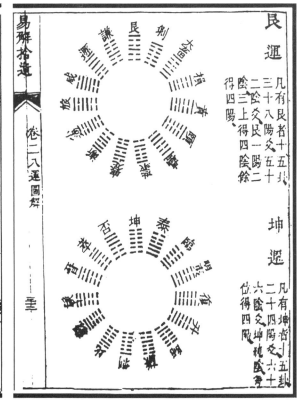

图 49-2 八卦八运八图
（周世金《易解拾遗》）

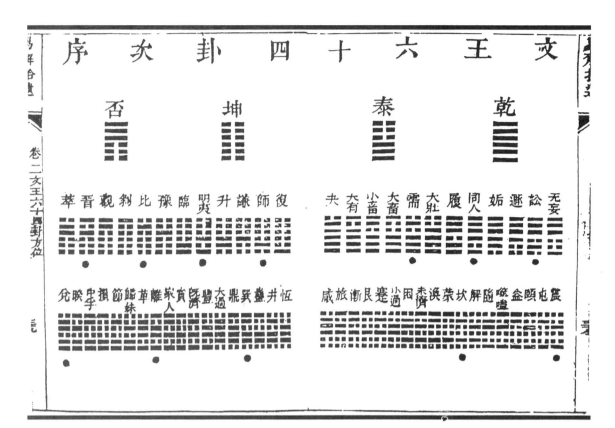

图 50　文王六十四卦次序图
（周世金《易解拾遗》）

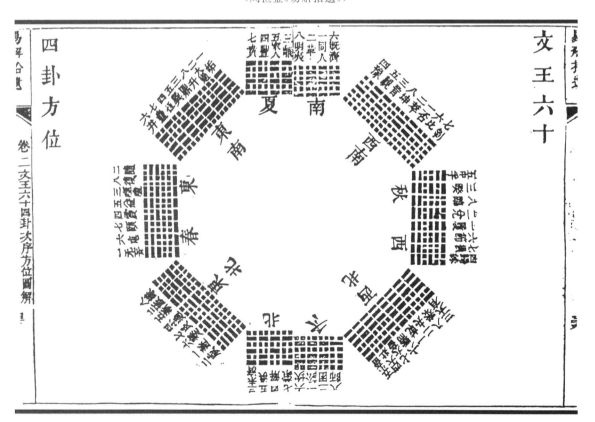

图 51　文王六十四卦方位图
（周世金《易解拾遗》）

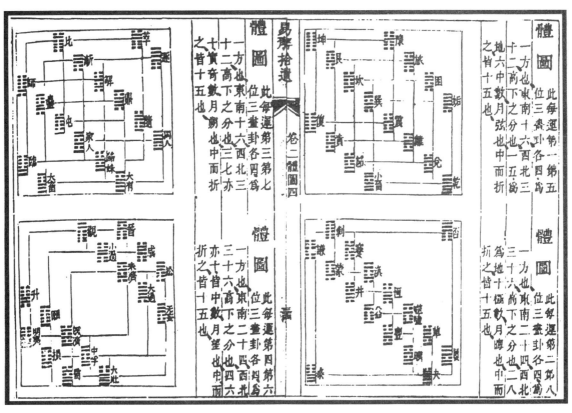

图 52　体图四图
（周世金《易解拾遗》）

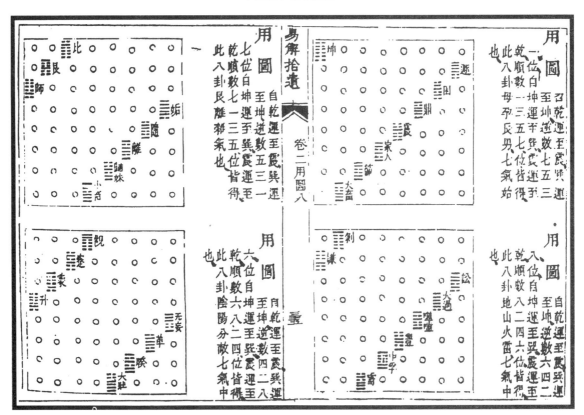

图 53－1　用图八图
（周世金《易解拾遗》）

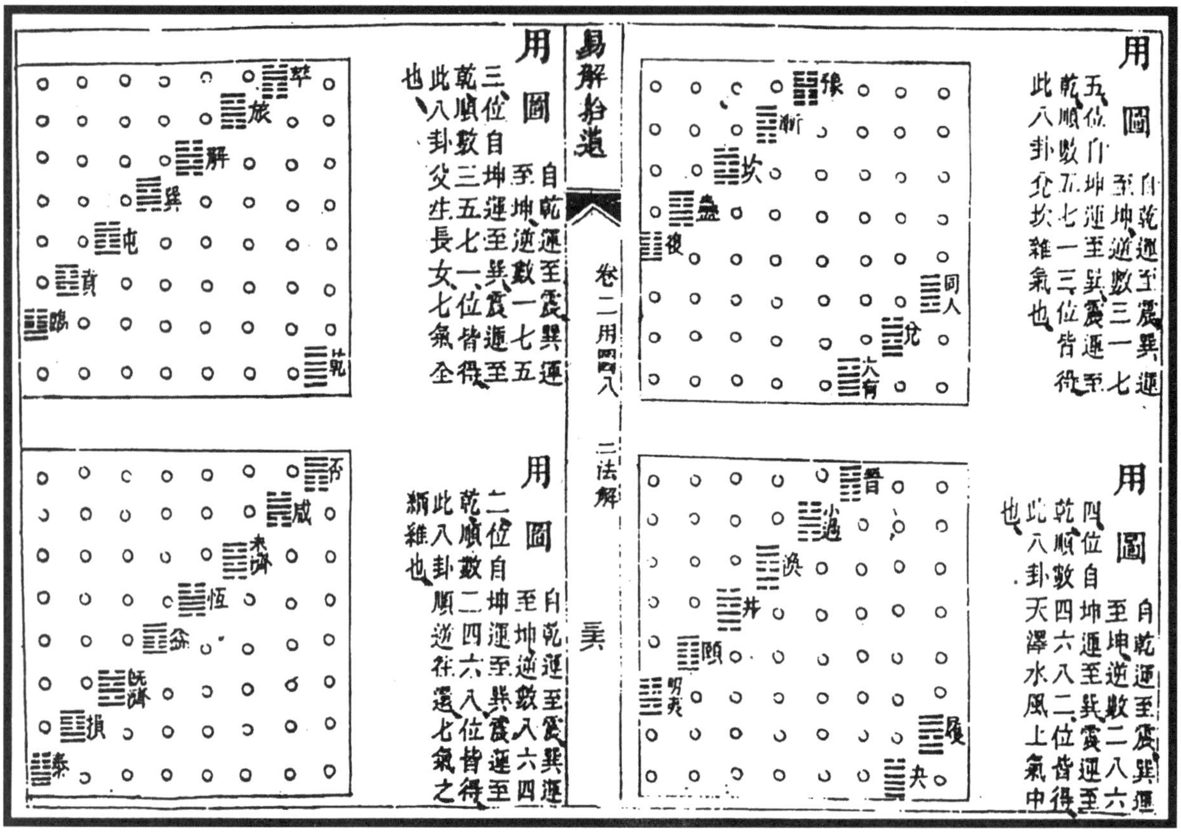

易解拾遺

卷二 用圖四八三法解

用圖

自乾運至震巽遲
此乾順數三一三位皆得
八卦震氣也
乾坤逆數七位
至坤運至巽

用圖

自乾運至震巽遲
此乾順數五一三位皆得
八卦兌坎雜氣也
乾坤逆數七位
至坤運至巽

用圖

三位自乾運至震巽遲
也此乾順數一七位
八卦父母生長女
至坤運至巽
全得七氣

用圖

二位自乾運至震巽遲
斷此乾順數二六四
雜也八卦順逆往
至坤運至巽
七位皆得之

用圖

四位自乾運至震巽遲
也此乾順數四六八二位皆得
八卦天澤水風上氣中
至坤運至巽

图53-2 用图八图
（周世金《易解拾遗》）

王棠

生卒年不详,字勿翦,号曼山,清安徽歙县人。著有《燕在阁知新录》三十二卷。现存有《周易》图像九幅。

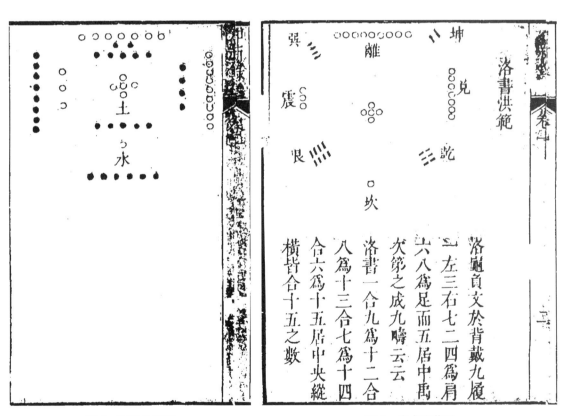

图1 河图象数图
(王棠《燕在阁知新录》)

图2 洛书洪范图
(王棠《燕在阁知新录》)

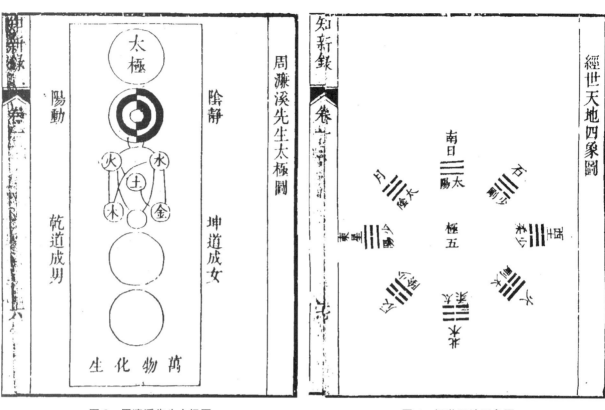

图3 周濂溪先生太极图
（王棠《燕在阁知新录》）

图4 经世天地四象图
（王棠《燕在阁知新录》）

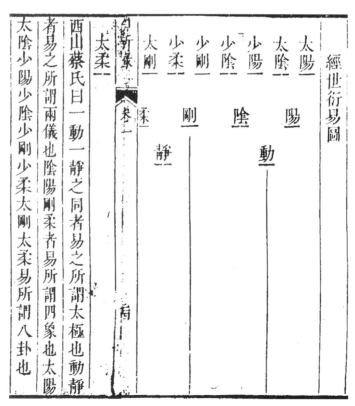

图5 经世衍易图
（王棠《燕在阁知新录》）

經世一元消長之數圖

元 會 運 世

日甲 月子一 星三十 辰三百六十 年一萬八百 復

月丑二 星六十 辰七百二十 年二萬一千六百 臨

月寅三 星九十 辰一千八十 年三萬二千四百 泰 開物 星之己七十六

月卯四 星一百二十 辰一千四百四十 年四萬三千二百 大壯

月辰五 星一百五十 辰一千八百 年五萬四千 夬

月巳六 星一百八十 辰二千一百六十 年六萬四千八百 乾

月午七 星二百一十 辰二千五百二十 年七萬五千六百 姤

月未八 星二百四十 辰二千八百八十 年八萬六千四百 遯

月申九 星二百七十 辰三千二百四十 年九萬七千二百 否

月酉十 星三百 辰三千六百 年一十萬八千 觀

月戌十一 星三百三十 辰三千九百六十 年一十一萬八千八百 剝 閉物 星之戊三百一十五

月亥十二 星三百六十 辰四千三百二十 年一十二萬九千六百 坤

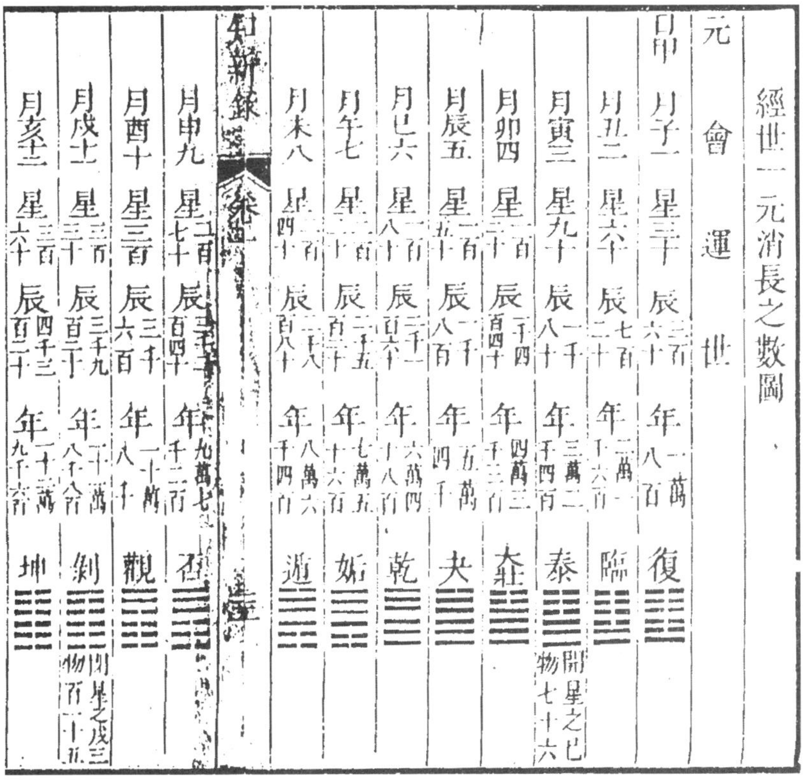

图 6 经世一元消长之数图

（王棠《燕在阁知新录》）

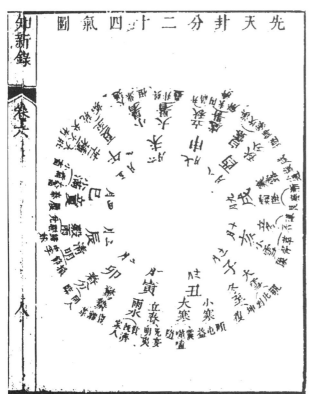

图 7 先天卦分二十四气图

（王棠《燕在阁知新录》）

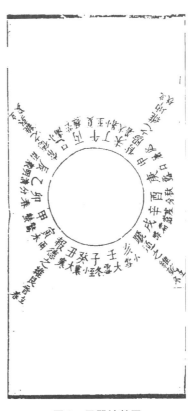

图 8 艮巽坤乾图

（王棠《燕在阁知新录》）

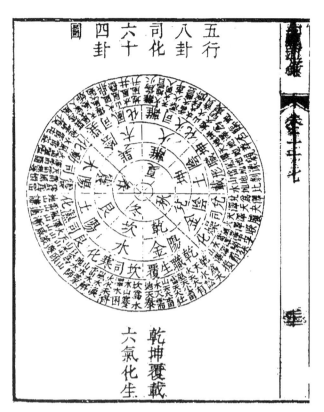

图9　五行八卦司化六十四卦图
（王棠《燕在阁知新录》）

陶素耜

生卒年不详，原名式玉，字尚白，号存斋，自号存存子、清净心居士、通徽真人，清浙江会稽（今浙江绍兴）人。康熙十五年（1676）进士，历任广西道监察御史、两淮督转盐运使，罢归。对围棋有研究，主持刻印《官子谱》。著有《参同契脉望》三卷、《悟真篇约注》三卷、《金丹大要》一卷、《承志录》三卷、《金丹就正录·玄肤论》一卷，合称《道言五种》。现存有《周易》图像九幅。

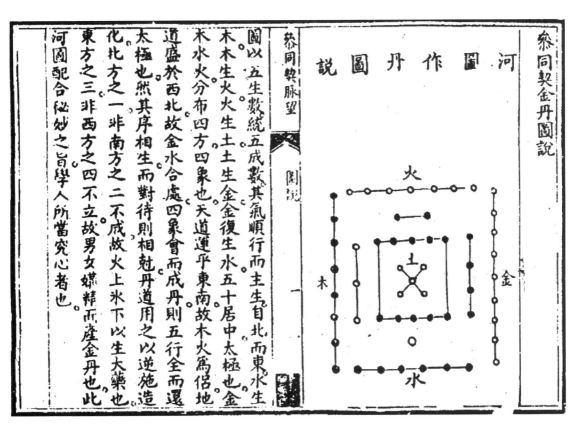

图1　河图作丹图
（陶素耜《参同契脉望》）

洛書作丹圖説

書以五奇數統四偶數其氣逆行而主尅自北而西水尅火火尅金金尅木木尅土土復尅水五居中亦太極也生成類從分布四方亦四象也水仍居北木仍居東惟金火互易其位熒惑守西方能交結而產陽鉛金居火位方能變化而制陰汞正作丹之妙也然序雖相尅而對待則相生北一南九合中五而成十五金水合處而成土也東三西七合中五而成十五木火為侶而成土也東南四西北六合中五而成十五己中生庚金亥中生甲木金伐木榮而成土也東北八西南二合中五而成十五寅中生丙火申中生壬水水火既濟而生土也故契曰三性既會合俱死歸厚土非直此也東南之四屬陰居巳正北之一屬陽居子金生於巳而死於子故母隱子胎知白而守黑也西

參同契脉望　圖説　二

图 2　洛书作丹图
（陶素耜《参同契脉望》）

先天八卦圖説

北之六屬陰居亥正南之九屬陽居午木生於亥而死於午故雄裏懷雌執平調勝負也西南之二屬陰居申正東之三屬陽居卯水生於申而死於卯故以己汞投鉛則真土擒真鉛也東北之八屬陰居寅正西之七屬陽居酉火生於寅而死於酉故以金為隄防而水盛火消滅也此又洛書契干支按生尅作丹之理也然土固四象之所成而四象又非土不成一連中五則成水二連中五則成火三連中五則成木四連中五則成金水火木金皆土之所成也故契曰青赤白黑各居一方皆禀中宮戊己之功

參同契脉望　圖説　三

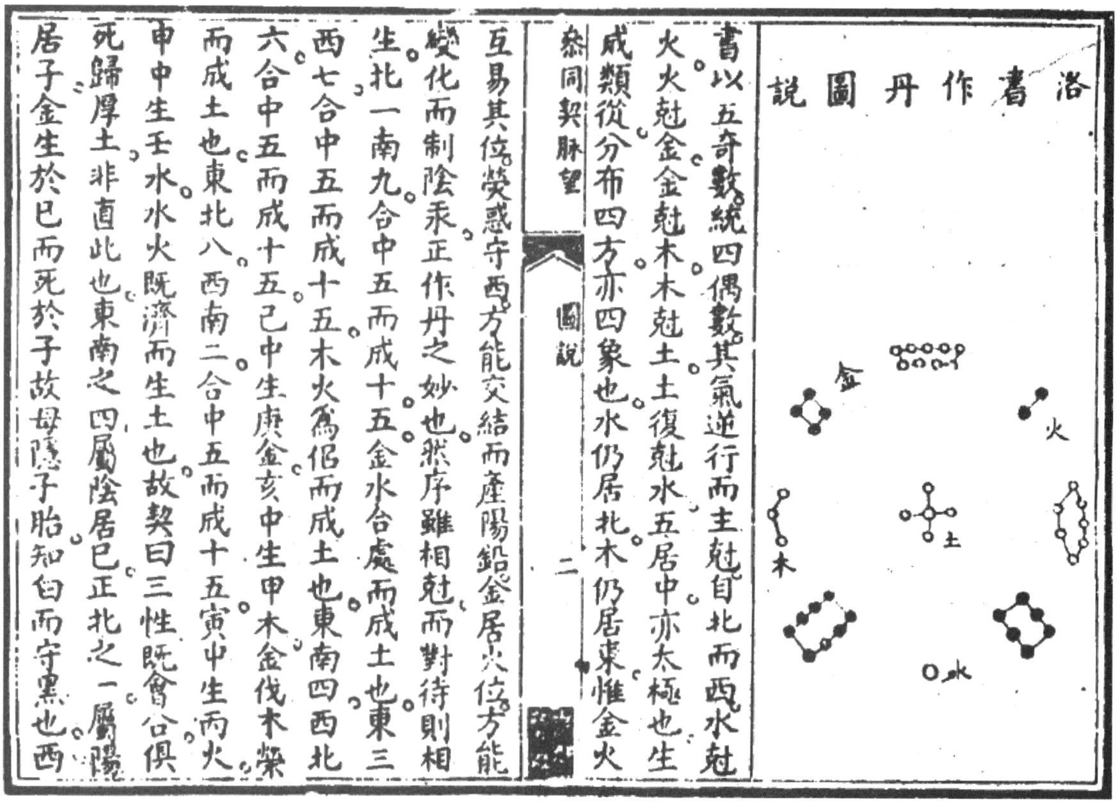

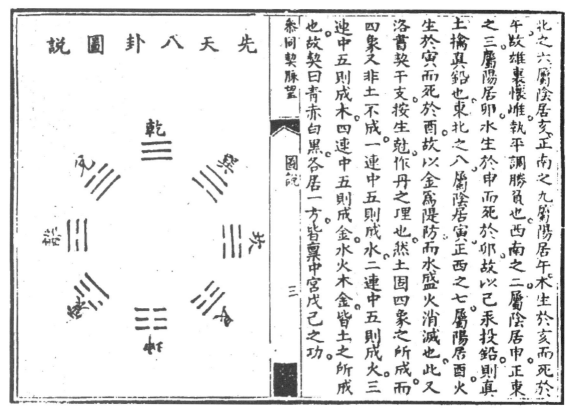

图 3　先天八卦图
（陶素耜《参同契脉望》）

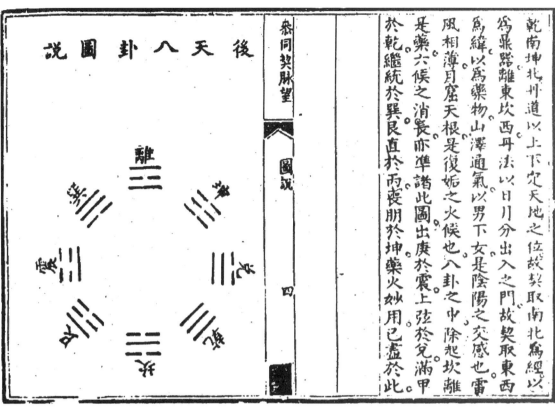

图4 后天八卦图
（陶素耜《参同契脉望》）

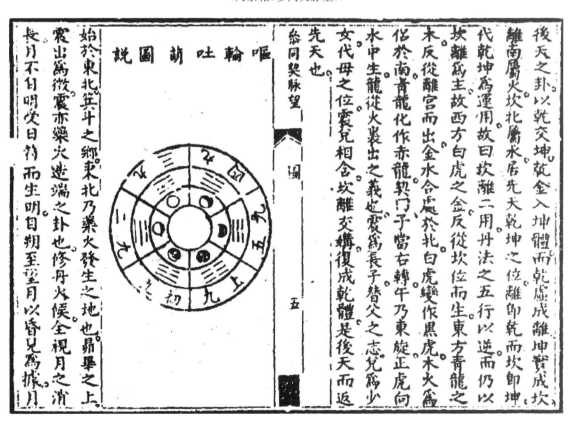

图5 呕轮吐萌图
（陶素耜《参同契脉望》）

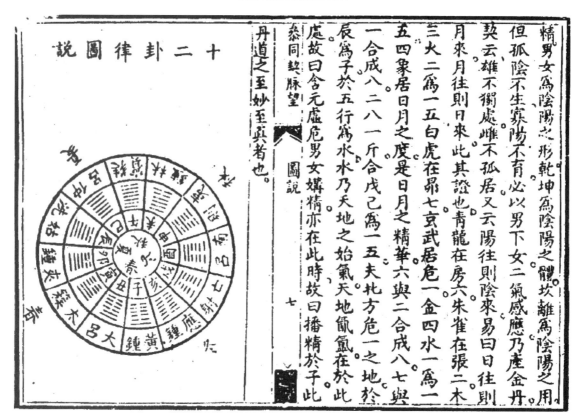

图6 合元播精图
（陶素耜《参同契脉望》）

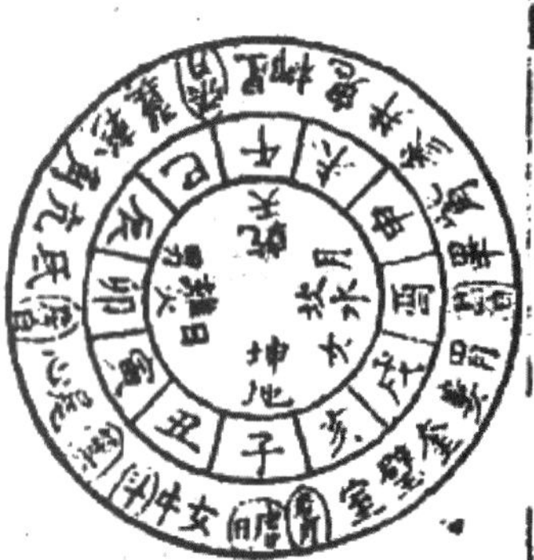

图7 十二卦律图
（陶素耜《参同契脉望》）

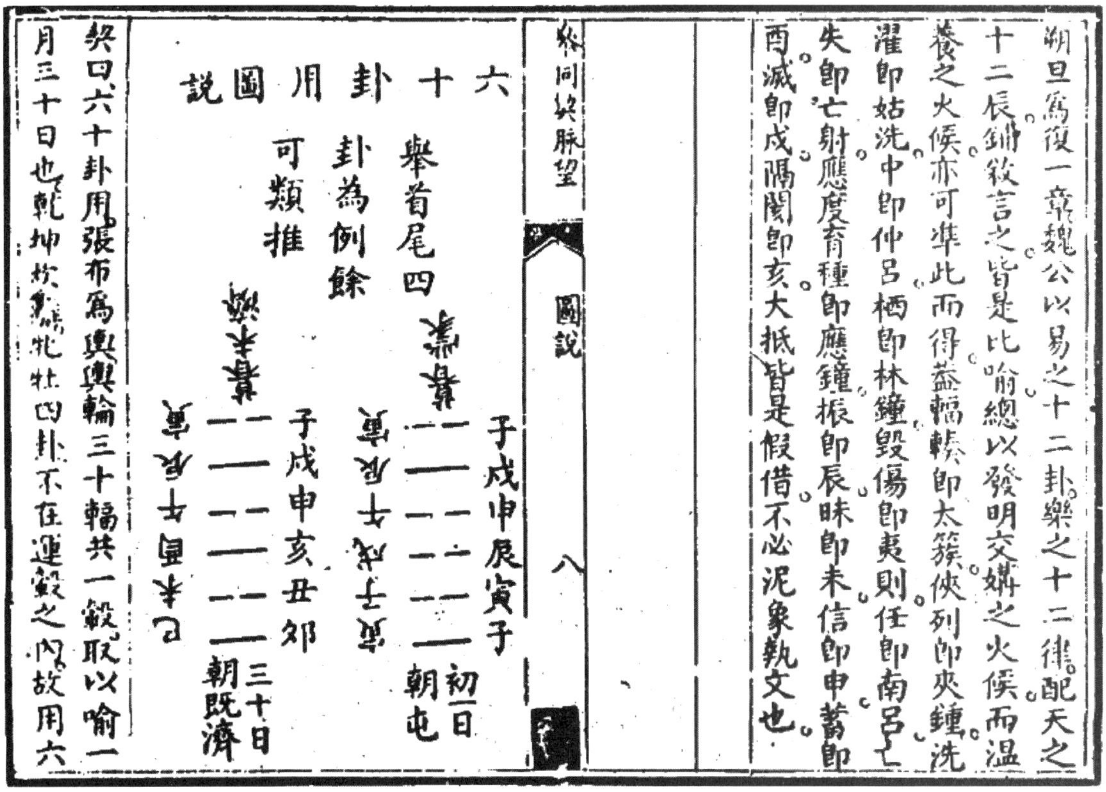

朝旦為復一章魏公以易之十二卦樂之十二律配天之十二辰鋪敘致言之皆是比喻總以發明交媾之火候而溫養之火候亦可準此而得蓋輻輳即太簇侠列即夾鐘洗濯即姑洗中即仲呂栖即林鐘毀傷即夷則任即南呂失即七射應度育種即應鐘振即辰昧即未信即申蓄即西滅即戌隔閡即亥大抵皆是假借不必泥象執文也

六十卦舉首尾四卦為例餘可類推

子戌申辰寅子 初日朝屯
子戌申亥丑卯 三十日朝既濟

契曰六十卦用張布為輿輿輪三十輻共一轂取以喻一月三十日也乾坤坎離牝牡四卦不在運轂之內故用六

图8　六十卦用图
（陶素耜《参同契脉望》）

十卦契云屯以子申蒙用寅戌益峰初一日朝暮兩卦為例是三十日既未則既以卯申未用酉酉總只取雜卦傳中卦盡一上一下反對以明陽火用金陰符用水之義非真謂六十卦之時辰爻盡可用而定息記數也故又曰聊陳兩象未能究悉夫以六十卦分配三十日也若板定三十日以象一月值小盡便少兩卦矣如何補足故以寅申為火生水生者於義苦皆是借喻非真謂三十日火候

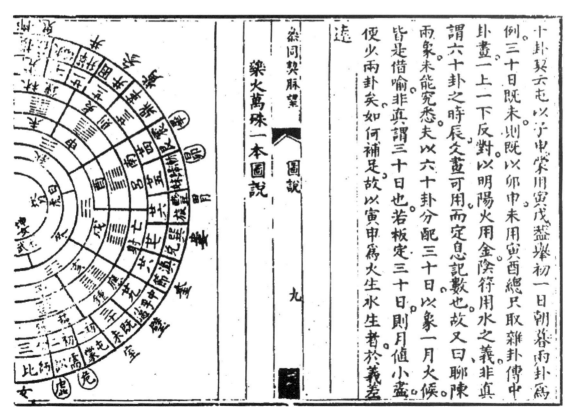

图9-1　药火万殊一本图
（陶素耜《参同契脉望》）

參同契脈望

圖說 十

乾坤坎離鼎器藥物也元武朱雀龍虎四象也六卦者月節之六候節大藥之六門契中三日出爲爽始於東北二章是也十二卦律匹配四時契云春夏據內體從子到辰巳秋冬當外用自午訖戌亥并朔旦爲復一章是也一月三十日分配六十卦與十二卦律同其運用契云朔旦屯直事至暮蒙當受既未至昧頭終則復更始也契云青龍處房六白虎在昴七朱雀在張二三五并危一戌丹之要也況大藥始於箕斗出於昴畢含元於虛危而播精於子則列曜布於八方定六候之消息烏不可不講也

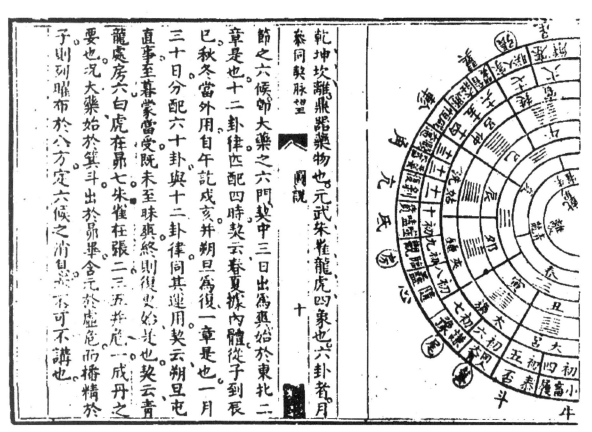

图9-2　药火万殊一本图
（陶素耜《参同契脉望》）

潘元懋

生卒年不详,字友硕,清浙江鄞县(今浙江宁波)人。少善《易》,著有《周易广义》六卷。现存有《周易》图像九幅。

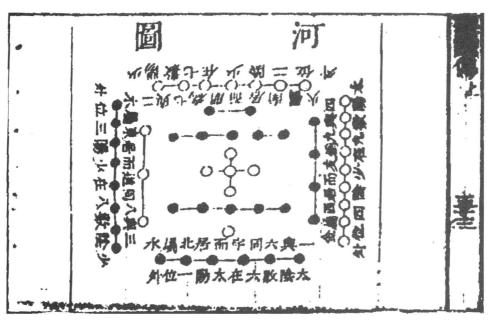

图1 河图
(潘元懋《周易广义》)

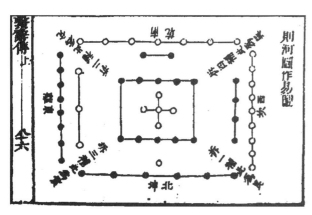

图2 则河图作易图
(潘元懋《周易广义》)

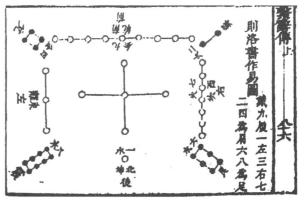

图3 则洛书作易图
(潘元懋《周易广义》)

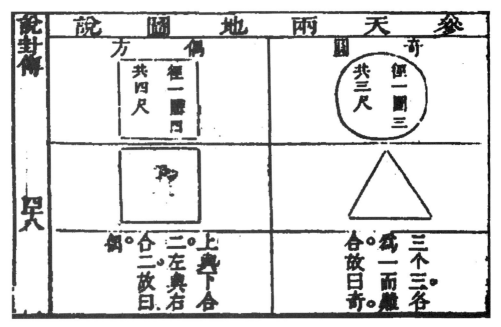

图 4　参天两地图
（潘元懋《周易广义》）

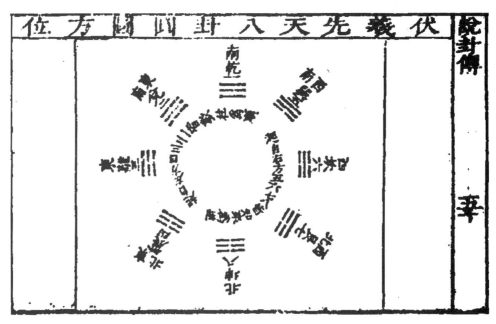

图 5　伏羲先天八卦圆图方位图
（潘元懋《周易广义》）

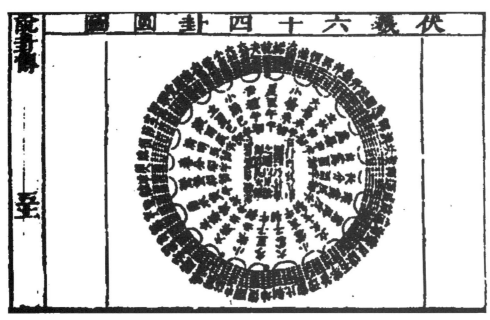

图6 伏羲六十四卦圆图
(潘元懋《周易广义》)

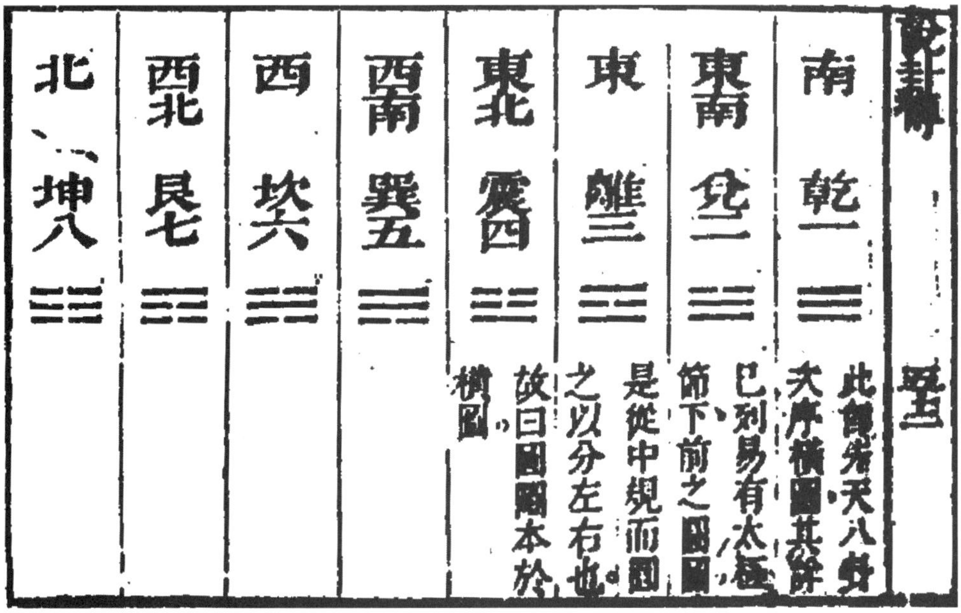

图7 先天八卦次序横图
(潘元懋《周易广义》)

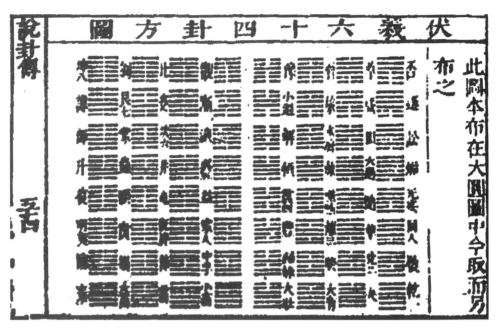

图 8　伏羲六十四卦方图
（潘元懋《周易广义》）

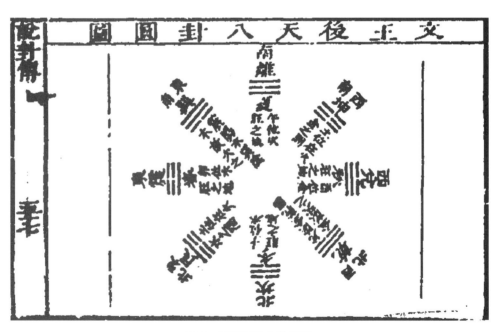

图 9　文王后天八卦圆图
（潘元懋《周易广义》）

戴虞皋

生卒年不详,号遯轩,清江苏昆山人。著作《周易阐理》四卷。现存有《周易》图像一幅。

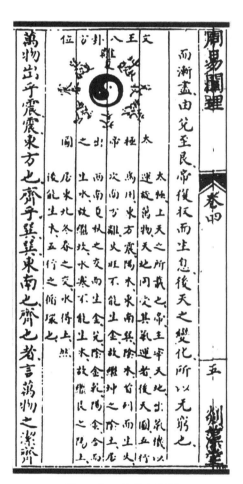

图1 文王八卦方位图
(戴虞皋《周易阐理》)

浦龙渊

生卒年不详,字孟跃,号潜夫,清江苏吴县(今江苏苏州)人。曾入洪承畴幕,荐授城步县知县。精于《易》,著有《周易辩》二十四卷、《周易通》十卷等。现存有《周易》图像一幅。

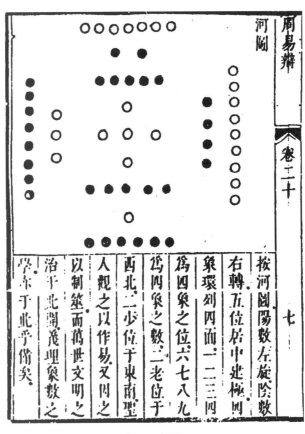

图1 河图
(浦龙渊《周易辩》)

陆奎勋(1663—1738)

　　字聚侯,号坡星,又号陆堂,清浙江平湖人。早年喜读医、卜、术算、兵书,工文字,能诗。康熙五十九年(1720)举人,六十年进士,改翰林院庶吉士。散馆,授检讨。任《明史》纂修官,以病乞归,主讲广西秀峰书院。著有《陆堂易学》十卷、《今文尚书说》三卷、《春秋义存录》十二卷、《陆堂文集》二十卷、《陆堂诗集》二十四卷等。现存有《周易》图像十二幅。

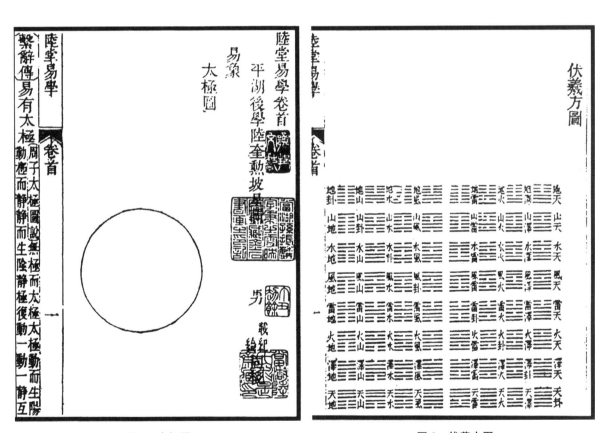

图1　太极图　　　　　　　　　　　图2　伏羲方图
（陆奎勋《陆堂易学》）　　　　　　（陆奎勋《陆堂易学》）

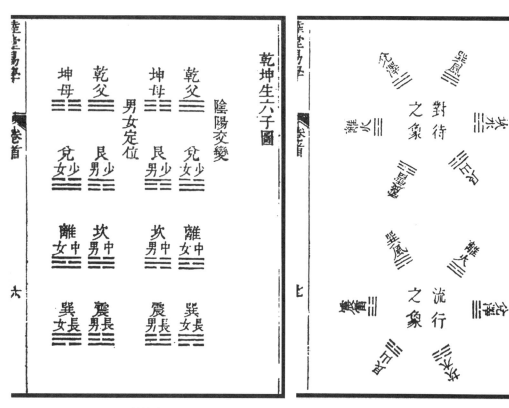

图3 乾坤生六子图
（陆奎勋《陆堂易学》）

图4 六子图
（陆奎勋《陆堂易学》）

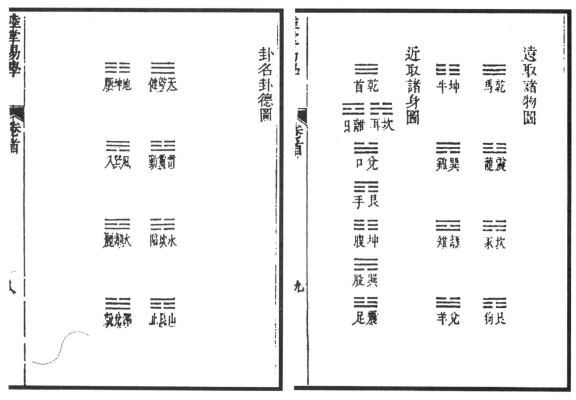

图5 卦名卦德图
（陆奎勋《陆堂易学》）

图6 远取诸物图
图7 近取诸身图
（陆奎勋《陆堂易学》）

图 8 连山易图
（陆奎勋《陆堂易学》）

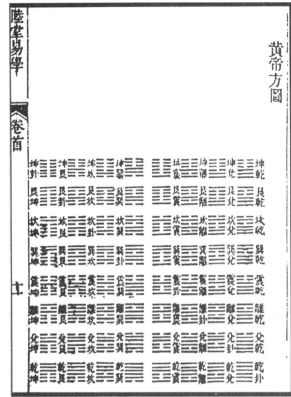

图 9 黄帝方图
（陆奎勋《陆堂易学》）

图 10 唐虞方图
（陆奎勋《陆堂易学》）

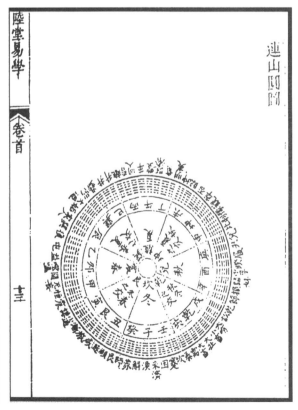

图 11 连山圆图
（陆奎勋《陆堂易学》）

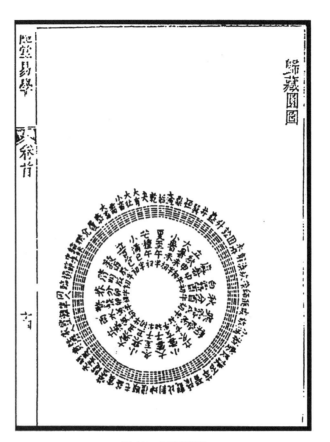

图 12　归藏圆图
（陆奎勋《陆堂易学》）

张德纯(1664—1732)

字能一,号天农,别号松南,清江苏青浦(今属上海)人。年二十七举于乡,康熙三十九年(1700)进士,授内阁中书舍人,四十七年官浙江常山知县。著有《孔门易绪》十六卷、《离骚节解》一卷、《六书统宗》等。现存有《周易》图像二十幅。

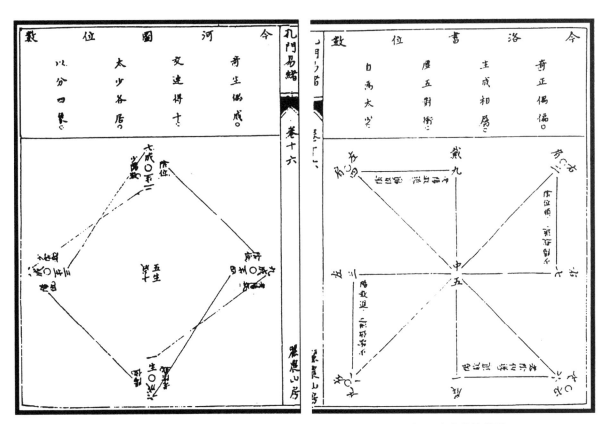

图1　今河图位数图
（张德纯《孔门易绪》）

图2　今洛书位数图
（张德纯《孔门易绪》）

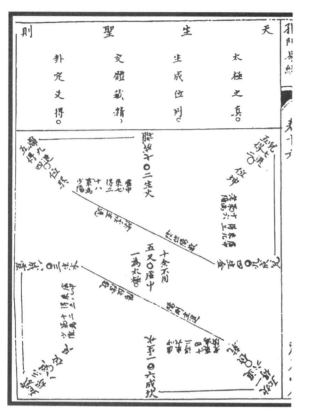

图 3 天生圣则图
（张德纯《孔门易绪》）

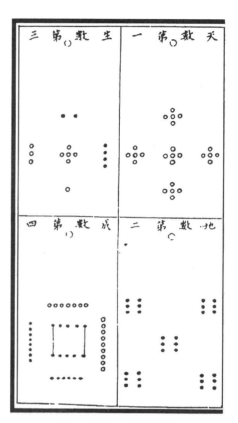

图 4 天地生成数四图
（张德纯《孔门易绪》）

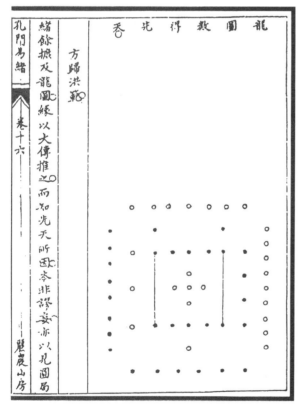

图 5 龙图数得先天图
（张德纯《孔门易绪》）

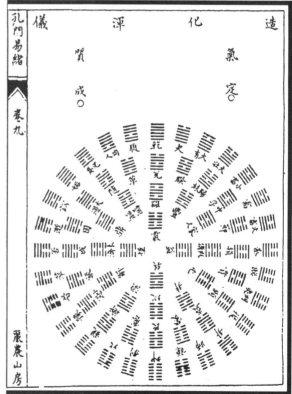

图 6 造化浑仪图
（张德纯《孔门易绪》）

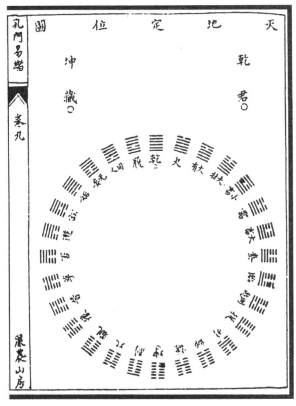

图7 天地定位图
（张德纯《孔门易绪》）

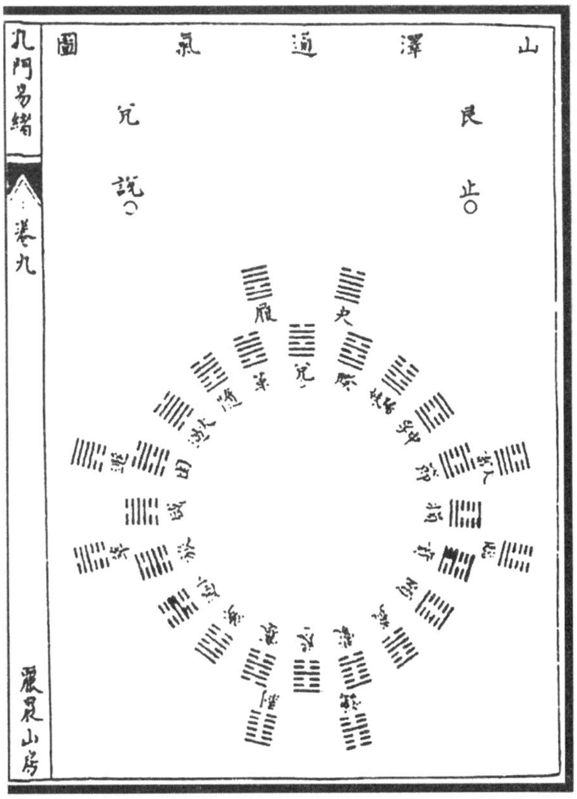

图8 山泽通气图
（张德纯《孔门易绪》）

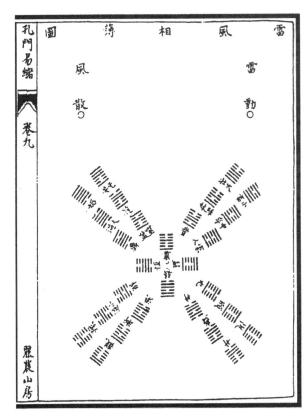

图9 雷风相薄图
（张德纯《孔门易绪》）

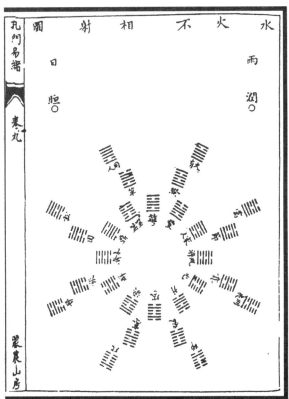

图10 水火不相射图
（张德纯《孔门易绪》）

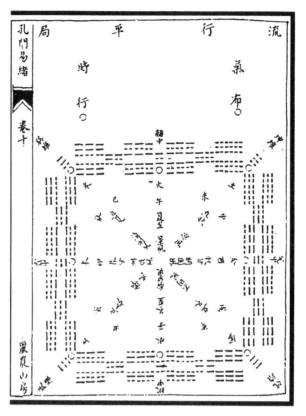

图 11　流行平局图
（张德纯《孔门易绪》）

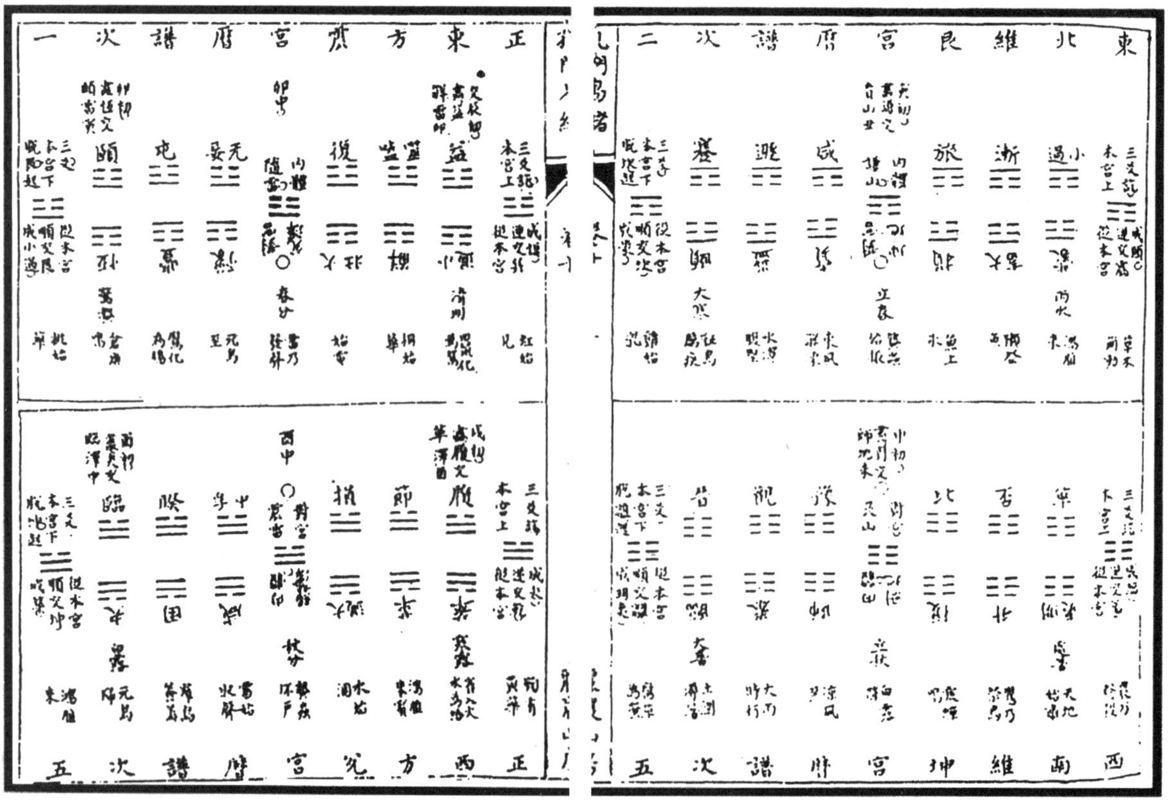

图 12-1　正东东北正北西北四维历谱四图
（张德纯《孔门易绪》）

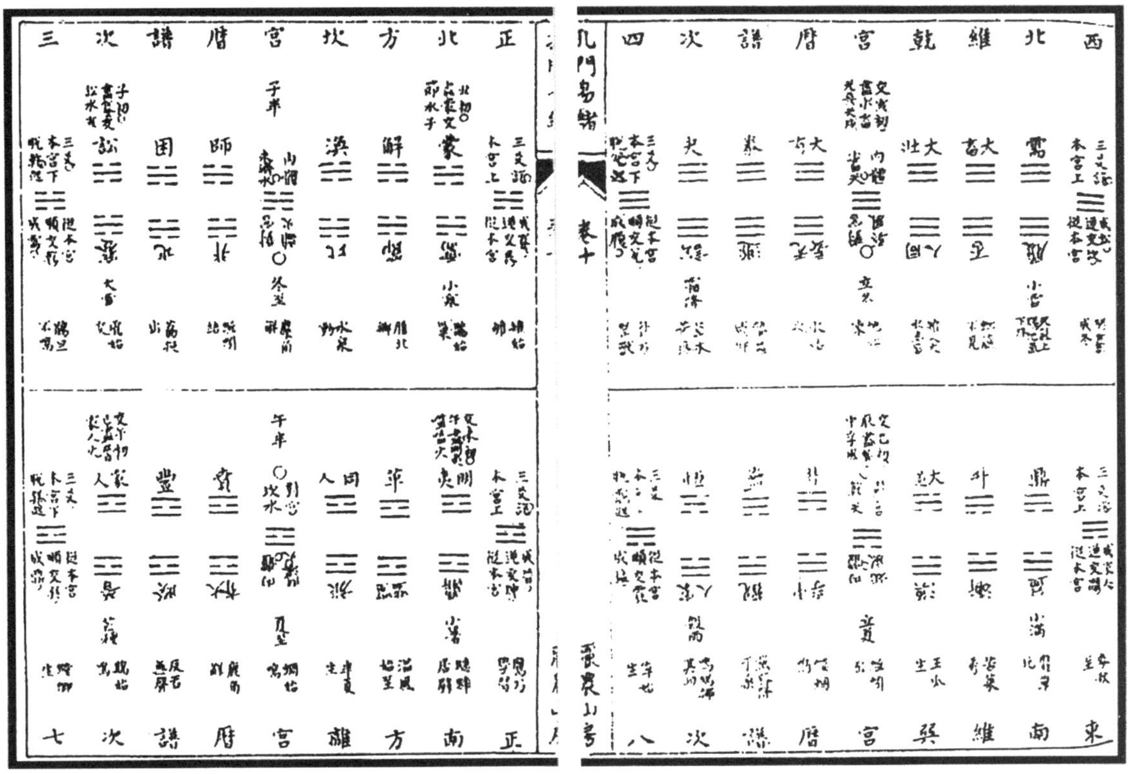

图 12－2　正东东北正北西北四维历谱四图

（张德纯《孔门易绪》）

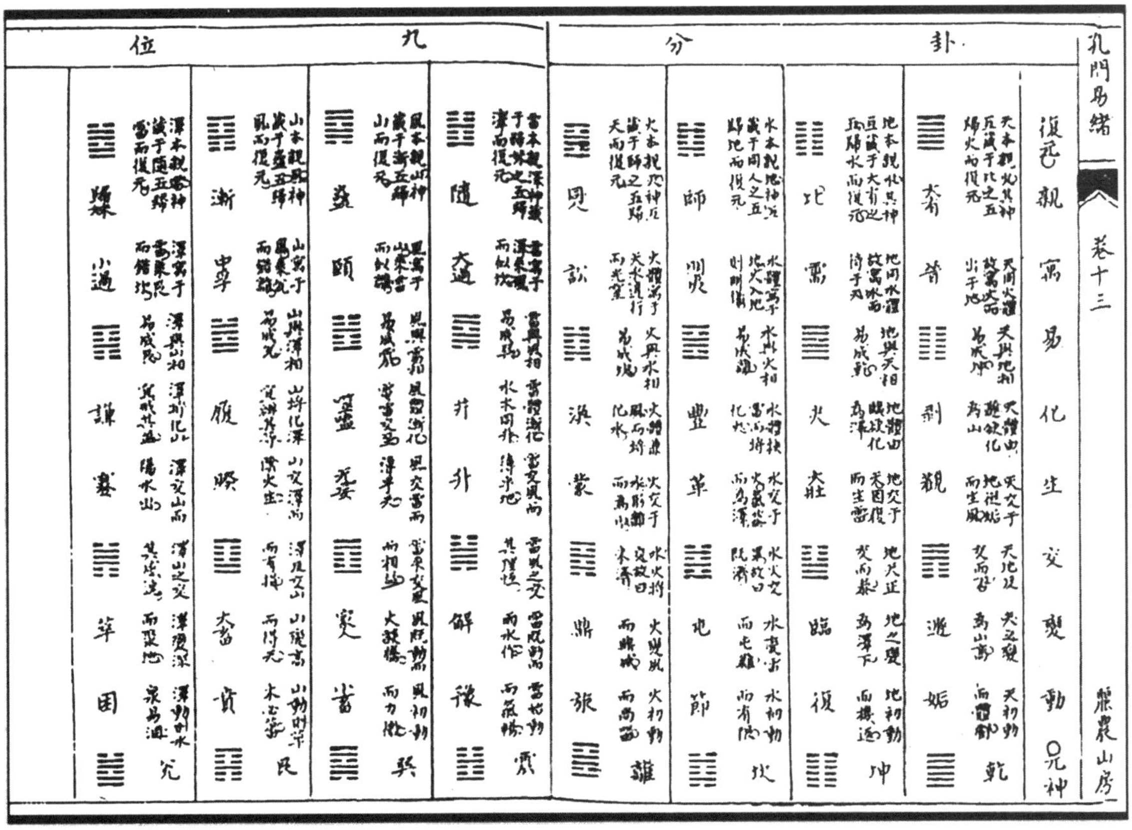

图 13　卦分九位图

（张德纯《孔门易绪》）

图14 分宫托位图
（张德纯《孔门易绪》）

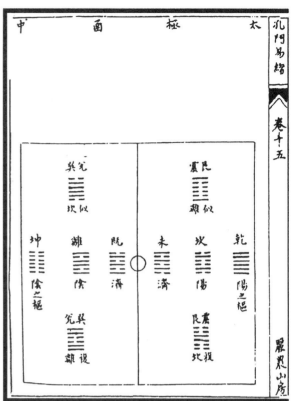

图15 太极函中图
（张德纯《孔门易绪》）

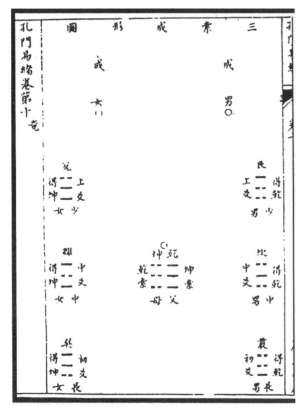

图16 三索成形图
（张德纯《孔门易绪》）

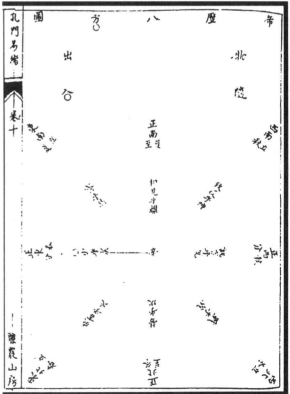

图17 帝历八方图
（张德纯《孔门易绪》）

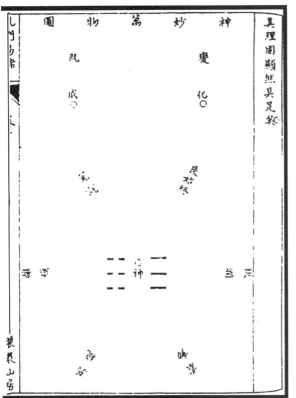

图 18　神妙万物图
（张德纯《孔门易绪》）

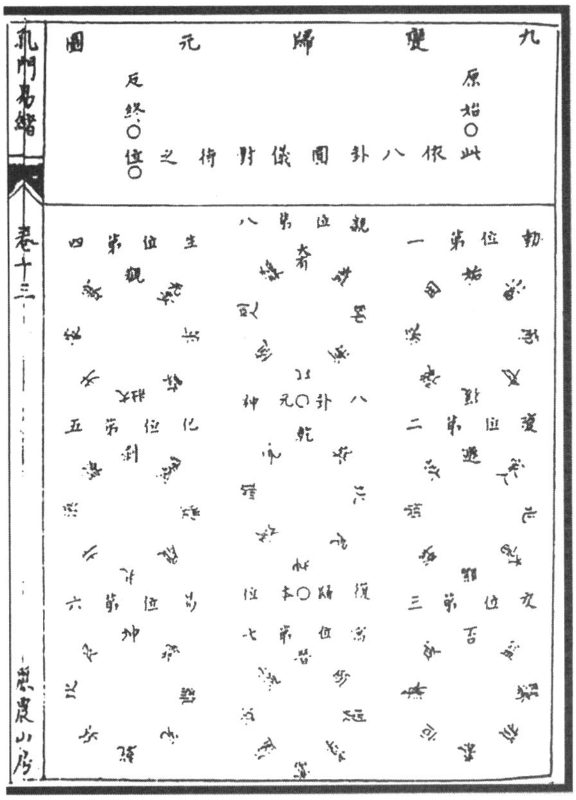

图 19　九变归元图
（张德纯《孔门易绪》）

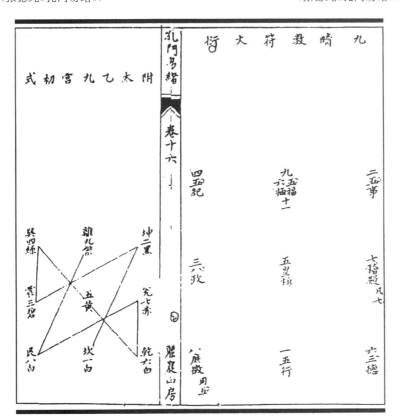

图 20　九畴数符大衍图附太乙九宫初式图
（张德纯《孔门易绪》）

姜兆锡(1666—1745)

字上均，号素清学者，清江苏丹阳人。康熙二十九年(1690)举人，授内阁中书，改蒲圻知县，以养亲告归。乾隆元年(1736)由大学士鄂尔泰荐充三礼馆纂修官。治学广博，著述达数百卷。有《九经补注》八种八十七卷、《周易本义述蕴》四卷、《周易蕴义图考》二卷、《诗蕴》四卷、《大戴礼删翼》四卷、《春秋事义慎考》十四卷等。现存有《周易》图像八幅。

易蘊 河圖 圖說 一 寅清樓

朱子曰繫辭傳曰天一地二天三地四天五地六天七地八天九地十天數五地數五五位相得而各有合天數二十有五地數三十凡天地之數五十有五此所以成變化而行鬼神也此河中龍馬負圖之數也若洛書蓋取龜象故其數戴九履一左三右七二

图1　河图
(姜兆锡《周易本义述蕴》)

易蘊 洛書 圖說 二 寅清樓

四爲肩六八爲足繫辭傳曰河出圖洛出書聖人則之者此也

蔡元定曰圖書之數自漢孔安國劉歆魏關朗子明有宋康節先生邵雍堯夫皆謂如此至劉牧始兩易其名而諸家亦不考而因之故今復之悉從其舊

图2　洛书
(姜兆锡《周易本义述蕴》)

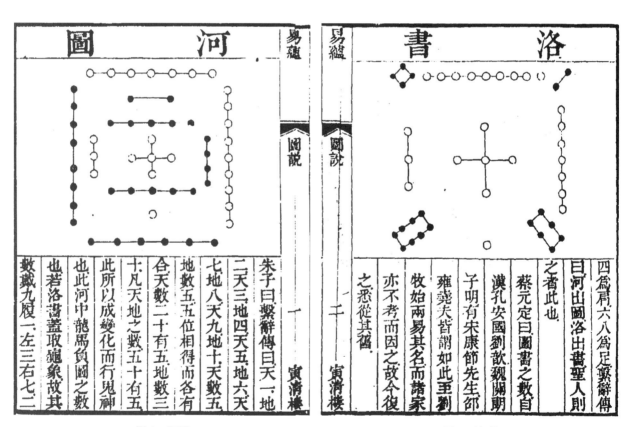

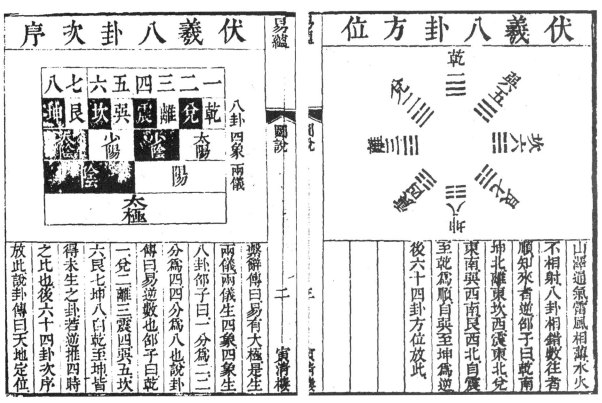

图3　伏羲八卦次序图
（姜兆锡《周易本义述蕴》）

图4　伏羲八卦方位图
（姜兆锡《周易本义述蕴》）

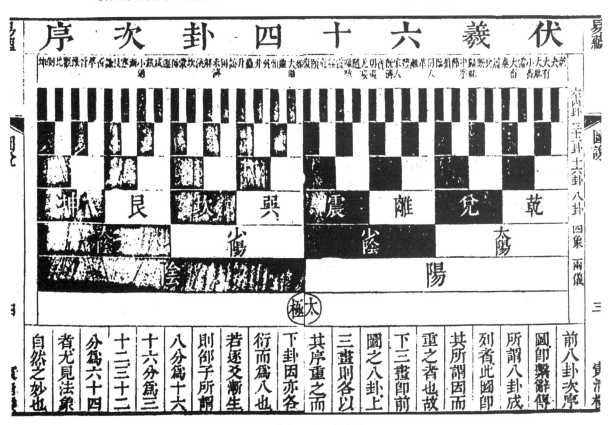

图5　伏羲六十四卦次序图
（姜兆锡《周易本义述蕴》）

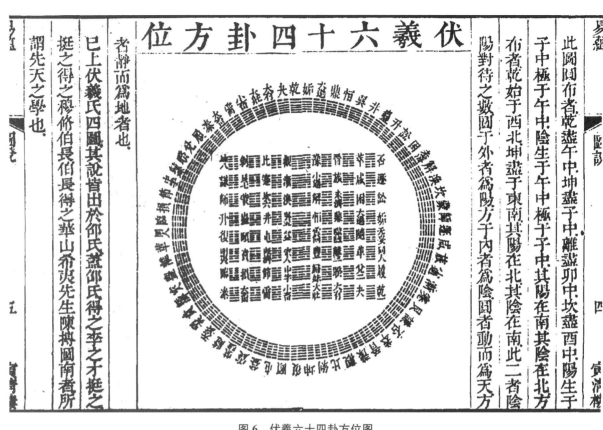

图6　伏羲六十四卦方位图
（姜兆锡《周易本义述蕴》）

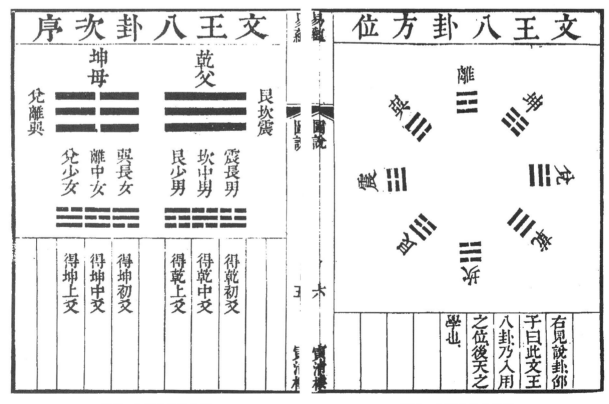

图7　文王八卦次序图
（姜兆锡《周易本义述蕴》）

图8　文王八卦方位图
（姜兆锡《周易本义述蕴》）

任启运(1670—1744)

字翼圣,号钓台,清江苏荆溪(今江苏宜兴)人。雍正十一年(1733)进士。乾隆时,历官中允、侍讲、侍讲学士、都察院左佥都御史、宗人府府丞等。著有《周易洗心》九卷、《孝经章句》一卷、《四书约旨》十九卷、《宫室考》十三卷、《肆献祼馈食礼》三卷、《礼记章句》十卷、《女教经传通纂》二卷、《清芬楼遗稿》四卷等多种。现存有《周易》图像二十五幅。

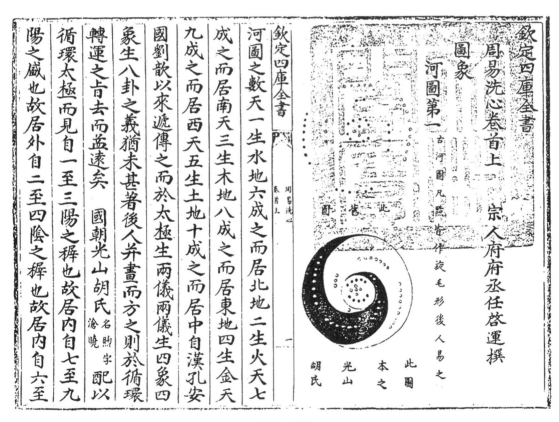

图1 河图
(任启运《周易洗心》)

洛書第二

古洛書凡點皆作龜拆文而微曲後人亦以點易之

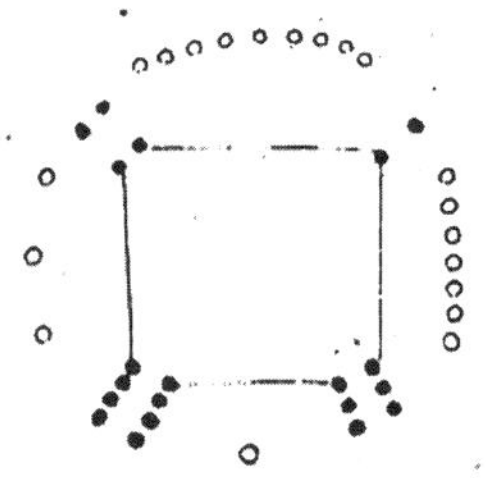

此圖本之厚菴李氏

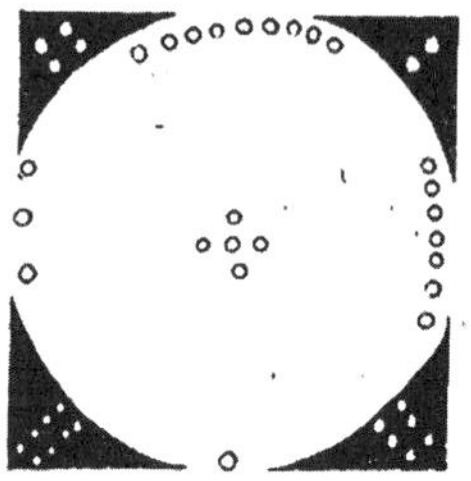

此圖本之光山胡氏

欽定四庫全書 周易洗心 卷首上

洛書之數戴九履一左三右七二四為肩六八為足緯曰河出天苞洛出地符天陽故數盈而極於十地陰故數虛而止於九圖象天專以氣用故渾然轉運而水火金木各安其位也而有方義焉即體立而用行書象地兼以形用故四陰四陽各居其正方也而有圓象焉用行而體即在其中也今此二圖其陽外陰內者本之厚菴李氏緯光地則見夫天之形常包于地之外而陽動于外陰靜于內所謂天運而不已

图2 洛书
（任启运《周易洗心》）

伏羲太極生兩儀圖第三

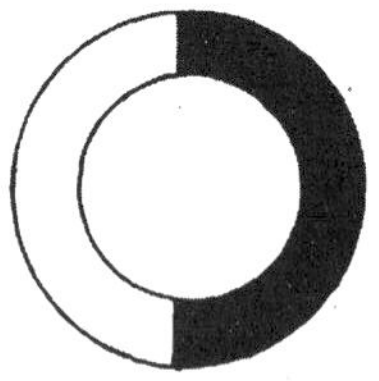

此先天環中圖第一規
光山胡氏分之

欽定四庫全書 周易洗心 卷首上

伏羲初畫二儀圖仿河圖陽自一而三陰自二而四為之其中所虛即太極也其左白者陽右黑者陰則兩儀之其中所虛即太極是生兩儀○梁山來氏名知德字矣鮮光山胡氏俱有太極圖而今不列者太極本無極即兩儀見也

图3 伏羲太极生两仪图
（任启运《周易洗心》）

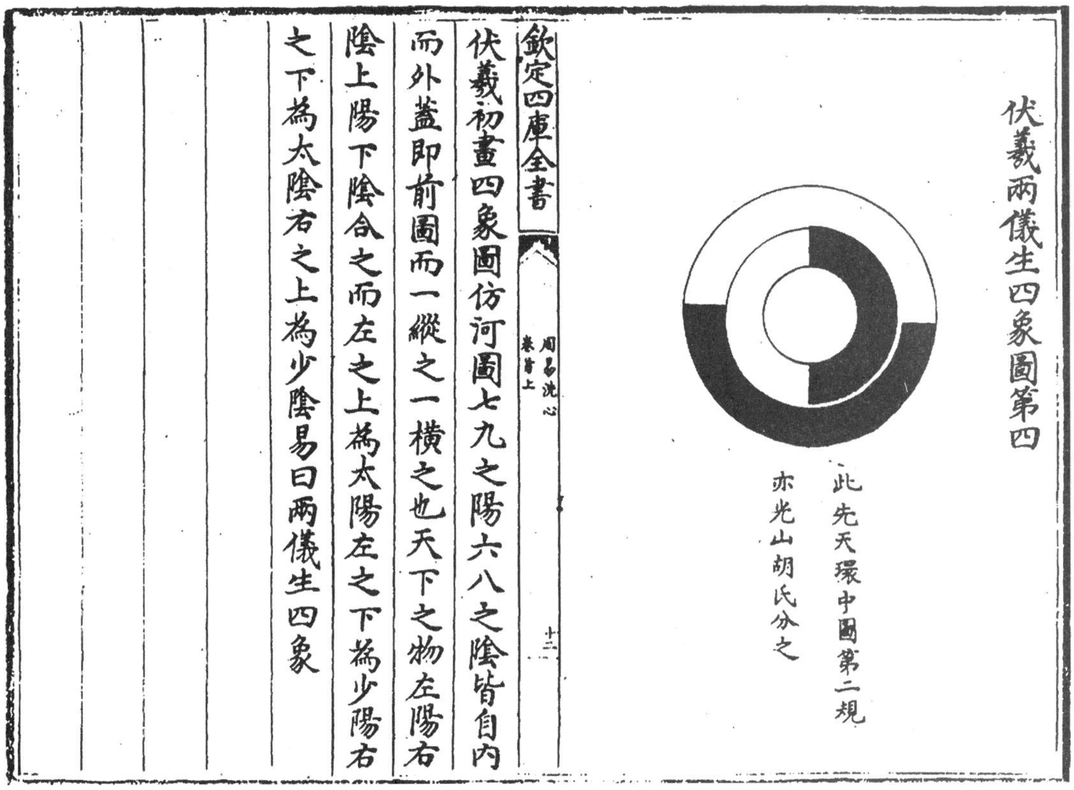

伏羲兩儀生四象圖第四

此先天環中圖第二規
亦光山胡氏分之

欽定四庫全書　周易洗心　卷首上　十二

伏羲初畫四象圖仿河圖七九之陽六八之陰皆自內而外蓋即前圖而一縱之一橫之也天下之物左陽右陰上陽下陰合之而左之上為太陽左之下為少陽右之下為太陰右之上為少陰易曰兩儀生四象

图 4　伏羲两仪生四象图

（任启运《周易洗心》）

四象加前後成六合圖第五

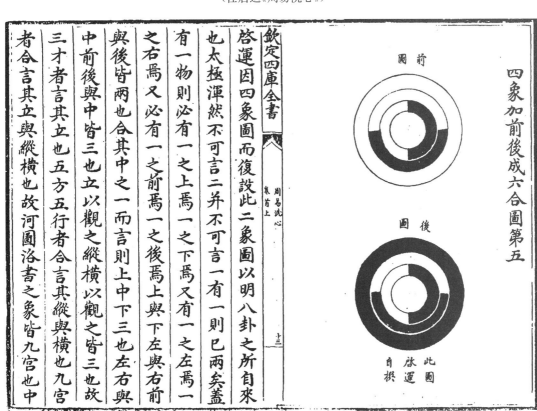

欽定四庫全書　周易洗心　卷首上　十三

啓運因四象圖而復設此二象圖以明八卦之所自來也太極渾然不可言二并不可言一有一則已兩矣蓋有一物則必有一之上焉一之下焉又有一之左焉一之右焉又必有一之前焉一之後焉上與下左與右前與後皆兩也合其中之一而言則上中下三也左右與中前後與中皆三也立以觀之縱橫以觀之皆三也故三才者言其立也五方五行者合言其縱與橫也九宮者合言其立與縱橫也故河圖洛書之象皆九宮也中

图 5　四象加前后成六合图

（任启运《周易洗心》）

三陽三陰消息圖第六

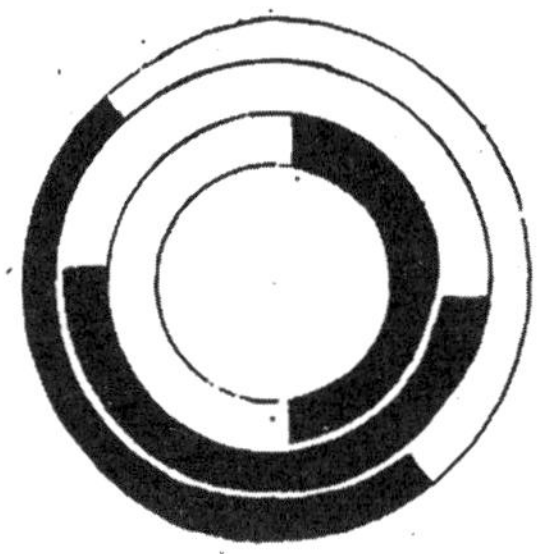

此圖光山胡氏撰

欽定四庫全書　周易洗心　卷首上

胡氏因循環太極而作此圖蓋由環中四象而又斜倚一圖以成六卦也一陽生為震二陽為兌至三陽則純乾矣一陰生為巽二陰為艮至三陰則純坤矣愚按古無六卦之說然陰陽由一而二而三乃消息之大機分之即十有二月之辟卦其不見坎離者日月即其所以為消息也

图6　三阳三阴消息图
（任启运《周易洗心》）

伏羲四象生八卦圖第七

此圖本鶴山魏氏名了翁云得之智州任直翁自易心學中錄出光山胡氏亦同

欽定四庫全書　周易洗心　卷首上

伏羲初畫八卦圖由四象而加四陽四陰以成八卦鶴山即謂之先天環中圖也其左乾一兌二離三震四其右巽五坎六艮七坤八皆自上而下愚掌謂天下之物左陽右陰上陽下陰前陽後陰伏羲既合左右上下為四象而前白後黑難加故析為四陽四陰即前四陰即後也易曰四象生八卦又曰天地定位山澤通氣雷風相薄水火不相射○震四巽五漢儒之說皆然獨宋儒會稽胡氏諫一中字九文謂先天巽四震五

图7　伏羲四象生八卦图
（任启运《周易洗心》）

伏羲六十四卦消息圖第八

此圖啓運因前圖及邵子所傳小大方圓推之知有此而光山胡氏亦同

欽定四庫全書　周易洗心　卷首上　十八

伏羲既成八卦圖又倍之而為六十四卦未有卦名而統名之曰消息鄭氏所謂十言之教是也○按鄭氏以為神農重卦孫盛謂夏禹重卦司馬遷揚雄謂周文王重卦繫傳云八卦成列因而重之是重之者固伏羲也又云其稱名衰世之意是伏羲但有六十四卦之象未有六十四卦之名蓋卦者卦也于陰陽成四象之上復取一陰一陽卦之以觀其健順動入諸德于是有乾坤八卦之名于八卦上復取八卦卦之以觀其陰陽消息

图 8　伏羲六十四卦消息图

（任启运《周易洗心》）

伏羲太極兩儀四象八卦方圖第九

此圖本康節邵子

下一層太極上一層兩儀又上一層四象最上一層八卦　圓圖太極兩儀四象八卦各為一圓而方圖一之者圓主氣方主形氣行有漸形成已定也

欽定四庫全書　周易洗心　卷首上　二十

河圖體圓洛書體方伏羲既則圖而為八卦復則書而方之氣行故有順有逆位定故其序不變也朱子本義有方圖无圓圖蓋失其本矣

图 9　伏羲太极两仪四象八卦方图

（任启运《周易洗心》）

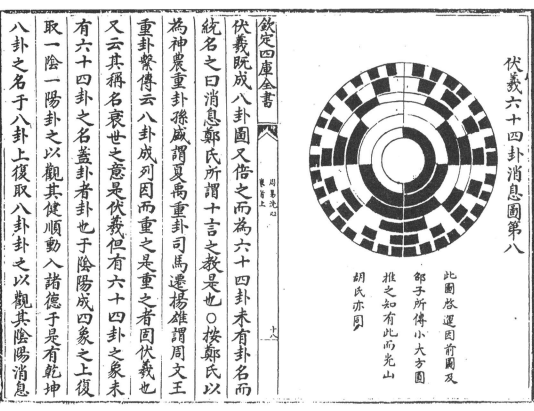

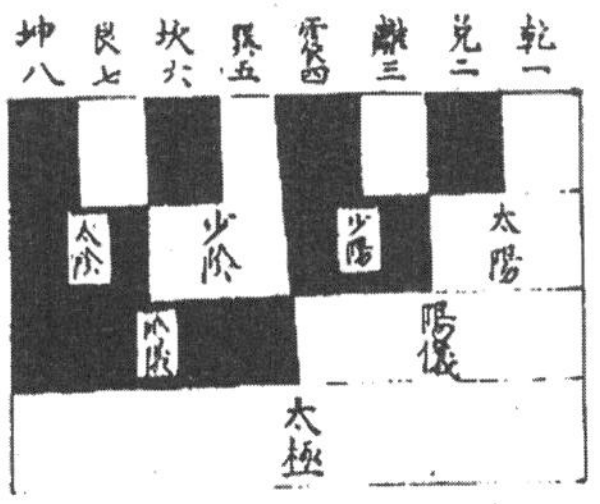

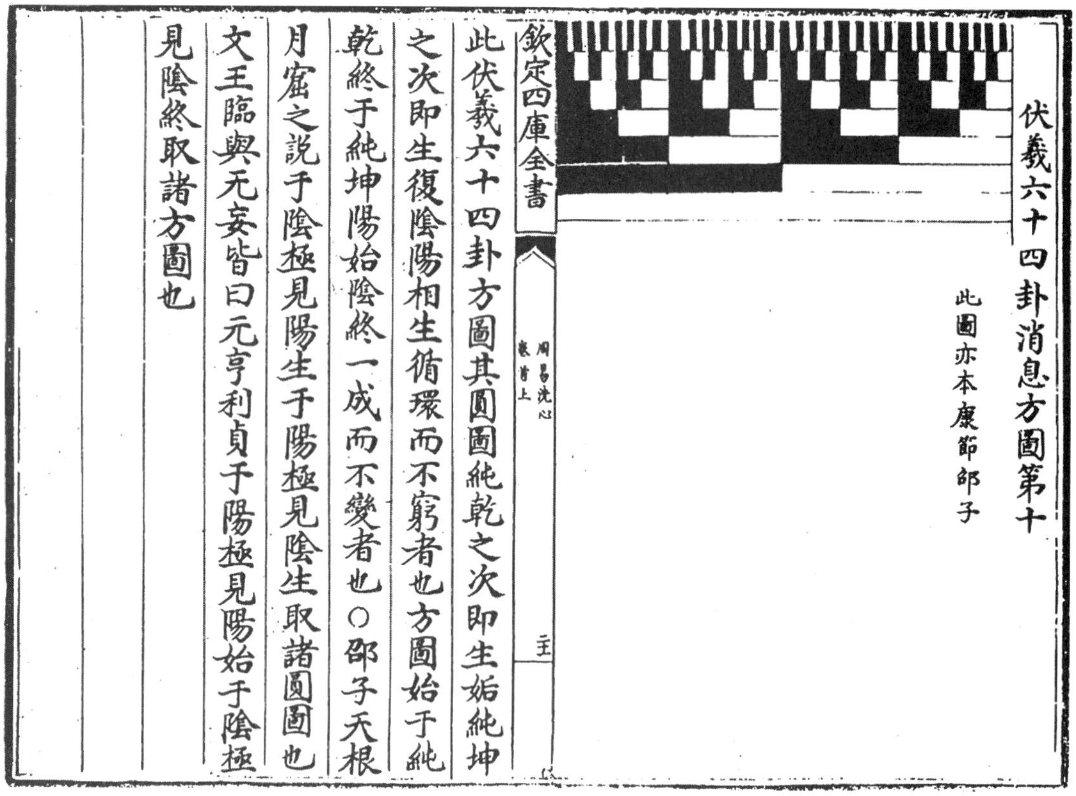
伏羲六十四卦消息方圖第十

此圖亦本康節邵子

欽定四庫全書

周易洗心 卷首上

此伏羲六十四卦方圖其圓圖純乾之次即生姤純坤之次即生復陰陽相生循環而不窮者也方圖始于純乾終于純坤陽始陰終一成而不變者也○邵子天根月窟之說于陰極見陽生于陽極見陰生取諸圓圖也文王臨與无妄皆曰元亨利貞于陽極見陽始于陰極見陰終取諸方圖也

图 10　伏羲六十四卦消息方图

（任启运《周易洗心》）

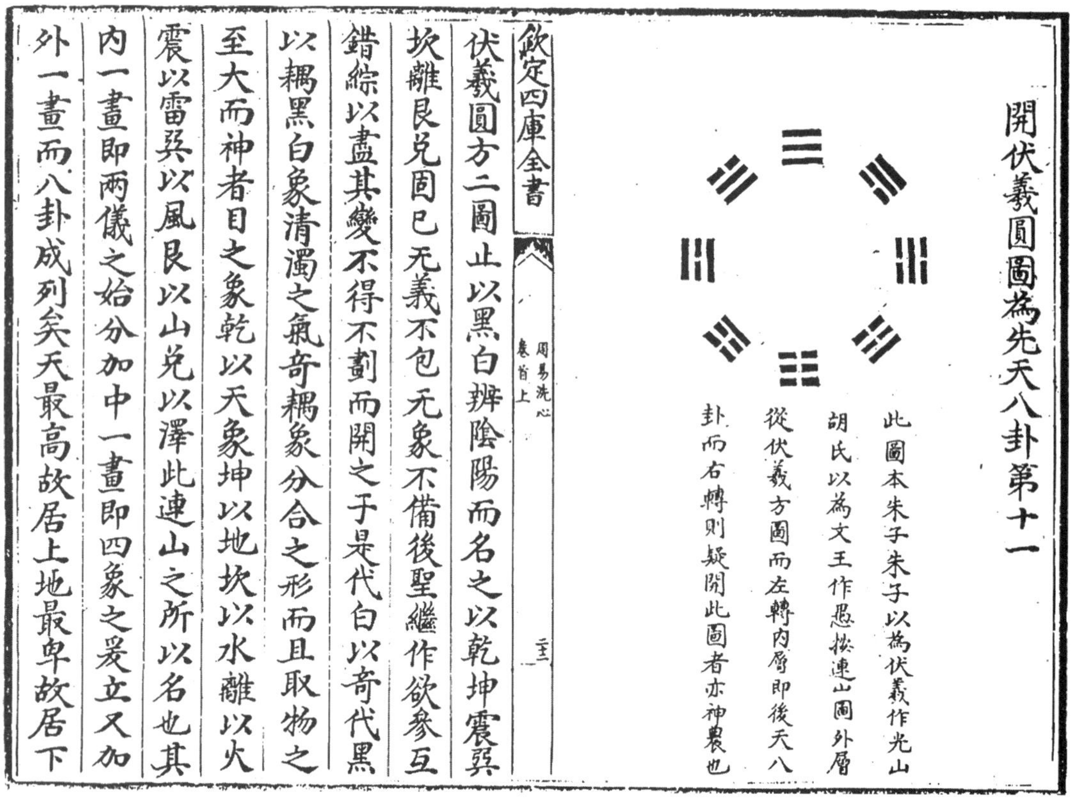
開伏羲圓圖爲先天八卦第十一

此圖本朱子朱子以爲伏羲作光山胡氏以爲文王作愚按連山圖外層從伏羲方圖而左轉内層即後天八卦而右轉則疑開此圖者亦神農也

欽定四庫全書

周易洗心 卷首上

伏羲圓方二圖止以黑白辨陰陽而名之以乾坤震巽坎離艮兑固已无義不包无象不備後聖繼作欲參互錯綜以盡其變不得不劃而開之于是代白以奇代黑以耦黑白象清濁之氣奇耦象分合之形而且取物之至大而神者目之象乾以天象坤以地坎以水離以火震以雷巽以風艮以山兑以澤此連山之所以名也其內一畫即兩儀之始分加中一畫即四象之爰立又加外一畫而八卦成列矣天最高故居上地最卑故居下

图 11　开伏羲圆图为先天八卦图

（任启运《周易洗心》）

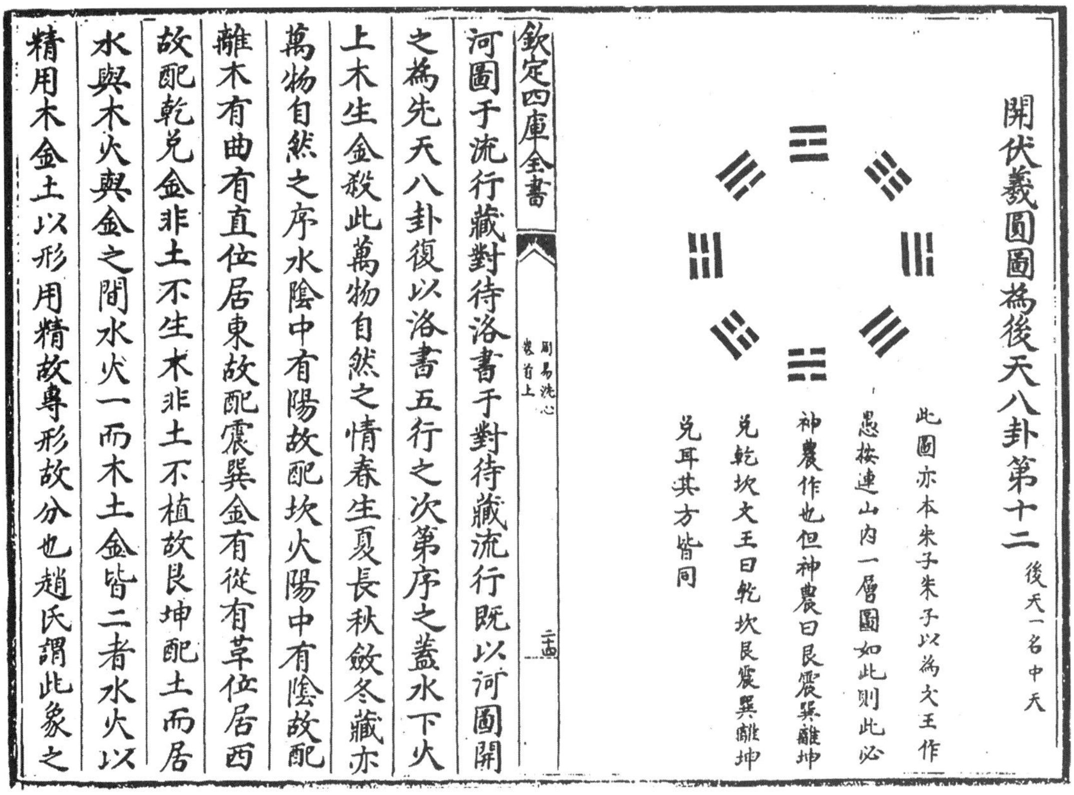
開伏羲圓圖爲後天八卦第十二 後天一名中天

此圖亦本朱子朱子以爲文王作
愚按連山內一層圖如此則此必
神農作也但神農曰艮震巽離坤
兑乾坎文王曰乾坎艮震巽離坤
兑耳其方皆同

欽定四庫全書　周易洗心 卷首上

河圖于流行藏對待洛書于對待藏流行既以河圖開之爲先天八卦復以洛書五行之次第序之蓋水下火上木生金殺此萬物自然之情春生夏長秋斂冬藏亦萬物自然之序水陰中有陽故配坎火陽中有陰故配離木有曲有直位居東故配震巽金有從有革位居西故配乾兑金非土不生木非土不植故艮坤配土而居水與木火與金之間水火一而木土金皆二者水火以精用木金土以形用精故專形故分也趙氏謂此象之

图 12　开伏羲圆图为后天八卦图

（任启运《周易洗心》）

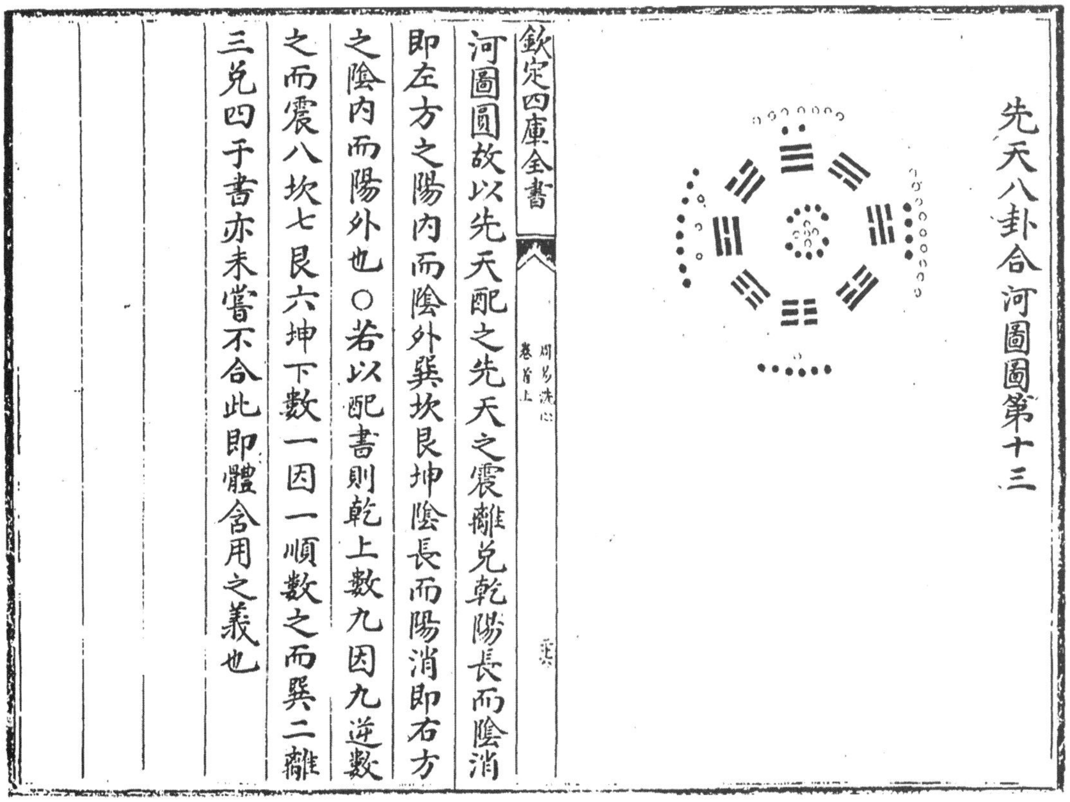
先天八卦合河圖圖第十三

欽定四庫全書　周易洗心 卷首上

河圖圓故以先天配之先天之震離兑乾陽長而陰消即左方之陽內而陰外巽坎艮坤陰長而陽消即右方之陰內而陽外也○若以配書則乾上數九因九逆數之而震八坎七艮六坤下數一因一順數之而巽二離三兑四于書亦未嘗不合此即體合用之義也

图 13　先天八卦合河图图

（任启运《周易洗心》）

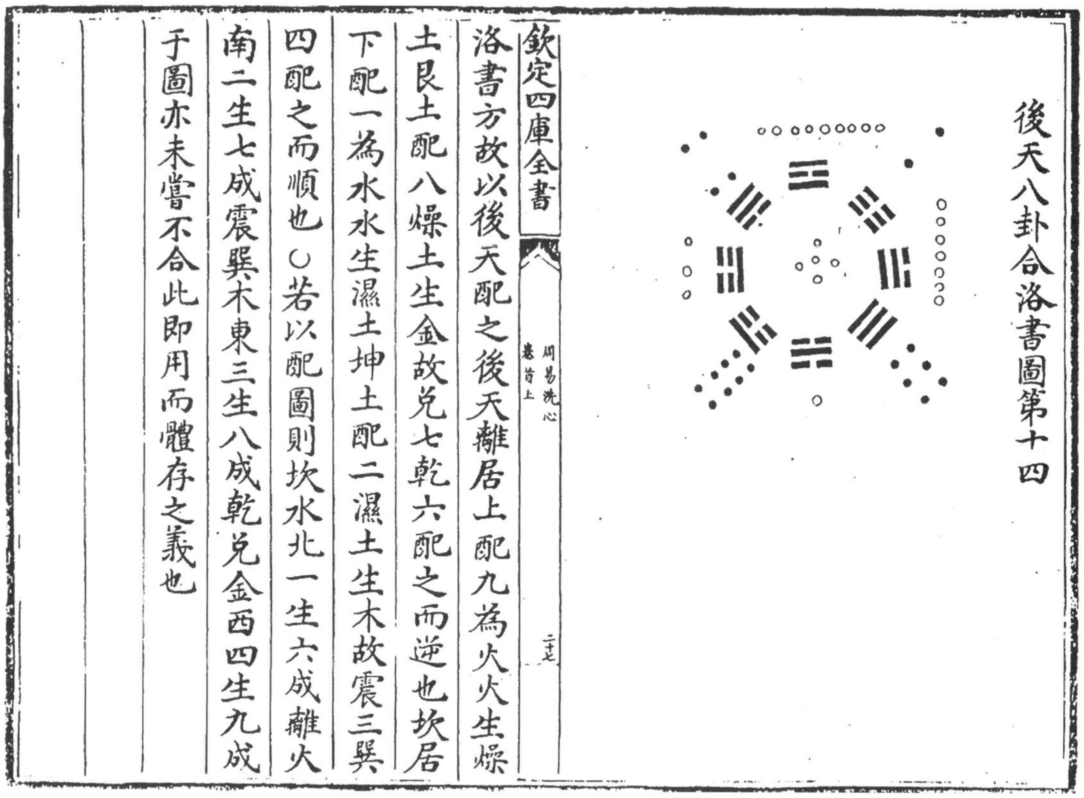

後天八卦合洛書圖第十四

欽定四庫全書　周易洗心　卷首上

洛書方故以後天配之後天離居上配九為火火生燥土艮土配八燥土生金故兌七乾六配之而逆也坎居下配一為水水生濕土坤土配二濕土生木故震三巽四配之而順也○若以配圖則坎水北一生六成離火南二生七成震巽木東三生八成乾兌金西四生九成于圖亦未嘗不合此即用而體存之義也

图 14　后天八卦合洛书图
（任启运《周易洗心》）

八卦分屬天地直圖第十五

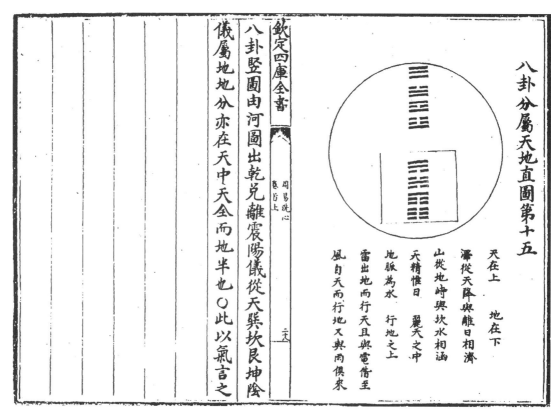

欽定四庫全書　周易洗心　卷首上

八卦豎圖由河圖出乾兌離震陽儀從天巽坎艮坤陰儀屬地地分亦在天中天全而地半也○此以氣言之

天在上　地在下
澤從天降與離日相濟
山從地峙與坎水相涵
天精惟日　麗天之中
地脈為水　行地之上
雷出地而行天且與電偕至
風自天而行地又與雨俱來

图 15　八卦分属天地直图
（任启运《周易洗心》）

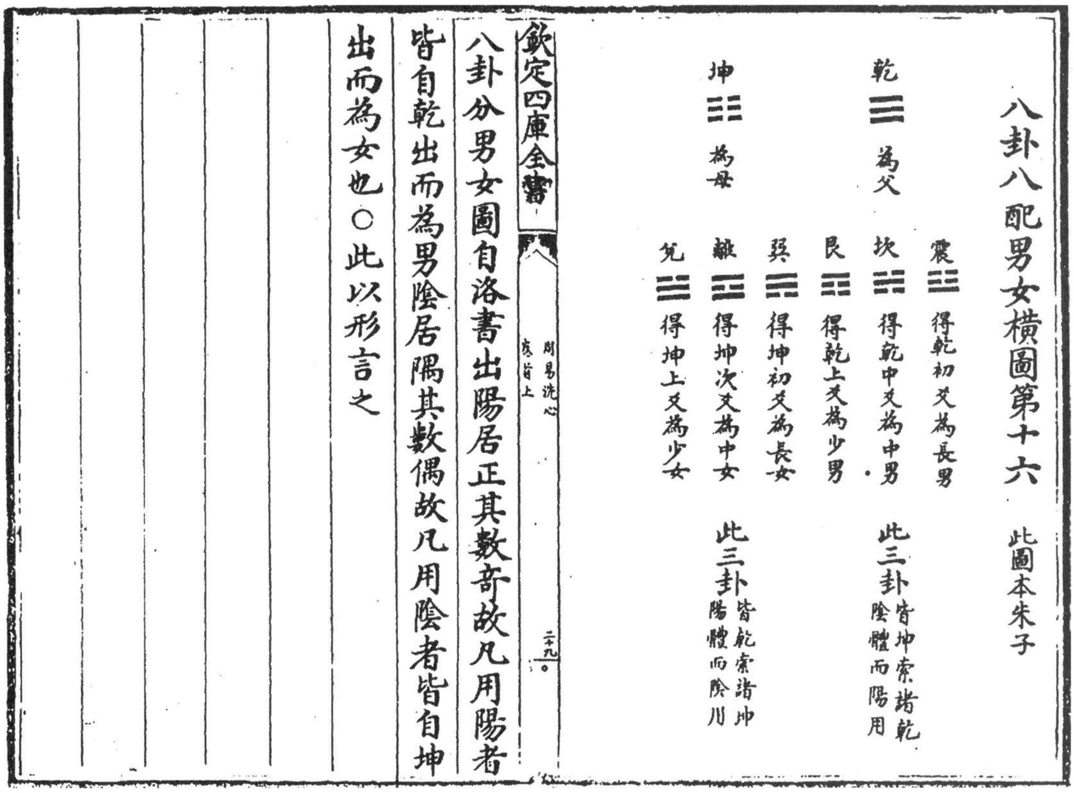
八卦八配男女横圖第十六　此圖本朱子

乾 ☰ 為父

坤 ☷ 為母

震 ☳ 得乾初爻為長男

坎 ☵ 得乾中爻為中男

艮 ☶ 得乾上爻為少男

此三卦皆坤索諸乾陰體而陽用

巽 ☴ 得坤初爻為長女

離 ☲ 得坤次爻為中女

兌 ☱ 得坤上爻為少女

此三卦皆乾索諸坤陽體而陰用

欽定四庫全書　周易洗心　卷首上　二十九

八卦分男女圖自洛書出陽居正其數奇故凡用陽者皆自乾出而為男陰居隅其數偶故凡用陰者皆自坤出而為女也○此以形言之

图 16　八卦八配男女横图

（任启运《周易洗心》）

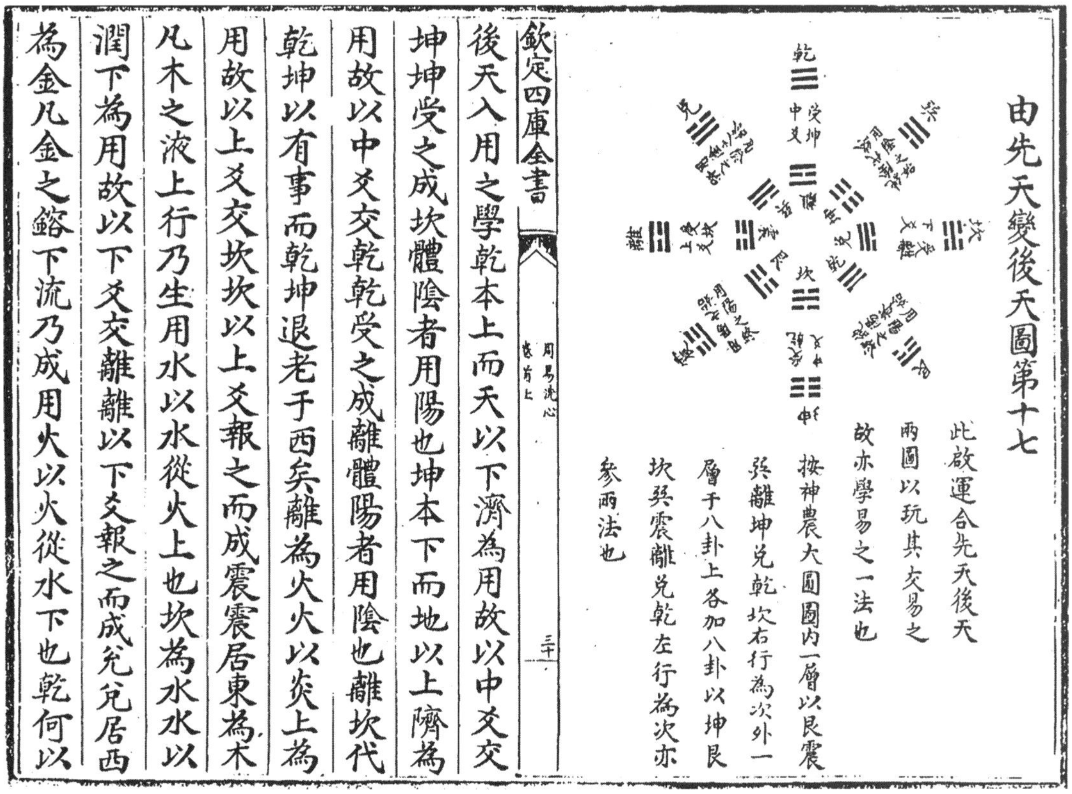
由先天變後天圖第十七

此啟運合先天後天兩圖以玩其爻易之故亦學易之一法也

按神農大圓圖內一層以艮震巽離坤兌乾坎右行為次外一層于八卦上各加八卦以坤艮坎巽震離兌乾左行為次亦參兩法也

欽定四庫全書　周易洗心　卷首上　三十

後天入用之學乾本上而天以下濟為用故以中爻交坤坤受之成坎體陰者用陽也坤本下而地以上隮為用故以中爻交乾乾受之成離體陽者用陰也離坎代乾坤以有事而乾坤退老于西南離為火火以炎上為用故以上爻交坎坎以上爻報之而成震震居東為木凡木之液上行乃生用水以水從火上也坎為水水以潤下為用故以下爻交離離以下爻報之而成兌兌居西為金凡金之鎔下流乃成用火以火從水下也乾何以

图 17　由先天变后天图

（任启运《周易洗心》）

先天八卦合圖書用九藏十圖第十八

此圖本之會稽胡氏諱一中字允文

乾一坤八合九戴九履一則十
離三坎六合九左三右七則十
震四巽五合九二右八左足
則十兌二艮七合九四左肩六
右足則十

欽定四庫全書　周易洗心卷首上

此以先天八卦之位合洛書之數明洛書不用十而十固藏其中也河圖天數五一三五七九故曰天數无十五為天地數之中
地數五二四六八十故曰地數无一數之中六為地數
資始地代終也去一與十不用而以二加乾三加兌四加離五加震六加巽七加坎八加艮九加坤則二九一
十八一者乾八者坤十在其中矣三九二七二者兌
七者艮十在其中矣四九三六三者離六者坎五九
四十五四者震五者巽六九五十四五者巽四者震七

图 18　先天八卦合图书用九藏十图
（任启运《周易洗心》）

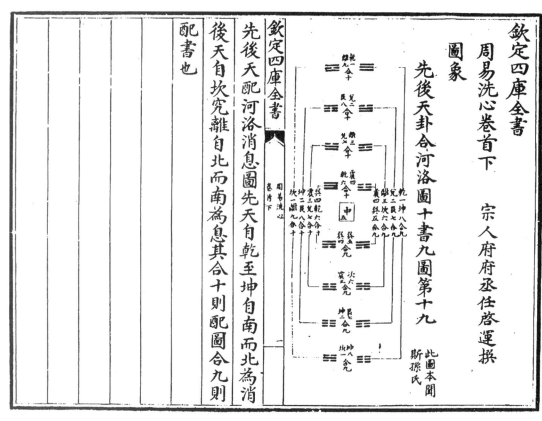

欽定四庫全書　周易洗心卷首下

先後天卦合河洛圖十書九圖第十九　宗人府府丞任啟運撰

圖象

此圖本閩斯掞氏

先後天配河洛消息圖先天自乾至坤自南而北為消
後天自坎究離自北而南為息其合十則配圖合九則
配書也

图 19　先天八卦合河洛图十书九图
（任启运《周易洗心》）

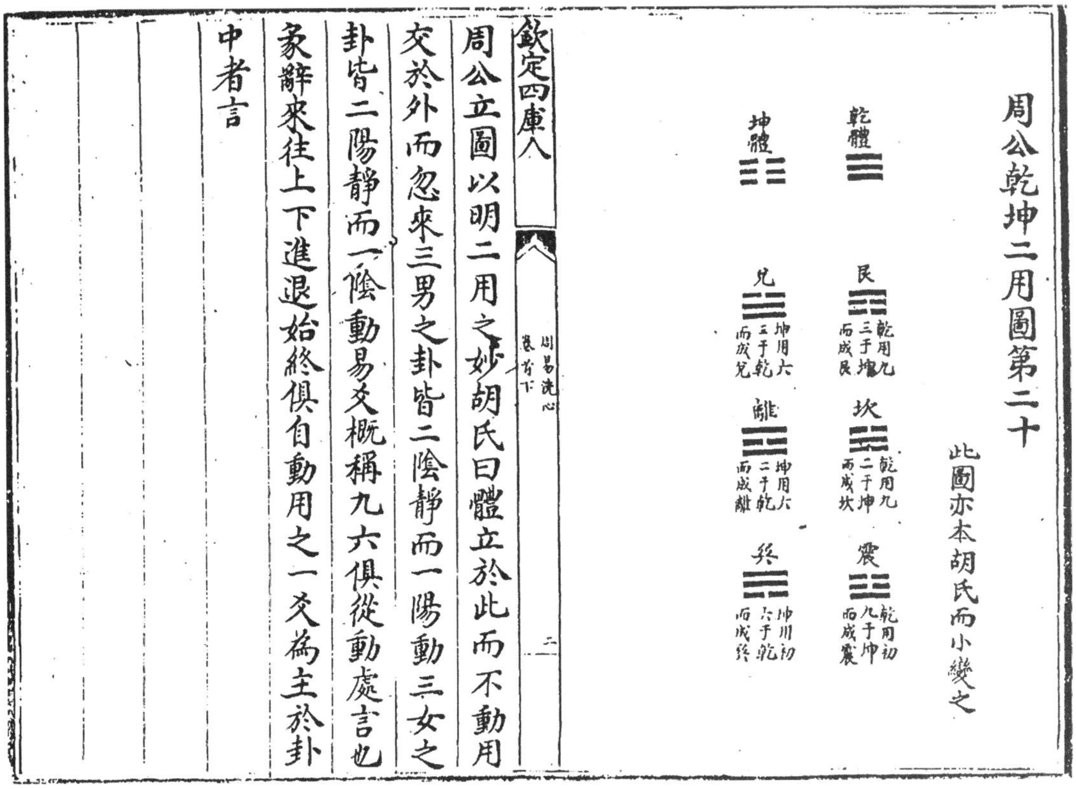

周公乾坤二用图第二十

此图亦本胡氏而小变之

乾体 ☰

坤体 ☷

艮 ☶ 乾用九 二于坤 而成艮

巽 ☴ 坤用六 二于乾 而成巽

坎 ☵ 乾用九 二于坤 而成坎

离 ☲ 坤用六 二于乾 而成离

震 ☳ 乾用九 初于坤 而成震

兑 ☱ 坤用六 初于乾 而成兑

钦定四库全书　周易洗心　卷首下

周公立图以明二用之妙胡氏曰体立於此而不动用交於外而忽来三男之卦皆二阴静而一阳动三女之卦皆二阳静而一阴动易爻概称九六俱从动处言也爻辞来往上下进退始终俱自动用之一爻为主於卦中者言

图 20　周公乾坤二用图
（任启运《周易洗心》）

连山六十四卦圆图第二十一

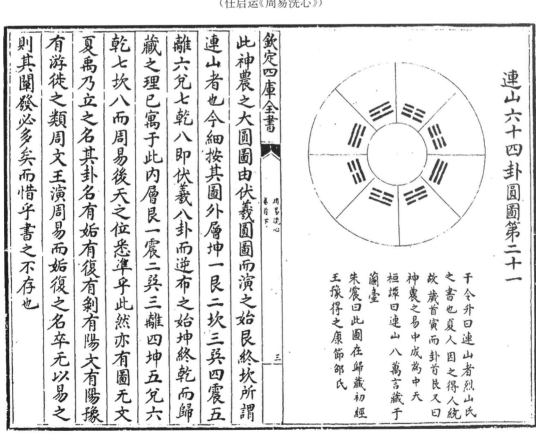

于令升曰连山者烈山氏之书也夏人因之得人统之易也首寅而卦首艮又曰神农之易中成为中天故歳首寅而卦首艮又曰神农之易中成为中天桓谭曰连山八万言藏于兰台朱震曰此图在归藏初经王豫得之康节邵氏

钦定四库全书　周易洗心　卷首下

此神农之大圆图由伏羲圆图而演之始艮终坎所谓连山者也今细按其图外层坤一艮二坎三巽四震五离六兑七乾八即伏羲八卦而逆布之始坤终乾而归藏之理已寓于此内层艮一震二巽三离四坤五兑六乾七坎八而周易后天之位悉准乎此然亦有图无文夏禹乃立卦名其卦名有姤有复有剥有阳又有豫乾有游徒之类周文王演周易而姤复之名卒无以易之则其阐发必多矣而惜乎书之不存也

图 21　连山六十四卦圆图
（任启运《周易洗心》）

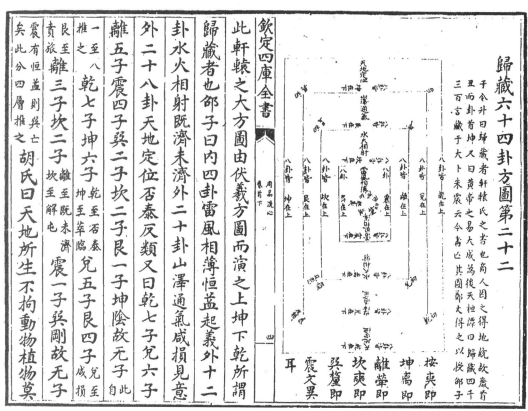

图22　归藏六十四卦方图
（任启运《周易洗心》）

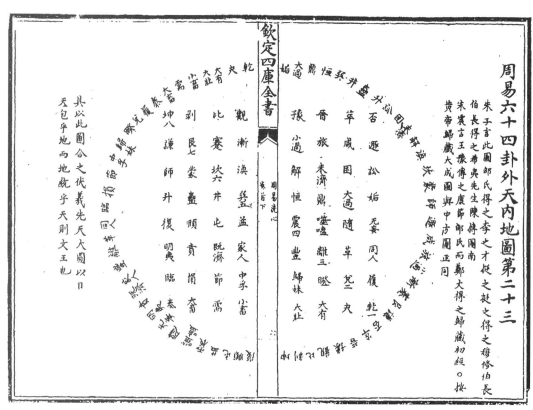

图23　周易六十四卦外天内地图
（任启运《周易洗心》）

六十四卦配四時十二月六十律之圖第二十四

坎在中孚　離在咸　兌在賁　震在解　以此四卦統四時
則其餘止六十卦故以配六十律　此圖本京房

欽定四庫全書　周易洗心　卷首下

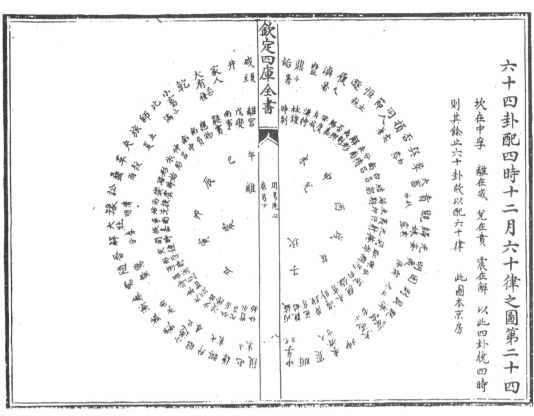

图 24　六十四卦配四时十二月六十律之图
（任启运《周易洗心》）

六十四卦中之原歸四卦圓圖第三十一

欽定四庫全書　周易洗心　卷首下　二五

此互卦圓圖李氏曰乾坤體也既濟未濟用也左方三十二卦互之皆剝復漸歸妹解蹇以震艮為主而統于乾坤右方三十二卦互之皆夬姤大過頤睽家人以巽兌為主而統于既濟未濟○震艮交坤為剝復交巽兌為漸歸妹交坤為解蹇此六卦皆以震艮為主故為陽○巽兌交乾為姤夬交震艮為大過頤交離為睽家人此六卦皆以巽兌為主故為陰○三畫卦艮陽極震陽生六畫卦剝陽極復陽生故剝復象艮震為諸陽互卦

图 25　六十四卦中之原归四卦圆图
（任启运《周易洗心》）

明清时期

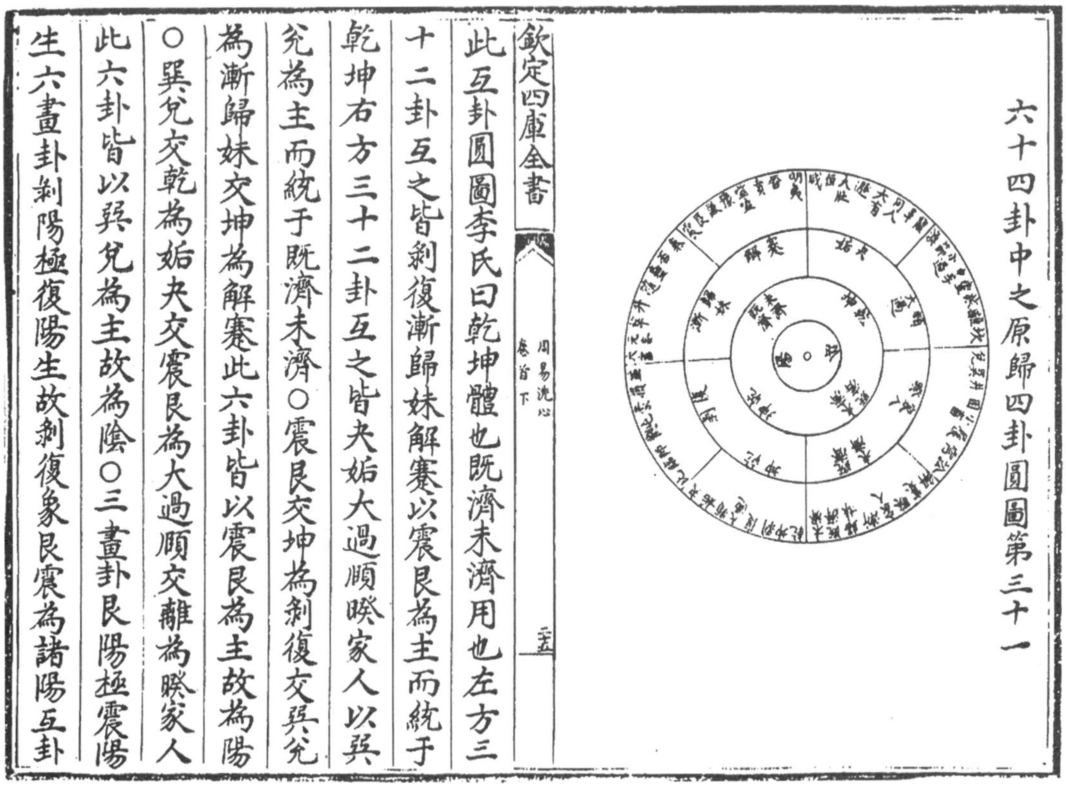

石庞（1670—?）

字晦村，号天外，清安徽太湖人。自幼颖悟，善学。稍长，即能文，工诗词，兼长篆刻书画。著有《天外谈初集》。所撰传奇六种：《因缘梦》《后西厢》《壶中天》《无因种》《诗囊恨》《薄命缘》，均佚。现存有《周易》图像一幅。

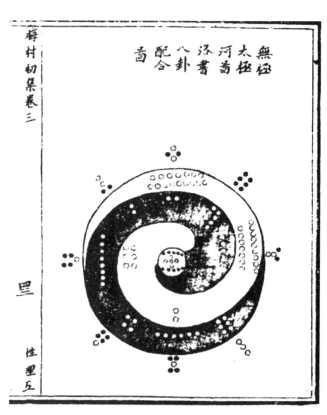

图1　无极太极河图洛书八卦配合图
（石庞《梅村初集》）

李文炤(1672—1735)

字元朗，号恒斋，清湖南善化(今湖南长沙)人。康熙五十二年(1713)举人，授谷城教谕，不仕，出任岳麓书院山长。学宗朱子，泛滥经、子、集，著述丰厚，是清代前中期湖湘学派继王夫之之后的重要人物。著有《周易本义拾遗》六卷、《周礼集传》六卷、《春秋集传》十卷、《家礼拾遗》五卷、《近思录集解》十四卷、《正蒙集解》九卷、《太极解拾遗》一卷、《通书解拾遗》一卷、《西铭解拾遗》一卷、《恒斋文集》十二卷等。现有《周易》图像十一幅。

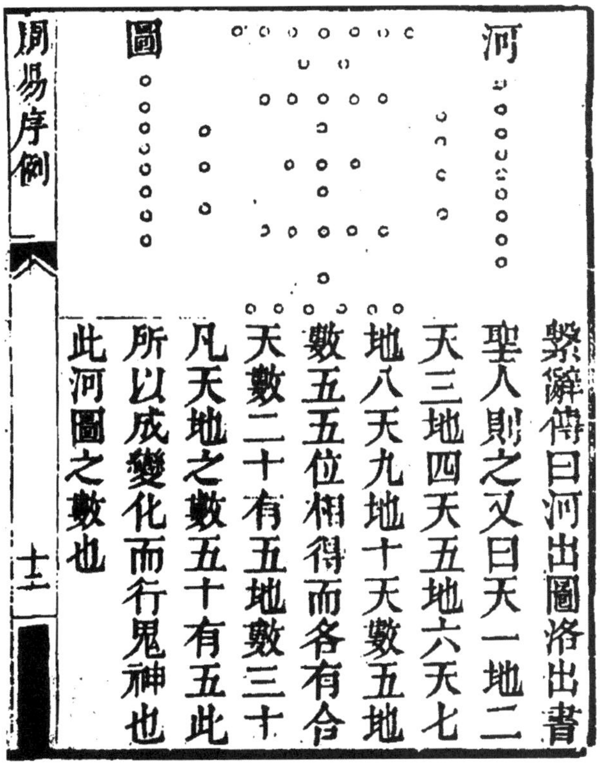
周易序例 十二

河圖

繫辭傳曰河出圖洛出書聖人則之又曰天一地二天三地四天五地六天七地八天九地十天數五地數五五位相得而各有合天數二十有五地數三十凡天地之數五十有五此所以成變化而行鬼神也此河圖之數也

图1　河图

(李文炤《周易本义拾遗》)

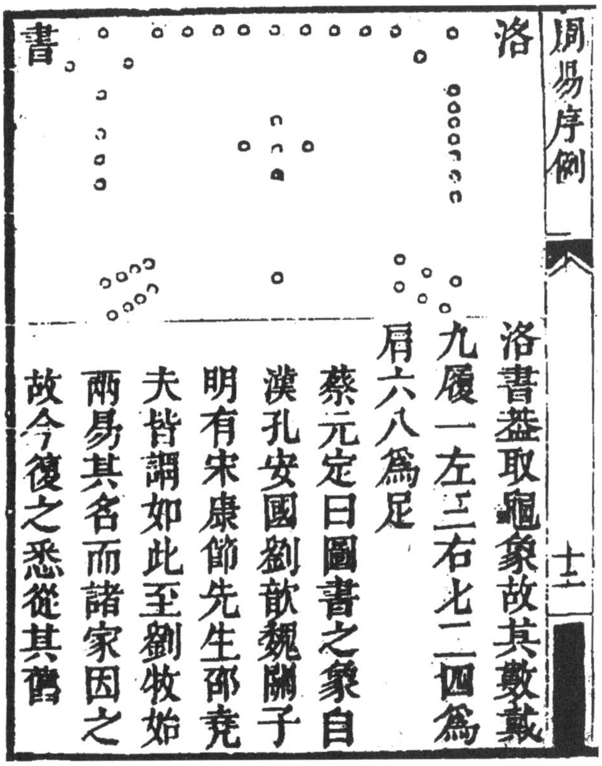
周易序例 十二

洛書

洛書蓋取龜象故其數戴九履一左三右七二四為肩六八為足

蔡元定曰圖書之象自漢孔安國劉歆魏關子明有宋康節先生邵堯夫皆謂如此至劉牧始兩易其名而諸家因之故今復之悉從其舊

图2　洛书

(李文炤《周易本义拾遗》)

伏羲八卦次序

乾	兌	離	震	巽	坎	艮	坤
一	二	三	四	五	六	七	八
太陽		少陰		少陽		太陰	
陽				陰			
太極							

繫辭傳曰易有太極是生兩儀兩儀生四象四象生八卦邵子曰一分為二二分為四四分為八說卦傳曰易逆數也邵子曰乾一兌二離三震四巽五坎六艮七坤八自乾至坤皆得未生之卦若逆推四時之比也

图3　伏羲八卦次序图
（李文炤《周易本义拾遗》）

伏羲八卦方位

說卦傳曰天地定位山澤通氣雷風相薄水火不相射八卦相錯數往者順知來者逆邵子曰乾南坤北離東坎西震東北兌東南巽西南艮西北自震至乾為順自巽至坤為逆方位放此後六十四卦

图4　伏羲八卦方位图
（李文炤《周易本义拾遗》）

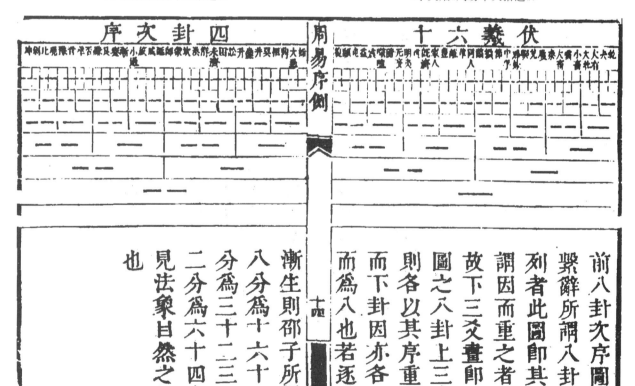

图5　伏羲六十四卦次序图
（李文炤《周易本义拾遗》）

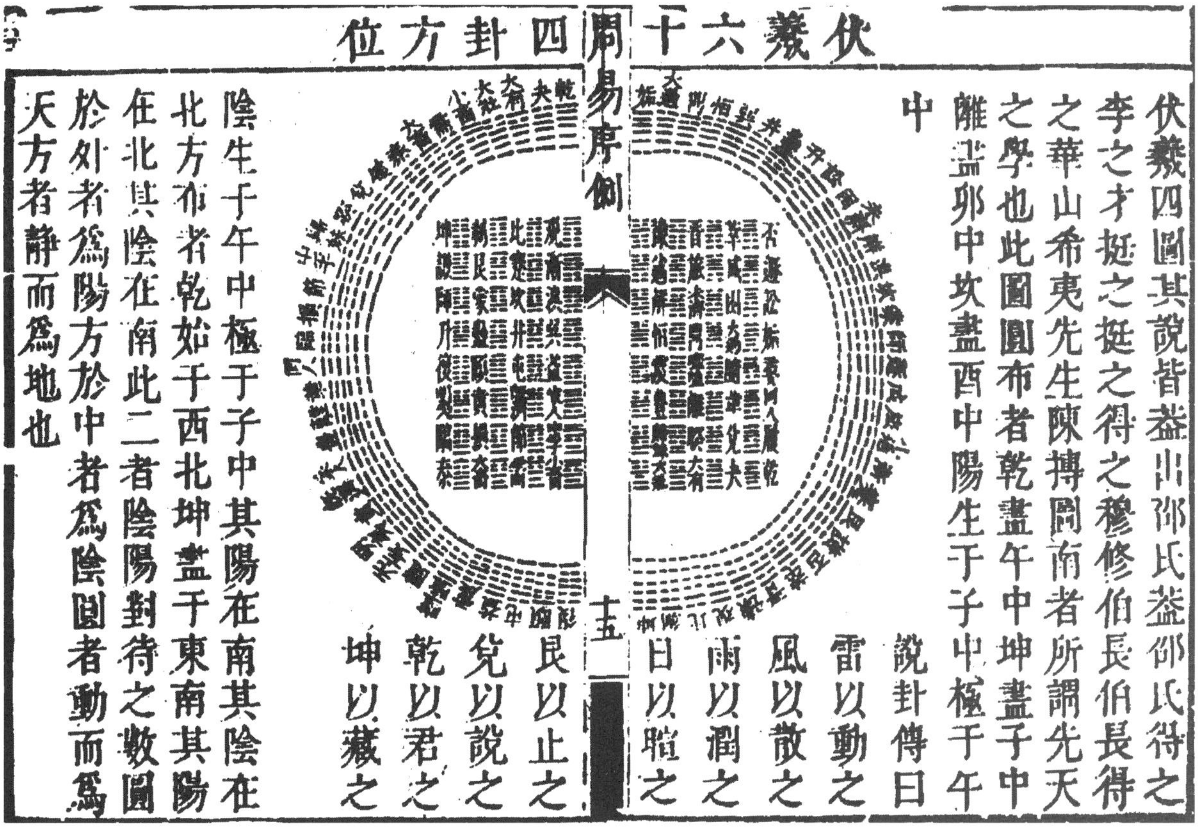

伏羲六十四卦方位

伏羲四圖其說皆邵氏發明邵氏得之李之才挺之挺之得之穆修伯長伯長得之華山希夷先生陳摶圖南者所謂先天之學也此圖圓布者乾盡午中坤盡子中離盡卯中坎盡酉中陽生于子中極于午中陰生于午中極于子中其陽在南其陰在北方布者乾始于西北坤盡于東南其陽在北其陰在南此二者陰陽對待之數圓於外者爲陽方於中者爲陰圓者動而爲天方者靜而爲地也

說卦傳曰
雷以動之
風以散之
雨以潤之
日以晅之
艮以止之
兌以說之
乾以君之
坤以藏之

图6　伏羲六十四卦方位图
（李文炤《周易本义拾遗》）

文王八卦次序

周易序例

乾父 ☰
坤母 ☷

震長男 ☳　得乾初爻
坎中男 ☵　得乾中爻
艮少男 ☶　得乾上爻
巽長女 ☴　得坤初爻
離中女 ☲　得坤中爻
兌少女 ☱　得坤上爻

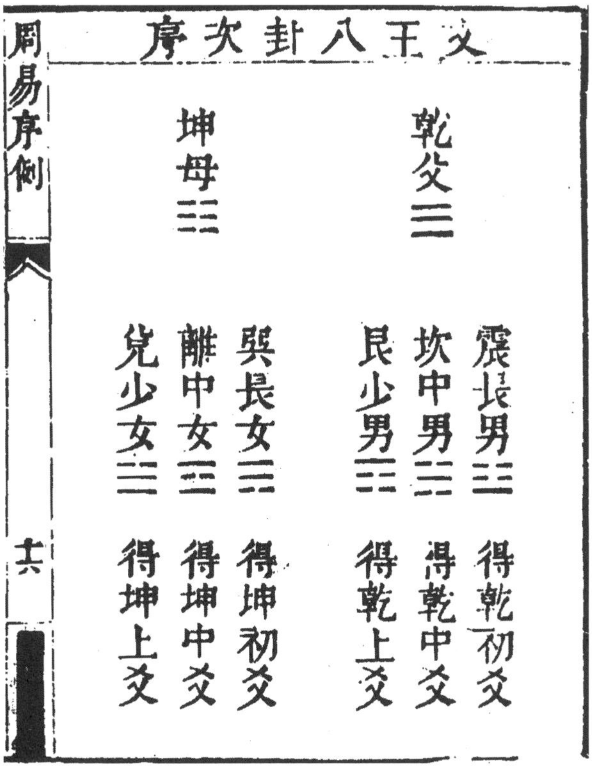

图7　文王八卦次序图
（李文炤《周易本义拾遗》）

文王八卦方位

說卦傳曰帝出乎震齊乎巽相見乎離致役乎坤說言乎兌戰乎乾勞乎坎成言乎艮

邵子曰此文王八卦乃入用之位後天之學也

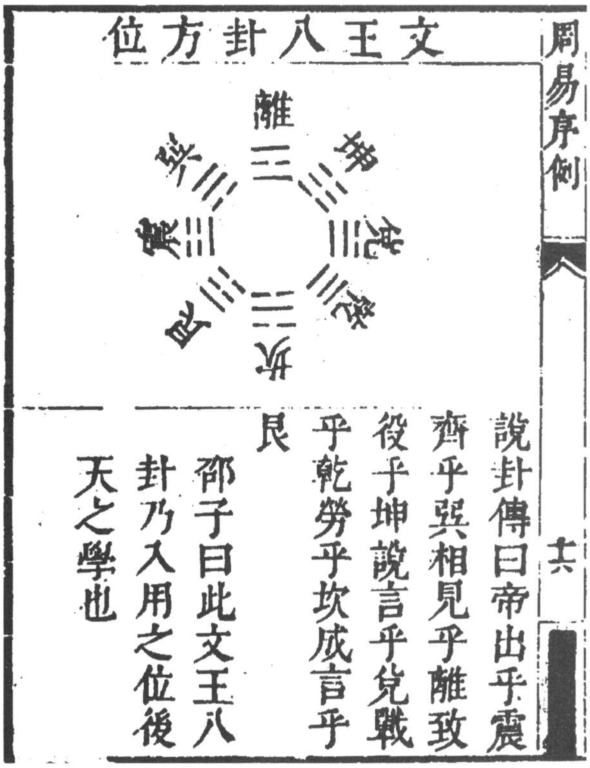

图8　文王八卦方位图
（李文炤《周易本义拾遗》）

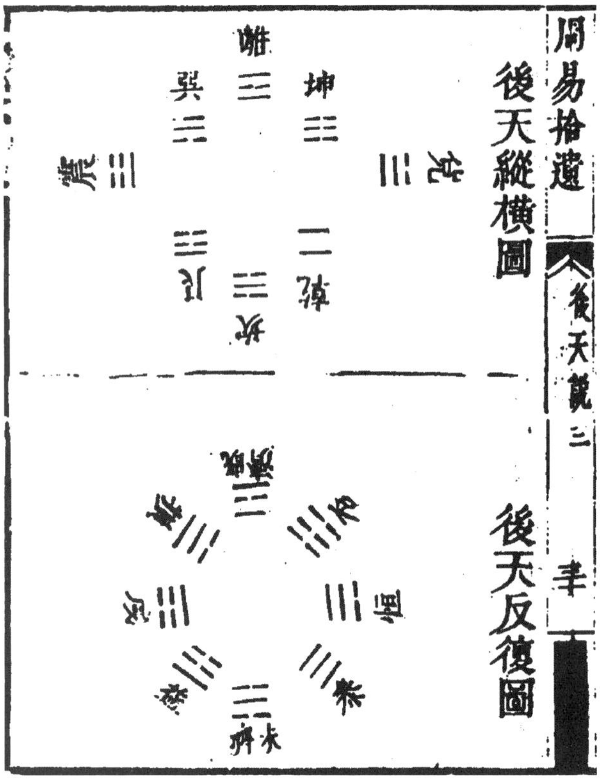

图 9　后天纵横图
图 10　后天反复图
（李文炤《周易本义拾遗》）

图 11　错综图
（李文炤《周易本义拾遗》）

江永(1681—1762)

字慎修,清安徽婺源(今属江西)人。年二十一始为县学生,六十二选为岁贡生。一生未曾居官,以教授生徒与著述而困居乡里。著有《礼经纲目》八十八卷、《春秋地理考实》四卷、《周礼疑义举要》七卷、《河洛精蕴》九卷等。现存有《周易》图像四十三幅。

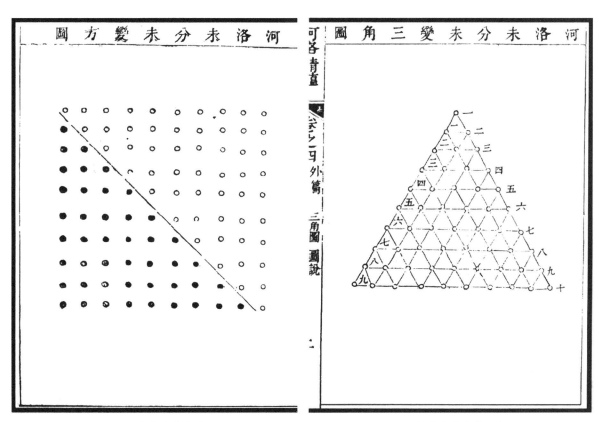

图1 河洛未分未变方图　　　　图2 河洛未分未变三角图
　　(江永《河洛精蕴》)　　　　　　(江永《河洛精蕴》)

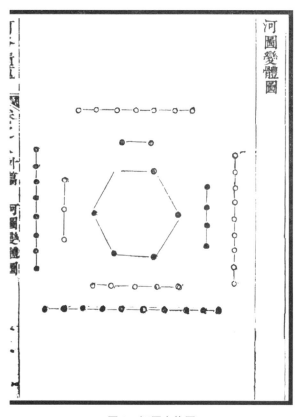

图 3　河图变体图
（江永《河洛精蕴》）

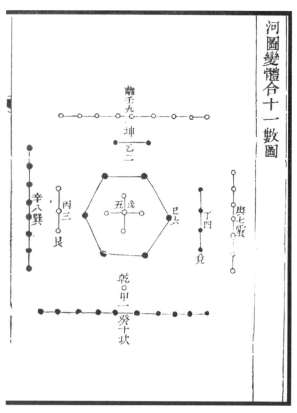

图 4　河图变体合十一数图
（江永《河洛精蕴》）

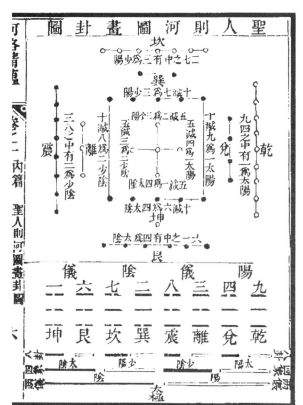

图 5　圣人则河图画卦图
（江永《河洛精蕴》）

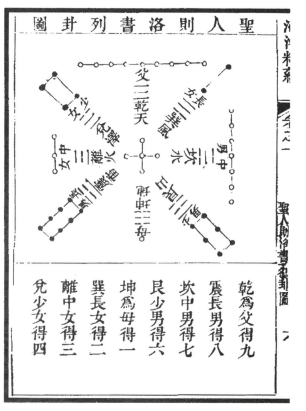

图 6　圣人则洛书列卦图
（江永《河洛精蕴》）

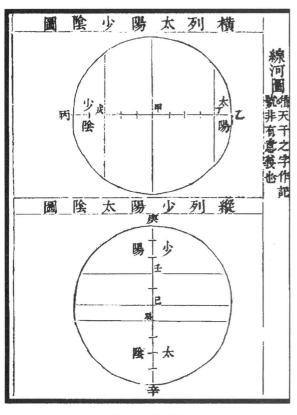

图 7　线河图
（江永《河洛精蕴》）

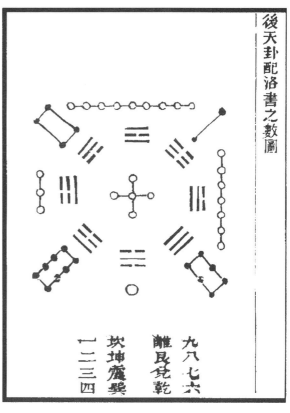

图 8　后天卦配洛书之数图
（江永《河洛精蕴》）

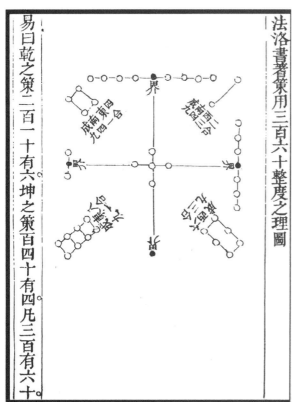

图 9　法洛书蓍策用三百六十整度之理图
（江永《河洛精蕴》）

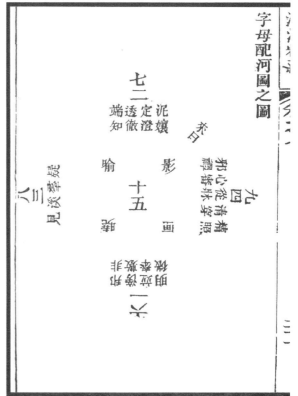

图 10　字母配河图之图
（江永《河洛精蕴》）

河洛精蘊卷之八

河圖爲物理根源圖

河圖數	一六	二七	三八	四九	五十
方位	北	南	東	西	中
五星	辰星	熒惑	歲星	太白	鎮星
五行	水	火	木	金	土
五行之性	潤下	炎上	曲直	從革	稼穡
五行之味	作鹹入腎	作苦入心	作酸入肝	作辛入肺	作甘入脾
五時	冬	夏	春	秋	長夏中央土

外篇　河圖爲物理根源圖

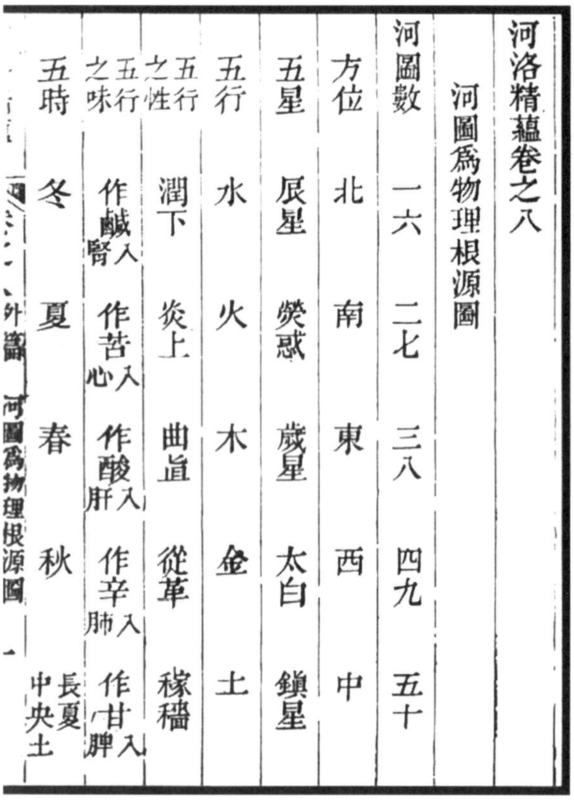

图 11　河图为物理根源图

（江永《河洛精蕴》）

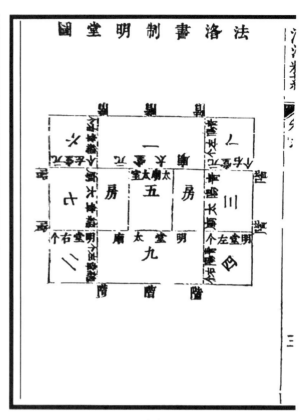

图 12　法洛书制明堂图

（江永《河洛精蕴》）

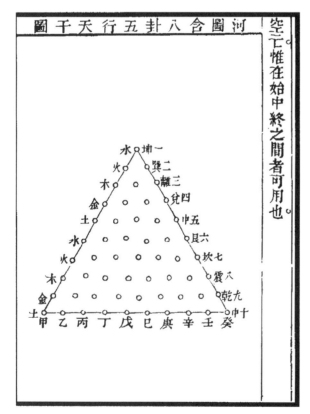

图 13　河图含八卦五行天干图

（江永《河洛精蕴》）

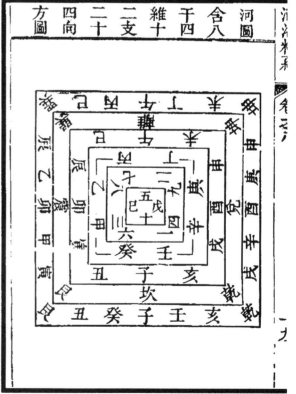

图 14　河图含八干四维十二支二十四向方图

（江永《河洛精蕴》）

图 15　河图含八干四维十二支二十四向圆图
（江永《河洛精蕴》）

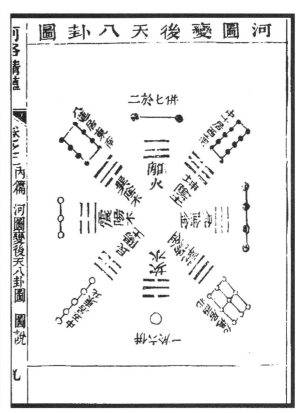

图 16　河图变后天八卦图
（江永《河洛精蕴》）

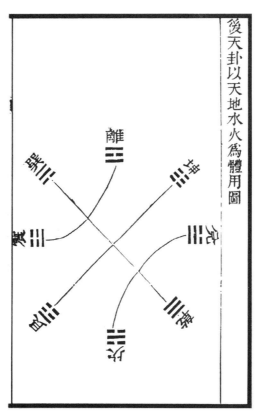

图 17　后天卦以天地水火为体用图
（江永《河洛精蕴》）

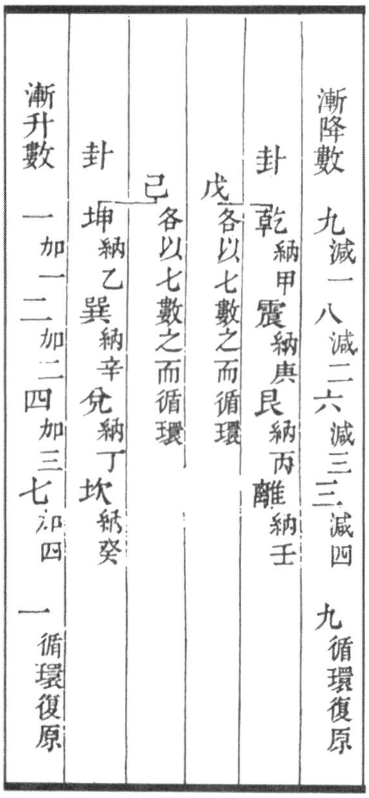

图 18　纳甲图
（江永《河洛精蕴》）

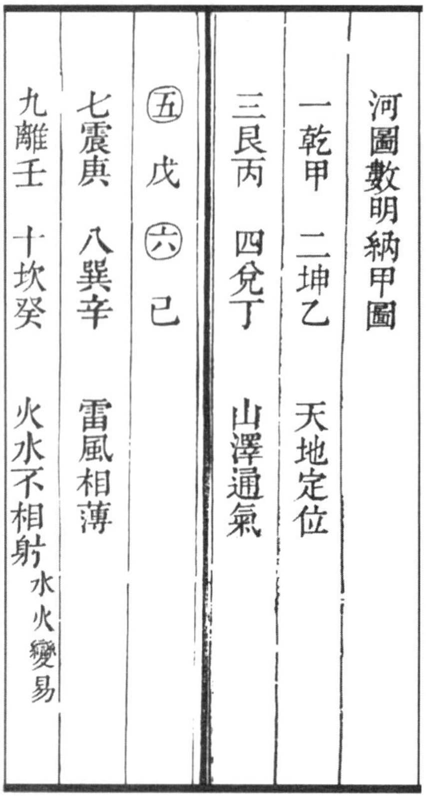

图 19　河图数明纳甲图
（江永《河洛精蕴》）

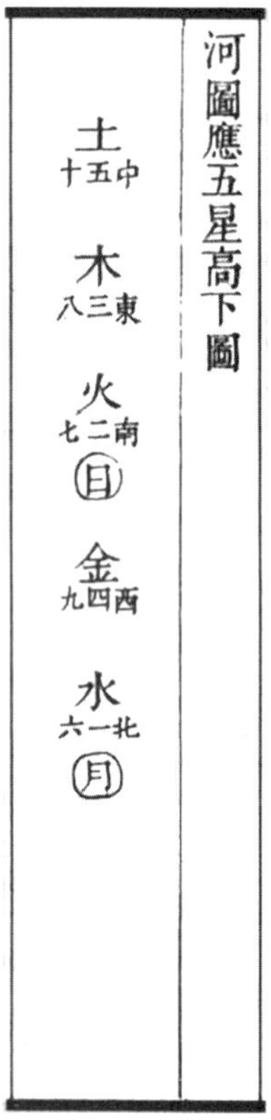

图 20　河图应五星高下图
（江永《河洛精蕴》）

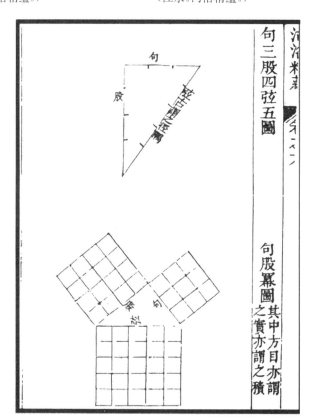

图 21　勾三股四弦五与勾股幂图
（江永《河洛精蕴》）

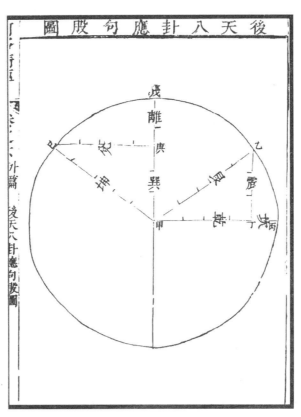

图 22　后天八卦应勾股图
（江永《河洛精蕴》）

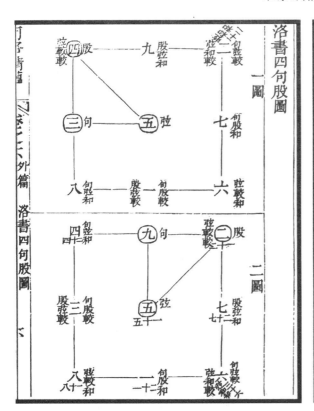
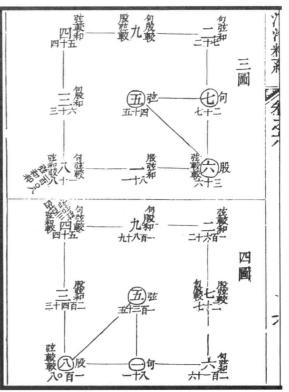

图 23　洛书四勾股四图
（江永《河洛精蕴》）

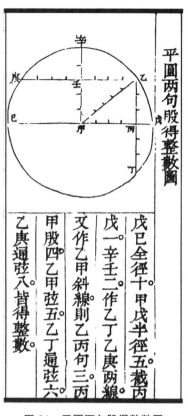

图 24　平圆两勾股得整数图
（江永《河洛精蕴》）

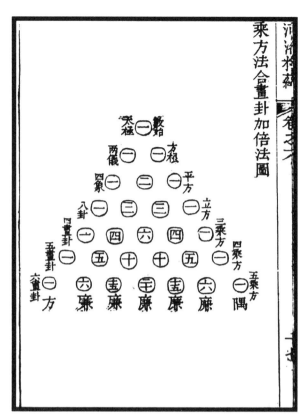

图 25　乘方法合画卦加倍法图
（江永《河洛精蕴》）

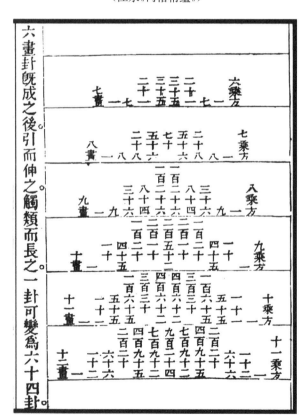

图 26　乘方图
（江永《河洛精蕴》）

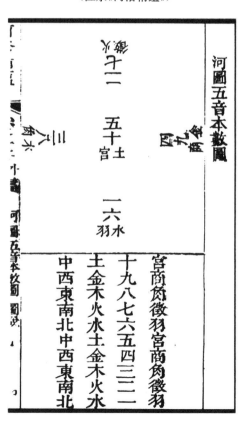

图 27　河图五音本数图
（江永《河洛精蕴》）

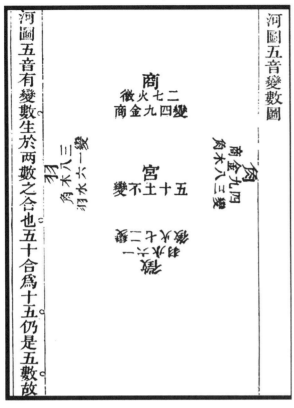

图 28 河图五音变数图
（江永《河洛精蕴》）

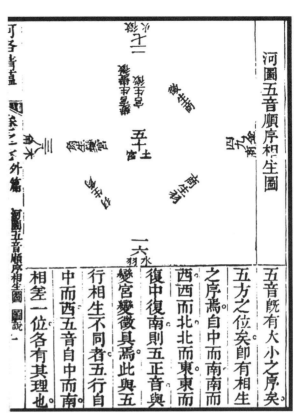

图 29 河图五音顺序相生图
（江永《河洛精蕴》）

图 30 洛书应十二律图
（江永《河洛精蕴》）

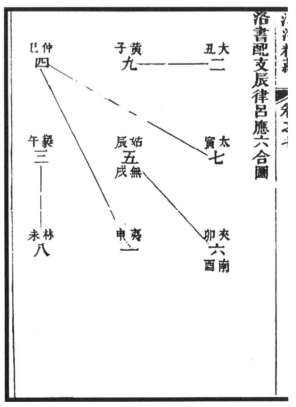

图 31 洛书配支辰律吕应六合图
（江永《河洛精蕴》）

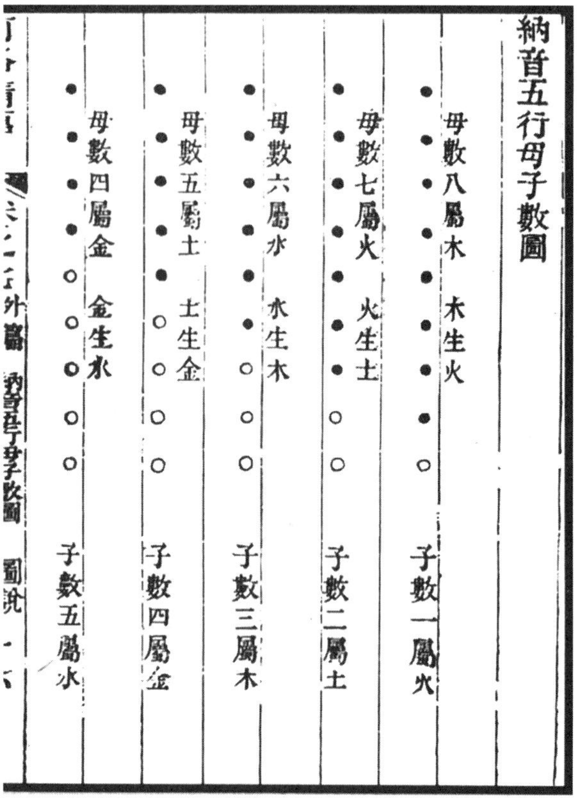

图 32　纳音五行母子数图
（江永《河洛精蕴》）

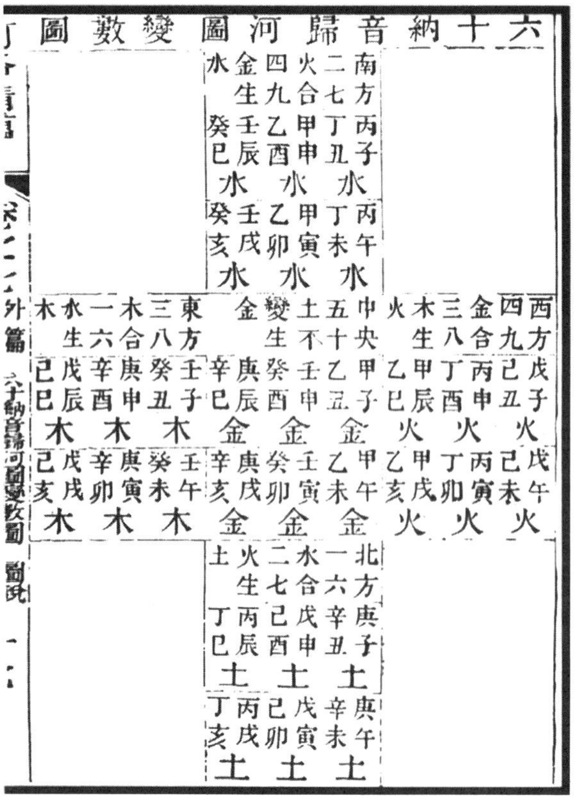

图 33　六十纳音归河图变数图
（江永《河洛精蕴》）

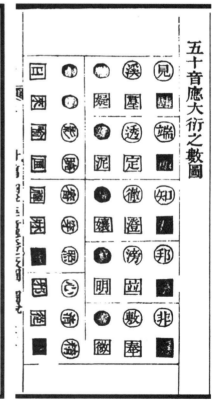

图 34　五十音应大衍之数图
（江永《河洛精蕴》）

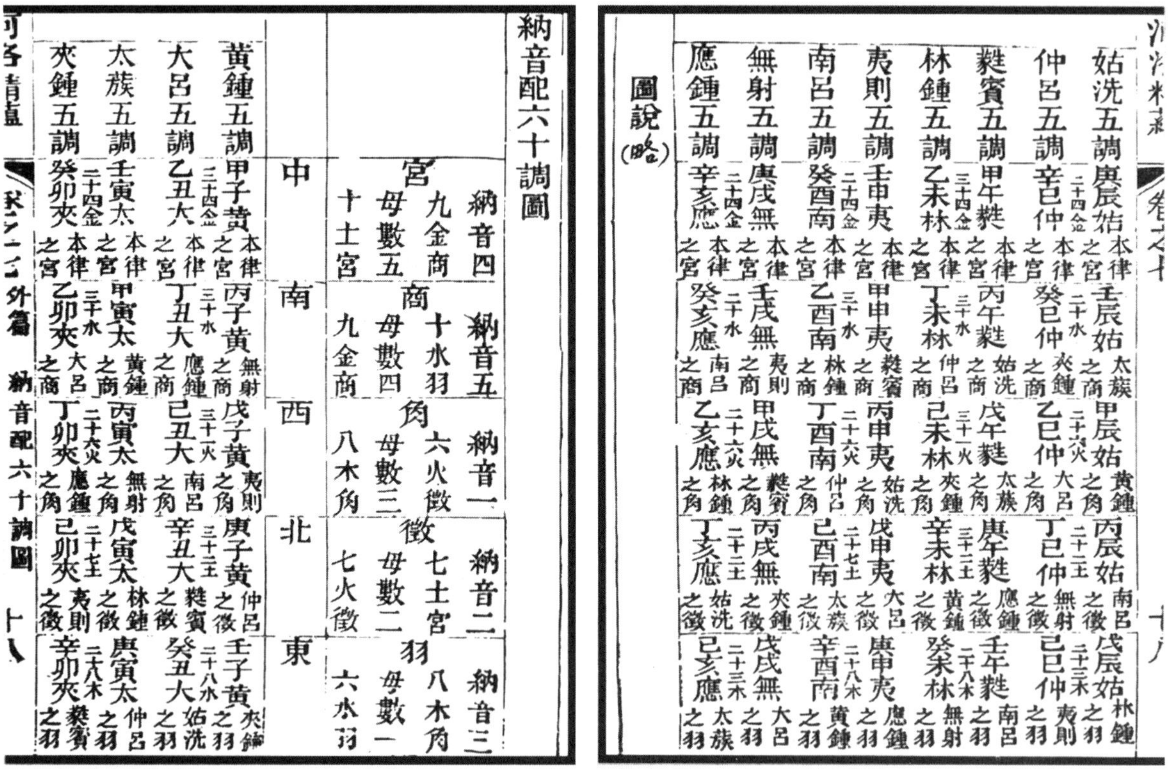

納音配六十調圖

宮	商	角	徵	羽
納音四	納音五	納音一	納音二	納音三
九金商	十水羽	六火徵	七土宮	八木角
母數五	母數四	母數三	母數二	母數一
十土宮	九金商	八木角	七火徵	六水羽
中	南	西	北	東

黃鍾五調	甲子黃 三十四金 本律之宮	丙子黃 三十水 無射之商	戊子黃 三十一火 夷則之角	庚子黃 三十三土 仲呂之徵	壬子黃 二十八木 夾鍾之羽
大呂五調	乙丑大 三十四金 本律之宮	丁丑大 三十水 應鍾之商	己丑大 三十一火 南呂之角	辛丑大 三十三土 蕤賓之徵	癸丑大 二十八木 姑洗之羽
太族五調	壬寅太 二十四金 本律之宮	甲寅太 三十水 黃鍾之商	丙寅太 二十六火 無射之角	戊寅太 二十三土 林鍾之徵	庚寅太 二十八木 仲呂之羽
夾鍾五調	癸卯夾 二十四金 本律之宮	乙卯夾 大呂之商	丁卯夾 二十六火 應鍾之角	己卯夾 二十三土 夷則之徵	辛卯夾 二十八木 蕤賓之羽
姑洗五調	庚辰姑 二十四金 本律之宮	壬辰姑 二十水 太族之商	甲辰姑 二十六火 黃鍾之角	丙辰姑 二十三土 南呂之徵	戊辰姑 二十三木 林鍾之羽
仲呂五調	辛巳仲 二十四金 本律之宮	癸巳仲 二十水 夾鍾之商	乙巳仲 二十六火 大呂之角	丁巳仲 二十三土 無射之徵	己巳仲 二十三木 夷則之羽
蕤賓五調	甲午蕤 三十四金 本律之宮	丙午蕤 三十水 姑洗之商	戊午蕤 三十一火 太族之角	庚午蕤 三十三土 應鍾之徵	壬午蕤 二十八木 南呂之羽
林鍾五調	乙未林 三十四金 本律之宮	丁未林 三十水 仲呂之商	己未林 三十一火 夾鍾之角	辛未林 三十三土 黃鍾之徵	癸未林 二十八木 無射之羽
夷則五調	壬申夷 二十四金 本律之宮	甲申夷 三十水 蕤賓之商	丙申夷 二十六火 姑洗之角	戊申夷 二十七土 大呂之徵	庚申夷 二十八木 應鍾之羽
南呂五調	癸酉南 二十四金 本律之宮	乙酉南 三十水 林鍾之商	丁酉南 二十六火 仲呂之角	己酉南 二十七土 太族之徵	辛酉南 二十八木 黃鍾之羽
無射五調	庚戌無 二十四金 本律之宮	壬戌無 夷則之商	甲戌無 蕤賓之角	丙戌無 夾鍾之徵	戊戌無 大呂之羽
應鍾五調	辛亥應 二十四金 本律之宮	癸亥應 二十水 南呂之商	乙亥應 二十六火 林鍾之角	丁亥應 二十三土 姑洗之徵	己亥應 二十三木 太族之羽

圖說（略）

图 35　纳音配六十调图

（江永《河洛精蕴》）

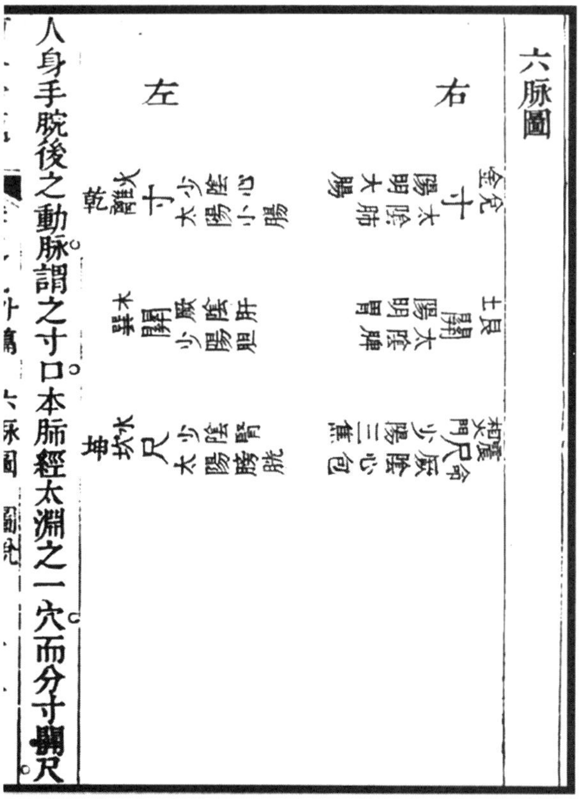

图 36　六脉图

（江永《河洛精蕴》）

图 37　客气加临司天在泉定局图
（江永《河洛精蕴》）

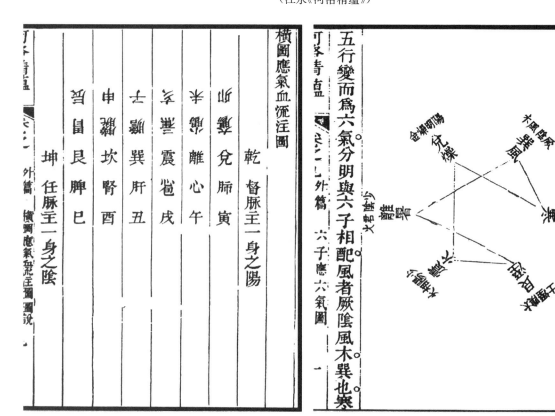

图 38　横图应气血流注图
（江永《河洛精蕴》）

图 39　六子应六气图
（江永《河洛精蕴》）

图 40　人身督任脉手足经脉应洛书先天八卦图
（江永《河洛精蕴》）

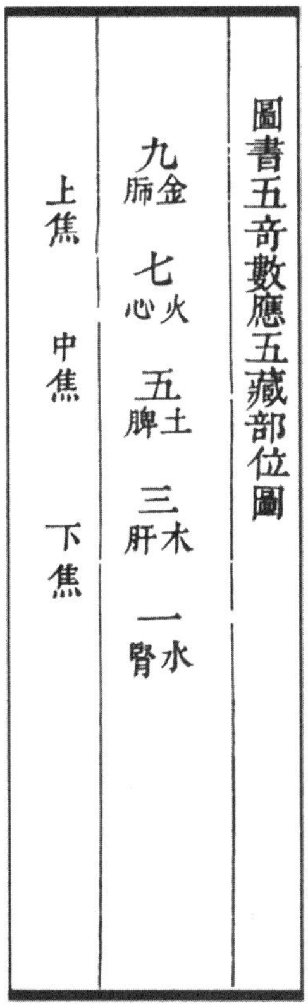

图 41　图书五奇数应五藏部位图
（江永《河洛精蕴》）

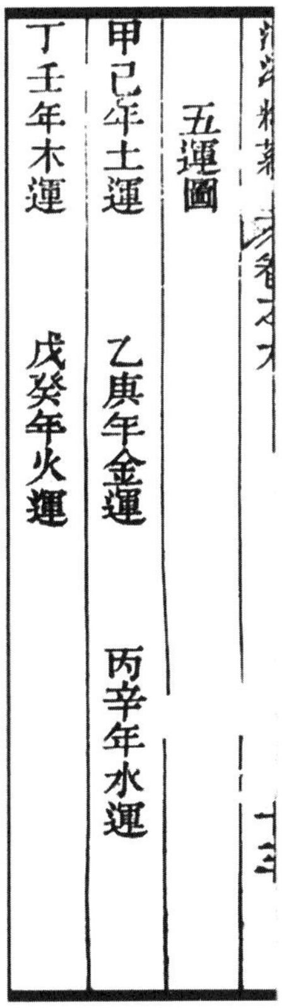

图 42　五运图
（江永《河洛精蕴》）

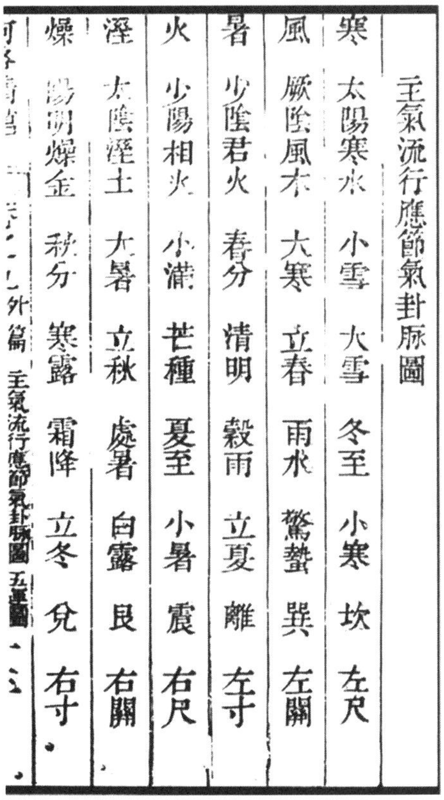

图 43　主气流行应节气卦脉图
（江永《河洛精蕴》）

王植（1681—1766）

字槐三，自号戆思，清直隶深泽（今属河北）人。康熙六十年（1721）进士，雍正四年（1726）授广东平和县知县，调阳江，擢罗定州知州，历署广东平远、海丰、新会、香山及德庆州、钦州。巡抚王安国特荐之，诏见，发山东，补沾化，调郯城。乾隆十四年（1749）以老病乞休。著有《正蒙初义》《濂关三书》《皇极经世书解》《道学渊源录》《四书参注》等。现存有《周易》图像十幅。

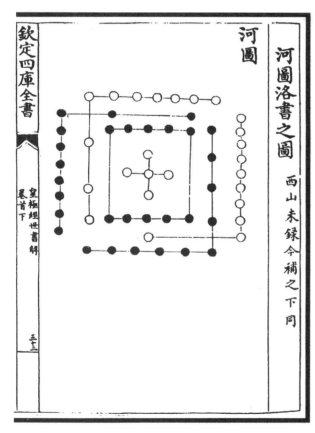

图1　河图
（王植《皇极经世书解》）

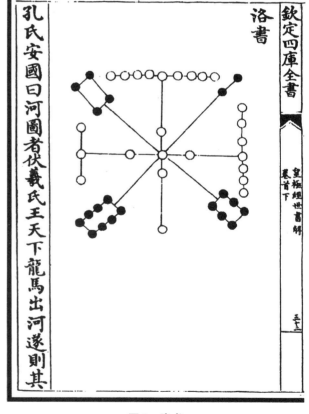

图2　洛书
（王植《皇极经世书解》）

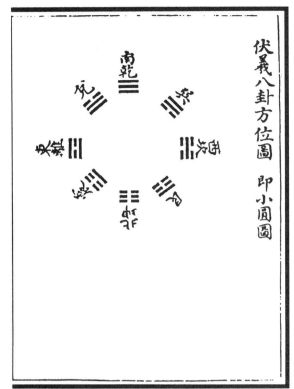

图3　伏羲八卦方位图
（王植《皇极经世书解》）

图4　伏羲始画八卦图
（王植《皇极经世书解》）

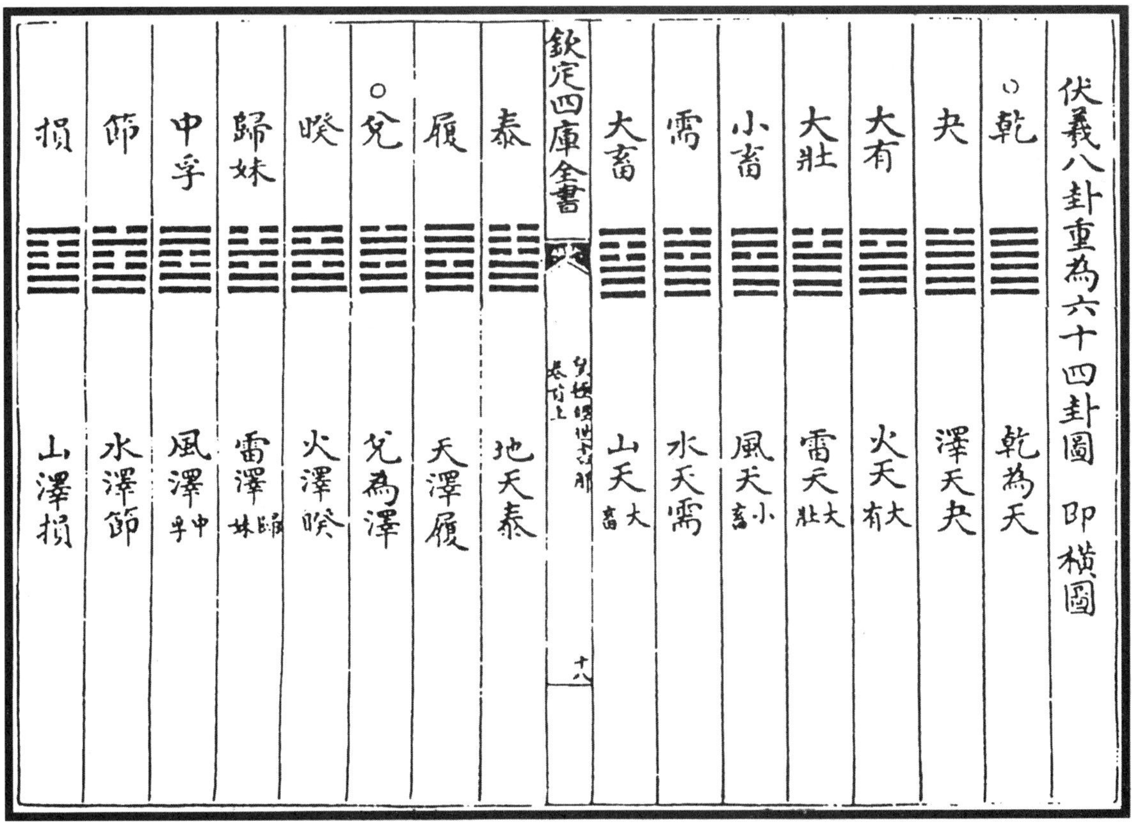

图5　伏羲八卦重为六十四卦图
（王植《皇极经世书解》）

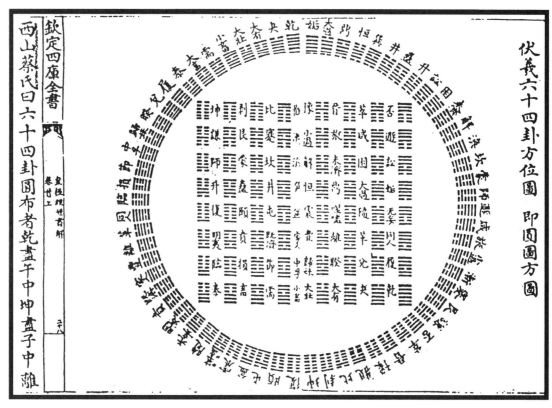

图 6　伏羲六十四卦方位图
（王植《皇极经世书解》）

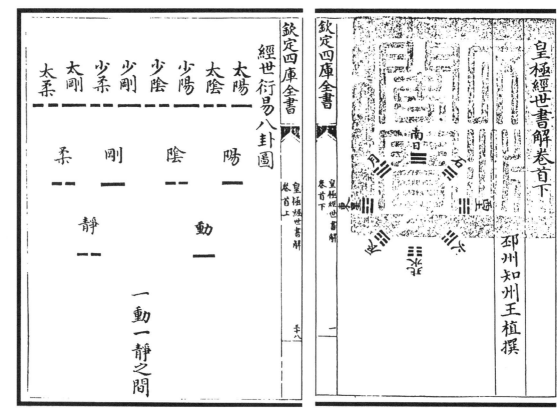

图 7　经世衍易八卦图
（王植《皇极经世书解》）

图 8　经世天地四象图
（王植《皇极经世书解》）

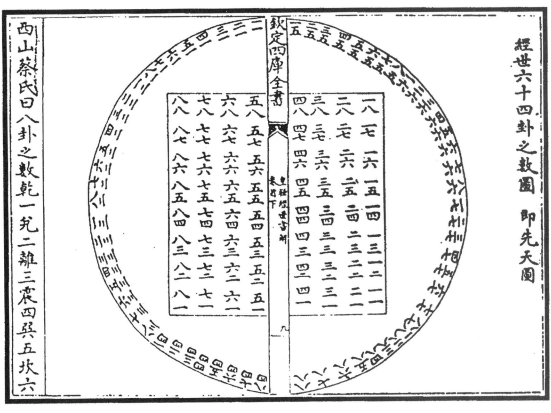

图9 经世六十四卦之数图
（王植《皇极经世书解》）

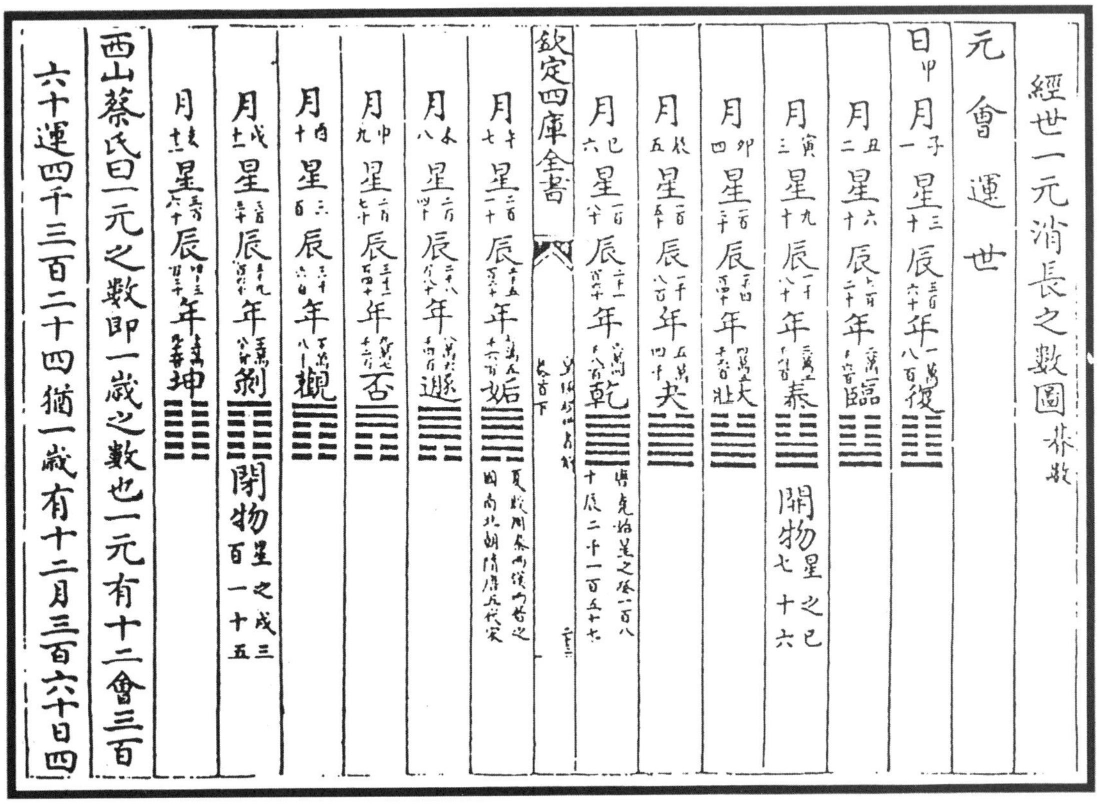

图10 经世一元消长之数图
（王植《皇极经世书解》）

薛雪(1681—1770)

字生白,号一瓢,清江苏吴县(今江苏苏州)人。精于医术。著有《周易粹义》五卷、《医经原旨》五卷、《湿温篇》、《薛生白医案》、《一瓢诗话》一卷等。现存有《周易》图像九幅。

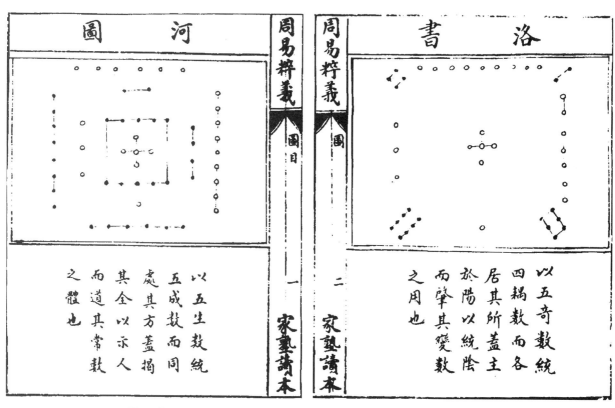

图1　河图
（薛雪《周易粹义》）

图2　洛书
（薛雪《周易粹义》）

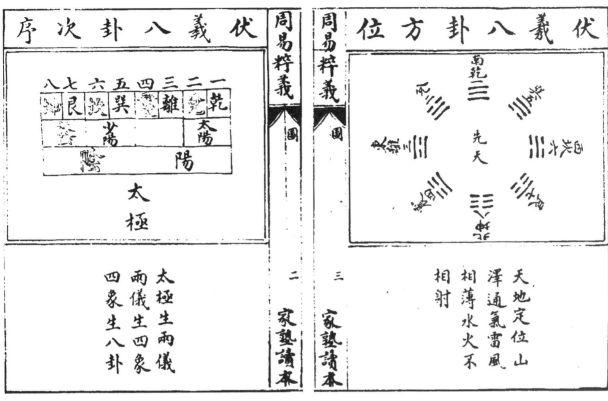

图3 伏羲八卦次序图
（薛雪《周易粹义》）

图4 伏羲八卦方位图
（薛雪《周易粹义》）

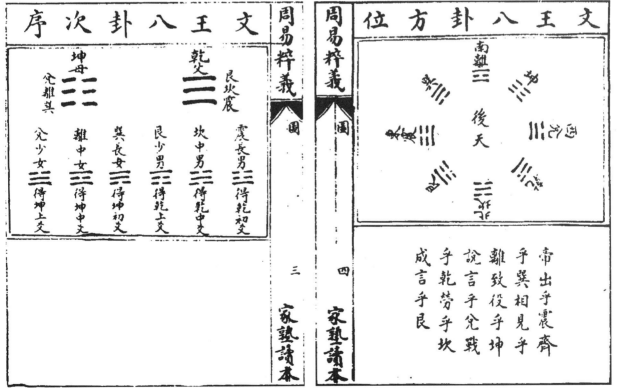

图5 文王八卦次序图
（薛雪《周易粹义》）

图6 文王八卦方位图
（薛雪《周易粹义》）

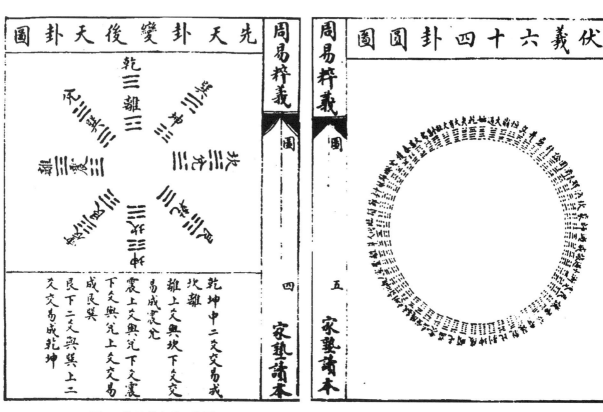

图7　先天卦变后天卦图
（薛雪《周易粹义》）

图8　伏羲六十四卦圆图
（薛雪《周易粹义》）

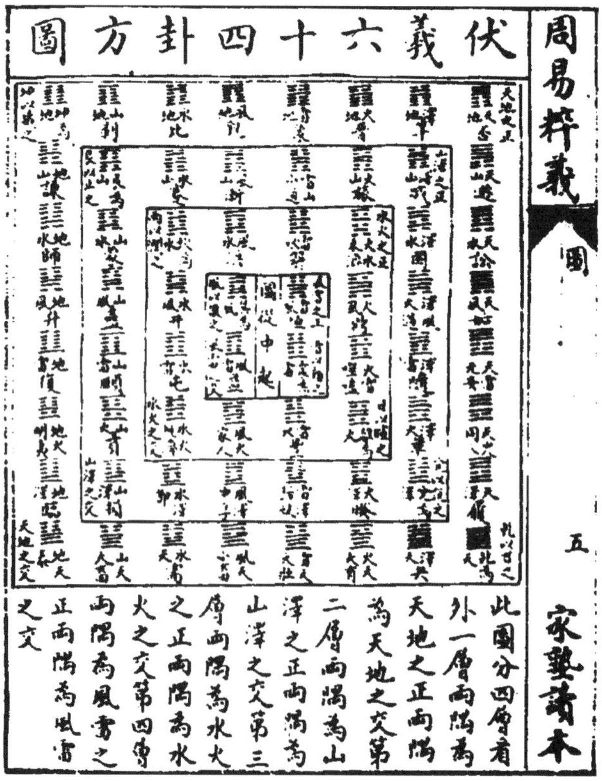

图9　伏羲六十四卦方图
（薛雪《周易粹义》）

童能灵（1683—1745）

字龙俦，号寒泉，清福建连城人。贡生，幼颖悟，有志于圣贤书，中年广求朱子遗书，晚年主讲漳州芝山书院。著有《周易剩义》四卷、《朱子为学次第考》三卷、《乐律古义》二卷、《理学疑问》四卷、《周礼分辨》、《河洛太极辨微》、《大学中庸说》等。现存有《周易》图像二十二幅。

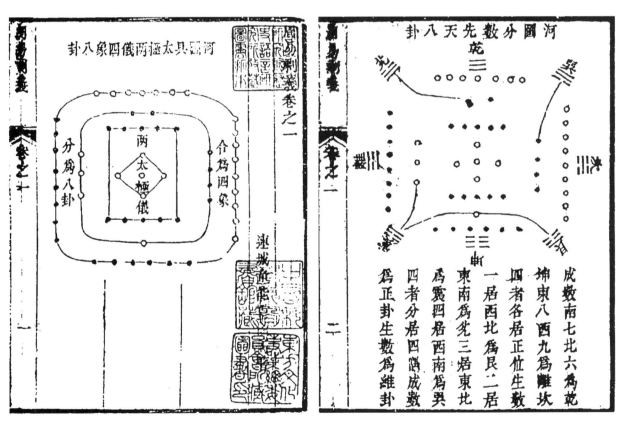

图1 河图具太极两仪四象八卦图
（童能灵《周易剩义》）

图2 河图分数先天八卦图
（童能灵《周易剩义》）

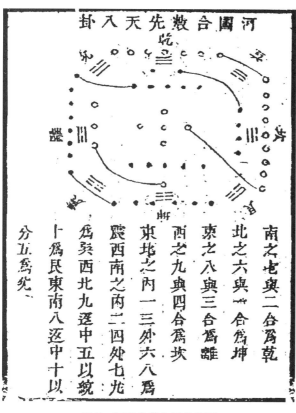

图 3　河图合数先天八卦图
（童能灵《周易剩义》）

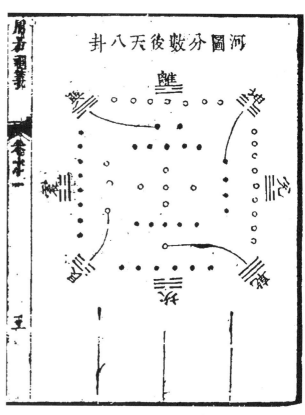

图 4　河图分数后天八卦图
（童能灵《周易剩义》）

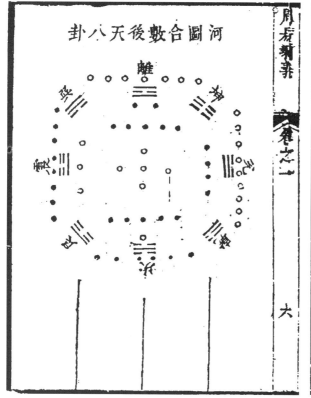

图 5　河图合数后天八卦图
（童能灵《周易剩义》）

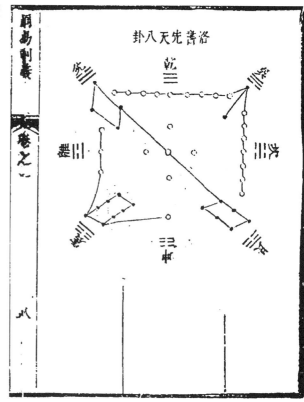

图 6　洛书先天八卦图
（童能灵《周易剩义》）

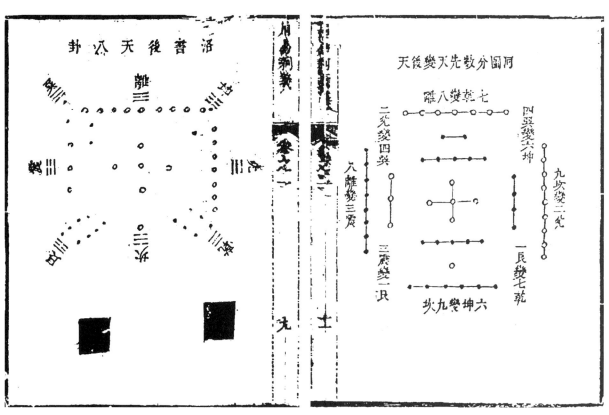

图7 洛书后天八卦图
（童能灵《周易剩义》）

图8 河图分数先天变后天图
（童能灵《周易剩义》）

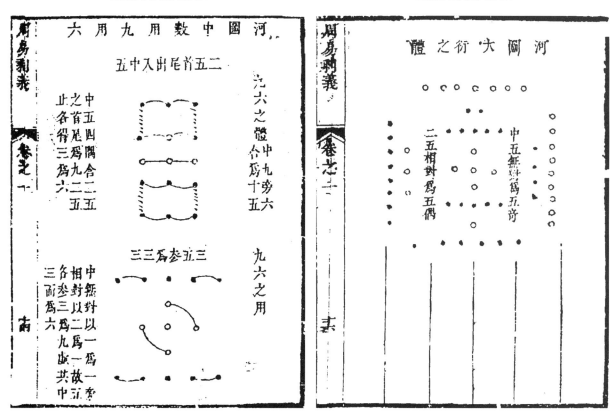

图9 河图中数用九用六图
（童能灵《周易剩义》）

图10 河图大衍之体图
（童能灵《周易剩义》）

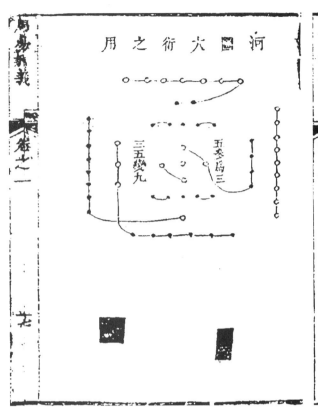

图 11　河图大衍之用图
（童能灵《周易剩义》）

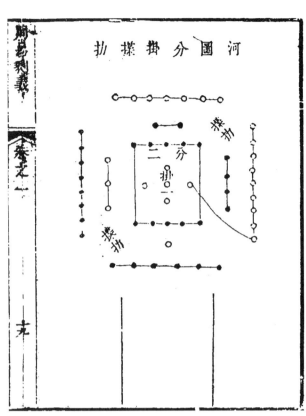

图 12　河图分挂揲扐图
（童能灵《周易剩义》）

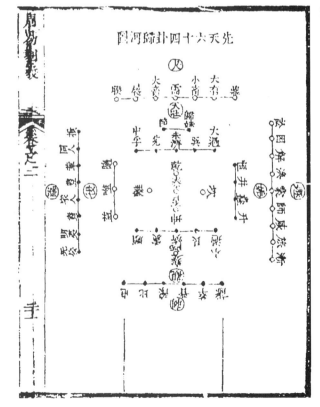

图 13　先天六十四卦归河图
（童能灵《周易剩义》）

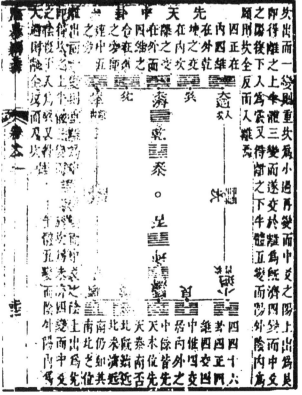

图 14　先天中卦□图
（童能灵《周易剩义》）

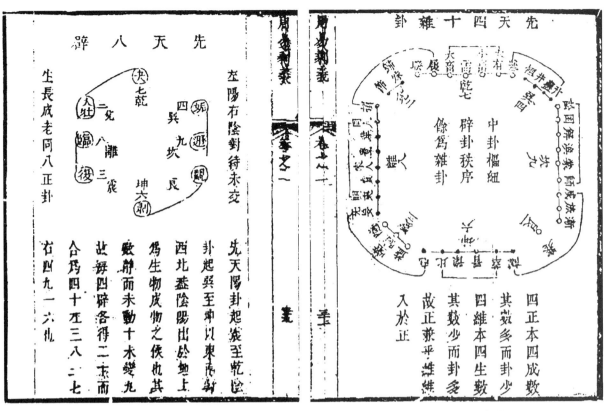

图 15 先天八辟图
（童能灵《周易剩义》）

图 16 先天四十杂卦图
（童能灵《周易剩义》）

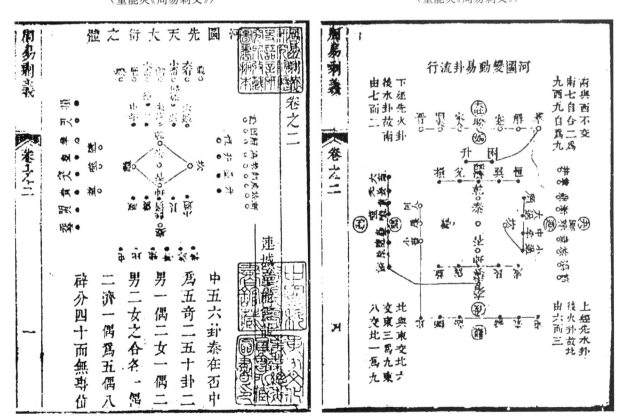

图 17 河图先天大衍之体图
（童能灵《周易剩义》）

图 18 河图变动易卦流行图
（童能灵《周易剩义》）

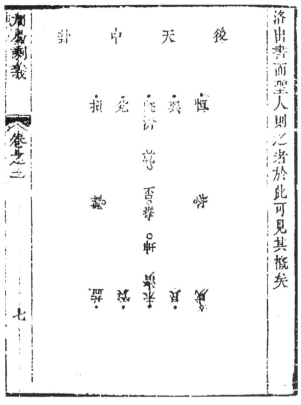

图 19　后天中卦图
（童能灵《周易剩义》）

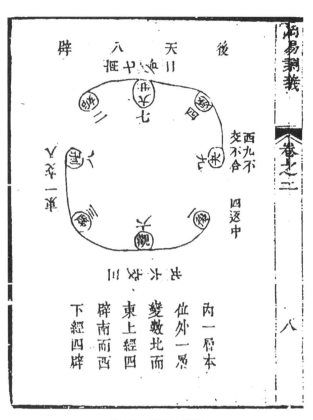

图 20　后天八辟图
（童能灵《周易剩义》）

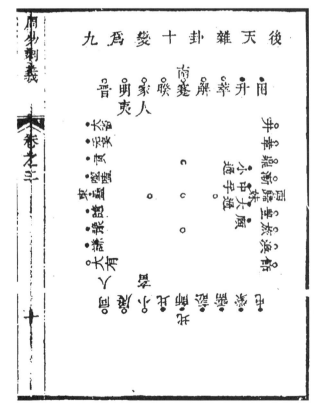

图 21　后天杂卦十变为九图
（童能灵《周易剩义》）

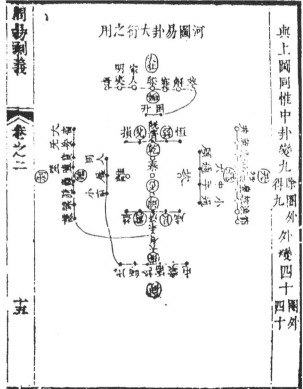

图 22　河图易卦大衍之用图
（童能灵《周易剩义》）

德沛（1688—1752）

字济斋，清庄亲王四世孙。果亲王荐授兵部侍郎，后至吏部尚书。精通理学，人称乾隆朝"满洲理学第一人"。创办鳌峰书院并亲自讲学，人称"济斋夫子"。著有《周易解》八卷、《易图解》一卷、《周易补注》八卷、《实践录》一卷、《鳌峰书院讲学录》等。现存有《周易》图像八幅。

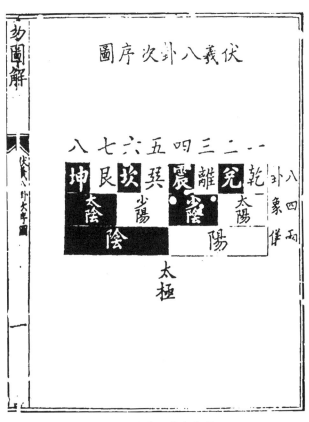

图1　伏羲八卦次序图
（德沛《易图解》）

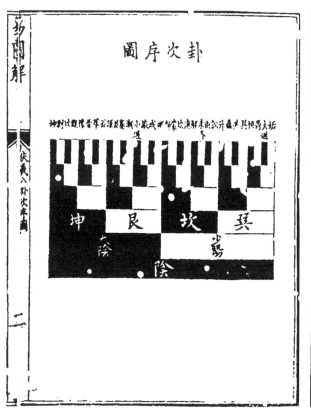
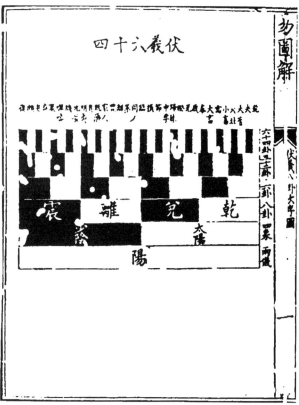

图2 伏羲六十四卦次序图
（德沛《易图解》）

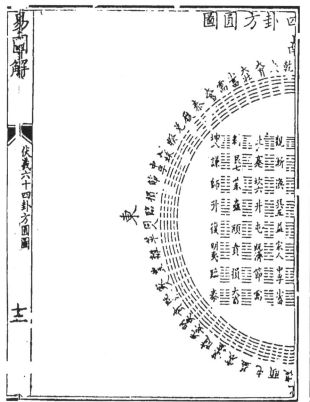
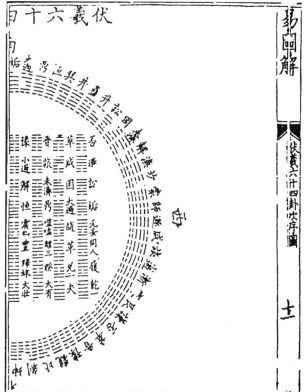

图3 伏羲六十四卦方圆图
（德沛《易图解》）

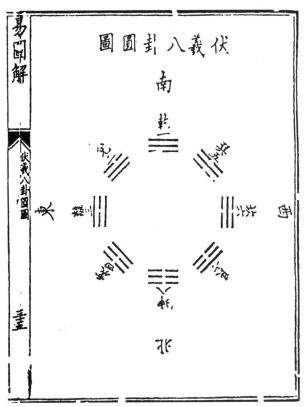

图4 伏羲八卦圆图
（德沛《易图解》）

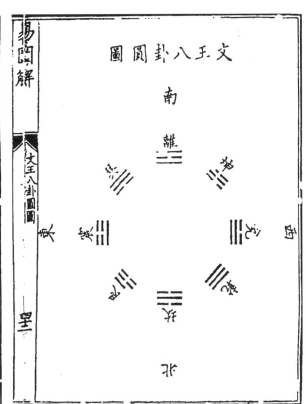

图5 文王八卦圆图
（德沛《易图解》）

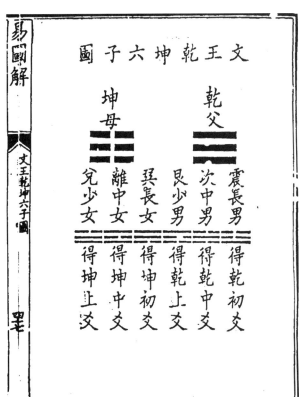

图6 文王乾坤六子图
（德沛《易图解》）

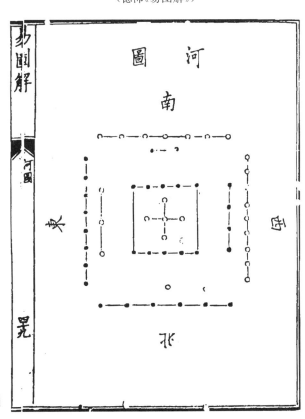

图7 河图
（德沛《易图解》）

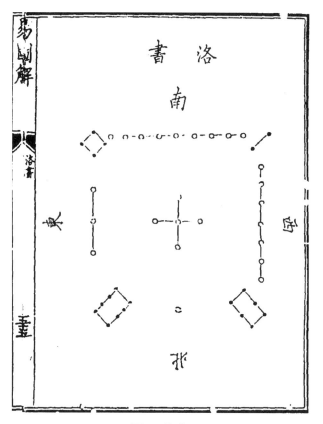

图 8 洛书
（德沛《易图解》）

谢济世（1689—1755）

字石霖，号梅庄，清广西全州人。康熙四十七(1708)年举人，五十一年进士，改庶吉士，授检讨。雍正四年(1726)，官至浙江道监察御史。乾隆元年(1736)任江南道御史，三年授湖南粮道，后以老病致仕。著有《梅庄杂著》《大学注》《经义评》《西北域记》等。现存有《周易》图像一幅。

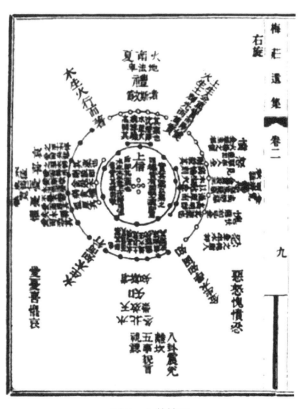

图1　八卦性图
（谢济世《梅庄遗集》）

张叙(1690—1776)

字冰潢,一字宾王,又字风冈,清江苏镇洋(今江苏太仓)人。雍正十年(1732)举人,乾隆元年(1736)举博学鸿词,十六年举经学,二十六年以耆年宿学,赐国子监学正。前后主讲莲池、白鹿诸书院。著有《易贯》十四卷、《诗贯》十四卷等。现存有《周易》图像十二幅。

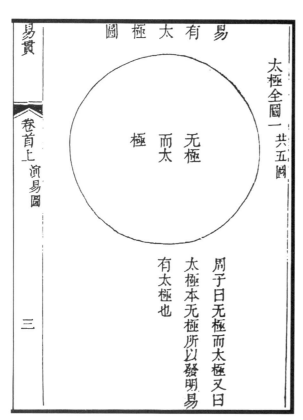

图1 易有太极图
(张叙《易贯》)

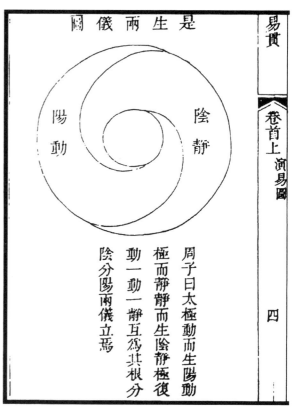

图2 是生两仪图
(张叙《易贯》)

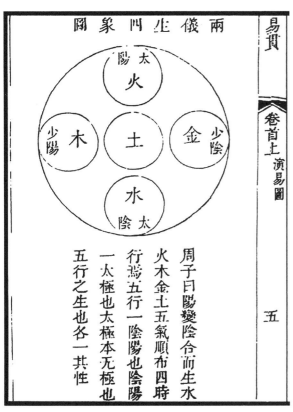

图3 两仪生四象图
（张叙《易贯》）

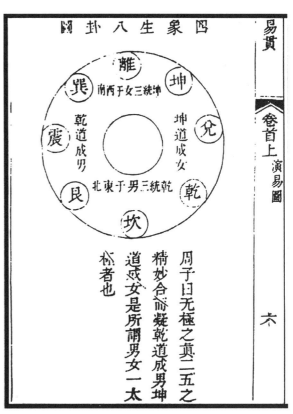

图4 四象生八卦图
（张叙《易贯》）

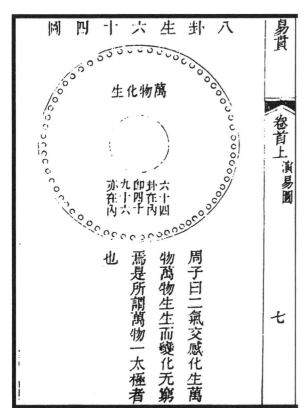

图5 八卦生六十四卦图
（张叙《易贯》）

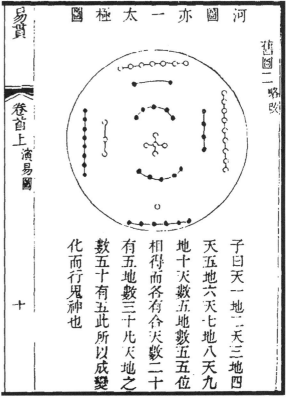

图6 河图亦一太极图
（张叙《易贯》）

图7 洛书亦一太极图
（张叙《易贯》）

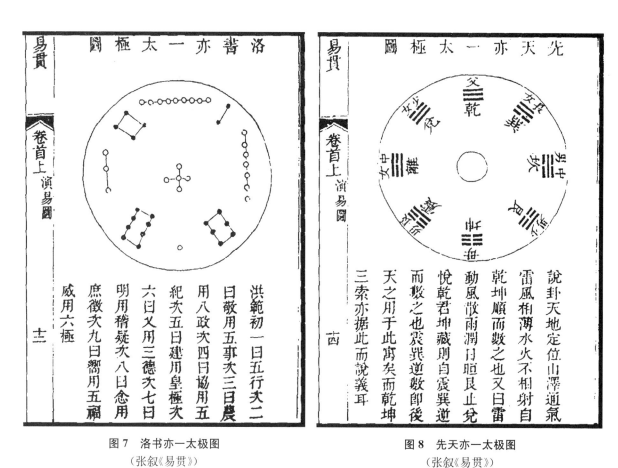

图8 先天亦一太极图
（张叙《易贯》）

图9 后天亦一太极图
（张叙《易贯》）

图10 羲文合一图
（张叙《易贯》）

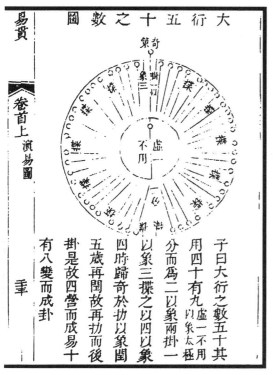

图 11 大衍五十之数图
（张叙《易贯》）

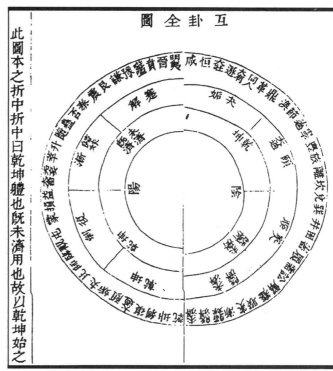

图 12 互卦全图
（张叙《易贯》）

程延祚(1691—1767)

字启生,号绵庄,晚年自号青溪居士,清江苏江宁(今江苏南京)人。少好学,十四岁能作赋,经史子集无书不读,旁涉天文舆地、食货河渠、兵农礼乐。乾隆元年(1731)召试博学鸿词科不应,从此闭户穷经,于易自成一家。著有《易通》六卷、《大易择言》三十卷、《象爻求是说》、《尚书通议》三十卷、《青溪诗说》三十卷、《鲁说》二卷、《春秋识小录》三卷、《礼说》二卷、《青溪诗文集》等。现存有《周易》图像六幅。

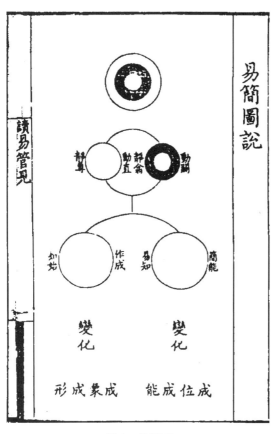

图1　易简图
(程延祚《读易管见》)

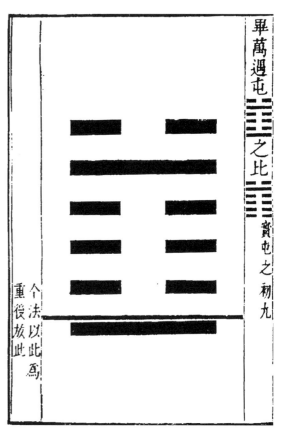

图2　毕万遇屯之比图
(程延祚《易通》)

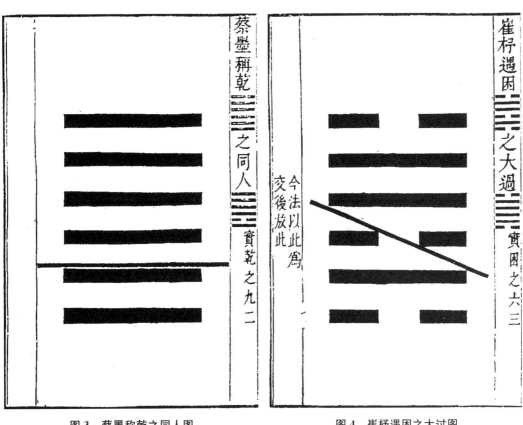

图 3 蔡墨称乾之同人图
（程延祚《易通》）

图 4 崔杼遇困之大过图
（程延祚《易通》）

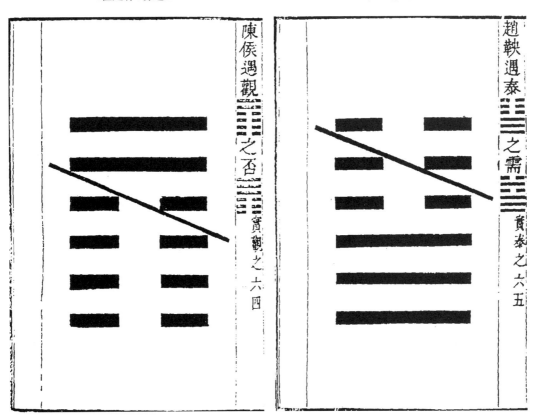

图 5 陈侯遇观之否图
（程延祚《易通》）

图 6 赵鞅遇泰之需图
（程延祚《易通》）

汪绂(1692—1759)

原名烜,字灿人,小字重生,号双池,清安徽婺源(今属江西)人。乾隆年间(1736—1795)诸生。少家贫,以在江西景德镇制瓷画碗为生,后至福建,在枫岭、浦城间设馆授徒。博览群书,学问渊博,于乐律、天文、地舆、阵法、术数、医卜以至琴、弓、篆刻、绘画等都有研究。著有《易经诠义》十五卷、《易经如话》十五卷、《读阴符经》、一卷、《读参同契》一卷、《书经诠义》十二卷等多种。现存有《周易》图像五幅。

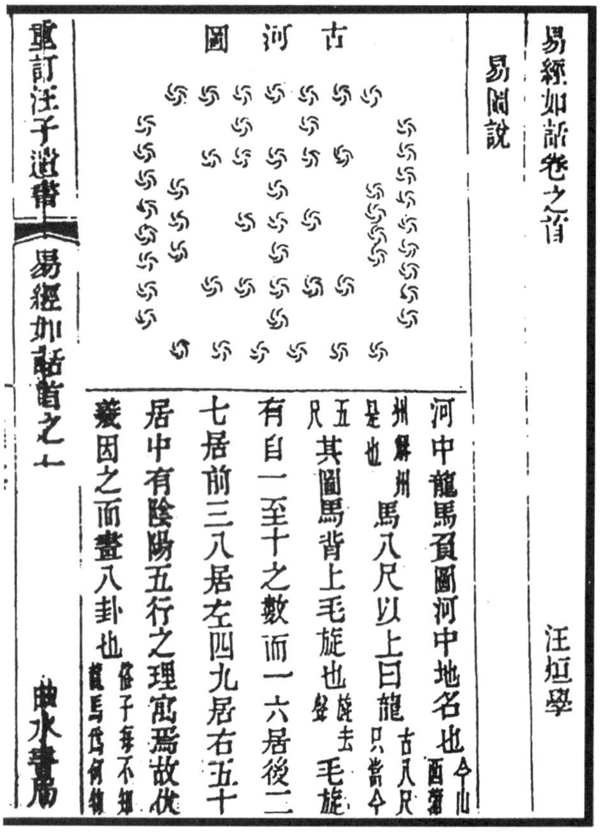

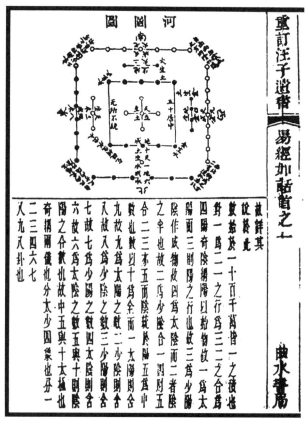

图1 古河图
(汪绂《易经如话》)

图2 河图图
(汪绂《易经如话》)

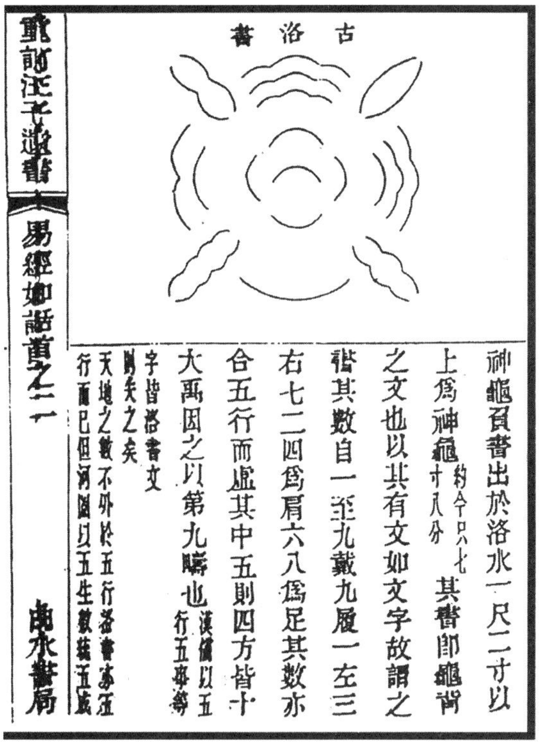

图 3 古洛书
（汪绂《易经如话》）

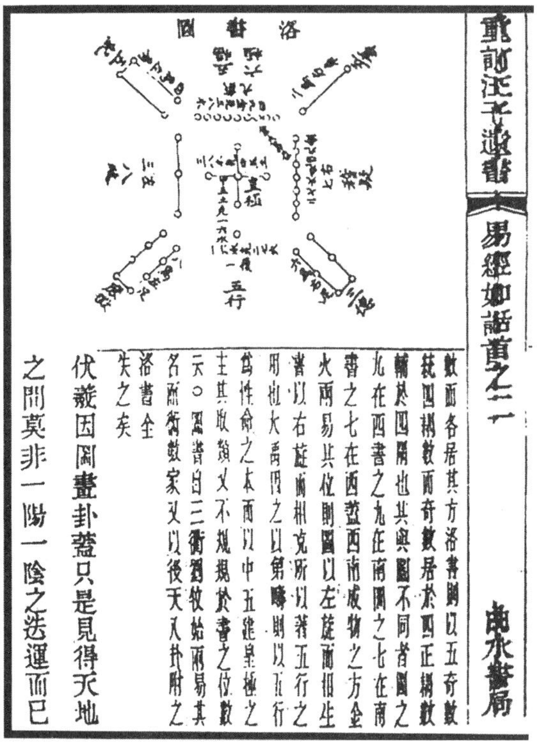

图 4 洛书图
（汪绂《易经如话》）

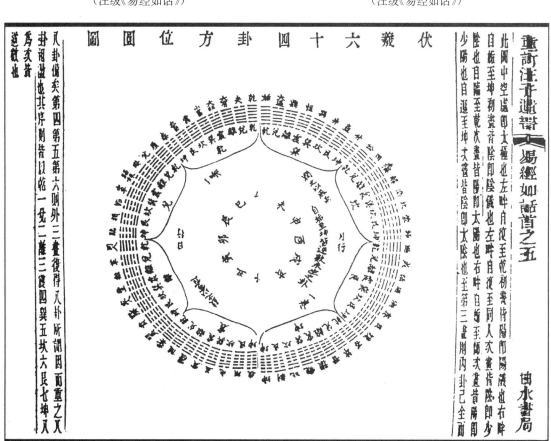

图 5 伏羲六十四卦方位圆图
（汪绂《易经如话》）

何梦瑶(1692—1764)

字报之,号西池,晚年自称研农,清广东南海(今广东广州)人。岭南名医。自幼聪颖,十岁能文,十三岁工诗,及长博学多才,文史、音律、算术、历法皆有涉猎。康熙六十年(1721)惠士奇督学广东,为入室弟子,位列"惠门八子",誉为"南海明珠"。雍正八年(1730)进士,历广西义宁、阳朔、岑溪、思恩知县和奉天辽阳知州。乾隆十年(1750)弃官归,先后主广州粤秀、越华、肇庆端溪书院。著有《医碥》七卷、《皇极经世易知》八卷、《算迪》八卷、《庚和录》二卷、《菊芳园诗钞》八卷、《庄子故》等。现存有《周易》图像二十幅。

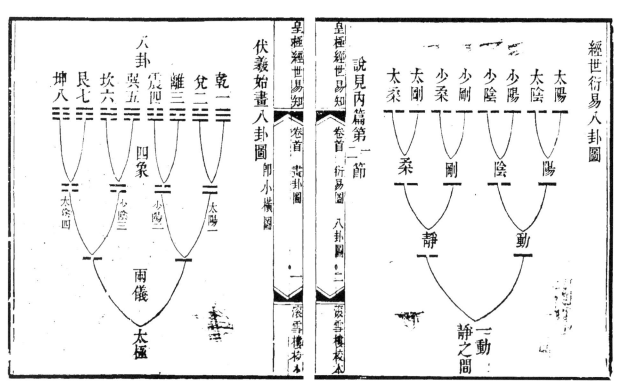

图1　伏羲始画八卦图
（何梦瑶《皇极经世易知》）

图2　经世衍易八卦图
（何梦瑶《皇极经世易知》）

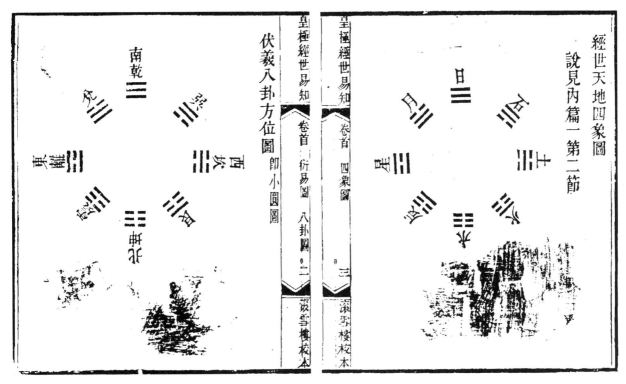

图3 伏羲八卦方位图
（何梦瑶《皇极经世易知》）

图4 经世天地四象图
（何梦瑶《皇极经世易知》）

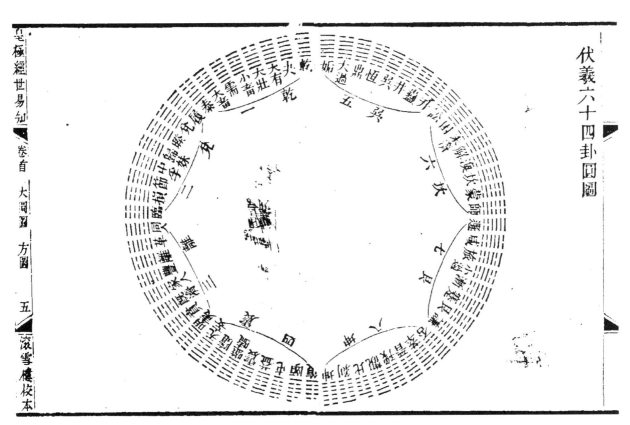

图5 伏羲六十四卦圆图
（何梦瑶《皇极经世易知》）

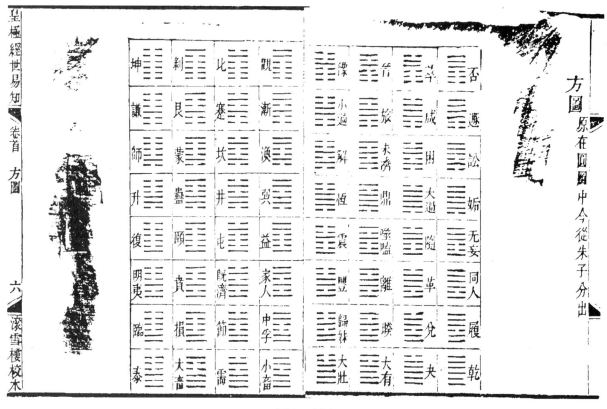

图6 方图
（何梦瑶《皇极经世易知》）

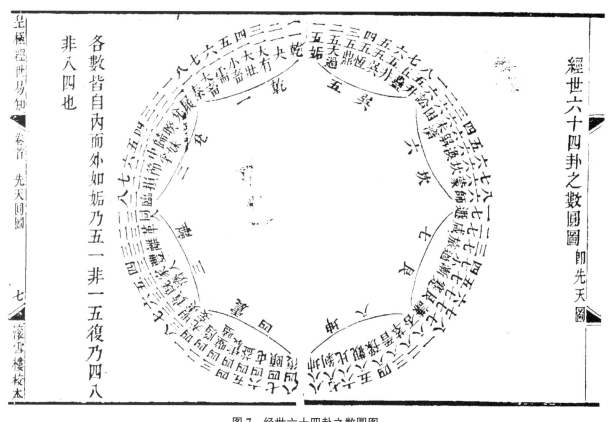

图7 经世六十四卦之数圆图
（何梦瑶《皇极经世易知》）

方圖亦從圓圖分出	說見外篇四第二三六節	否遯訟姤无妄同人履乾 一八 一七 一六 一五 一四 一三 一二 一一	萃咸困大過隨革兌夬 二八 二七 二六 二五 二四 二三 二二 二一	晉旅未濟鼎噬嗑離睽大有 三八 三七 三六 三五 三四 三三 三二 三一	豫小過解恆震豐歸妹大壯 四八 四七 四六 四五 四四 四三 四二 四一	觀漸渙巽益家人中孚小畜 五八 五七 五六 五五 五四 五三 五二 五一	比蹇坎井既濟節需 六八 六七 六六 六五 六四 六三 六二 六一	剝艮蒙蠱頤賁損大畜 七八 七七 七六 七五 七四 七三 七二 七一	坤謙師升復明夷臨泰 八八 八七 八六 八五 八四 八三 八二 八一

圖內各數皆自下而上如履之數乃二一非一二也

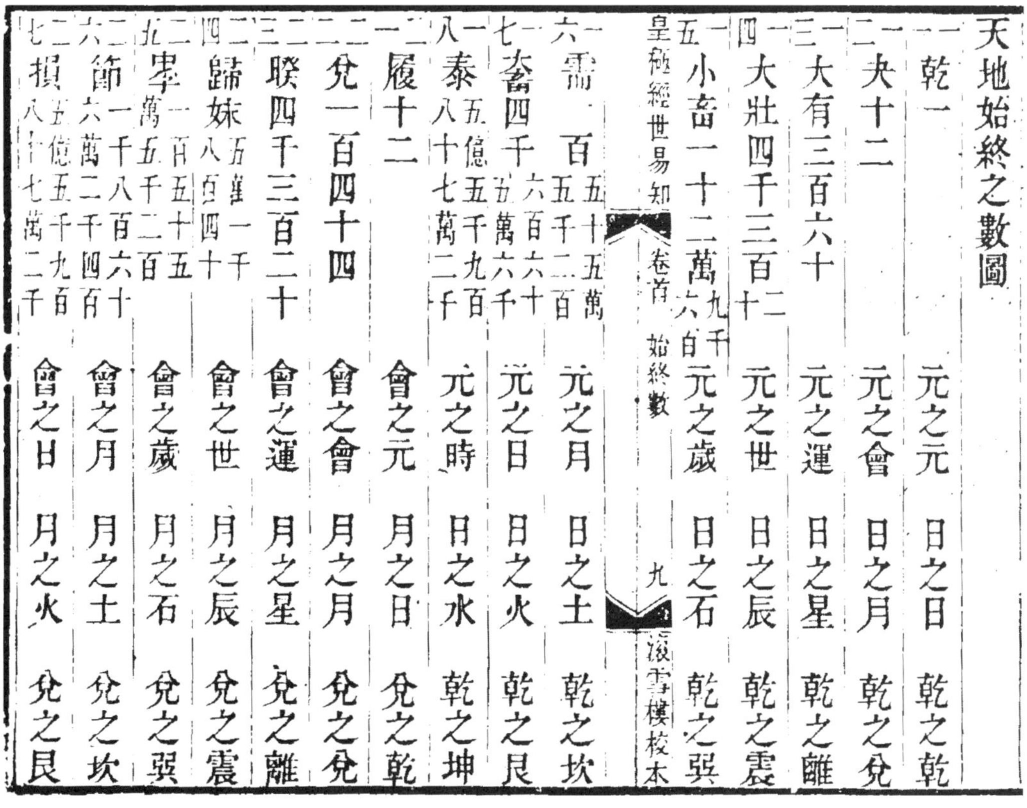

夬之數乃一二非二一也

图8 方图
（何梦瑶《皇极经世易知》）

天地始終之數圖

皇極經世易知 卷首 始終數 九滚雪樓校本

卦	數	之	應
乾一	一	元之元	日之日 乾之乾
夬十二	十二	元之會	日之月 乾之兌
大有三百六十	三百六十	元之運	日之星 乾之離
大壯四千三百二十	四千三百二十	元之世	日之辰 乾之震
小畜一十二萬九千六百	一十二萬九千六百	元之歲	日之石 乾之巽
需五萬一千八百四十		元之月	日之土 乾之坎
泰六百二十二萬八百		元之日	日之水 乾之艮
履一百四十九萬		元之時	日之火 乾之坤
兌十二		會之元	月之日 兌之乾
睽四千三百二十		會之會	月之月 兌之兌
歸妹		會之運	月之星 兌之離
中孚		會之世	月之辰 兌之震
節		會之歲	月之石 兌之巽
損		會之月	月之土 兌之坎
臨		會之日	月之火 兌之艮

图9-1 天地始终之数图
（何梦瑶《皇极经世易知》）

一八 臨 六十七億一千八百四十六萬四千 會之時 月之水 兌之坤
三一 同人 三百六十 運之元 星之日 離之乾
三二 革 四千三百二十 運之會 星之月 離之兌
三三 離 一十二萬九千六百 運之運 星之星 離之離
三四 豐 一百五十五萬五千二百 運之世 星之辰 離之震
三五 家人 四千六百六十五萬六千 運之歲 星之石 離之巽
三六 既濟 五億五千九百八十七萬二千 運之月 星之土 離之坎
三七 賁 一百六十七億九千六百一十六萬 運之日 星之火 離之艮
三八 明夷 二千零一十五億五千三百九十二萬 運之時 星之水 離之坤
四一 无妄 四千三百二十 世之元 辰之日 震之乾

皇極經世易知 卷首 始終數 十 滾雪樓校本

四二 隨 五萬一千八百四十 世之會 辰之月 震之兌
四三 噬嗑 一百五十五萬五千二百 世之運 辰之星 震之離
四四 震 一千八百六十六萬二千四百 世之世 辰之辰 震之震
四五 益 五億五千九百八十七萬二千 世之歲 辰之石 震之巽
四六 屯 六十七億一千八百四十六萬四千 世之月 辰之土 震之坎
四七 頤 二千零一十五億五千三百九十二萬 世之日 辰之火 震之艮
四八 復 二萬四千一百八十六億四千七百零四萬 世之時 辰之水 震之坤
五一 姤 一十二萬九千六百 歲之元 石之日 巽之乾
五二 大過 一百五十五萬五千二百 歲之會 石之月 巽之兌

图 9－2 天地始终之数图

（何梦瑶《皇极经世易知》）

五三 鼎 四千六百六十五萬六千 歲之運 石之星 巽之離
五四 恆 五億五千九百八十七萬二千 歲之世 石之辰 巽之震
五五 巽 一百六十七億九千六百一十六萬 歲之歲 石之石 巽之巽
五六 井 二千零一十五億五千三百九十二萬 歲之月 石之土 巽之坎
五七 蠱 六萬零四百六十六億一千七百六十萬 歲之日 石之火 巽之艮
五八 升 七十二萬五千五百九十四億一千一百二十萬 歲之時 石之水 巽之坤
六一 訟 一百五十五萬五千二百 月之元 土之日 坎之乾
六二 困 一千八百六十六萬二千四百 月之會 土之月 坎之兌
六三 未濟 五億五千九百八十七萬二千 月之運 土之星 坎之離

皇極經世易知 卷首 始終數 十一 滾雪樓校本

六四 解 六十七億一千八百四十六萬四千 月之世 土之辰 坎之震
六五 渙 二千零一十五億五千三百九十二萬 月之歲 土之石 坎之巽
六六 坎 二萬四千一百八十六億四千七百零四萬 月之月 土之土 坎之坎
六七 蒙 七十二萬五千五百九十四億一千一百二十萬 月之日 土之火 坎之艮
六八 師 八百七十萬零七千一百二十九億三千四百四十萬 月之時 土之水 坎之坤
七一 遯 四千六百六十五萬六千 日之元 火之日 艮之乾
七二 咸 五億五千九百八十七萬二千 日之會 火之月 艮之兌
七三 旅 一百六十七億九千六百一十六萬 日之運 火之星 艮之離
七四 小過 二千零一十五億五千三百九十二萬 日之世 火之辰 艮之震

图 9－3 天地始终之数图

（何梦瑶《皇极经世易知》）

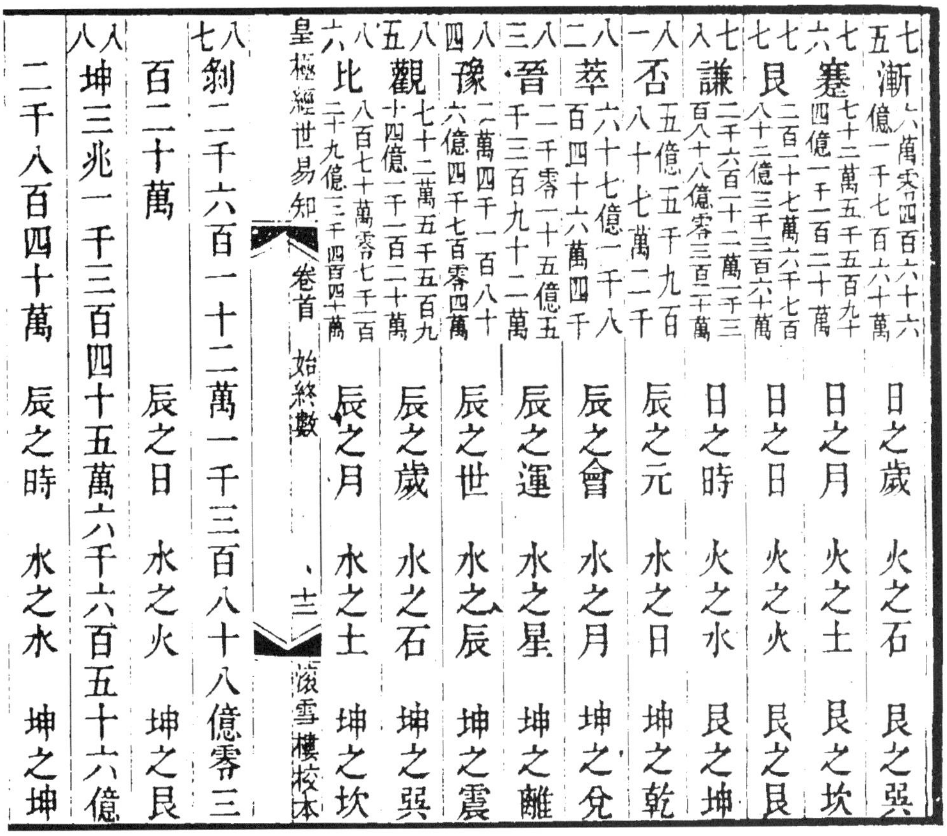

图 9-4　天地始终之数图
（何梦瑶《皇极经世易知》）

图 10-1　大小运之数图
（何梦瑶《皇极经世易知》）

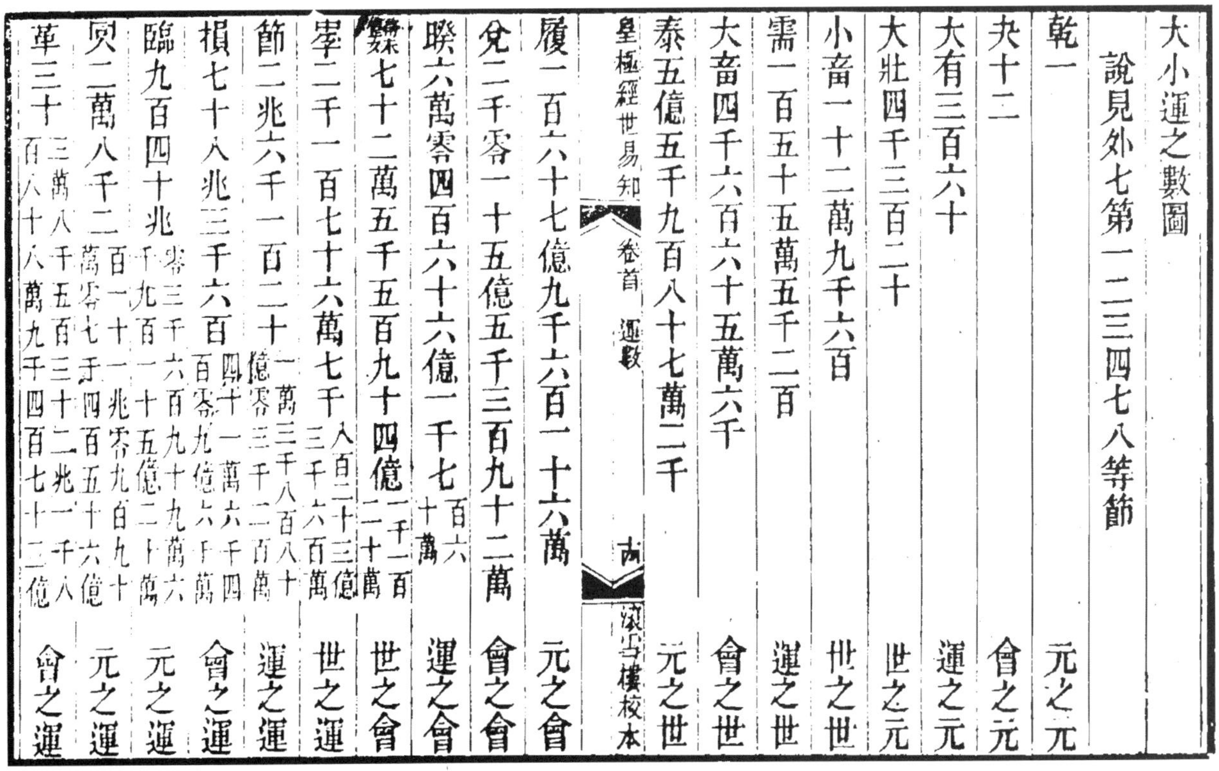

離一千零一十五萬五千九百九十五兆六千六百六十八萬四千一百六十億　運之運
豐一京二千一百八十七萬一千九百四十八兆零二十萬零九千九百二十億　世之運
家人三十六京五千六百一十五萬八千四百四十兆零六百二十九萬七千六百億　世之會
既濟四百三十八京七千三百九十萬零一千二百八十兆零七千五百五十七萬一千二百億　運之會
賁一萬三千一百八十一京一千七百零三萬八千四百二十二兆六千七百一十三萬六千億　會之會
明夷一十五萬七千九百四十六京零四百四十六萬一千零七十二兆零五百六十三萬二千億　元之會
无妄四百七十三萬八千三百八十一京三千三百八十三萬二千一百六十一兆六千八百九十六萬億　元之世
隨五千六百八十九萬零五百七十六京零五百九十八萬五千九百四十兆零二千七百五十二萬億　會之世
噬嗑一十七垓零五百八十一萬七千二百八十一京七千九百五十七萬八千二百兆零八千二百五十六萬億　運之世
震二百零四垓六千九百八十萬零七千三百八十一京五千四百九十三萬八千四百九十九兆零七百二十萬億　世之世

皇極經世易知　卷首　運數　十五　滚雪樓校本

益六千一百四十垓零九千四百二十二萬一千四百四十六京四千八百一十五萬四千九百七十二兆一千六百萬億　世之元
屯十萬三千六百九十一垓三千零六十五萬七千三百五十七京七千七百八十五萬九千六百六十五兆九千二百萬億　運之元
頤二百二十一萬零七百三十九垓一千九百七十二萬零七百三十三京三千五百七十八萬九千七百七十七兆六千萬億　會之元
復二千六百五十二萬八千八百七十垓零三千六百六十四萬八千八百京零二千九百四十七萬九千七百三十一兆一千萬億　元之元
姤七秭九千五百八十六萬六千一百一十垓零九千九百四十六萬四千零八京八千四百三十

图 10－2　大小运之数图

（何梦瑶《皇极经世易知》）

九萬一千九百三十六兆以三十乘復得此蓋姤乃巽五之首卦復乃震四之末卦故以三十乘復數得姤數也從此又以十二三十遞乘至坤爲無極之數以數太多難乘且無用而從姤一另起如左
姤一　爻乾應復○爻變也姤乃乾之變應陰陽相對也復一陽五陰姤一陰五陽相對也對則應矣下倣此　元之元
大過十二　爻夬應頤　會之元
鼎數同大有　爻大有應屯　運之元
恆數同大壯　爻大壯應益　世之元
巽數同小畜　爻小畜應震　世之世
井數同需　爻需應噬嗑　運之世

皇極經世易知　卷首　運數　十六　滚雪樓校本

蠱數同大畜　爻大畜應隨　會之世
升數同泰　爻泰應无妄　元之世
訟數同履　爻履應明夷　元之會
困數同兌　爻兌應賁　會之會
未濟數同睽　爻睽應既濟　運之會
解數同歸妹　爻歸妹應家人　世之會
渙數同中孚　爻中孚應豐　世之運
坎數同節　爻節應離　運之運
蒙數同損　爻損應萃　會之運
師數同臨　爻臨應同人　元之運

图 10－3　大小运之数图

（何梦瑶《皇极经世易知》）

皇極經世易知　卷首　運數　　七　滾雪樓校本

遯數同同人 爻同人應臨		元之運
咸數同革 爻革應損		會之運
旅數同離 爻離應節		運之運
小過數同豐 爻豐應中孚		世之運
蹇數同既濟 爻既濟應咸		世之會
漸數同家人 爻家人應歸妹		運之會
艮數同賁 爻賁應兌		會之會
謙數同明夷 爻明夷應履		元之會
否數同无妄 爻无妄應泰		元之世
萃數同隨 爻隨應夬		會之世
晉數同噬嗑 爻噬嗑應需		運之世
豫數同震 爻震應小畜		世之世
觀數同益 爻益應大壯		世之元
比數同屯 爻屯應大有		運之元
剝數同頤 爻頤應夬		會之元
坤數同復 爻復應乾		元之元

图 10-4　大小运之数图
（何梦瑶《皇极经世易知》）

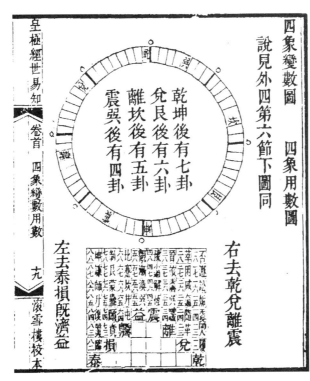

图 11　四象变数图
图 12　四象用数图
（何梦瑶《皇极经世易知》）

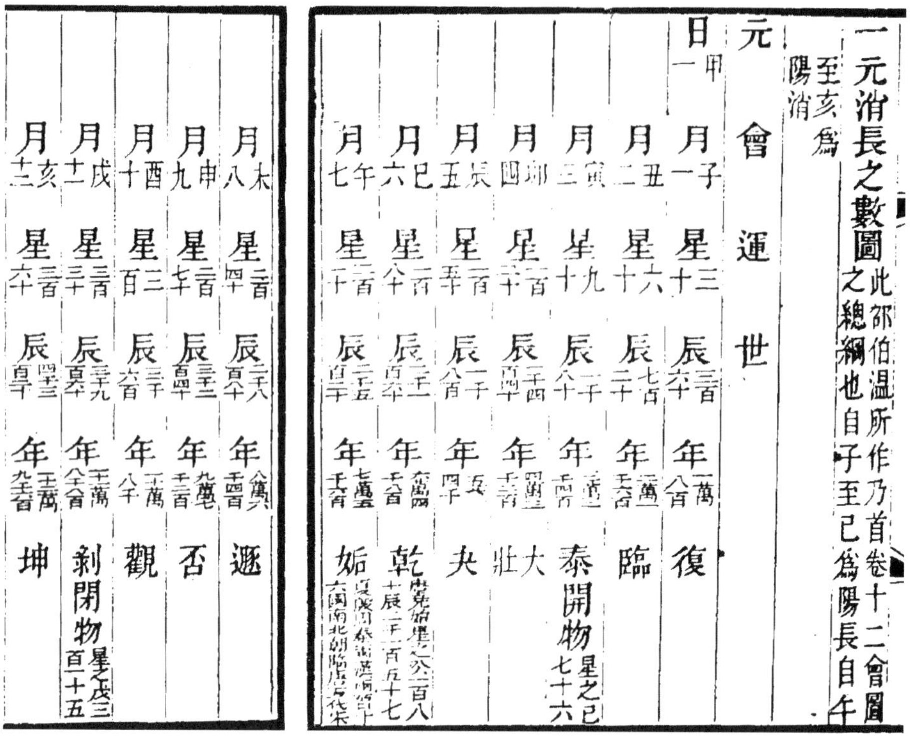

图 13　一元消长之数图

（何梦瑶《皇极经世易知》）

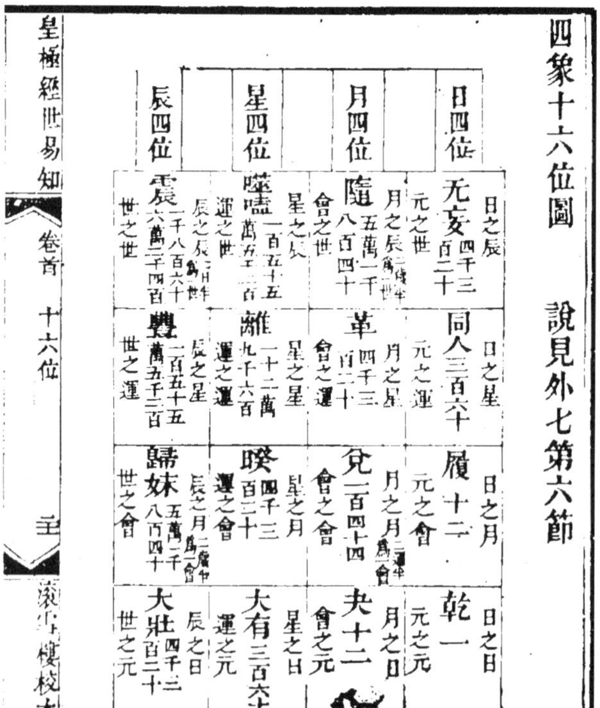

图 14　四象十六位图

（何梦瑶《皇极经世易知》）

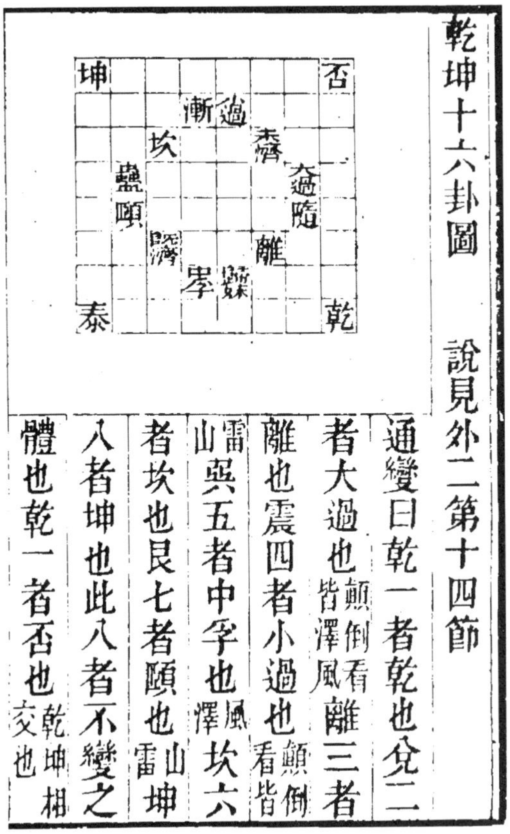

图 15 乾坤十六卦图
（何梦瑶《皇极经世易知》）

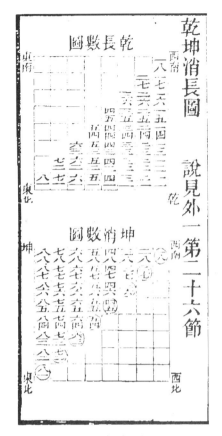

图 16 乾坤消长图
（何梦瑶《皇极经世易知》）

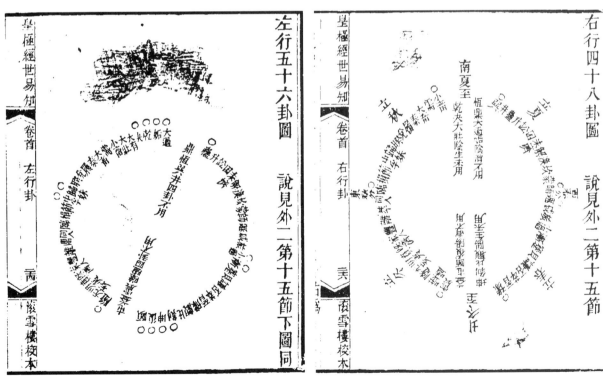

图 17 左行五十六卦图
（何梦瑶《皇极经世易知》）

图 18 右行四十八卦图
（何梦瑶《皇极经世易知》）

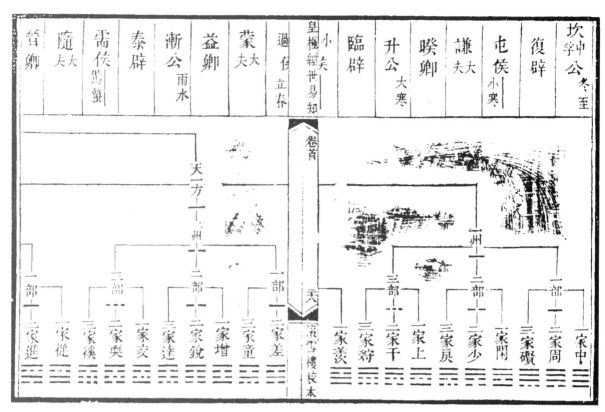

图 19-1 卦气太元合图
（何梦瑶《皇极经世易知》）

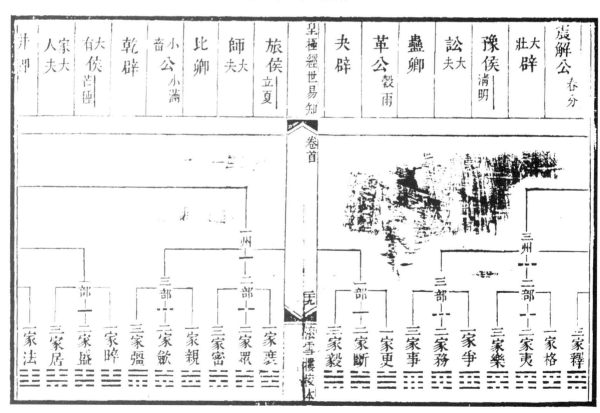

图 19-2 卦气太元合图
（何梦瑶《皇极经世易知》）

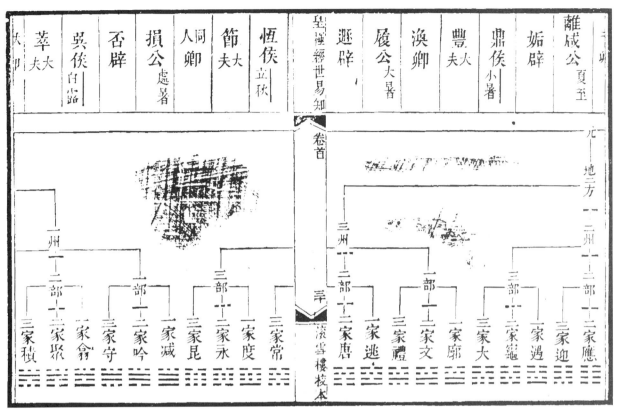

图 19-3 卦气太元合图
（何梦瑶《皇极经世易知》）

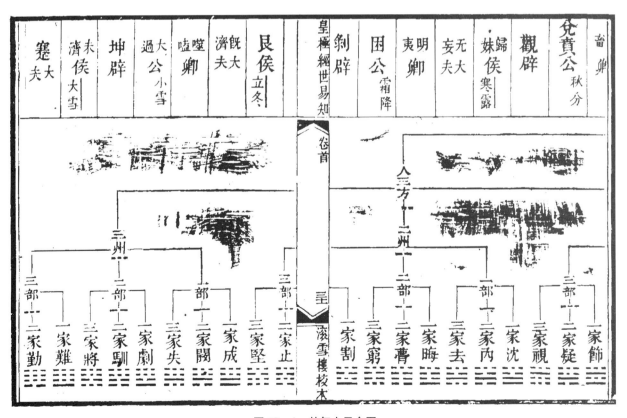

图 19-4 卦气太元合图
（何梦瑶《皇极经世易知》）

图20 圆束图
（何梦瑶《皇极经世易知》）

梁锡玙(1696—1774)

字鲁望,号解轩,清山西介休人。雍正二年(1724)举人。乾隆十五年(1750)以荐举经学,与顾栋高、陈祖范等同时授国子监司业,与吴鼎同食俸办事,不为定员。十七年直上书房,累迁詹事府少詹事。著有《易学启蒙补》二卷、《易经揆一》十一卷、《易经伏义》、《春秋直解》十五卷等。现有《周易》图像四十六幅。

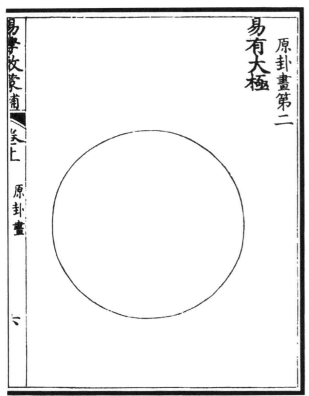

图1 易有太极图
(梁锡玙《易学启蒙补》)

图2 是生两仪图
(梁锡玙《易学启蒙补》)

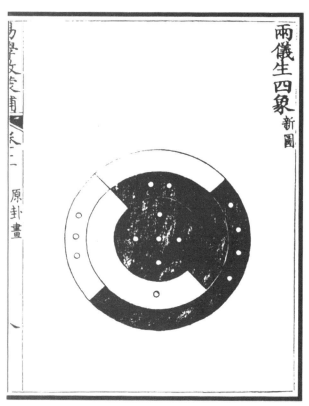

图 3　两仪生四象图
（梁锡玙《易学启蒙补》）

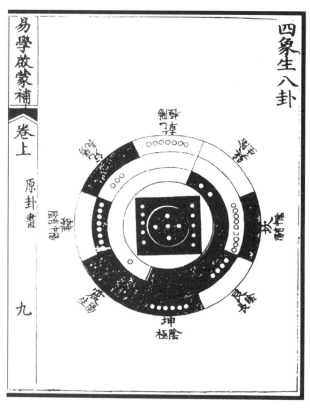

图 4　四象生八卦图
（梁锡玙《易学启蒙补》）

图 5　八分十六中宫之震巽应之图
（梁锡玙《易学启蒙补》）

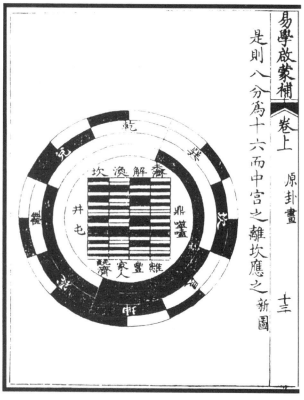

图 6　八分十六中宫之离坎应之图
（梁锡玙《易学启蒙补》）

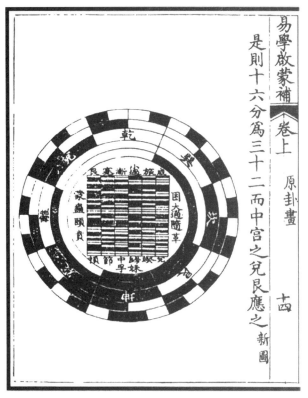

图 7　十六分三十二中宫之兑艮应之图
（梁锡玛《易学启蒙补》）

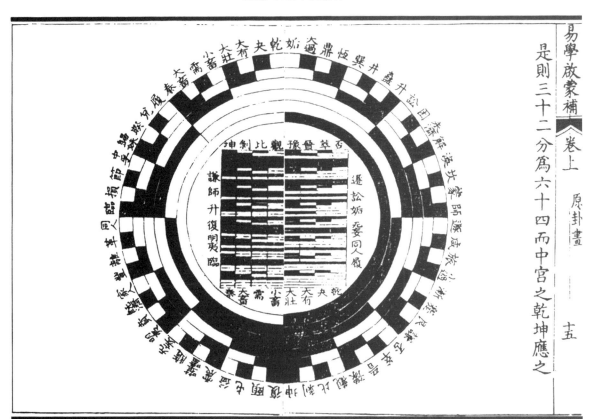

图 8　三十二分六十四中宫之乾坤应之图
（梁锡玛《易学启蒙补》）

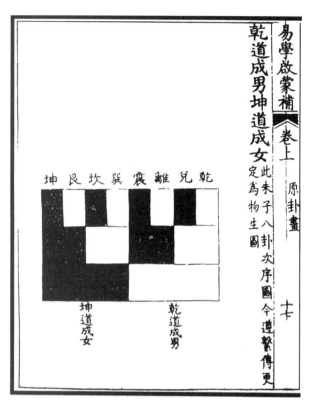

图 9 乾道成男坤道成女图
（梁锡玙《易学启蒙补》）

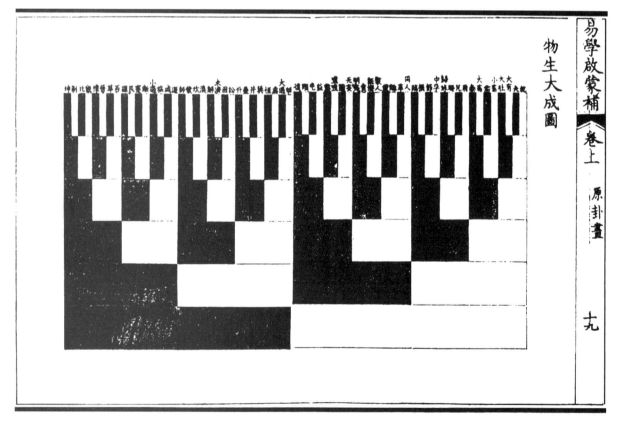

图 10 物生大成图
（梁锡玙《易学启蒙补》）

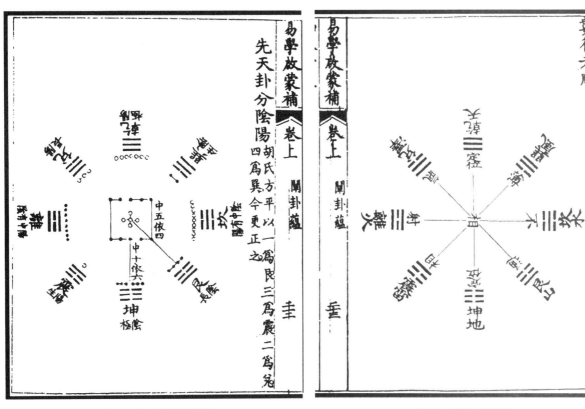

图 11　先天卦分阴阳图
（梁锡玛《易学启蒙补》）

图 12　数往者顺图
（梁锡玛《易学启蒙补》）

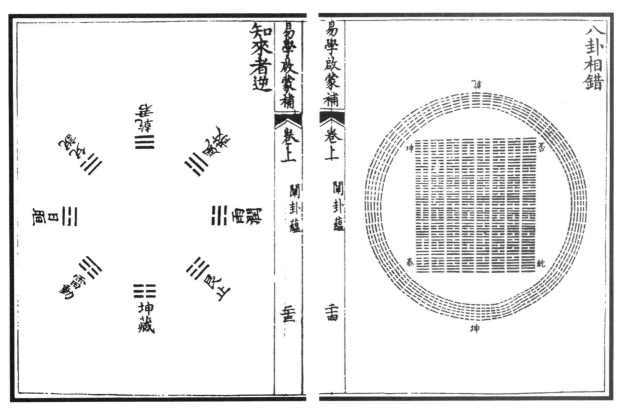

图 13　知来者逆图
（梁锡玛《易学启蒙补》）

图 14　八卦相错图
（梁锡玛《易学启蒙补》）

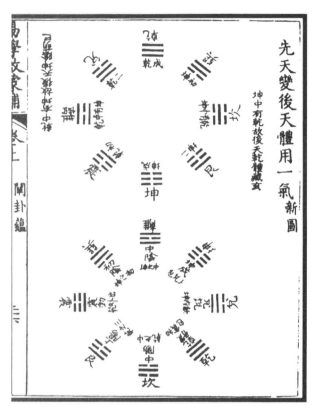

图 15　先天变后天体用一气图
（梁锡玙《易学启蒙补》）

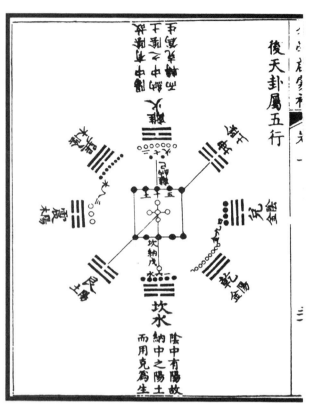

图 16　后天卦属五行图
（梁锡玙《易学启蒙补》）

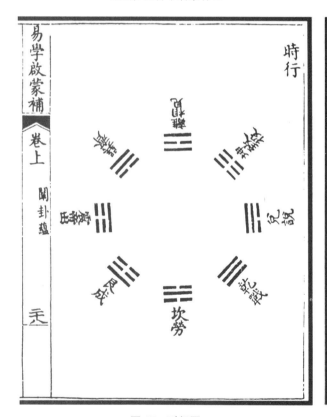

图 17　时行图
（梁锡玙《易学启蒙补》）

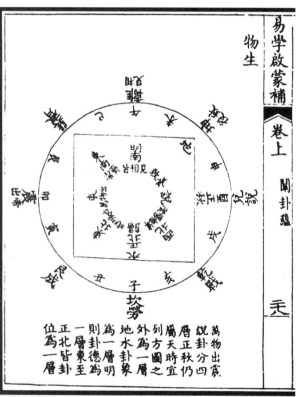

图 18　物生图
（梁锡玙《易学启蒙补》）

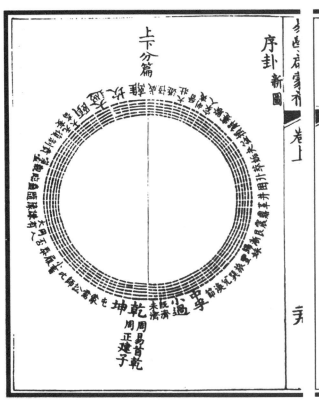

图 19　序卦图
(梁锡玙《易学启蒙补》)

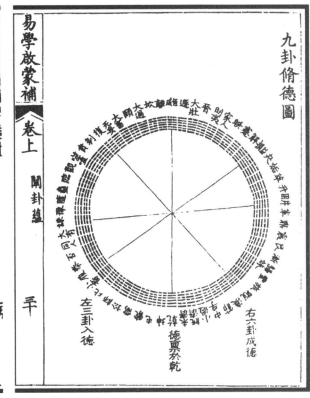

图 20　九卦修德图
(梁锡玙《易学启蒙补》)

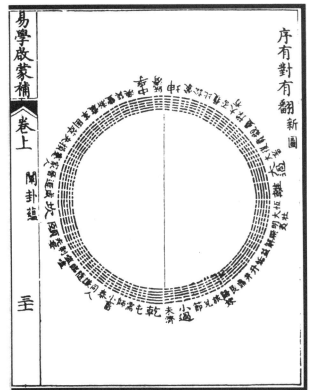

图 21　序有对有翻图
(梁锡玙《易学启蒙补》)

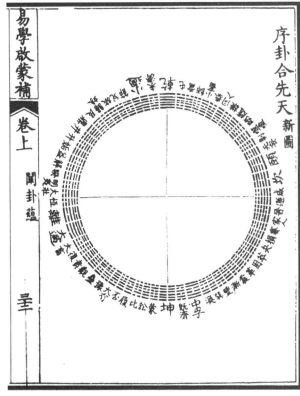

图 22　序卦合先天图
(梁锡玙《易学启蒙补》)

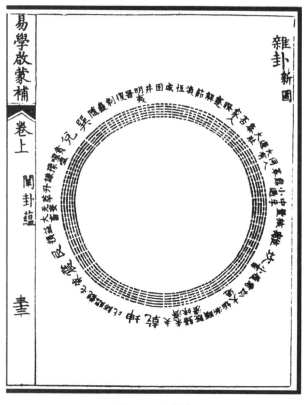

图 23 杂卦图
（梁锡玙《易学启蒙补》）

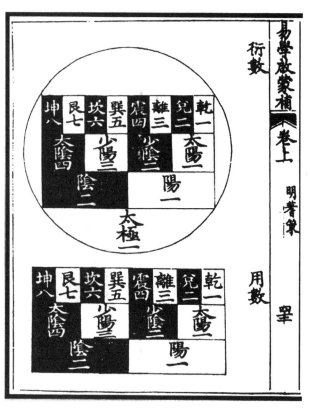

图 24 衍数用数图
（梁锡玙《易学启蒙补》）

图 25 洛书序义图
（梁锡玙《易学启蒙补》）

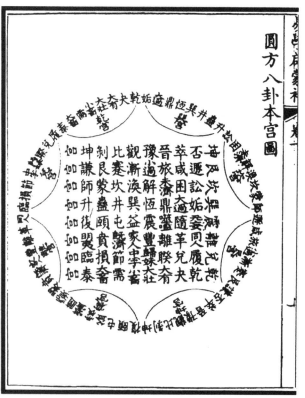

图 26 圆方八卦本宫图
（梁锡玙《易学启蒙补》）

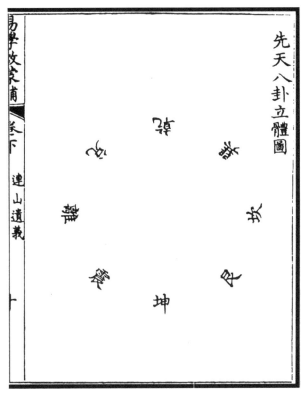

图 27 先天八卦立体图
（梁锡玙《易学启蒙补》）

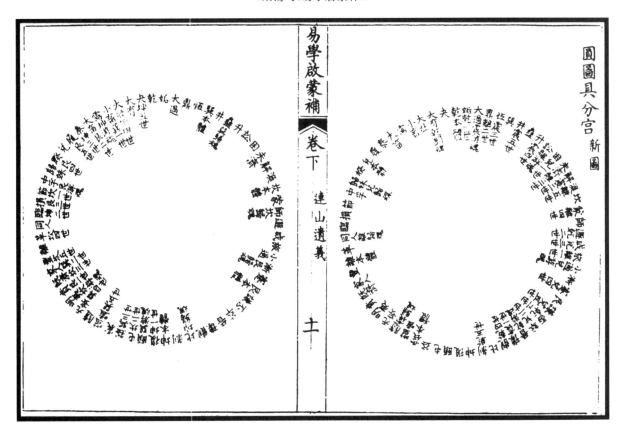

图 28 圆图具分宫图
（梁锡玙《易学启蒙补》）

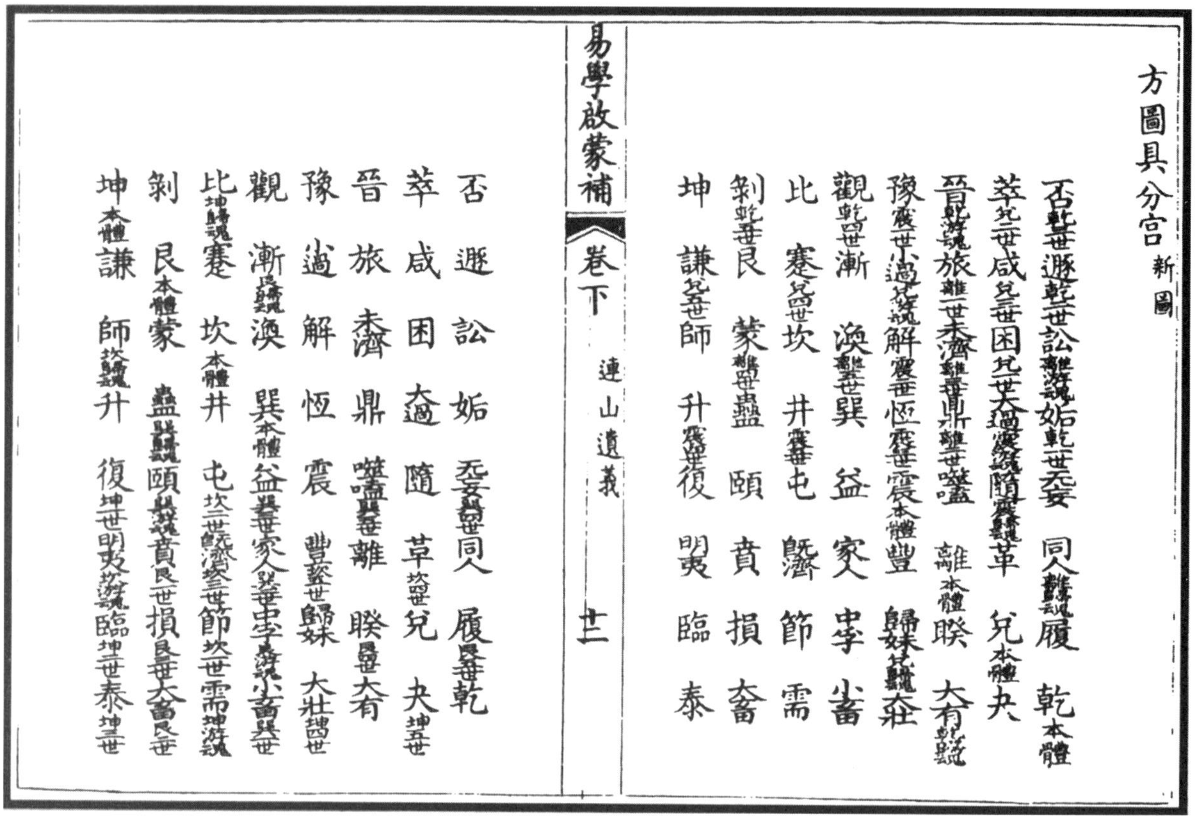

图 29 方图具分宫图

（梁锡玙《易学启蒙补》）

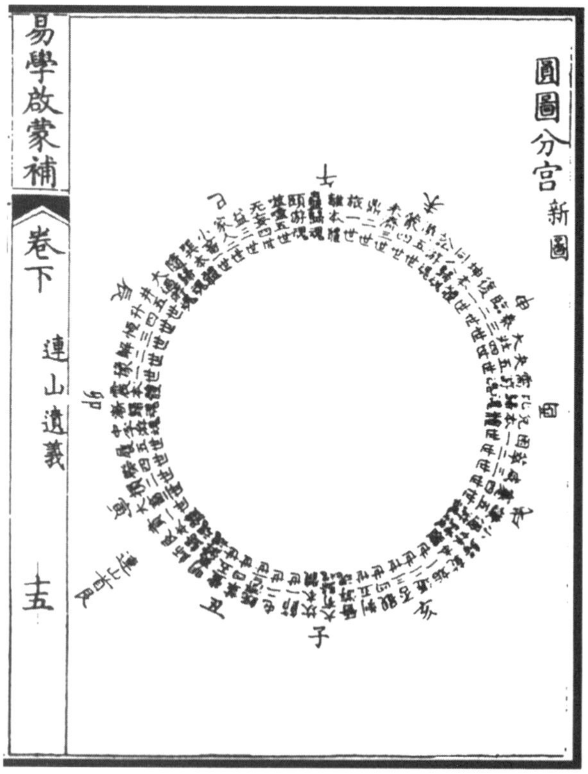

图 30 圆图分宫图

（梁锡玙《易学启蒙补》）

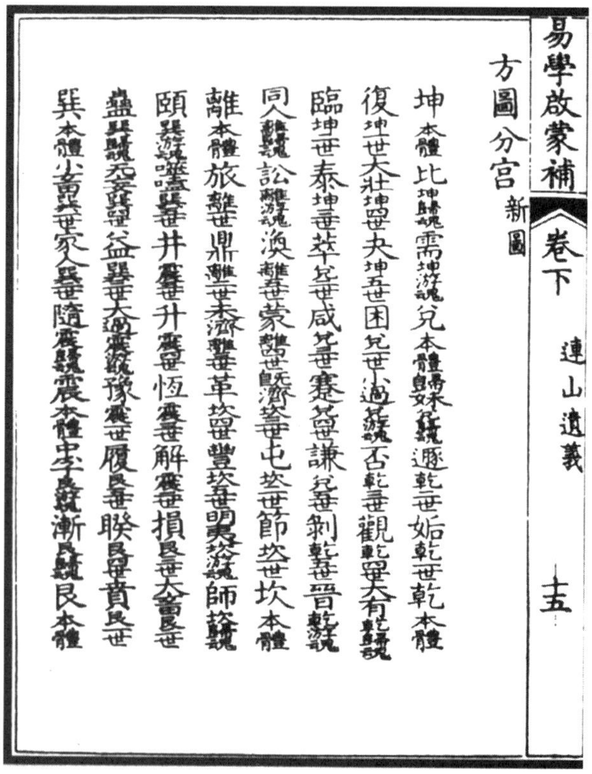

图 31 方图分宫图

（梁锡玙《易学启蒙补》）

图 32　后天八卦入用图
（梁锡玙《易学启蒙补》）

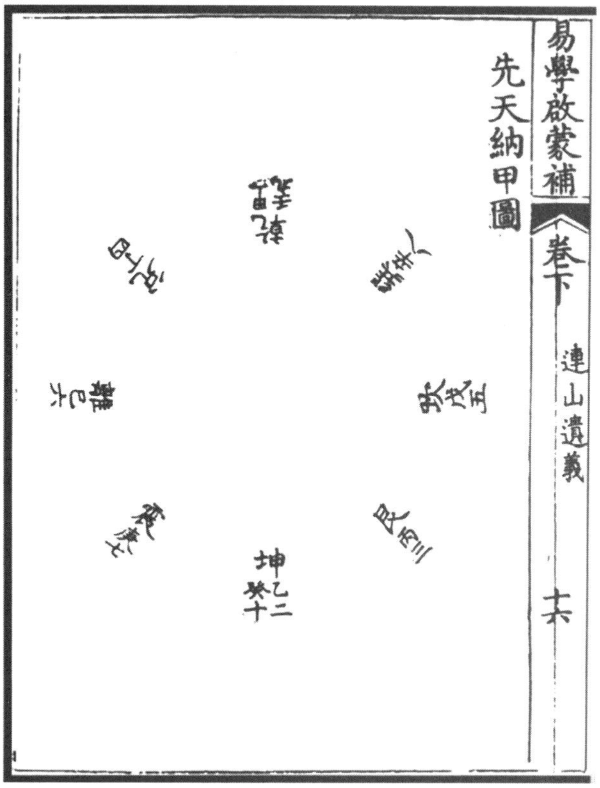

图 33　先天纳甲图
（梁锡玙《易学启蒙补》）

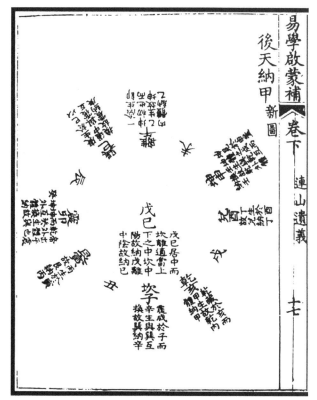

图 34　后天纳甲图
（梁锡玙《易学启蒙补》）

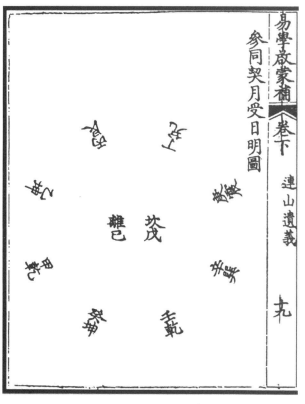

图 35　参同契月受日明图
（梁锡玙《易学启蒙补》）

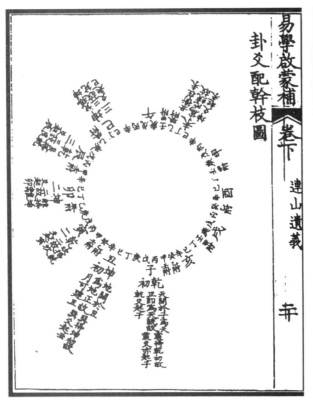

图 36　卦爻配干枝图
（梁锡玙《易学启蒙补》）

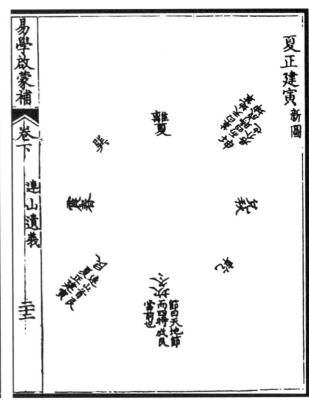

图 37　夏正建寅图
（梁锡玙《易学启蒙补》）

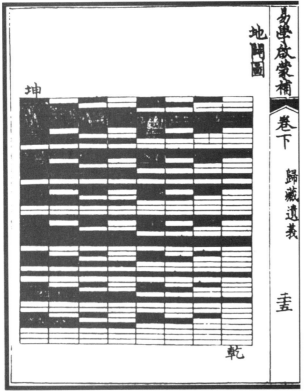

图 38　地辟图
（梁锡玙《易学启蒙补》）

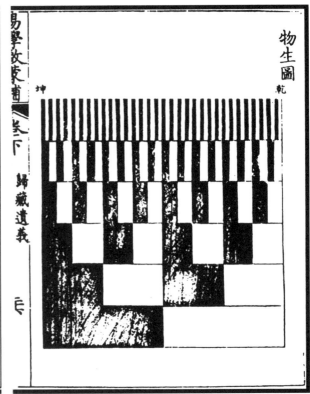

图 39　物生图
（梁锡玙《易学启蒙补》）

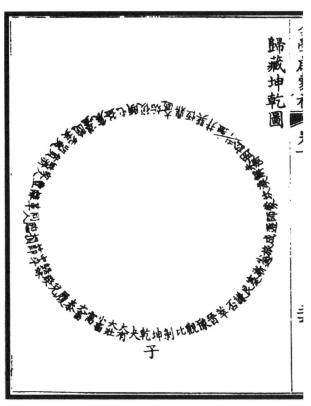

图 40 归藏坤乾图
（梁锡玙《易学启蒙补》）

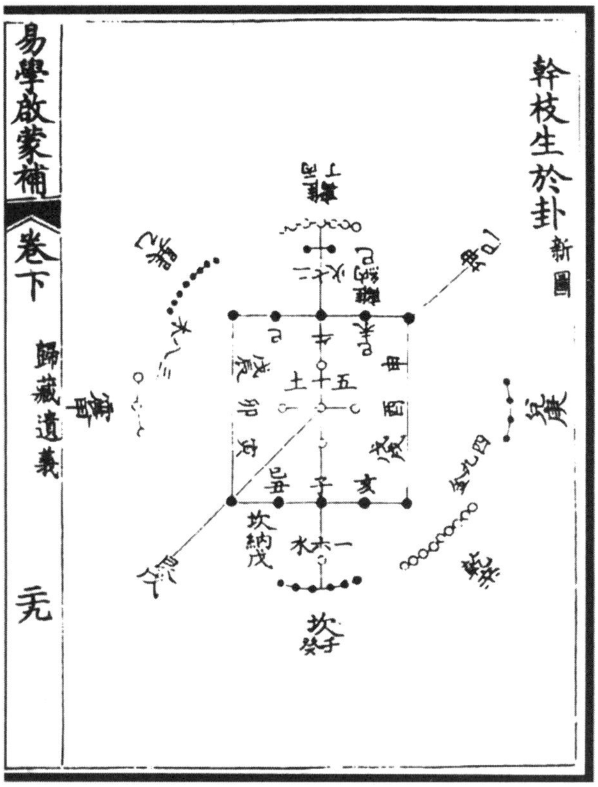

图 41 干支生于卦图
（梁锡玙《易学启蒙补》）

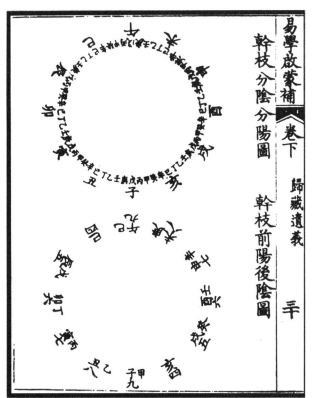

图 42 干枝分阴分阳图
（梁锡玙《易学启蒙补》）

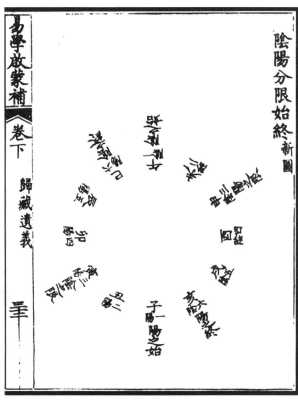

图 43 阴阳分限始终图
（梁锡玙《易学启蒙补》）

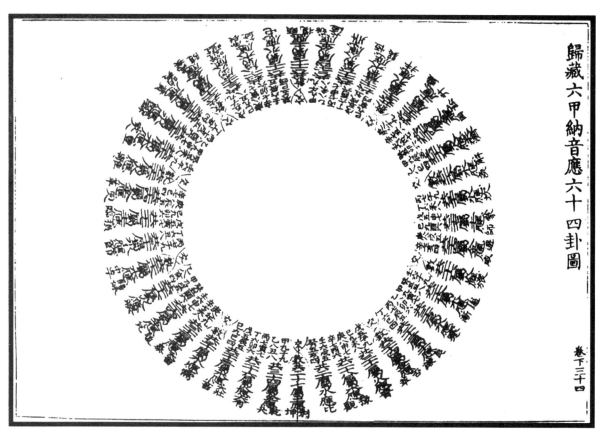

图 44　归藏六甲纳音应六十四卦图
（梁锡玛《易学启蒙补》）

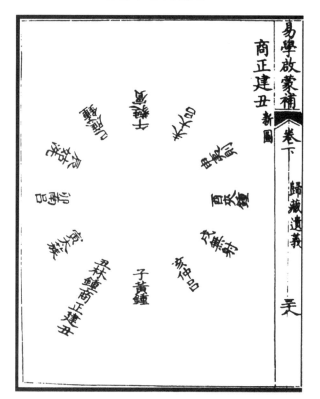

图 45　商正建丑图
（梁锡玛《易学启蒙补》）

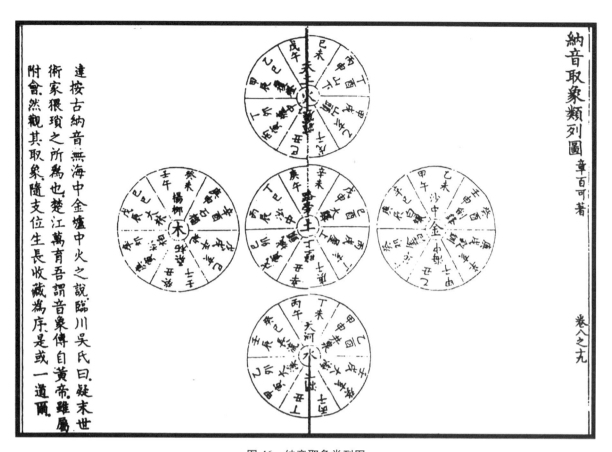

图 46 纳音取象类列图
（梁锡玛《易学启蒙补》）

惠栋(1697—1758)

字定宇,号松崖,学者称小红豆先生。清江苏元和(今江苏苏州)人。祖周惕,父士奇,皆治《易》学。乾隆十五年(1750)诏举经明行修之士,两江总督尹继善、黄廷桂交章举荐,未果。一生治经以汉儒为宗,以昌明汉学为己任,尤精于汉代《易》学。所著《易汉学》七卷、《易例》二卷、《周易述》二十一卷、《古文尚书考》二卷、《后汉书补注》十五卷、《九经古义》十六卷、《明堂大道录》、《左传补注》六卷等。现存有《周易》图像七幅。

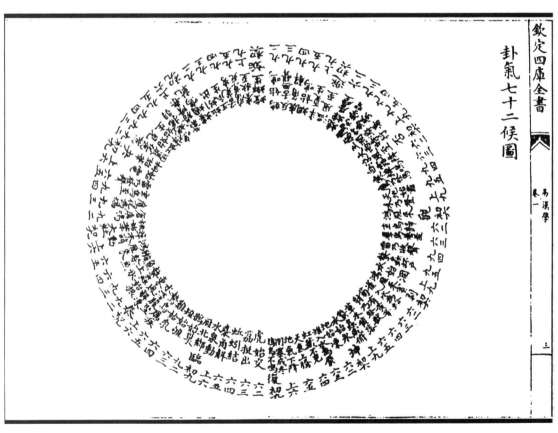

图1 卦气七十二候图
(惠栋《易汉学》)

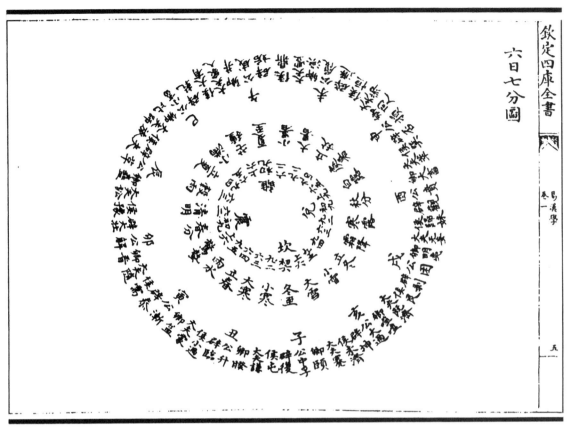

图 2　六日七分图
（惠栋《易汉学》）

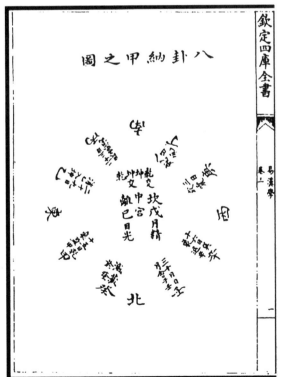

图 3　八卦纳甲之图
（惠栋《易汉学》）

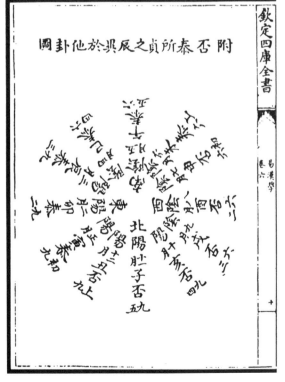

图 4　否泰所贞之辰异于他卦图
（惠栋《易汉学》）

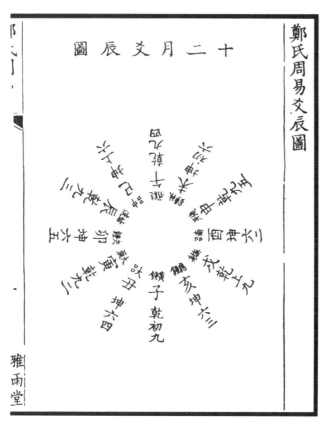

图 5 十二月爻辰图
（惠栋《郑氏爻辰图》）

图 6 爻辰所值二十八宿图
（惠栋《郑氏爻辰图》）

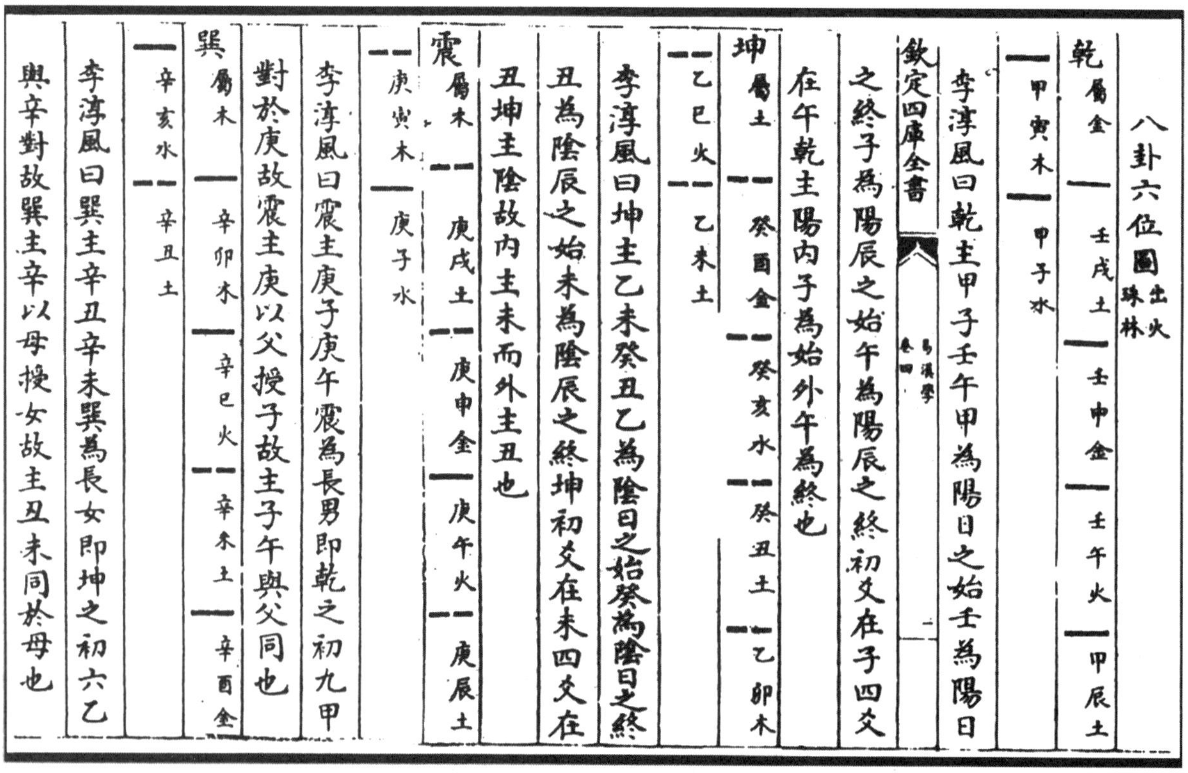

图 7-1 八卦六位图
（惠栋《易汉学》）

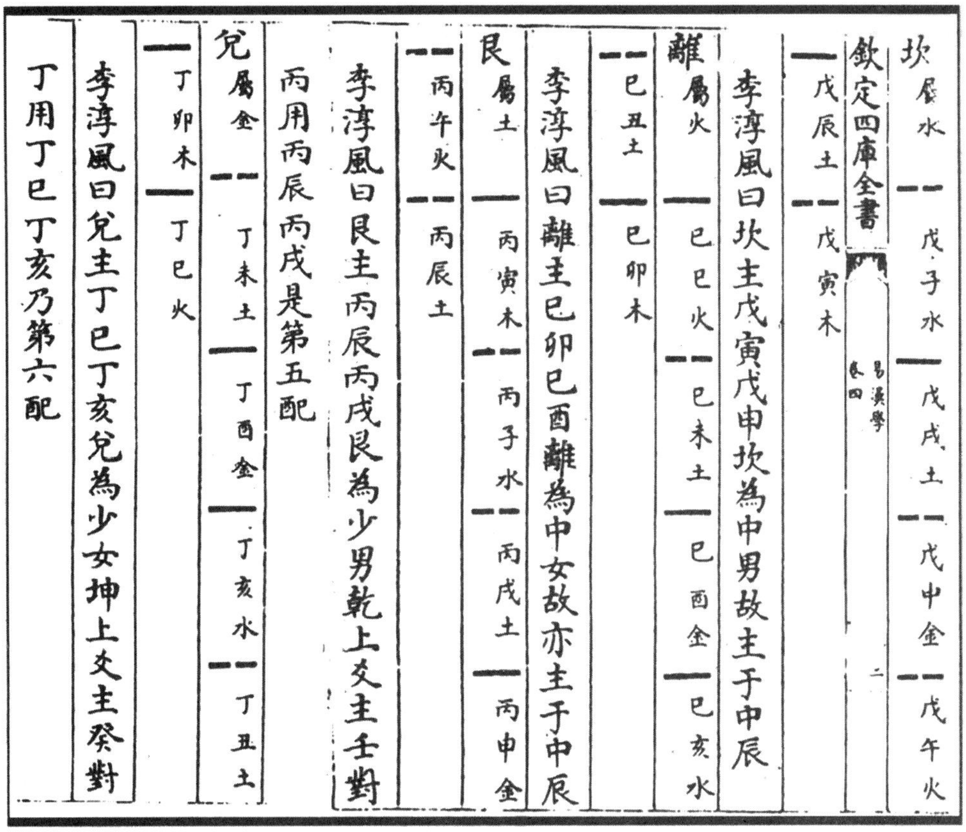

钦定四库全书　易汉学　卷四

坎属水　戊子水　戊戌土　戊申金　戊午火
　　　　戊辰土　戊寅木

李淳风曰坎主戊寅戊申坎为中男故主于中辰

离属火　巳丑土　巳亥水
　　　　巳卯木　巳未土　巳酉金

李淳风曰离主巳卯巳酉离为中女故亦主于中辰

艮属土　丙午火　丙申金
　　　　丙寅木　丙子水　丙戌土

李淳风曰艮主丙辰丙戌艮为少男乾上爻主壬对

丙用丙辰丙戌是第五配

兑属金　丁卯木　丁巳火
　　　　丁未土　丁酉金　丁亥水　丁丑土

李淳风曰兑主丁巳丁亥兑为少女坤上爻主癸对

丁用丁巳丁亥乃第六配

图7-2　八卦六位图
（惠栋《易汉学》）

梁诗正(1697—1736)

字养仲,号芝林,又号文濂子,清浙江钱塘(今浙江杭州)人。雍正八年(1730)探花,授翰林院编修。历任户、兵、刑、吏、工五部尚书,授东阁大学士。谥文庄。著有《石渠宝笈》《矢音集》《宁寿鉴古》等。现存有《周易》图像一幅。

图1　唐四神八卦鉴
(梁诗正《宁寿鉴古》)

周大枢(1699—1770)

字元木,号园牧,清浙江绍兴人。乾隆十七年(1752)举人,授平湖教谕。博学多才,究心经籍,尤邃于《易》。著有《周易井观》十二卷、《存吾春轩集》十卷、《居俟堂稿》、《调香词》等。现存有《周易》图像七幅。

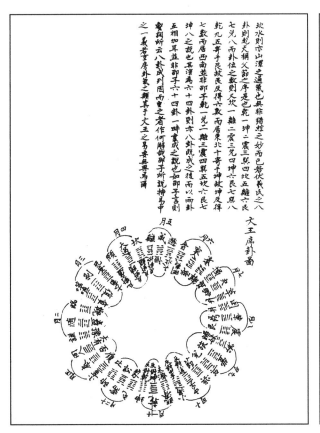

图1 文王序卦图
(周大枢《周易井观》)

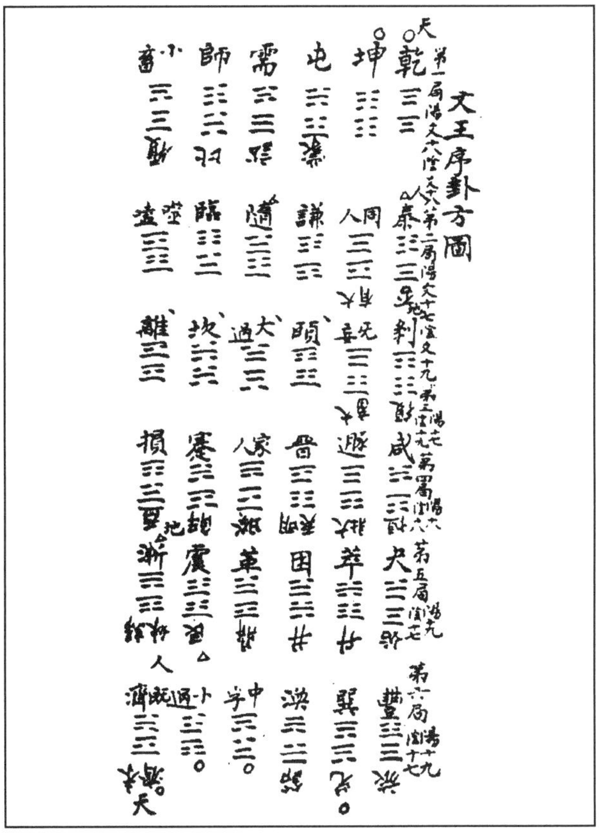

图2 文王序卦方图
(周大枢《周易井观》)

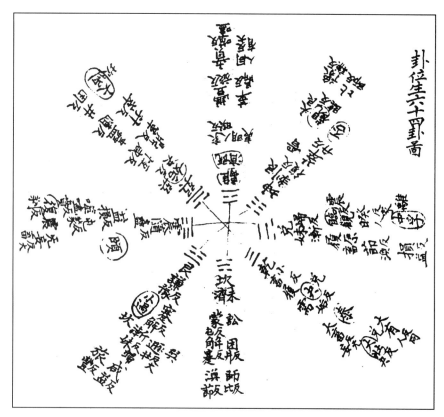

图3　卦位生六十四卦图
（周大枢《周易井观》）

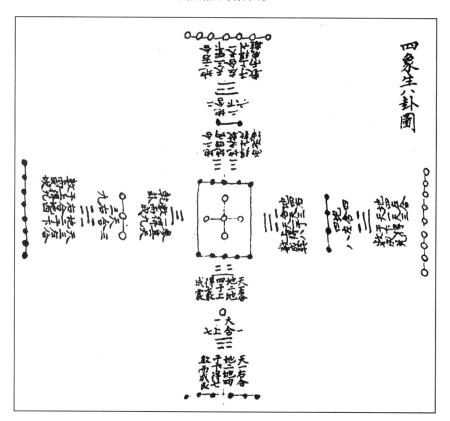

图4　四象生八卦图
（周大枢《周易井观》）

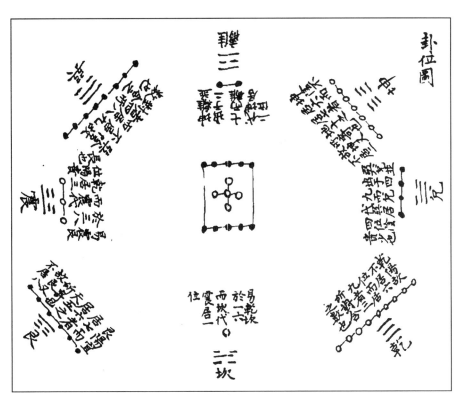

图 5　卦位图
(周大枢《周易井观》)

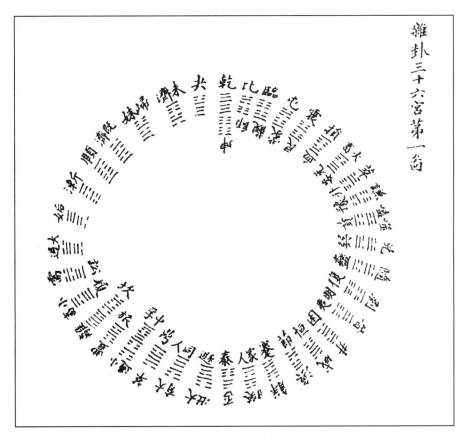

图 6　杂卦三十六宫第一图
(周大枢《周易井观》)

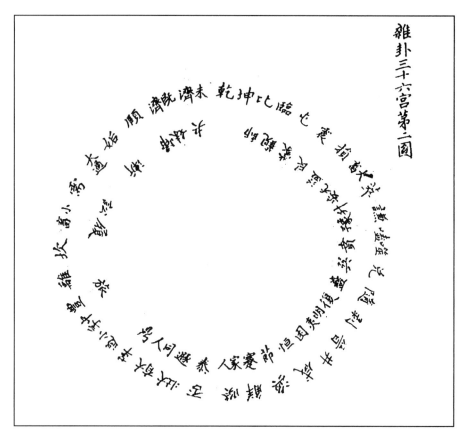

图7　杂卦三十六宫第二图
（周大枢《周易井观》）

顾世澄（约 1700—1780）

一名澄，字练江，号静斋，清安徽芜湖人。出身世医，年少攻举业未成，转而继承家学。兼通内科和外科，倾数三十年心血著成《疡医大全》四十卷。现存有《周易》图像二幅。

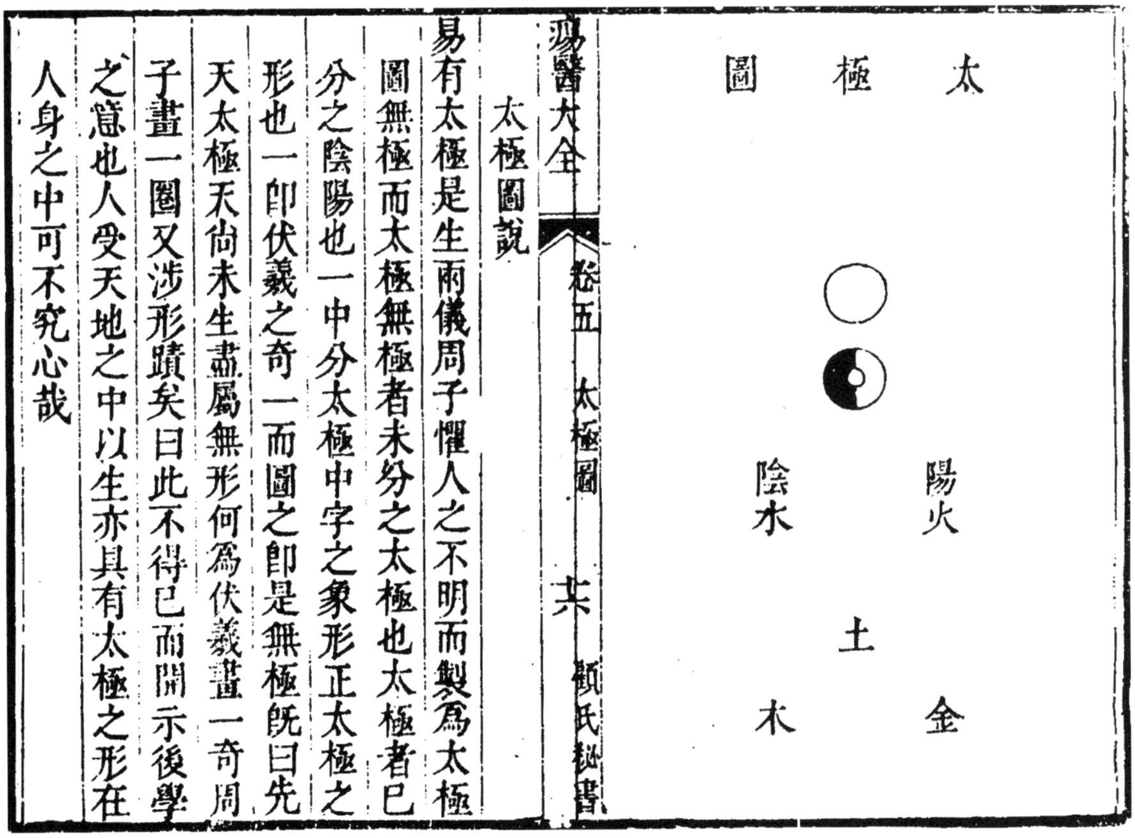

图 1　太极图
（顾世澄《疡医大全》）

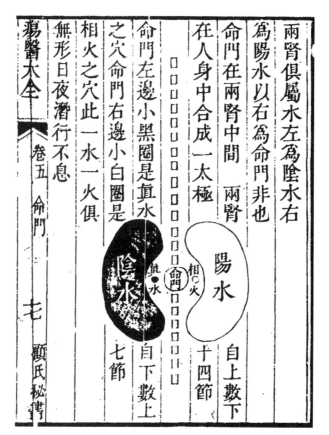

两肾俱属水，左为阴水，右为阳水，以右为命门非也。命门在两肾中间，两肾在人身中合成一太极之穴。命门右边小白圈是真水之穴，命门左边小黑圈是真火之穴，此一水一火俱相无形，日夜潜行不息。

图2 命门图
（顾世澄《疡医大全》）

许伯政（1700—1784）

字惠棠，清湖南巴陵（今湖南岳阳）人。乾隆七年（1742）进士，授彭城知县，累迁山东道监察御史，辞归著书。著有《易深》八卷、《春秋深》十九卷、《诗深》二十六卷、《全史日至源流》三十二卷、《事三堂文集》等。现存有《周易》图像十八幅。

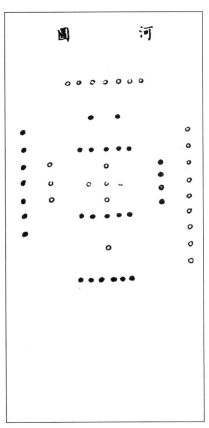

图1　河图
（许伯政《易深》）

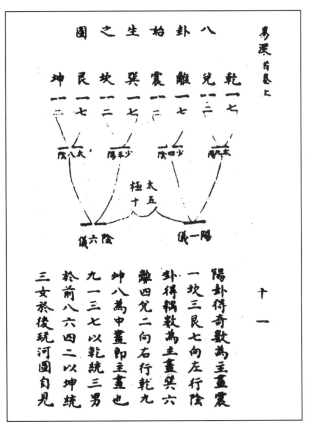

图2　八卦始生之图
（许伯政《易深》）

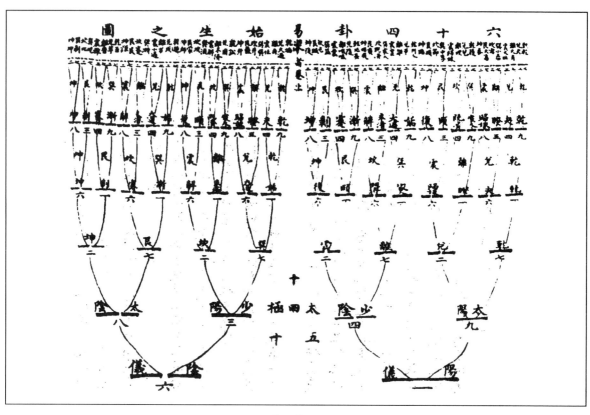

图3 六十四卦易始生之图
（许伯政《易深》）

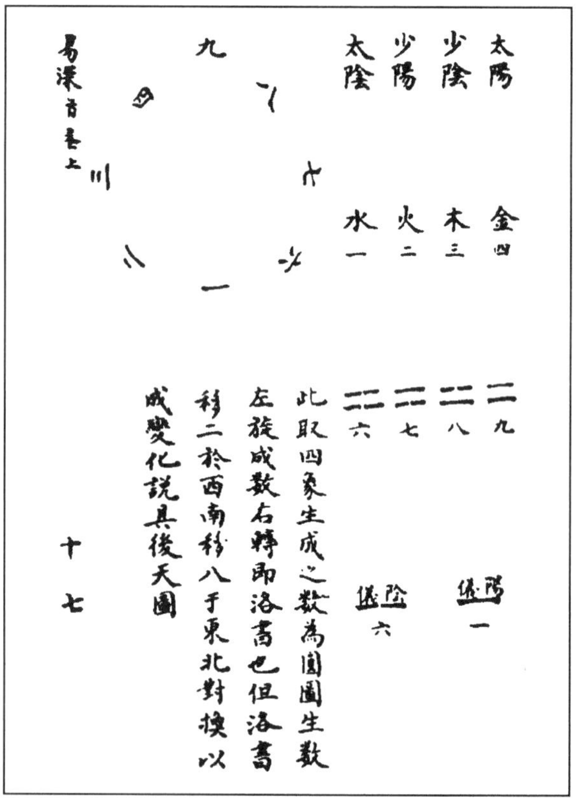

图4 两仪四象数图
（许伯政《易深》）

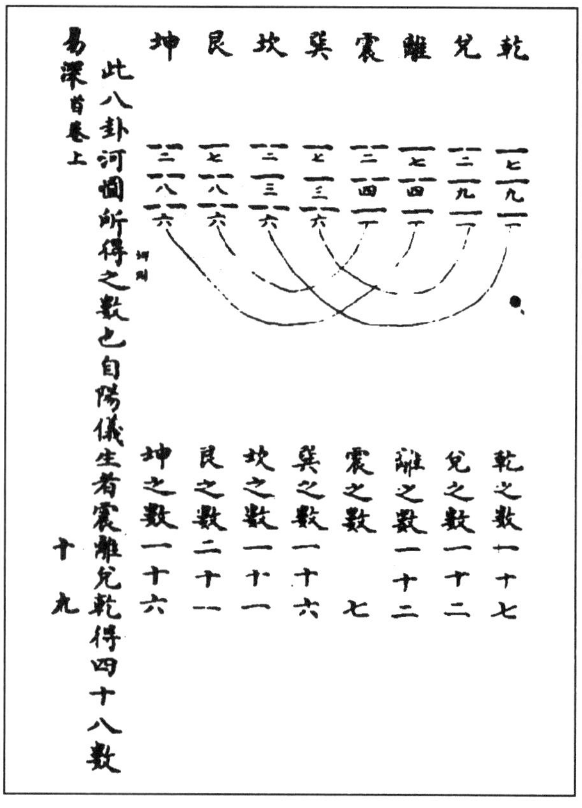

图5 八卦河图所得之数图
（许伯政《易深》）

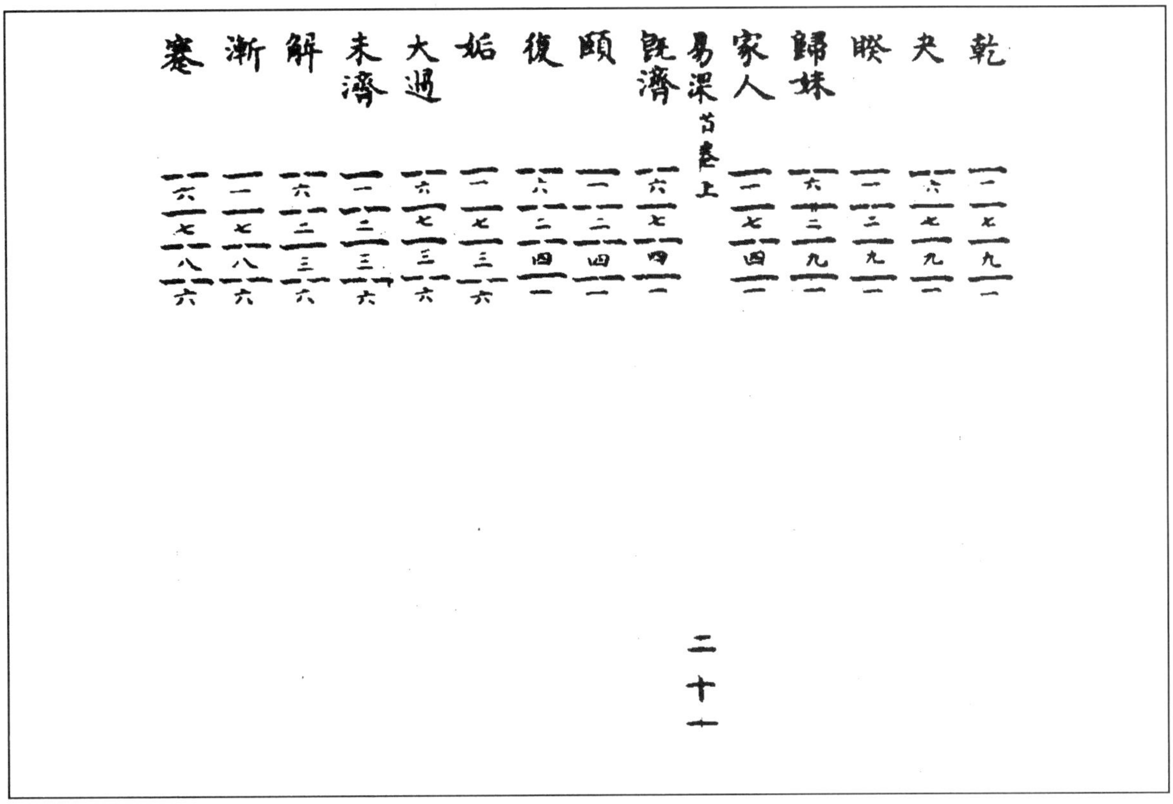

图 6-1　重为四画交错以成两体图
（许伯政《易深》）

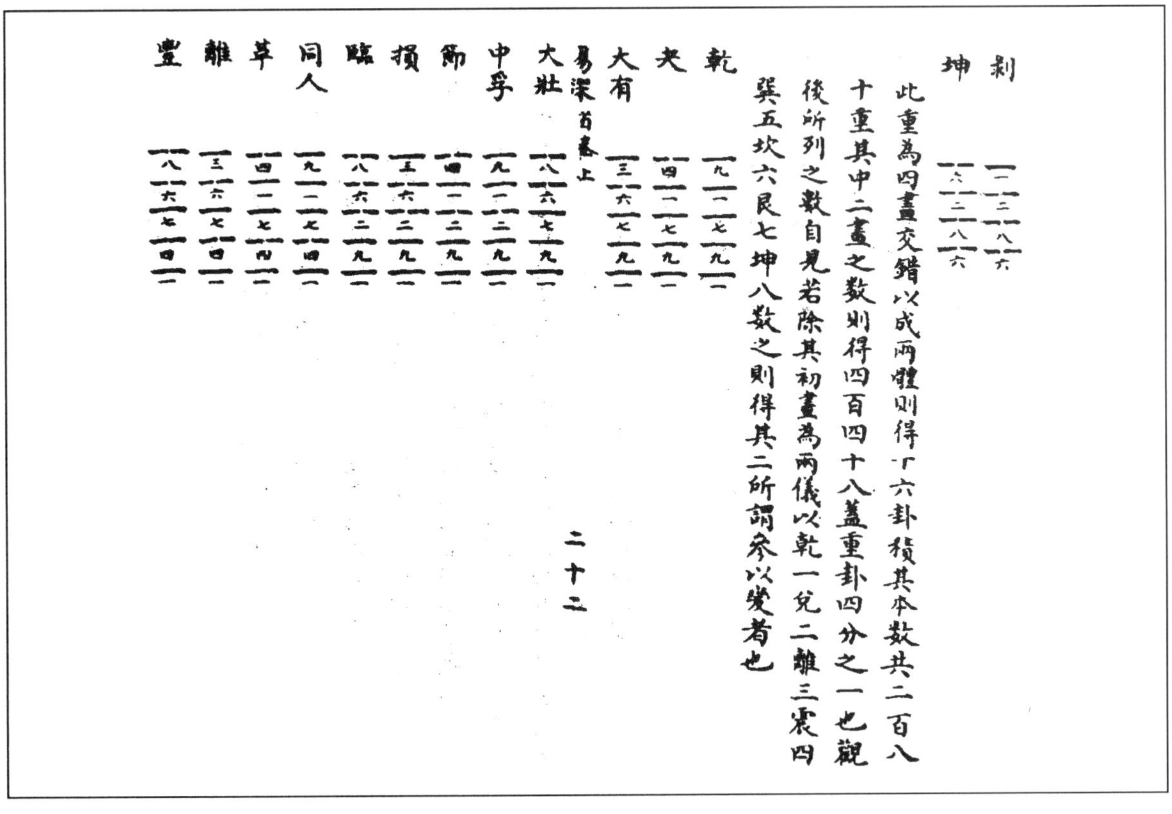

图 6-2　重为四画交错以成两体图
（许伯政《易深》）

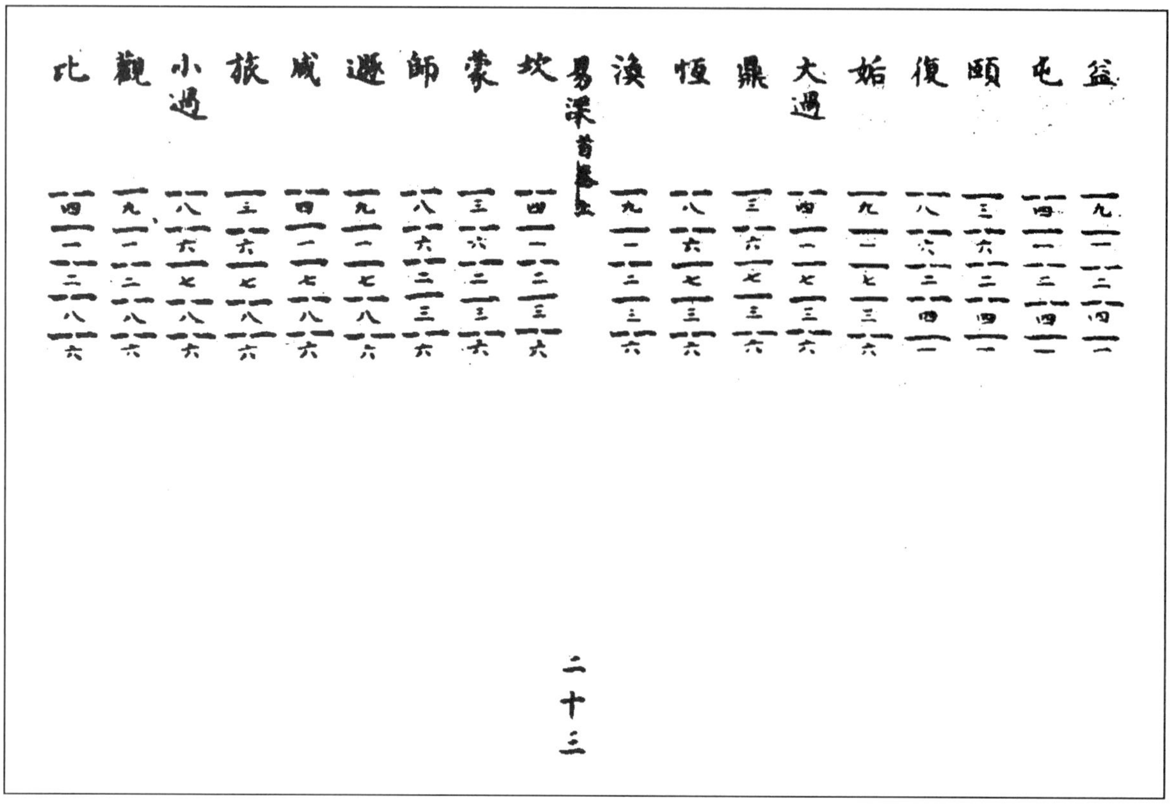

图 6－3　重为四画交错以成两体图

（许伯政《易深》）

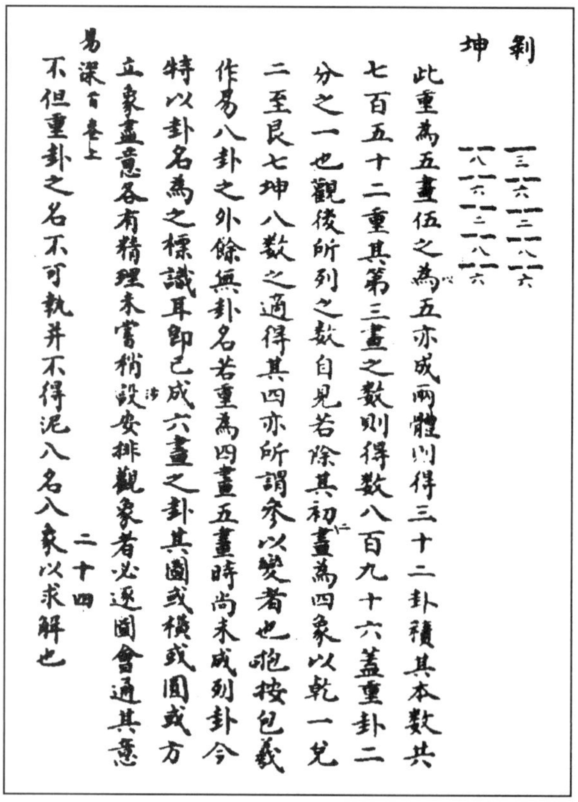
剝
坤

此重爲五畫伍之爲五亦成兩體則得三十二卦積其本數共七百五十二重其第三畫之數則得數八百九十六蓋重卦二分之一也觀後所列之數自見若除其初畫爲四象以乾一兌二至艮七坤八數之適得其四亦所謂參以變者也𤊹按包羲作易八卦之外餘無卦名若重爲四畫五畫時尚未成別卦今特以卦名爲之標識耳即已成六畫之卦其圖或橫或圓或方立象盡意各有精理未嘗稍設安排觀象者必逐圖會通其意不但重卦之名不可執并不得泥八名八象以求解也

易深首卷上　二十四

图 6－4　重为四画交错以成两体图

（许伯政《易深》）

图7-1　重为五画亦成两体图
（许伯政《易深》）

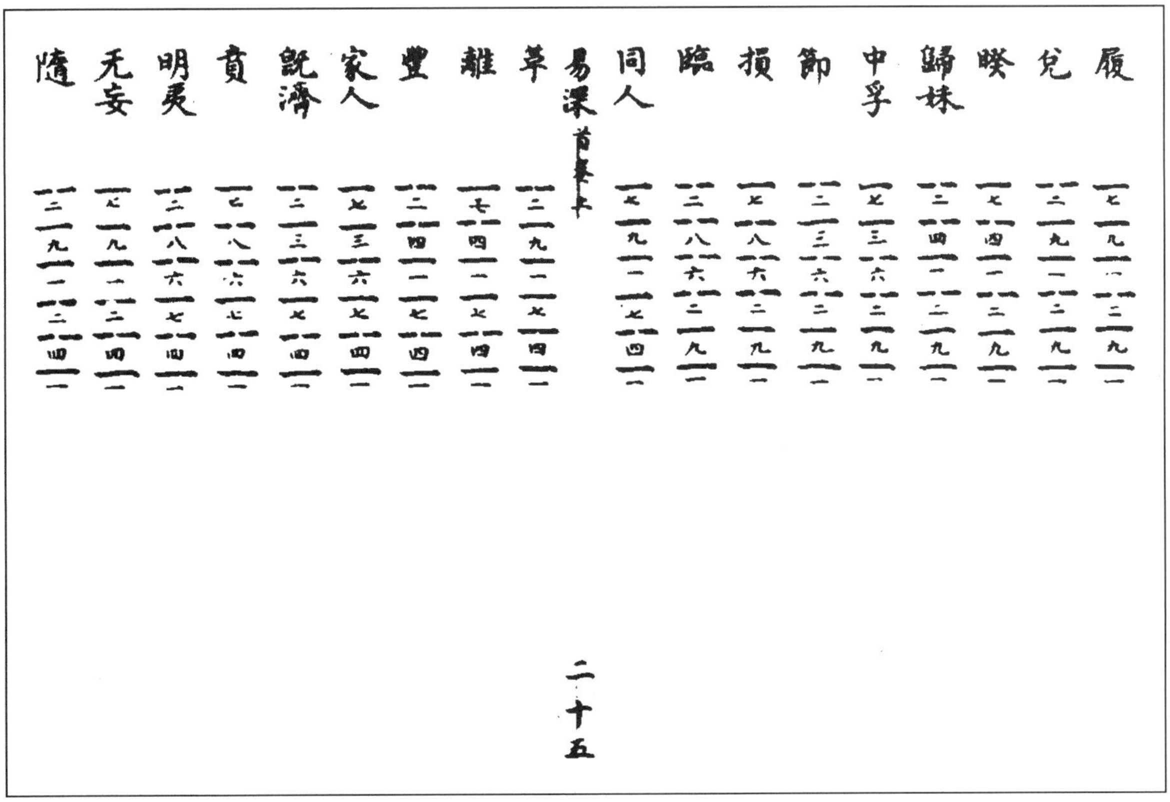

图7-2　重为五画亦成两体图
（许伯政《易深》）

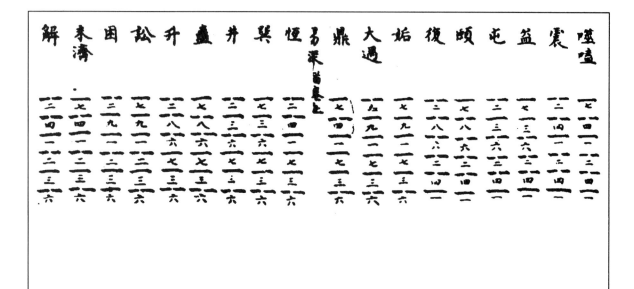

图 7-3 重为五画亦成两体图
（许伯政《易深》）

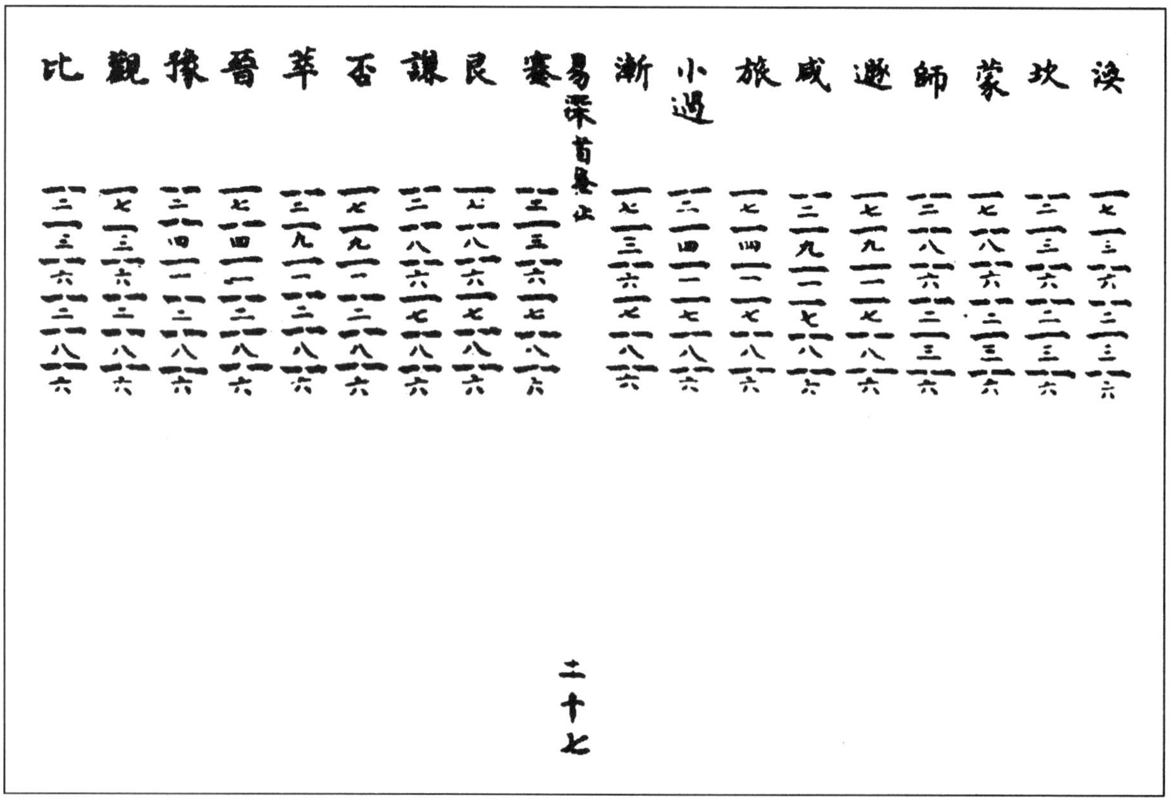

图 7-4 重为五画亦成两体图
（许伯政《易深》）

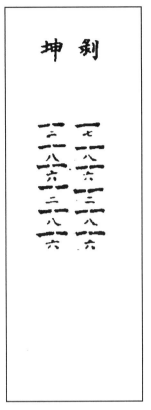

图 7-5 重为五画亦成两体图
（许伯政《易深》）

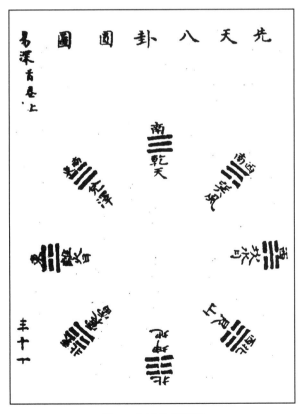

图 8 先天八卦圆图
（许伯政《易深》）

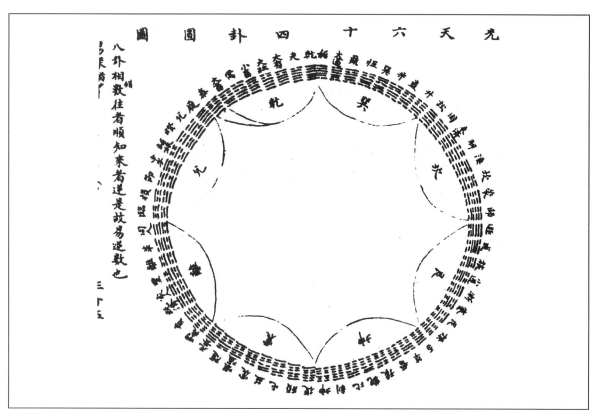

图9　先天六十四卦圆图
（许伯政《易深》）

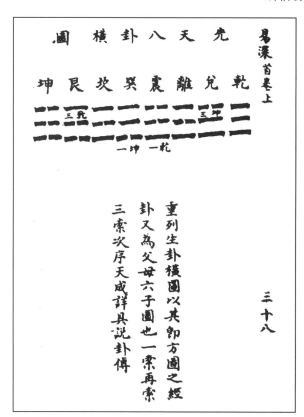

图10　先天八卦横图
（许伯政《易深》）

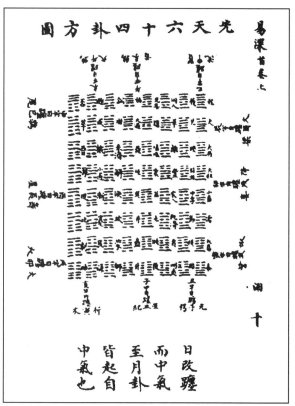

图11　先天六十四卦方图
（许伯政《易深》）

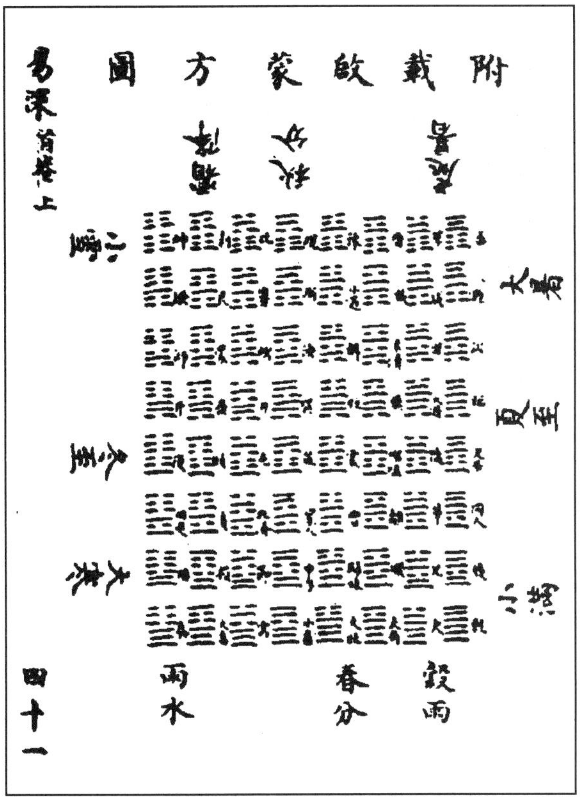

图12 附载启蒙方图
（许伯政《易深》）

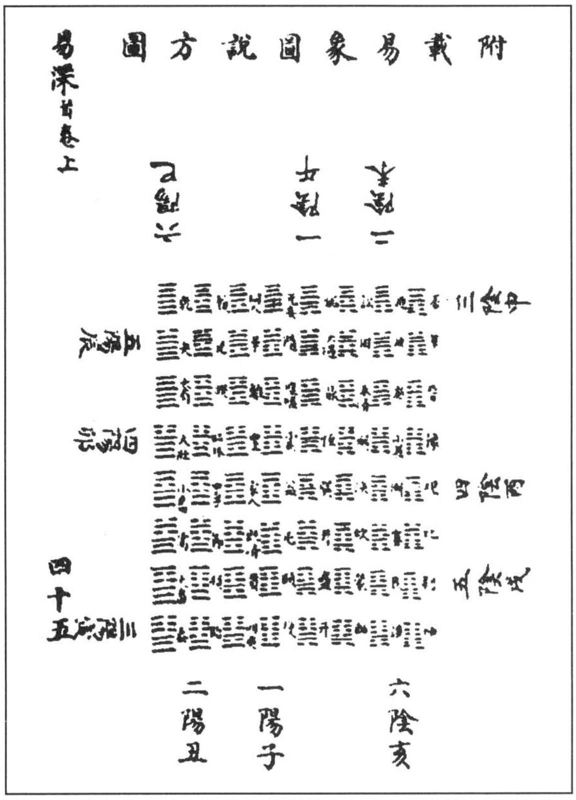

图13 附载易象图说方图
（许伯政《易深》）

图14 后天八卦圆图
（许伯政《易深》）

图 15 京房卦气值日图
（许伯政《易深》）

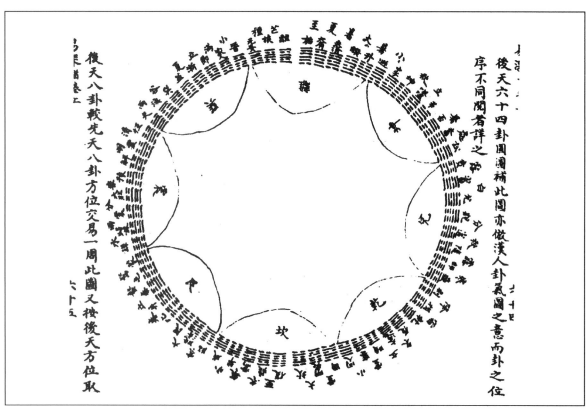

图 16 后天六十四卦圆图
（许伯政《易深》）

图 17 洛书
（许伯政《易深》）

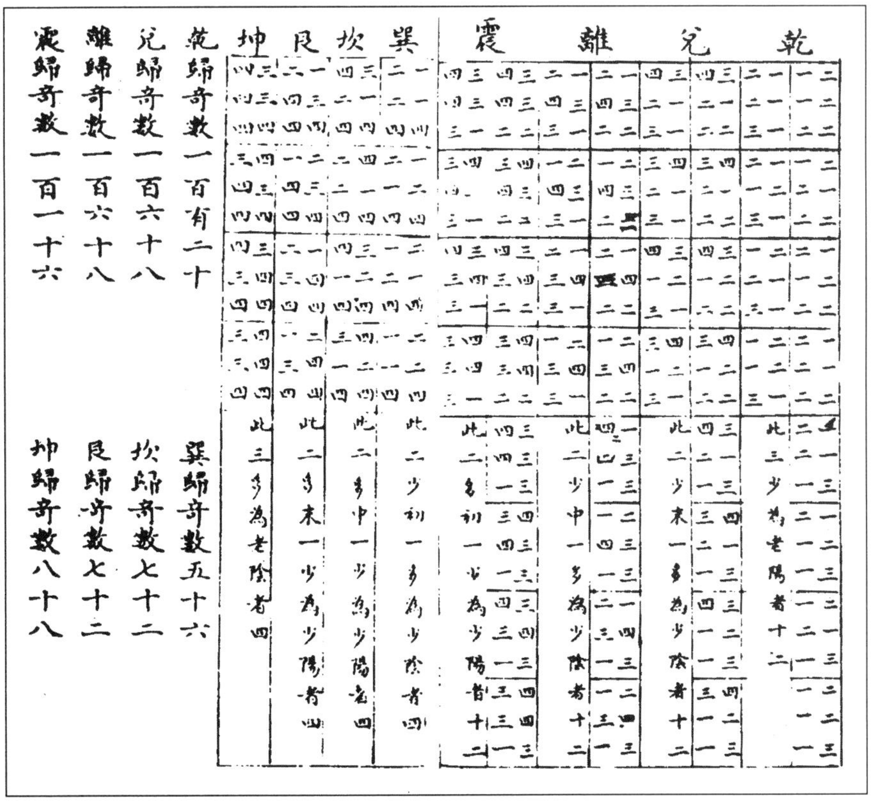

图 18 揲蓍所成老少之别图
（许伯政《易深》）

曹庭栋(1700—1785)

字楷人,号六圃,晚号慈山居士,清浙江嘉兴人。廪贡生,少嗜学,工诗,乾隆元年(1736)举孝廉方正,不就,潜心著述。著有《易准》四卷、《孝经通释》十卷、《昏礼通考》二十四卷、《逸语》十卷、《琴学》内外篇各一卷、《老老恒言》五卷、《产鹤亭诗集》七卷、《宋百家诗存》二十八卷等。现存有《周易》图像十五幅。

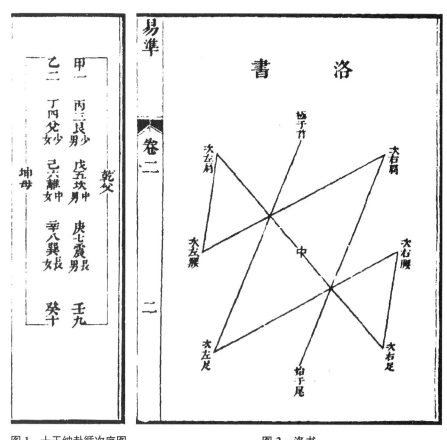

图1　十干纳卦循次序图
（曹庭栋《易准》）

图2　洛书
（曹庭栋《易准》）

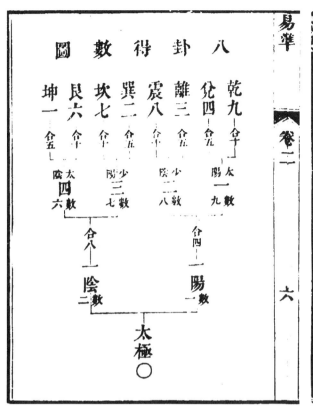

图3 八卦得数图
（曹庭栋《易准》）

图4 成位图
（曹庭栋《易准》）

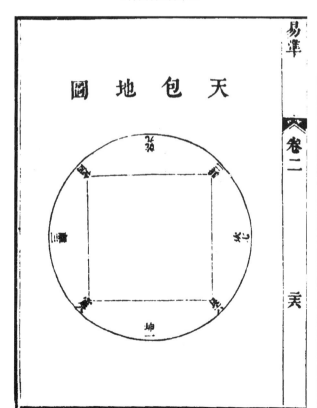

图5 天包地图
（曹庭栋《易准》）

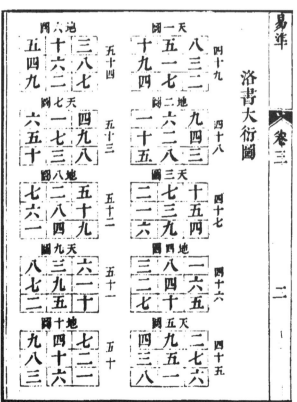

图6 洛书大衍图
（曹庭栋《易准》）

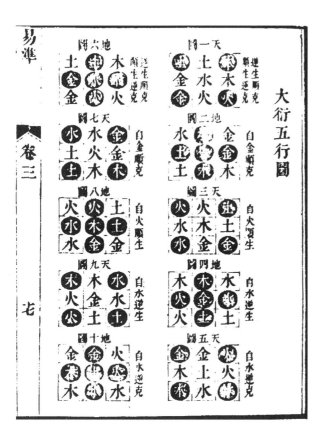

图7　大衍五行图
（曹庭栋《易准》）

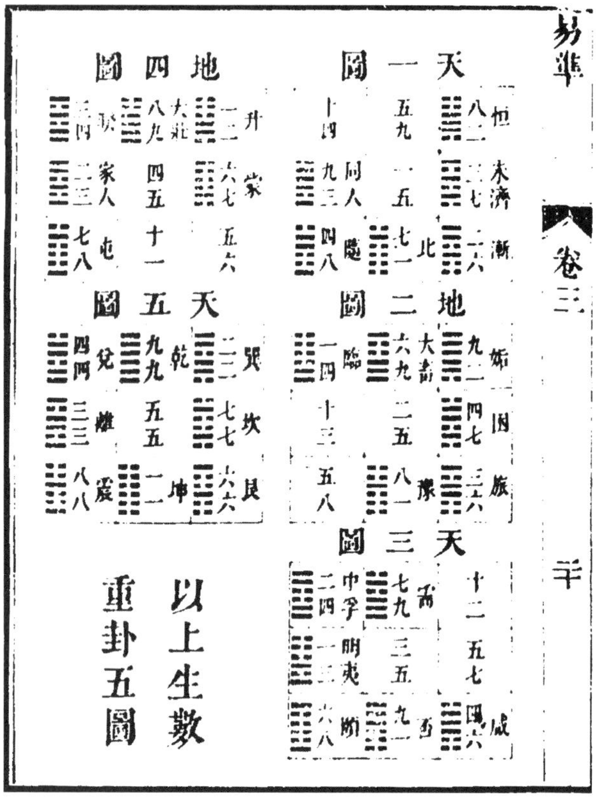

图8　生数重卦五图
（曹庭栋《易准》）

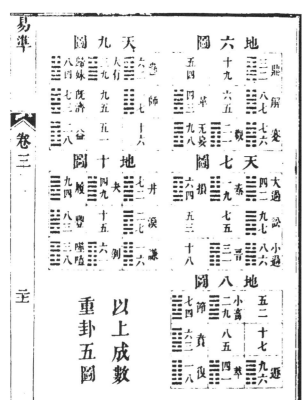

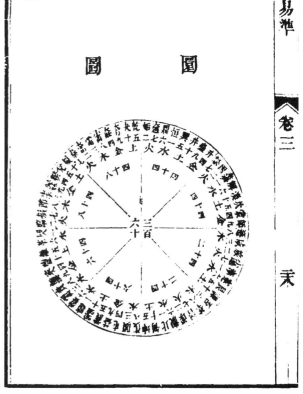

图9　成数重卦五图
（曹庭栋《易准》）

图10　圜图
（曹庭栋《易准》）

图 11 方图
（曹庭栋《易准》）

图 12 月卦图
（曹庭栋《易准》）

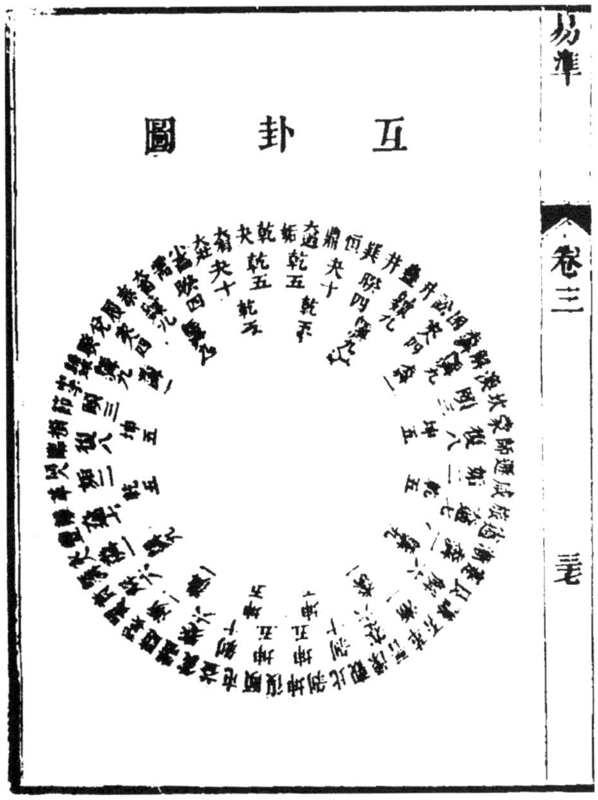

图 13 互卦图
（曹庭栋《易准》）

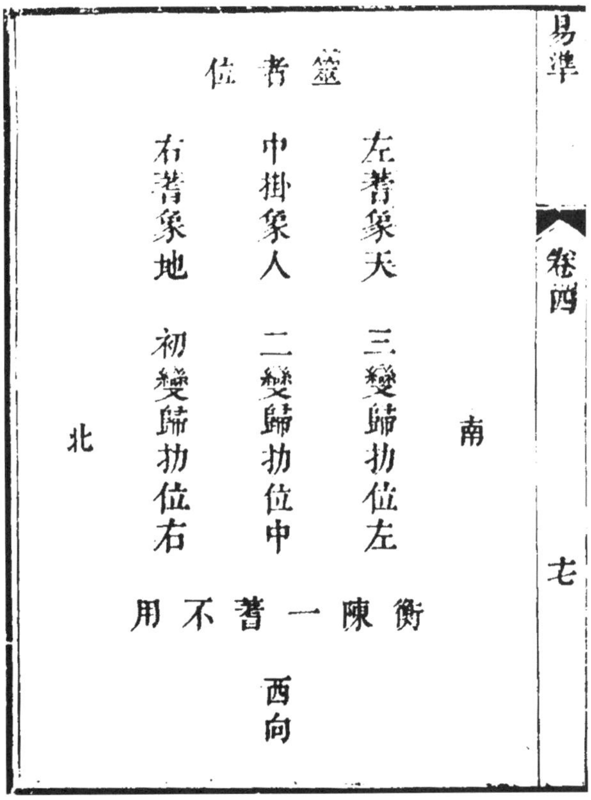

图 14 筮者位图
（曹庭栋《易准》）

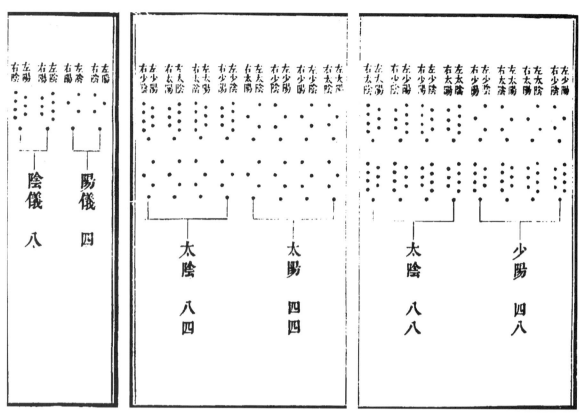

图 15-1 初变、二变、三变之象图
（曹庭栋《易准》）

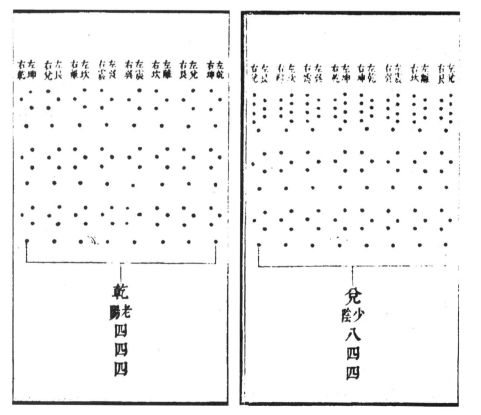

图 15-2 初变、二变、三变之象图
（曹庭栋《易准》）

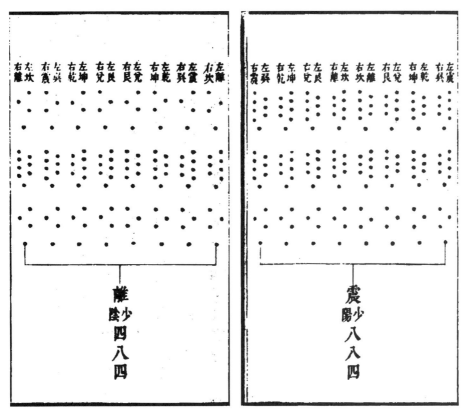

图 15-3　初变、二变、三变之象图
（曹庭栋《易准》）

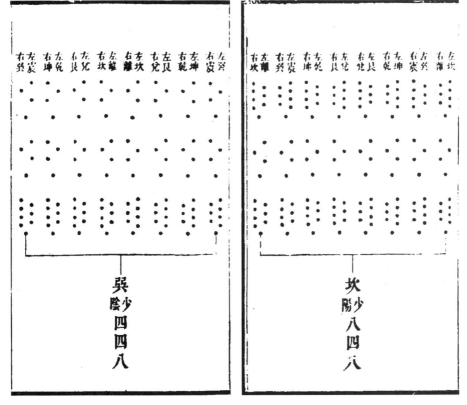

图 15-4　初变、二变、三变之象图
（曹庭栋《易准》）

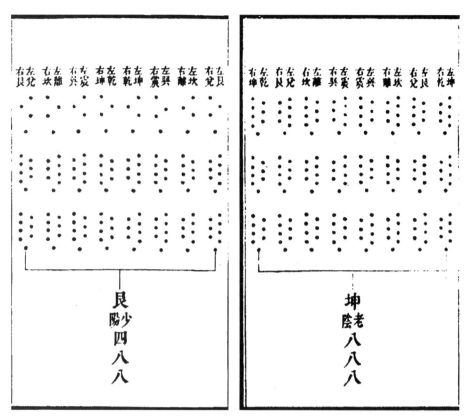

图 15-5 初变、二变、三变之象图
（曹庭栋《易准》）

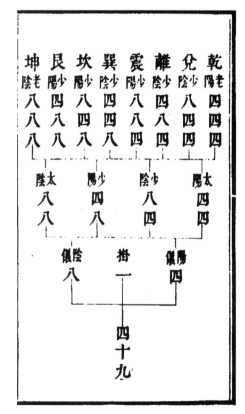

图 15-6 初变、二变、三变之象图
（曹庭栋《易准》）

袁仁林

生卒年不详,字振千,清陕西三原人。雍正年间贡生,善书法,精于《周易参同契》。著有《古文周易参同契注》八卷、《虚字说》、《韩文笺注》、《丛语》等。现存有《周易》图像一幅。

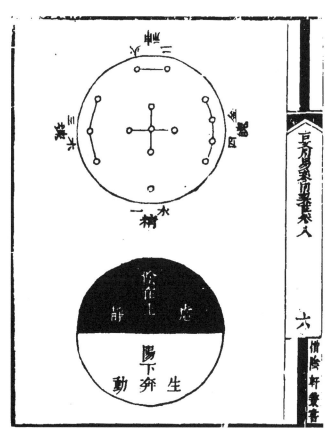

图1 神精魂魄、阴上阳下图
(袁仁林《古文周易参同契注》)

刘文龙

生卒年不详,字体先,清福建宁化人,雍正年间(1723—1735)诸生。著有《古易汇诠》。现存有《周易》图像十幅。

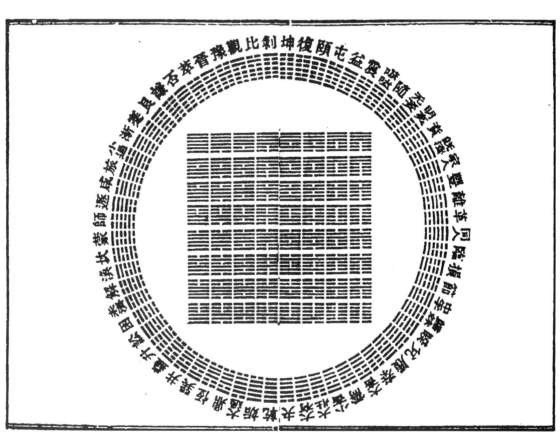

图1　六十四卦方圆图
（刘文龙《古易汇诠》）

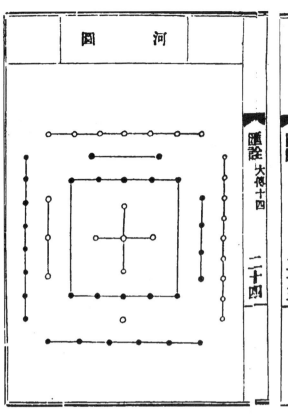

图 2　河图
（刘文龙《古易汇诠》）

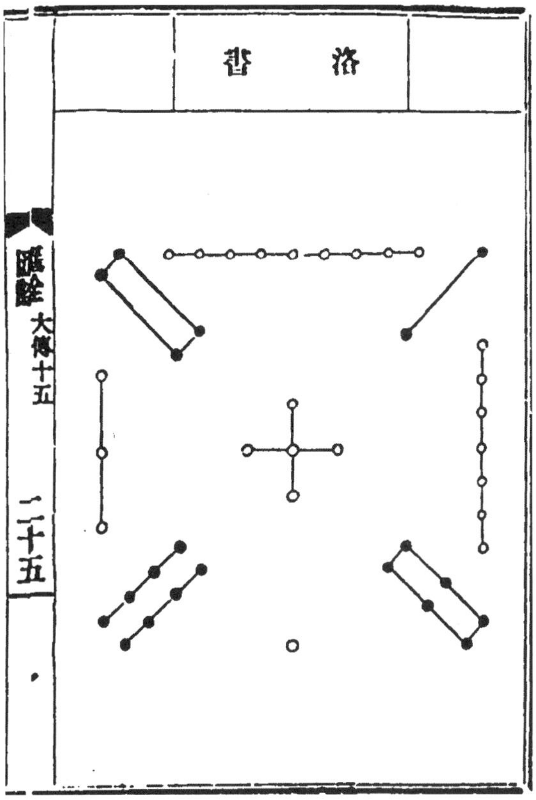

图 3　洛书
（刘文龙《古易汇诠》）

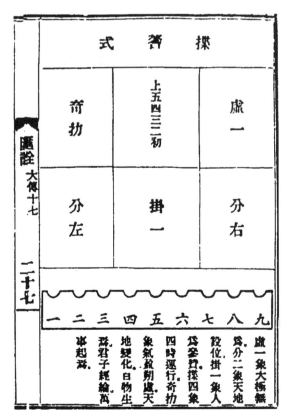

图 4　揲蓍式图
（刘文龙《古易汇诠》）

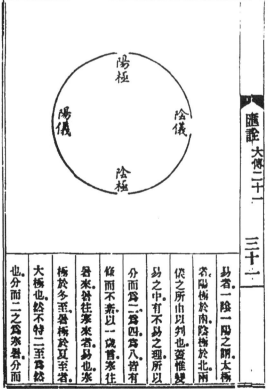

图 5　阴阳两极两仪图
（刘文龙《古易汇诠》）

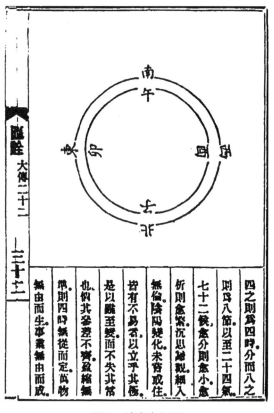

图 6 地支方位图
（刘文龙《古易汇诠》）

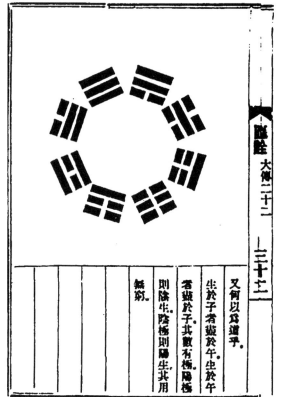

图 7 八卦方位图
（刘文龙《古易汇诠》）

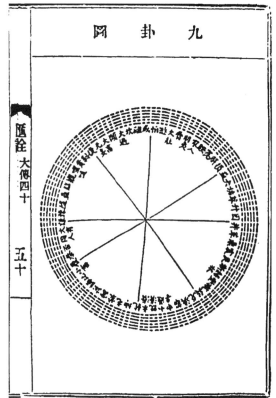

图 8 九卦图
（刘文龙《古易汇诠》）

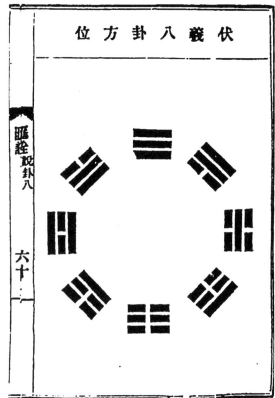

图 9 伏羲八卦方位图
（刘文龙《古易汇诠》）

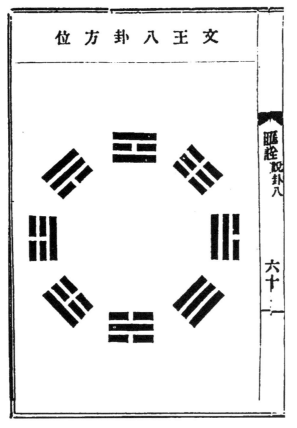

图 10　文王八卦方位图
（刘文龙《古易汇诠》）

罗登标

生卒年不详，字子建（一说字子龙），清福建宁化人。雍正十三年（1735）举人，授广东知县，改教职，历任福建松溪、政和及江西崇仁等处训导、教谕，乾隆三十年（1765）致仕返乡，在罗氏宗祠开馆讲学。著有《学易阐微》四卷、《竹窗杂记》八卷、《河世草》四卷、《朱子白鹿洞揭世解》一卷等。现存有《周易》图像十四幅。

图 1 太极图
（罗登标《易学阐微》）

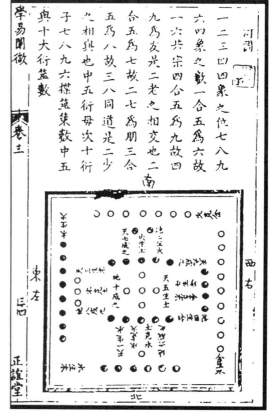

图 2 河图
（罗登标《易学阐微》）

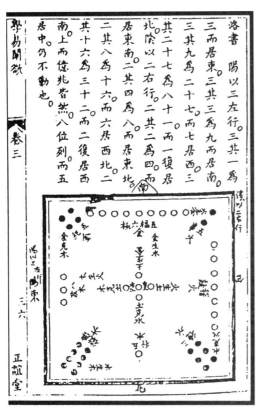

图3 洛书
（罗登标《易学阐微》）

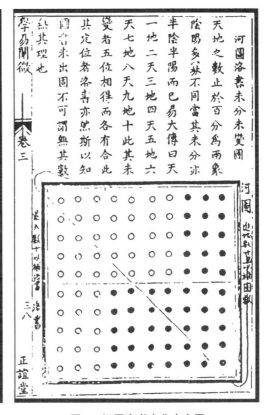

图4 河图洛书未分未变图
（罗登标《易学阐微》）

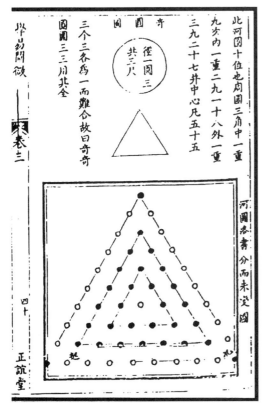

图5 河图奇圆图
（罗登标《易学阐微》）

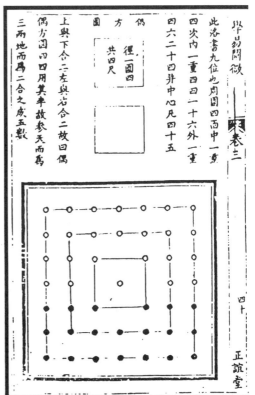

图6 洛书偶方图
（罗登标《易学阐微》）

图 7　先天八卦图
（罗登标《易学阐微》）

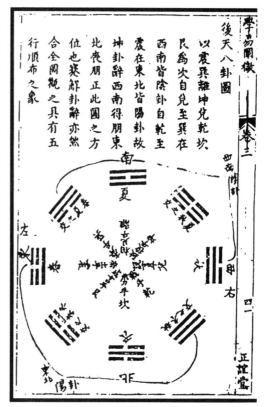

图 8　后天八卦图
（罗登标《易学阐微》）

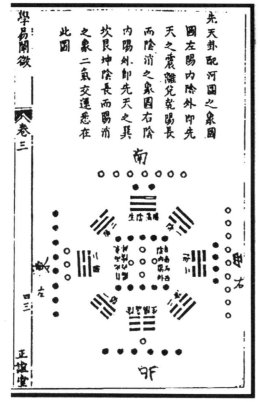

图 9　先天卦配河图之象图
（罗登标《易学阐微》）

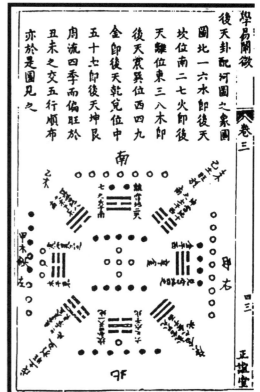

图 10　后天卦配河图之象图
（罗登标《易学阐微》）

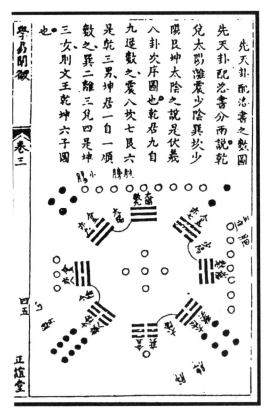

图 11　先天卦配洛书之数图
（罗登标《易学阐微》）

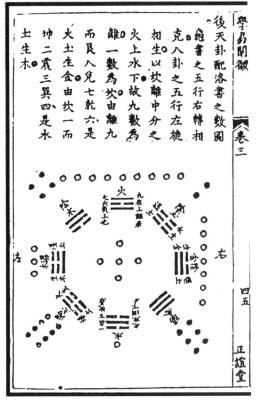

图 12　后天卦配洛书之数图
（罗登标《易学阐微》）

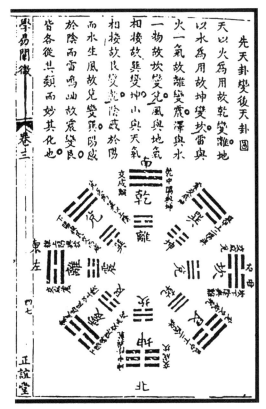

图 13　先天卦变后天卦图
（罗登标《易学阐微》）

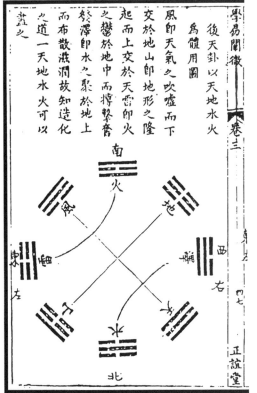

图 14　后天卦以天地水火为体用图
（罗登标《易学阐微》）

刘绍攽

生卒年不详,字继贡,号九畹,清陕西三原人。雍正年间(1723—1735)以诸生荐授什邡知县,后任南充知县。辞归讲学。笃于学,工古文,博通经史,精音韵,主讲兰山书院。著有《周易详说》十八卷、《书考辨》一卷、《春秋笔削微旨》二十六卷、《春秋通论》五卷、《诗逆志》八卷、《四书凝道录》十九卷、《二南遗音》四卷、《九畹诗文集》十卷、《续集》二卷等。现存有《周易》图像十三幅。

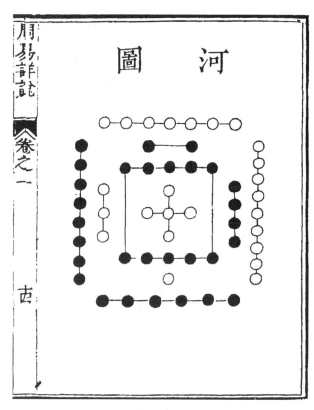

图1 河图
(刘绍攽《周易详说》)

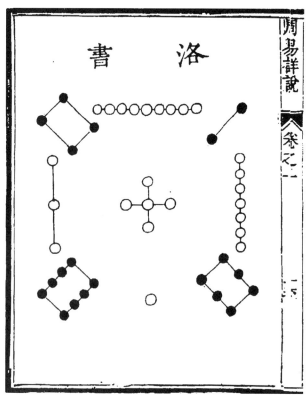

图2 洛书
(刘绍攽《周易详说》)

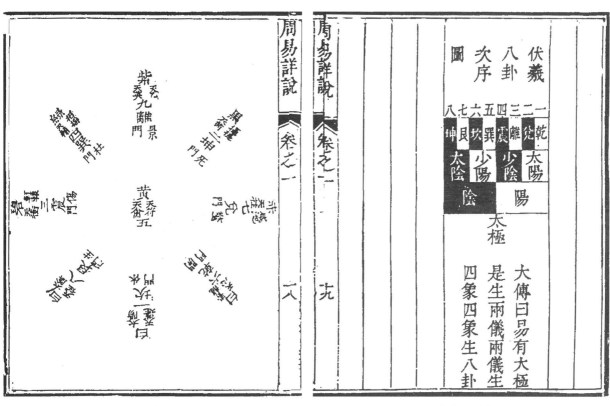

图3 八门九星图
（刘绍攽《周易详说》）

图4 伏羲八卦次序图
（刘绍攽《周易详说》）

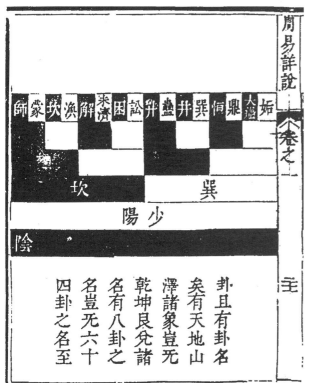

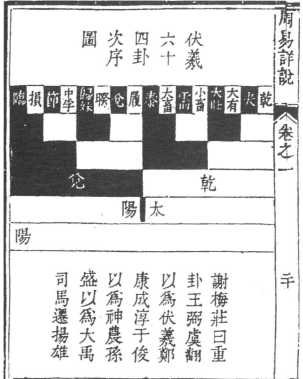

图5-1 伏羲六十四卦次序图
（刘绍攽《周易详说》）

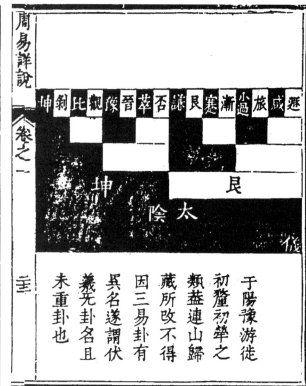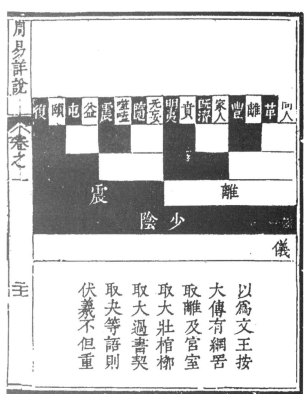

图 5-2 伏羲六十四卦次序图
（刘绍攽《周易详说》）

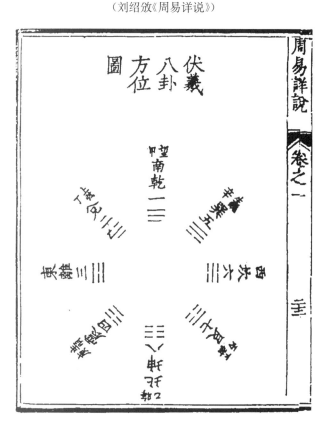

图 6 伏羲八卦方位图
（刘绍攽《周易详说》）

图 7　伏羲六十四卦方位图
（刘绍攽《周易详说》）

文王八卦方位圖

周易詳說　卷之一

此圖雖與帝出乎震一節相合然八卦流行之理不待斯圖而後明傳自希夷蓋亦道家者流觀其以坎離列上下之位所以顛倒交姤取坎中之陽塡離中之陰也以震兌立左右之門所謂周天運用左而右右而左和合五行也巽在東南皷巽風煽離火也坤在西南產藥川源也乾在西北金爲水母艮在東北鉛以意採也鉛生坎中艮土爲意修養秘密盡在于是宜朱子以爲傳自方外之士也

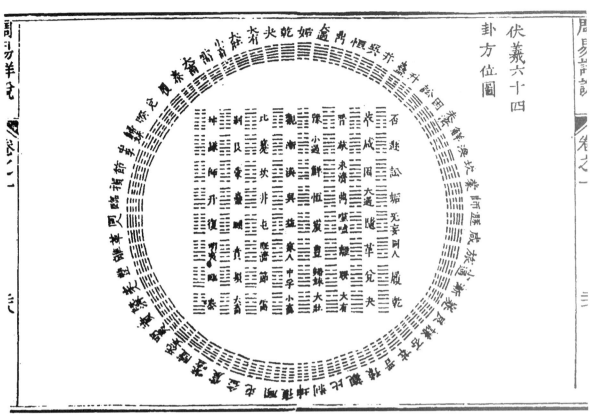

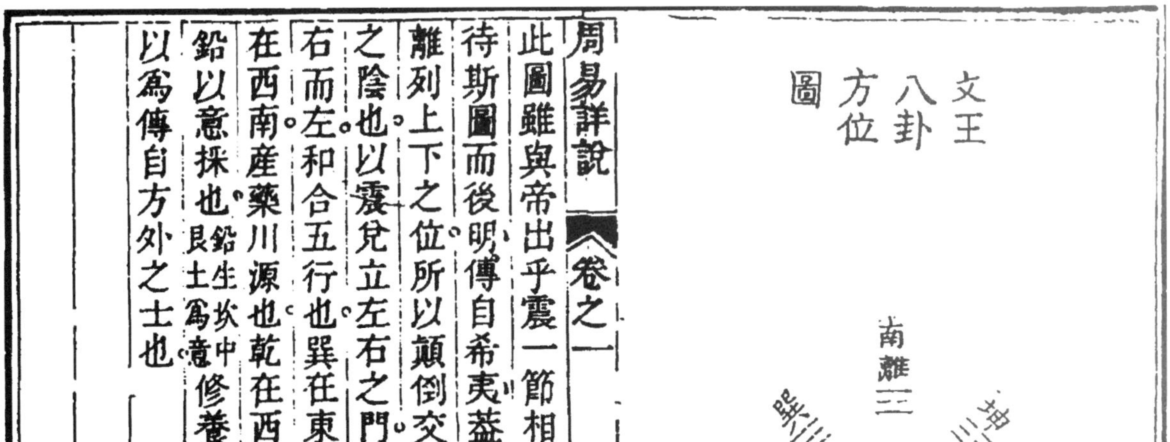

图 8　文王八卦方位图
（刘绍攽《周易详说》）

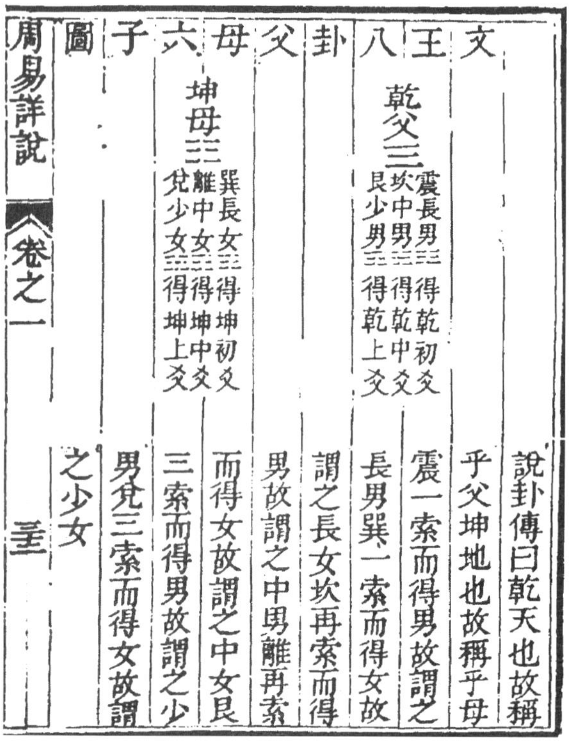

图 9　文王八卦父母六子图
（刘绍攽《周易详说》）

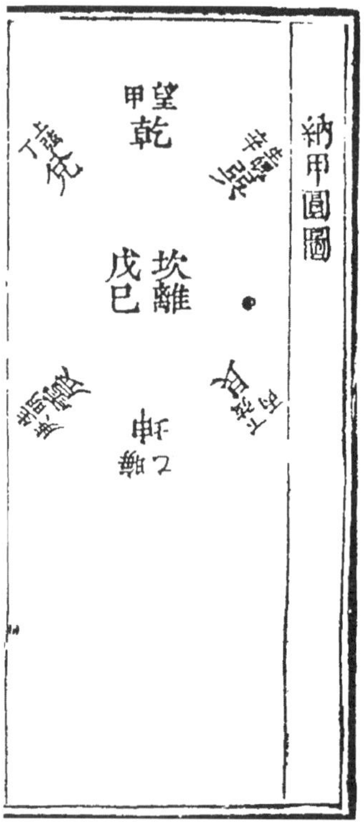

图 10　纳甲圆图
（刘绍攽《周易详说》）

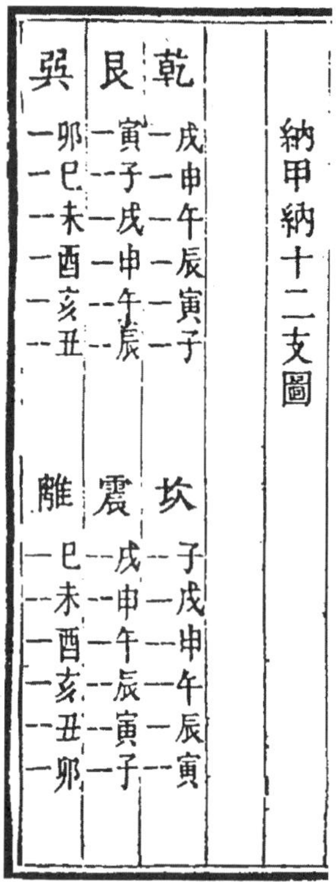

图 11　纳甲纳十二支图
（刘绍攽《周易详说》）

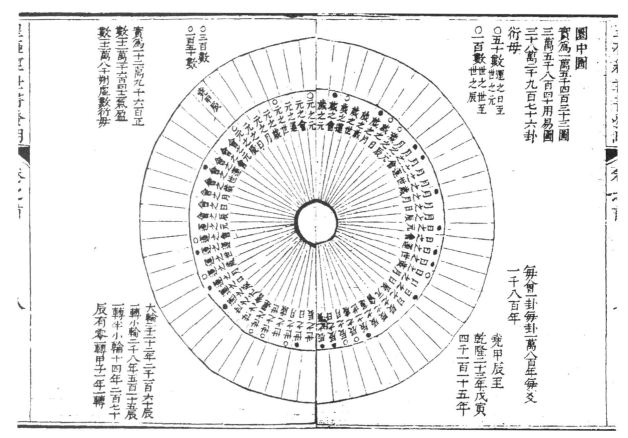

图 12　（祝氏）圆中图
（刘绍攽《皇极经世书发明》）

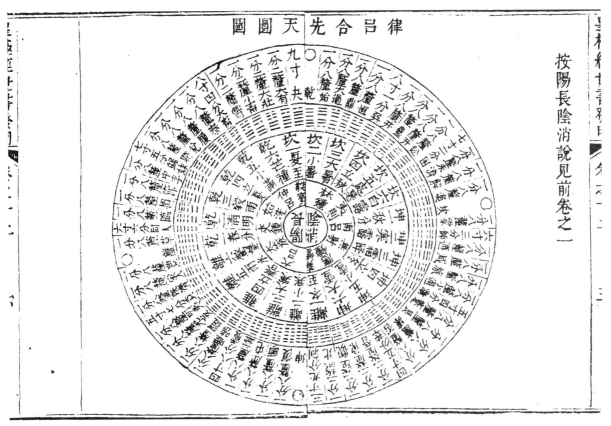

图 13　律吕合先天圆图
（刘绍攽《皇极经世书发明》）

杨方达

生卒年不详,字符苍,一作扶苍,清江苏武进(今江苏常州)人。雍正元年(1723)举人。终生不仕,闭户著书。著有《周易辑说存正》十二卷附《易书通旨略》一卷、《易学图说会通》八卷、《易学图说续闻》一卷、《尚书约旨》六卷、《尚书通典略》二卷、《春秋义补注》十二卷等多种。现存有《周易》图像六十三幅。

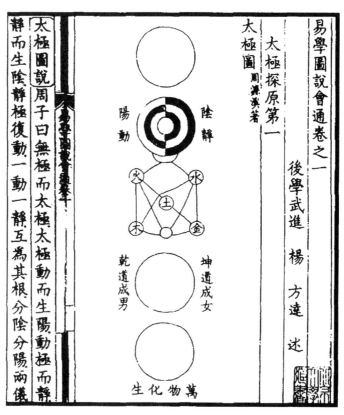

图 1 太极图
(杨方达《易学图说会通》)

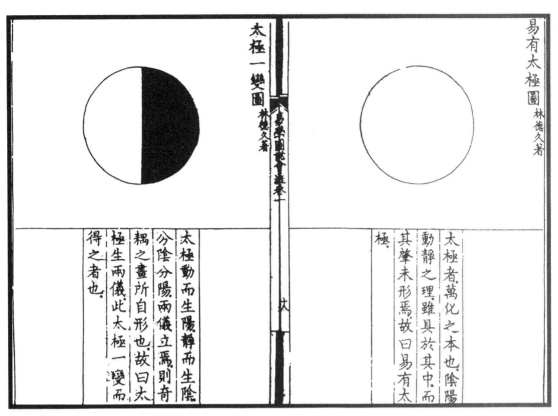

图 2-1　林至太极五图
（杨方达《易学图说会通》）

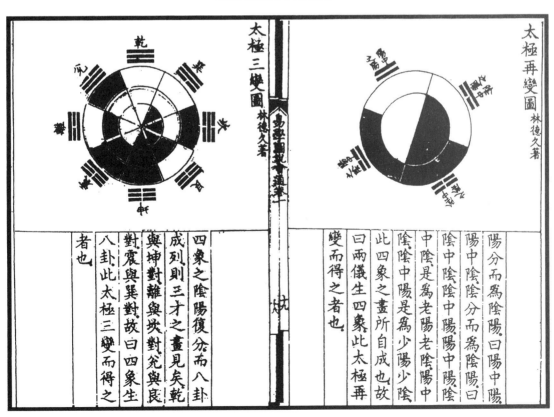

图 2-2　林至太极五图
（杨方达《易学图说会通》）

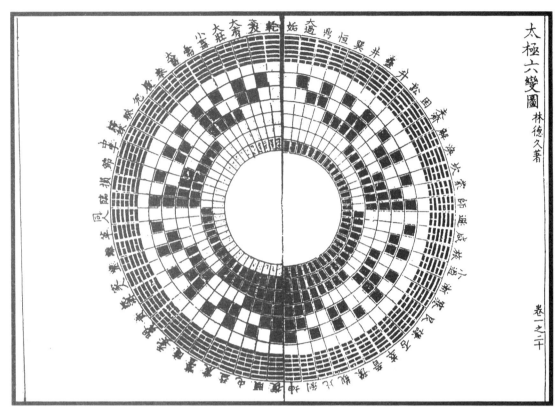

图 2-3 林至太极五图
（杨方达《易学图说会通》）

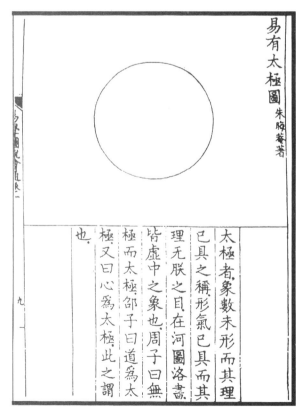

图 3 易有太极图（朱熹）
（杨方达《易学图说会通》）

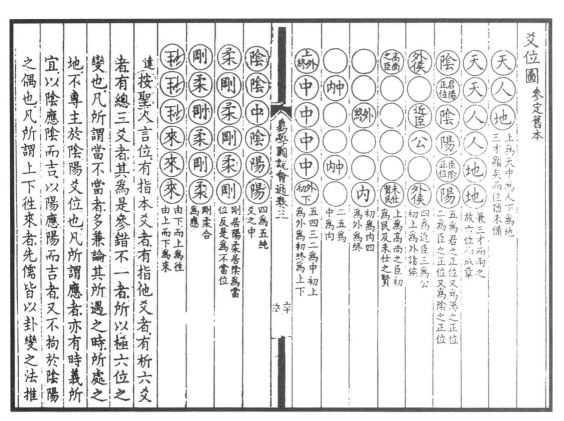

图4 爻位图
（杨方达《易学图说会通》）

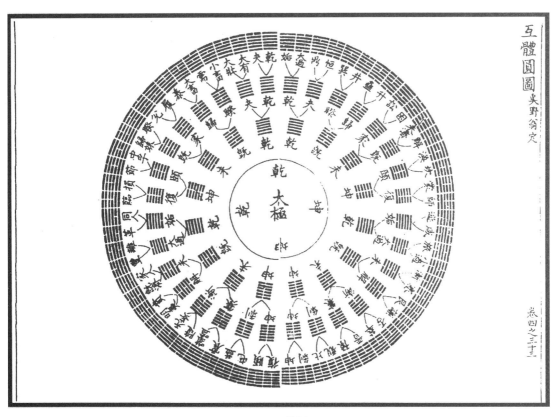

图5 互体圆图
（杨方达《易学图说会通》）

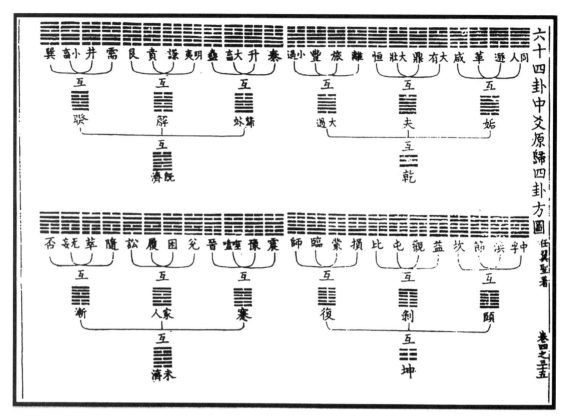

图6 六十四卦中爻原归四卦方图
（杨方达《易学图说会通》）

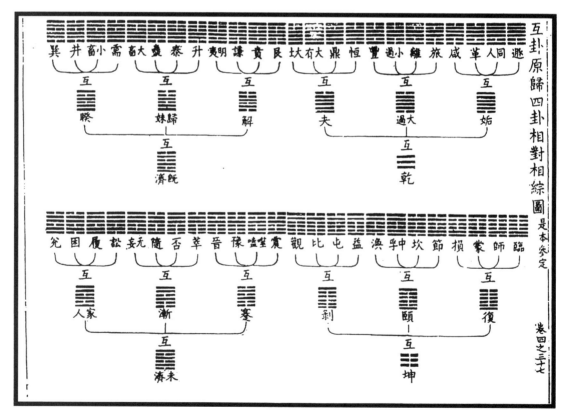

图7 互卦原归四卦相对相综图
（杨方达《易学图说会通》）

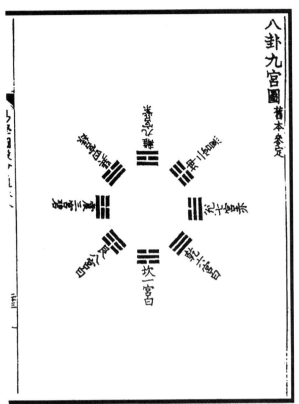

图 8　八卦九宫图
（杨方达《易学图说会通》）

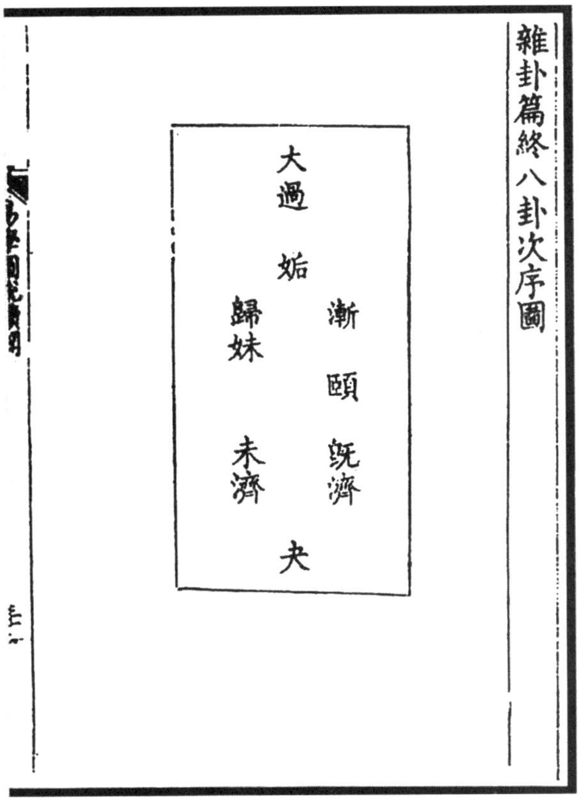

图 9　杂卦篇终八卦次序图
（杨方达《易学图说续闻》）

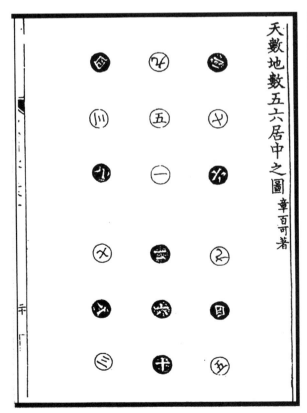

图 10　天数地数五六居中之图
（杨方达《易学图说会通》）

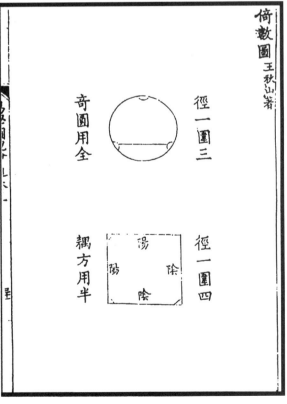

图 11　倚数图
（杨方达《易学图说会通》）

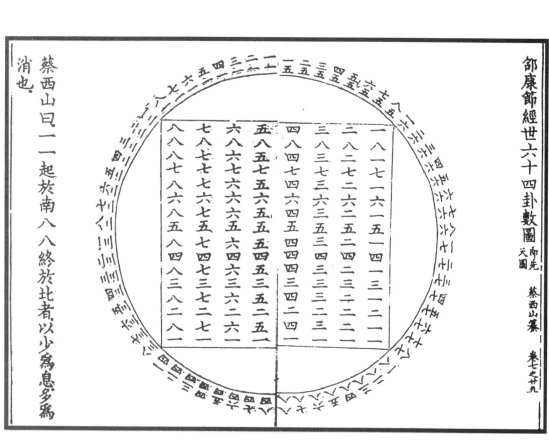

图 12　邵康节经世六十四卦数图
（杨方达《易学图说会通》）

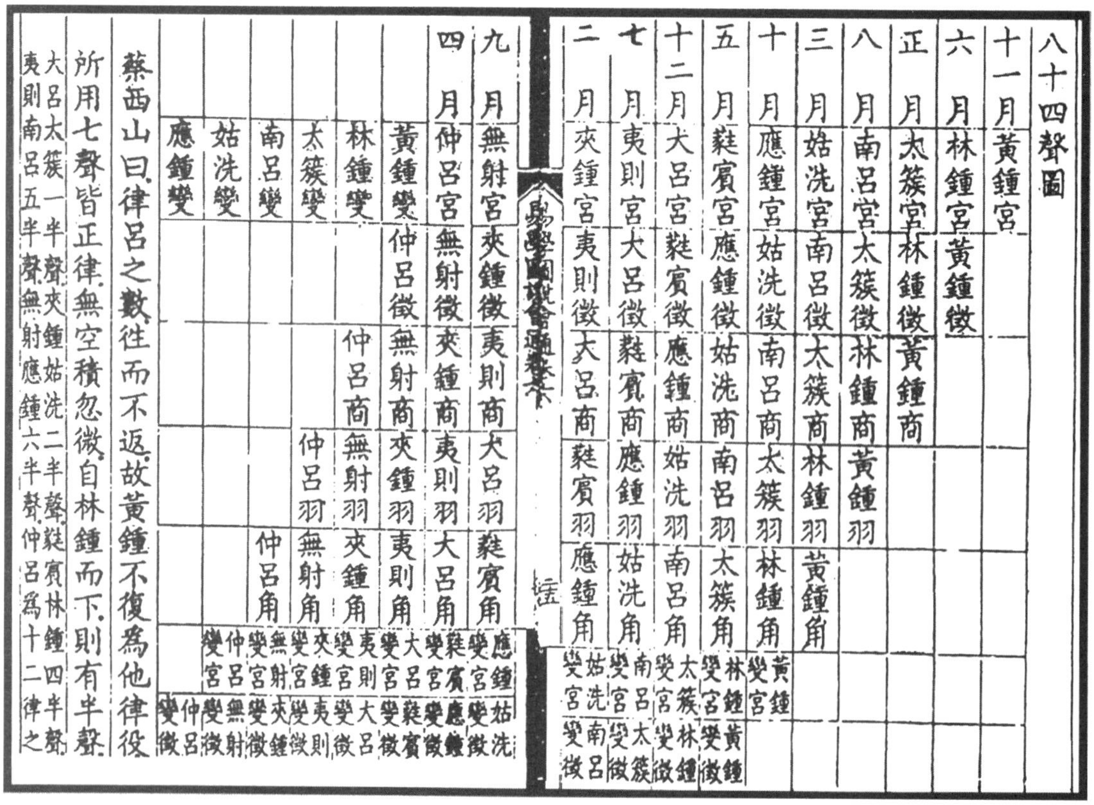

图 13　八十四声图
（杨方达《易学图说会通》）

六十調圖

	宮	商	角	變徵	徵	羽	變宮
黃鍾宮	黃正	太正	姑正	蕤正	林正	南正	應正

此黃鍾爲宮黃鍾第一調也所謂黃鍾一均之備也

無射商	無正	黃半變	太半變	姑半變	仲半正	林半變	南半變

此黃鍾爲商黃鍾第二調也

夷則角	夷正	無正	黃半變	太半變	夾半正	仲半正	林半變

此黃鍾爲角黃鍾第三調也

仲呂徵	仲正	林變	南變	應變	黃半變	太半變	姑半變

此黃鍾爲徵黃鍾第四調也

夾鍾羽	夾正	仲正	林變	南變	無正	黃半變	太半變

此黃鍾爲羽黃鍾第五調也○上下宮商角徵羽者黃鍾得五聲所謂黃鍾一均之備也左右宮商角徵羽者五聲盡黃鍾所謂黃鍾一調之備也下十二律同

大呂宮	大正	夾正	仲正	林變	夷正	無正	黃半變
應鍾商	應正	大半正	夾半正	仲半正	蕤半正	夷半正	無半正
南呂角	南正	應正	大半正	夾半正	姑半正	蕤半正	夷半正
蕤賓徵	蕤正	夷正	無正	黃半變	大半正	夾半正	仲半正
姑洗羽	姑正	蕤正	夷正	無正	應正	大半正	夾半正

此大呂一大調也

太簇宮	太正	姑正	蕤正	夷正	南正	應正	大半正
黃鍾商	黃正	太正	姑正	蕤正	林正	南正	應正

图 14－1 六十调图

（杨方达《易学图说会通》）

無射角	無正	黃半變	太半變	姑半變	仲半正	林半變	南半變
林鍾徵	林正	南正	應正	大半正	太半正	姑半正	蕤半正
仲呂羽	仲正	林變	南變	應變	黃半變	太半變	姑半變

此太簇一大調也

夾鍾宮	夾正	仲正	林變	南變	無正	黃半變	太半變
大呂商	大正	夾正	仲正	林變	夷正	無正	黃半變
應鍾角	應正	大半正	夾半正	仲半正	蕤半正	夷半正	無半正
夷則徵	夷正	無正	黃半變	太半變	夾半正	仲半正	林半變
蕤賓羽	蕤正	夷正	無正	黃半變	大半正	夾半正	仲半正

此夾鍾一大調也

姑洗宮	姑正	蕤正	夷正	無正	應正	大半正	夾半正
太簇商	太正	姑正	蕤正	夷正	南正	應正	大半正
黃鍾角	黃正	太正	姑正	蕤正	林正	南正	應正
南呂徵	南正	應正	大半正	夾半正	姑半正	蕤半正	夷半正
林鍾羽	林正	南正	應正	大半正	太半正	姑半正	蕤半正

此姑洗一大調也

仲呂宮	仲正	林變	南變	應變	黃半變	太半變	姑半變
夾鍾商	夾正	仲正	林變	南變	無正	黃半變	太半變
大呂角	大正	夾正	仲正	林變	夷正	無正	黃半變
無射徵	無正	黃半變	太半變	姑半變	仲半正	林半變	南半變
夷則羽	夷正	無正	黃半變	太半變	夾半正	仲半正	林半變

此仲呂一大調也

图 14－2 六十调图

（杨方达《易学图说会通》）

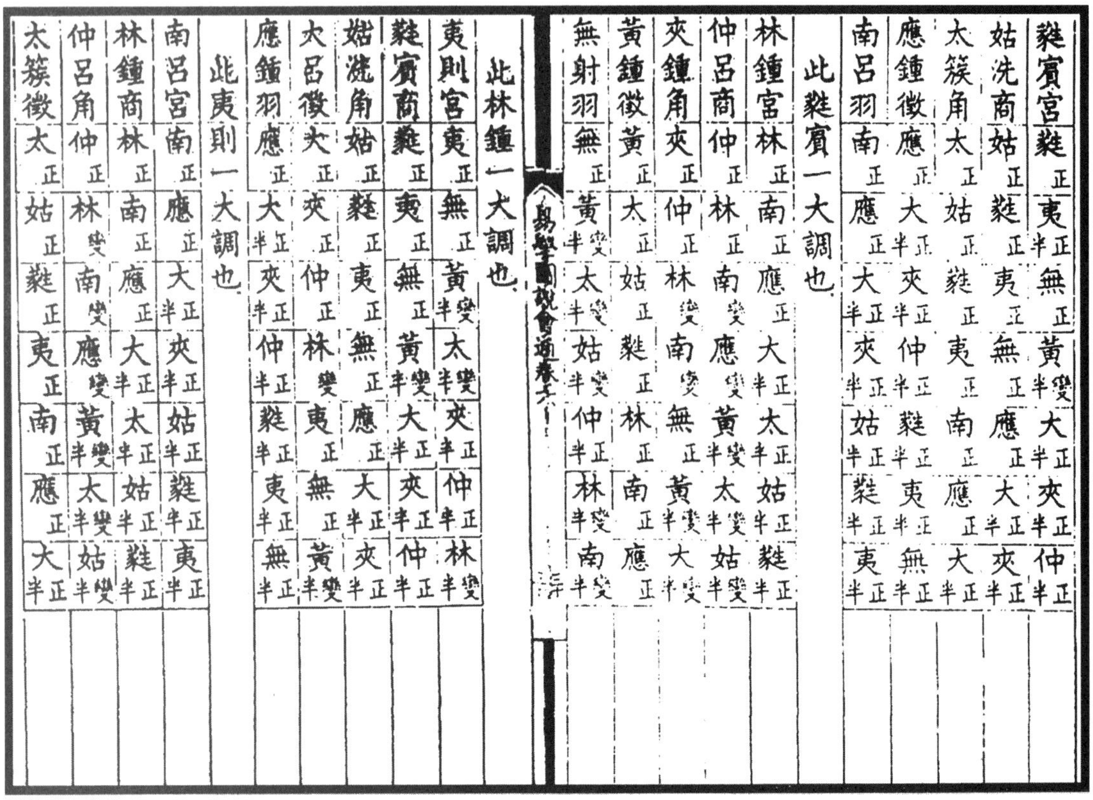

图 14-3 六十调图
（杨方达《易学图说会通》）

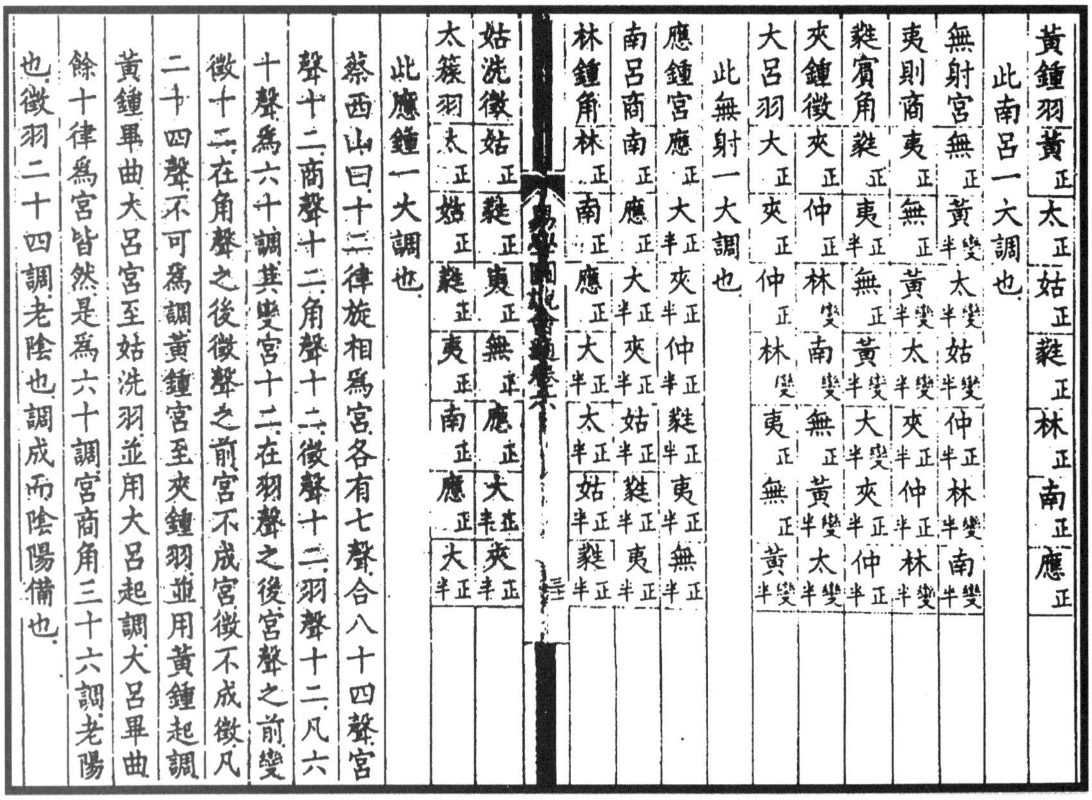

图 14-4 六十调图
（杨方达《易学图说会通》）

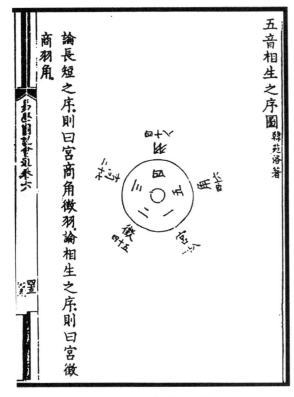

图 15 五音相生之序图
（杨方达《易学图说会通》）

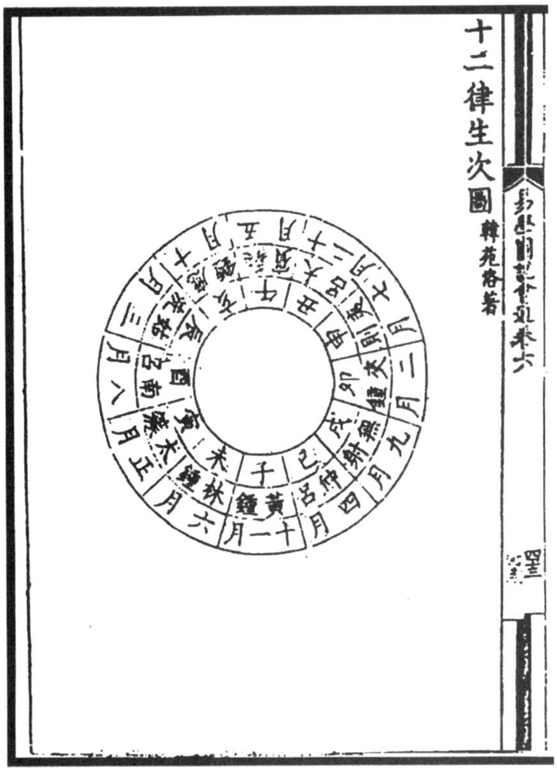

图 16 十二律生次图
（杨方达《易学图说会通》）

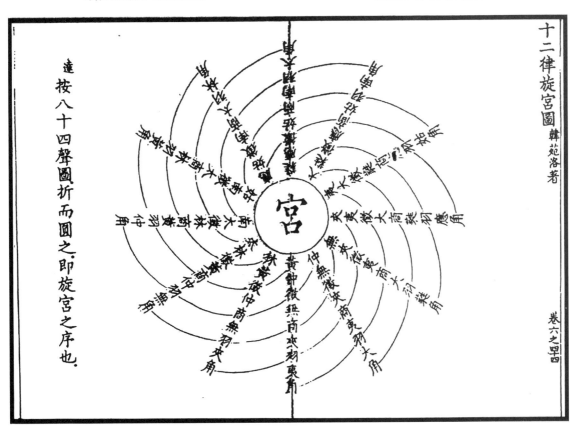

图 17 十二律旋宫图
（杨方达《易学图说会通》）

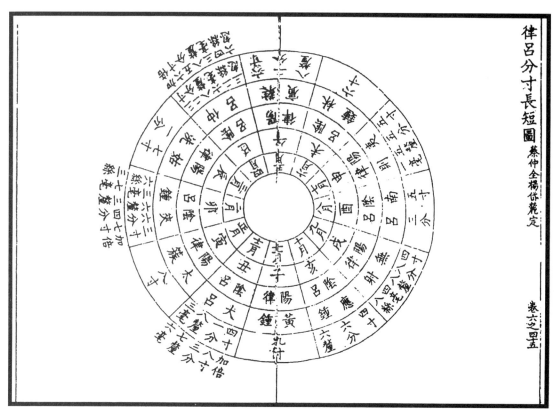

图 18 律吕分寸长短图
（杨方达《易学图说会通》）

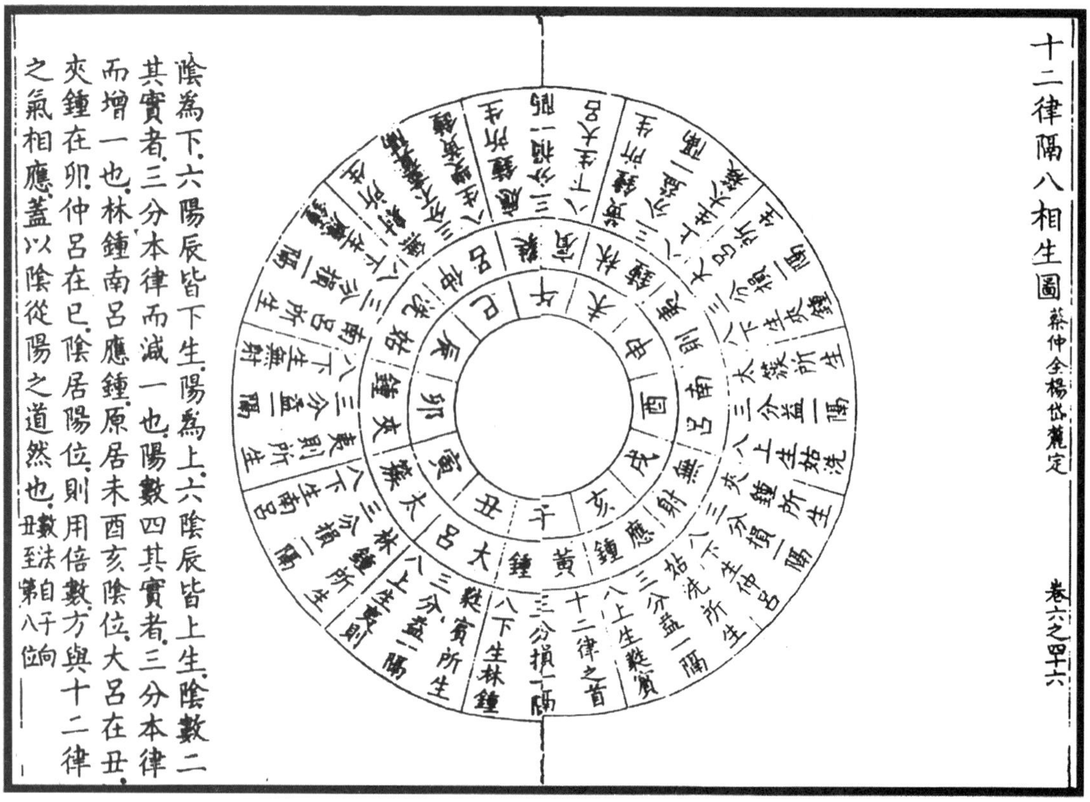

图 19 十二律隔八相生图
（杨方达《易学图说会通》）

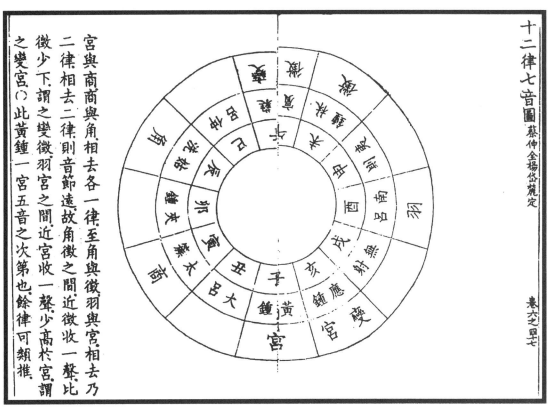

图20　十二律七音图
（杨方达《易学图说会通》）

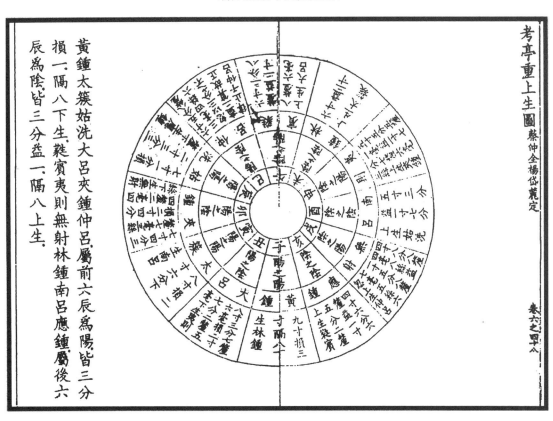

图21　考亭重上生图
（杨方达《易学图说会通》）

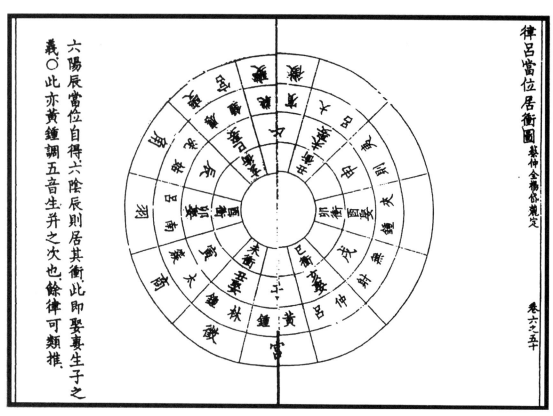

图 22 律吕当位居冲图
（杨方达《易学图说会通》）

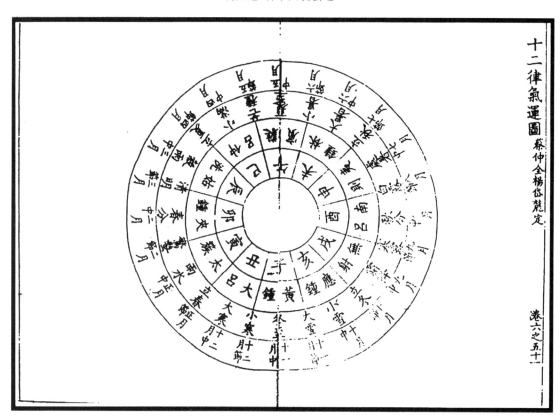

图 23 十二律气运图
（杨方达《易学图说会通》）

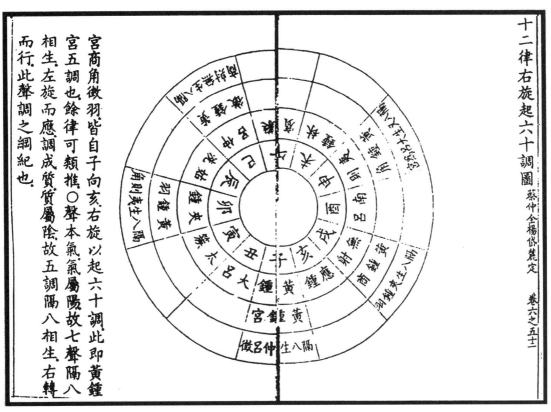

图 24 十二律右旋起六十调图
（杨方达《易学图说会通》）

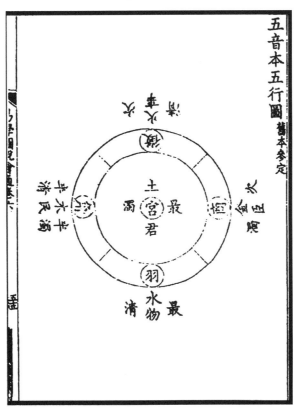

图 25 五音本五行图
（杨方达《易学图说会通》）

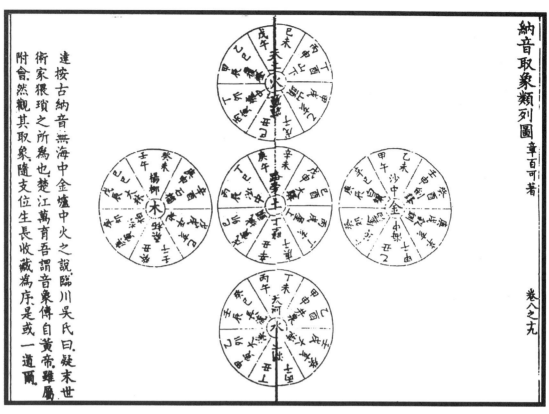

图 26 纳音取象类列图
（杨方达《易学图说会通》）

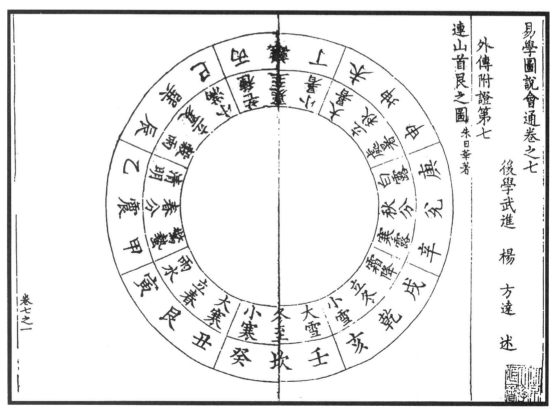

图 27 连山首艮之图
（杨方达《易学图说会通》）

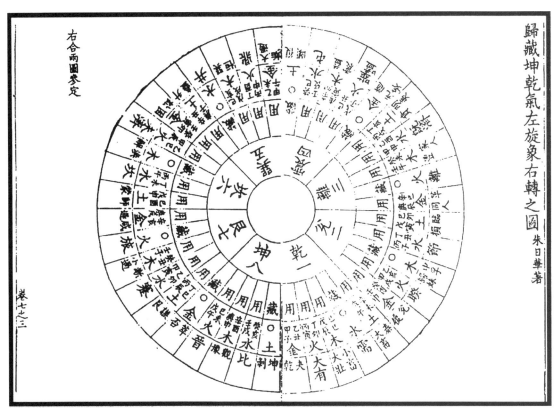

图 28 归藏坤乾气左旋象右转图
（杨方达《易学图说会通》）

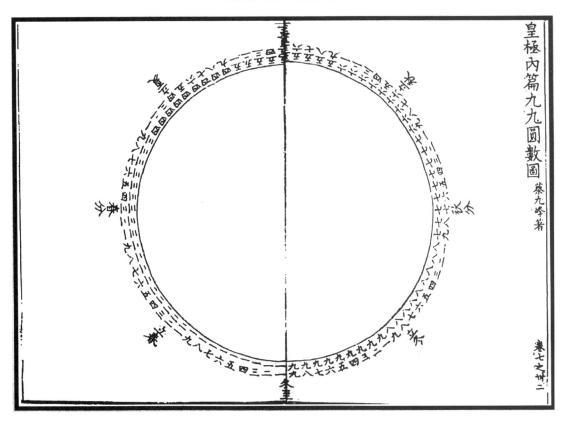

图 29 皇极内篇九九圆数图
（杨方达《易学图说会通》）

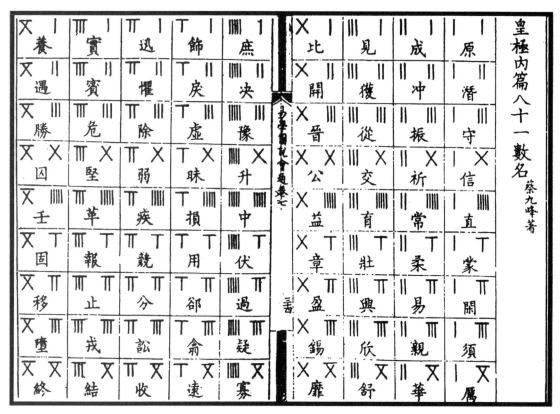

图 30　皇极内篇八十一数名图
（杨方达《易学图说会通》）

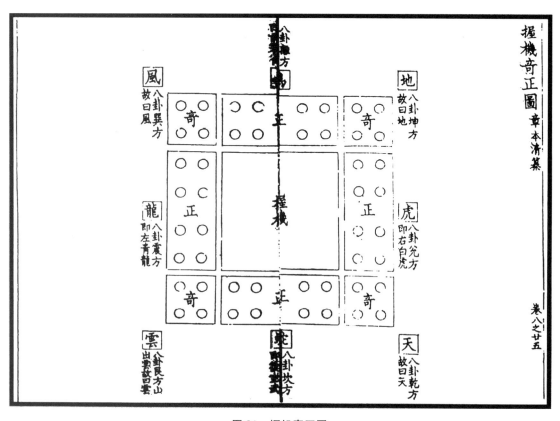

图 31　握机奇正图
（杨方达《易学图说会通》）

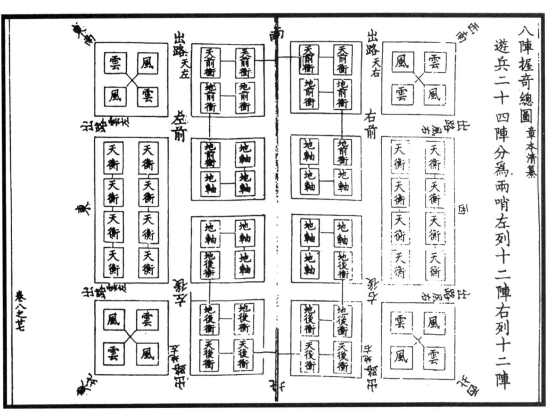

图32 八阵握奇总图
（杨方达《易学图说会通》）

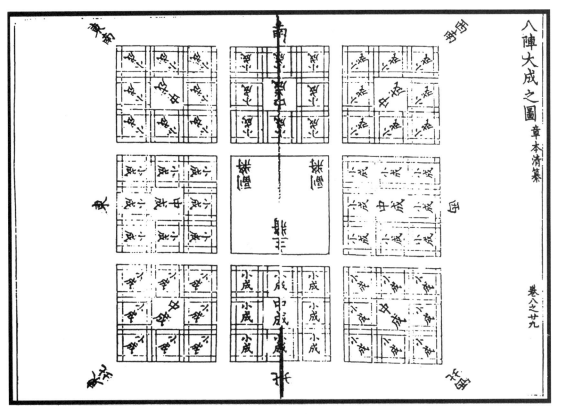

图33 八阵大成之图
（杨方达《易学图说会通》）

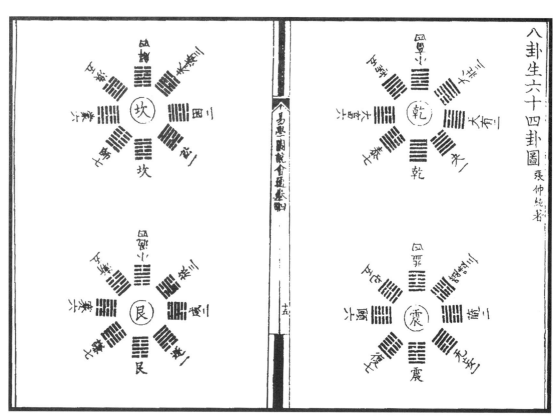

图 34-1 八卦生六十四卦图
（杨方达《易学图说会通》）

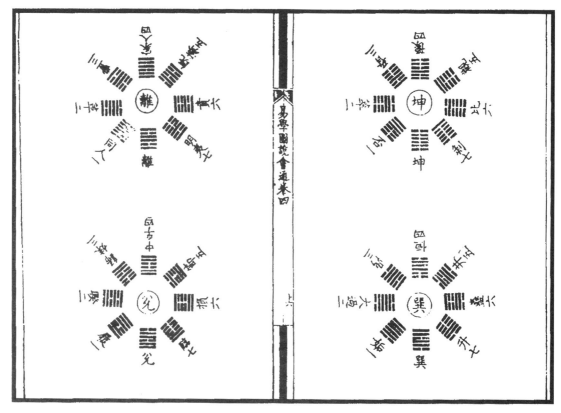

图 34-2 八卦生六十四卦图
（杨方达《易学图说会通》）

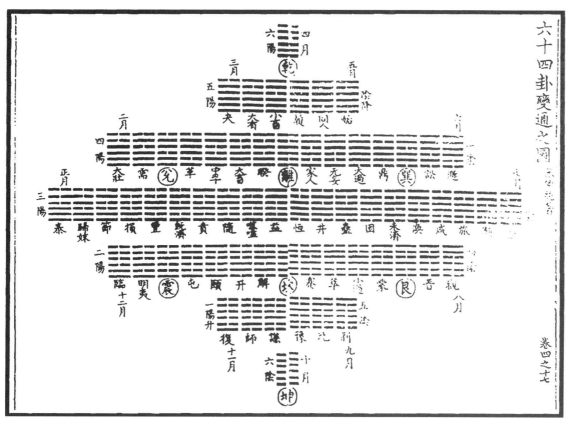

图 35　六十四卦变通之图
（杨方达《易学图说会通》）

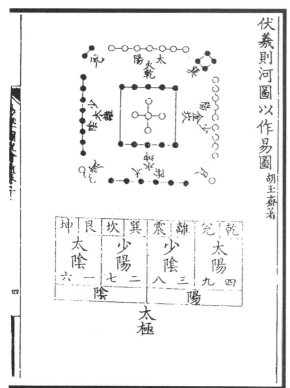

图 36　伏羲则河图以作易图
（杨方达《易学图说会通》）

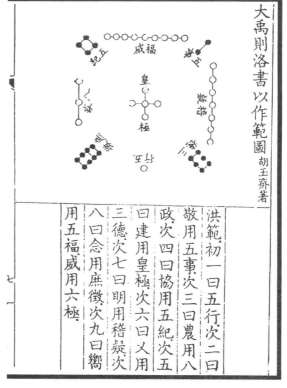

图 37　大禹则洛书以作范图
（杨方达《易学图说会通》）

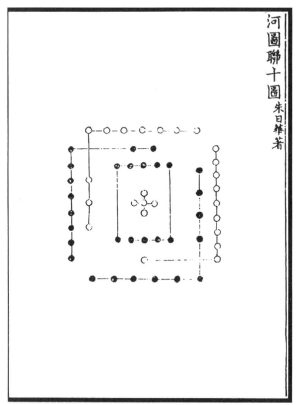

图 38　河图联十图
（杨方达《易学图说会通》）

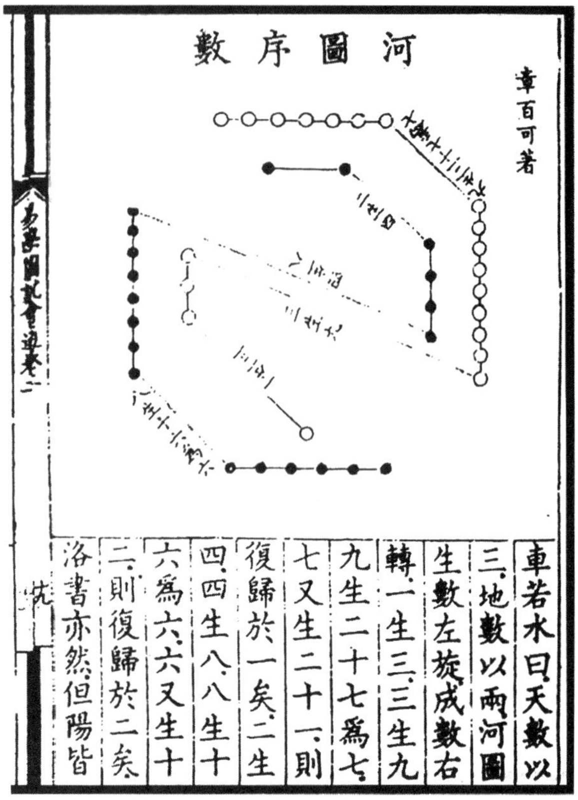

图 39　河图序数图
（杨方达《易学图说会通》）

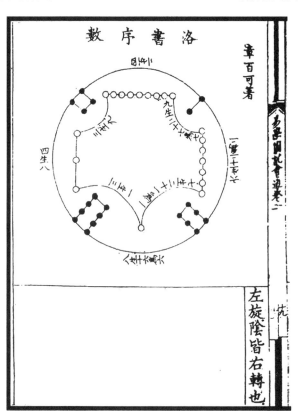

图 40　洛书序数图
（杨方达《易学图说会通》）

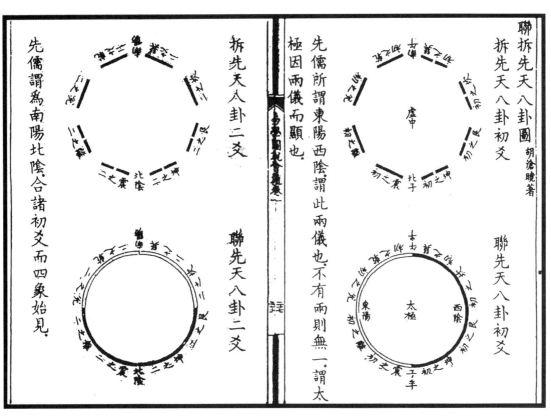

图 41-1 联拆先天八卦图
（杨方达《易学图说会通》）

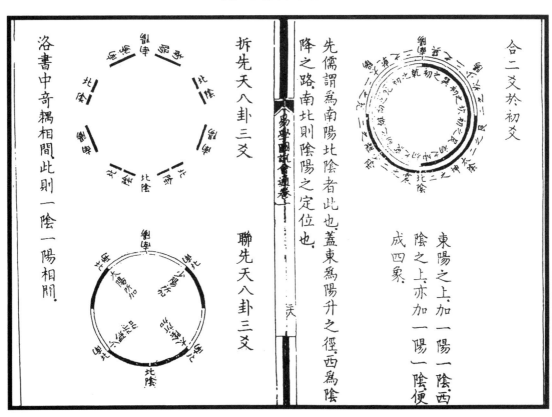

图 41-2 联拆先天八卦图
（杨方达《易学图说会通》）

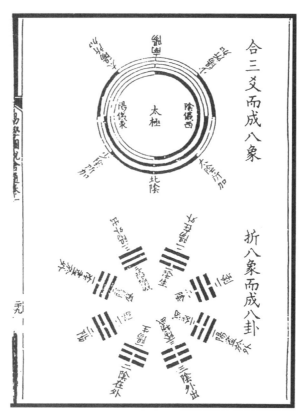

图41-3 联拆先天八卦图
（杨方达《易学图说会通》）

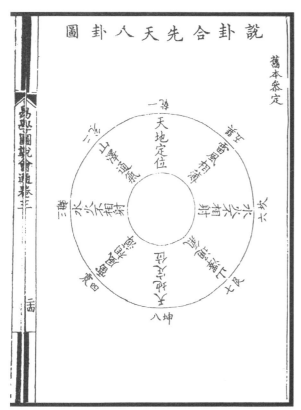

图42 说卦合先天八卦图
（杨方达《易学图说会通》）

图43 说卦合后天八卦图
（杨方达《易学图说会通》）

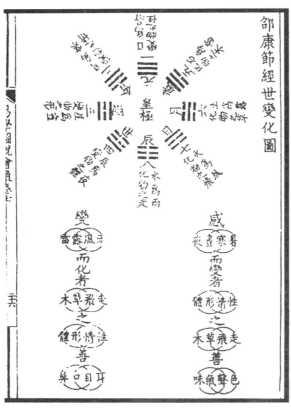

图 44　邵康节经世变化图
（杨方达《易学图说会通》）

元	會	運	世									
日甲	月子一	星三十	辰一百六十	年一萬八百	復
	月丑二	星六十	辰二十七百	年二萬一千六百	臨
	月寅三	星九十	辰一百八十	年三萬二千四百	泰　開物星之己七十六
	月卯四	星一百二十	辰一百四十四	年四萬三千二百	大壯
	月辰五	星一百五十	辰一百八十	年五萬四千	夬
	月巳六	星一百八十	辰二千一百六十	年六萬四千八百	乾　唐堯始于星之癸一百八十辰二千一百五十七
	月午七	星二百一十	辰二千五百二十	年七萬五千六百	姤　夏殷周秦兩漢晉南北朝隋唐五代宋
	月未八	星二百四十	辰二千八百八十	年八萬六千四百	遯
	月申九	星二百七十	辰三千二百四十	年九萬七千二百	否
	月酉十	星三百	辰三千六百	年十萬八千	觀
	月戌十一	星三百三十	辰三千九百六十	年十一萬八千八百	剝　閉物星之戌三百一十五
	月亥十二	星三百六十	辰四千三百二十	年十二萬九千六百	坤

图 45　经世一元消长之数图
（杨方达《易学图说会通》）

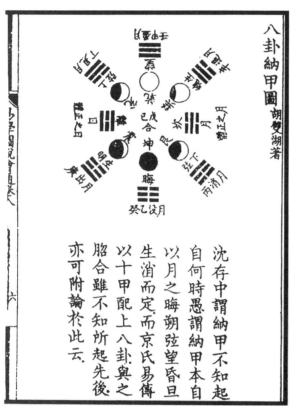

图46 八卦纳甲图
（杨方达《易学图说会通》）

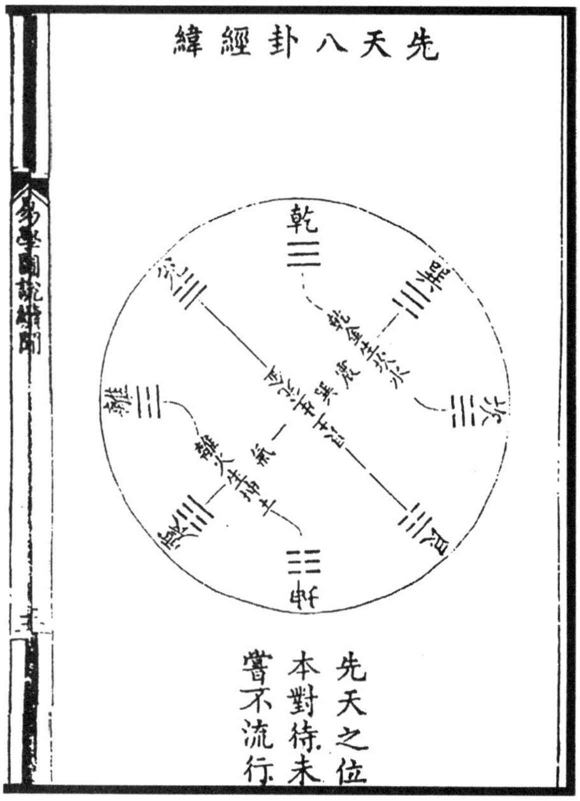

图47 先天八卦经纬图
（杨方达《易学图说续闻》）

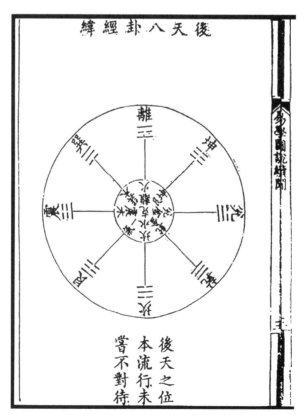

图48 后天八卦经纬图
（杨方达《易学图说续闻》）

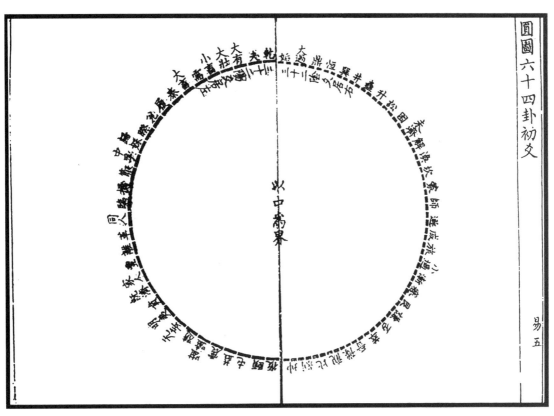

图 49 圆图六十四卦初爻图
(杨方达《易学图说续闻》)

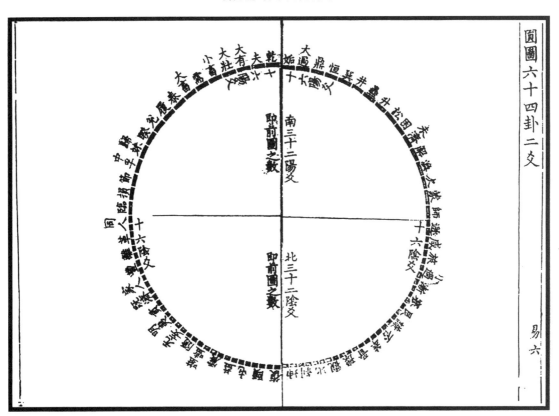

图 50 圆图六十四卦二爻图
(杨方达《易学图说续闻》)

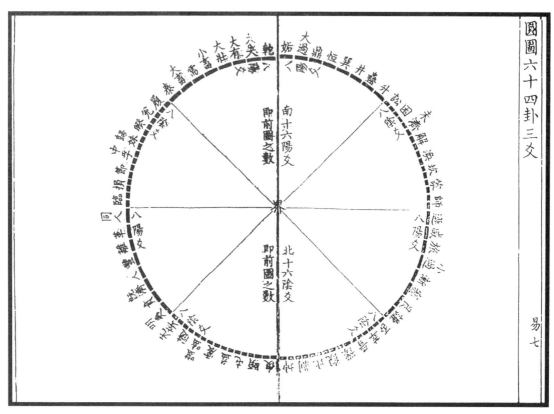

图 51　圆图六十四卦三爻图
（杨方达《易学图说续闻》）

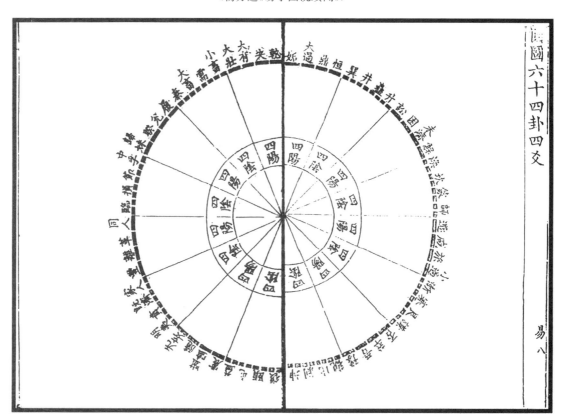

图 52　圆图六十四卦四爻图
（杨方达《易学图说续闻》）

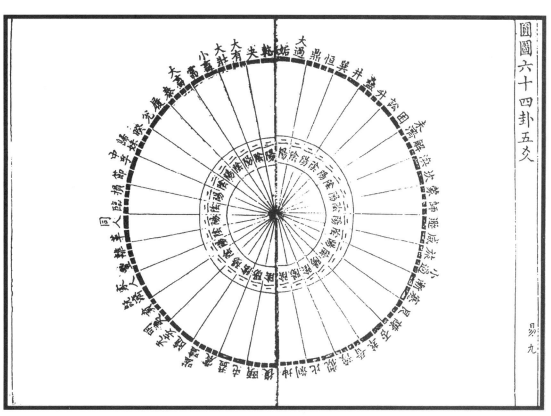

图 53　圆图六十四卦五爻图
（杨方达《易学图说续闻》）

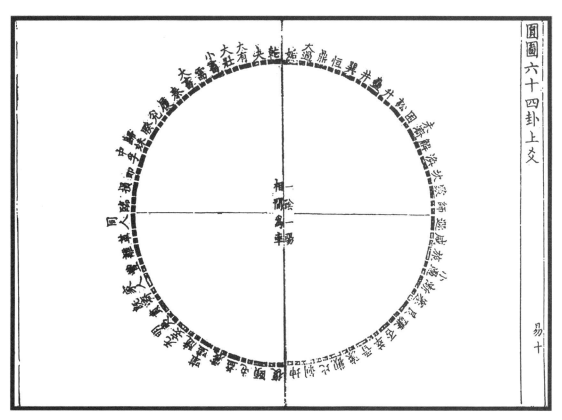

图 54　圆图六十四卦上爻图
（杨方达《易学图说续闻》）

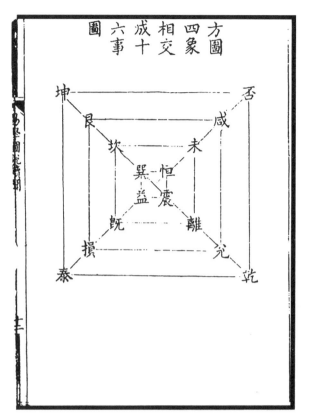

图55　方图四象相交成十六事图
（杨方达《易学图说续闻》）

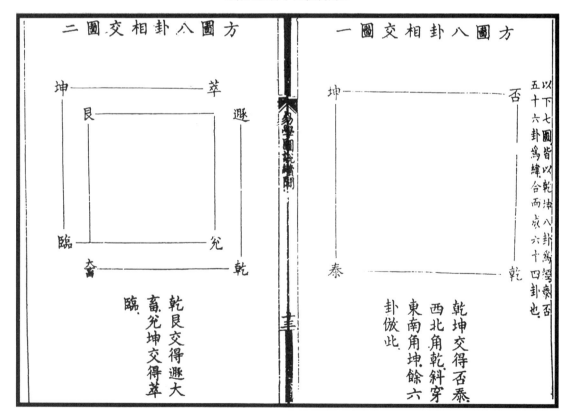

图56-1　方图八卦相交七图
（杨方达《易学图说续闻》）

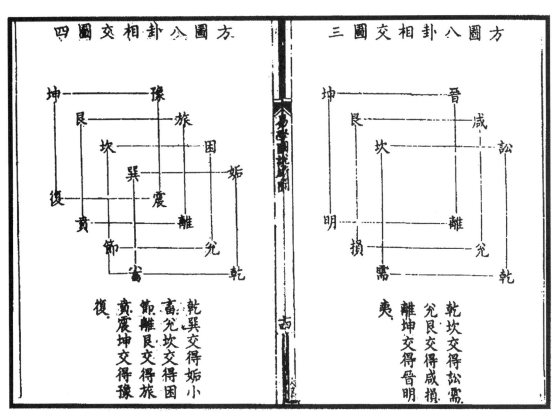

图56-2 方图八卦相交七图
（杨方达《易学图说续闻》）

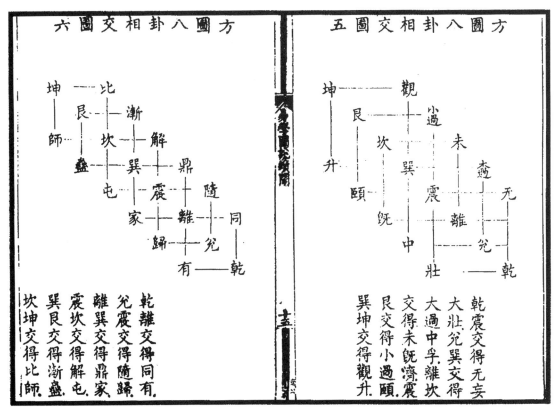

图56-3 方图八卦相交七图
（杨方达《易学图说续闻》）

图 56-4　方图八卦相交七图
（杨方达《易学图说续闻》）

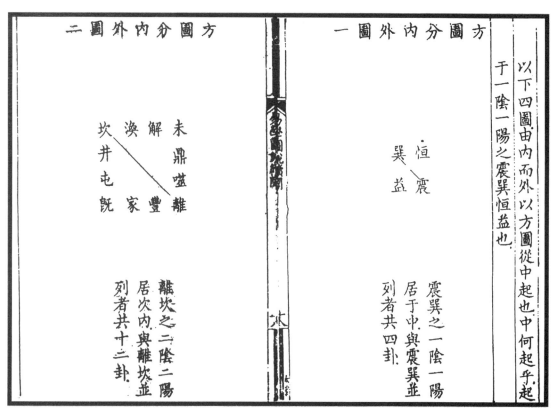

图 57-1　方图分内外四图
（杨方达《易学图说续闻》）

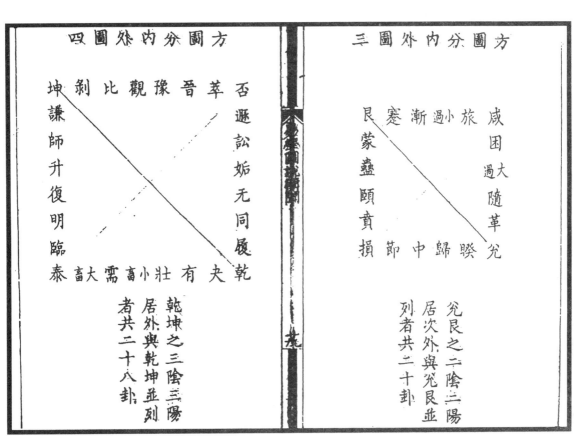

图 57-2　方图分内外四图
（杨方达《易学图说续闻》）

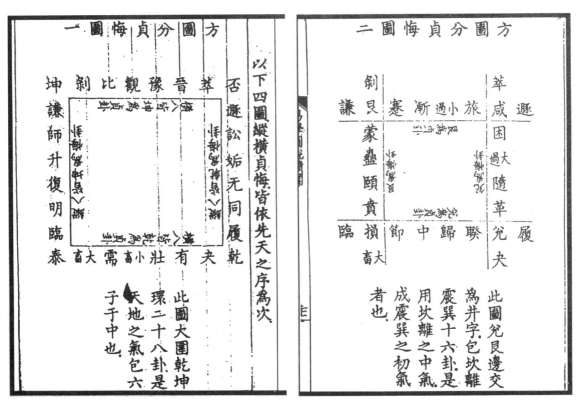

图 58-1　方图分贞悔四图
（杨方达《易学图说续闻》）

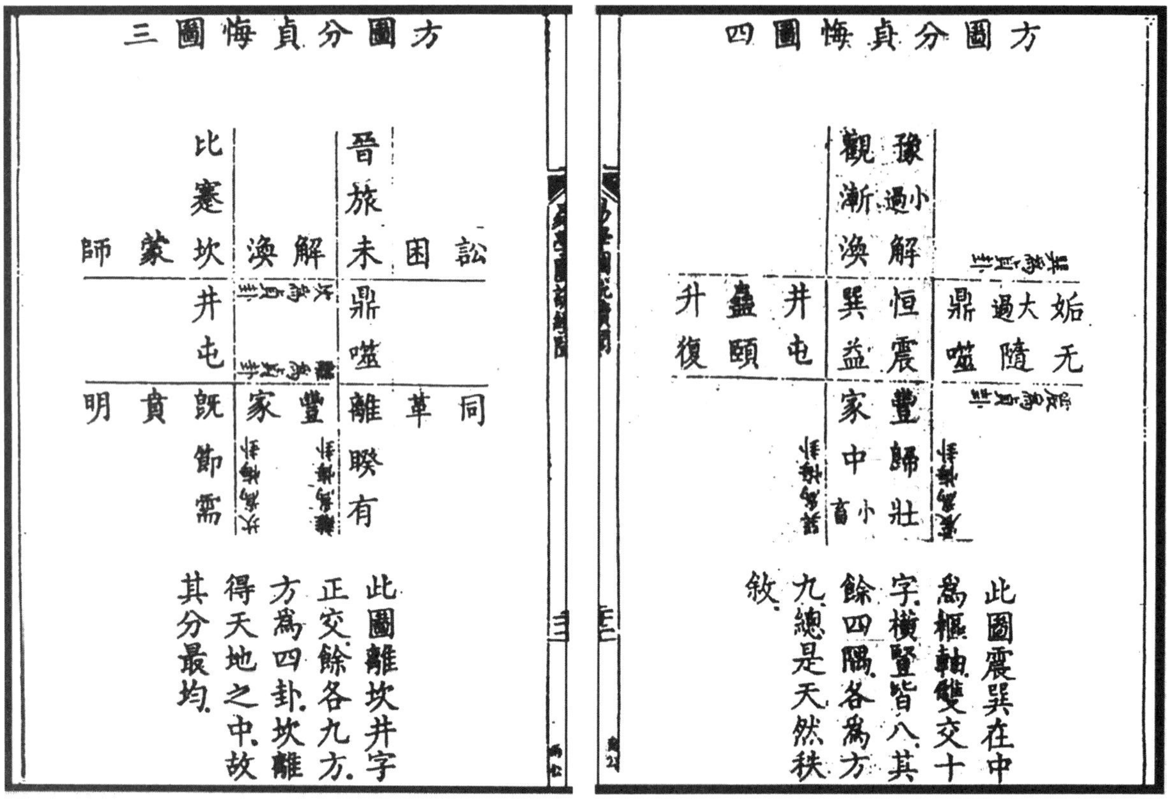

图 58-2　方图分贞悔四图
（杨方达《易学图说续闻》）

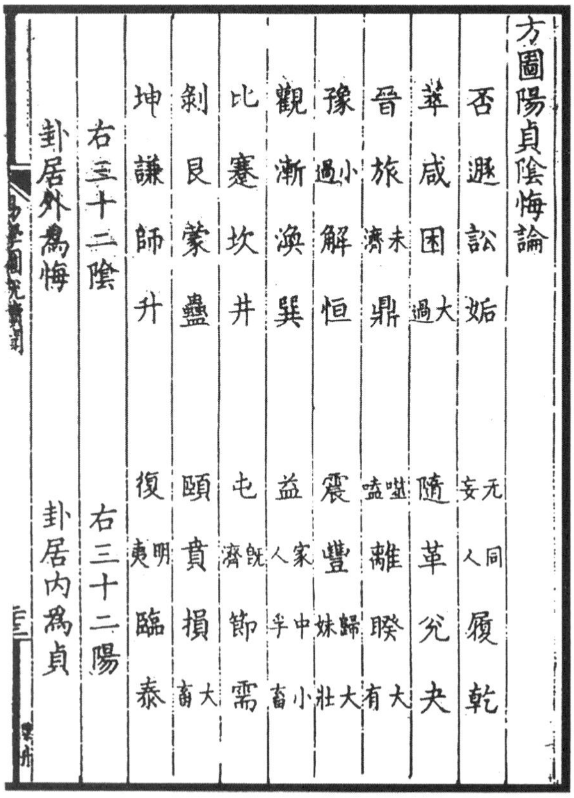

图 59　方图阳贞阴悔论图
（杨方达《易学图说续闻》）

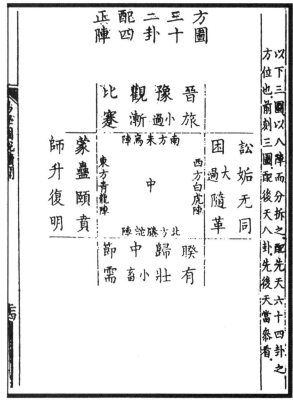

图 60　方图三十二卦配四正阵图
（杨方达《易学图说续闻》）

图 61　方图三十二卦配四维阵图
（杨方达《易学图说续闻》）

图 62　方图三十六卦配握奇义图
（杨方达《易学图说续闻》）

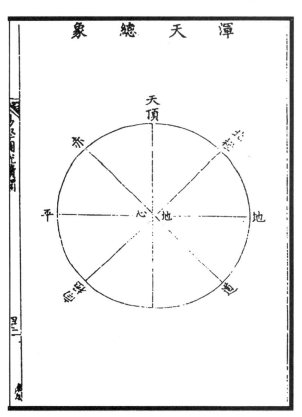

图 63　浑天总象图
（杨方达《易学图说续闻》）

范尔梅

生卒年不详，字梅臣，号雪庵，清山西洪洞人。雍正间贡生，于诸经皆有札记，著有《读书小记》三十一卷、《读诗小记》一卷、《琴律考》一卷、《雪庵文集》等。现有《周易》图像十六幅。

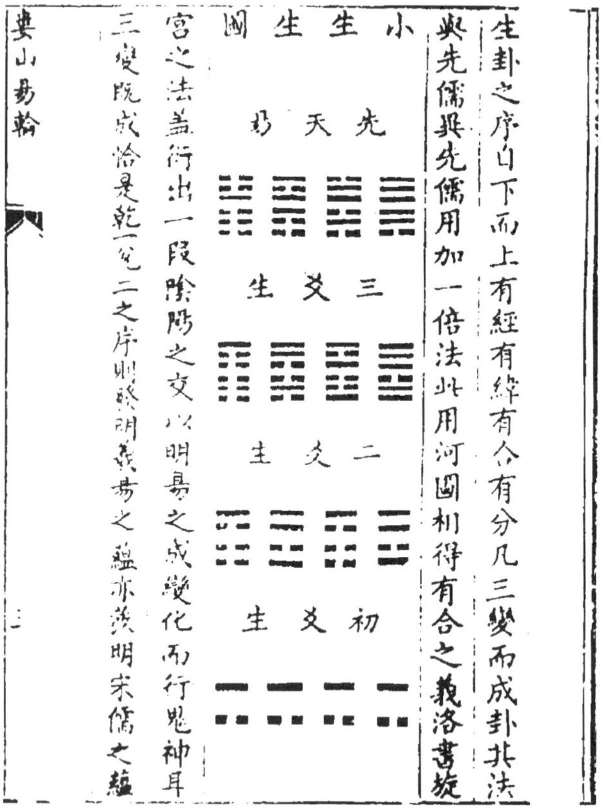
生卦之序自下而上有經有緯有合有分凡三變而成卦其法與先儒異先儒用加一倍法此用河圖相得有合之義洛書旋

小生生圖

宮之法蓋衍出一段陰陽之交以明易之成變化而行鬼神耳三變既成恰是乾一兌二之序則於明羲易之蘊亦發明宋儒之蘊

婁山易輪

图 1　小生生图

（范尔梅《娄山易轮》）

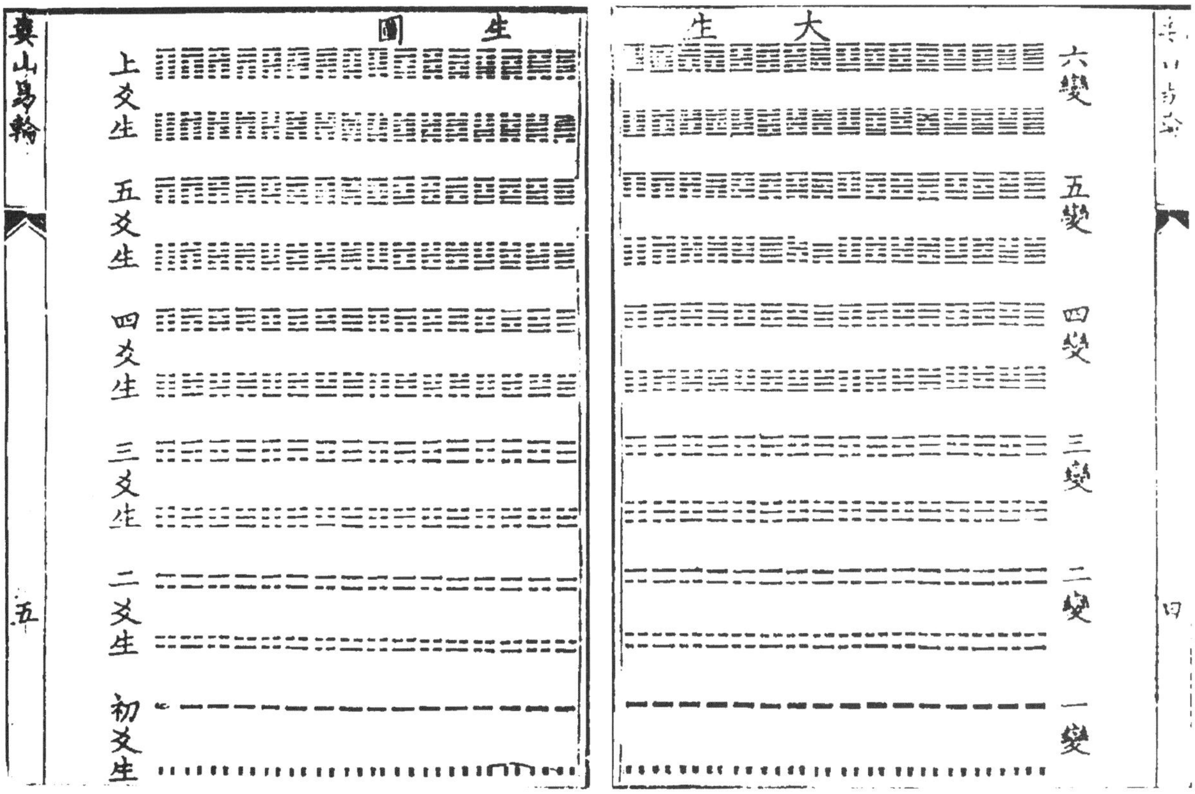

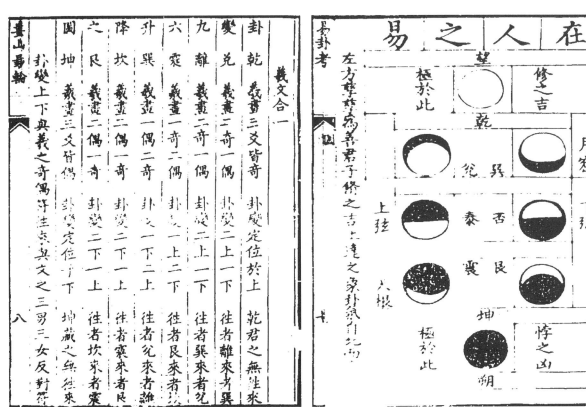

图 2 大生生图
（范尔梅《娄山易轮》）

图 3 羲文合一图
（范尔梅《易卦考》）

图 4 在人之易图
（范尔梅《易卦考》）

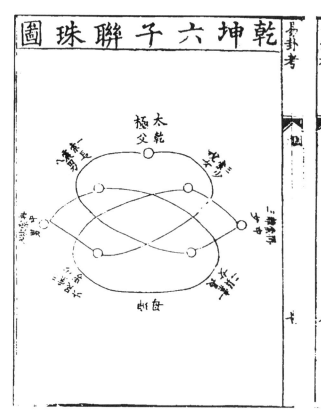

图5　乾坤六子联珠图
（范尔梅《易卦考》）

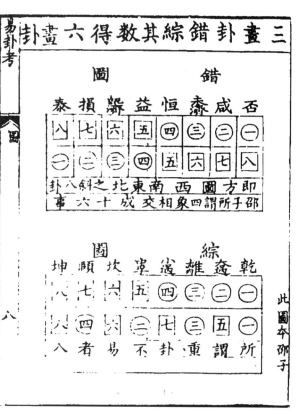

图6　三画卦错综其数得六画卦图
（范尔梅《易卦考》）

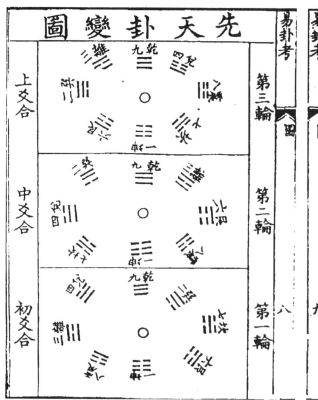

图7　先天卦变图
（范尔梅《易卦考》）

图8　生生图
（范尔梅《易卦考》）

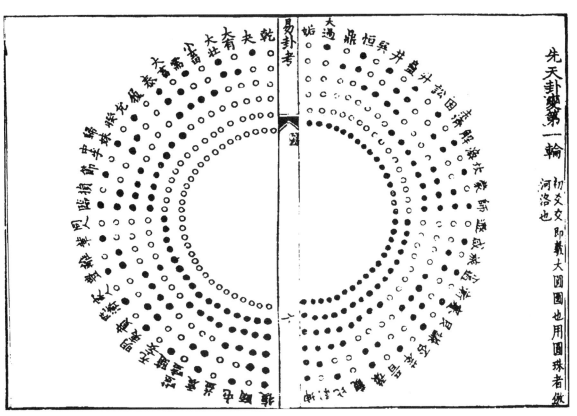

图 9-1 先天卦变六轮图
（范尔梅《易卦考》）

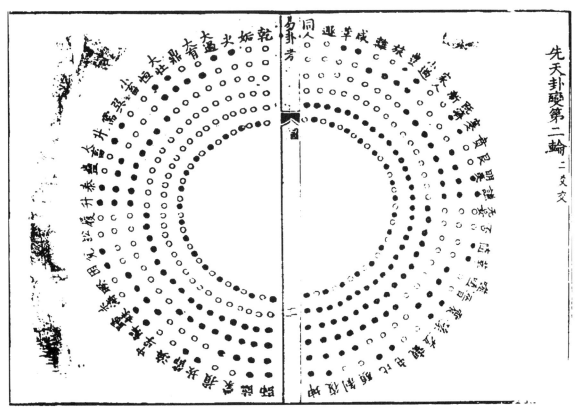

图 9-2 先天卦变六轮图
（范尔梅《易卦考》）

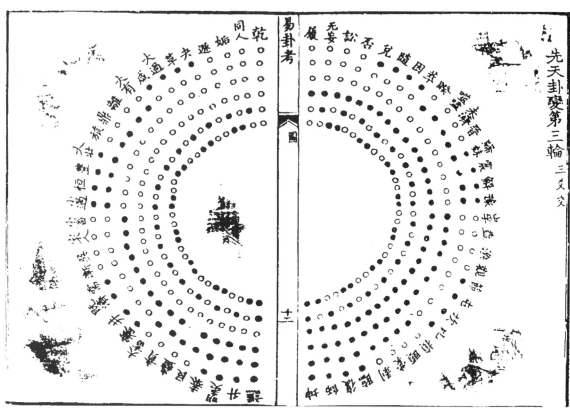

图 9-3　先天卦变六轮图
（范尔梅《易卦考》）

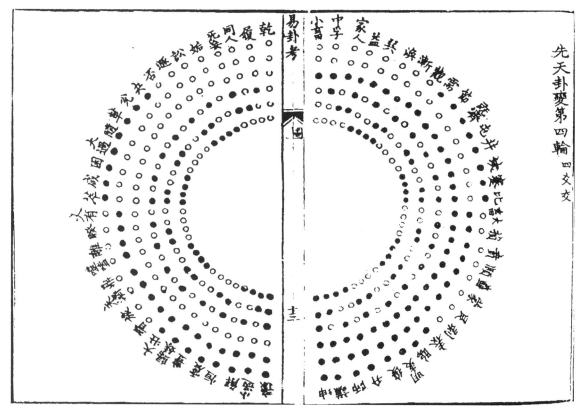

图 9-4　先天卦变六轮图
（范尔梅《易卦考》）

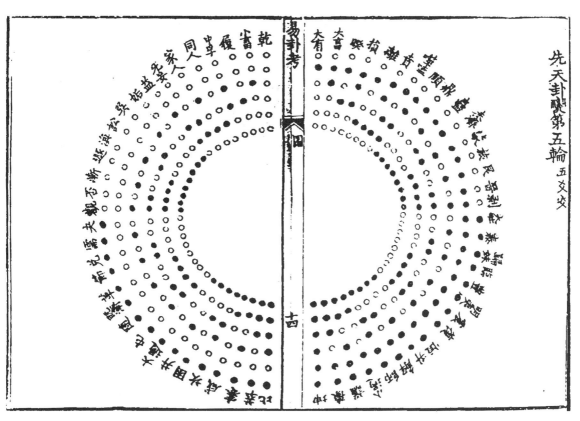

图 9-5 先天卦变六轮图
（范尔梅《易卦考》）

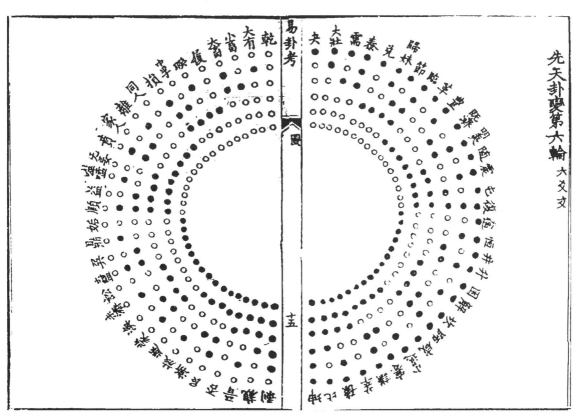

图 9-6 先天卦变六轮图
（范尔梅《易卦考》）

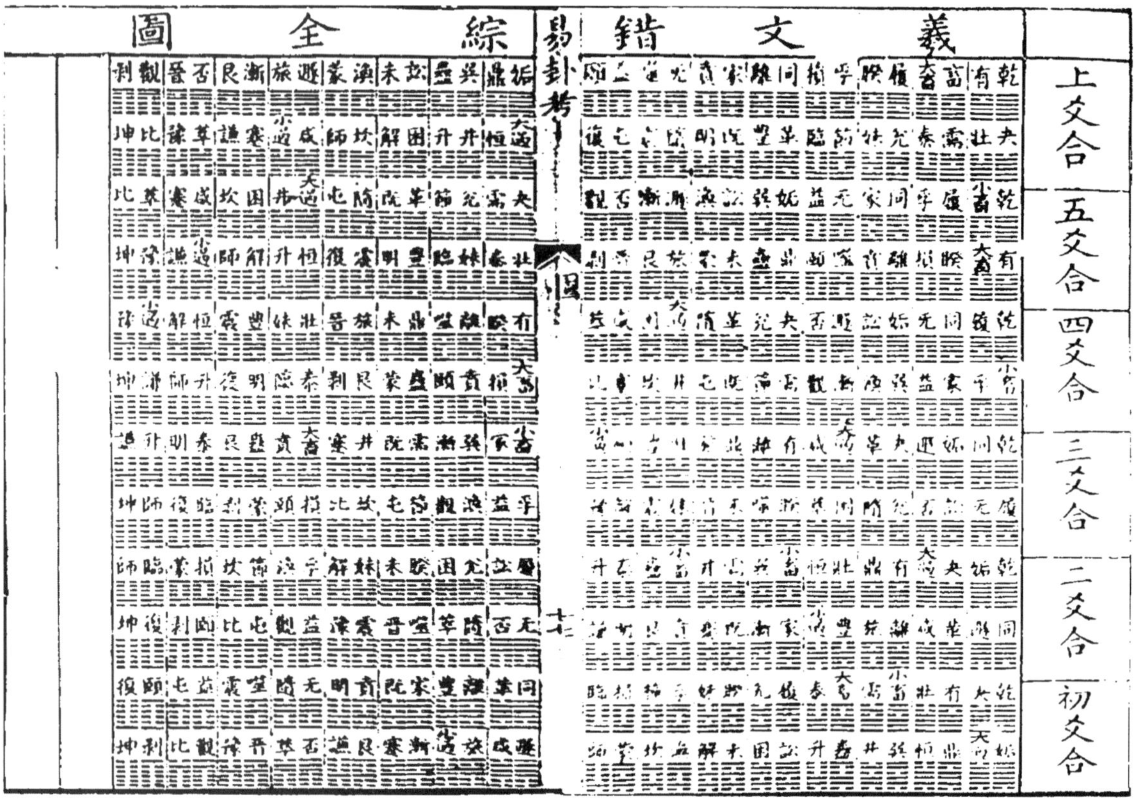

图 10　羲文错综全图

（范尔梅《易卦考》）

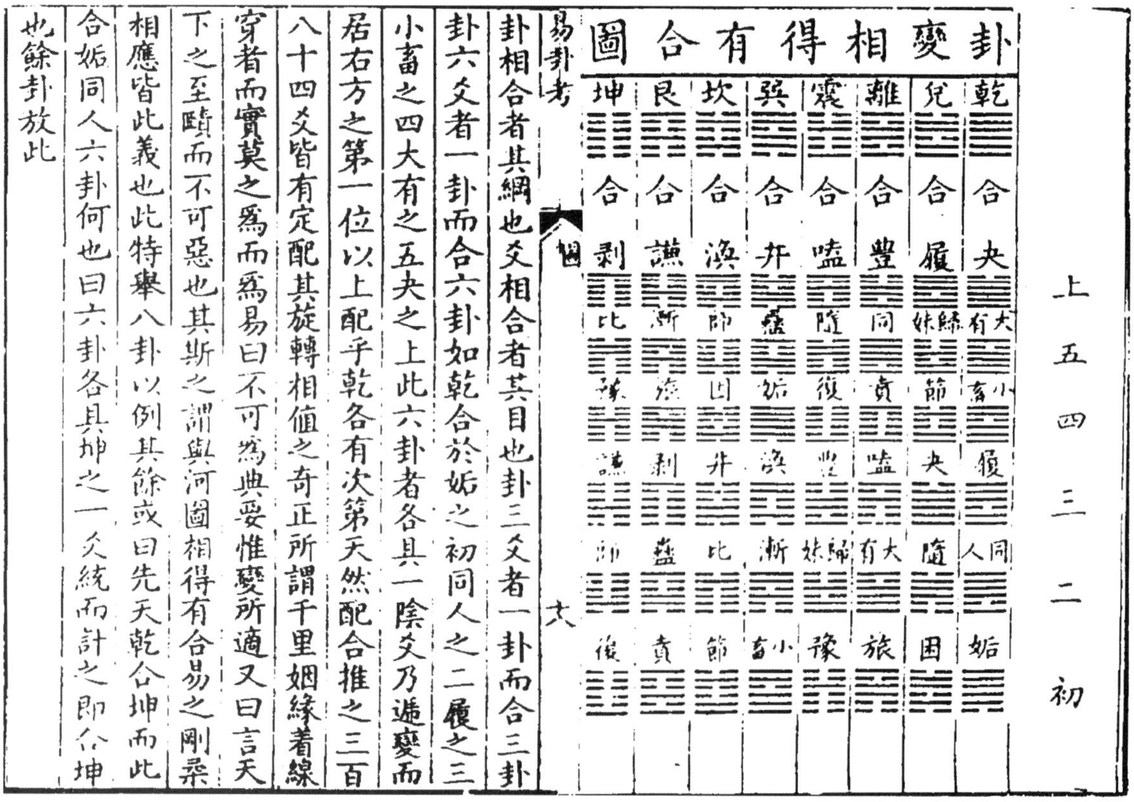

图 11　卦变相得有合图

（范尔梅《易卦考》）

图 12　卦变十二轮周流六虚反对图

（范尔梅《易卦考》）

卦變合義文圖

乾	兌	離	震	巽	坎	艮	坤
義畫三爻皆奇	義畫二奇一偶	義畫二奇一偶	義畫一奇二偶	義畫一偶二奇	義畫二偶一奇	義畫二偶一奇	義畫三爻皆偶
卦變定位於左	卦變二左一右	卦變二左一右	卦變一左二右	卦變一右二左	卦變二右一左	卦變二右一左	卦變定位於右
往　來　無	往者離來者巽	往者巽來者兌	往者艮來者坎	往者兌來者離	往者震來者艮	往者坎來者震	往　來　無

易卦考

卦變之位奇左偶右而義畫之見於六變亦即奇者左而偶者右此六變之大徵驗也如姤之一變位乎右而五變皆位左也而其畫亦初爻偶而五爻皆奇如夬之五變皆位左而第六變獨位右也而其畫亦五爻皆奇而上爻獨偶如既濟之一三五變而位左二四六變而位右也而其畫亦一三五奇而二四六偶如未濟之一三五變而位右二四六變而位左也而其畫亦一三五偶而二四六奇推之凡卦爻一一皆然故六變而三百八十四爻之左右徵之義易三百八十四爻之奇偶而若合符節焉若夫卦之往來三男三女各爲同體而不紊則又與文王合符而義文錯綜一以貫之矣

图 13　卦变合羲文图

（范尔梅《易卦考》）

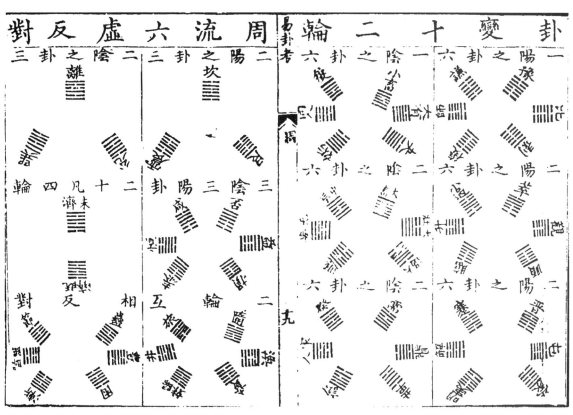

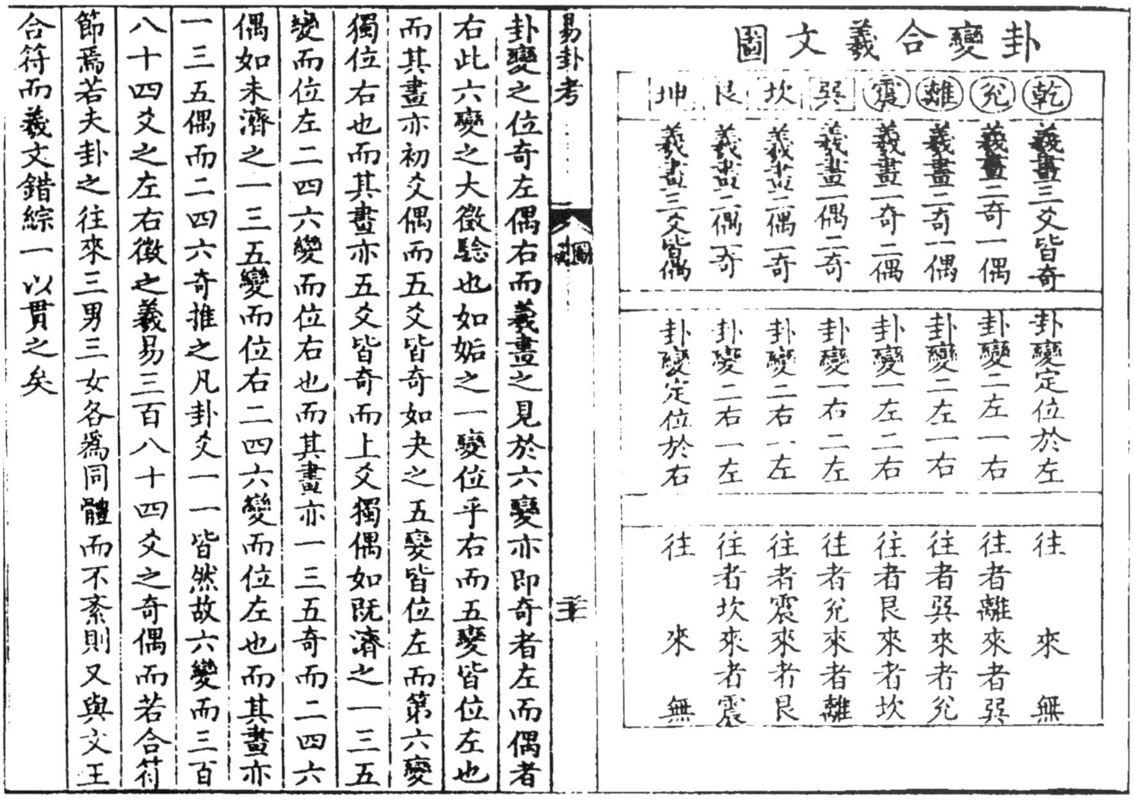

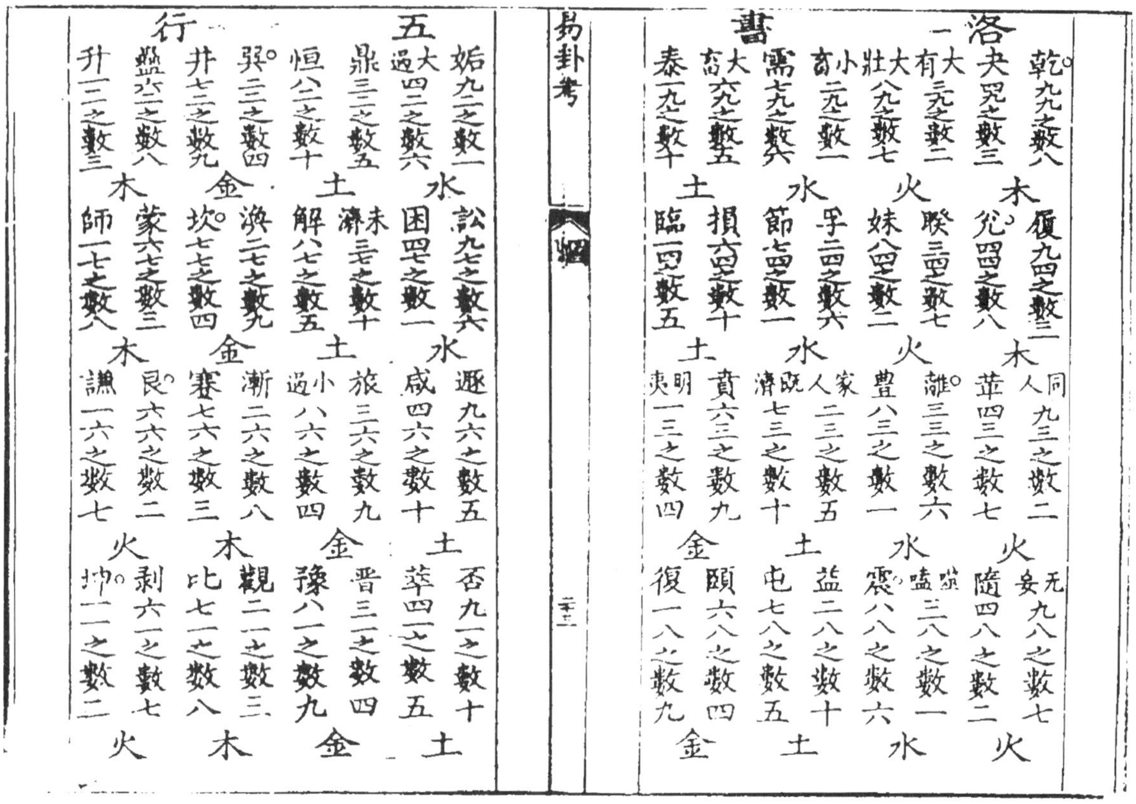

图 14　洛书五行图

（范尔梅《易卦考》）

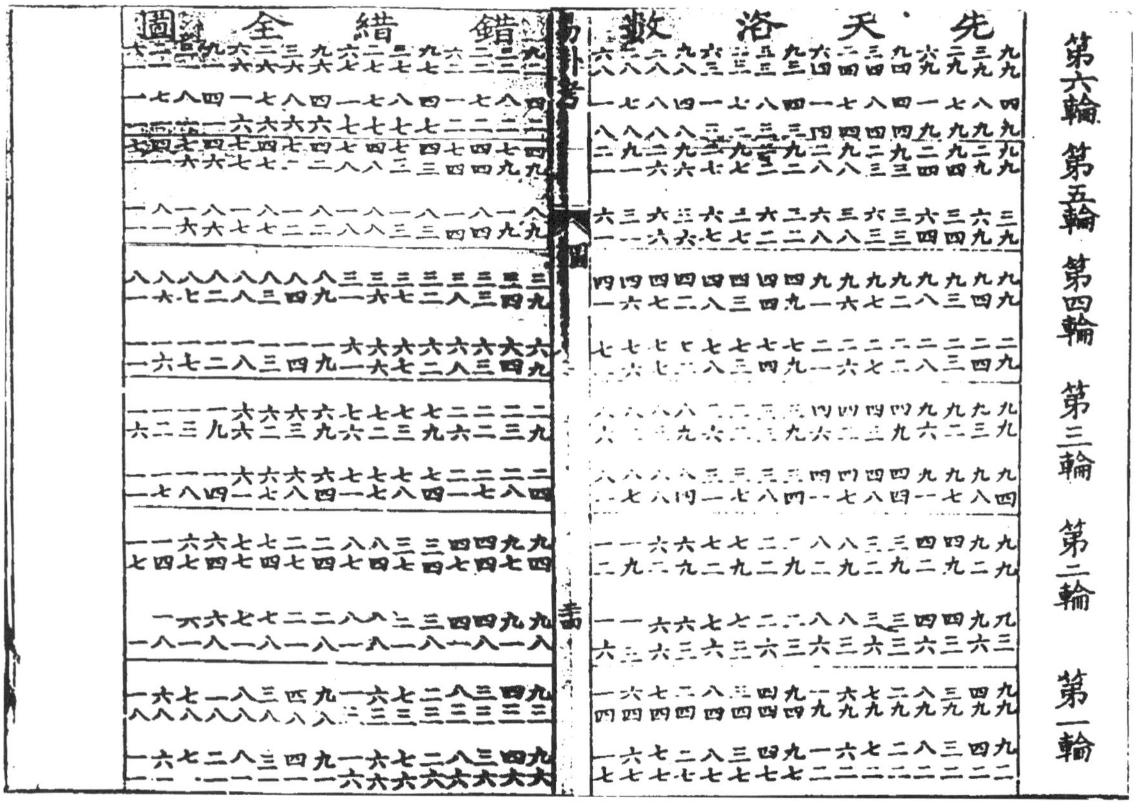

图 15　先天洛数错综全图

（范尔梅《易卦考》）

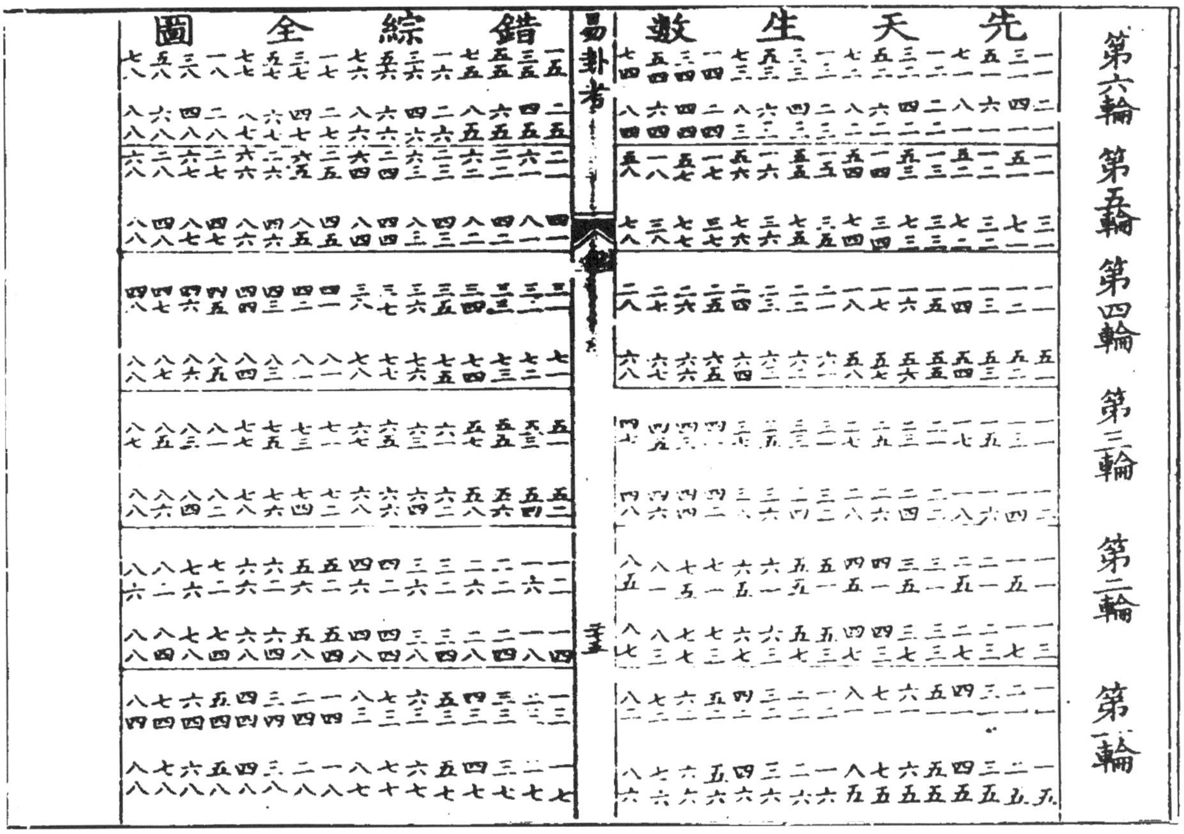

图 16　先天生数错综全图
（范尔梅《易卦考》）

刘斯组

生卒年不详,字斗田,一字锡佩,清江西新建(今江西南昌)人。雍正二年(1724)举人,授江西分宜教谕。历任广东西宁、河南杞县知县,有善政。又主讲广东肇庆端溪书院和湖南岳麓书院。著有《周易拨易堂解》二十卷、《太玄别训》五卷、《皇极绪言》二十卷等。现存有《周易》图像四幅。

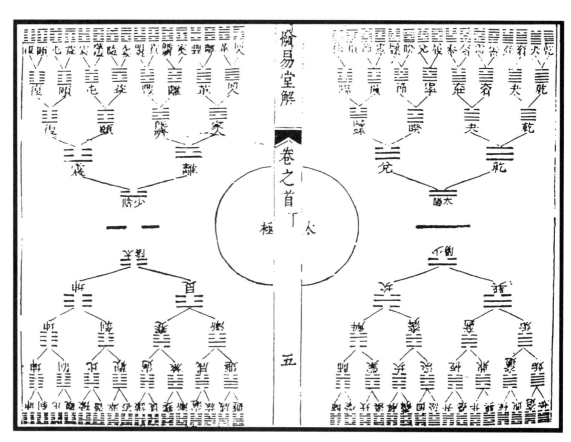

图1　太极六十四卦颠倒图
(刘斯组《周易拨易堂解》)

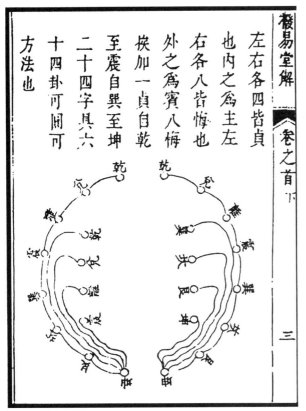

图 2 左右各四皆贞图
（刘斯组《周易拨易堂解》）

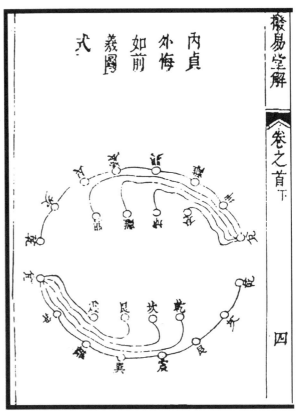

图 3 内贞外悔图
（刘斯组《周易拨易堂解》）

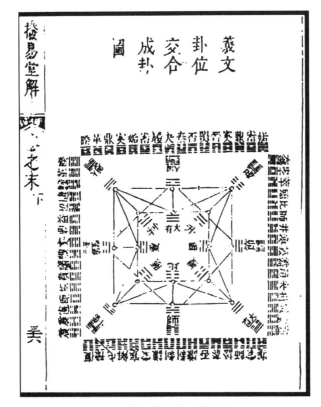

图 4 羲文卦位交合成卦图
（刘斯组《周易拨易堂解》）

张兰皋

生卒年不详,原名一是,字天随,清江苏武进(今江苏常州)人。康熙雍正年间(1662—1735)人,终身绝意科举,专攻经史,尤精于《易》。著有《周易析疑》(又名《补订读易随抄》)十五卷。现存有《周易》图像二十四幅。

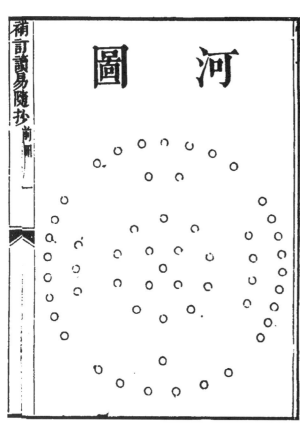

图1 河图
(张兰皋《周易析疑》)

图2 洛书
(张兰皋《周易析疑》)

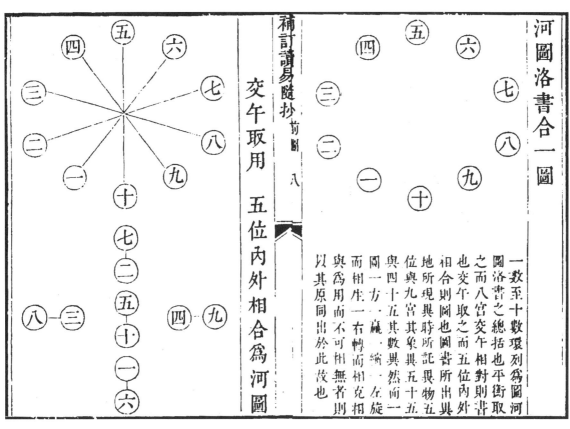

图 3-1　河图洛书合一图
（张兰皋《周易析疑》）

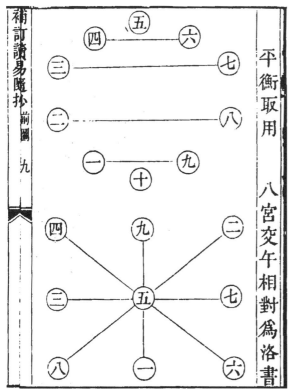

图 3-2　河图洛书合一图
（张兰皋《周易析疑》）

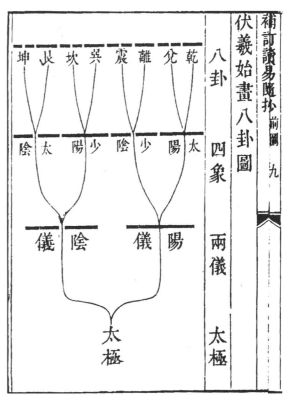

图 4　伏羲始画八卦图
（张兰皋《周易析疑》）

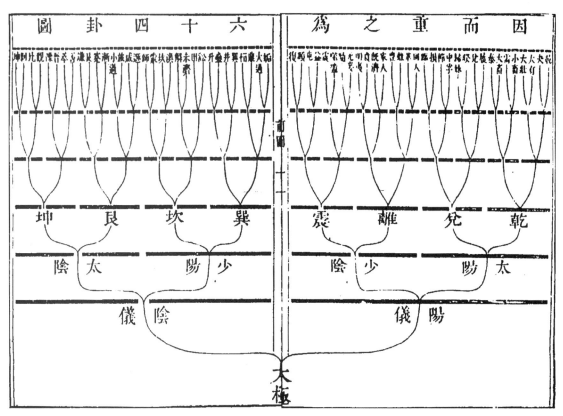

图5　因而重之为六十四卦图
（张兰皋《周易析疑》）

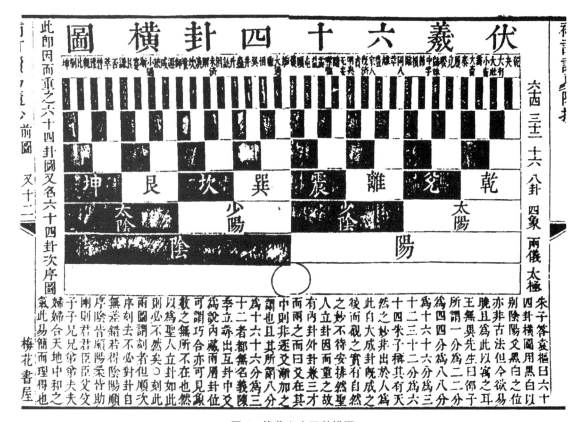

图6　伏羲六十四卦横图
（张兰皋《周易析疑》）

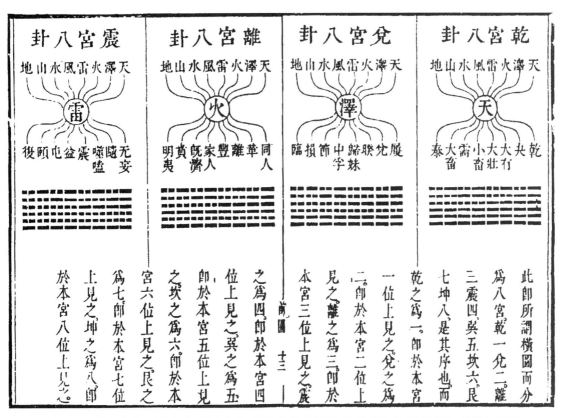

图 7-1 乾宫八卦，兑宫八卦，离宫八卦，震宫八卦，巽宫八卦，坎宫八卦，艮宫八卦，坤宫八卦图
（张兰皋《周易析疑》）

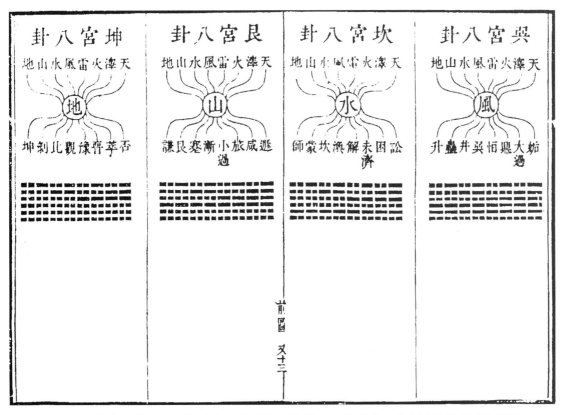

图 7-2 乾宫八卦，兑宫八卦，离宫八卦，震宫八卦，巽宫八卦，坎宫八卦，艮宫八卦，坤宫八卦图
（张兰皋《周易析疑》）

图 8　先天八卦方位图
（张兰皋《周易析疑》）

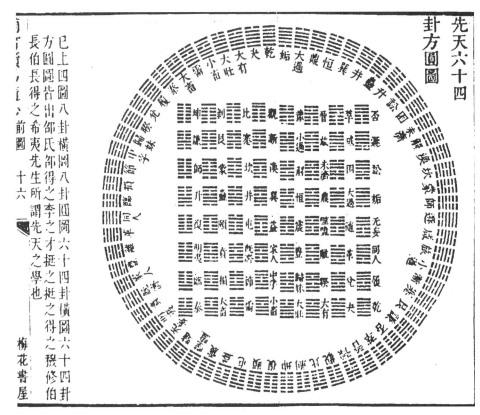

图 9　先天六十四卦方圆图
（张兰皋《周易析疑》）

图 10　后天八卦方位图
（张兰皋《周易析疑》）

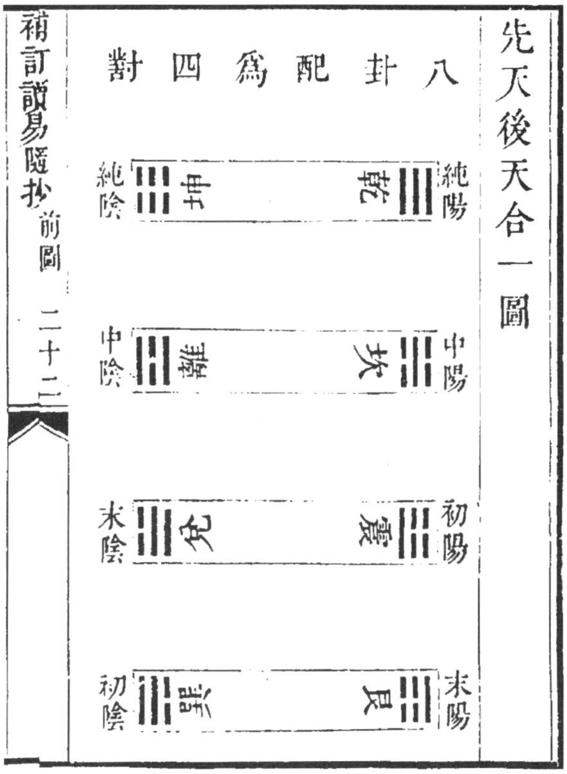

图 11　先天后天合一图
（张兰皋《周易析疑》）

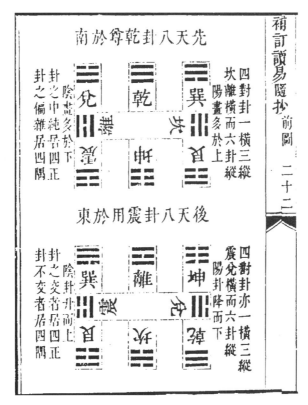

图 12　先天八卦乾尊于南图
图 13　后天八卦震用于东图
（张兰皋《周易析疑》）

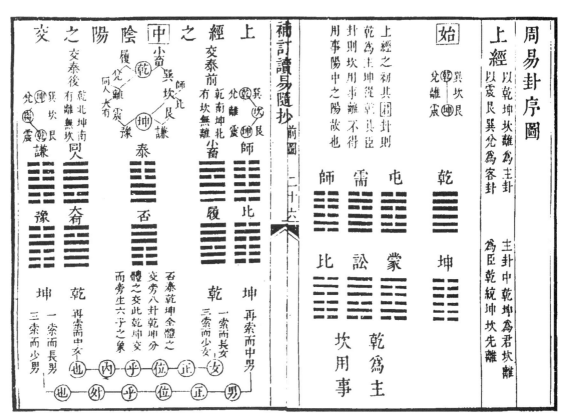

图 14-1 周易卦序图
（张兰皋《周易析疑》）

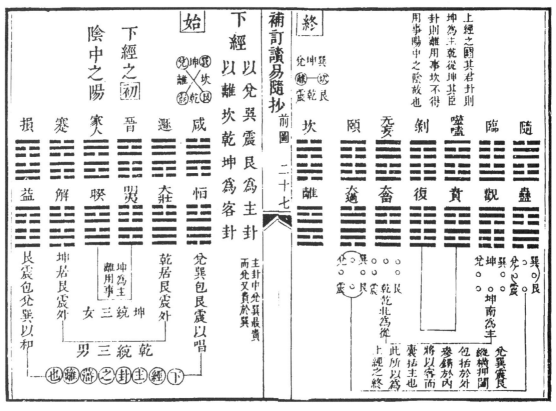

图 14-2 周易卦序图
（张兰皋《周易析疑》）

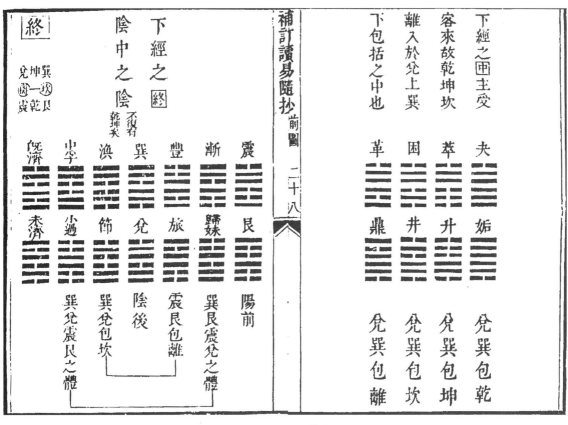

图 14-3 周易卦序图
（张兰皋《周易析疑》）

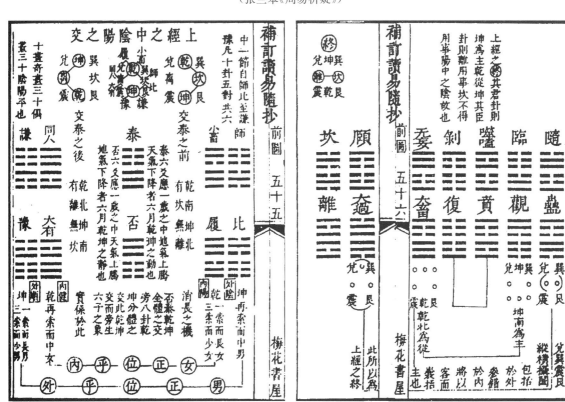

图 15 上经之中图
（张兰皋《周易析疑》）

图 16 上经之终图
（张兰皋《周易析疑》）

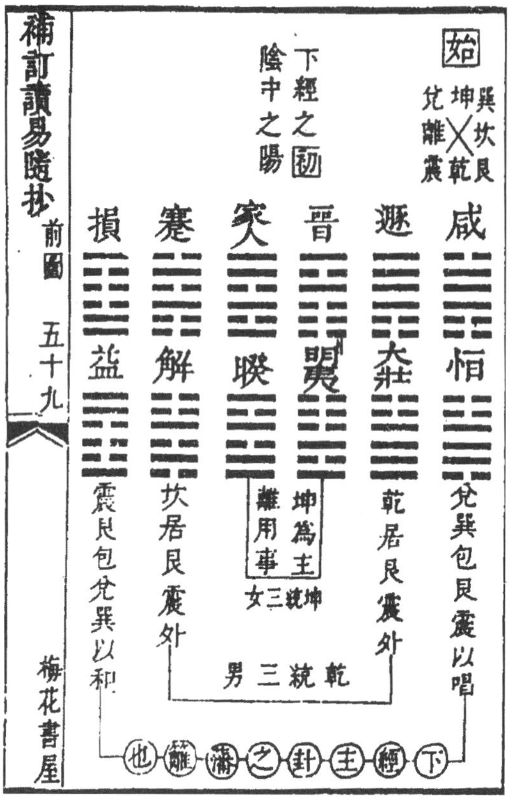

图 17　下经之初图
（张兰皋《周易析疑》）

图 18　下经之中图
（张兰皋《周易析疑》）

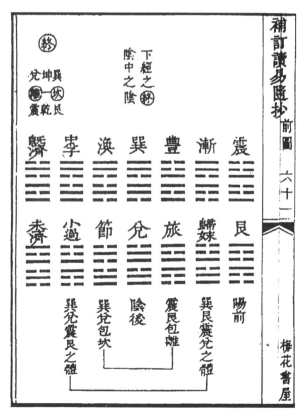

图 19　下经之终图
（张兰皋《周易析疑》）

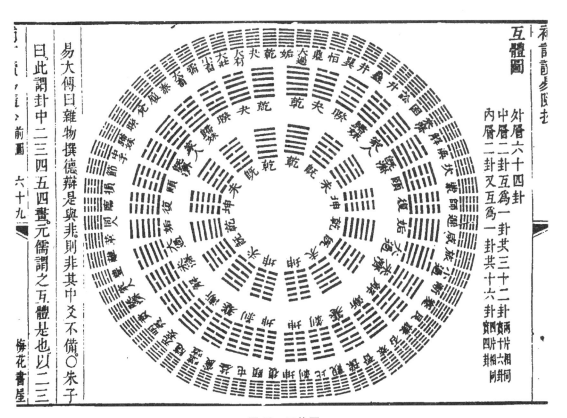

图 20 互体图
（张兰皋《周易析疑》）

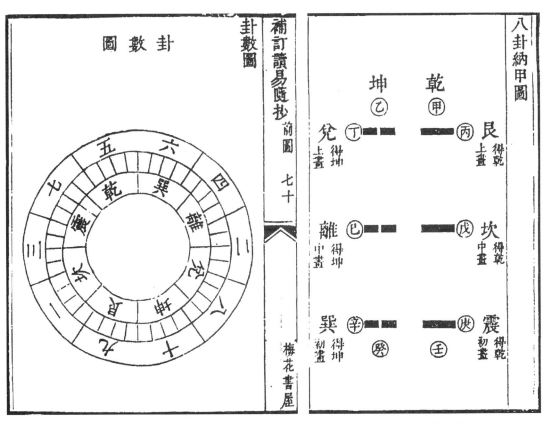

图 21 卦数图
（张兰皋《周易析疑》）

图 22 八卦纳甲图
（张兰皋《周易析疑》）

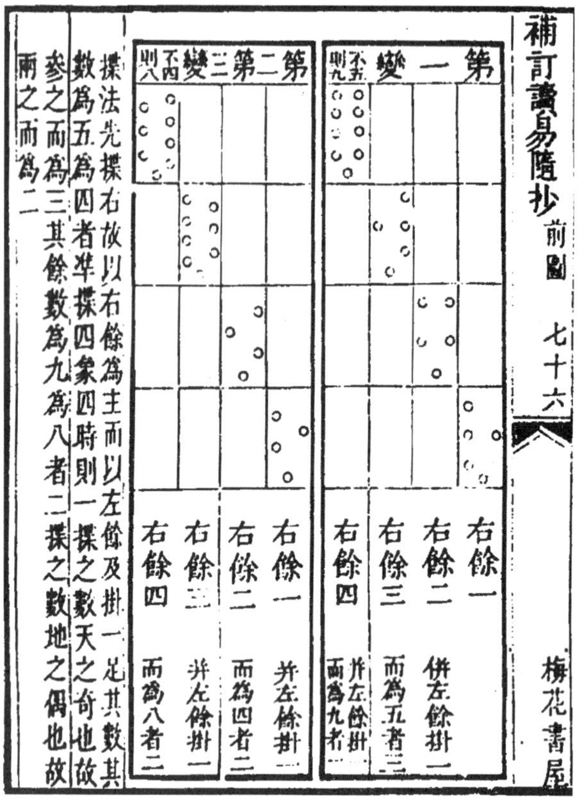

图 23-1 揲蓍求卦用策用变占图
（张兰皋《周易析疑》）

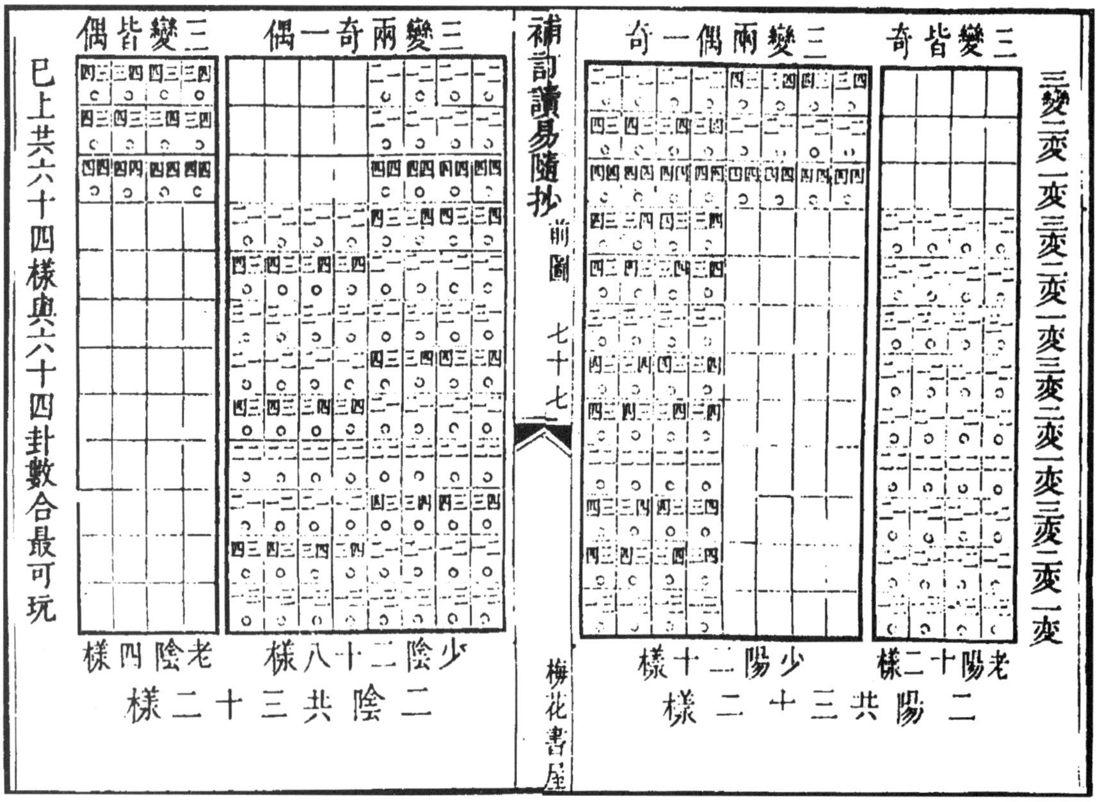

图 23-2 揲蓍求卦用策用变占图
（张兰皋《周易析疑》）

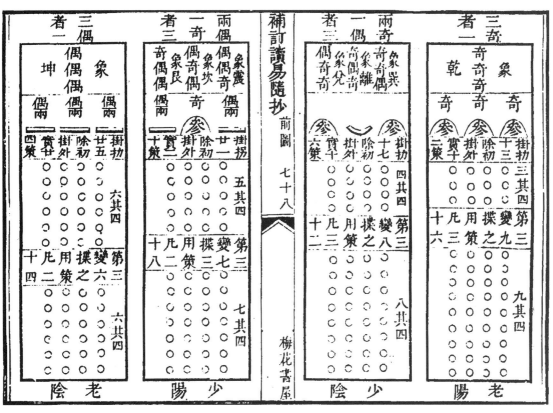

图 23-3 揲蓍求卦用策用变占图
（张兰皋《周易析疑》）

图 24 杂卦图
（张兰皋《周易析疑》）

浦起龙

字二田，清江苏金匮（今江苏无锡）人。雍正八年（1730）进士，官苏州府教授。著有《史通通释》《读杜心解》《酿蜜集》等。现存有《周易》图像二幅。

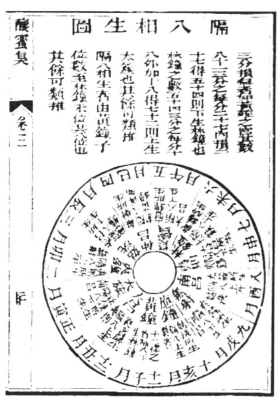

图1　隔八相生图
（浦起龙《酿蜜集》）

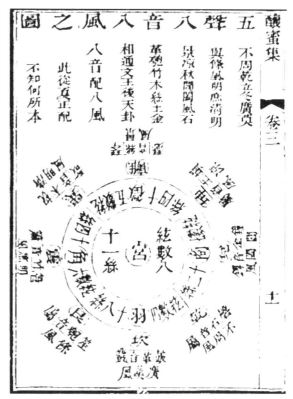

图2　五声八音八风之图
（浦起龙《酿蜜集》）

潘士权(1701—1772)

字龙庵,号三英,清湖南黔阳人。县附贡生,乾隆六年(1741)考补天文生,署太常博士,精象数音律。著有《大乐元音》七卷、《洪范九畴》、《学庸一得》六卷、《洪范注补》五卷,有《潘龙庵全书》等。现存有《周易》图像八幅。

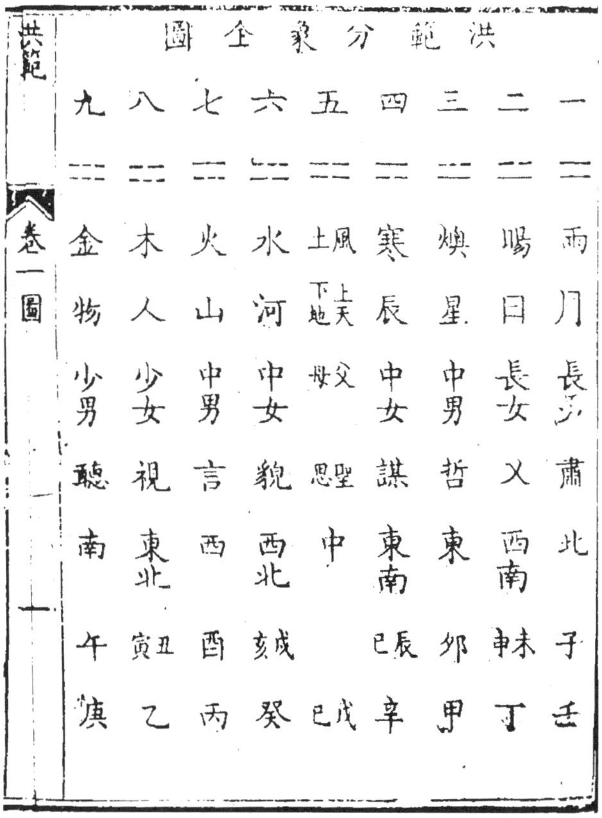

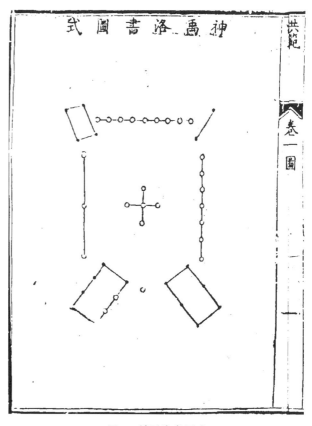

图1 洪范分象全图
(潘士权《洪范补注》)

图2 神禹洛书图式
(潘士权《洪范补注》)

洪範九九方數圖

九一	八一	七一	六一	五一	四一	三一	二一	一一
九二	八二	七二	六二	五二	四二	三二	二二	一二
九三	八三	七三	六三	五三	四三	三三	二三	一三
九四	八四	七四	六四	五四	四四	三四	二四	一四
九五	八五	七五	六五	五五	四五	三五	二五	一五
九六	八六	七六	六六	五六	四六	三六	二六	一六
九七	八七	七七	六七	五七	四七	三七	二七	一七
九八	八八	七八	六八	五八	四八	三八	二八	一八
九九	八九	七九	六九	五九	四九	三九	二九	一九

洪範 卷一圖 二

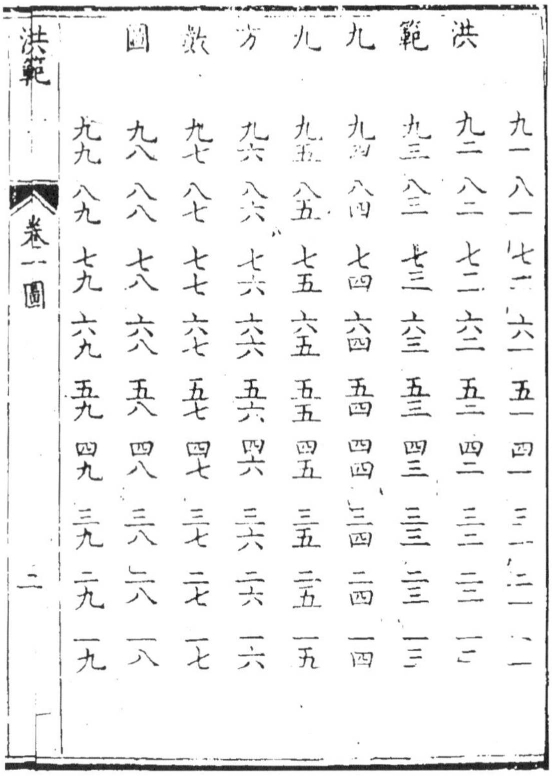

图 3　洪范九九方数图

（潘士权《洪范补注》）

洪範九九積數圖

一	九	八十一	七百二十九
二	十八	百六十二	一千四百五十八
三	二十七	二百四十三	二千一百八十七
四	三十六	三百二十四	二千九百一十六
五	四十五	四百○五	三千六百四十五
六	五十四	四百八十六	四千三百七十四
七	六十三	五百六十七	五千一百○三
八	七十二	六百四十八	五千八百三十二
九	八十一	七百二十九	六千五百六十一

洪範 卷一圖 二

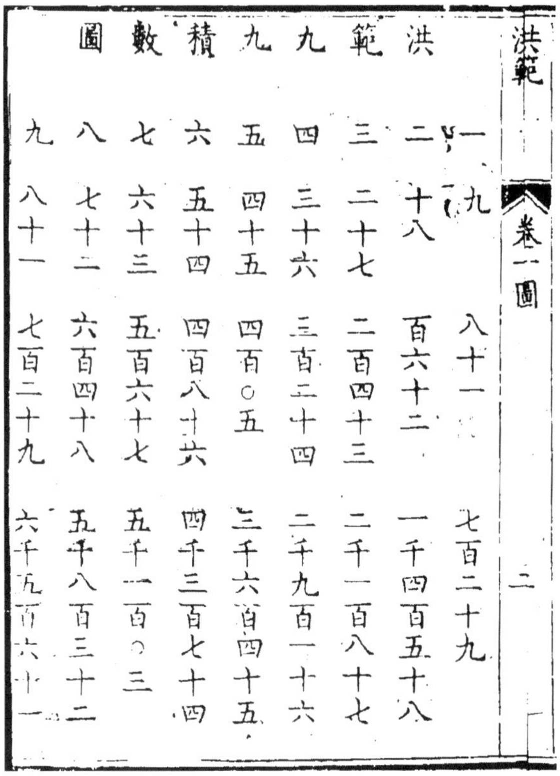

图 4　洪范九九积数图

（潘士权《洪范补注》）

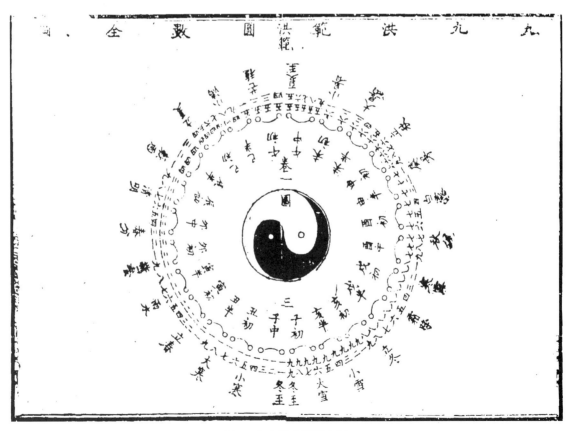

图 5　九九洪范圆数全图

（潘士权《洪范补注》）

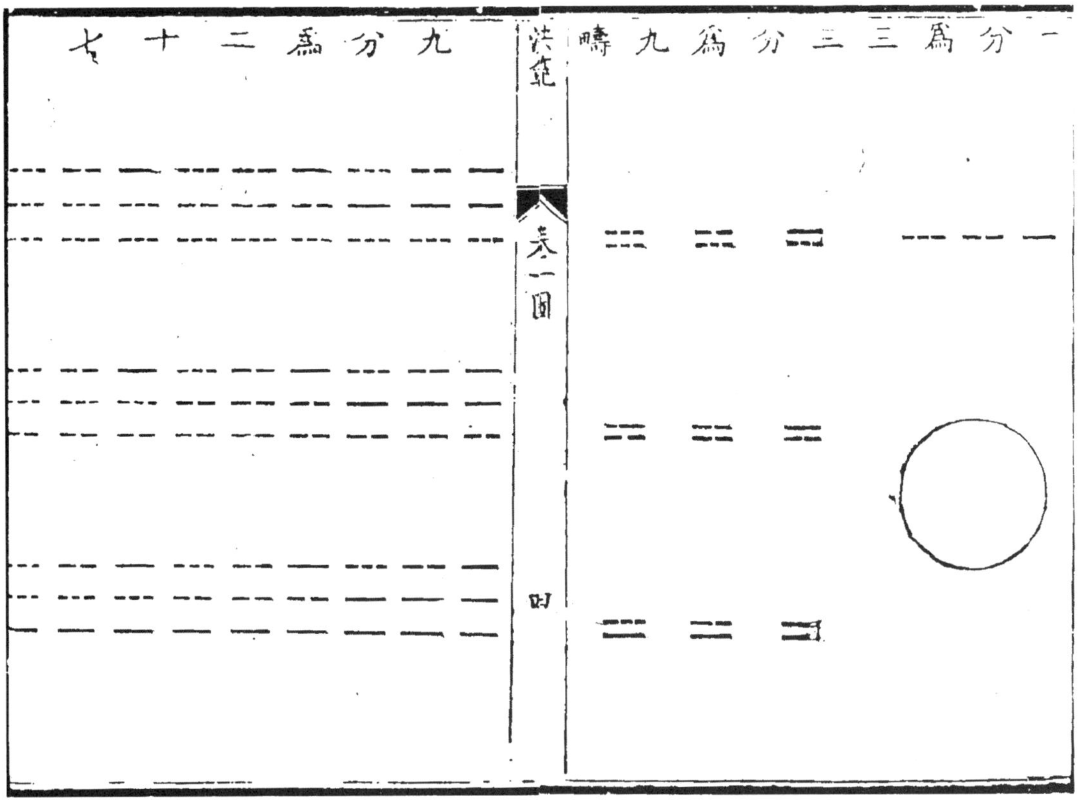

图 6-1 九畴八十一数节气图
(潘士权《洪范补注》)

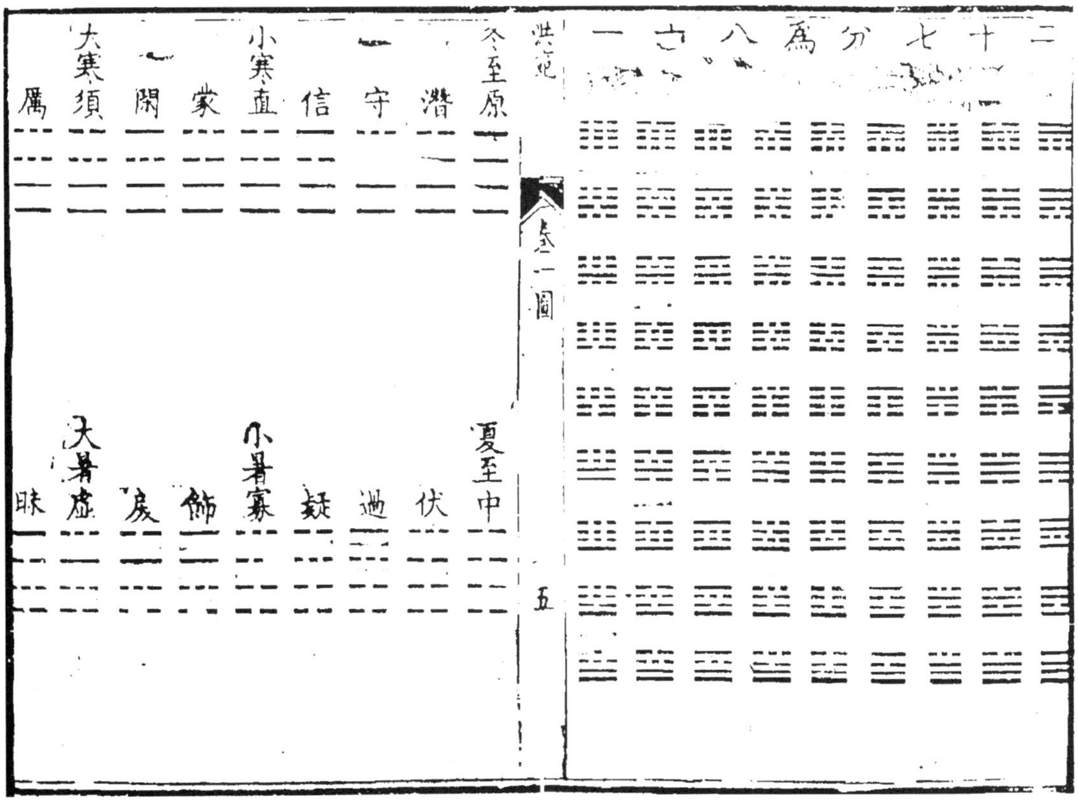

图 6-2 九畴八十一数节气图
(潘士权《洪范补注》)

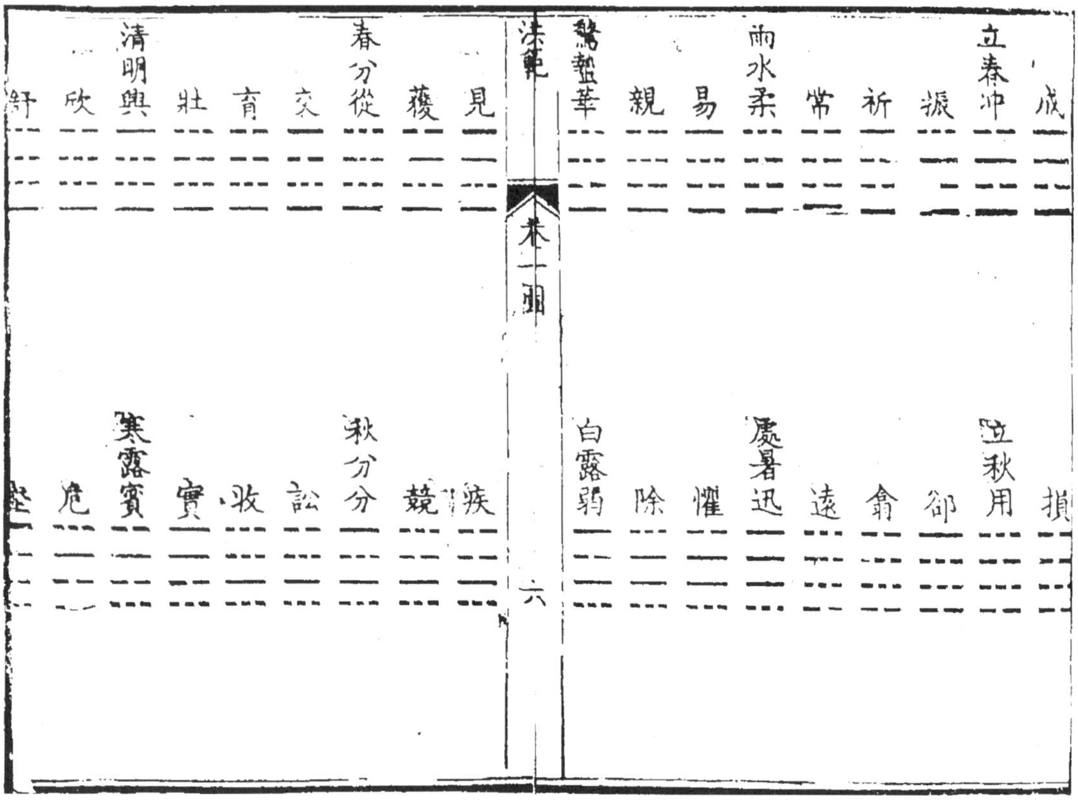

图 6－3　九畴八十一数节气图

（潘士权《洪范补注》）

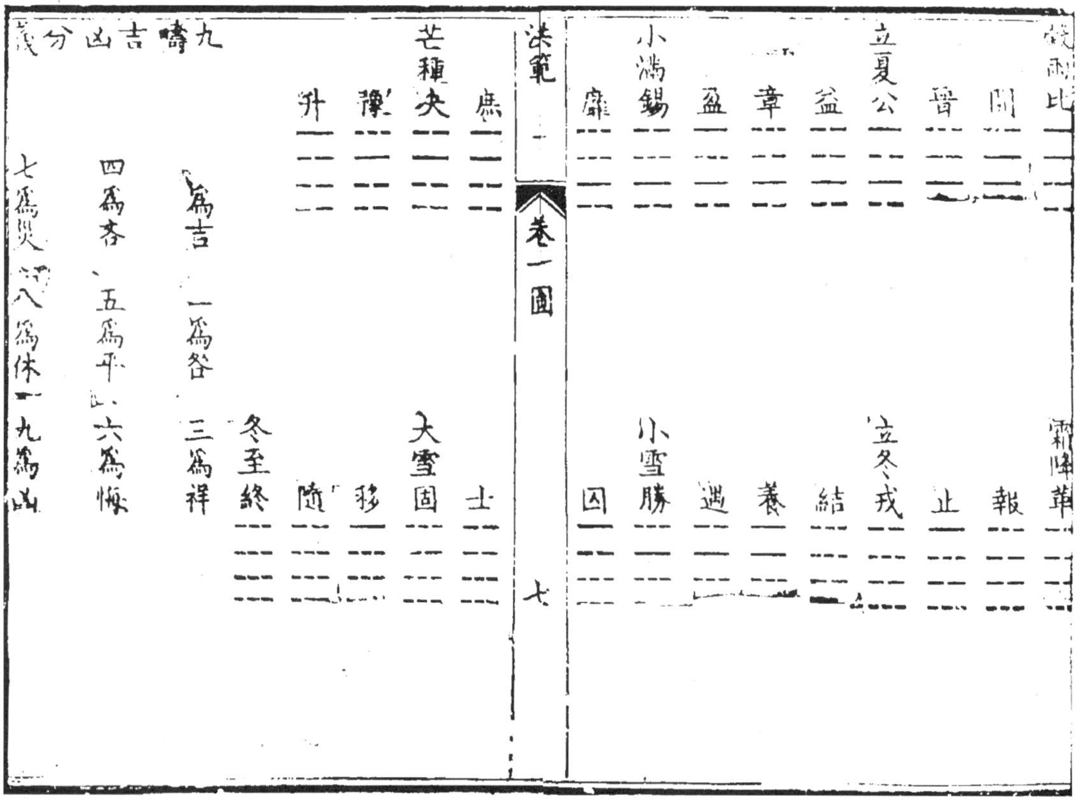

图 7　九畴吉凶分义图

（潘士权《洪范补注》）

五九下	九九終	八八戒	三七除	七七分	六六用	一五庶	五五中	九疇分宮數之次序全圖 洪範卷一
六九圂	一九養	五八堅	四七弱	八七牧	七六郤	二五決	六五伏	九四靡
七九移	二九遇	六八報	一八實	九七迟	八六侖	三五豫	一四比	四四公
八九隨	三九勝	七八止	二八寶	一七懼	九六遠	四五升	二四閑	八三符
	四九囚	八八草	三八危	二七親	一六飭		三四晉	九三見
		九八訐					七五迪	一三觀
							八五疑	六四章
							九五寡	八四錫

图8　九疇分宮數之次序全圖
（潘士權《洪範補注》）

林之翰

生卒年不详,字宪百,号慎庵,清浙江乌程(今湖州)人。著有《四诊抉微》,为论述中医望、闻、问、切四诊的专书。现存有《周易》图像二幅。

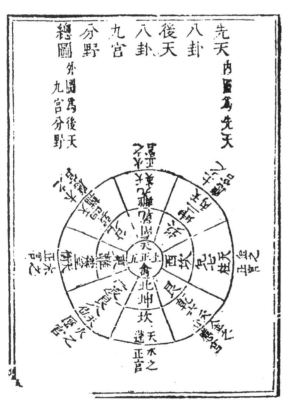

图1　先天八卦后天八卦九宫分野总图
（林之翰《四诊抉微》）

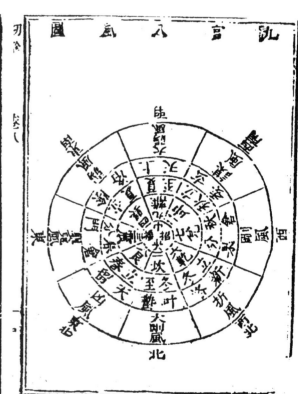

图2　九宫八风图
（林之翰《四诊抉微》）

汪师韩(1707—?)

字韩门,号上湖,清浙江钱塘(今浙江杭州)人。雍正十一年(1733)进士,选庶吉士,授翰林院编修。乾隆元年(1736)协修起居注,后出为湖南学政,落职后主讲莲花池书院。著有《观象居易传笺》十二卷、《韩门经学》五卷、《春秋三传注解》等。现存有《周易》图像四幅。

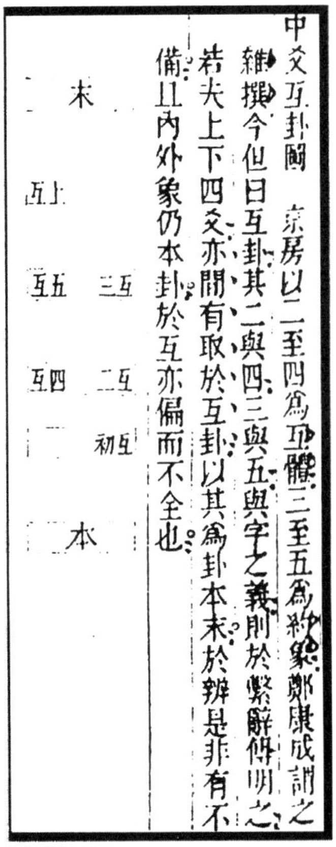

图 1 中爻互卦图
(汪师韩《观象居易传笺》)

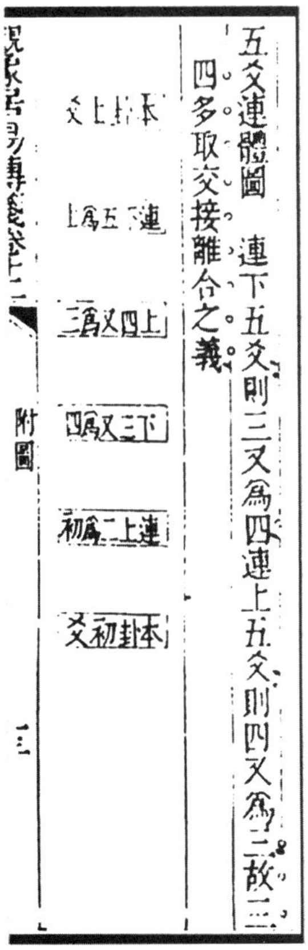

图 2 五爻连体图
(汪师韩《观象居易传笺》)

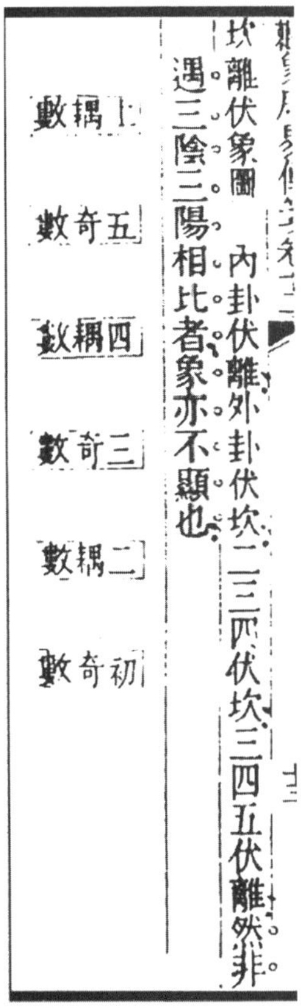

图 3 坎离伏象图
(汪师韩《观象居易传笺》)

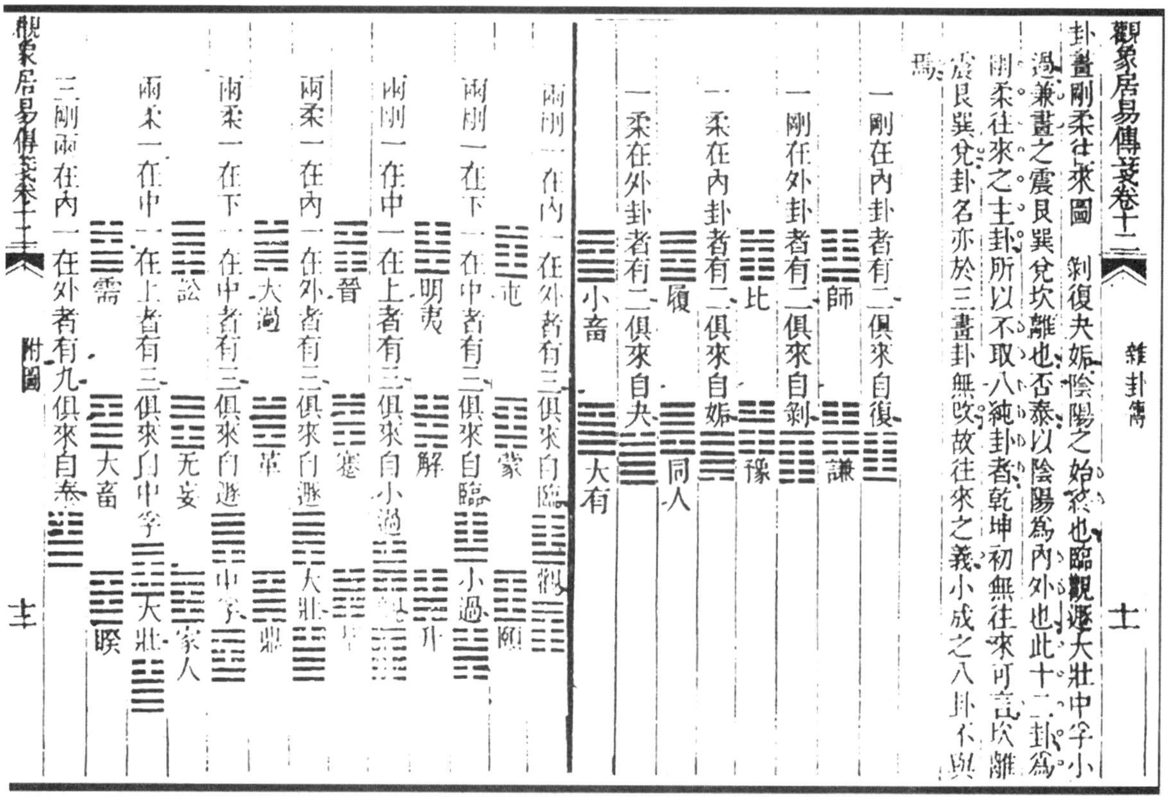

图 4-1 卦画刚柔往来图
（汪师韩《观象居易传笺》）

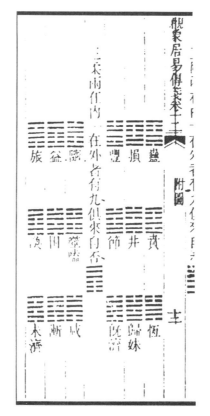

图 4-2 卦画刚柔往来图
（汪师韩《观象居易传笺》）

朱宗洛（1711—1771）

字绍川，号巽斋，又号苓泉，清江苏无锡人。乾隆二十五年（1760）进士，官山西天镇知县，性刚介，有政声，入祀名宦祠。著有《周易观玩篇》十二卷、《学庸孟子讲义》、《苓泉诗文集》、《绍川制艺》、《巢饮琐言》、《琴川杂著》等。现存有《周易》图像三十二幅。

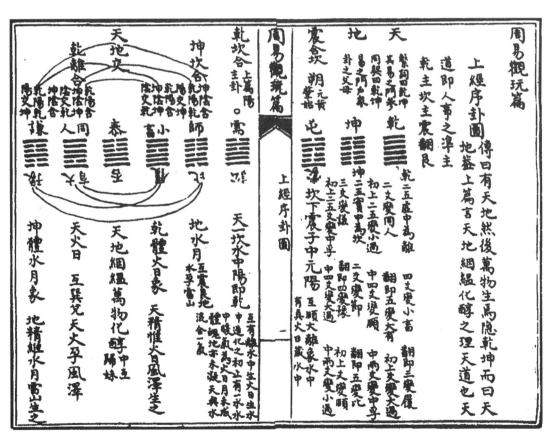

图 1-1　上经序卦图
（朱宗洛《周易观玩篇》）

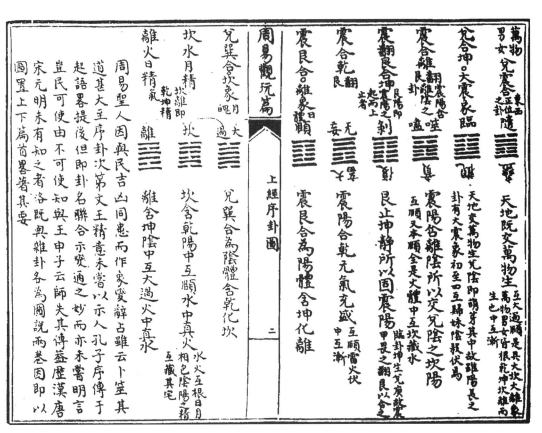

图1-2 上经序卦图
（朱宗洛《周易观玩篇》）

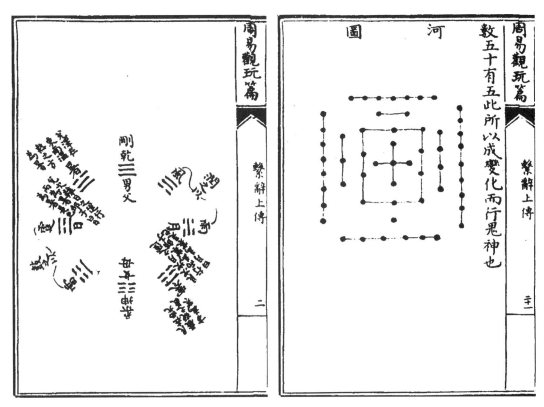

图2 八卦相荡图
（朱宗洛《周易观玩篇》）

图3 河图
（朱宗洛《周易观玩篇》）

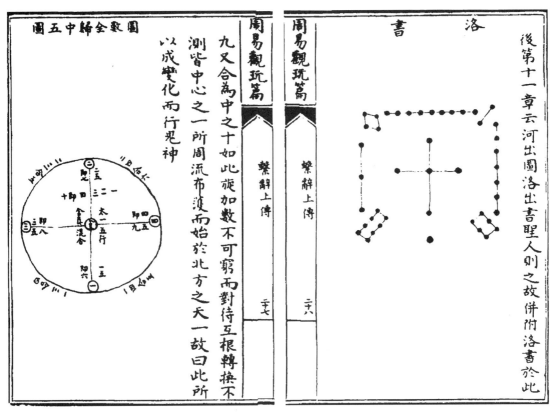

图4　图数全归中五图
（朱宗洛《周易观玩篇》）

图5　洛书
（朱宗洛《周易观玩篇》）

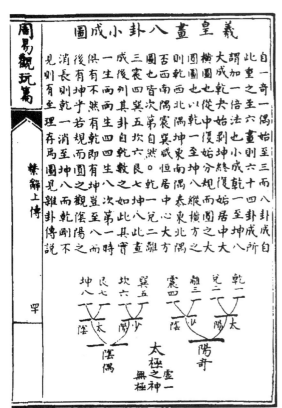

图6　羲皇画八卦小成图
（朱宗洛《周易观玩篇》）

图7　伏羲卦位圆图
（朱宗洛《周易观玩篇》）

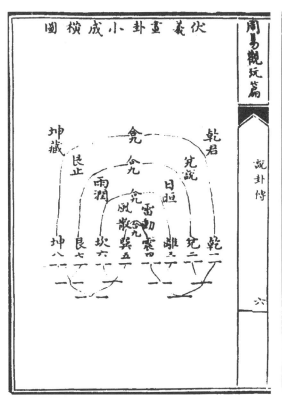

图 8　伏羲画卦小成横图
（朱宗洛《周易观玩篇》）

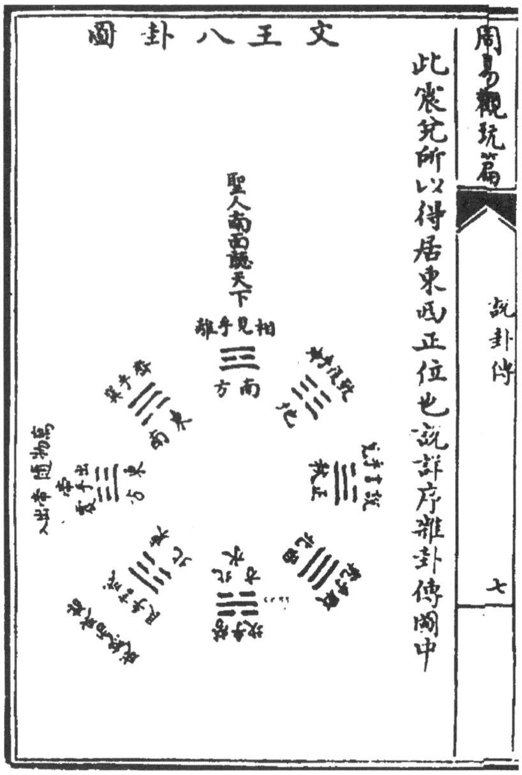

图 9　文王八卦图
（朱宗洛《周易观玩篇》）

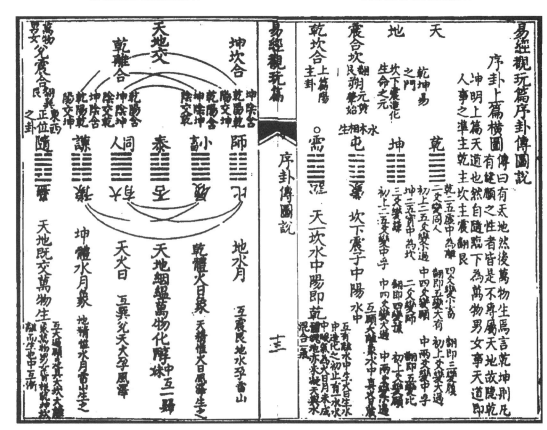

图 10 - 1　序卦上篇横图、序卦下篇横图
（朱宗洛《周易观玩篇》）

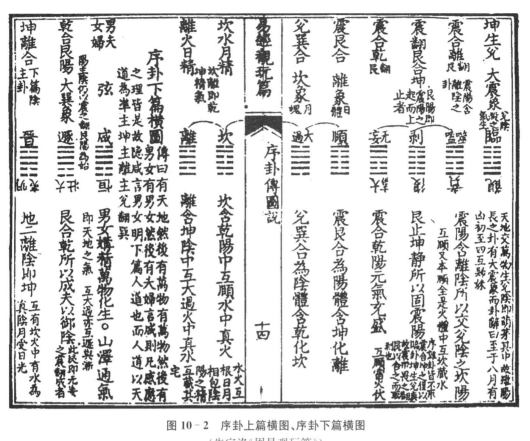

图 10-2 序卦上篇横图、序卦下篇横图
（朱宗洛《周易观玩篇》）

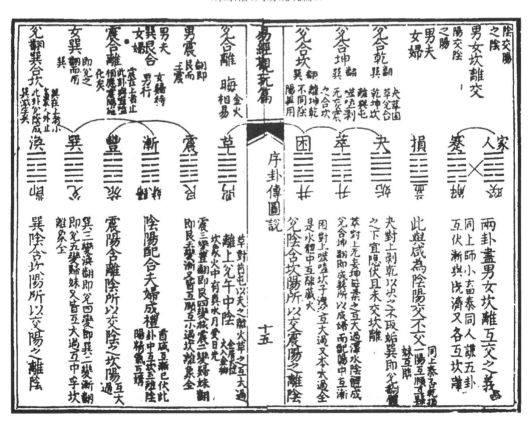

图 10-3 序卦上篇横图、序卦下篇横图
（朱宗洛《周易观玩篇》）

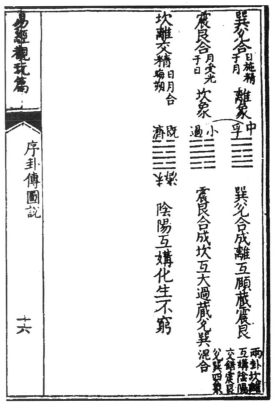

图 10-4 序卦上篇横图、序卦下篇横图
（朱宗洛《周易观玩篇》）

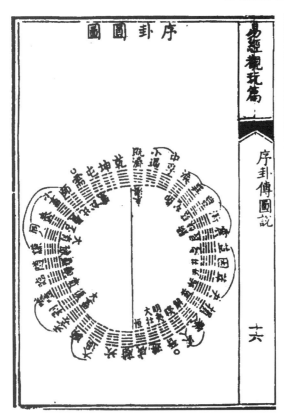

图 11 序卦圆图
（朱宗洛《周易观玩篇》）

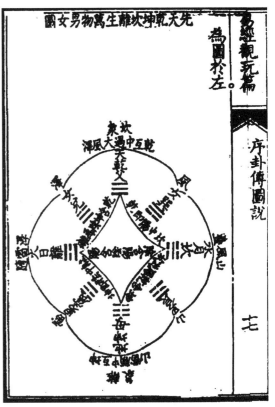

图 12 先天乾坤坎离生万物男女图
（朱宗洛《周易观玩篇》）

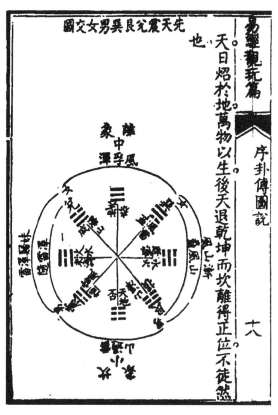

图 13 先天震兑艮巽男女交图
（朱宗洛《周易观玩篇》）

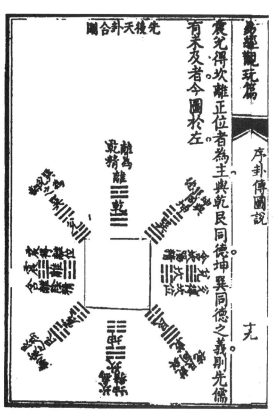

图 14 先后天卦合图
（朱宗洛《周易观玩篇》）

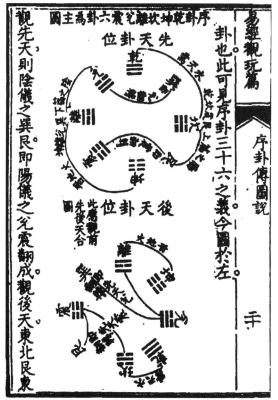

图 15 序卦乾坤坎离兑震六卦为主图
（朱宗洛《周易观玩篇》）

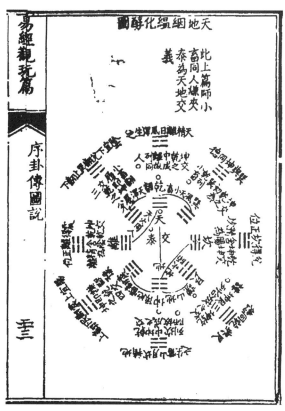

图 16 天地氤氲化醇图
（朱宗洛《周易观玩篇》）

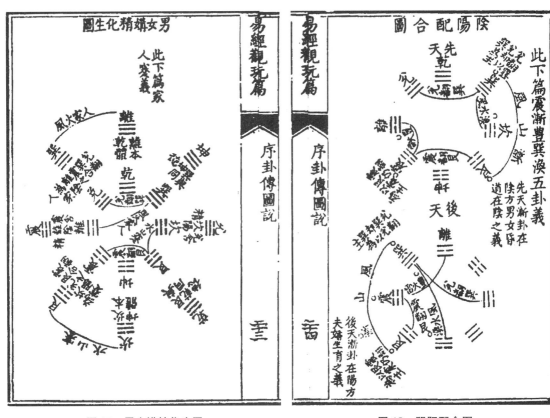

图 17　男女媾精化生图
（朱宗洛《周易观玩篇》）

图 18　阴阳配合图
（朱宗洛《周易观玩篇》）

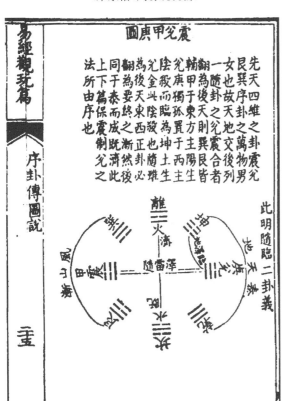

图 19　震兑甲庚图
（朱宗洛《周易观玩篇》）

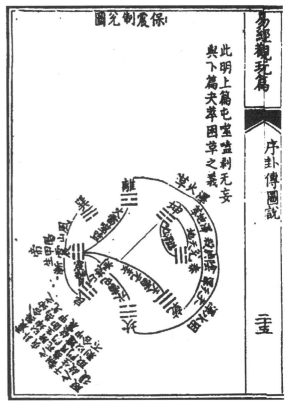

图 20　保震制兑图
（朱宗洛《周易观玩篇》）

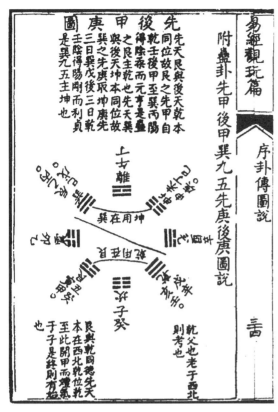

图 21　先后甲庚图
（朱宗洛《周易观玩篇》）

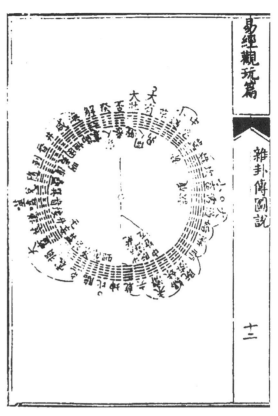

图 22　圆图
（朱宗洛《周易观玩篇》）

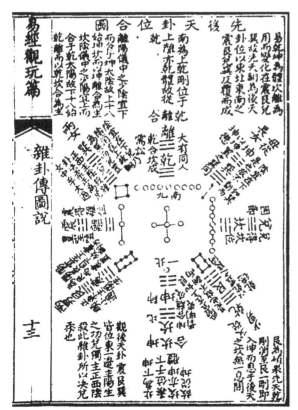

图 23　先后天卦位合图
（朱宗洛《周易观玩篇》）

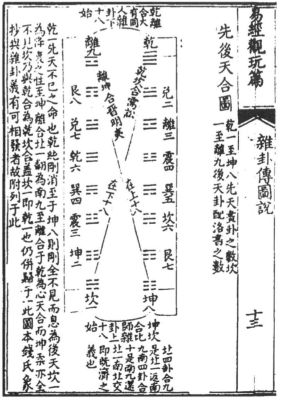

图 24　先后天合图
（朱宗洛《周易观玩篇》）

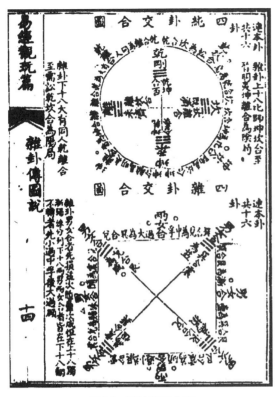

图 25　四纯卦交合图
图 26　四杂卦交合图
（朱宗洛《周易观玩篇》）

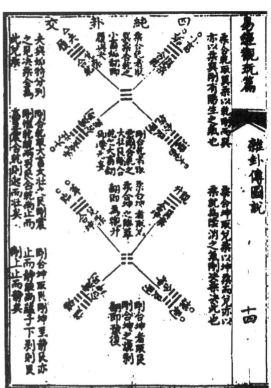

图 27　四纯卦交图
（朱宗洛《周易观玩篇》）

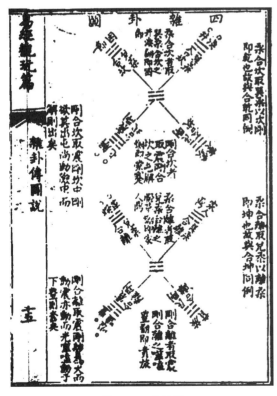

图 28　四杂卦图
（朱宗洛《周易观玩篇》）

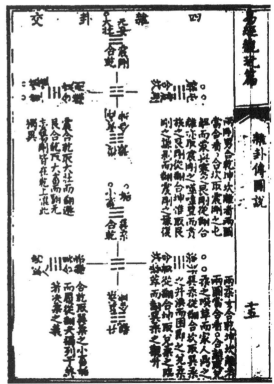

图 29　四杂卦交图
（朱宗洛《周易观玩篇》）

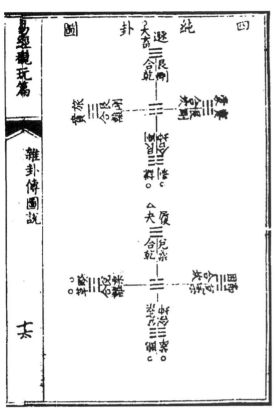

图 30　四纯卦图
（朱宗洛《周易观玩篇》）

图 31　纯杂卦交错总图
（朱宗洛《周易观玩篇》）

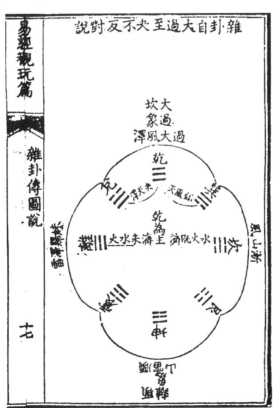

图 32　杂卦自大过至夬不反对说图
（朱宗洛《周易观玩篇》）

乔大凯(1717—?)

字颐庵,清山东济宁人。乾隆十八年(1753)举人,官武强知县,精于《易》。著有《周易观澜》、《颐庵心言》一卷、《梅月集》二卷等。现存有《周易》图像七幅。

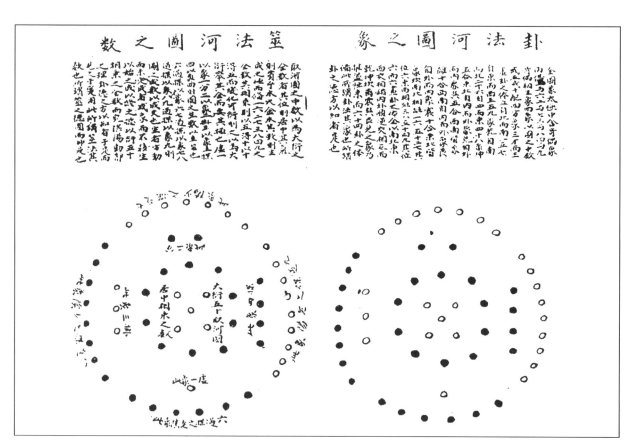

图1　卦法河图之象图
图2　筮法河图之数图
（乔大凯《周易观澜》）

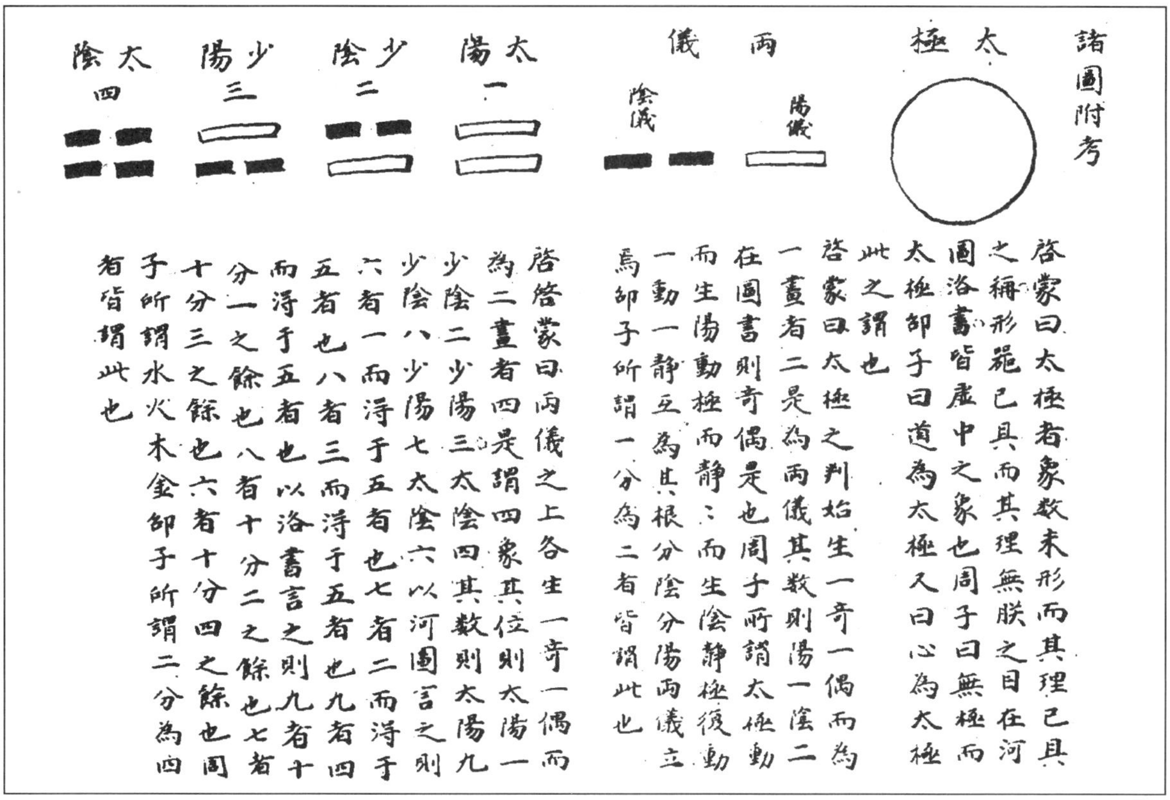

诸图附考

太极 ○

两仪 阳仪 — 阴仪 --

太阳一 少阴二 少阳三 太阴四

启蒙曰太极者象数未形而其理已具之称形器已具而其朕无之目在河图洛书皆虚中之象也周子曰无极而太极邵子曰道为太极又曰心为太极此之谓也

启蒙曰两仪之判始生一奇一偶而为一画者二是为两仪其数则阳一阴二在图书则奇偶是也周子所谓太极动而生阳动极而静静而生阴静极复动一动一静互为其根分阴分阳两仪立焉邵子所谓一分为二者皆谓此也

启蒙曰两仪之上各生一奇一偶而为二画者四是谓四象其位则太阳一少阴二少阳三太阴四其数则太阳九少阴八少阳七太阴六以河图言之则六者一而浮于五者也七者二而浮于五者也八者三而浮于五者也九者四而浮于五者也以洛书言之则九者十分一之余也八者十分二之余也七者十分三之余也六者十分四之余也邵子所谓二分为四者皆谓此也水火木金邵子所谓此也

图 3-1 诸图
（乔大凯《周易观澜》）

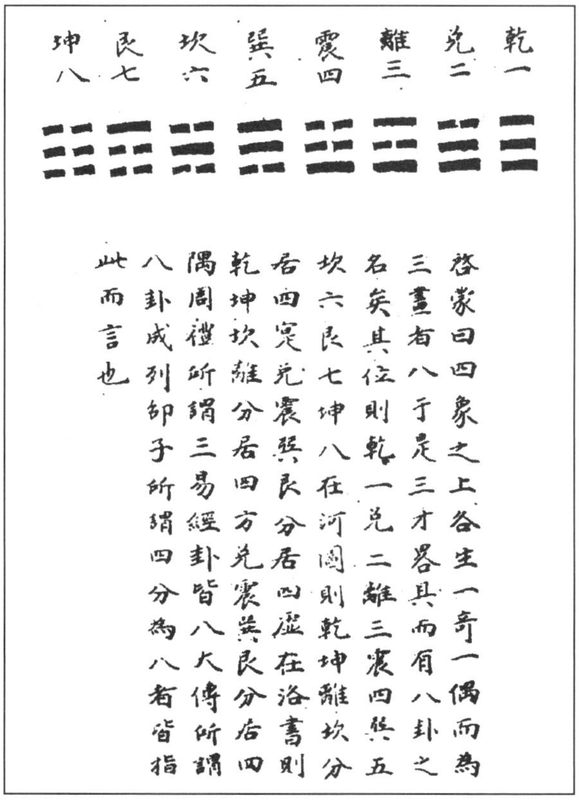

乾一 兑二 离三 震四 巽五 坎六 艮七 坤八

启蒙曰四象之上各生一奇一偶而为三画者八于是三才略具而有八卦之名矣其位则乾一兑二离三震四巽五坎六艮七坤八在河图则乾坤离坎分居四实兑震巽艮分居四偶周礼所谓三易经卦皆八大传所谓八卦成列邵子所谓四分为八者皆指此而言也

在洛书则乾坤坎离分居四方兑震巽艮分居四隅周礼所谓三易经卦皆八大传所谓八卦成列邵子所谓四分为八者皆指此而言也

图 3-2 诸图
（乔大凯《周易观澜》）

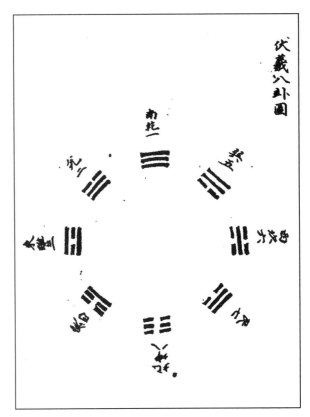

图 4 伏羲八卦图
(乔大凯《周易观澜》)

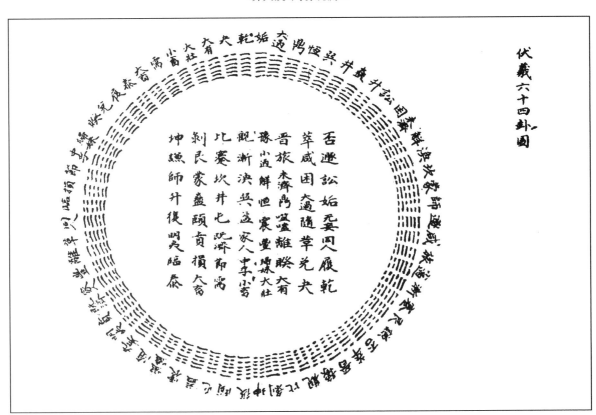

图 5 伏羲六十四卦图
(乔大凯《周易观澜》)

图6 文王八卦图
（乔大凯《周易观澜》）

图7 坎离为天道人事之纲维图
（乔大凯《周易观澜》）

李荣陛(1722—1800)

生卒年不详,字奠基,号厚冈,清江西万载人。乾隆二十八年(1763)进士。官湖南永兴县知县,以母忧归。起官云南,权知云州。历恩乐、嶍峨等知县。年六十六,以疾乞休。后主持大理书院。著有《厚冈文集》二十卷、《周易篇弟》四卷、《诗集》四卷、《易考》四卷、《尚书考》六卷、《尚书编弟》二卷等。现存有《周易》图像八幅。

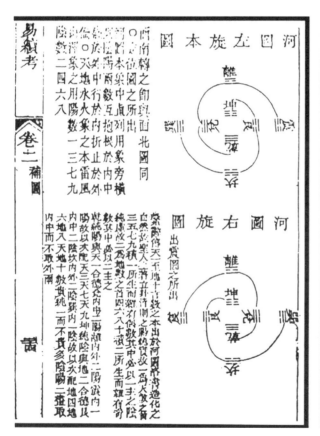

图1　河图左旋本图
图2　河图右旋图
（李荣陛《易续考》）

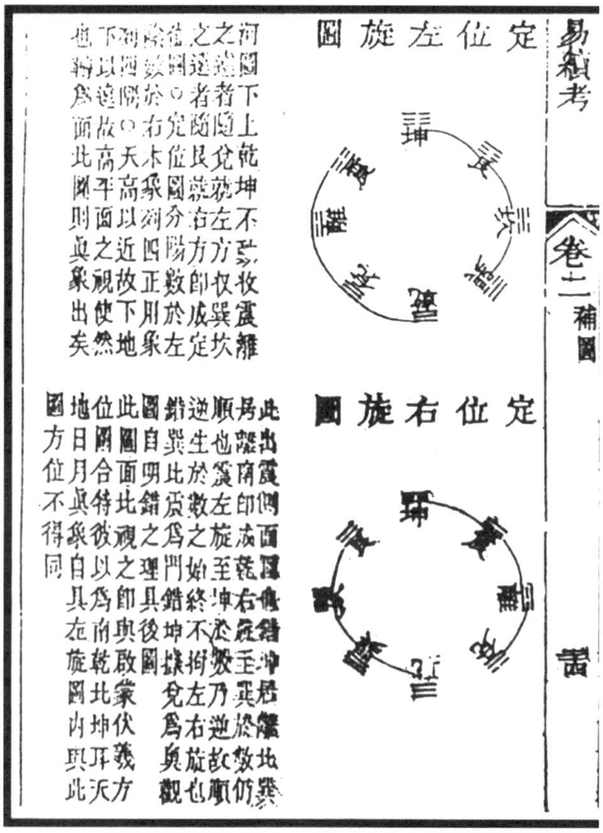

图3　定位左旋图
图4　定位右旋图
（李荣陛《易续考》）

易續考　卷二　補圖

洛書陽左陰右本圖

定位出震方隅圖並則之
河圖乾位不動以下隅位左右
交旋即成洛書○洛書分本象
於北西用象於南東陽數列四
正陰數列四隅

出震圖

河圖坎離震兌不動以當中坤
乾之縱移而右以巽艮之橫爲
縱移而左即成出震圖
出震圖向右本象列右中用象
列左旁陰陽數如後圖

易續考　卷二　補圖

洛書陽右陰左圖

出震陽統陰圖

天之數[illegible]
[illegible]之行[illegible]
於巳○一至九皆陽統二至八在內
數從逆數從繫辭傳天一[illegible]來一至九爲順數九
至一爲逆數出震圖人道爲主故起震與乾
坤不問左右旋均取逆數
[illegible]北視之[illegible]
其中壬子十月初三　癸亥寅刻悟河圖右
旋酉刻悟出震四隅位並初四甲子寅刻悟出
震圖陽統陰辰刻悟洛書與河圖同根

图 5　洛书阳左阴右本图
图 6　出震图
（李荣陛《易续考》）

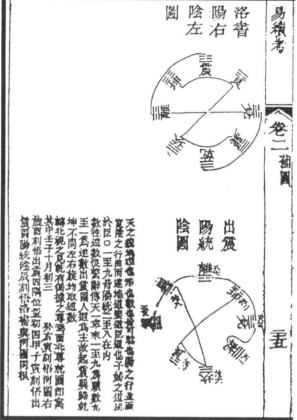

图 7　洛书阳右阴左图
图 8　出震阳统阴图
（李荣陛《易续考》）

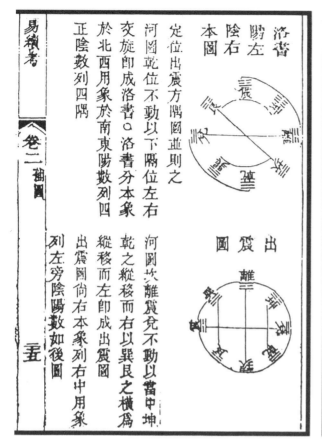

王杰(1725—1805)

字伟人,号惺园,别号畏堂,晚号葆淳,清陕西韩城人。乾隆二十六年(1761)状元。历任刑部侍郎、右都御史、军机大臣、上书房总师傅、东阁大学士等职,谥文端。著有《惺园易说》《葆淳阁集》《石渠宝笈续编》《西清续鉴》等。现存有《周易》图像四幅。

图1　汉卦象鉴一图
(王杰《西清续鉴》)

图2　汉卦象鉴二图
(王杰《西清续鉴》)

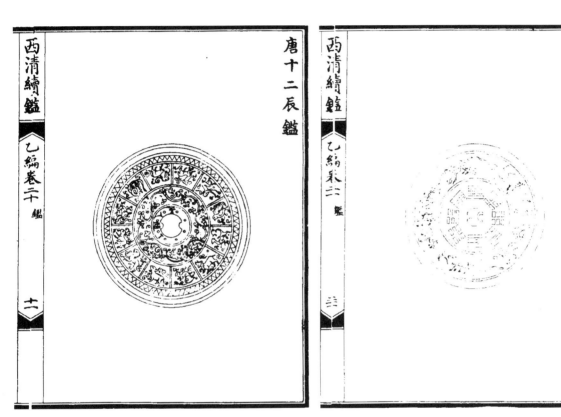

图3　唐十二辰鉴图
（王杰《西清续鉴》）

图4　唐卦象鉴图
（王杰《西清续鉴》）

钱大昕（1728—1804）

字晓徵，一字辛楣，号竹汀，清江苏嘉定（今属上海）人。乾隆十九年（1754）进士，历翰林院庶吉士、右春坊右赞善、翰林院侍讲学士、詹事府少詹事等，乞病归，主讲中山、娄东书院。精研群经，为乾嘉学派代表人物。著有《唐石经考异》二卷、《经典文字考异》三卷、《廿二史考异》一百卷、《潜研堂文集》五十卷、《十驾斋养新录》二十卷等。现存有《周易》图像二幅。

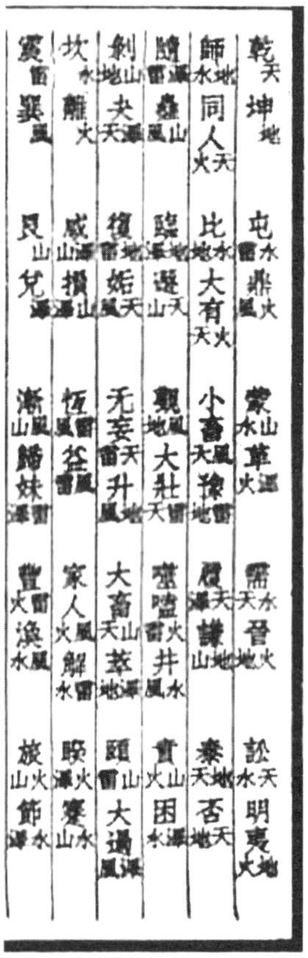

图1　六十四卦旁通图
（钱大昕《十驾斋养新录》）

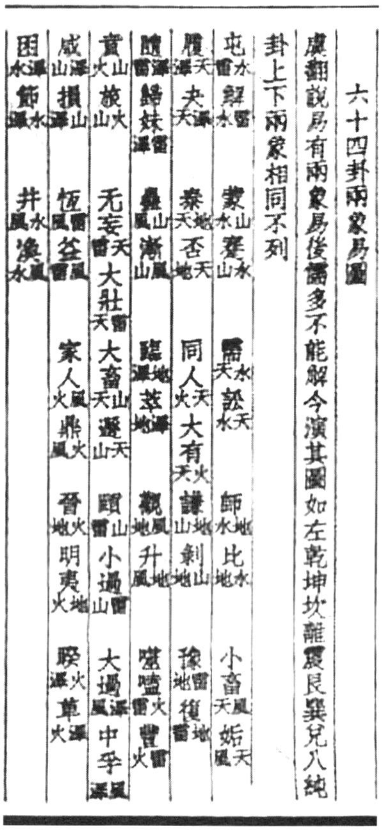

图2　六十四卦两象易图
（钱大昕《十驾斋养新录》）

王宏翰

生卒年不详。字惠源,号浩然子,清江苏华亭(今上海松江)人。少业儒,博通天文地理,后因母病明达医理。著有《医学原始》四卷、《古今医史》九卷、《性原广嗣》六卷等。现存有《周易》图像二幅。

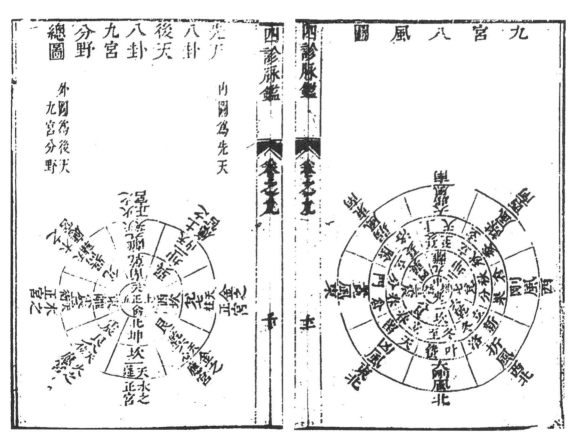

图1　先天八卦后天八卦九宫分野总图
（王宏翰《四诊脉鉴》）

图2　九宫八风图
（王宏翰《四诊脉鉴》）

张六图

生卒年不详,字师孔,清山西曲沃人。著有《周易清明》四卷、《易心存古》二卷、《卜式》一卷等。现存有《周易》图像十一幅。

图1 伏羲八卦方位图
(张六图《易心存古》)

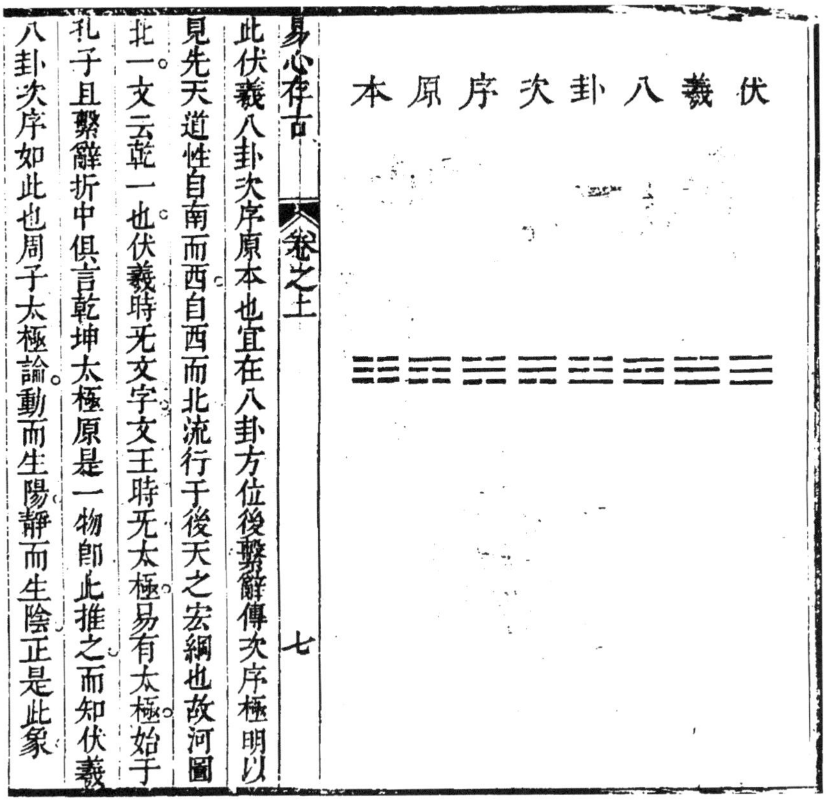

此伏羲八卦次序原本也宜在八卦方位後繫辭傳次序極明以見先天道性自南而西自西而北流行於後天之宏綱也故河圖北一支云乾一也伏羲時無文字文王時無太極易有太極始於孔子且繫辭折中俱言乾坤太極原是一物卽此推之而知伏羲八卦次序如此也周子太極論動而生陽靜而生陰正是此象

图2 伏羲八卦次序原本图
（张六图《易心存古》）

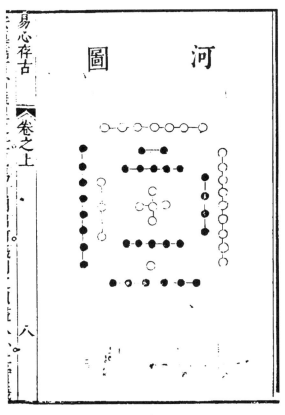

图3 河图
（张六图《易心存古》）

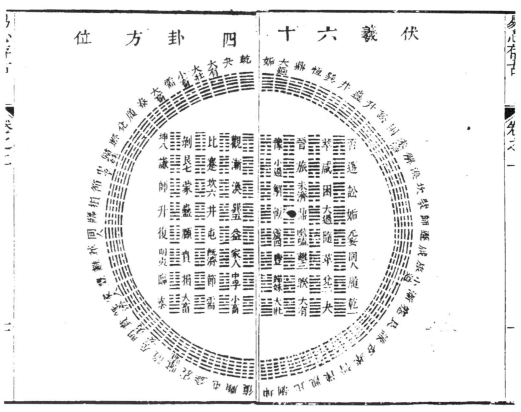

图4 伏羲六十四卦方位图
（张六图《易心存古》）

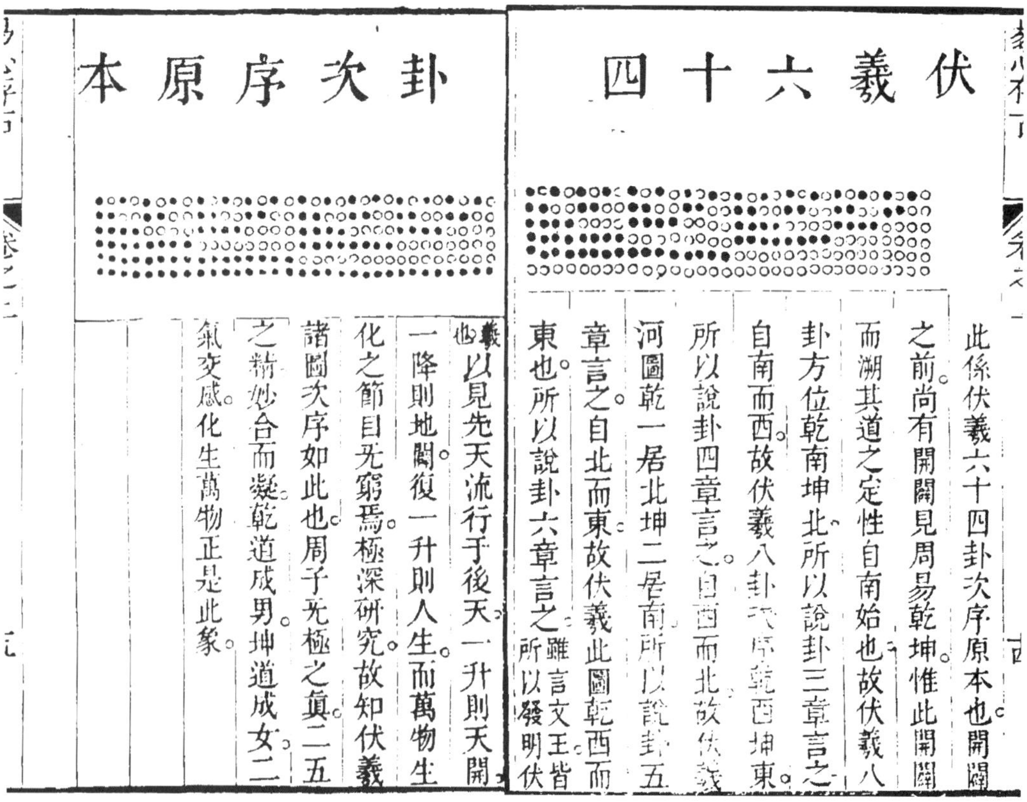

图5 伏羲六十四卦次序本原图
（张六图《易心存古》）

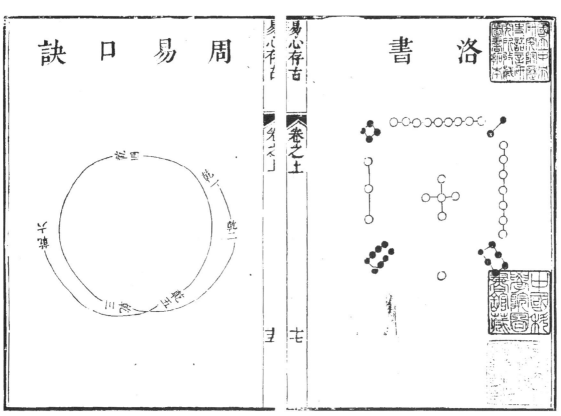

图6 周易口诀图
(张六图《易心存古》)

图7 洛书
(张六图《易心存古》)

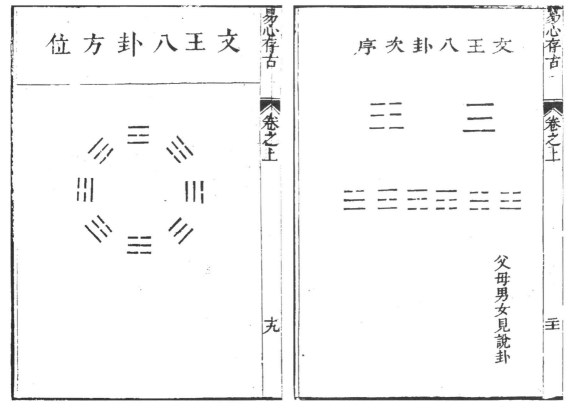

图8 文王八卦方位图
(张六图《易心存古》)

图9 文王八卦次序图
(张六图《易心存古》)

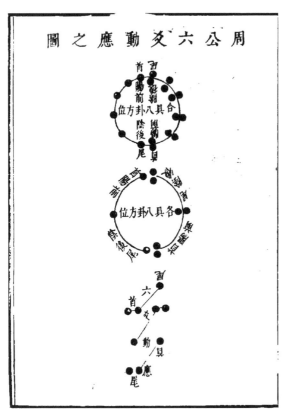

图 10　周公六爻动应之图
（张六图《易心存古》）

图 11　太极图
（张六图《易心存古》）

苏天木

生卒年不详,字戴一,清广东高要人,乾隆三十三年(1772)贡生,八十三岁卒。精研北宋五子之书,著有《潜虚述义》四卷、《家训》一卷等。现存有《周易》图像五幅。

图1 气图
(苏天木《潜虚述义》)

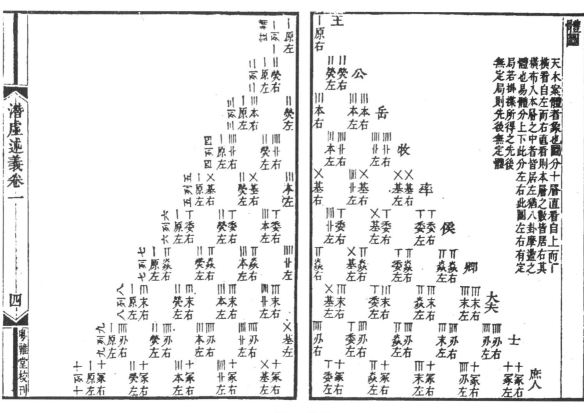

图 2 体图
（苏天木《潜虚述义》）

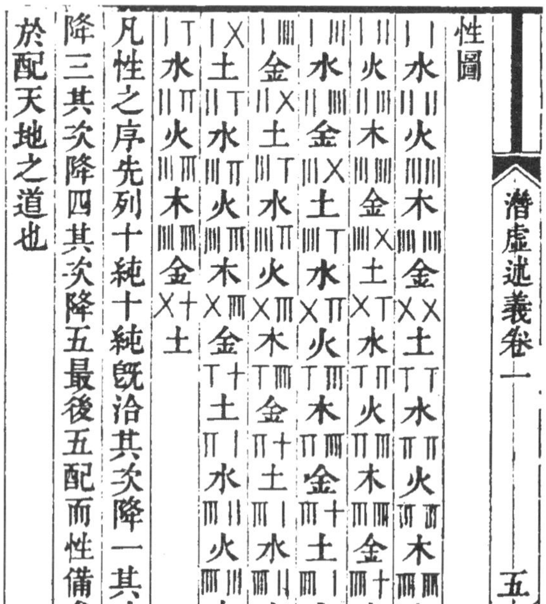

图 3 性图
（苏天木《潜虚述义》）

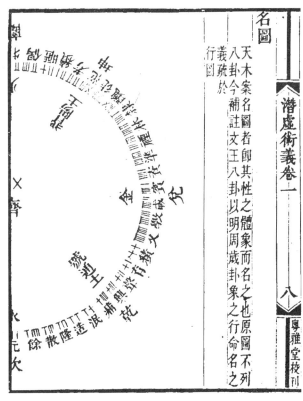
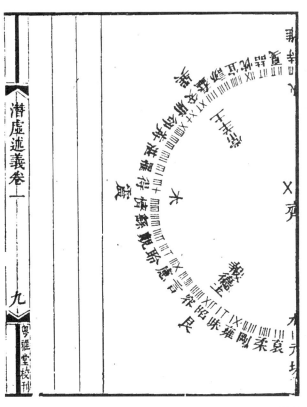

图4 名图
（苏天木《潜虚述义》）

命图		哀	柔	刚	雍	昧	昭	容	言	慮	聆	覿	繇
		六	五	四	三	六	二	五	四	三	二	六	五
	吉	四	四	六	四	四	六	四	六	四	六	四	四
	藏	二	三	二	五	二	五	三	二	五	五	二	三
	平	六	六	六	六	五	三	六	五	五	六	五	六
	否	五	三	四	三	六	六	五	三	三	二	二	五
	凶	三	二	三	二	三	四	二	二	六	三	二	二

图5-1 命图
（苏天木《潜虚述义》）

懠	四	六	五	二	三
得	三	二	五	六	四
羅	二	四	五	六	三
湛	六	四	二	五	三
弃	五	四	三	六	二
卻	四	六	五	二	三
庸	三	二	五	六	四
妥	二	四	五	六	三
蠢	六	四	二	五	三
訒	五	四	三	六	二
宜	四	六	五	二	三

潛虛述義卷四　二　粵雅堂校刊

忱	三	二	五	六	四
喆	二	四	五	六	三
戛	六	四	二	五	三
特	五	四	三	六	二
偶	四	六	五	二	三
暱	三	二	五	六	四
績	二	四	五	六	三
考	六	四	二	五	三
范	五	四	三	六	二
徒	四	六	五	二	三
醜	三	二	五	六	四

图 5-2　命图

（苏天木《潜虚述义》）

隸	二	四	五	六	三
林	六	四	二	五	三
禋	五	四	三	六	二
準	四	六	五	二	三
資	三	二	五	六	四
賓	二	四	五	六	三
蕃	六	四	二	五	三
斆	五	四	三	六	二
乂	四	六	五	二	三
績	三	二	五	六	四
育	二	四	五	六	三

潛虛述義卷四　三　粵雅堂校刊

聲	六	四	二	五	三
興	五	四	三	六	二
痛	四	六	五	二	三
泯	三	二	五	六	四
造	二	四	五	六	三
降	六	四	二	五	三
散	五	四	三	六	二

图 5-3　命图

（苏天木《潜虚述义》）

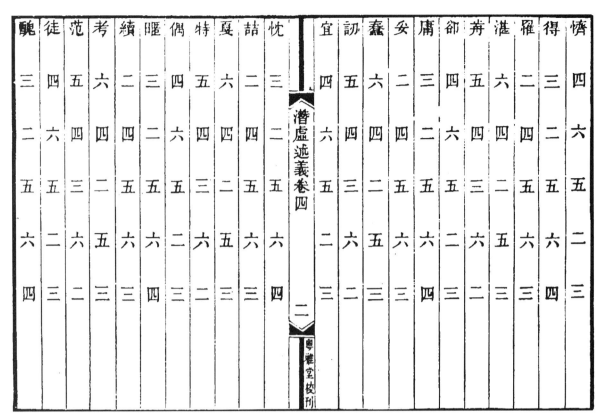

朱亦栋

生卒年不详,原名芹,字献公,号碧山,清浙江上虞人。乾隆三十三年(1768)举人,后屡试不中,官平阳训导,半年乞病归。潜心经史,师从钱大昕治学,著书终老。著有《十三经札记》二十二卷、《群书札记》十六卷、《松云楼稿》等。现存有《周易》图像三幅。

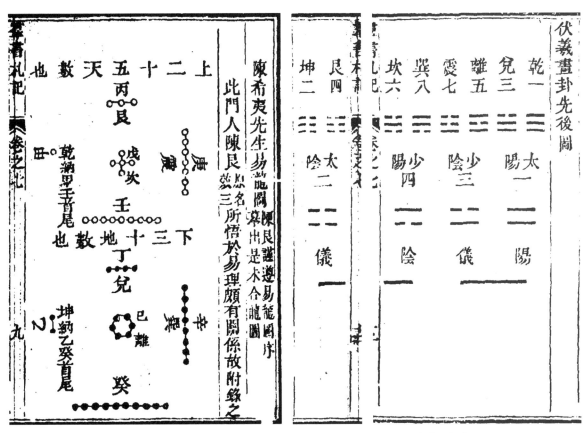

图1　上二十五天数图
图2　下三十地数图
（朱亦栋《群书札记》）

图3　伏羲画卦先后图
（朱亦栋《群书札记》）

朱用行

生卒年不详,字翼承,清江西新建(今江西南昌)人。著有《大易合参讲义》十卷。现存有《周易》图像八幅。

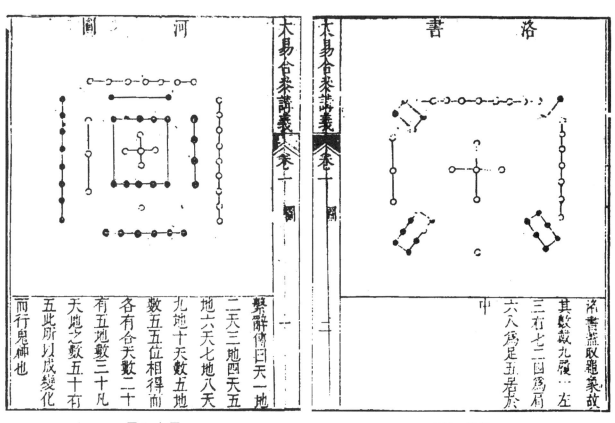

图1 河图
(朱用行《大易合参讲义》)

图2 洛书
(朱用行《大易合参讲义》)

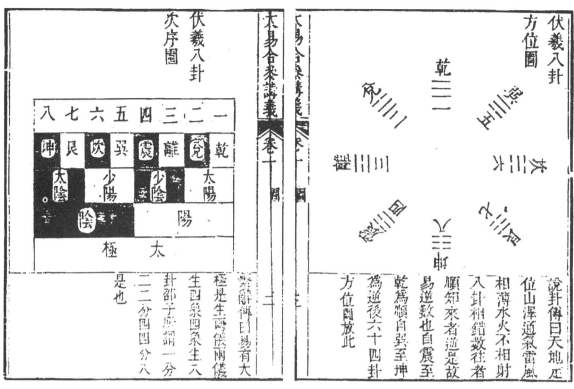

图3 伏羲八卦次序图
（朱用行《大易合参讲义》）

图4 伏羲八卦方位图
（朱用行《大易合参讲义》）

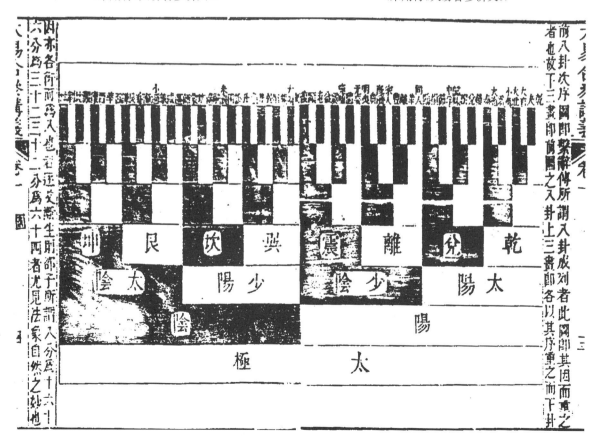

图5 六十四卦横图
（朱用行《大易合参讲义》）

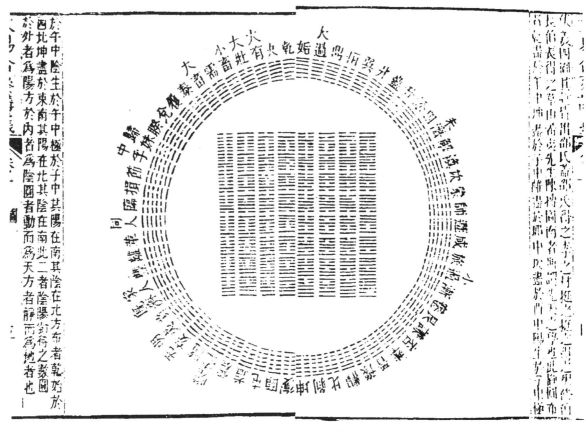

图6　六十四卦方圆图
（朱用行《大易合参讲义》）

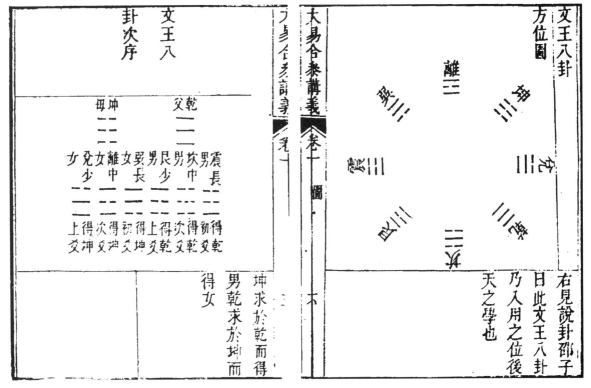

图7　文王八卦次序图
（朱用行《大易合参讲义》）

图8　文王八卦方位图
（朱用行《大易合参讲义》）

贡渭滨

生卒年不详,字羡溪,清江苏丹阳人。邑庠生。6 著有《易见》九卷首一卷、《易见启蒙》二卷、《易见本义发蒙》四卷等。现存有《周易》图像十五幅。

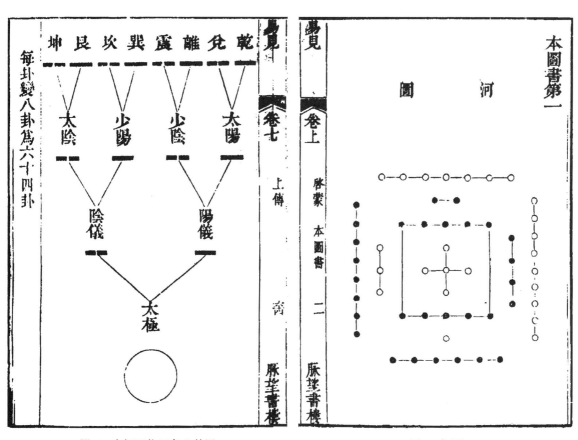

图1　太极两仪四象八卦图
（贡渭滨《易见》）

图2　河图
（贡渭滨《易见启蒙》）

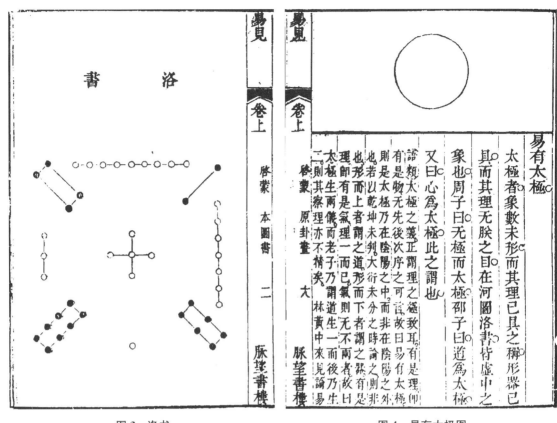

图 3　洛书
（贡渭滨《易见启蒙》）

图 4　易有太极图
（贡渭滨《易见启蒙》）

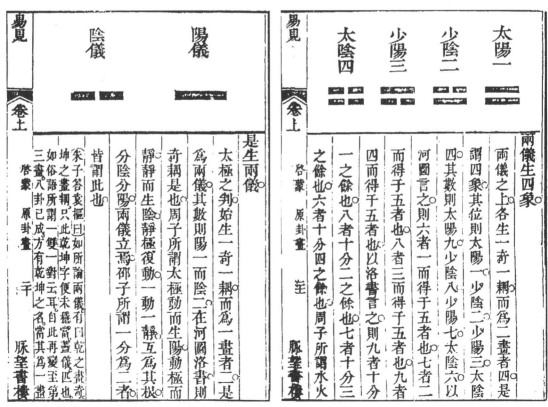

图 5　是生两仪图
（贡渭滨《易见启蒙》）

图 6　两仪生四象图
（贡渭滨《易见启蒙》）

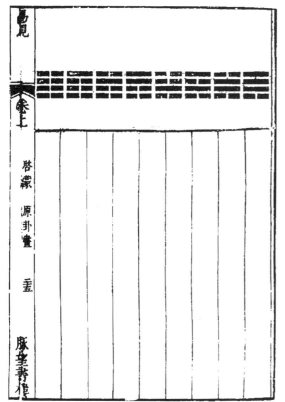

图7 四象生八卦图
（贡渭滨《易见启蒙》）

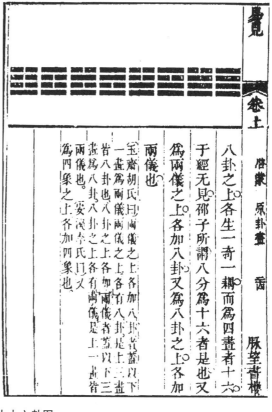

图8 八卦生十六卦图
（贡渭滨《易见启蒙》）

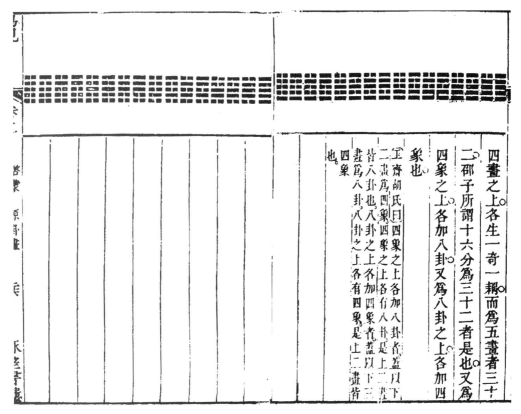

图9 十六卦生三十二卦图
（贡渭滨《易见启蒙》）

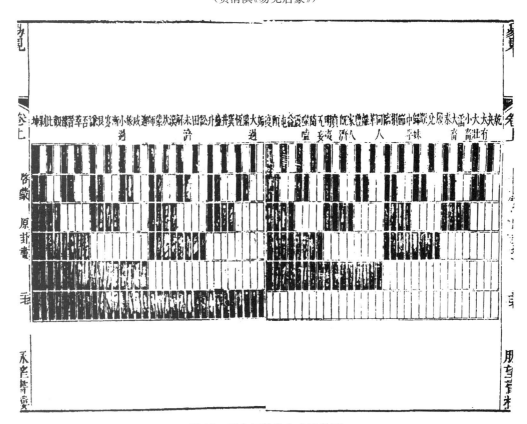

图10 三十二卦生六十四卦图
（贡渭滨《易见启蒙》）

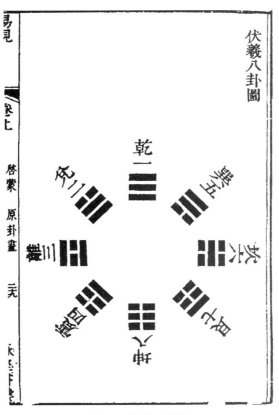

图 11 伏羲八卦图
（贡渭滨《易见启蒙》）

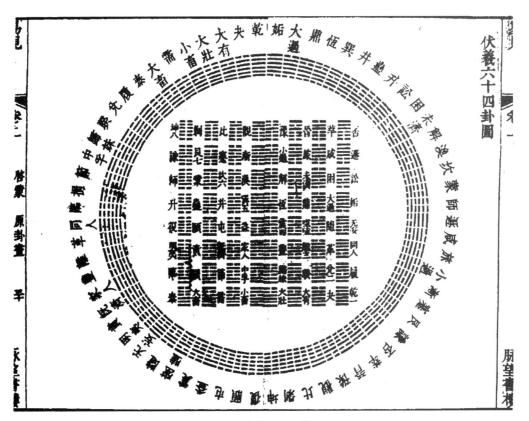

图 12 伏羲六十四卦图
（贡渭滨《易见启蒙》）

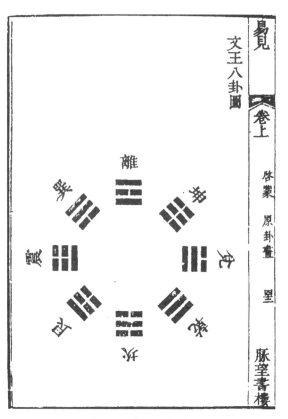

图 13 文王八卦图
（贡渭滨《易见启蒙》）

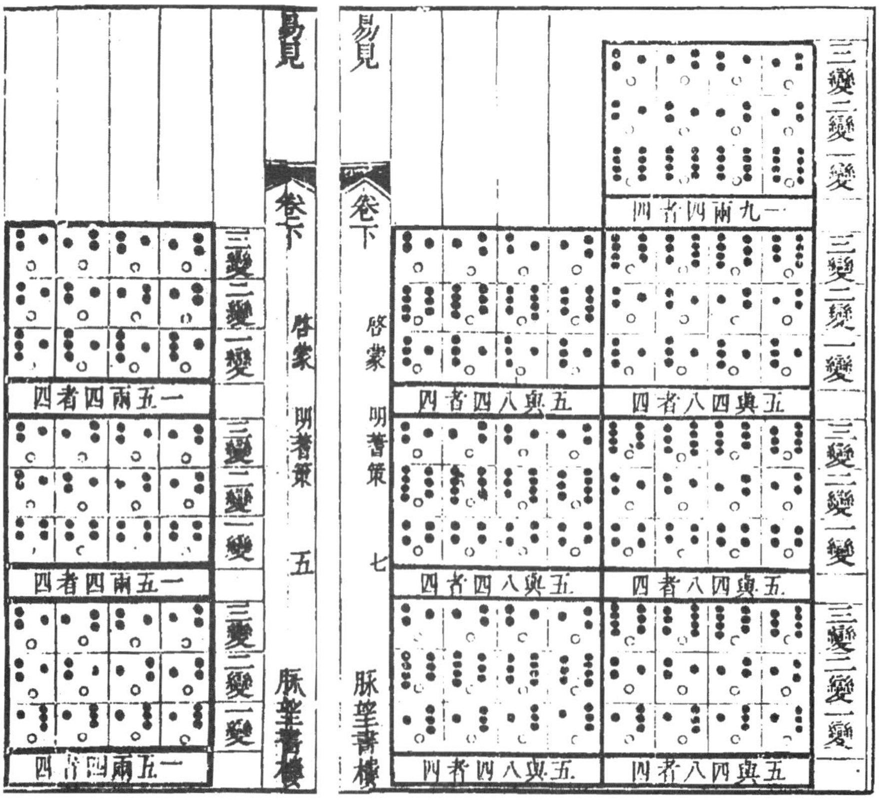

图 14-1 卦扐图
（贡渭滨《易见启蒙》）

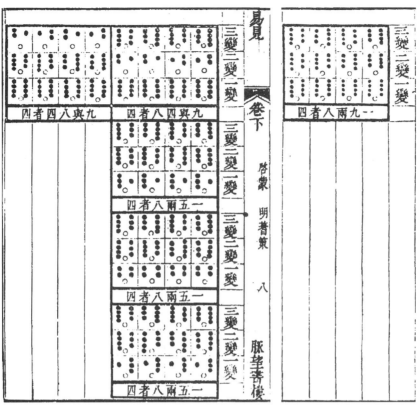

图 14-2 卦扐图
（贡渭滨《易见启蒙》）

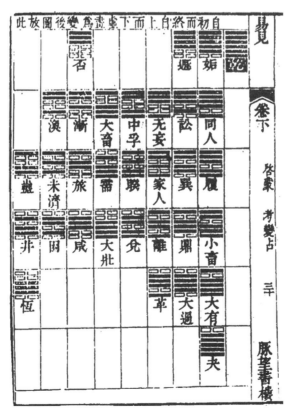

图 15-1 虚画为变三十二卦图
（贡渭滨《易见启蒙》）

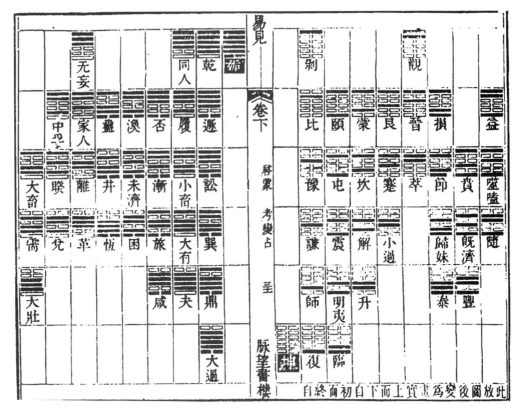

图 15-2　虚画为变三十二卦图
（贡渭滨《易见启蒙》）

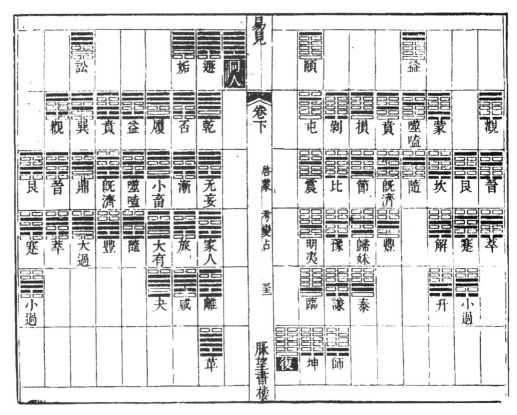

图 15-3　虚画为变三十二卦图
（贡渭滨《易见启蒙》）

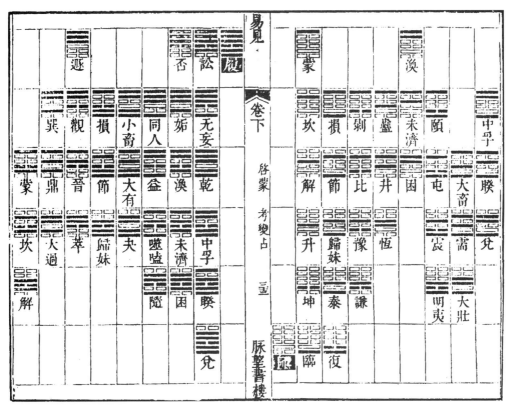

图 15-4 虚画为变三十二卦图
（贡渭滨《易见启蒙》）

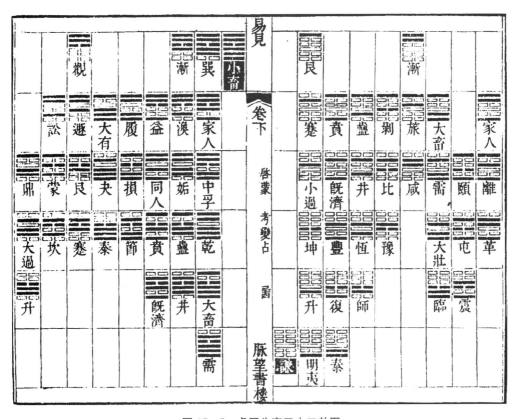

图 15-5 虚画为变三十二卦图
（贡渭滨《易见启蒙》）

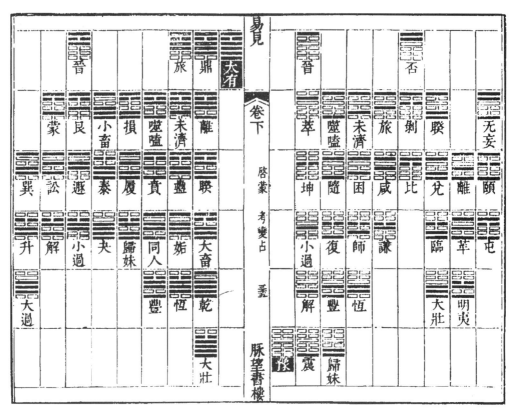

图15-6 虚画为变三十二卦图
(贡渭滨《易见启蒙》)

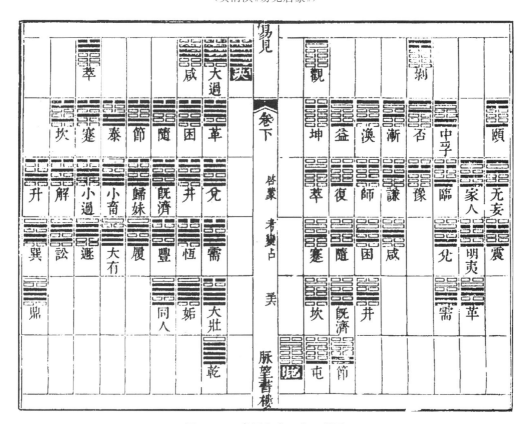

图15-7 虚画为变三十二卦图
(贡渭滨《易见启蒙》)

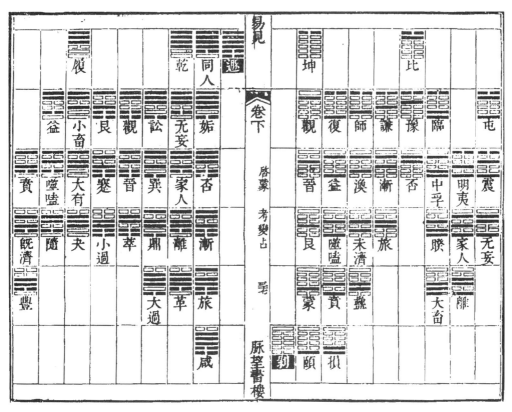

图 15-8 虚画为变三十二卦图
（贡渭滨《易见启蒙》）

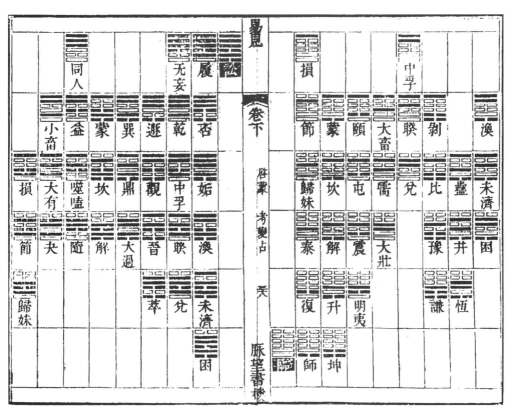

图 15-9 虚画为变三十二卦图
（贡渭滨《易见启蒙》）

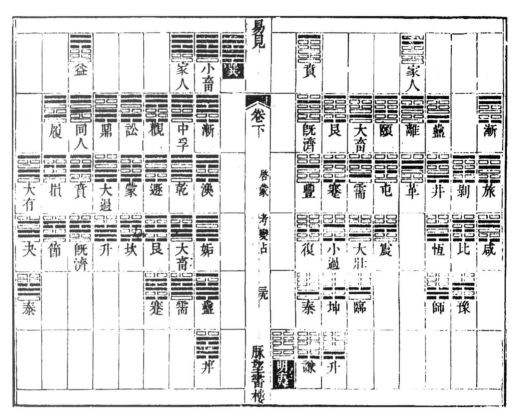

图15-10 虚画为变三十二卦图
（贡渭滨《易见启蒙》）

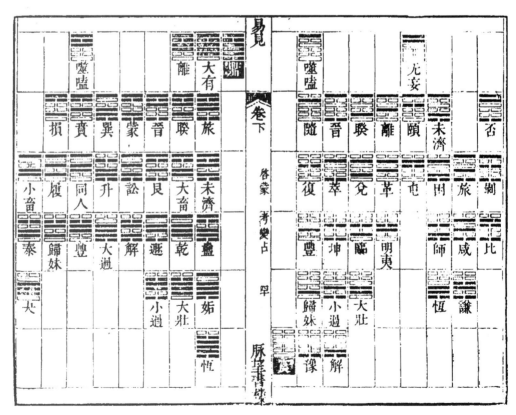

图15-11 虚画为变三十二卦图
（贡渭滨《易见启蒙》）

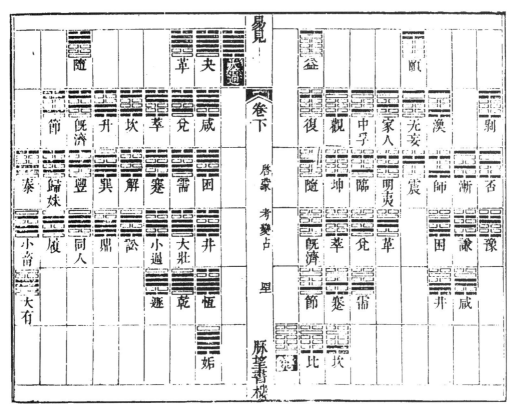

图 15-12 虚画为变三十二卦图
（贡渭滨《易见启蒙》）

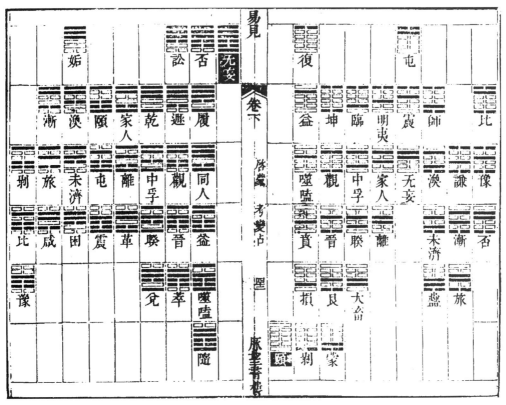

图 15-13 虚画为变三十二卦图
（贡渭滨《易见启蒙》）

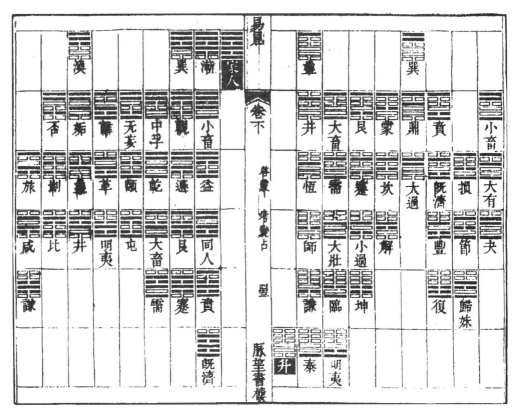

图15-14　虚画为变三十二卦图
（贡渭滨《易见启蒙》）

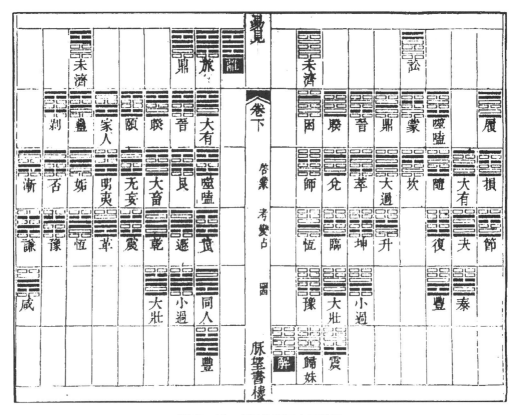

图15-15　虚画为变三十二卦图
（贡渭滨《易见启蒙》）

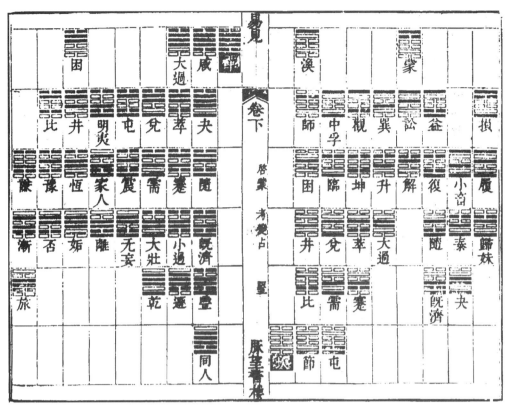

图 15-16 虚画为变三十二卦图
（贡渭滨《易见启蒙》）

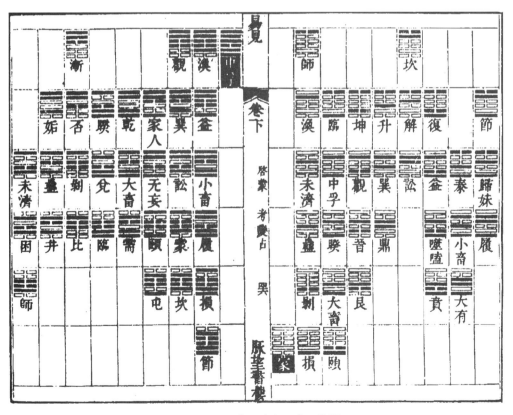

图 15-17 虚画为变三十二卦图
（贡渭滨《易见启蒙》）

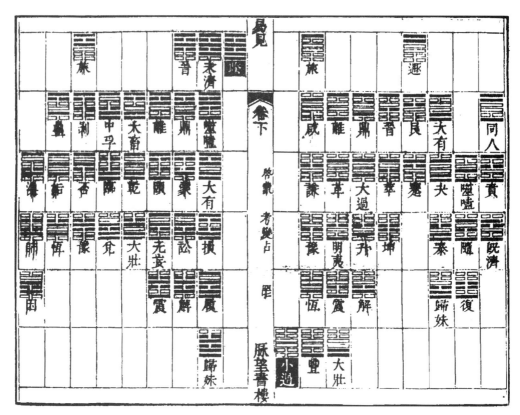

图 15-18　虚画为变三十二卦图
（贡渭滨《易见启蒙》）

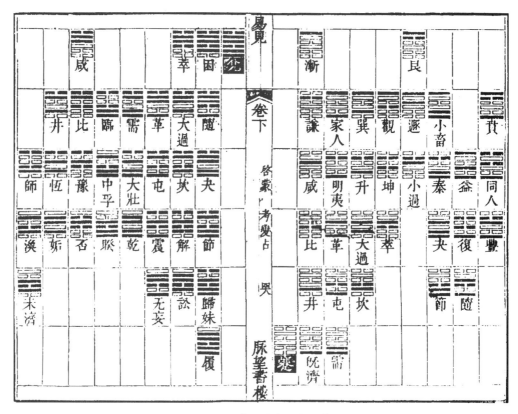

图 15-19　虚画为变三十二卦图
（贡渭滨《易见启蒙》）

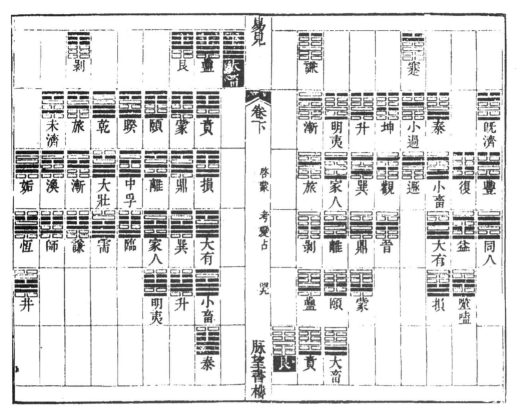

图 15-20 虚画为变三十二卦图
（贡渭滨《易见启蒙》）

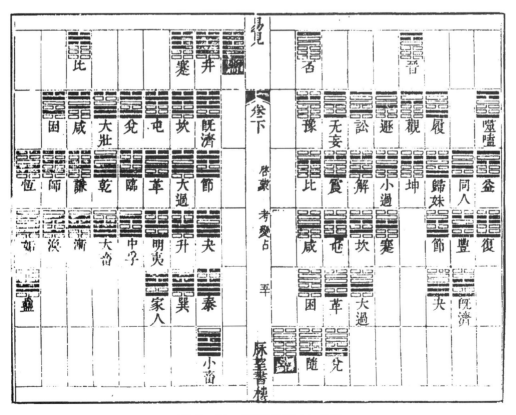

图 15-21 虚画为变三十二卦图
（贡渭滨《易见启蒙》）

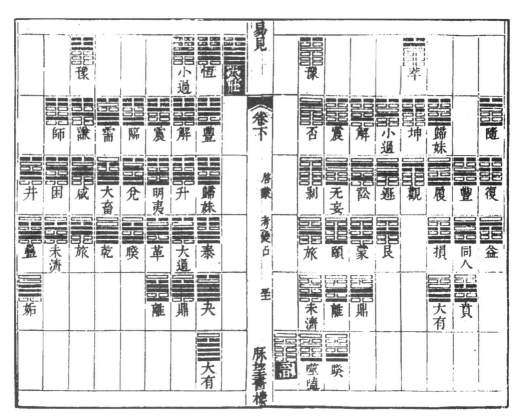

图 15-22 虚画为变三十二卦图
（贡渭滨《易见启蒙》）

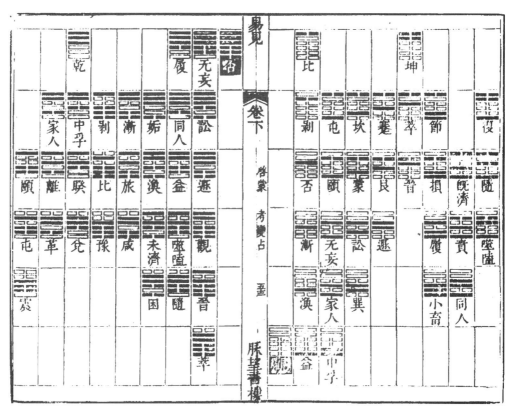

图 15-23 虚画为变三十二卦图
（贡渭滨《易见启蒙》）

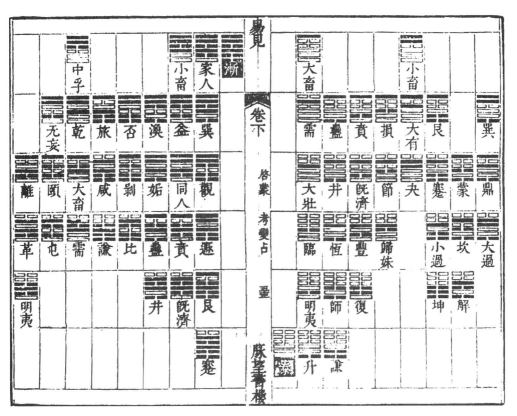

图 15-24　虚画为变三十二卦图
（贡渭滨《易见启蒙》）

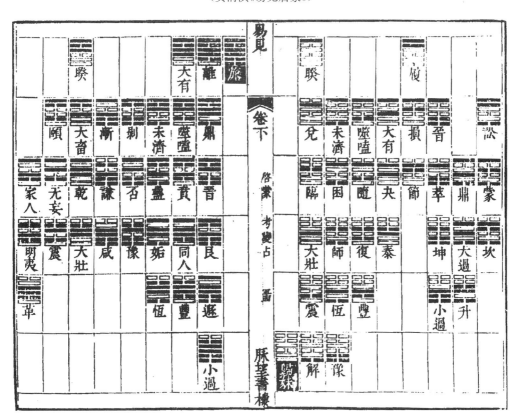

图 15-25　虚画为变三十二卦图
（贡渭滨《易见启蒙》）

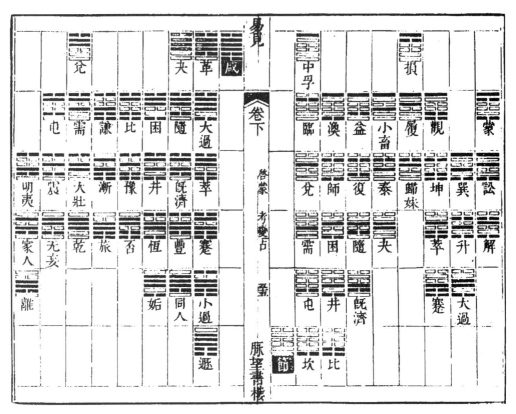

图 15-26 虚画为变三十二卦图
（贡渭滨《易见启蒙》）

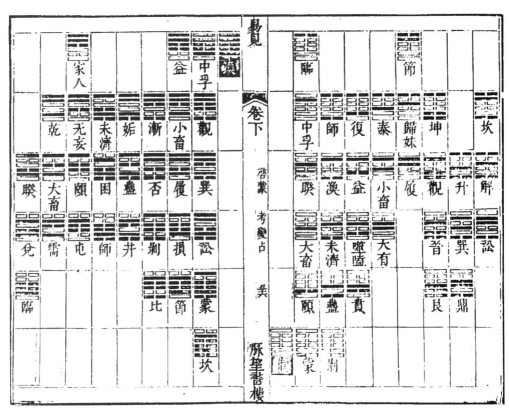

图 15-27 虚画为变三十二卦图
（贡渭滨《易见启蒙》）

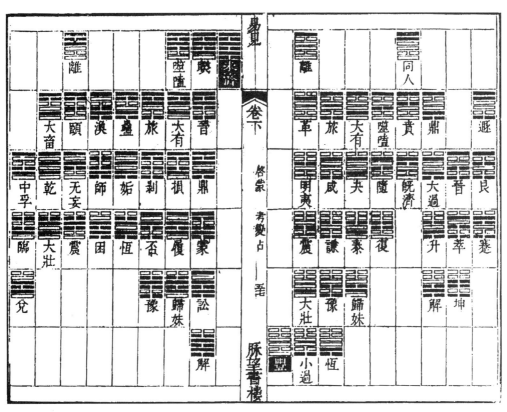

图 15-28 虚画为变三十二卦图
（贡渭滨《易见启蒙》）

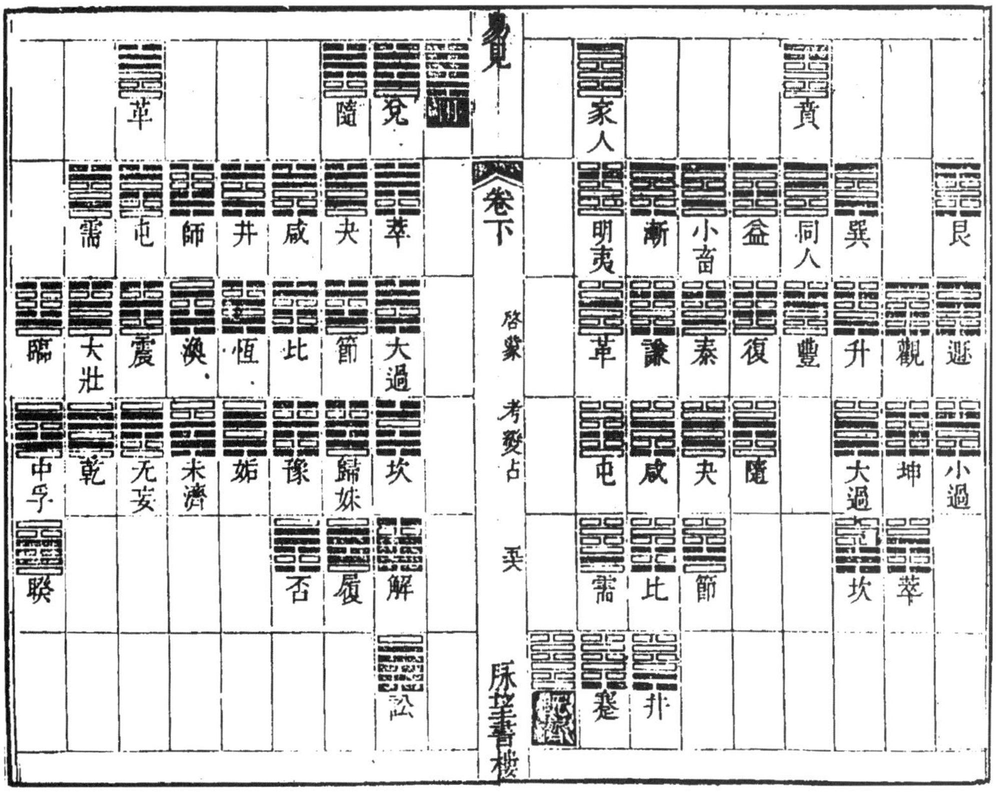

图 15-29 虚画为变三十二卦图
（贡渭滨《易见启蒙》）

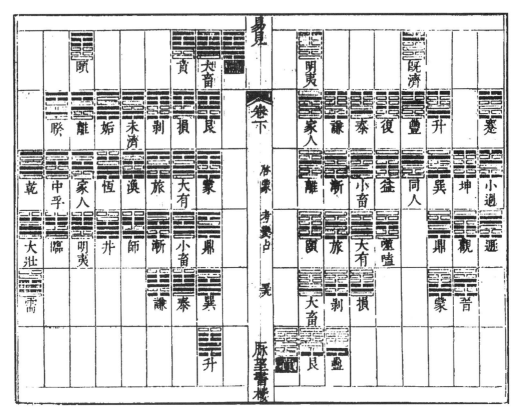

图 15-30 虚画为变三十二卦图
（贡渭滨《易见启蒙》）

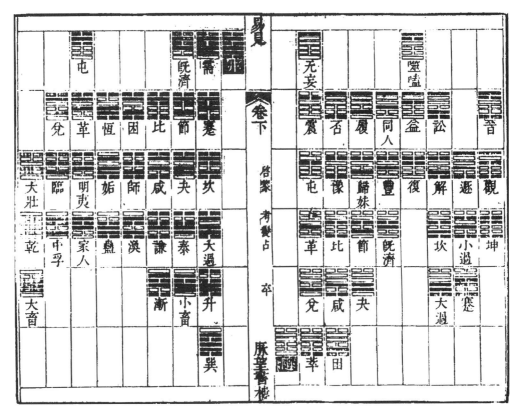

图 15-31 虚画为变三十二卦图
（贡渭滨《易见启蒙》）

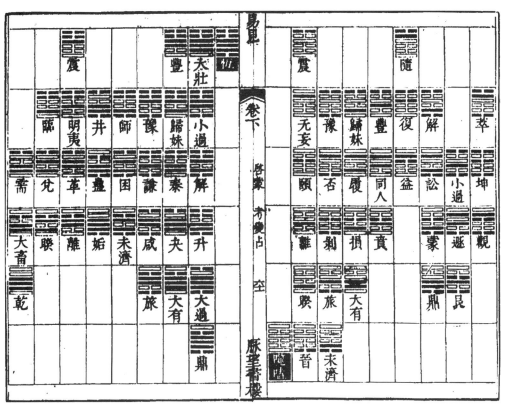

图 15-32　虚画为变三十二卦图
（贡渭滨《易见启蒙》）

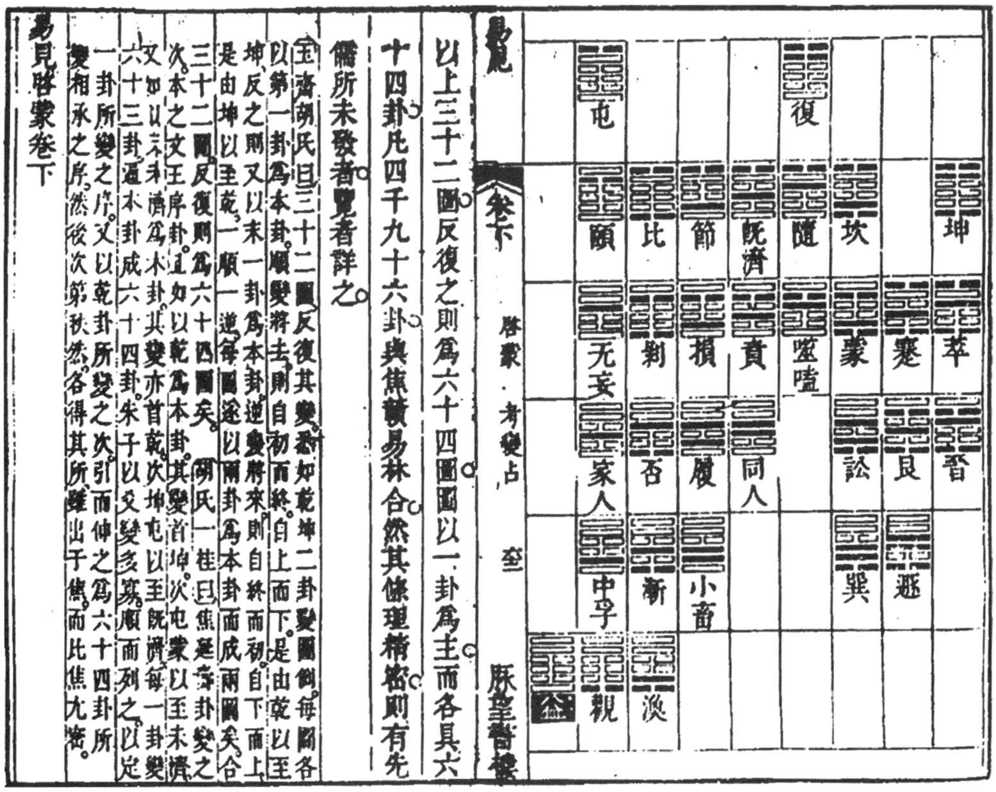

图 15-33　虚画为变三十二卦图
（贡渭滨《易见启蒙》）

连斗山

生卒年不详,字叔度,清安徽颍州(今安徽阜阳)人。官太平府训导。著有《周易辨画》四十卷、《周官精义》十二卷等。现存有《周易》图像十三幅。

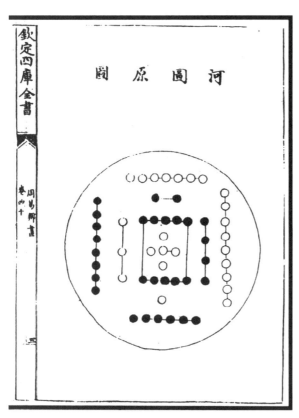

图1 河图原图
(连斗山《周易辨画》)

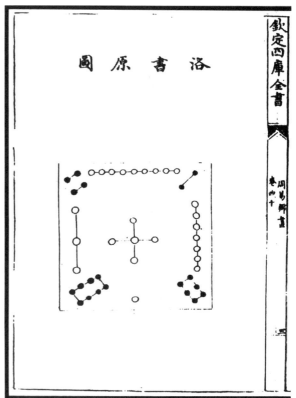

图2 洛书原图
(连斗山《周易辨画》)

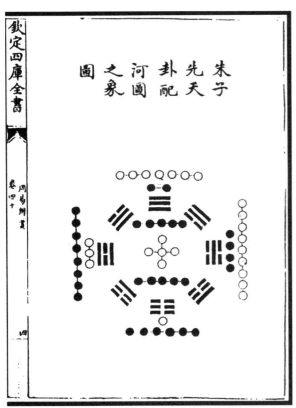

图 3　朱子先天卦配河图之象图
（连斗山《周易辨画》）

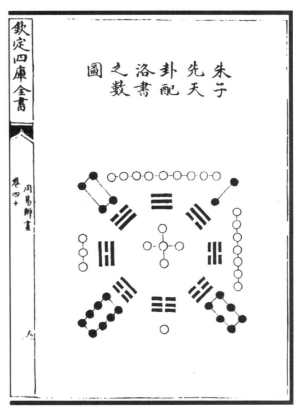

图 4　朱子先天卦配洛书之数图
（连斗山《周易辨画》）

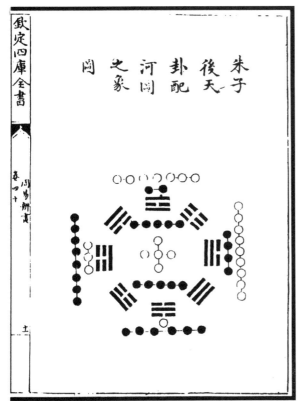

图 5　朱子后天卦配河图之象图
（连斗山《周易辨画》）

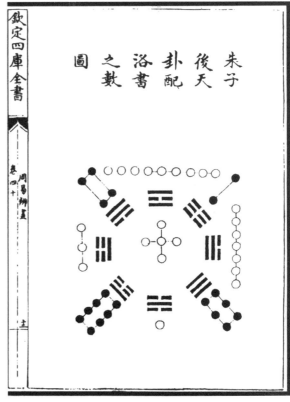

图 6　朱子后天卦配洛书之数图
（连斗山《周易辨画》）

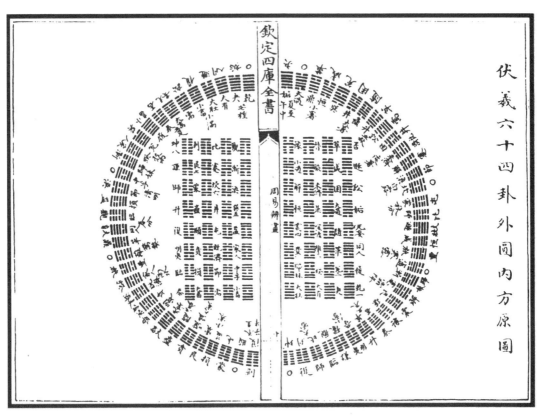

图 7　伏羲六十四卦外圆内方原图
（连斗山《周易辨画》）

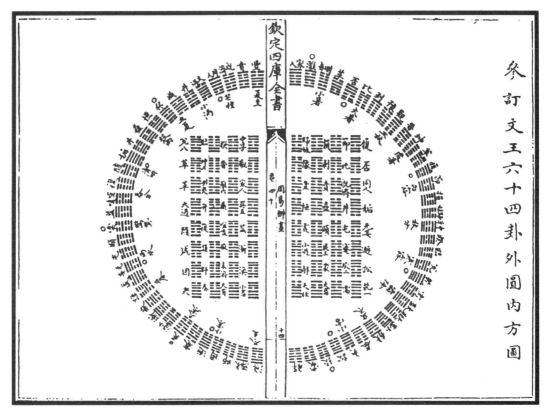

图 8　参订文王六十四卦外圆内方图
（连斗山《周易辨画》）

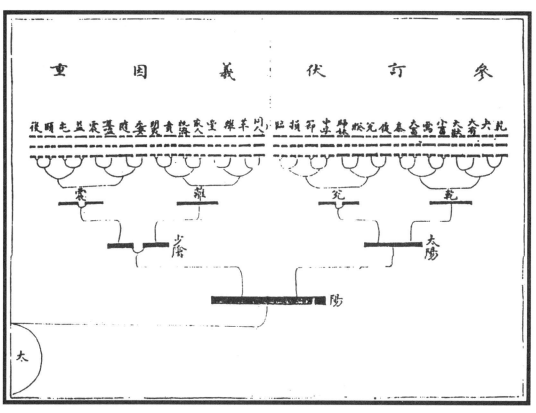

图 9-1 参订伏羲因重六十四卦之图
（连斗山《周易辨画》）

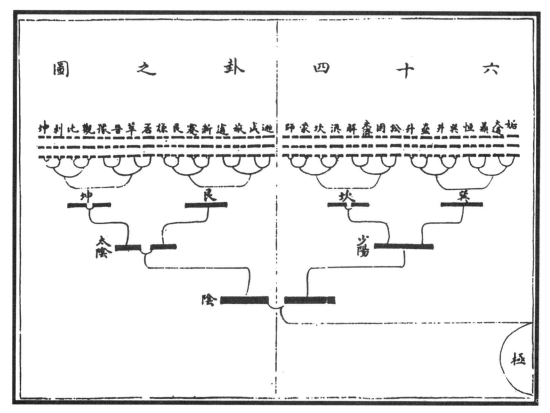

图 9-2 参订伏羲因重六十四卦之图
（连斗山《周易辨画》）

图 10 文王八卦原图
（连斗山《周易辨画》）

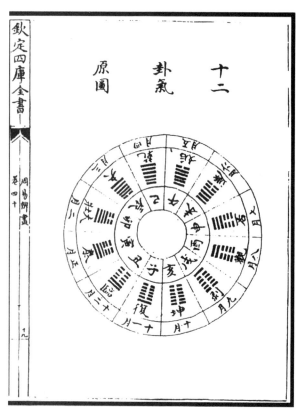

图 11 十二卦气原图
（连斗山《周易辨画》）

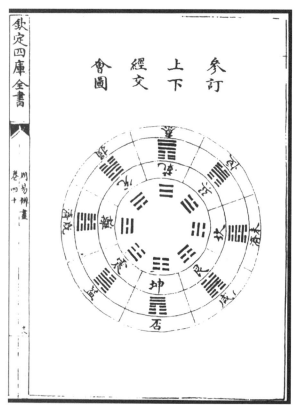

图 12 参订上下经交会图
（连斗山《周易辨画》）

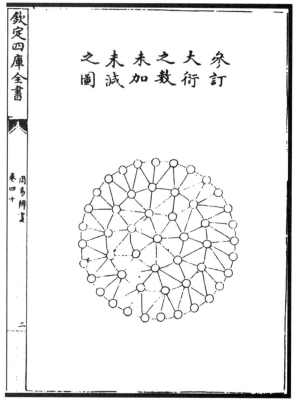

图 13 参订大衍之数未加未减之图
（连斗山《周易辨画》）

舒俊鲲

生卒年不详，字潜夫，湖南溆浦人。清代郡庠生。不乐仕进，殚心理学。著有《洪范图说》四卷。现存有《周易》图像八十二幅。

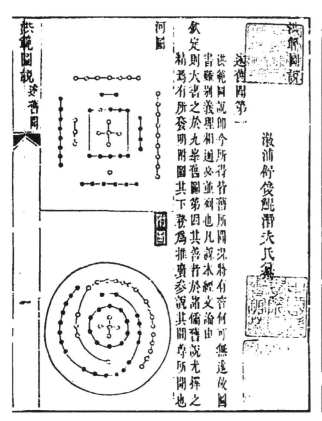

图1 河图、附图
（舒俊鲲《洪范图说》）

图2 洛书、附图
（舒俊鲲《洪范图说》）

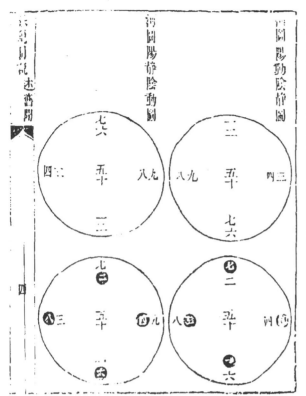
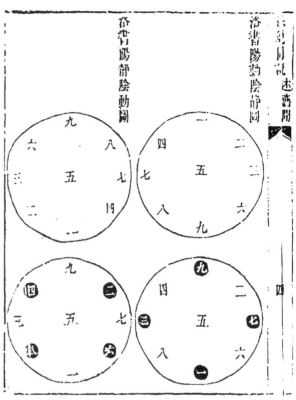

图3　河图阳动阴静图
图4　河图阳静阴动图
（舒俊鲲《洪范图说》）

图5　洛书阳动阴静图
图6　洛书阳静阴动图
（舒俊鲲《洪范图说》）

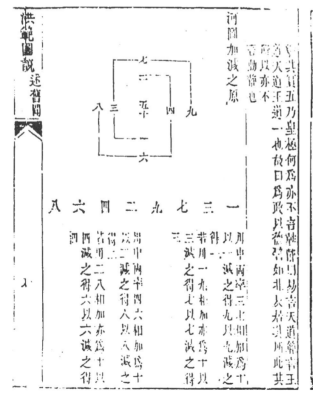
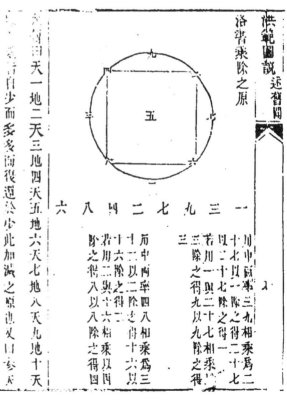

图7　河图加减之原图
（舒俊鲲《洪范图说》）

图8　洛书乘除之原图
（舒俊鲲《洪范图说》）

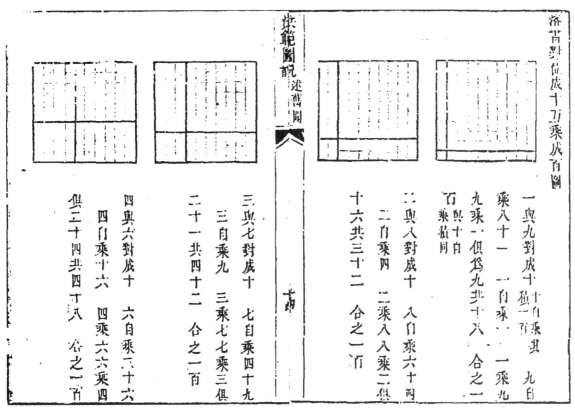

图 9-1 洛书对位成十互乘成百图
（舒俊鲲《洪范图说》）

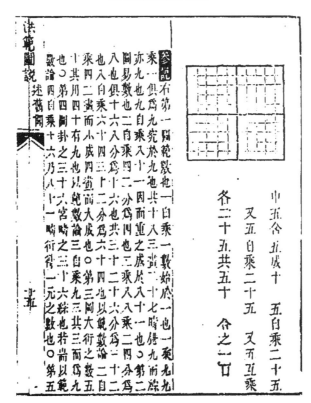

图 9-2 洛书对位成十互乘成百图
（舒俊鲲《洪范图说》）

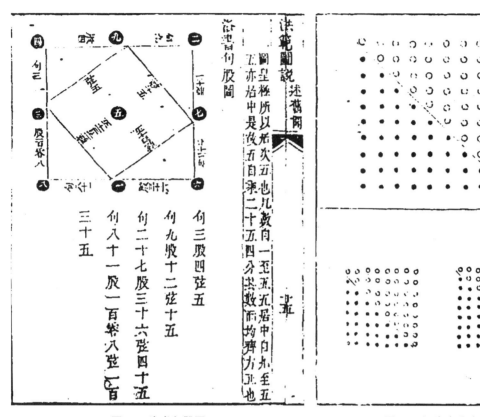

图10 洛书句股图
（舒俊鲲《洪范图说》）

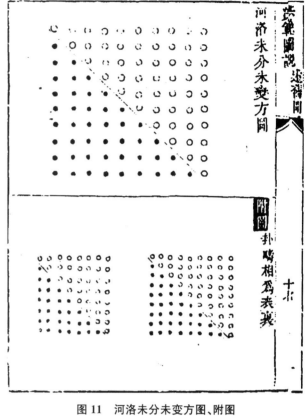

图11 河洛未分未变方图、附图
（舒俊鲲《洪范图说》）

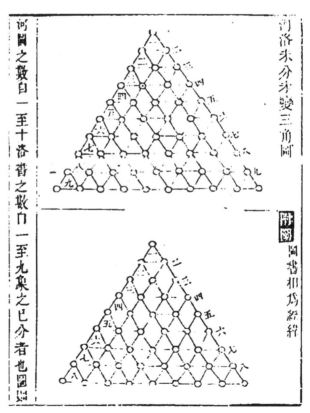

图12 河洛未分未变三角图、附图
（舒俊鲲《洪范图说》）

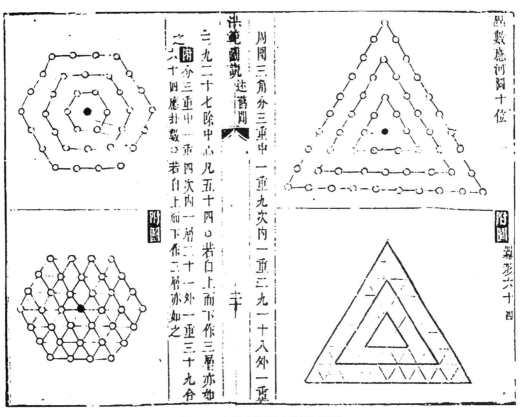

图 13　点数应河图十位图、附图
（舒俊鲲《洪范图说》）

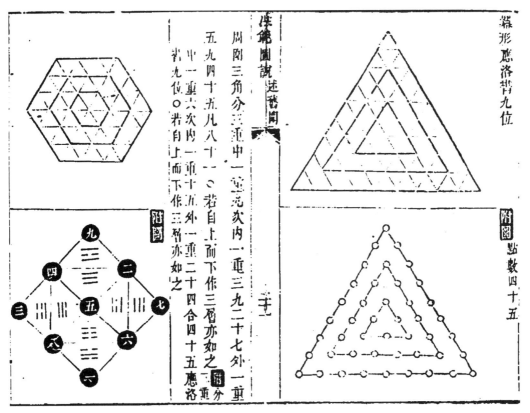

图 14　幂形应洛书九位图、附图
（舒俊鲲《洪范图说》）

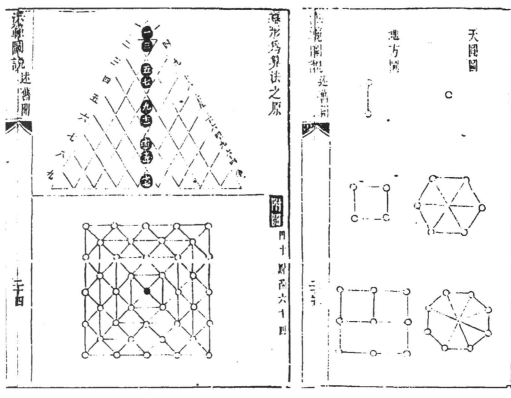

图 15 □形为算法之原图、附图
（舒俊鲲《洪范图说》）

图 16 天圆图
图 17 地方图
（舒俊鲲《洪范图说》）

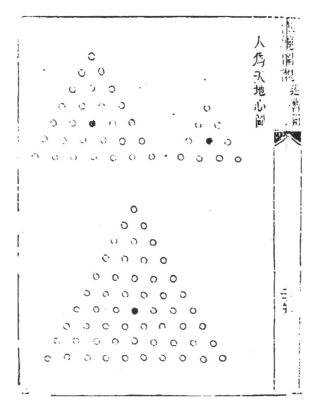

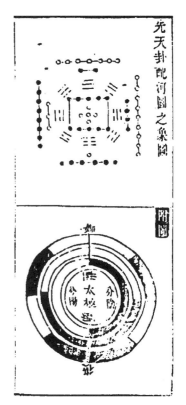

图 18 人为天地心图
（舒俊鲲《洪范图说》）

图 19 先天卦配河图之象图、附图
（舒俊鲲《洪范图说》）

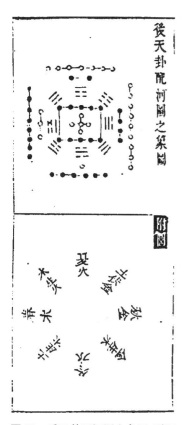

图20 后天卦配河图之象图、附图
（舒俊鲲《洪范图说》）

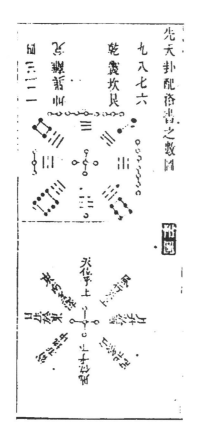

图21 先天卦配洛书之数图、附图
（舒俊鲲《洪范图说》）

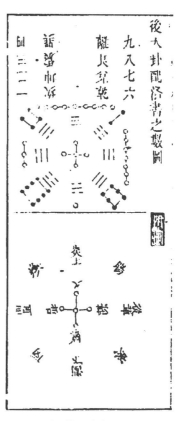

图22 后天卦配洛书之数图、附图
（舒俊鲲《洪范图说》）

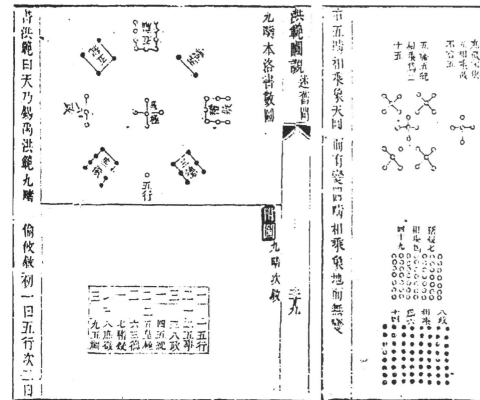

图23 九畴本洛书数图、附图
（舒俊鲲《洪范图说》）

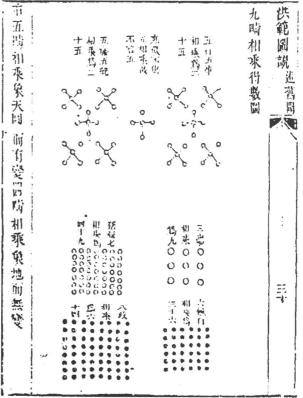

图24 九畴相乘得数图
（舒俊鲲《洪范图说》）

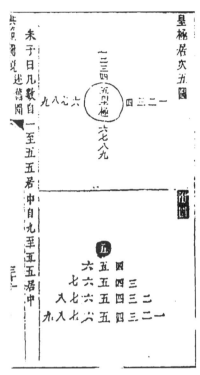

图 25　皇极居次五图
（舒俊鲲《洪范图说》）

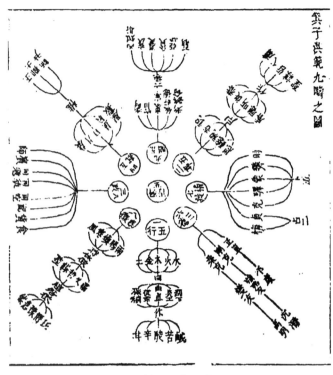

图 26　箕子洪范九畴之图
（舒俊鲲《洪范图说》）

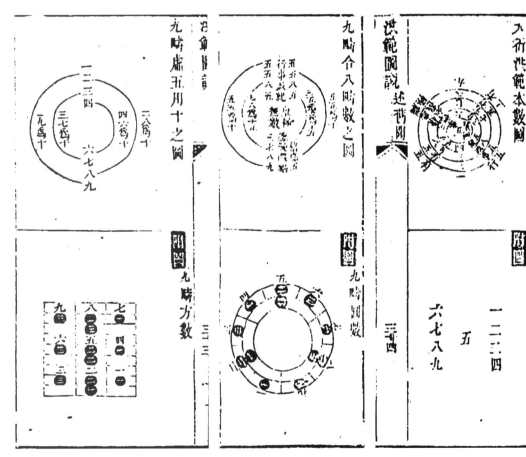

图 27　九畴虚五用十之图、附图
（舒俊鲲《洪范图说》）

图 28　九畴合八畴数之图、附图
（舒俊鲲《洪范图说》）

图 29　大衍洪范本数图
（舒俊鲲《洪范图说》）

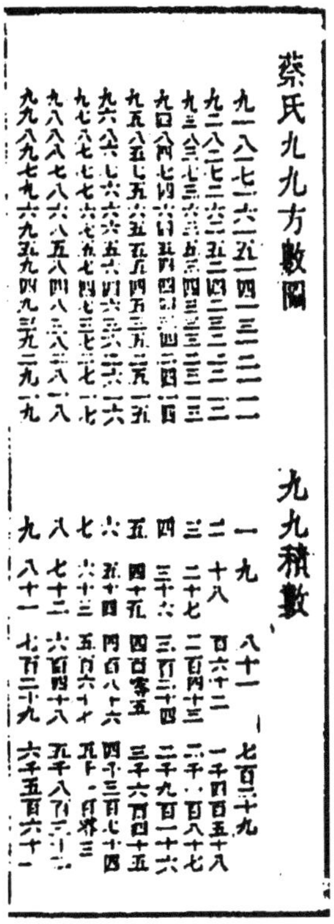

图30 蔡氏九九方数图
图31 九九积数图
（舒俊鲲《洪范图说》）

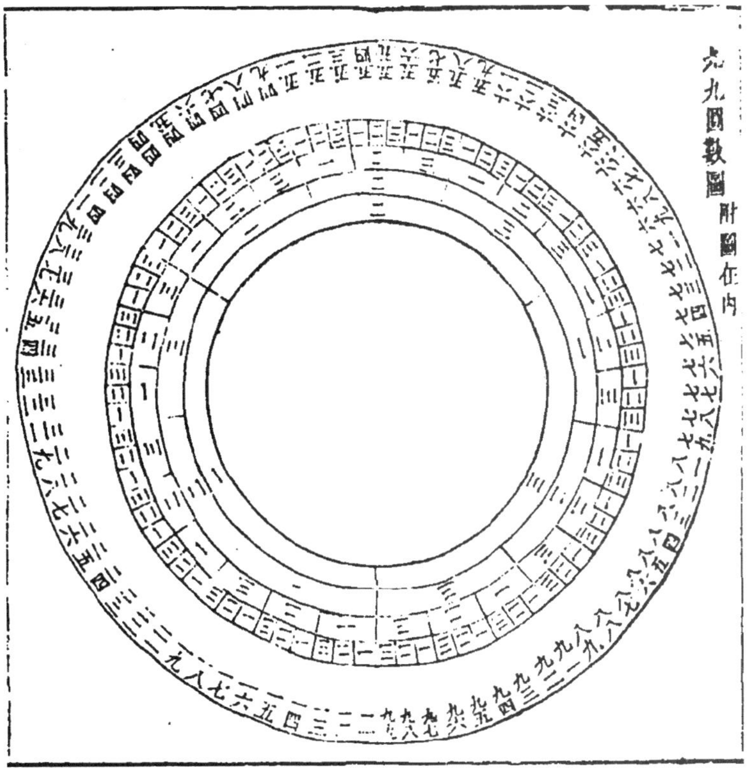

图32 九九圆数图
（舒俊鲲《洪范图说》）

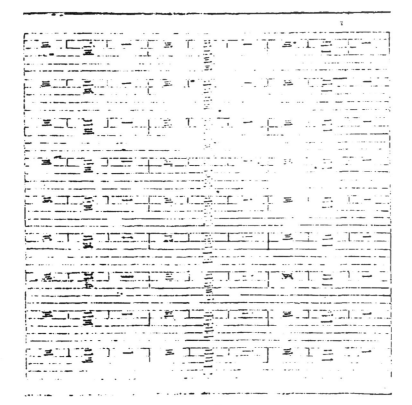

图33 范数图
（舒俊鲲《洪范图说》）

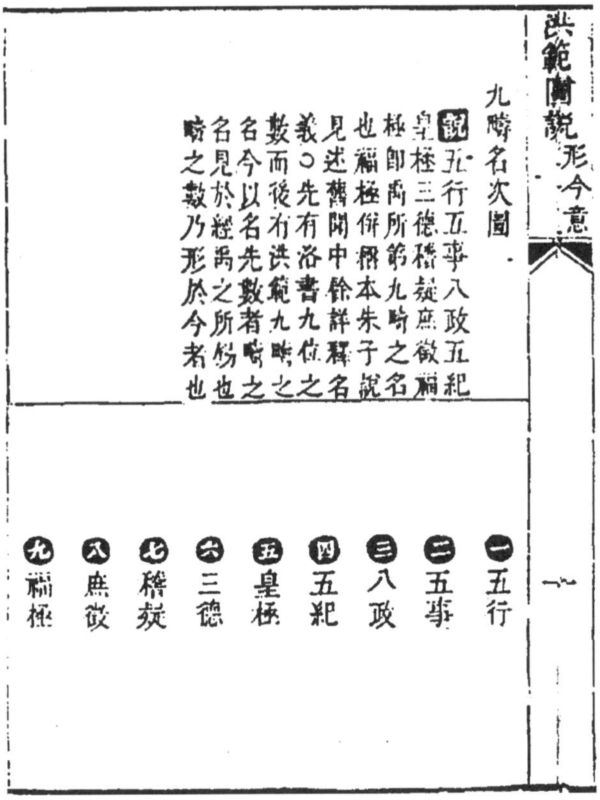

图 34　九畴名次图
（舒俊鲲《洪范图说》）

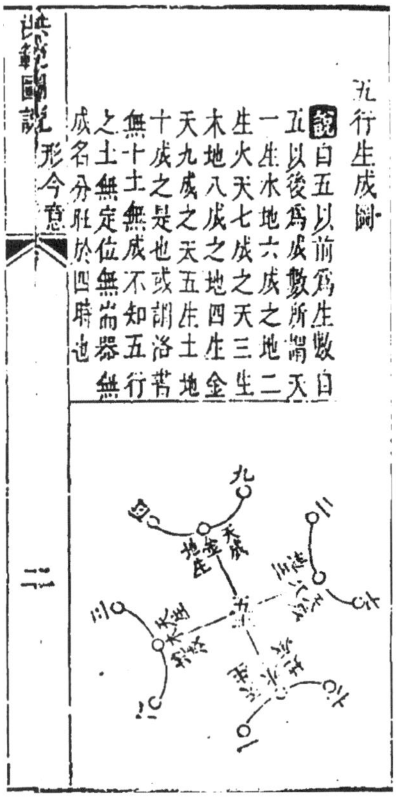

图 35　五行生成图
（舒俊鲲《洪范图说》）

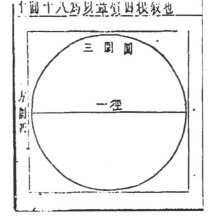

图 36-1　参两倚数图
（舒俊鲲《洪范图说》）

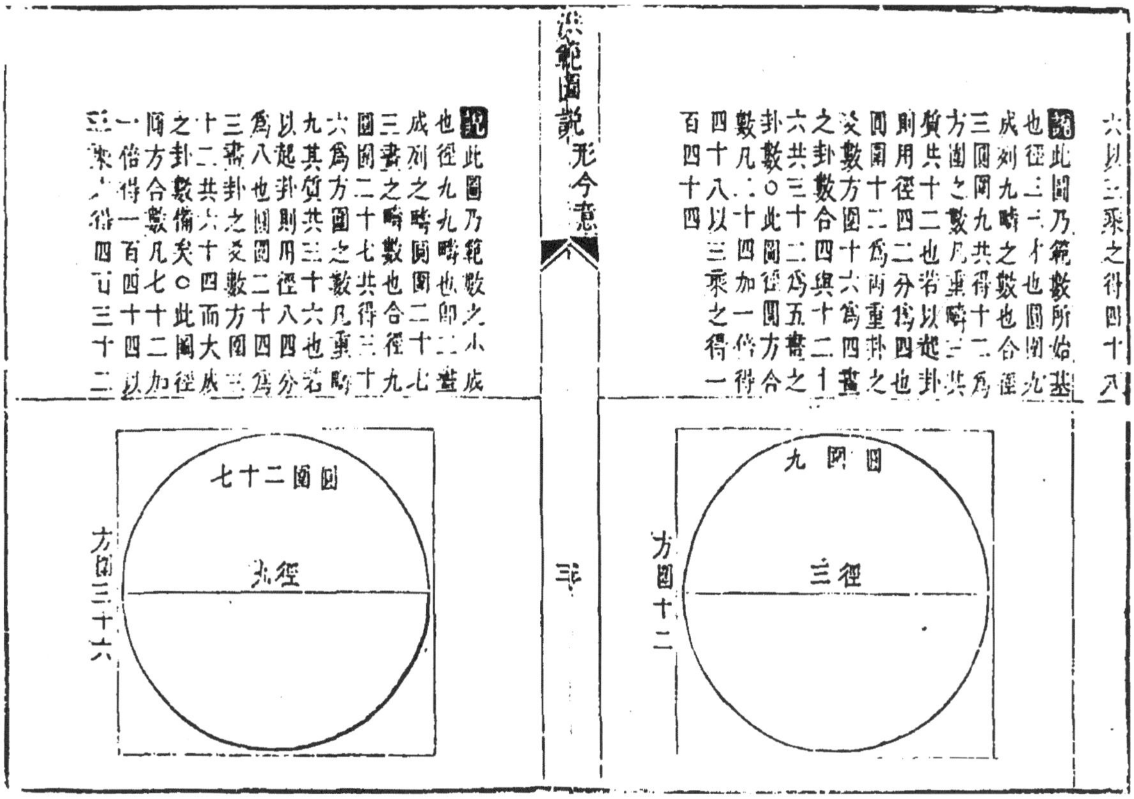

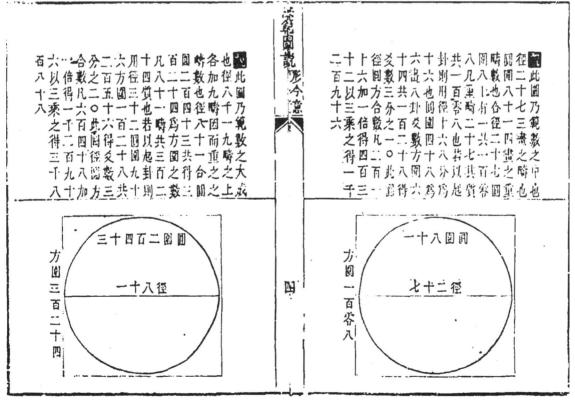

图 36-2 参两倚数图
（舒俊鲲《洪范图说》）

图 36-3 参两倚数图
（舒俊鲲《洪范图说》）

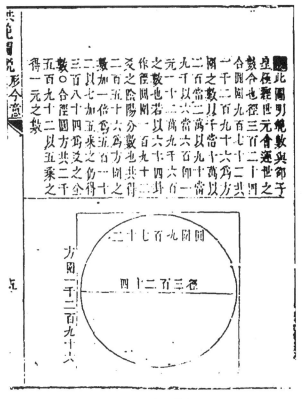

图 36-4 参两倚数图
（舒俊鲲《洪范图说》）

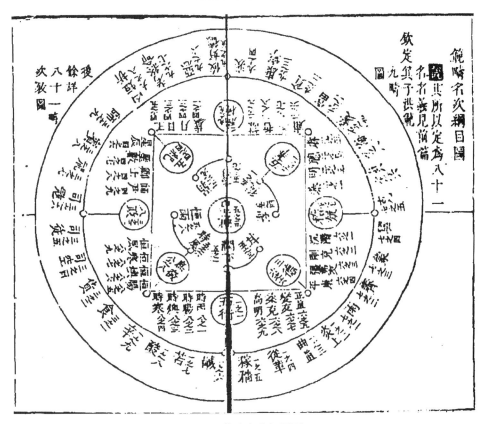

图 37 范畴名次纲目图
（舒俊鲲《洪范图说》）

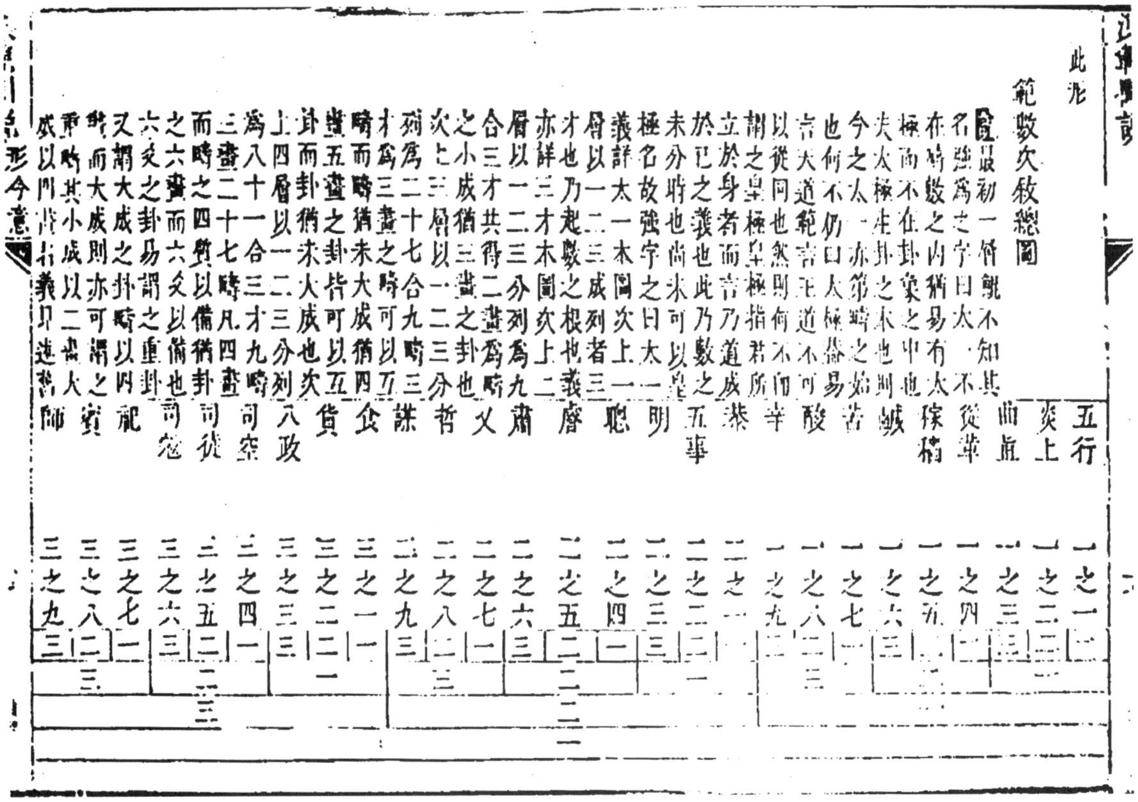

图 38－1　范数次叙总图

（舒俊鲲《洪范图说》）

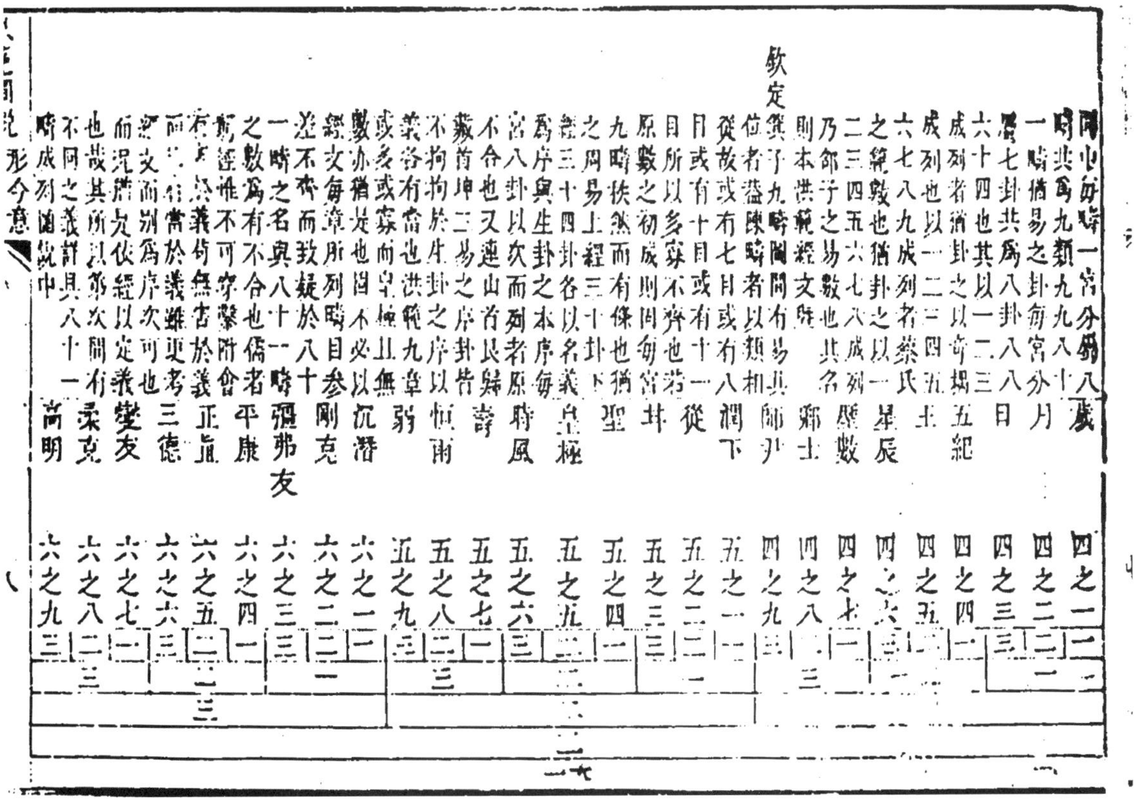

图 38－2　范数次叙总图

（舒俊鲲《洪范图说》）

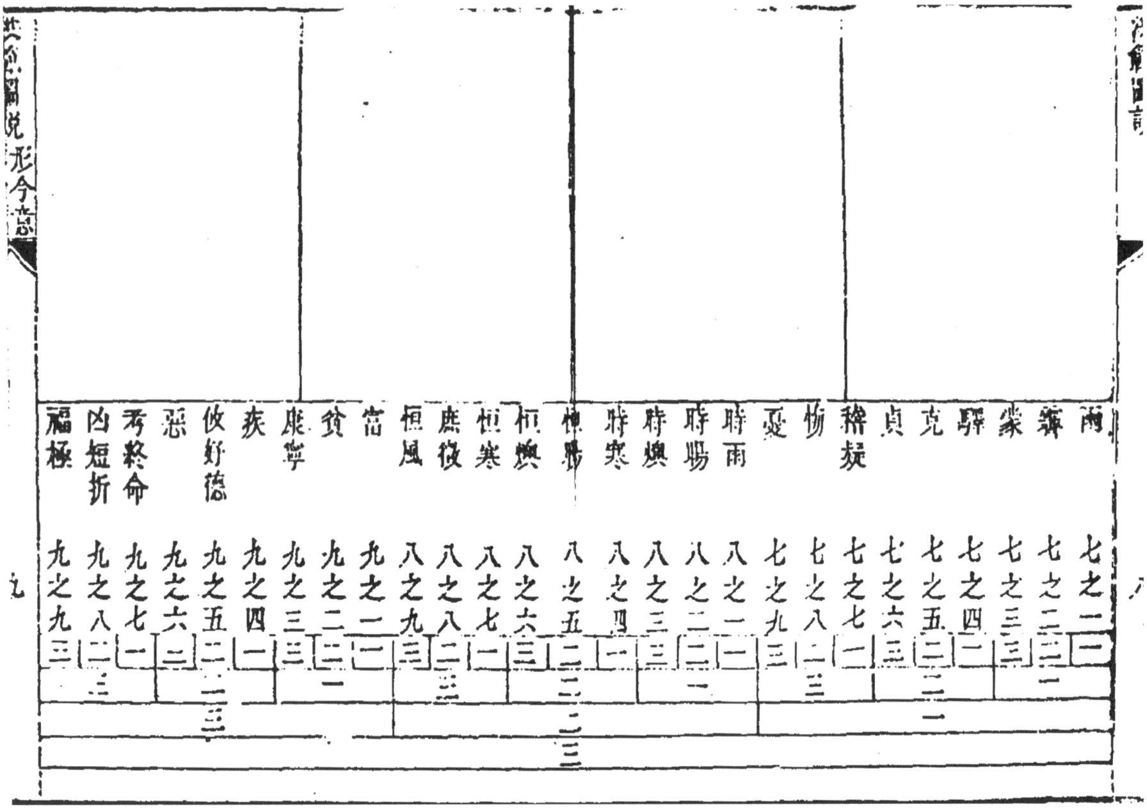

图 38-3 范数次叙总图
（舒俊鲲《洪范图说》）

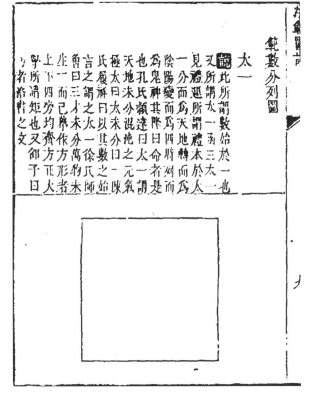

图 39-1 范数分列图
（舒俊鲲《洪范图说》）

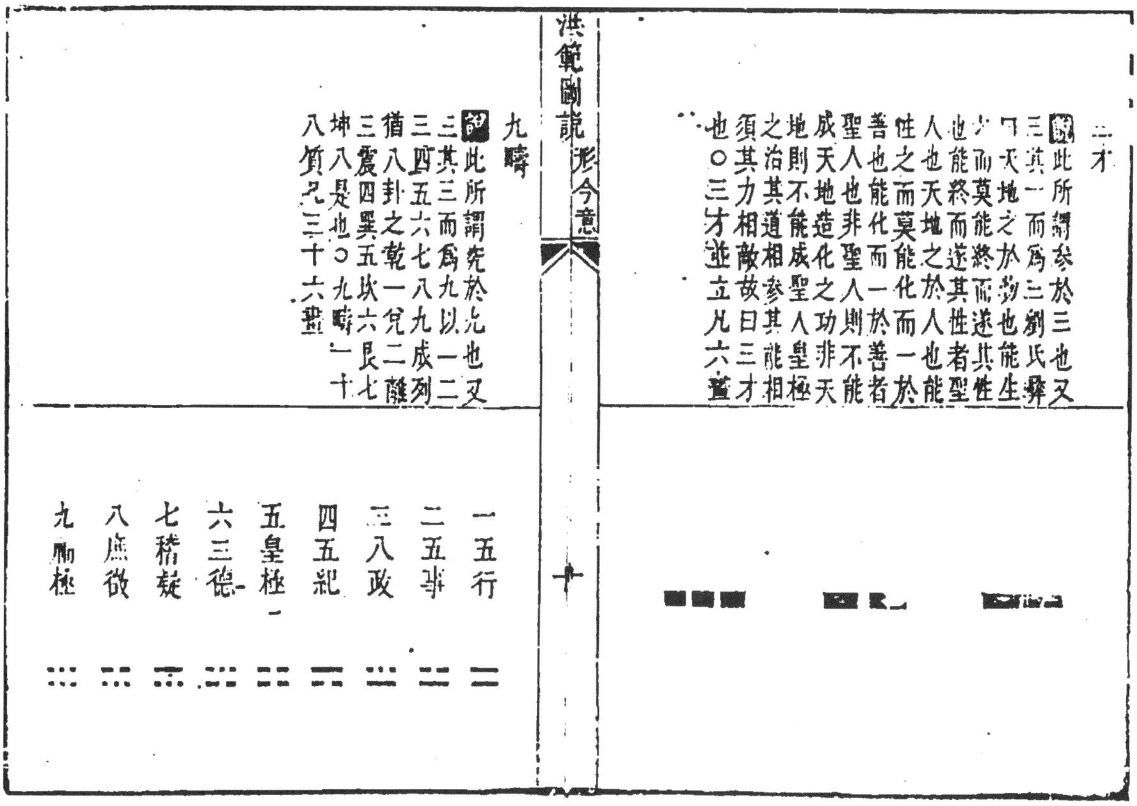

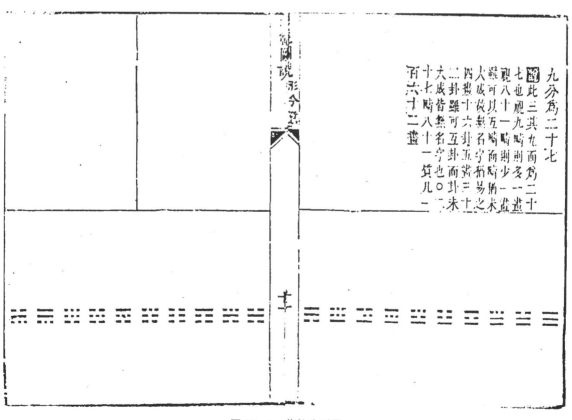

图 39-2 范数分列图
（舒俊鲲《洪范图说》）

图 39-3 范数分列图
（舒俊鲲《洪范图说》）

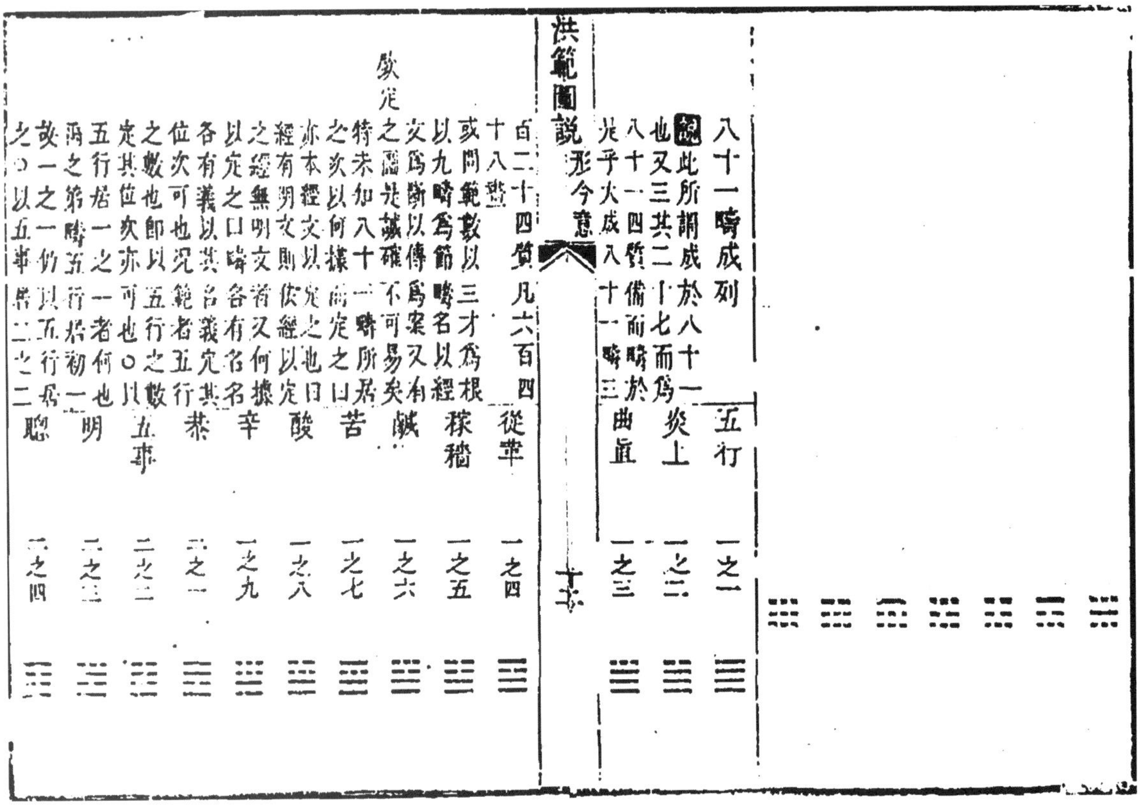

图 39－4　范数分列图

（舒俊鲲《洪范图说》）

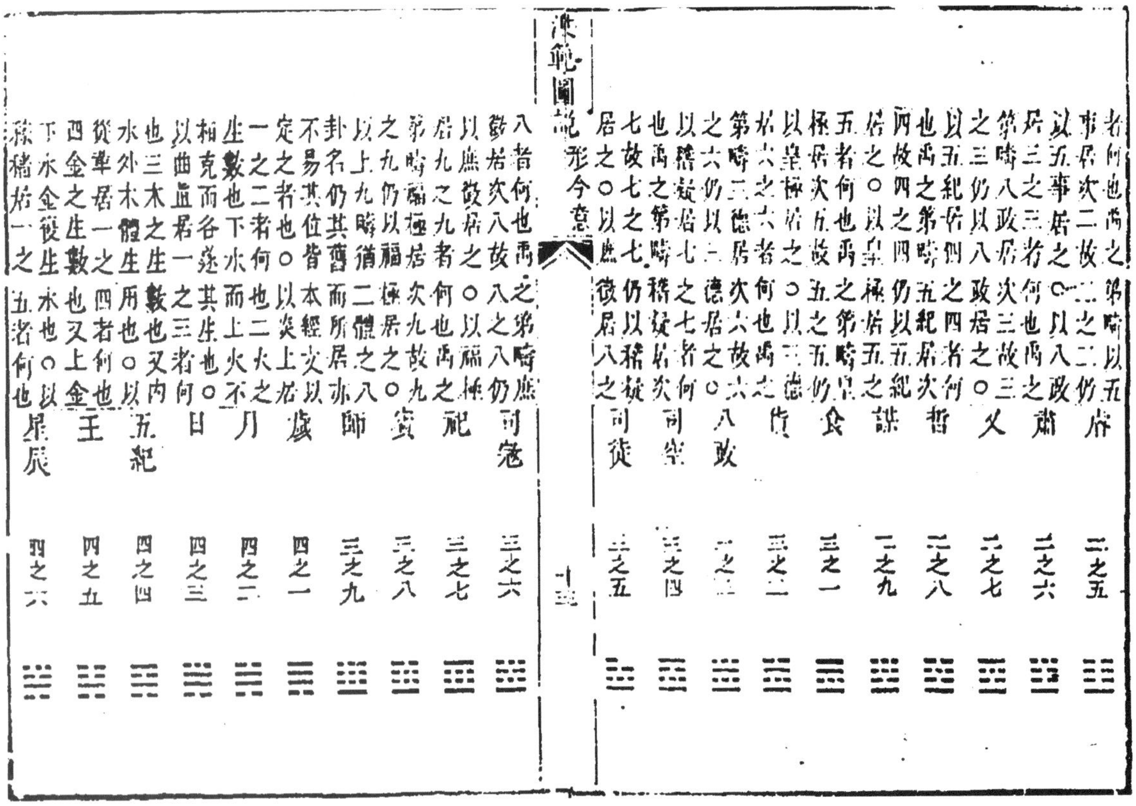

图 39－5　范数分列图

（舒俊鲲《洪范图说》）

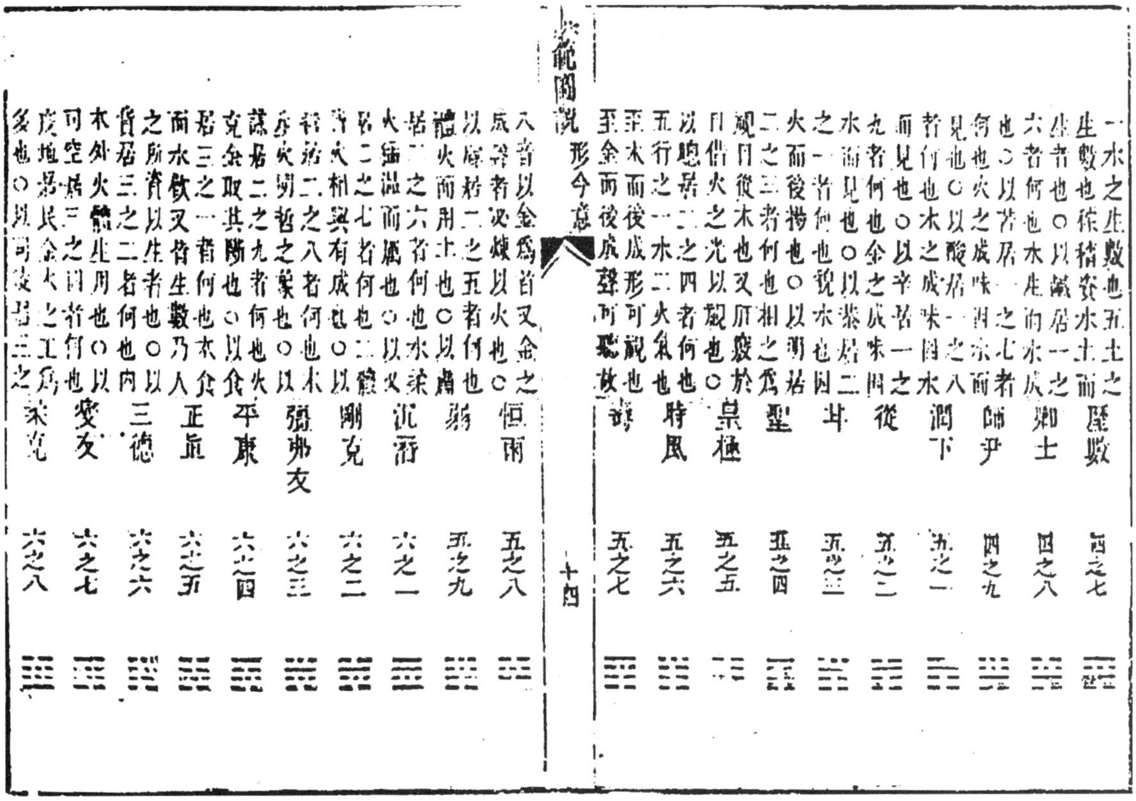

图 39 - 5　范数分列图

（舒俊鲲《洪范图说》）

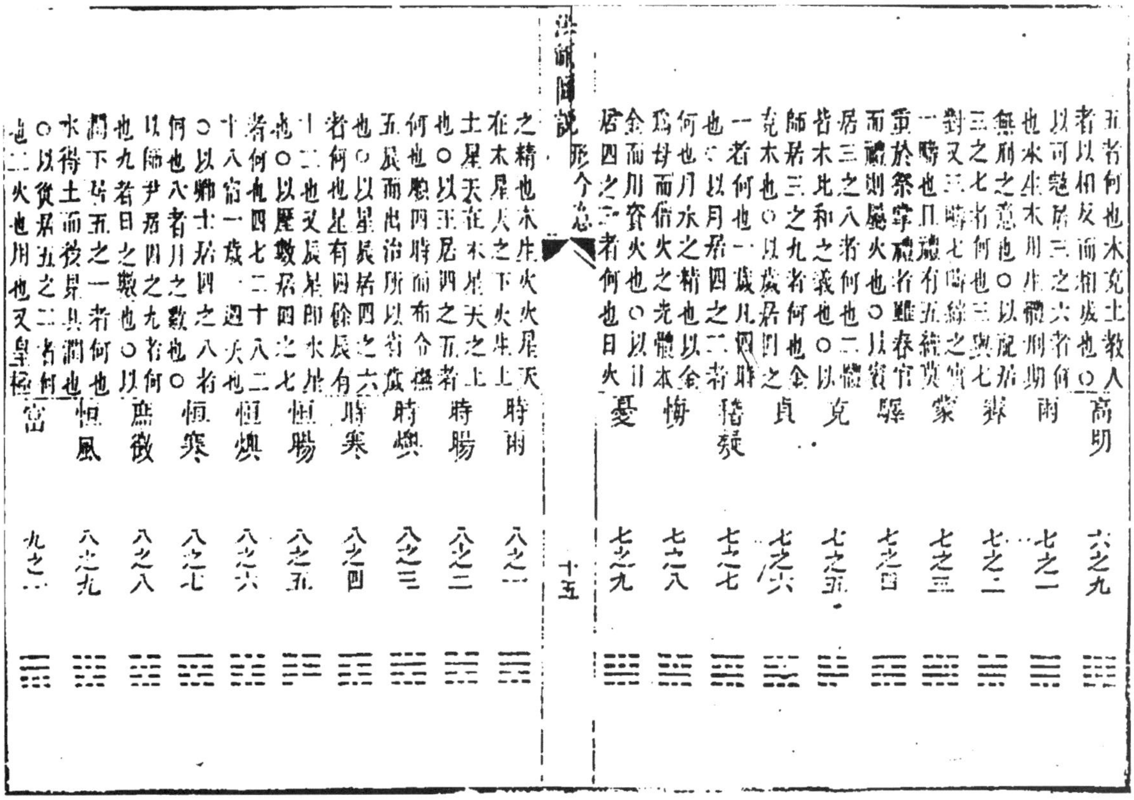

图 39 - 6　范数分列图

（舒俊鲲《洪范图说》）

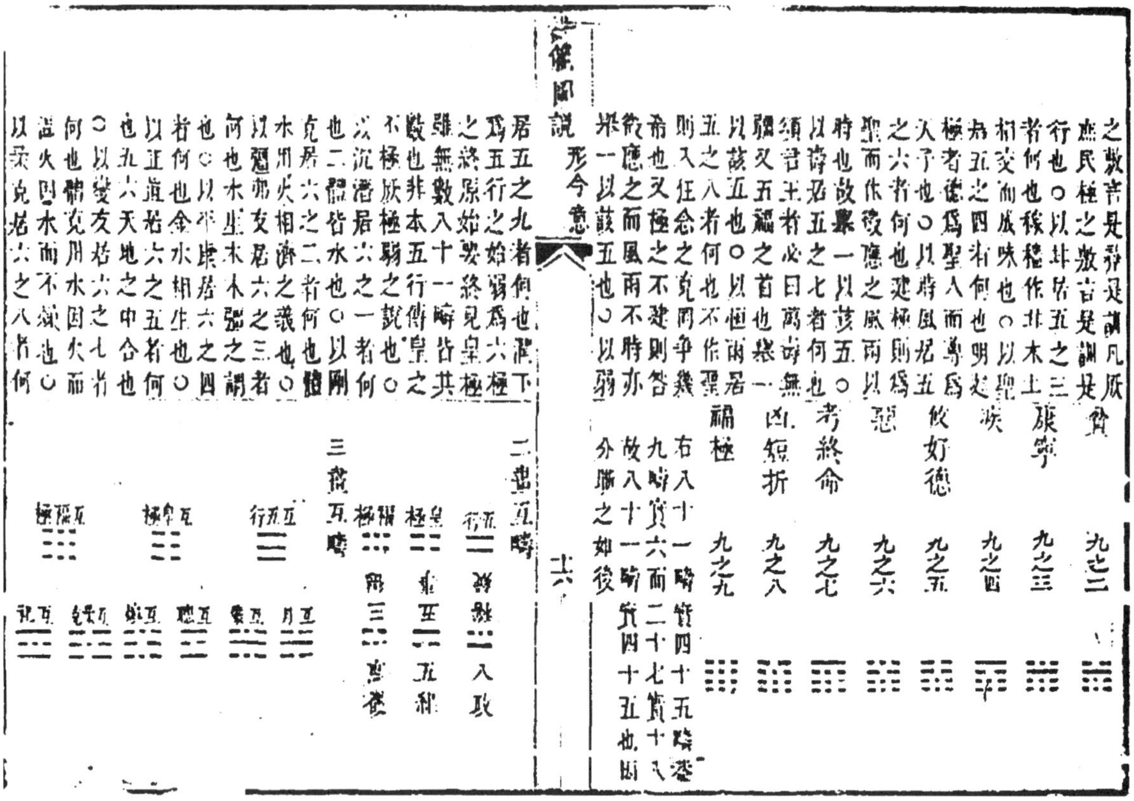

图 39－7　范数分列图

（舒俊鲲《洪范图说》）

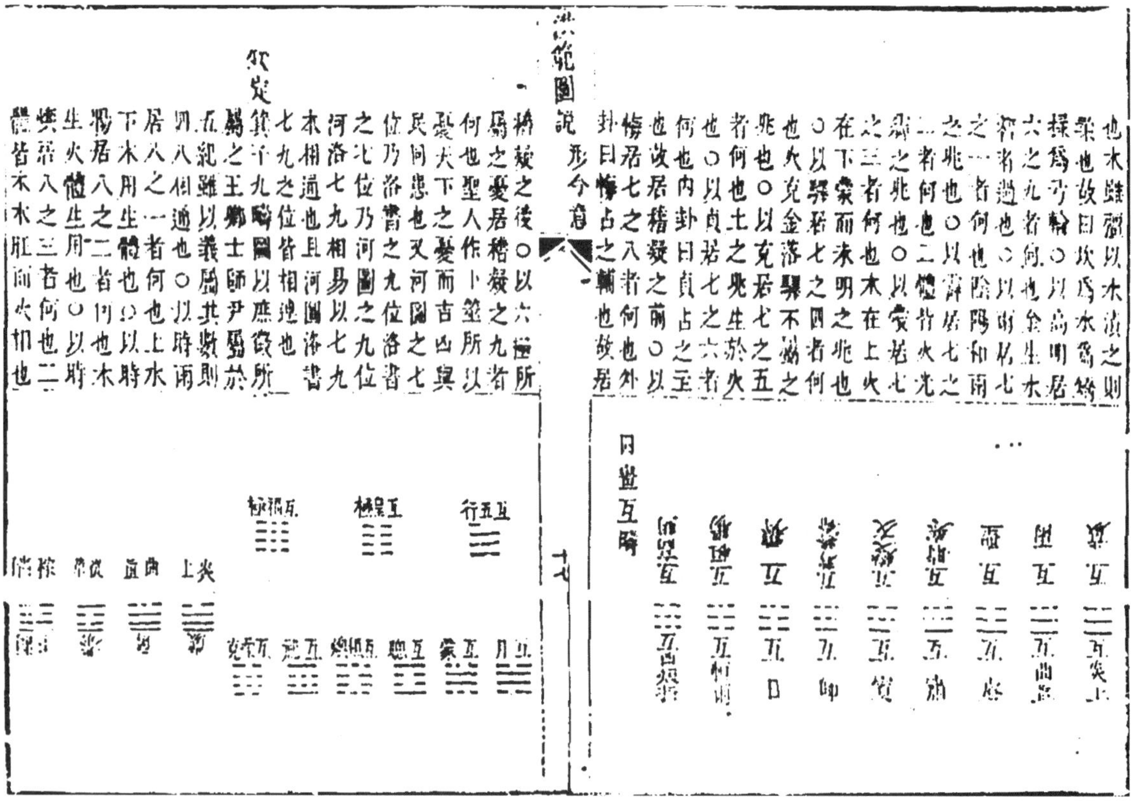

图 39－8　范数分列图

（舒俊鲲《洪范图说》）

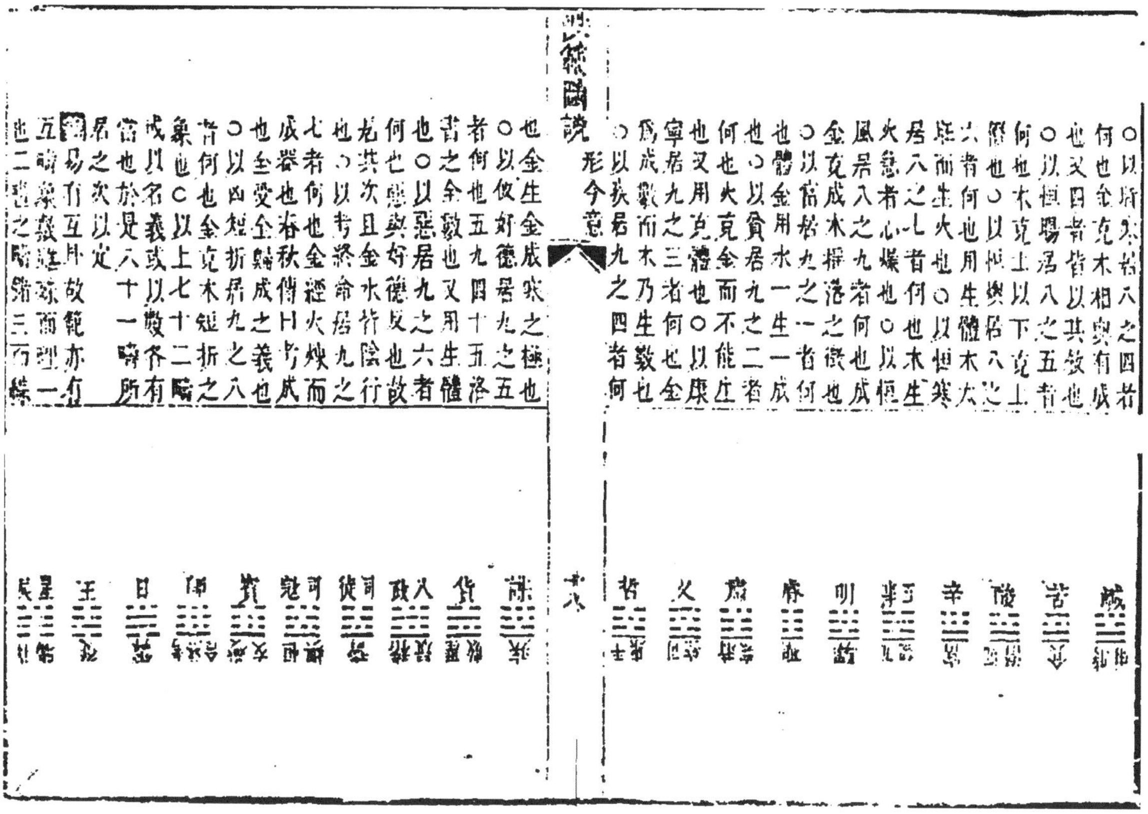

图 39－9　范数分列图

（舒俊鲲《洪范图说》）

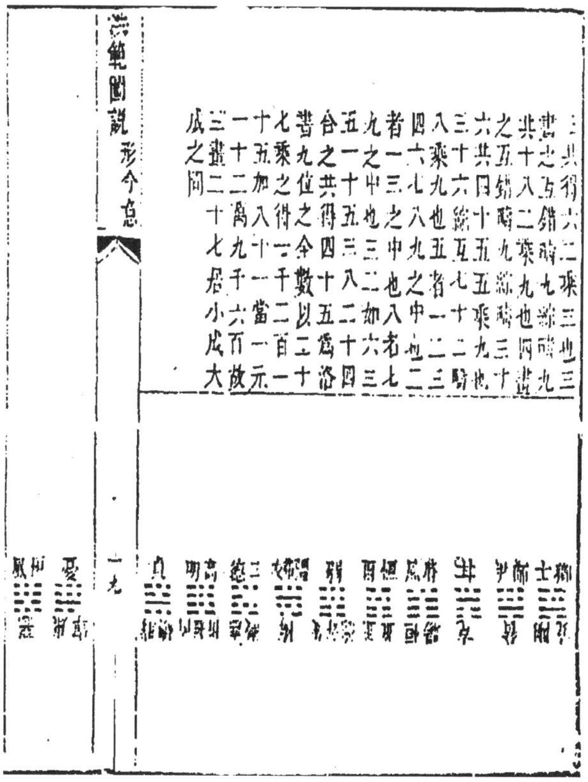

图 39－10　范数分列图

（舒俊鲲《洪范图说》）

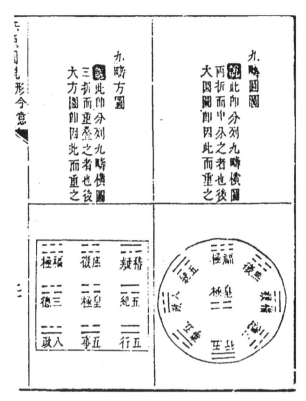

图40　九畴圆图
图41　九畴方图
（舒俊鲲《洪范图说》）

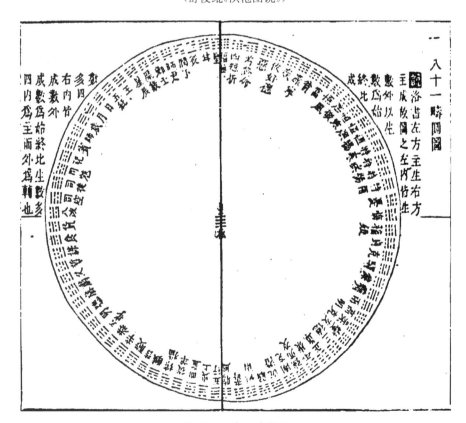

图42　八十一畴圆图
（舒俊鲲《洪范图说》）

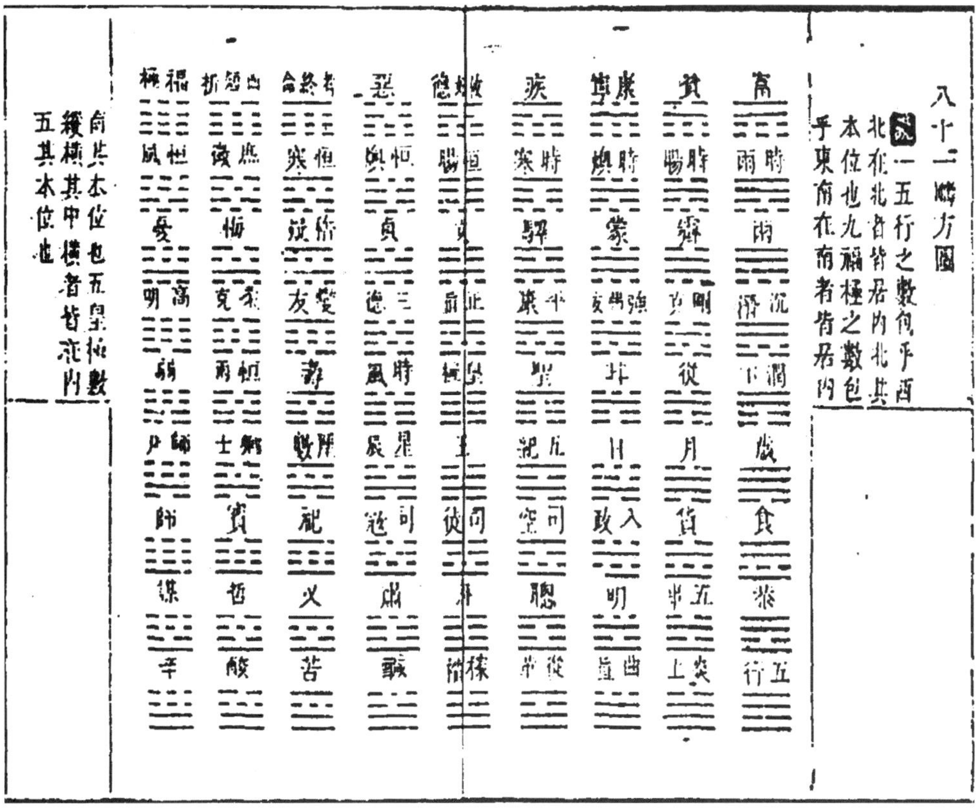

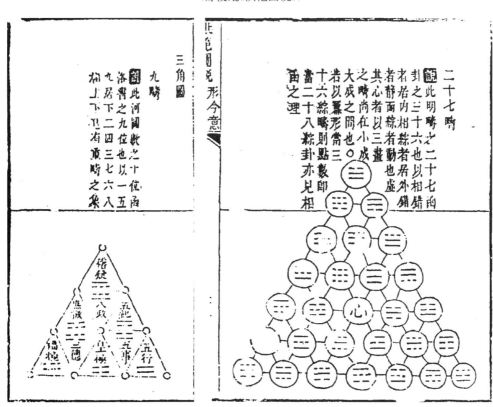

图 43　八十一畴方图
（舒俊鲲《洪范图说》）

图 44　三角图
（舒俊鲲《洪范图说》）

图 45　二十七畴图
（舒俊鲲《洪范图说》）

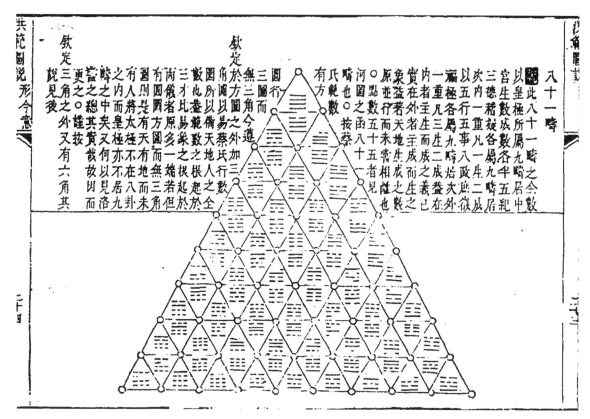

图 46　八十一畴图
（舒俊鲲《洪范图说》）

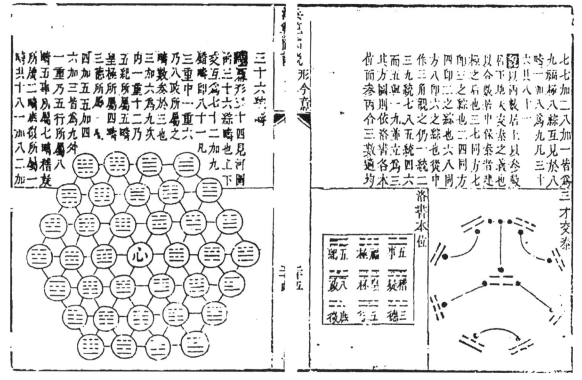

图 47　三十六综畴图
（舒俊鲲《洪范图说》）

图 48　三才交泰图
图 49　洛书本位图
（舒俊鲲《洪范图说》）

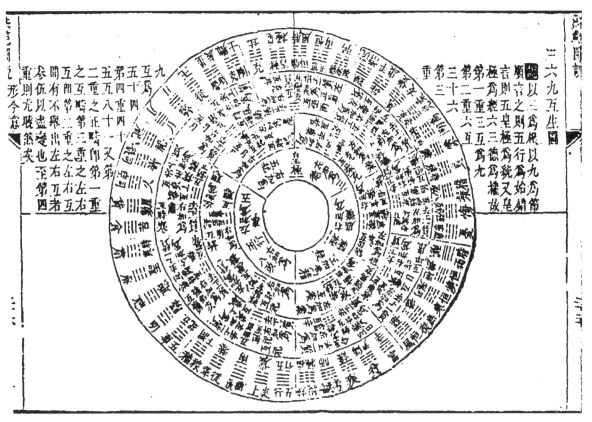

图 50　三六九互生图
（舒俊鲲《洪范图说》）

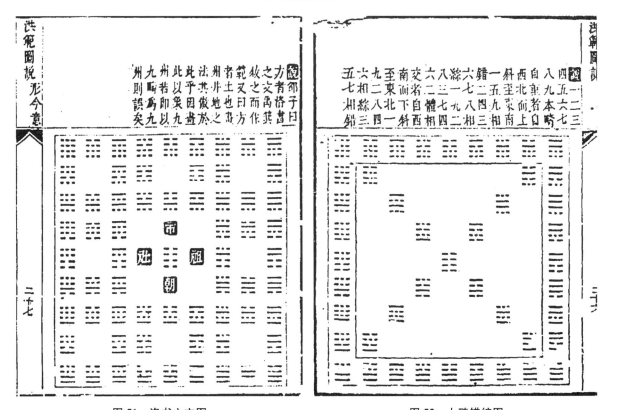

图 51　洛书之文图
（舒俊鲲《洪范图说》）

图 52　九畴错综图
（舒俊鲲《洪范图说》）

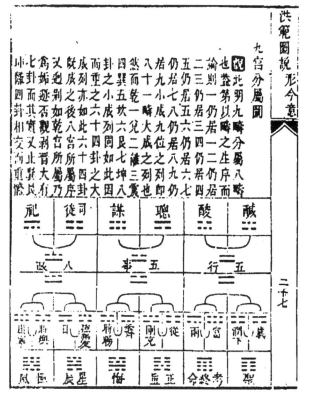

图 53-1 九宫分属图
（舒俊鲲《洪范图说》）

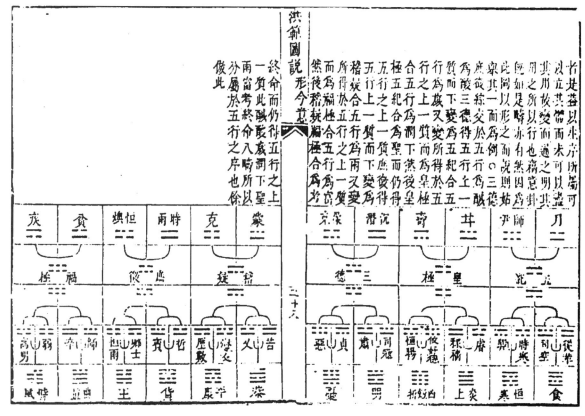

图 53-2 九宫分属图
（舒俊鲲《洪范图说》）

錯綜之根

說此即錯綜之根也上三疇錯也而三者循環相交又為綜而下六疇綜也而二四三七六八對位相交又為錯○以二體九疇依洛書列為圓圖環而觀之其數適均第一畫一二三為序自一右旋至七又三為左旋至九而二八間之第二畫則右自七至九左自一至三而四六間之第三畫與第二畫同第四畫則又與第一畫同○天位乎上地位乎下聖人成位乎其中故皇極與南極北極居其所而不動其餘六位皆交易

二體錯疇

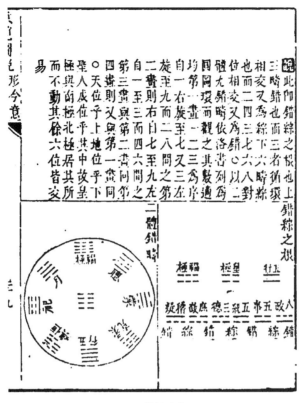

图 54　错综之根图

图 55　二体错畴图

（舒俊鲲《洪范图说》）

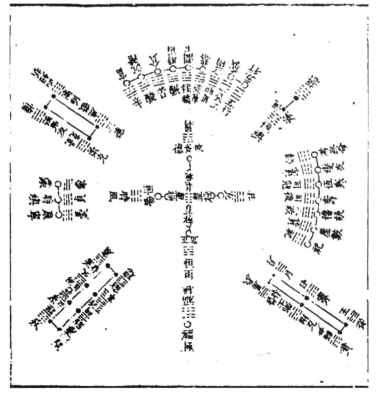

图 56　畴数错综应洛书四十五点图

（舒俊鲲《洪范图说》）

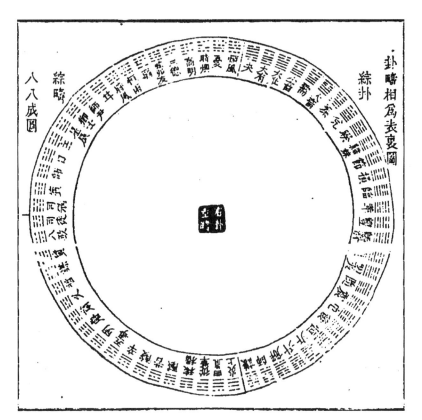

图 57　卦畴相为表里图
（舒俊鲲《洪范图说》）

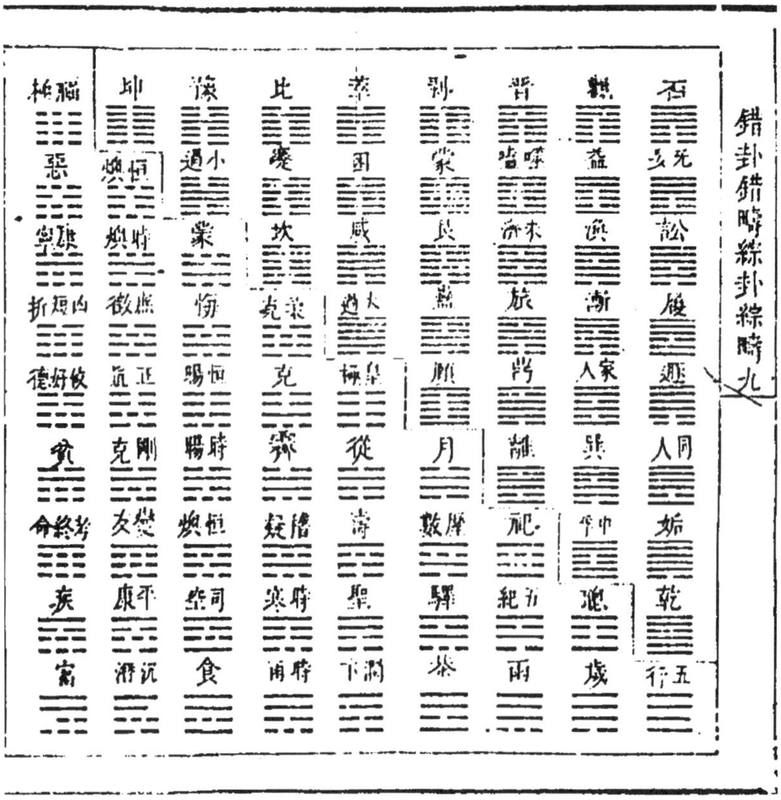

图 58　错卦错畴综卦综畴九图
（舒俊鲲《洪范图说》）

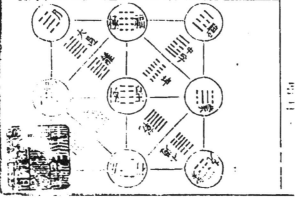

图 59　错卦错畴八九相函图
（舒俊鲲《洪范图说》）

图 60　天赐洪范九畴图
（舒俊鲲《洪范图说》）

图 61　禹第洪范九畴图
（舒俊鲲《洪范图说》）

图 62　禹第五行宫生叙图
（舒俊鲲《洪范图说》）

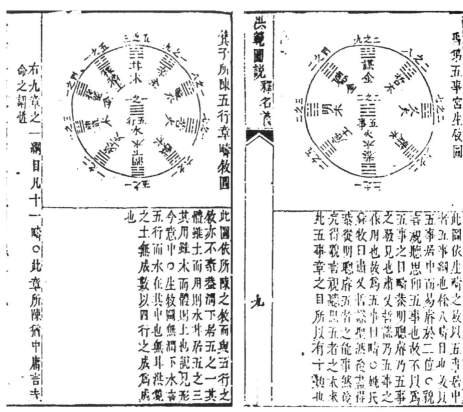

图 63　箕子所陈五行章畴叙图
（舒俊鲲《洪范图说》）

图 64　禹第五事宫生叙图
（舒俊鲲《洪范图说》）

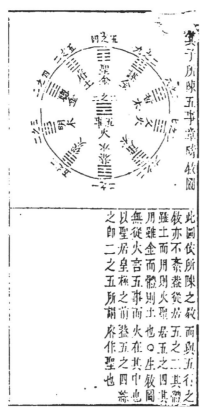

图 65　箕子所陈五事章畴叙图
（舒俊鲲《洪范图说》）

图 66　禹第八政宫生叙图
（舒俊鲲《洪范图说》）

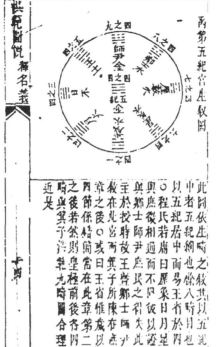
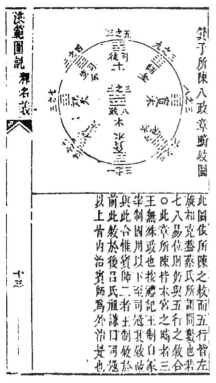

图67　箕子所陈八政章畴叙图
（舒俊鲲《洪范图说》）

图68　禹第五纪宫生叙图
（舒俊鲲《洪范图说》）

图69　箕子所陈五纪章畴叙图
（舒俊鲲《洪范图说》）

图70　禹第皇极宫生叙图
（舒俊鲲《洪范图说》）

图71　禹第三德宫生叙图
（舒俊鲲《洪范图说》）

图72　箕子所陈三德章畴叙图
（舒俊鲲《洪范图说》）

图 73　禹第稽疑宫生叙图
（舒俊鲲《洪范图说》）

图 74　箕子所陈稽疑章畴叙图
（舒俊鲲《洪范图说》）

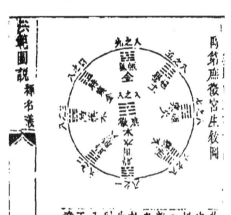
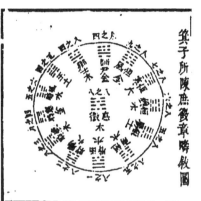

图 75　禹第庶征宫生叙图
（舒俊鲲《洪范图说》）

图 76　箕子所陈庶征章畴叙图
（舒俊鲲《洪范图说》）

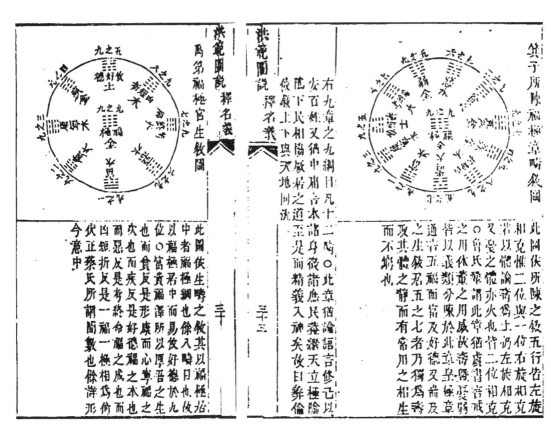

图77 禹第福极宫生叙图
（舒俊鲲《洪范图说》）

图78 箕子所陈福极章畴叙图
（舒俊鲲《洪范图说》）

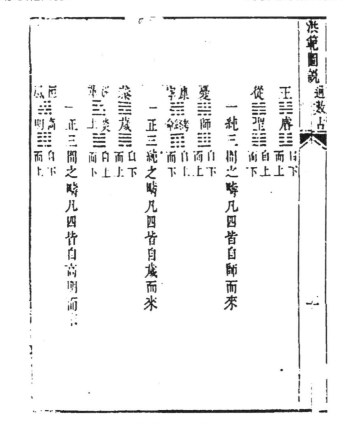

图79-1 变数图
（舒俊鲲《洪范图说》）

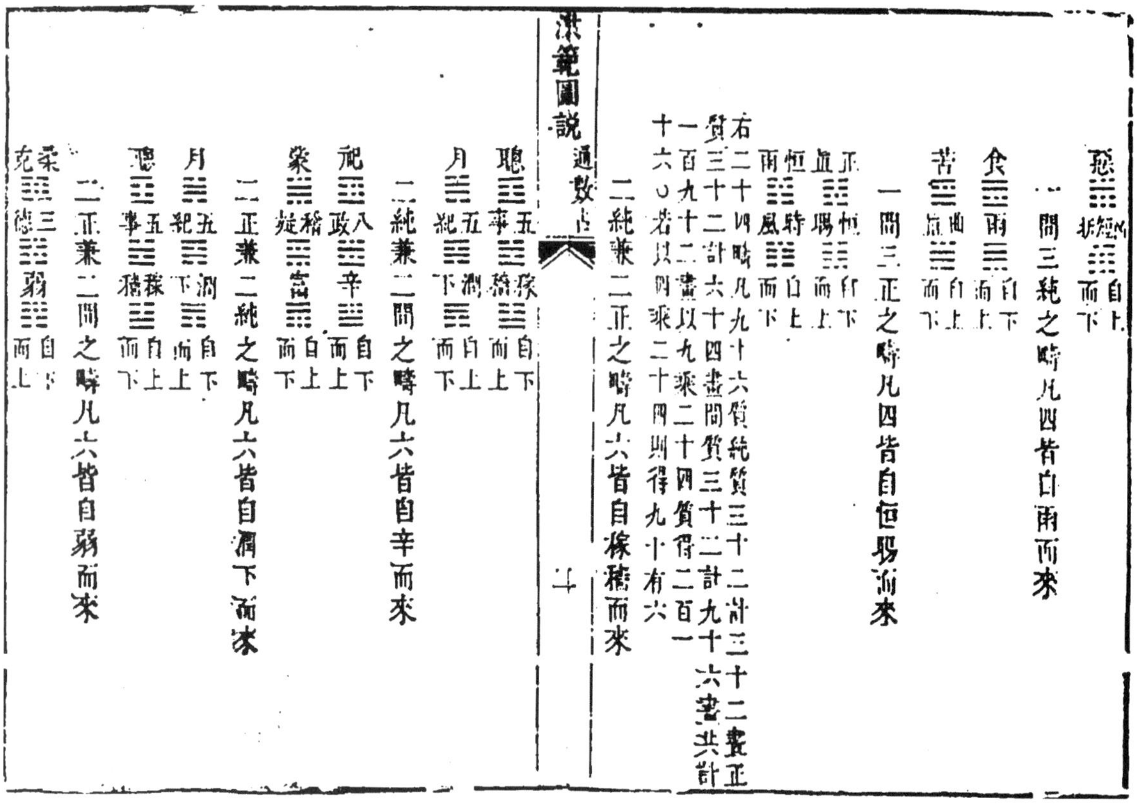

洪範圖說　通數占　十

一間三純之時凡四皆自雨而來

一間三正之時凡四皆自恒暘而來

右二十四時凡九十六質純質三十二計三十二畫正質三十二計六十四畫間質三十二計九十六畫共計一百九十二畫以九乘二十四質得二百一十六○若只以四乘二十四則得九十有六

二純兼二正之時凡六皆自豫稽而來

二純兼二間之時凡六皆自辛而來

二正兼二純之時凡六皆自凋下而來

二正兼二間之時凡六皆自弱而來

图 79－2　变数图

（舒俊鲲《洪范图说》）

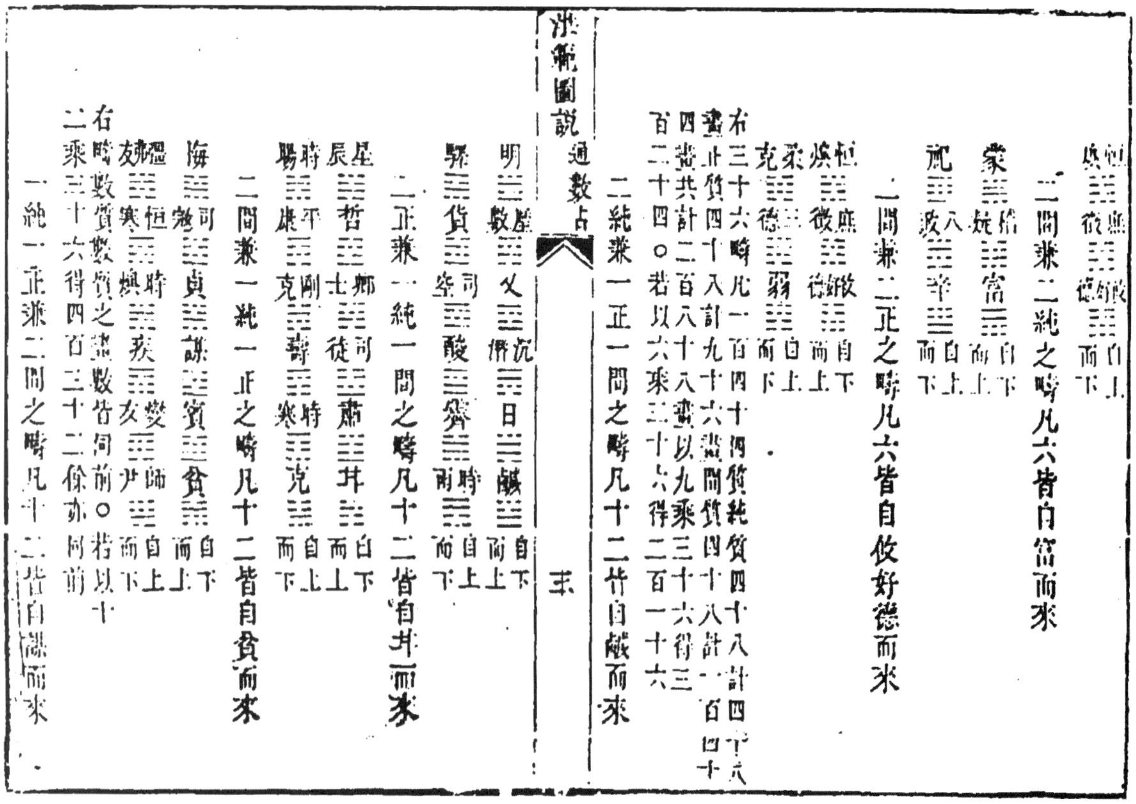

洪範圖說　通數占

一間兼二純之時凡六皆自富而來

二間兼二正之時凡六皆自攸好德而來

右三十六時凡一百四十四質純質四十八計四十八畫正質四十八計九十六畫間質四十八計一百四十四畫共計二百八十八畫以九乘三十六得三百二十四○若以六乘三十六得二百一十六

二純兼一正一間之時凡十二皆自鹹而來

二正兼一純一間之時凡十二皆自井而來

二間兼一純一正之時凡十二皆自貧而來

右時數質數質之畫數皆同前○若以十二乘三十六得四百三十二餘亦同前

一純一正兼二間之時凡十二皆自謀而來

图 79－3　变数图

（舒俊鲲《洪范图说》）

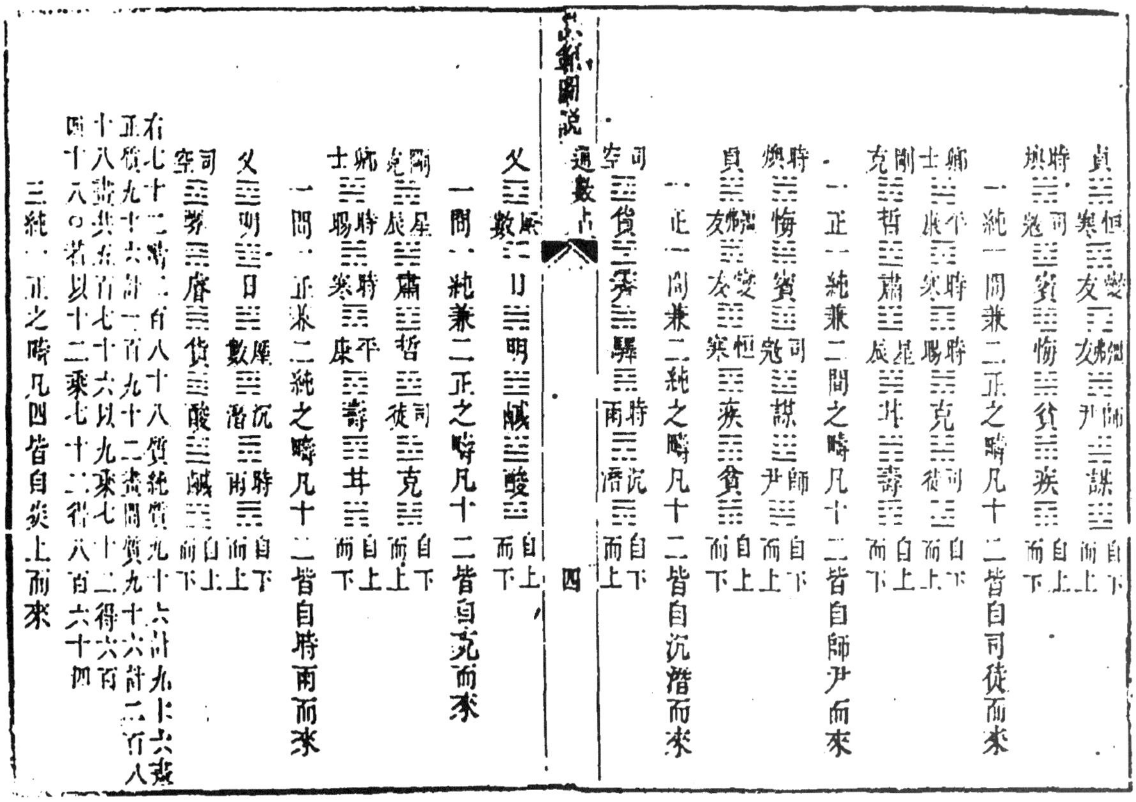

图 79 - 4　变数图

（舒俊鲲《洪范图说》）

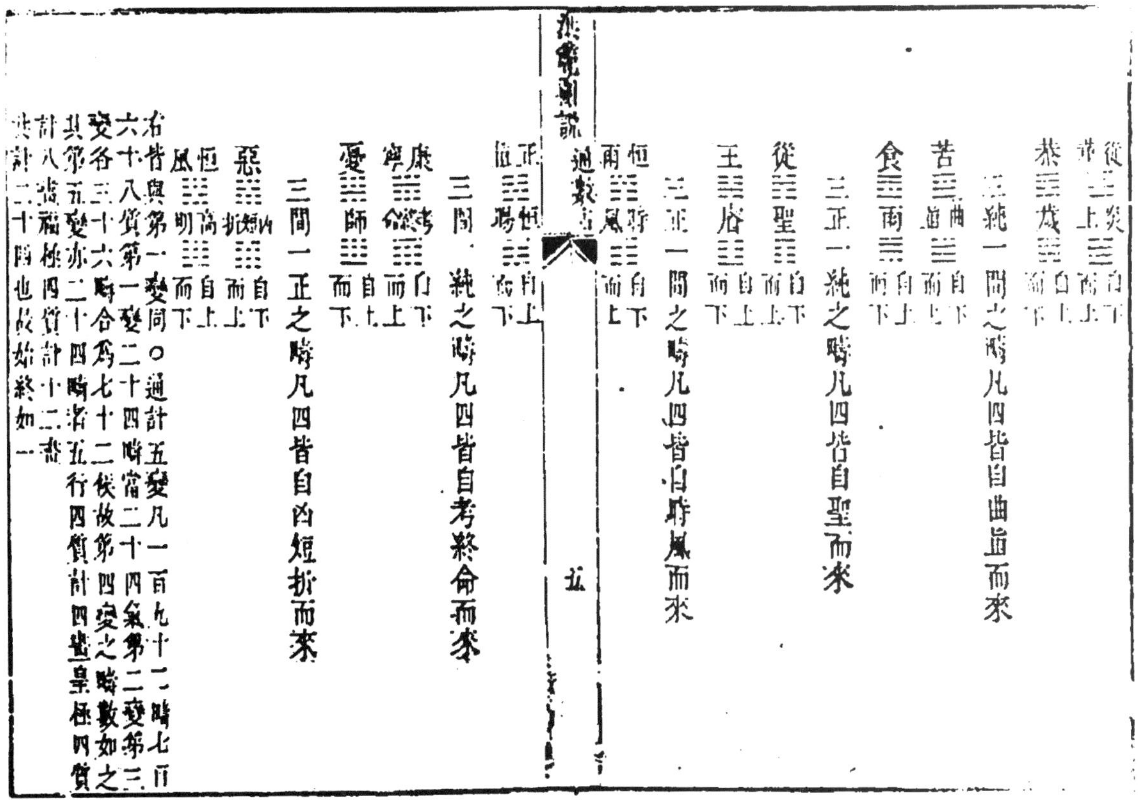

图 79 - 5　变数图

（舒俊鲲《洪范图说》）

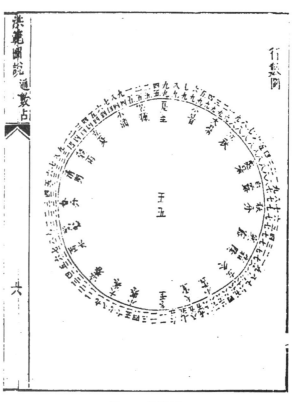

图80 行数图
（舒俊鲲《洪范图说附繇辞》）

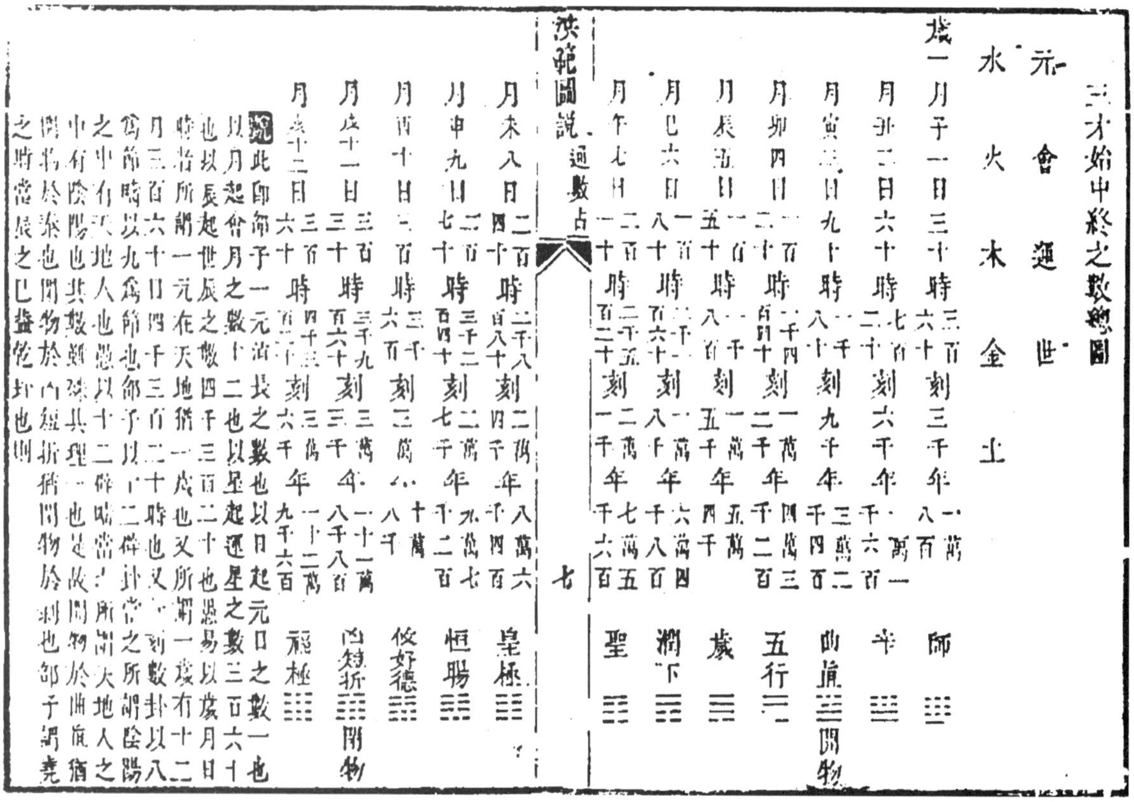

图81 三才始中终之数总图
（舒俊鲲《洪范图说附繇辞》）

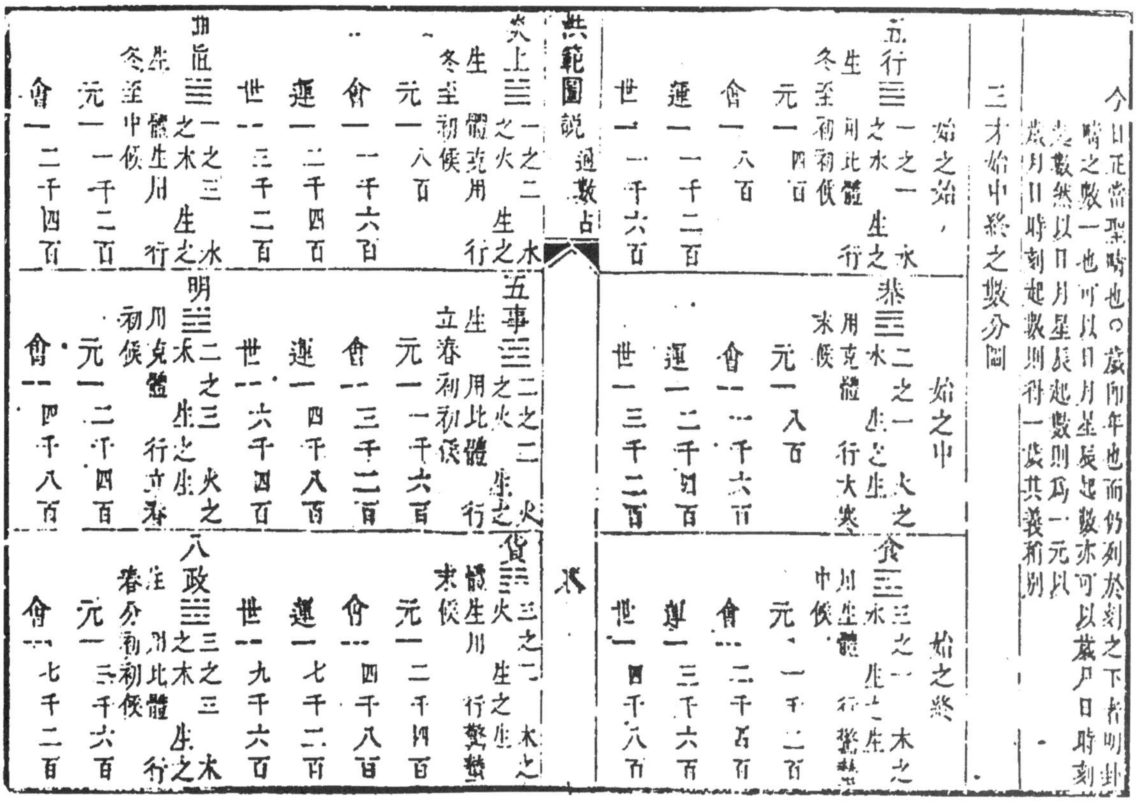

图 82－1　三才始中终之数分图

（舒俊鲲《洪范图说》）

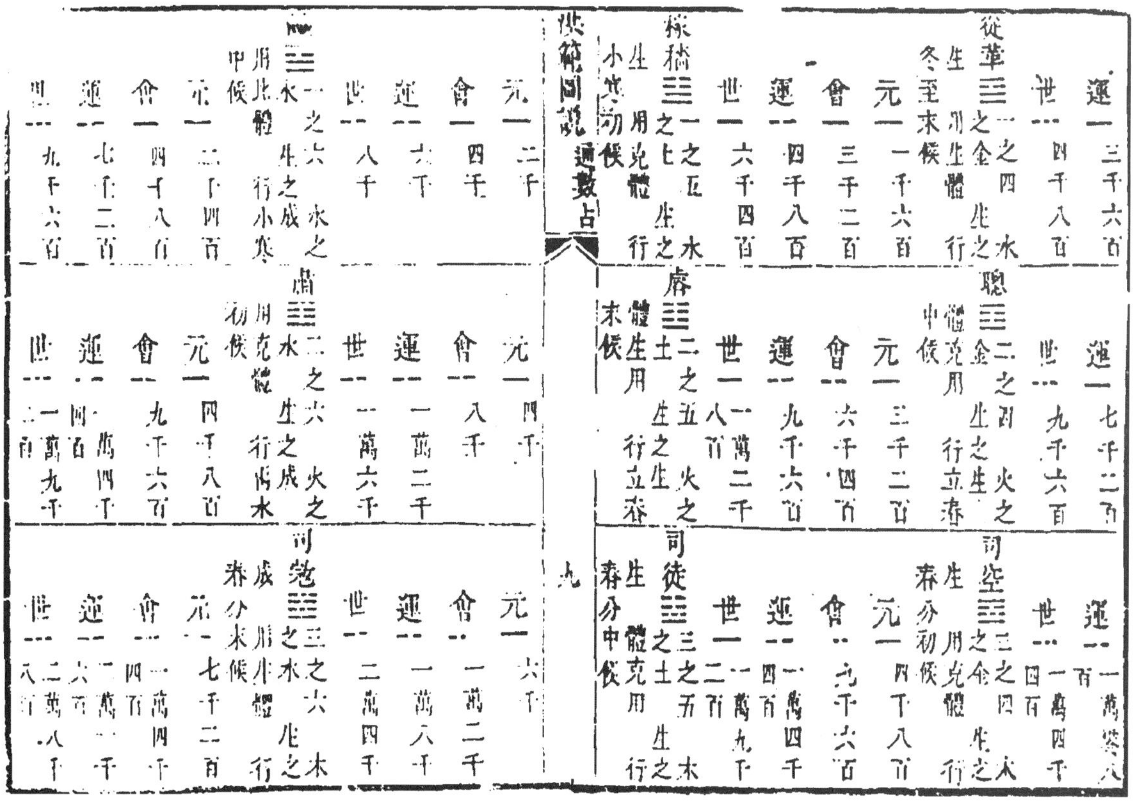

图 82－2　三才始中终之数分图

（舒俊鲲《洪范图说》）

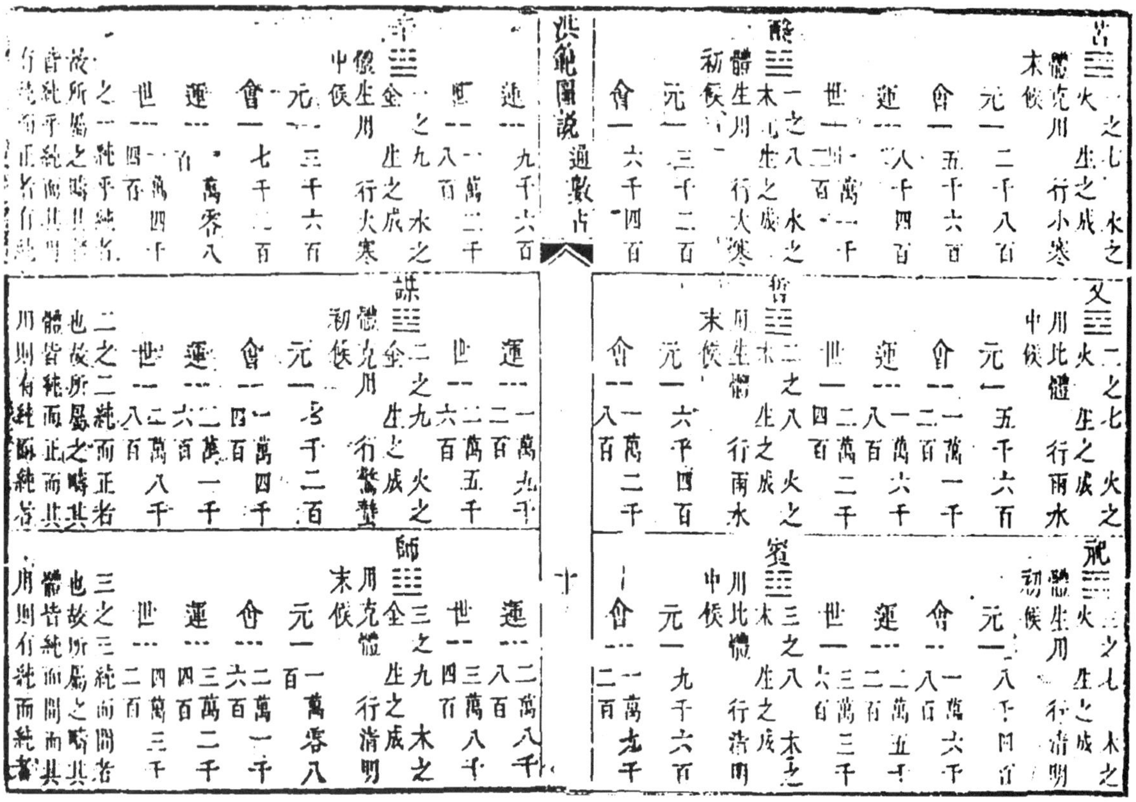

图 82－3　三才始中终之数分图

（舒俊鲲《洪范图说》）

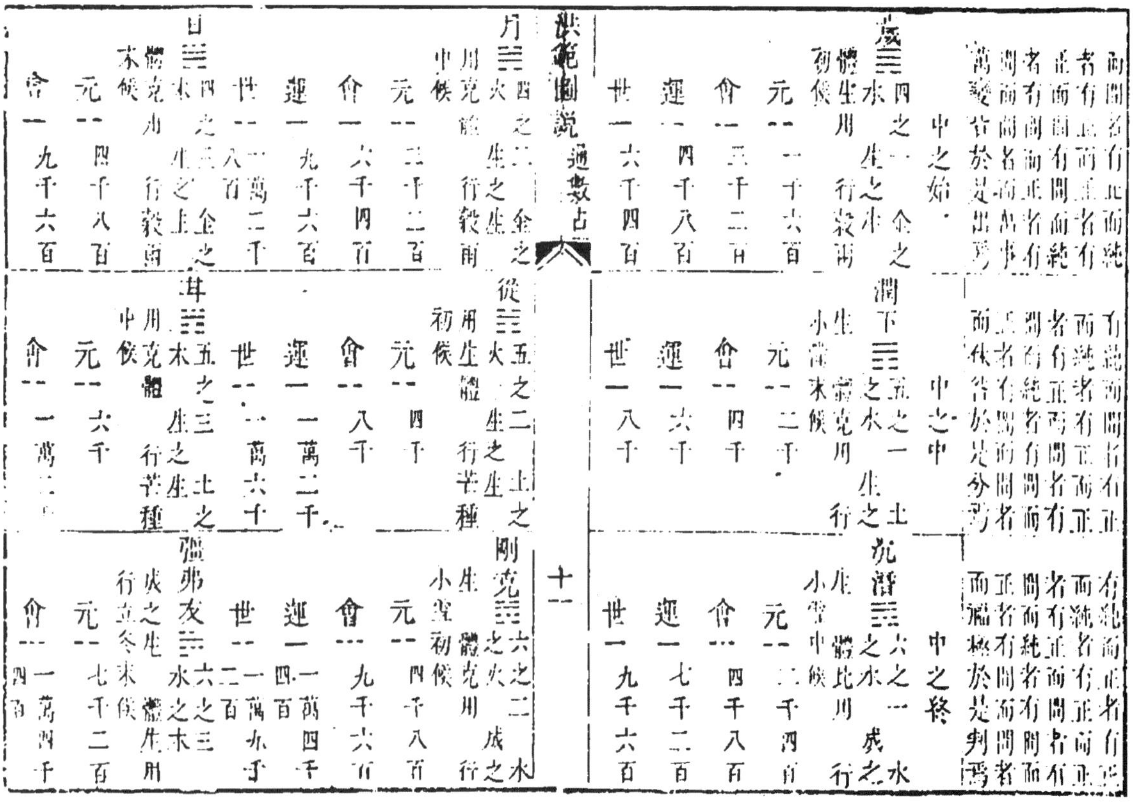

图 82－4　三才始中终之数分图

（舒俊鲲《洪范图说》）

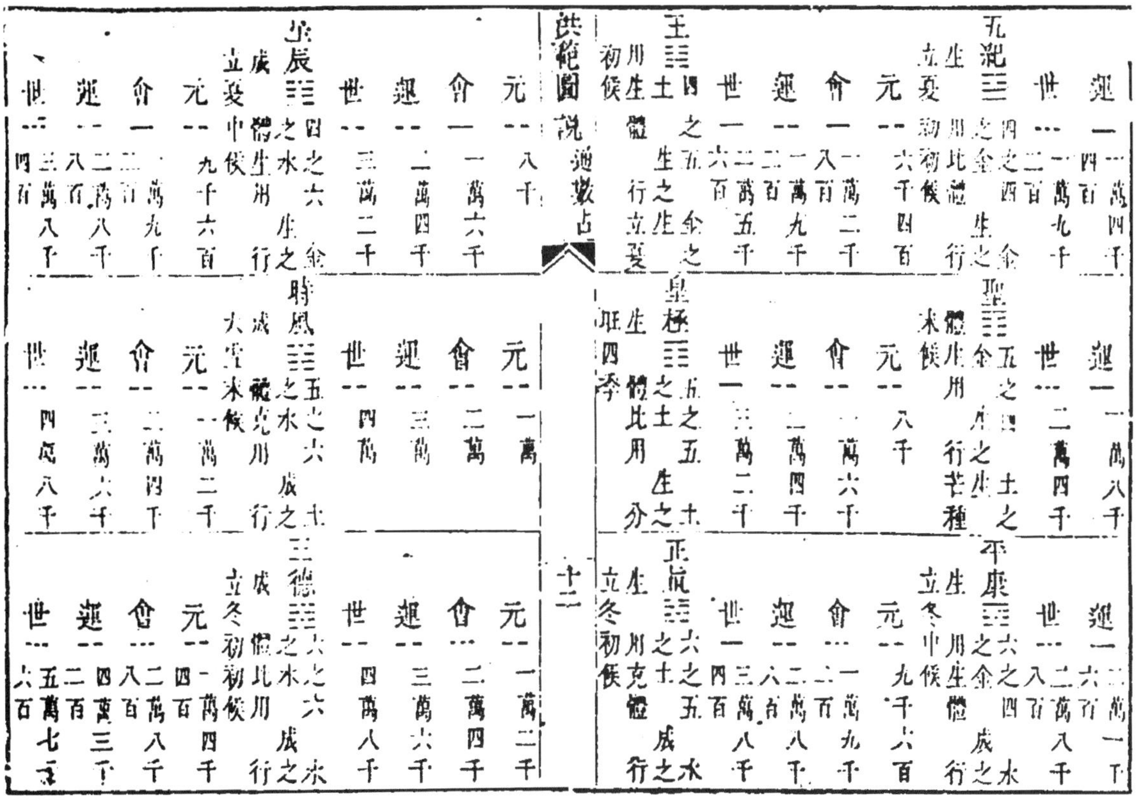

图 82－5　三才始中终之数分图

（舒俊鲲《洪范图说》）

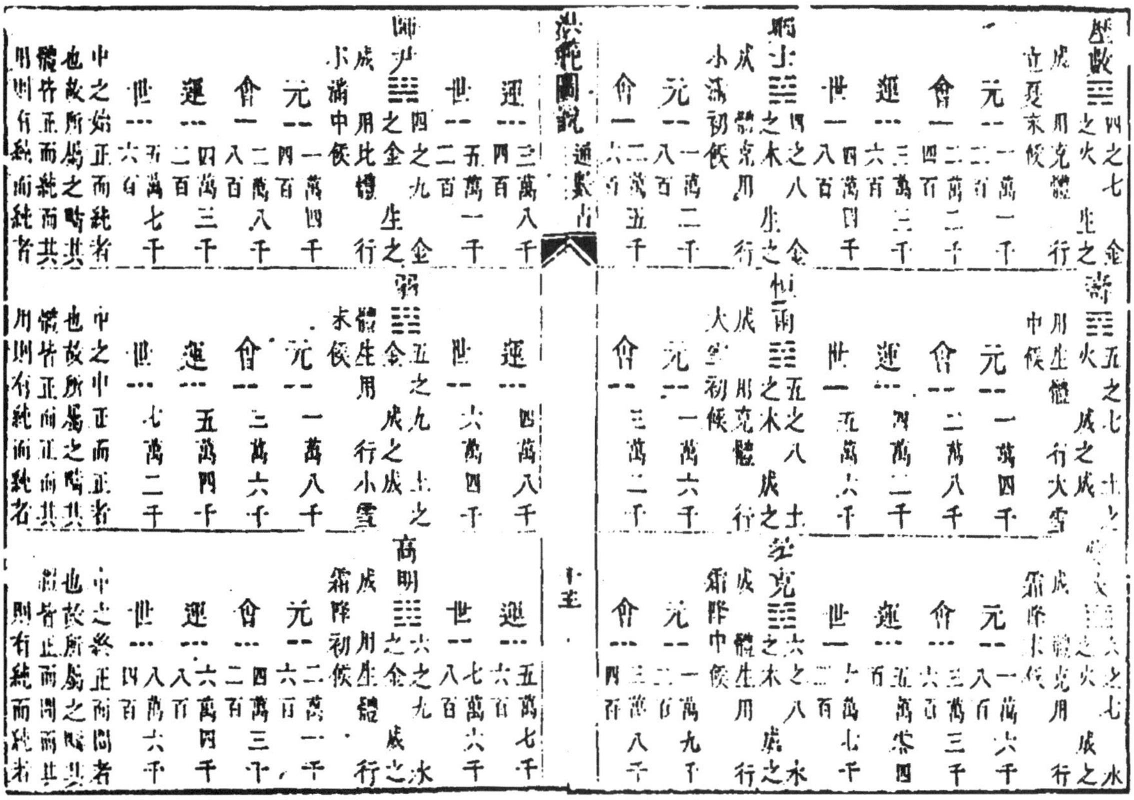

图 82－6　三才始中终之数分图

（舒俊鲲《洪范图说》）

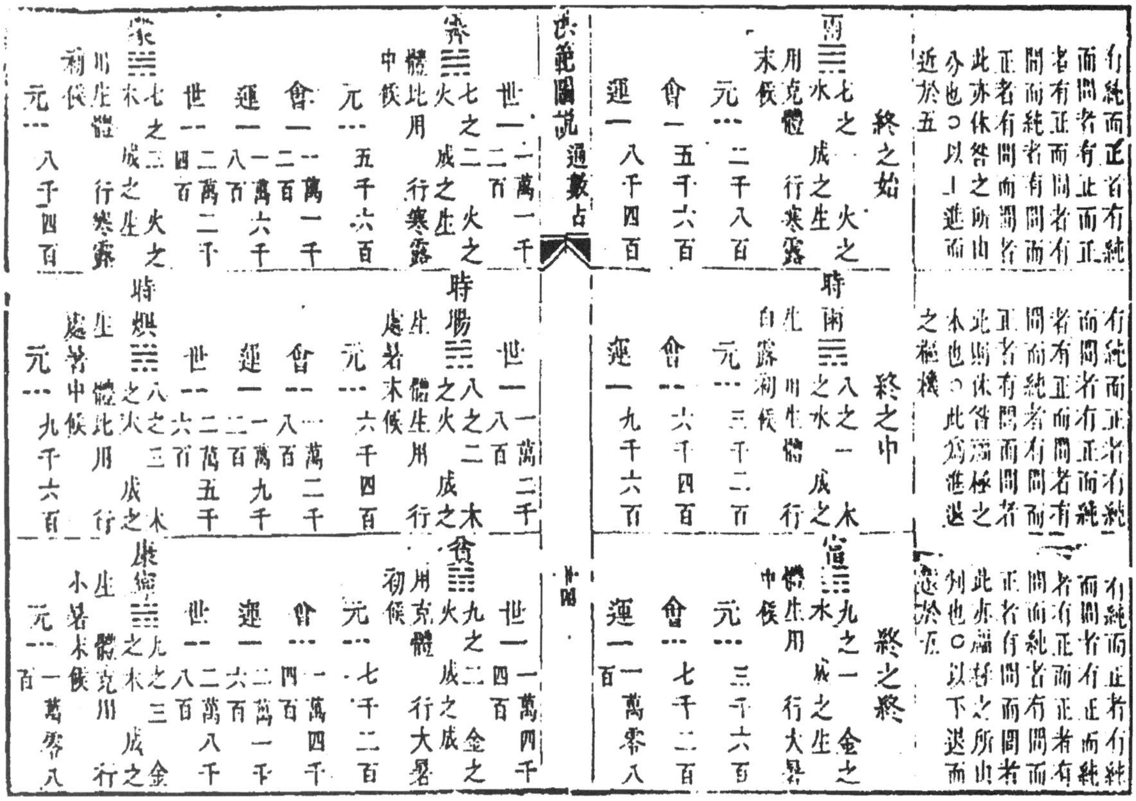

图 82－7　三才始中终之数分图

（舒俊鲲《洪范图说》）

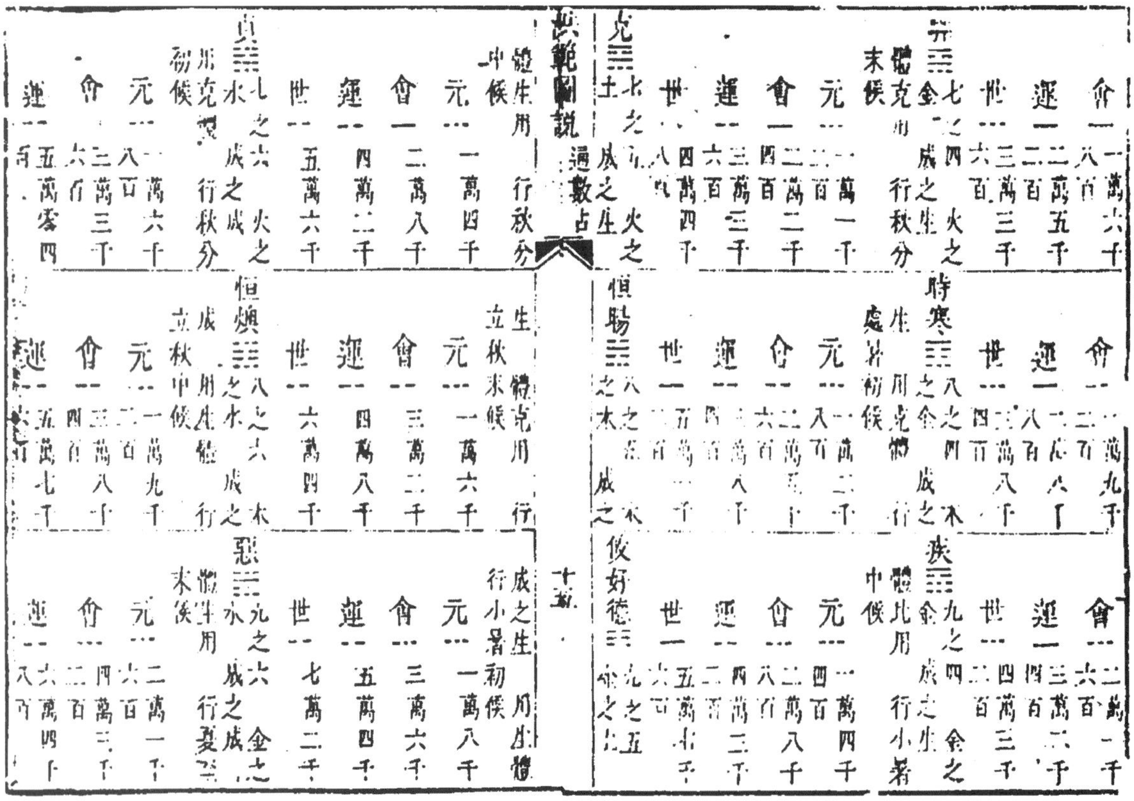

图 82－8　三才始中终之数分图

（舒俊鲲《洪范图说》）

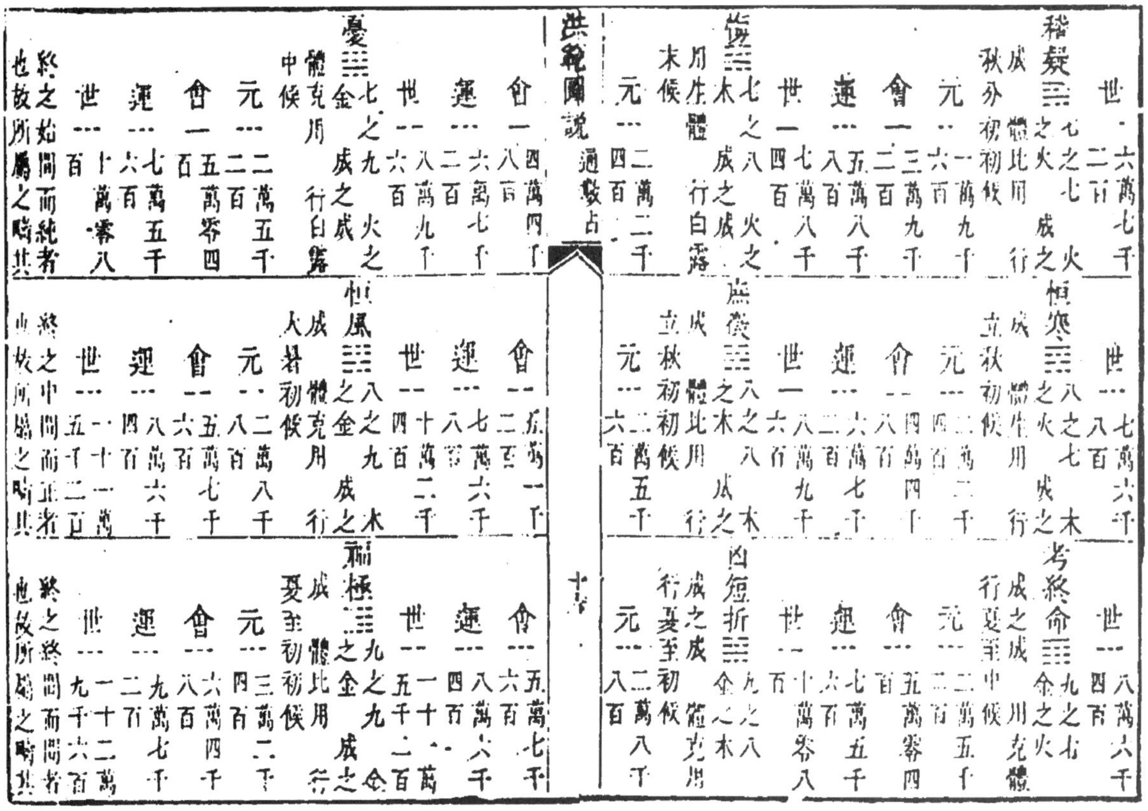

图 82－9　三才始中终之数分图

（舒俊鲲《洪范图说》）

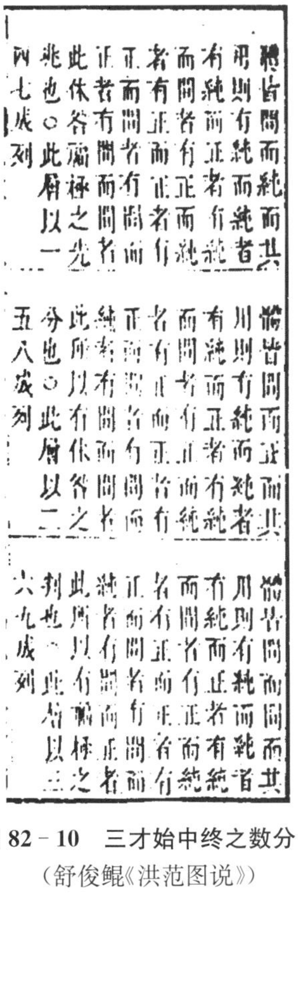

图 82－10　三才始中终之数分图

（舒俊鲲《洪范图说》）

阎斌

生卒年不详,字允中,清直隶永年人。乾隆二十四年(1759)贡生,平生不谈仕禄,诸城刘墉作书招之,辞不往,卒祀乡贤,善治《易》。著有《芸窗易草》四卷。现存有《周易》图像五幅。

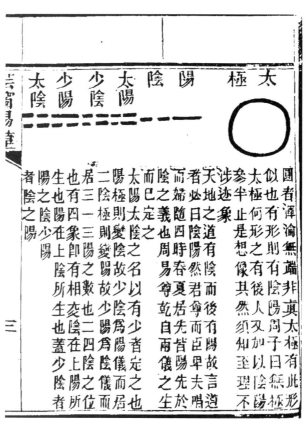

图1　太极两仪四象图
(阎斌《芸窗易草》)

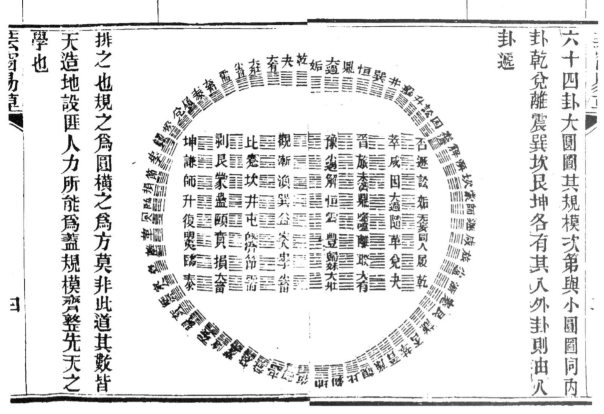

图2　六十四卦大圆图
（阎斌《芸窗易草》）

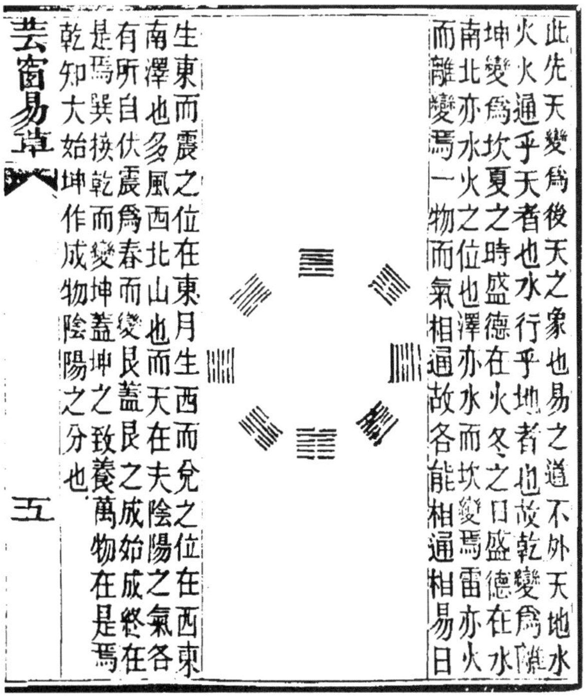

图3　先天变后天之象图
（阎斌《芸窗易草》）

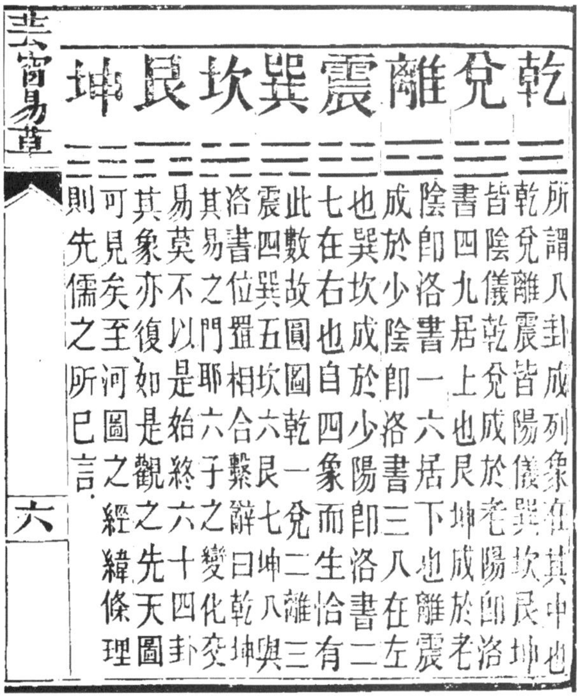

图4　八卦成列图
（阎斌《芸窗易草》）

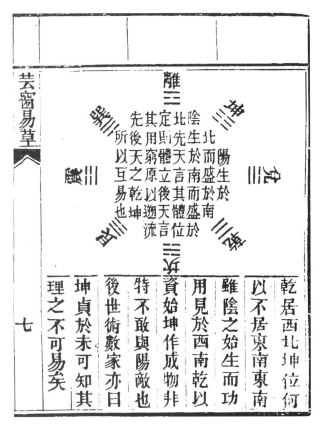

图5　乾居西北坤不居东南图
（阎斌《芸窗易草》）

黎曙寅

生卒年不详,字健亭,清河南汝州人。乾隆二十七年(1762)举人,任安徽六安知州。著有《周易拟象》六卷、《素履堂文集》八卷等。现存有《周易》图像二十一幅。

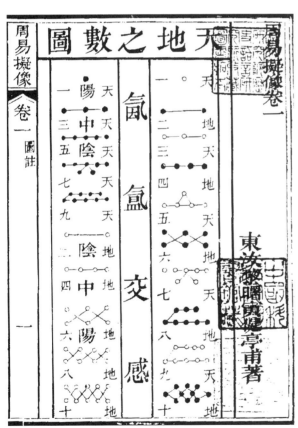

图1 天地之数图
(黎曙寅《周易拟象》)

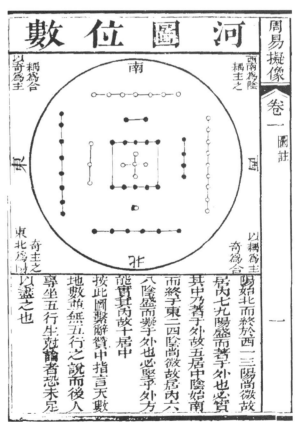

图2 河图位数图
(黎曙寅《周易拟象》)

图3 洛书位数图
（黎曙寅《周易拟象》）

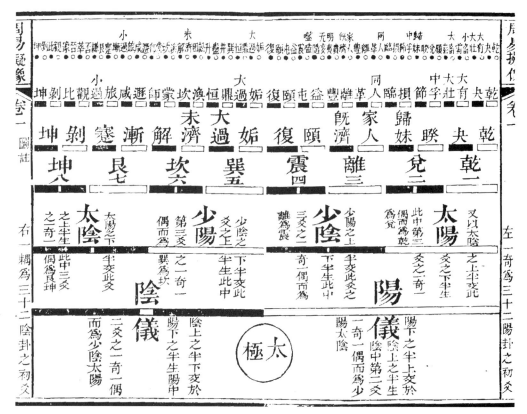

图4 相生横图
（黎曙寅《周易拟象》）

图5 先天八卦方位图
（黎曙寅《周易拟象》）

图6 后天八卦方位图
（黎曙寅《周易拟象》）

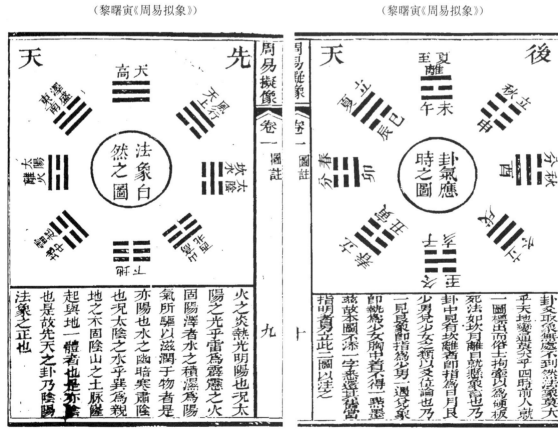

图7 先天图
（黎曙寅《周易拟象》）

图8 后天图
（黎曙寅《周易拟象》）

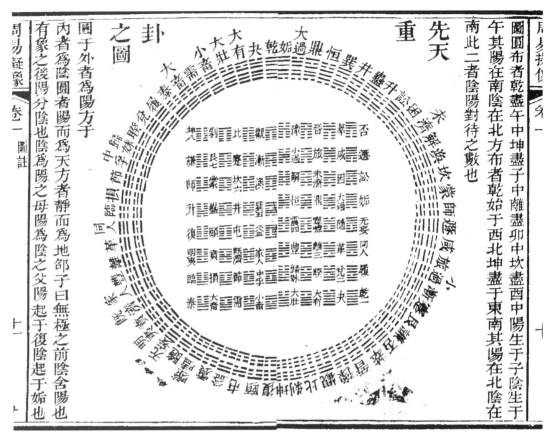

图 9　先天重卦之图
（黎曙寅《周易拟象》）

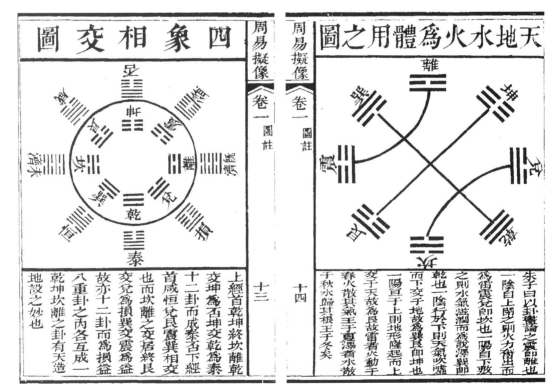

图 10　四象相交图
（黎曙寅《周易拟象》）

图 11　天地水火为体用之图
（黎曙寅《周易拟象》）

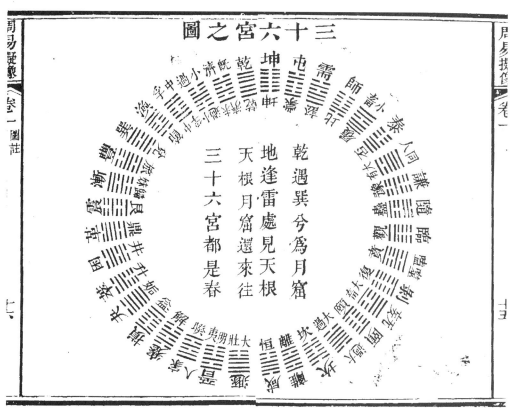

图 12　三十六宫之图
（黎曙寅《周易拟象》）

图 13　仰观天文图
（黎曙寅《周易拟象》）

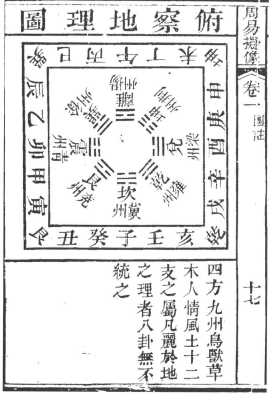

图 14　俯察地理图
（黎曙寅《周易拟象》）

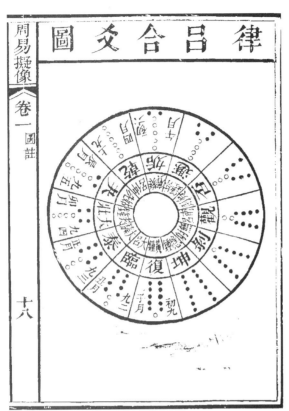

图 15　律吕合爻图
（黎曙寅《周易拟象》）

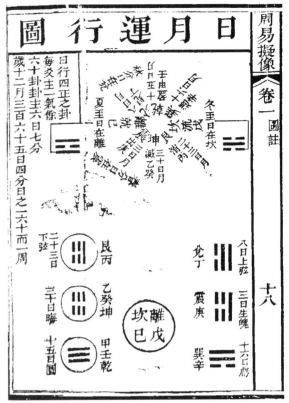

图 16　日月运行图
（黎曙寅《周易拟象》）

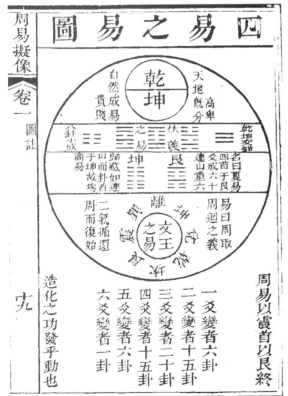

图 17　四易之易图
（黎曙寅《周易拟象》）

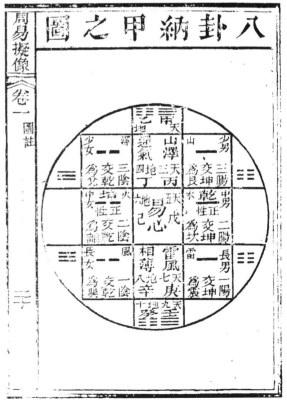

图 18　八卦纳甲之图
（黎曙寅《周易拟象》）

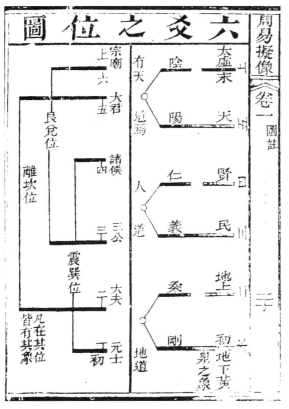

图 19 六爻之位图
（黎曙寅《周易拟象》）

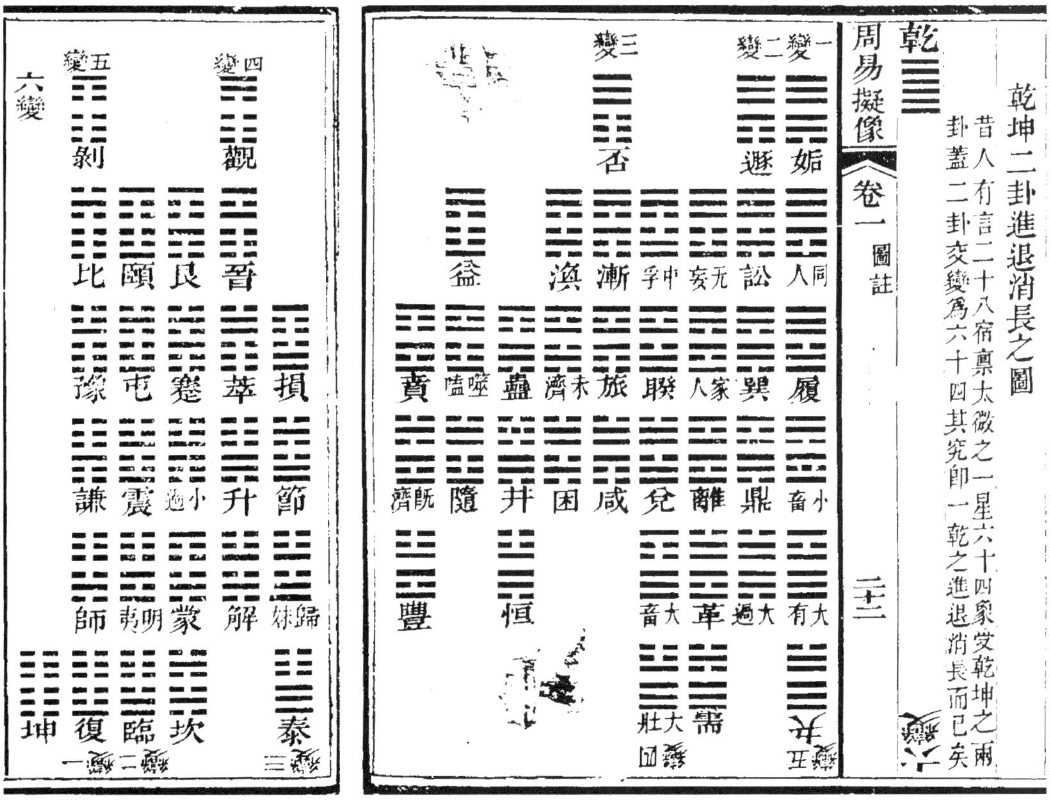

图 20 乾坤二卦进退消长之图
（黎曙寅《周易拟象》）

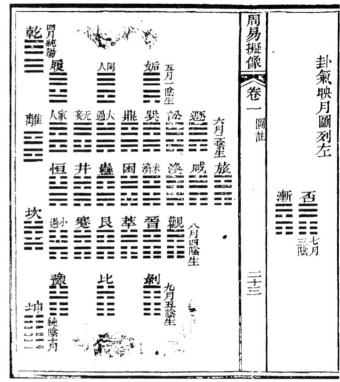

图 21　卦气映月图
（黎曙寅《周易拟象》）

冯经

生卒年不详,字世则,一字雁山,清广东南海(今广东广州)人。乾隆三十五年(1770)举人,官教谕。精研《周易》及算学。卒年七十八。著有《周易略解》八卷、《群经互解》一卷、《四书学解》等。现存有《周易》图像二幅。

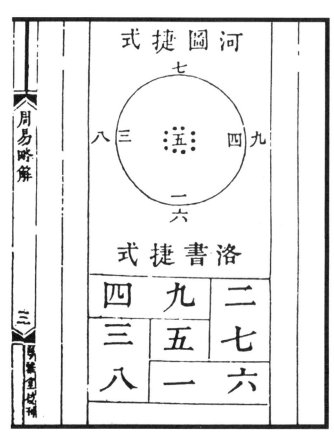

图1　河洛捷式图
(冯经《周易略解》)

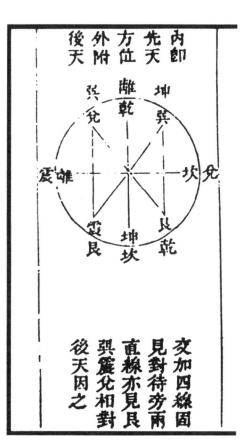

图2　内即先天方位外附后天图
(冯经《周易略解》)

赵继序

生卒年不详，字芝生，号易门，清安徽休宁人。乾隆六年(1741)举人。乾隆末，会讲歙县紫阳书院、休宁还古书院，先后主讲直隶鸳亭书院、江西白鹭洲书院。著有《周易图书质疑》二十四卷、《汉儒传经记》二卷等。现存有《周易》图像十二幅。

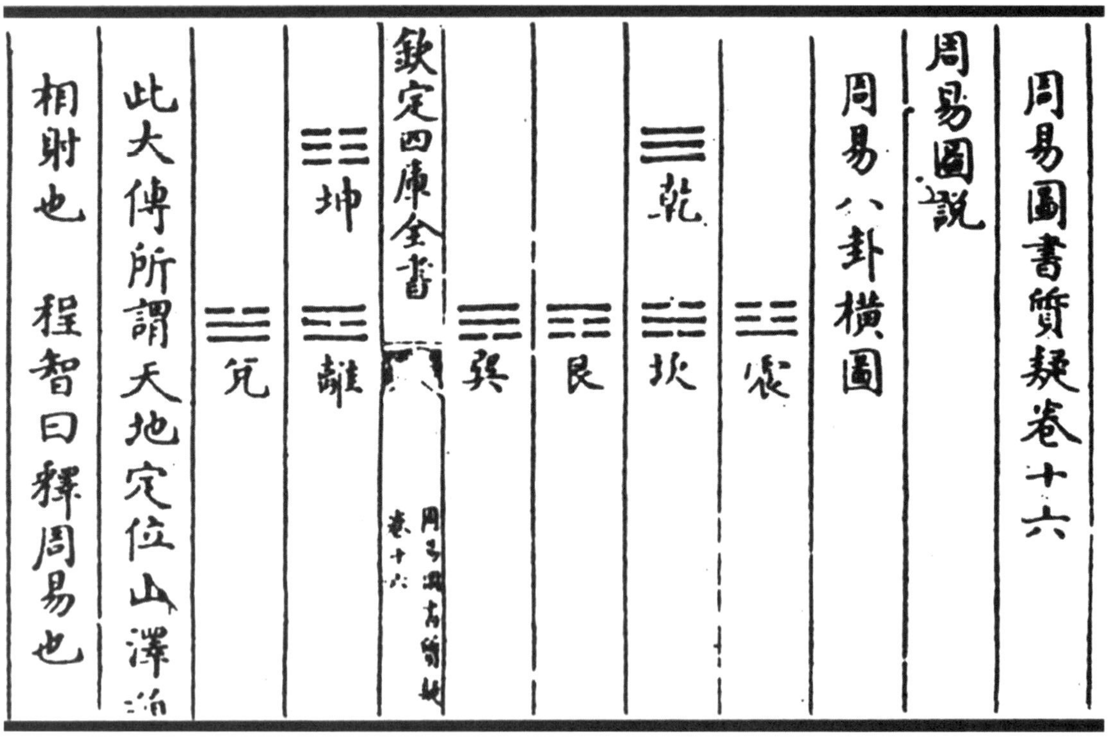
周易圖書質疑卷十六
周易圖說
周易八卦橫圖
乾 震
坎
艮
巽
欽定四庫全書 周易圖書質疑 卷十六
坤
離
兌
此大傳所謂天地定位山澤通
相射也 程智曰釋周易也

图 1　周易八卦横图
(赵继序《周易图书质疑》)

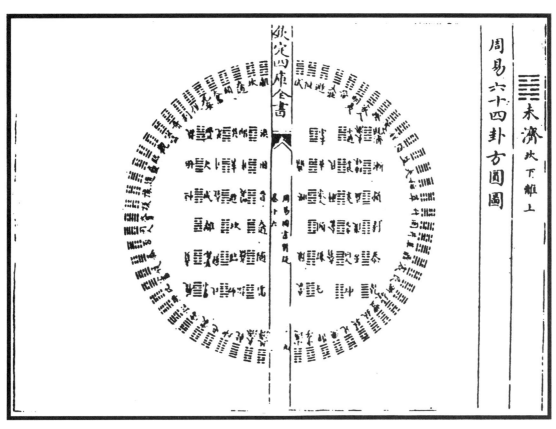

图2 周易六十四卦方圆图
（赵继序《周易图书质疑》）

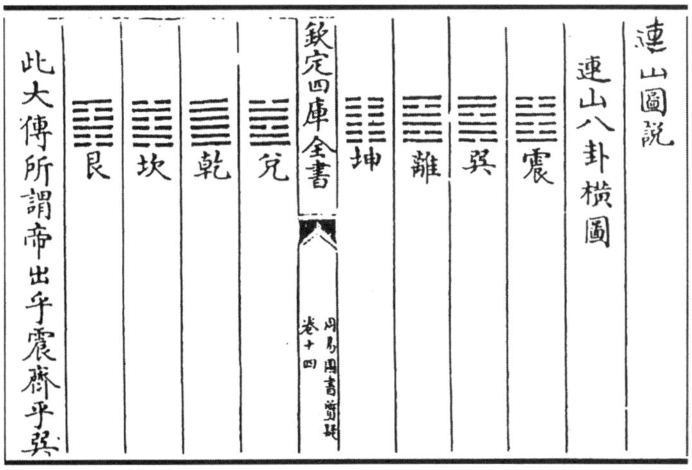

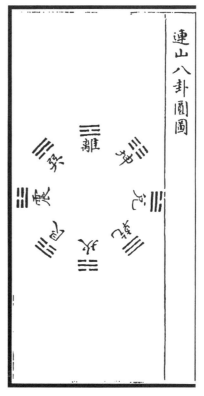

图3 连山八卦横图
（赵继序《周易图书质疑》）

图4 连山八卦圆图
（赵继序《周易图书质疑》）

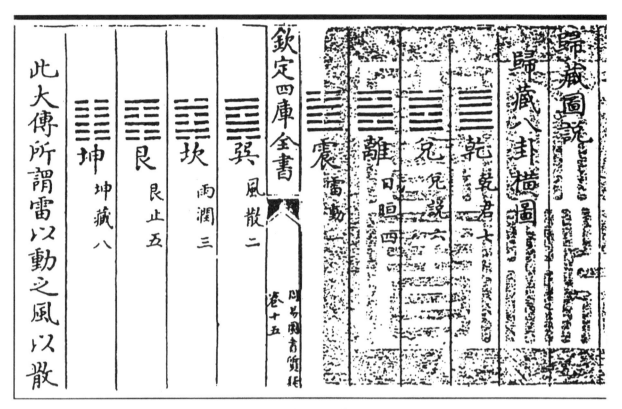

图 5　归藏八卦横图
（赵继序《周易图书质疑》）

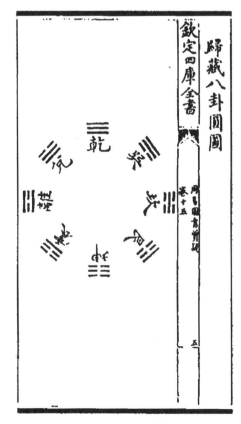

图 6　归藏八卦圆图
（赵继序《周易图书质疑》）

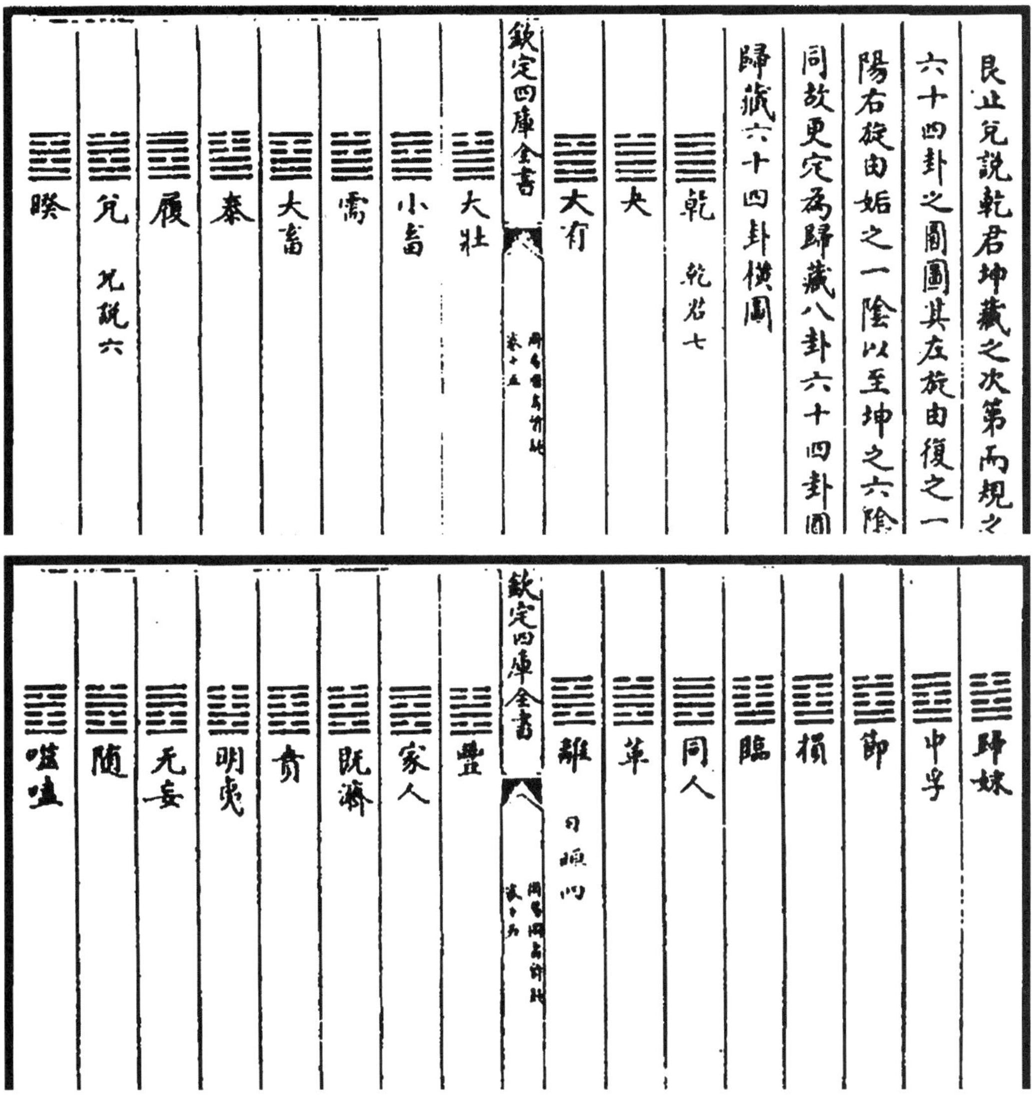

归藏六十四卦横图

艮止兑说乾君坤藏之次第两规之
六十四卦之圆图其左旋由复之一
阳右旋由姤之一阴以至坤之六阴
同故更定为归藏八卦六十四卦圆
图故更定为归藏八卦六十四卦圆

钦定四库全书

乾 乾君七
大有
大壮
小畜
需
大畜
泰
履
兑 兑说六
睽

归妹
中孚
节
损
临
同人
革
离
丰
家人
既济
贲
明夷
无妄
随
噬嗑

图 7-1 归藏六十四卦横图
（赵继序《周易图书质疑》）

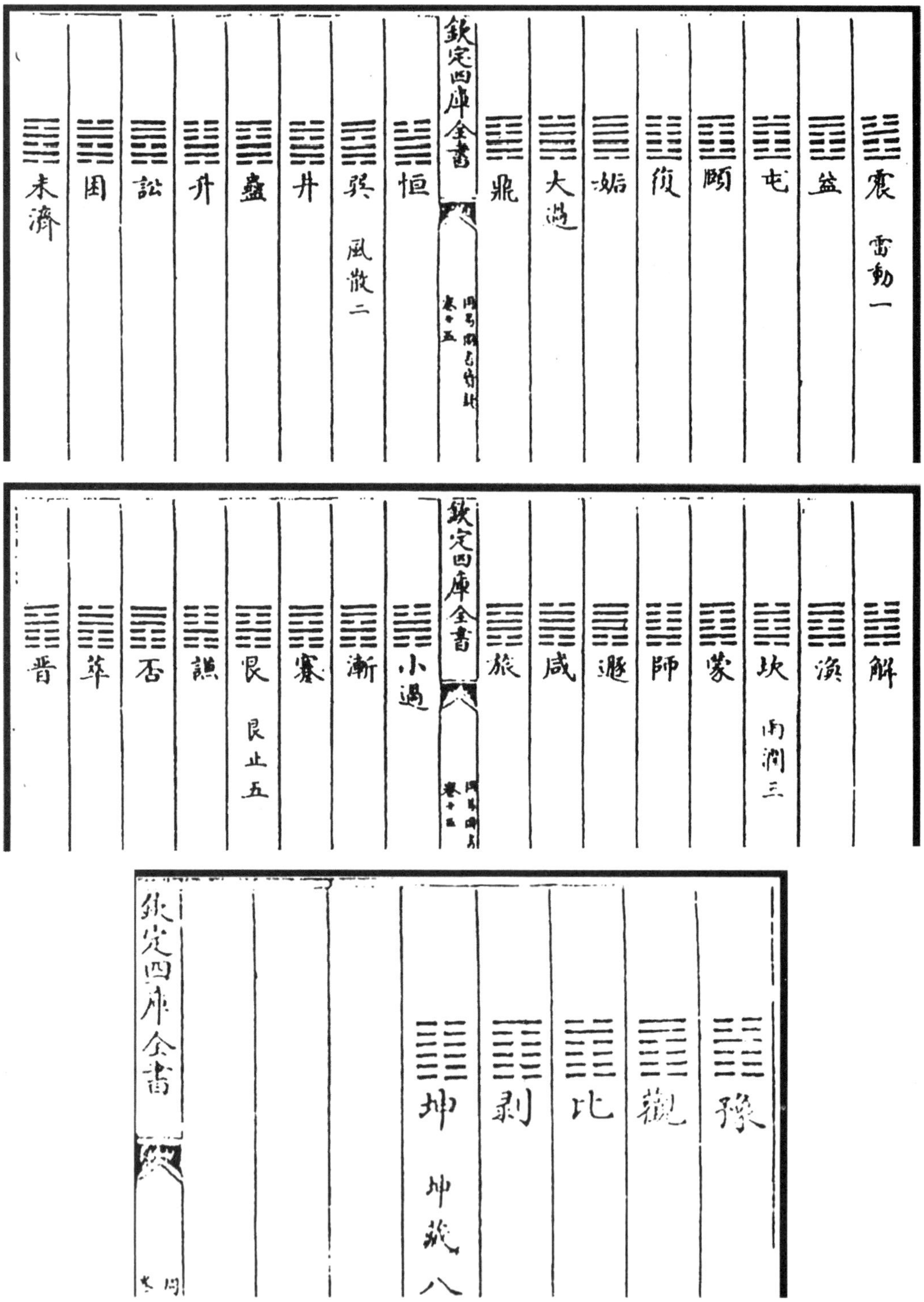

图 7-2 归藏六十四卦横图
（赵继序《周易图书质疑》）

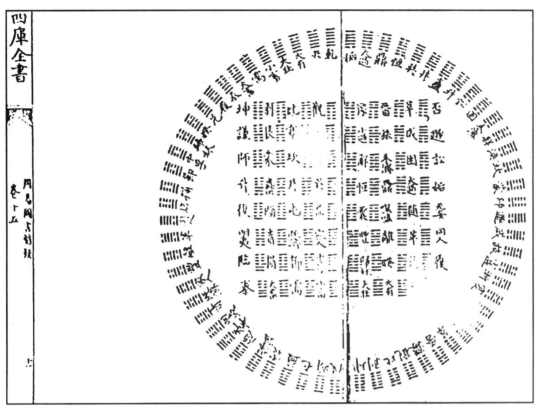

图 8　归藏六十四卦方圆图
（赵继序《周易图书质疑》）

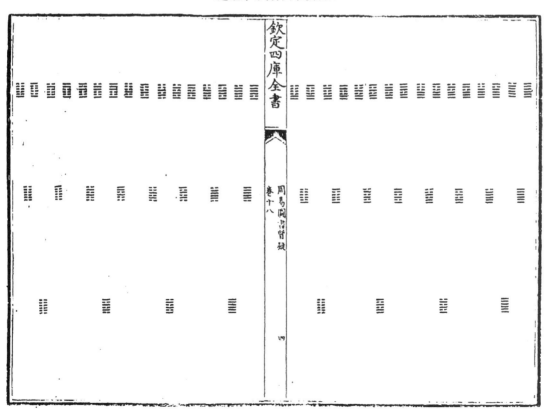

图 9-1　备卦横图
（赵继序《周易图书质疑》）

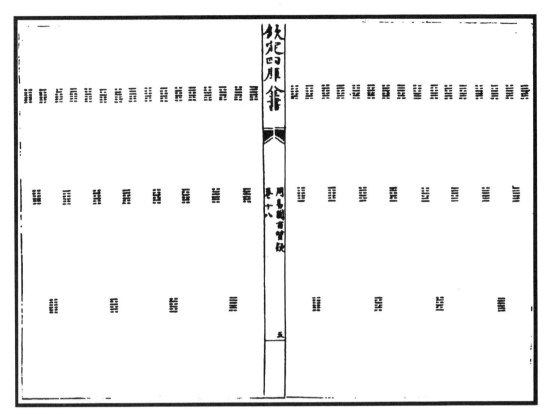

图 9-2　备卦横图
(赵继序《周易图书质疑》)

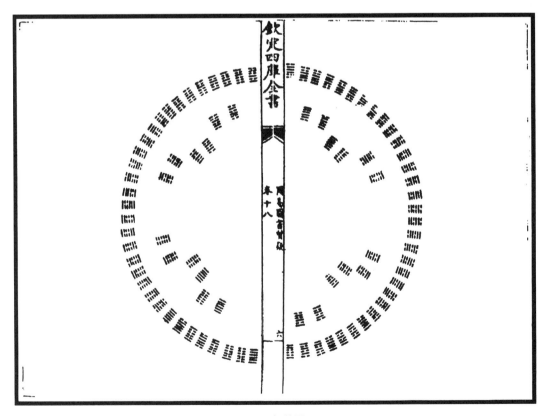

图 10　备卦圆图
(赵继序《周易图书质疑》)

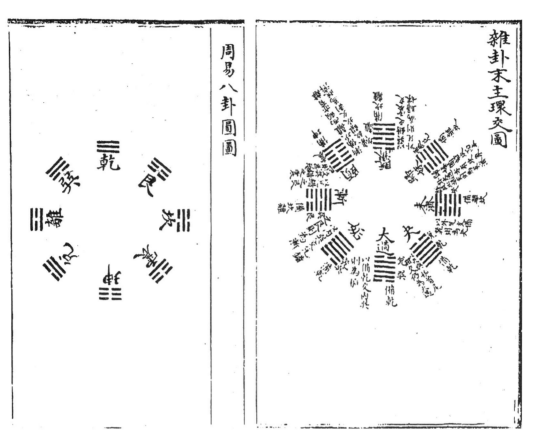

图 11　周易八卦圆图
（赵继序《周易图书质疑》）

图 12　杂卦末主环交图
（赵继序《周易图书质疑》）

赵世迥

生卒年不详,字铎峰,清湖南湘潭人。乾隆中诸生。著有《易经告蒙》四卷、《周易图注》三卷、《四书博义》七卷等。现存有《周易》图像六十五幅。

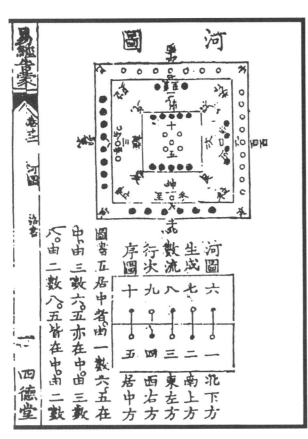

图 1　河图
（赵世迥《易经告蒙》）

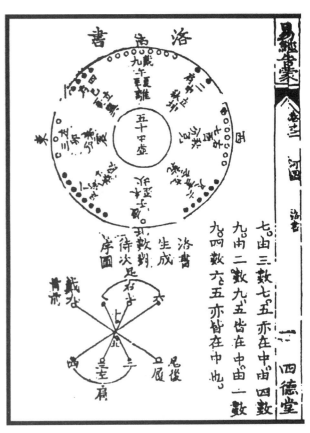

图 2　洛书
（赵世迥《易经告蒙》）

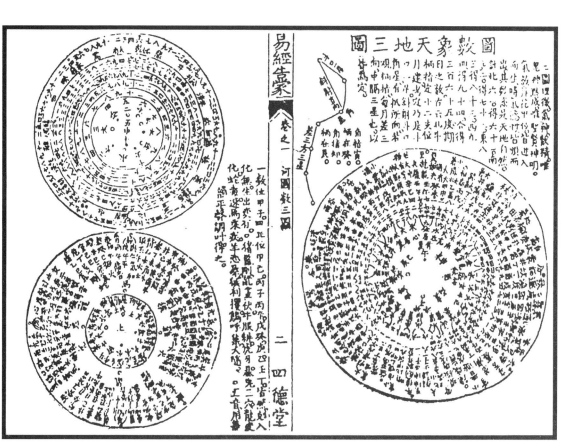

图 3　图数象天地三图
（赵世迥《易经告蒙》）

图 4　书数象天五气图
（赵世迥《易经告蒙》）

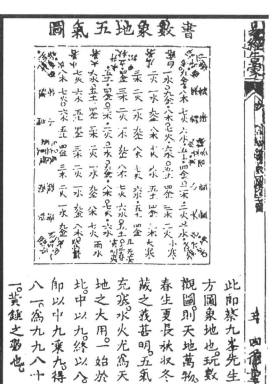

图 5　书数象地五气图
（赵世迥《易经告蒙》）

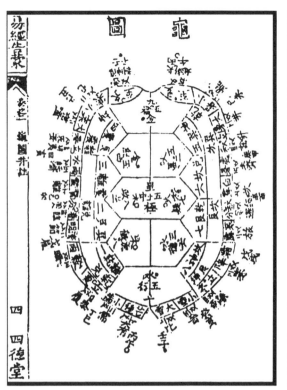

图 6 龟图
（赵世迥《易经告蒙》）

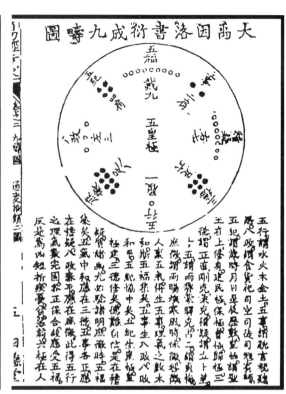

图 7 大禹因洛书衍成九畴图
（赵世迥《易经告蒙》）

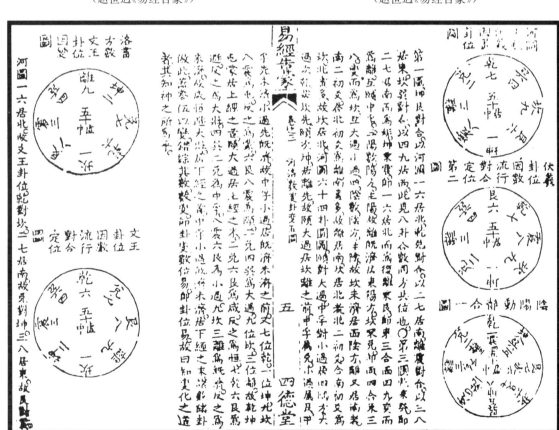

图 8 河洛位数流变五图
（赵世迥《易经告蒙》）

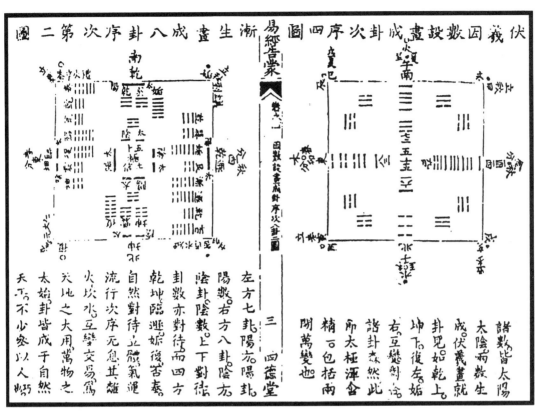

图 9-1 伏羲画八卦四图
（赵世迥《易经告蒙》）

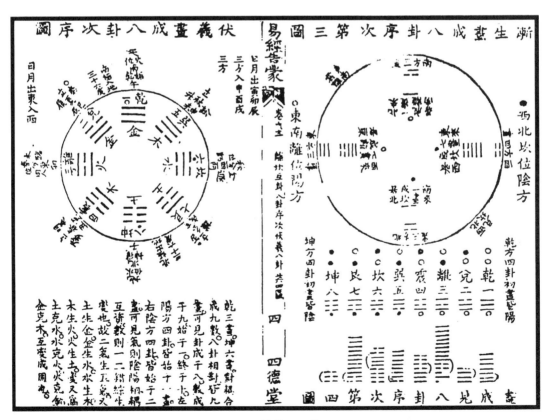

图 9-2 伏羲画八卦四图
（赵世迥《易经告蒙》）

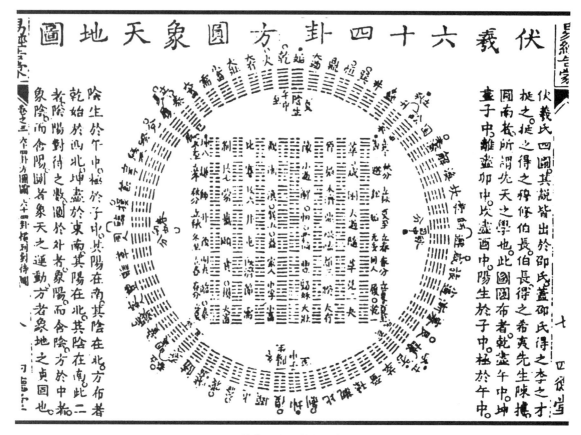

图 10　伏羲六十四卦方圆象天地图
（赵世迥《易经告蒙》）

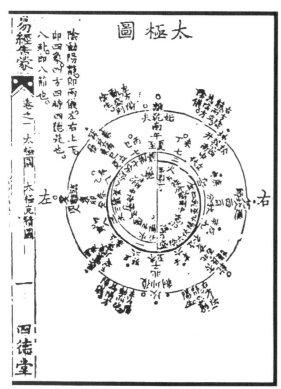

图 11　太极图
（赵世迥《易经告蒙》）

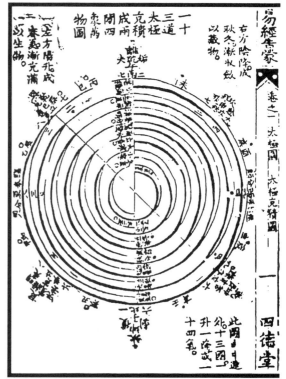

图 12　一十三道太极充积成两间四象万物图
（赵世迥《易经告蒙》）

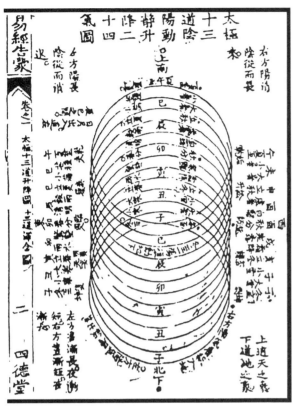

图 13　太极十三道阴阳动静升降二十四气图
（赵世迥《易经告蒙》）

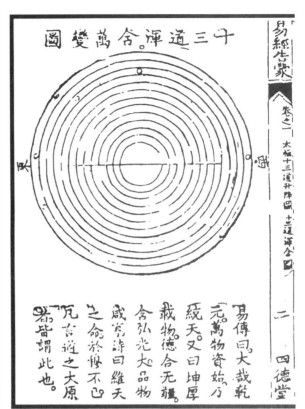

图 14　十三道浑合万变图
（赵世迥《易经告蒙》）

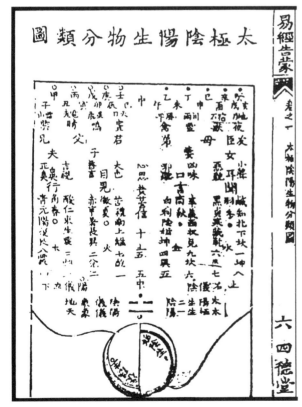

图 15　太极阴阳生物分类图
（赵世迥《易经告蒙》）

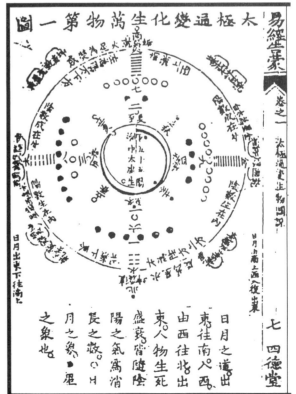

图 16　太极通变化生万物第一图
（赵世迥《易经告蒙》）

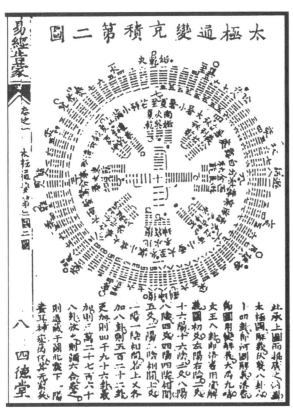

图 17　太极通变克积第二图
（赵世迥《易经告蒙》）

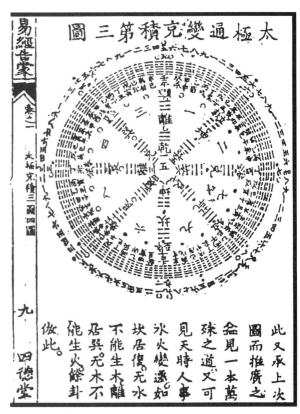

图 18　太极通变克积第三图
（赵世迥《易经告蒙》）

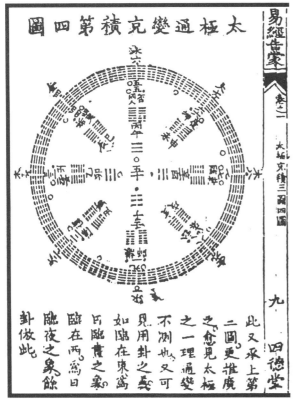

图 19　太极太极通变克积第四图
（赵世迥《易经告蒙》）

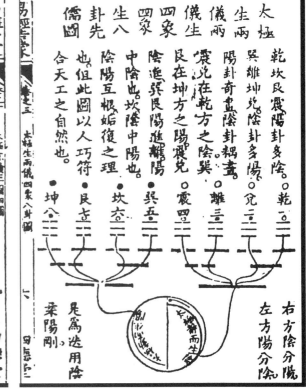

图 20　太极生两仪四象八卦先儒图
（赵世迥《易经告蒙》）

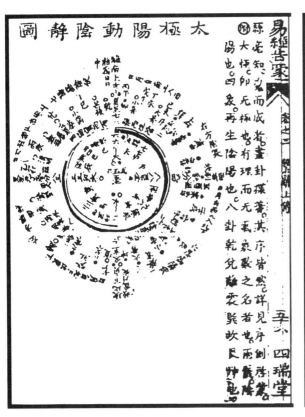

图 21　太极阳动阴静图
（赵世迥《易经告蒙》）

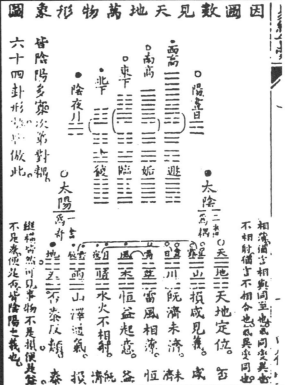

图 22　因图数见天地万物形象图
（赵世迥《易经告蒙》）

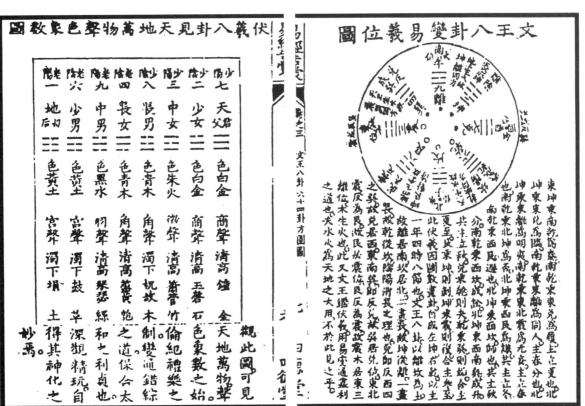

图 23　伏羲八卦见天地万物声色象数图
（赵世迥《易经告蒙》）

图 24　文王八卦变易义位图
（赵世迥《易经告蒙》）

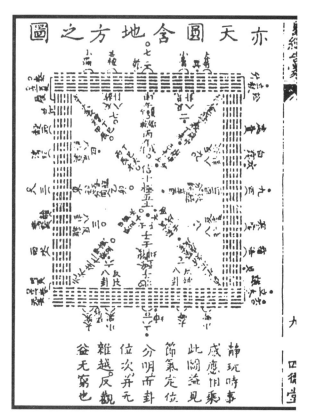

图 25　亦天圆含地方之图
（赵世迥《易经告蒙》）

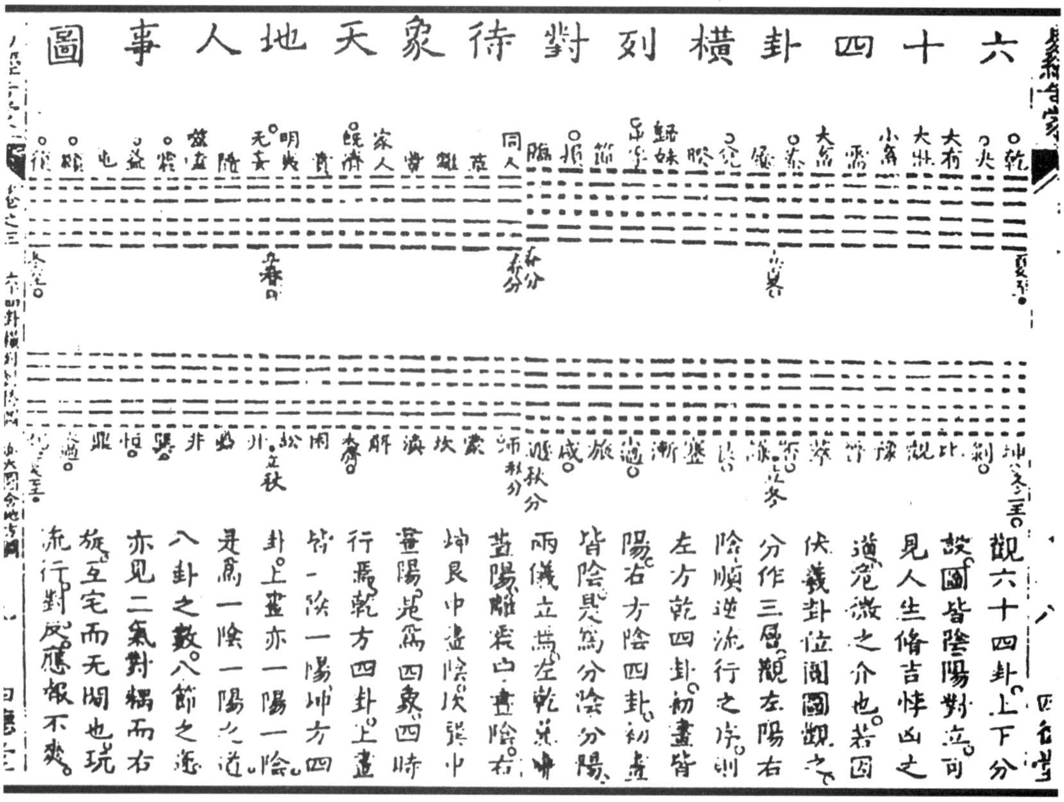

图 26　六十四卦横列对待象天地人事图
（赵世迥《易经告蒙》）

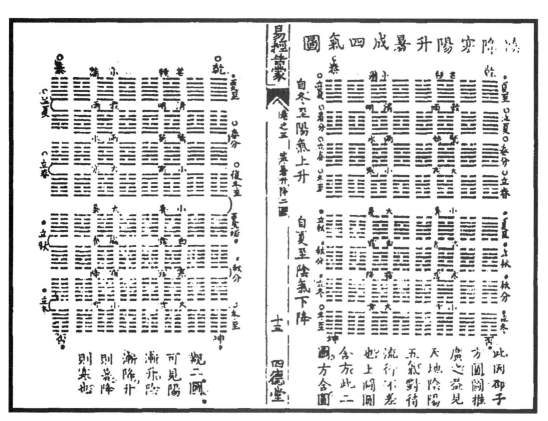

图 27-1 阴降寒阳升暑成四气八图
（赵世迥《易经告蒙》）

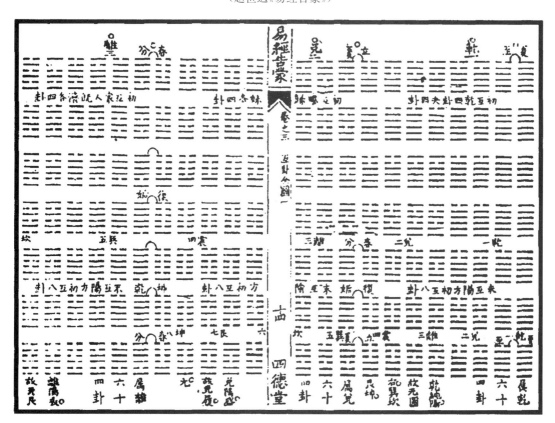

图 27-2 阴降寒阳升暑成四气八图
（赵世迥《易经告蒙》）

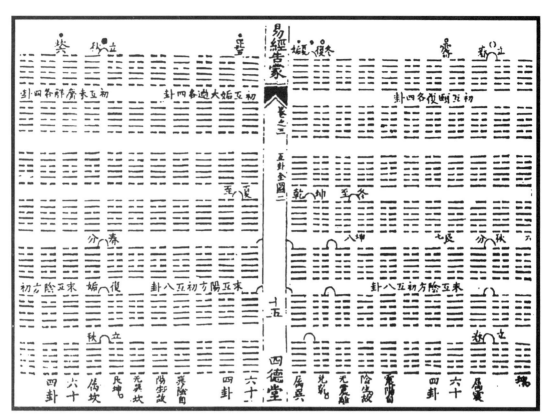

图 27-3 阴降寒阳升暑成四气八图
（赵世迥《易经告蒙》）

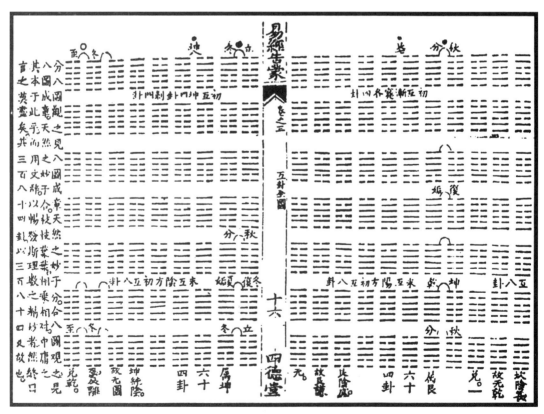

图 27-4 阴降寒阳升暑成四气八图
（赵世迥《易经告蒙》）

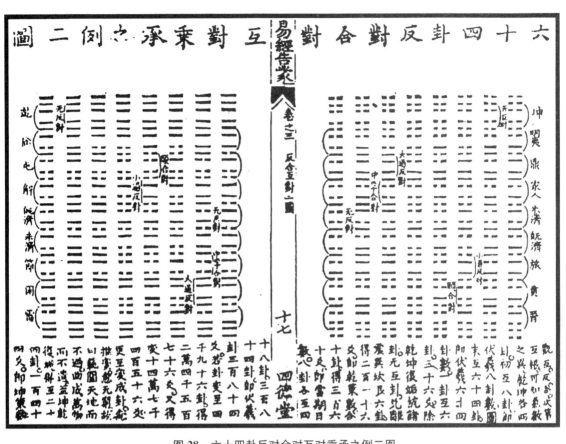

图28 六十四卦反对合对互对乘承之例二图
（赵世迥《易经告蒙》）

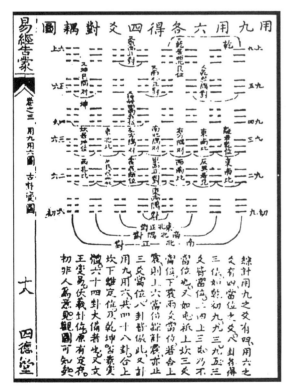

图29 用九用六各得四爻对偶图
（赵世迥《易经告蒙》）

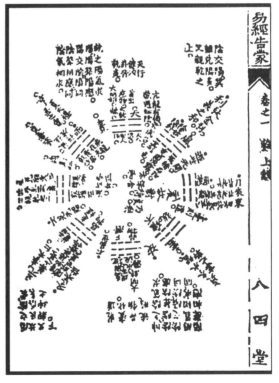

图30 乾道图
（赵世迥《易经告蒙》）

图 31　天尊节图
（赵世迥《易经告蒙》）

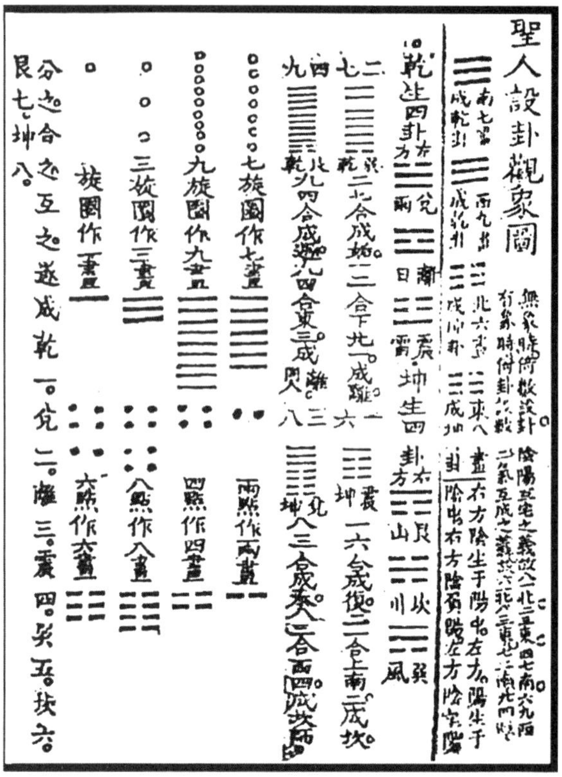

图 32　圣人设卦观象图
（赵世迥《易经告蒙》）

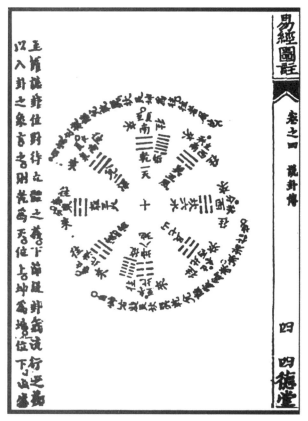

图 33　数往知来图
（赵世迥《易经告蒙》）

图 34　雷动风散图
（赵世迥《易经告蒙》）

图 35　文王八卦图
（赵世迥《易经告蒙》）

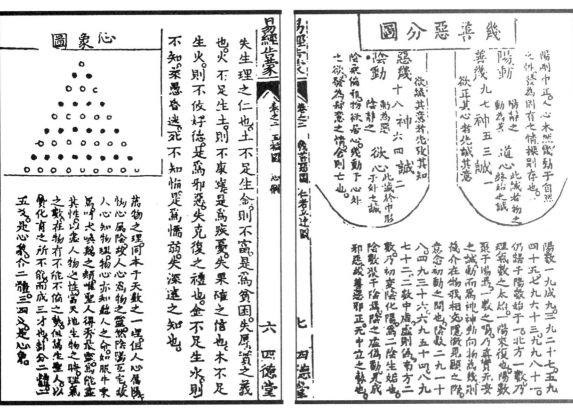

图36 心象图
（赵世迥《易经告蒙》）

图37 几善恶分图
（赵世迥《易经告蒙》）

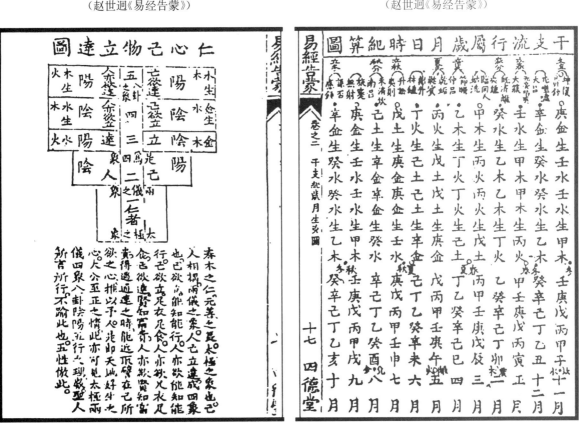

图38 仁心己物立达图
（赵世迥《易经告蒙》）

图39 干支流行属岁月日时纪算图
（赵世迥《易经告蒙》）

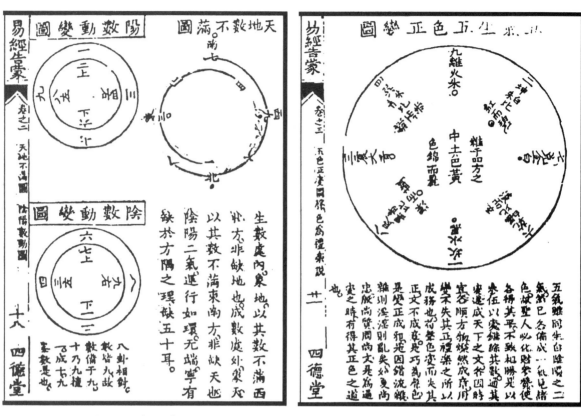

图 40　天地阴阳数三图
（赵世迥《易经告蒙》）

图 41　五气生五色正变图
（赵世迥《易经告蒙》）

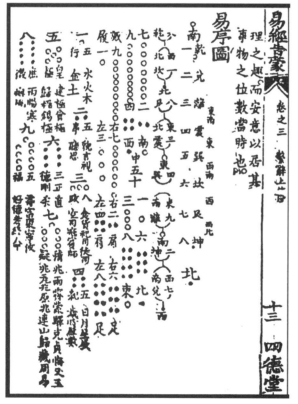

图 42　易序图
（赵世迥《易经告蒙》）

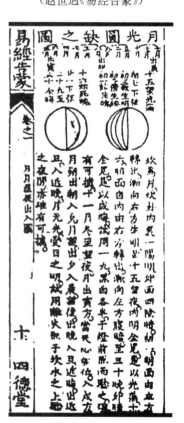

图 43　月光圆缺之图
（赵世迥《易经告蒙》）

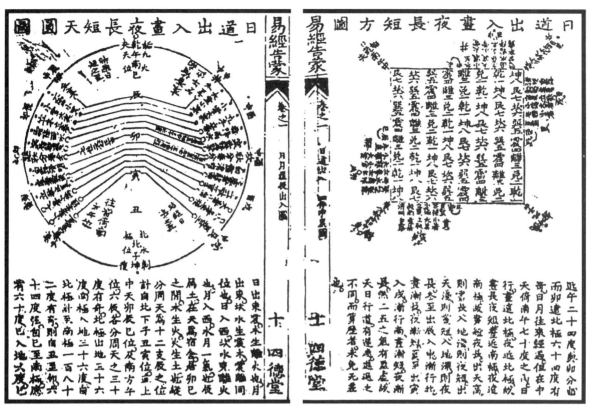

图44 日道出入昼夜长短天圆图
（赵世迥《易经告蒙》）

图45 日道出入昼夜长短方图
（赵世迥《易经告蒙》）

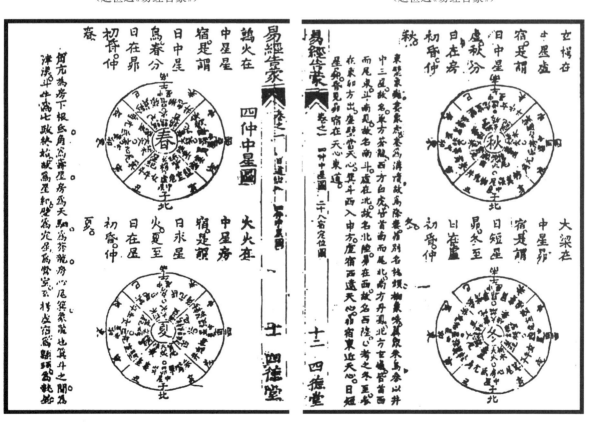

图46 四仲中星图（春、夏）
（赵世迥《易经告蒙》）

图47 四仲中星图（秋、冬）
（赵世迥《易经告蒙》）

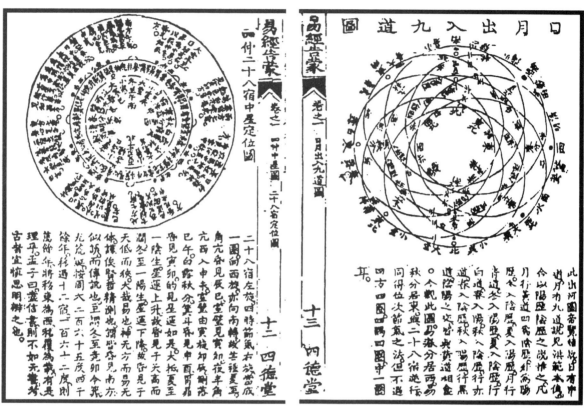

图48 四仲二十八宿中星定位图
（赵世迥《易经告蒙》）

图49 日月出入九道图
（赵世迥《易经告蒙》）

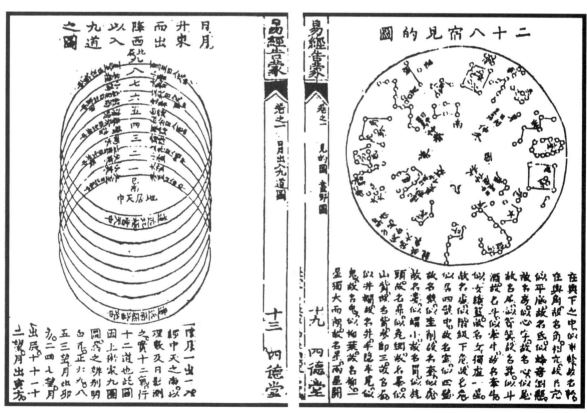

图50 日月升东而出降西以入九道之图
（赵世迥《易经告蒙》）

图51 二十八宿见的图
（赵世迥《易经告蒙》）

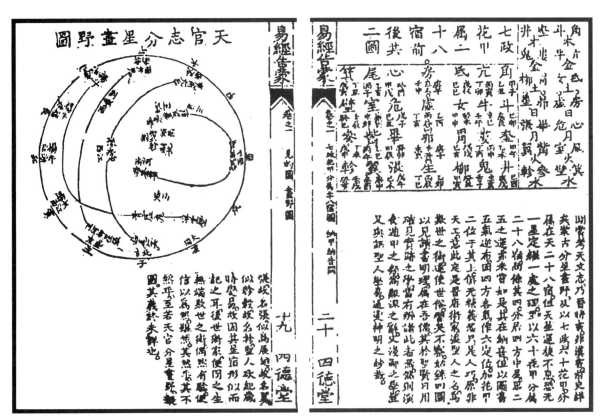

图52 天官志分星画野图
（赵世迥《易经告蒙》）

图53 七政花甲属二十八宿前后共二图
（赵世迥《易经告蒙》）

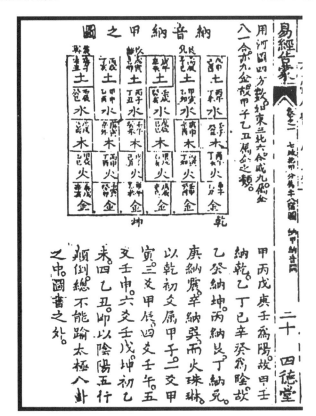

图54 纳音纳甲之图
（赵世迥《易经告蒙》）

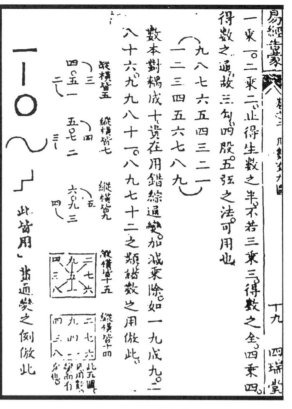

图 55‑1　周易与数学图
（赵世迥《易经告蒙》）

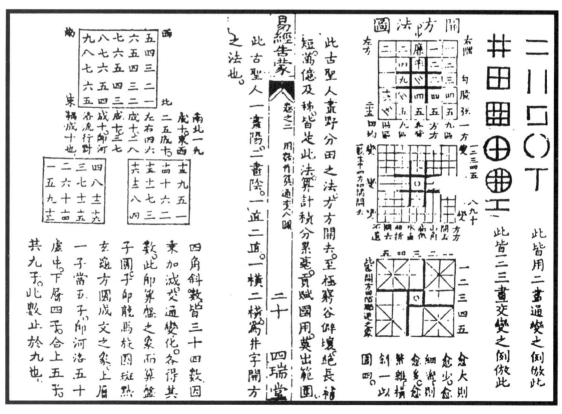

图 55‑2　周易与数学图
（赵世迥《易经告蒙》）

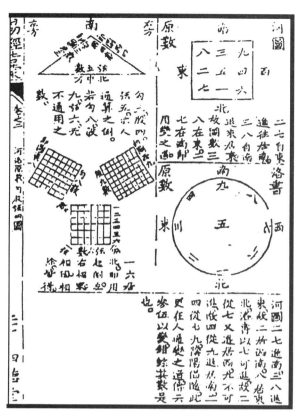

图 55-3　周易与数学图
（赵世迥《易经告蒙》）

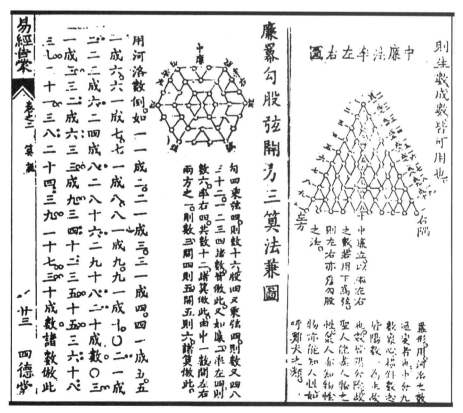

图 55-4　周易与数学图
（赵世迥《易经告蒙》）

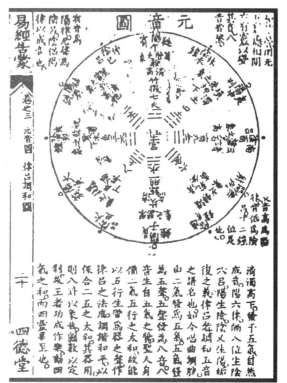

图56　元音图
（赵世迥《易经告蒙》）

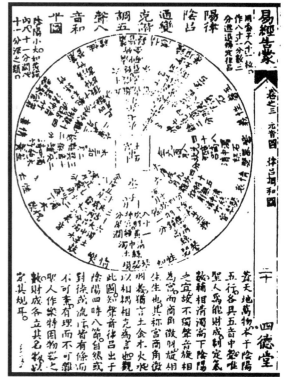

图57　阳律阴吕通变克谐调五声八音和平图
（赵世迥《易经告蒙》）

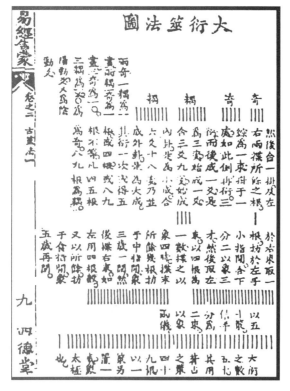

图58　大衍筮法图
（赵世迥《易经告蒙》）

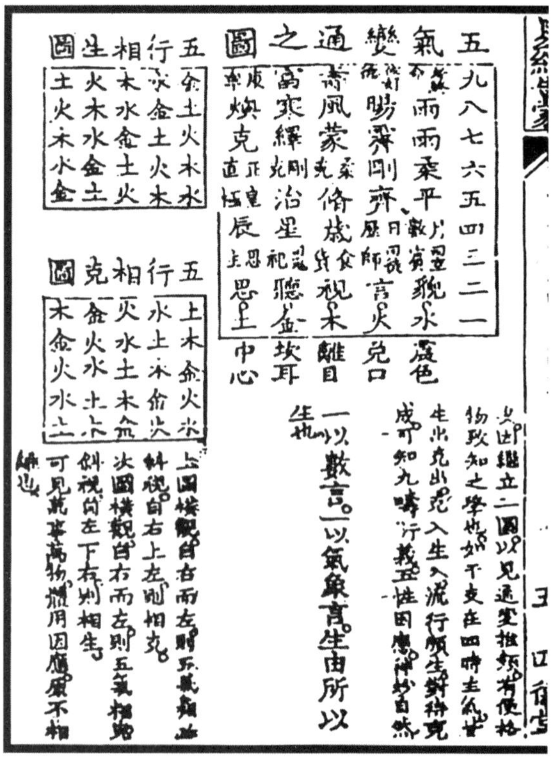

图59　五气变通之图
图60　五行相生图
图61　五行相克图
（赵世迥《易经告蒙》）

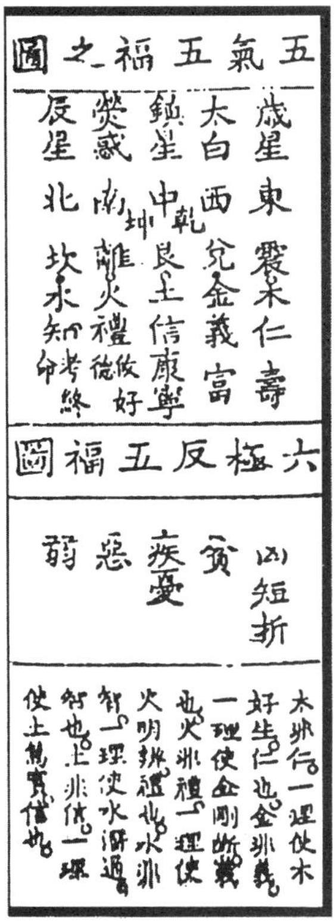

图 62　五气五福之图
图 63　六极反五福图
（赵世迥《易经告蒙》）

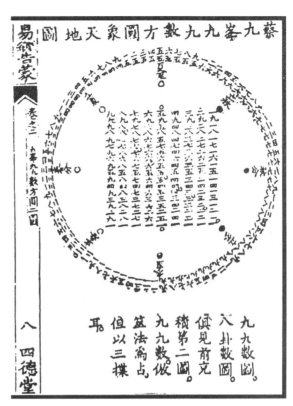

图 64　蔡沈九九数方圆象天地图
（赵世迥《易经告蒙》）

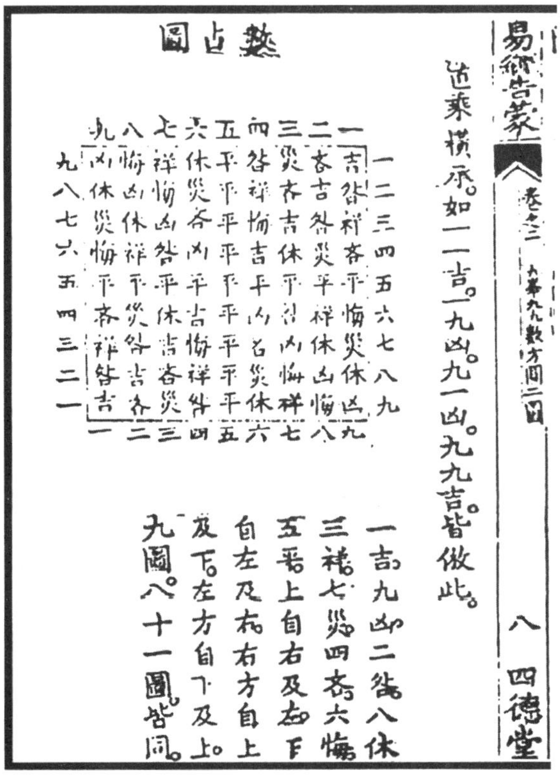

图 65　数占图
（赵世迥《易经告蒙》）

金诚

生卒年不详,字闲存,清江苏华亭(今上海松江)人。学宗朱熹,精于《周易》。著有《易经贯一》二十二卷。现存有《周易》图像十二幅。

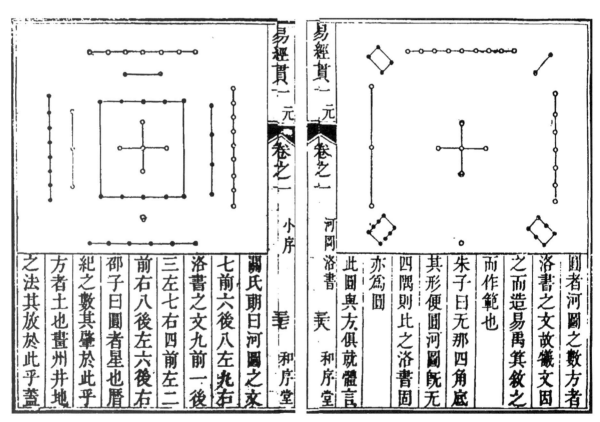

图1　河图
(金诚《易经贯一》)

图2　洛书
(金诚《易经贯一》)

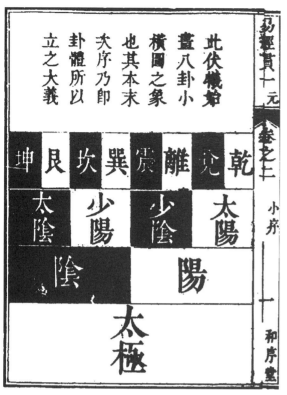

图3 伏羲八卦小横图
（金诚《易经贯一》）

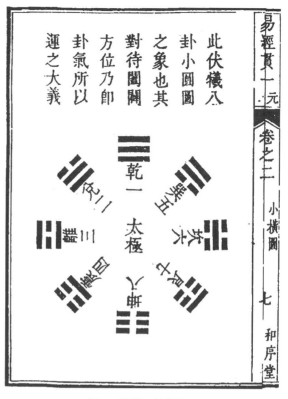

图4 伏羲八卦小圆图
（金诚《易经贯一》）

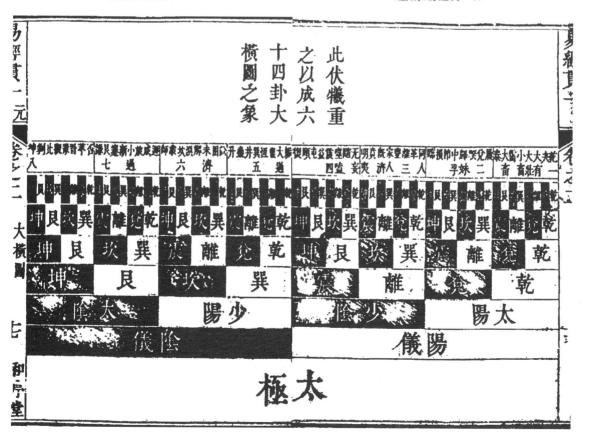

图5 伏羲六十四卦大横图
（金诚《易经贯一》）

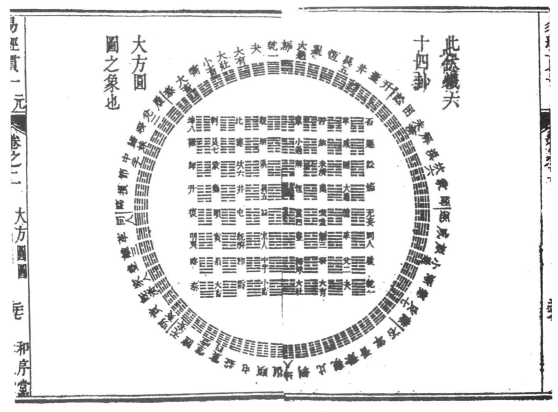

图6　伏羲六十四卦大方圆图
（金诚《易经贯一》）

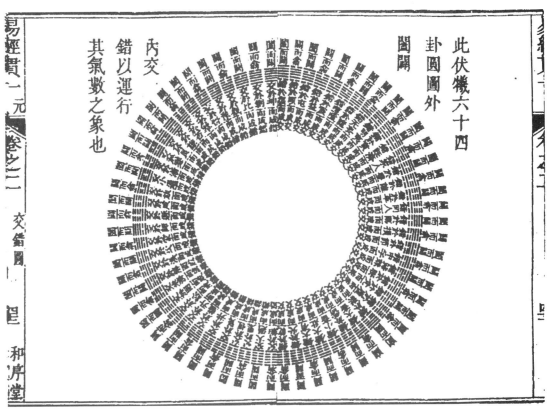

图7　伏羲六十四卦圆图外阖闢内交错图
（金诚《易经贯一》）

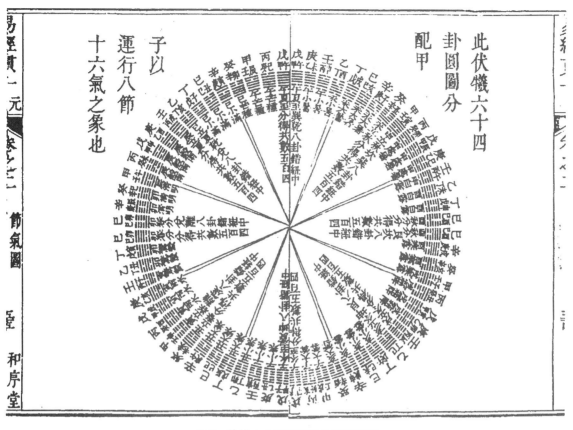

图 8　伏羲六十四卦圆图分配甲子图
（金诚《易经贯一》）

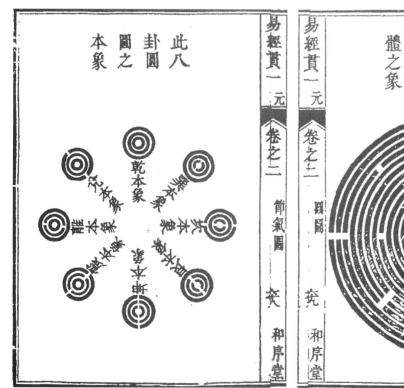

图 9　八卦圆图之本象图
（金诚《易经贯一》）

图 10　八卦圆图本于一气合为一体之象图
（金诚《易经贯一》）

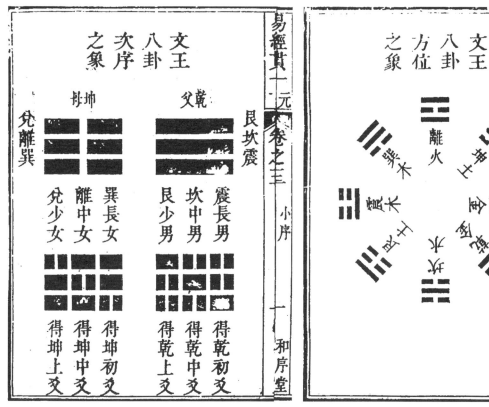

图11 文王八卦次序之象图
（金诚《易经贯一》）

图12 文王八卦方位之象图
（金诚《易经贯一》）

王皜

生卒年不详,字又皓,号雪鸿,清安徽六安人。著有《六经图》等。现存有《周易》图像七十八幅。

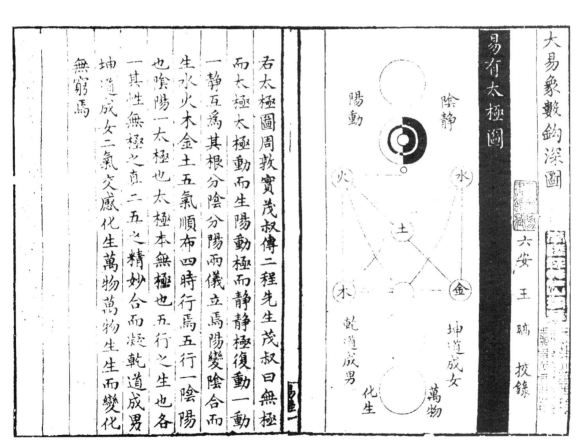

图1 易有太极图
(王皜《六经图》)

舊有此圖

太極未有象數惟一氣耳一氣既分輕清者上為天重濁者下為地太極生兩儀也兩儀既分則金木水火四方之位列兩儀生四象也水數六居坎而生乾金數九居兌而生坤火數七居離而生巽木數八居震而生艮四象生八卦也

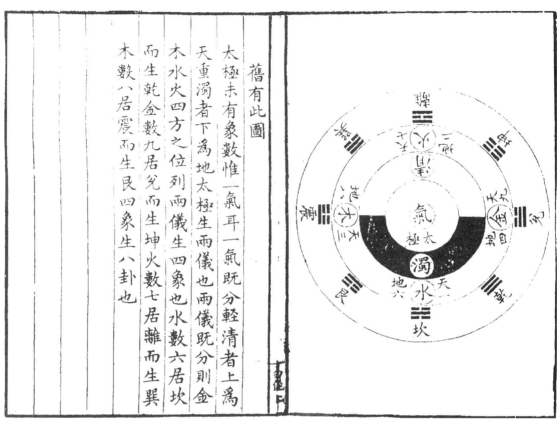

图 2　易有太极旧图
（王皞《六经图》）

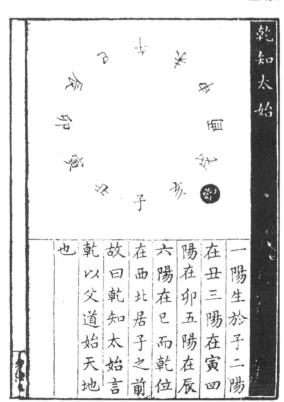

图 3　乾知太始图
（王皞《六经图》）

图 4　坤作成物图
（王皞《六经图》）

图5 天尊地卑图
（王皞《六经图》）

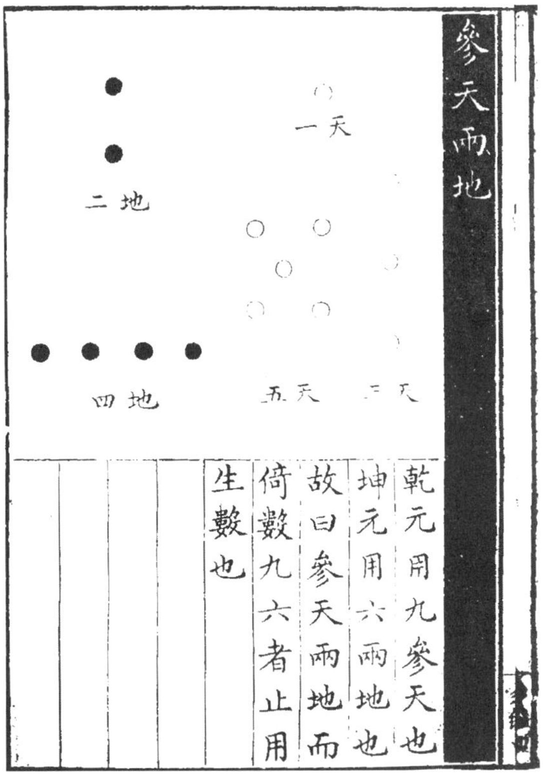

图6 参天两地图
（王皞《六经图》）

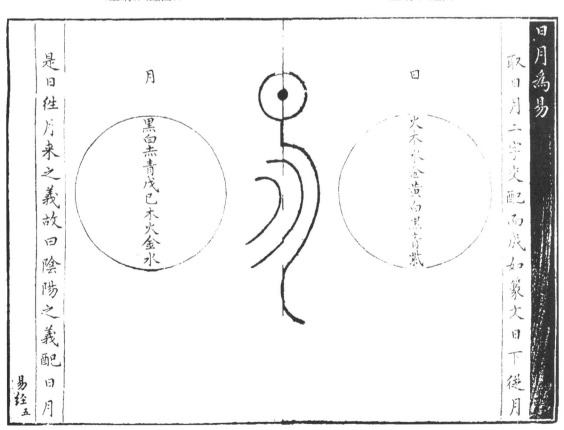

图7 日月为易图
（王皞《六经图》）

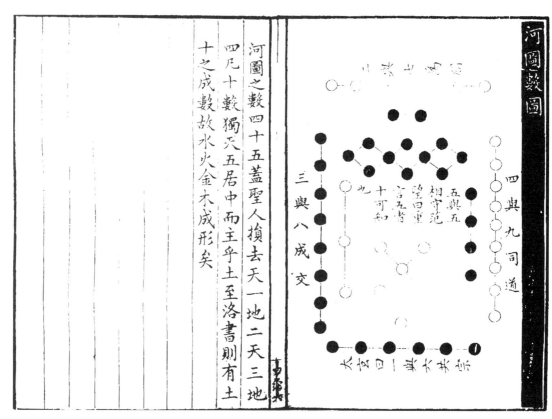

图 8　河图数图
（王皞《六经图》）

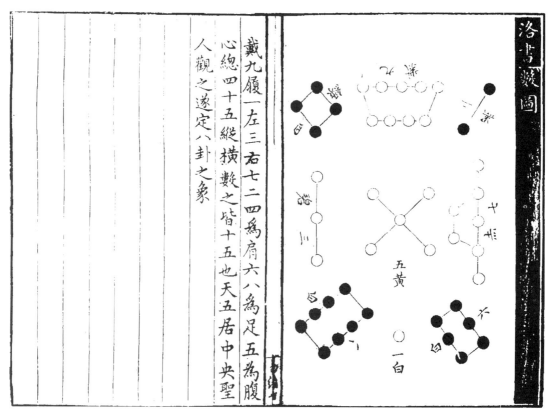

图 9　洛书数图
（王皞《六经图》）

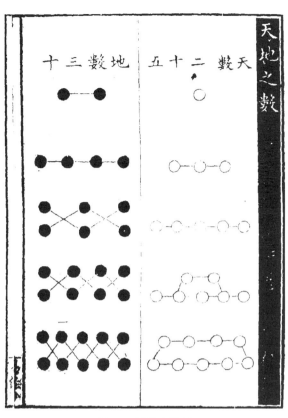

图 10　天地之数图
（王皜《六经图》）

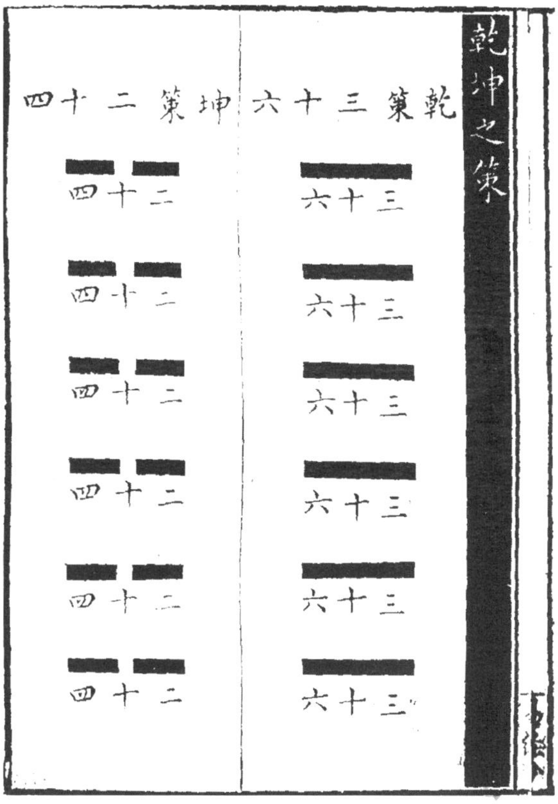

图 11　乾坤之策图
（王皜《六经图》）

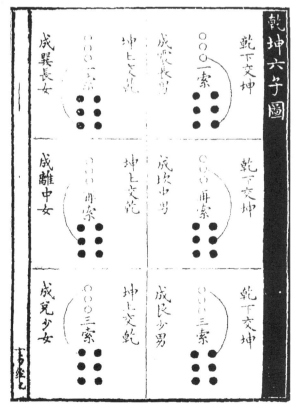

图 12　乾坤六子图
（王皜《六经图》）

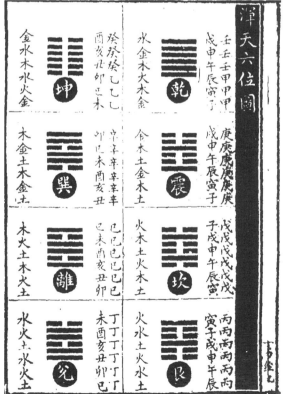

图 13　浑天六位图
（王皜《六经图》）

伏羲先天圖
右伏羲八卦圖王豫傳於邵康節而堯夫得之歸
藏初經者伏羲初畫八卦因而重之者也其經初
乾初奭坤初艮初兑初犖坎初離初釐震初巽卦
皆六畫即此八卦也八卦既重爻在其中
易經十

图 14　伏羲先天图

（王皜《六经图》）

方圓相生圖
方中之圓出而變方爲圓之形
圓中之方出而變圓爲方之形
方圓交而生方生圓
酉
午
午
卯
一定之圓
一成之方
鄭氏云古先天圖楊雄太玄經關子明洞極魏伯
陽參同契邵堯夫皇極經世而已惜乎雄之太玄
子明之洞極倣易爲書泥於文字後世忽之以爲
屋上架屋頭上安頭也伯陽之參同契意在於鍛
鍊而入於術於聖人之道又爲異端也堯夫擺去
文字小術而著書天下又不顧之但以爲律曆之
用難矣哉四家之學皆出於古先天圖先天圖其
易之源乎復無文字解註而世亦以爲無用之物
也今予作方圓圖註脚比之四家爲最簡易而四
家之意不出於吾圖之中於易之學爲最要
易經十

图 15　方圆相生图

（王皜《六经图》）

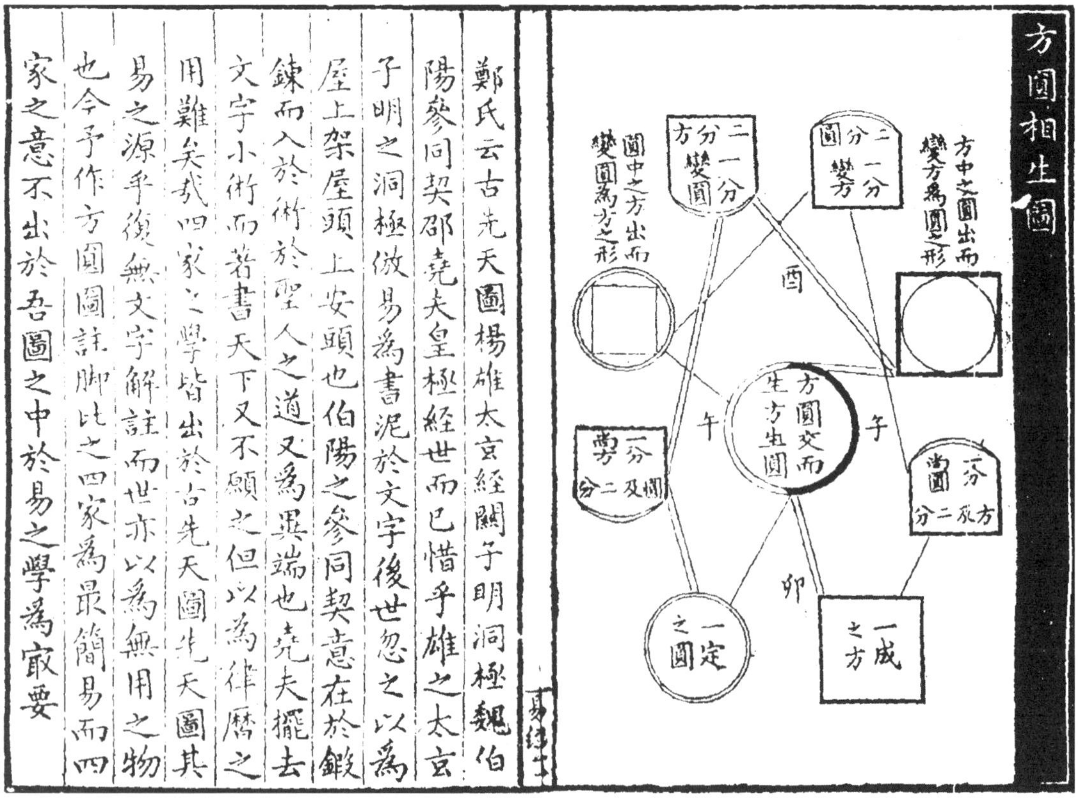

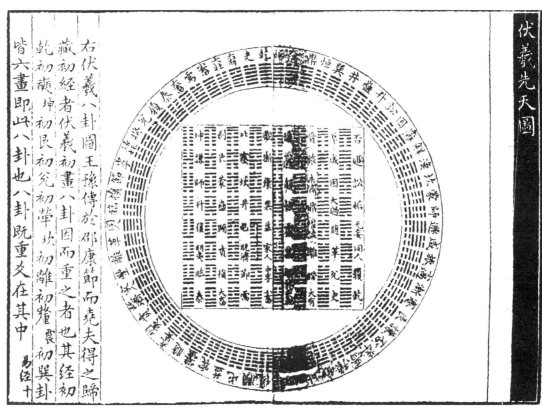

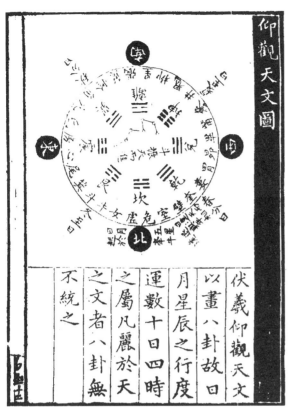

图16 仰观天文图
（王皞《六经图》）

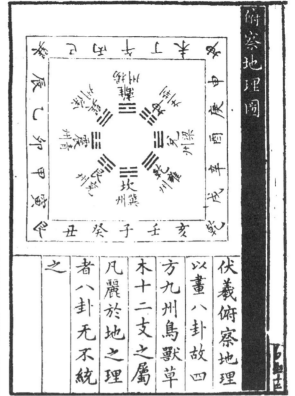

图17 俯察地理图
（王皞《六经图》）

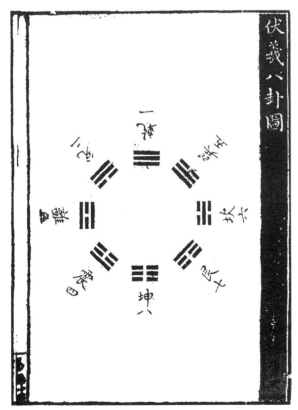

图18 伏羲八卦图
（王皞《六经图》）

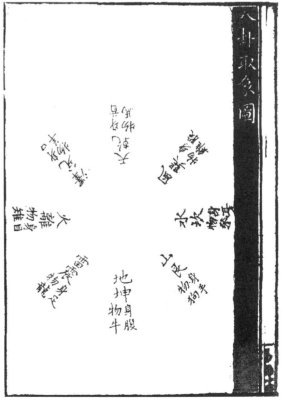

图19 八卦取象图
（王皞《六经图》）

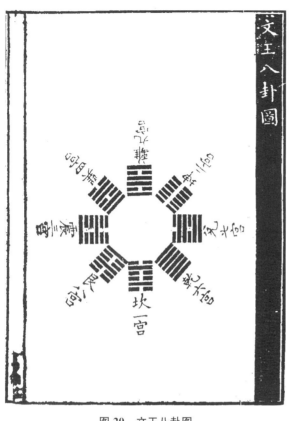

图 20　文王八卦图
（王皞《六经图》）

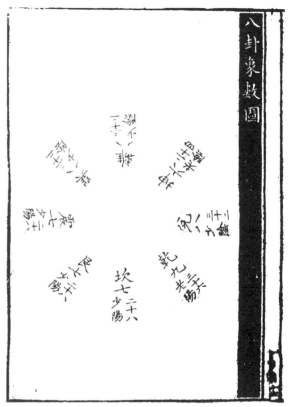

图 21　八卦象数图
（王皞《六经图》）

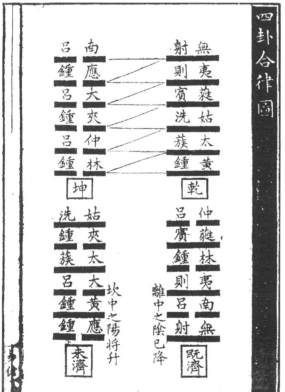

图 22　四卦合律图
（王皞《六经图》）

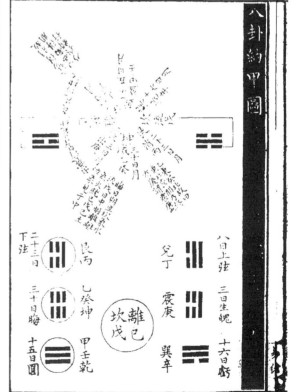

图 23　八卦纳甲图
（王皞《六经图》）

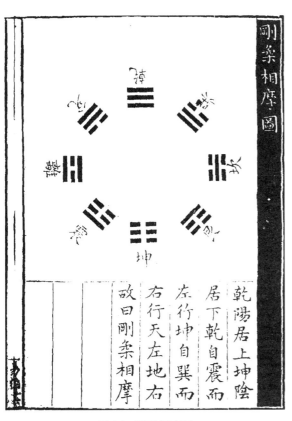

图24 刚柔相摩图
（王皜《六经图》）

图25 八卦相荡图
（王皜《六经图》）

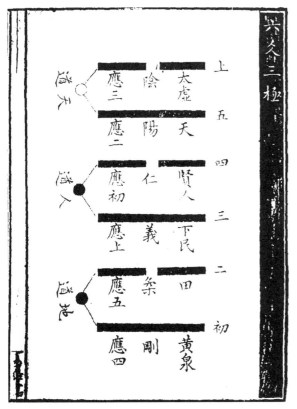

图26 六爻三极图
（王皜《六经图》）

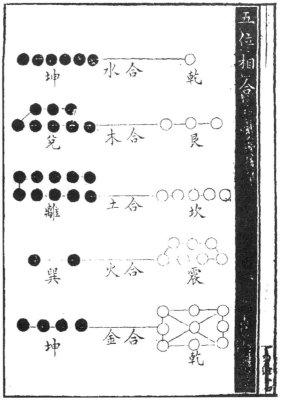

图27 五位相合图
（王皜《六经图》）

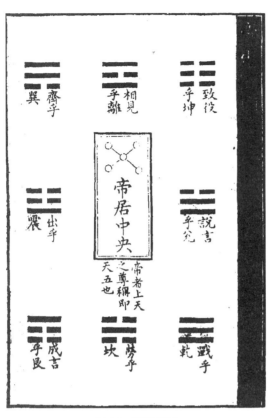

图 28　帝出震图
（王皞《六经图》）

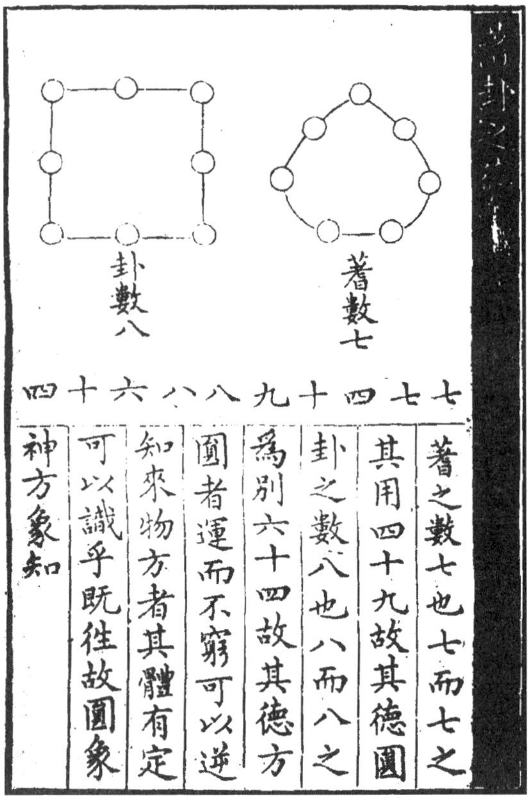

图 29　蓍卦之往图
（王皞《六经图》）

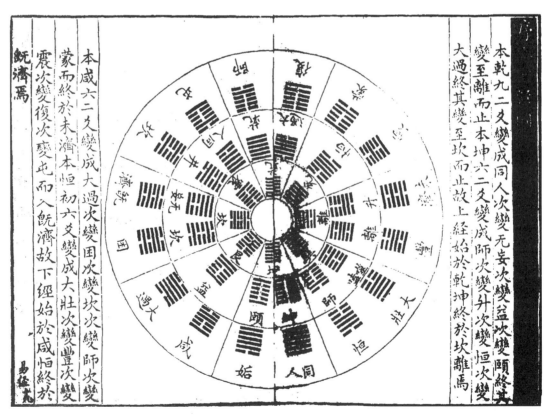

图 30　序上下经图
（王皞《六经图》）

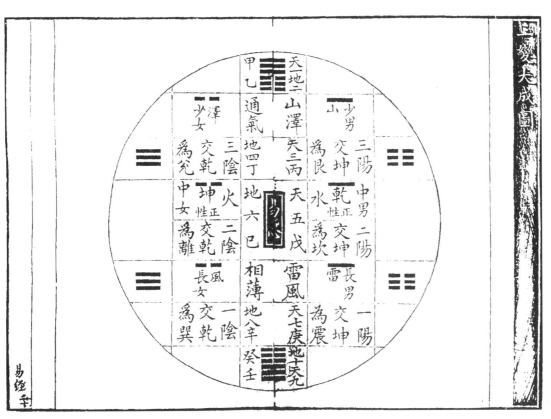

图 31 三变大成图
（王皞《六经图》）

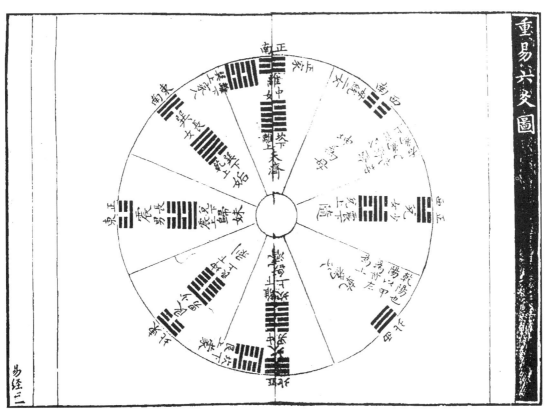

图 32 重易六爻图
（王皞《六经图》）

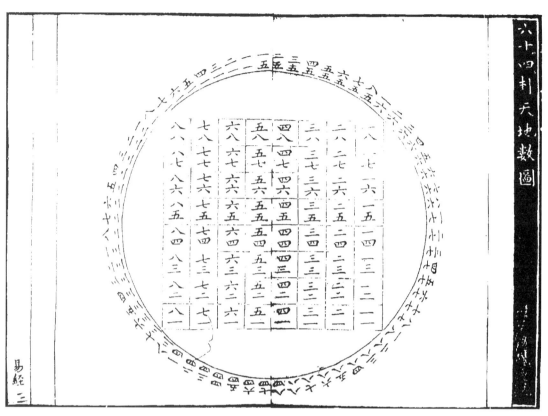

图 33　六十四卦天地数图
（王皞《六经图》）

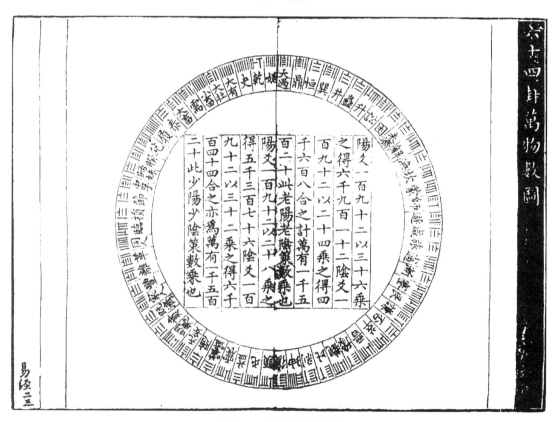

图 34　六十四卦万物数图
（王皞《六经图》）

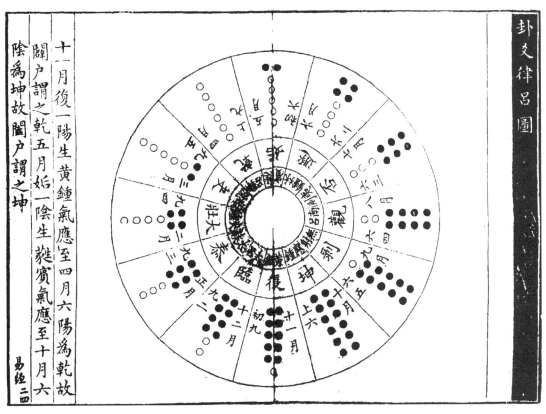

图 35　卦爻律吕图
（王皞《六经图》）

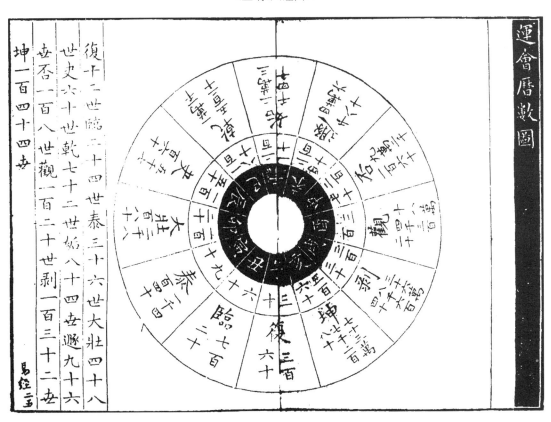

图 36　运会历数图
（王皞《六经图》）

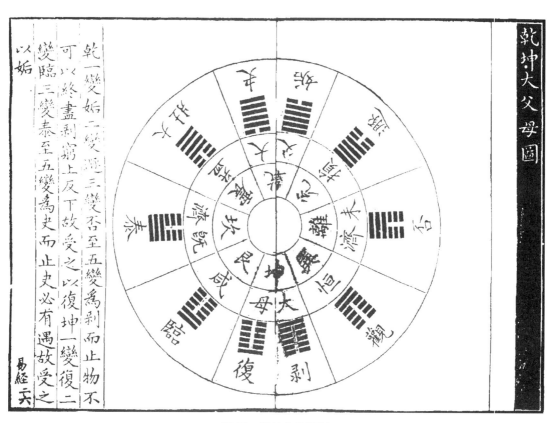

图 37 乾坤大父母图
（王皞《六经图》）

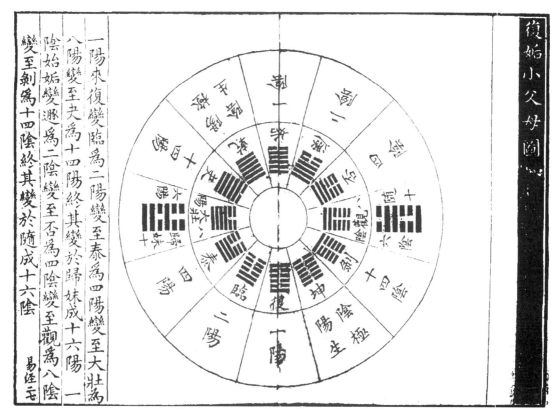

图 38 复姤小父母图
（王皞《六经图》）

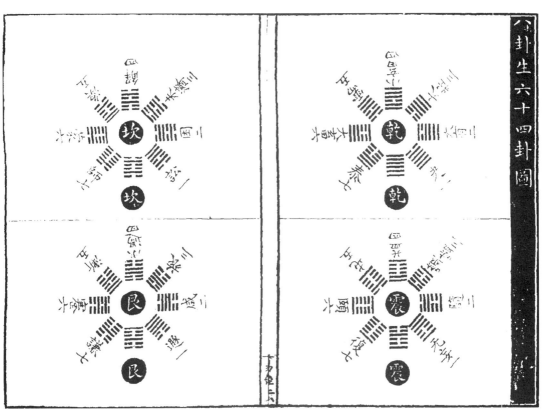

图 39-1　八卦生六十四卦图
（王皜《六经图》）

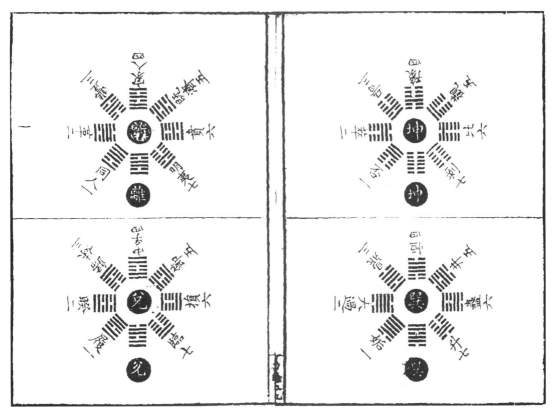

图 39-2　八卦生六十四卦图
（王皜《六经图》）

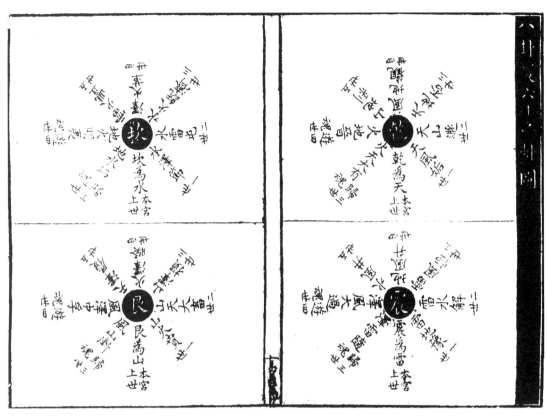

图 40-1　八卦变六十四卦图
（王皞《六经图》）

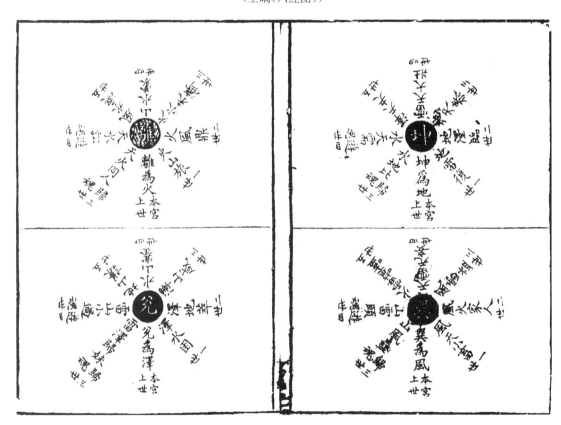

图 40-2　八卦变六十四卦图
（王皞《六经图》）

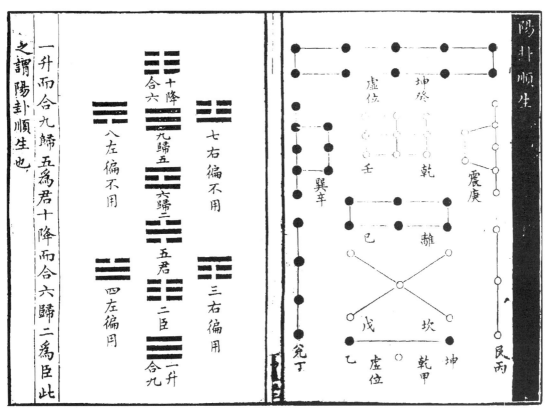

图41 阳卦顺生图
（王皙《六经图》）

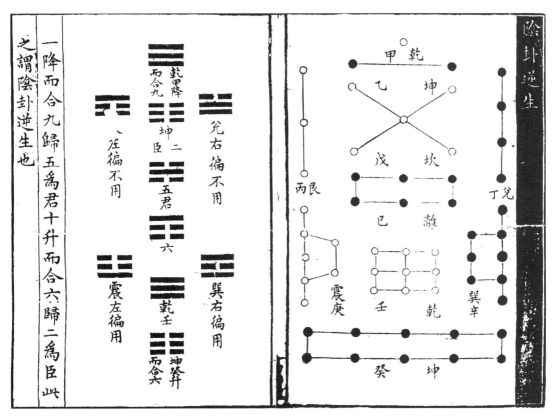

图42 阴卦逆生图
（王皙《六经图》）

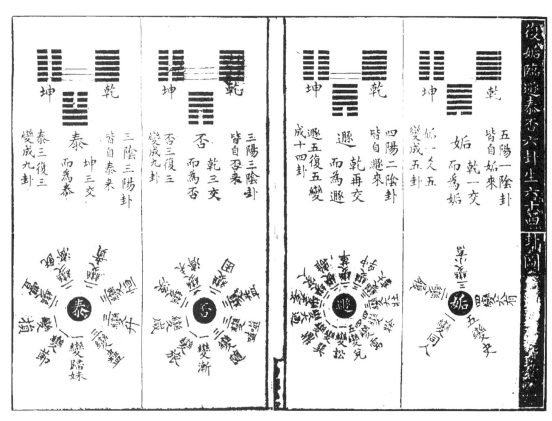

图 43－1　复姤临遁泰否六卦生六十四卦图
（王皞《六经图》）

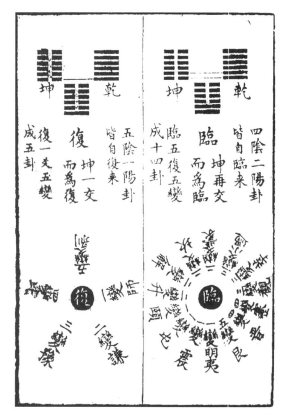

图 43－2　复姤临遁泰否六卦生六十四卦图
（王皞《六经图》）

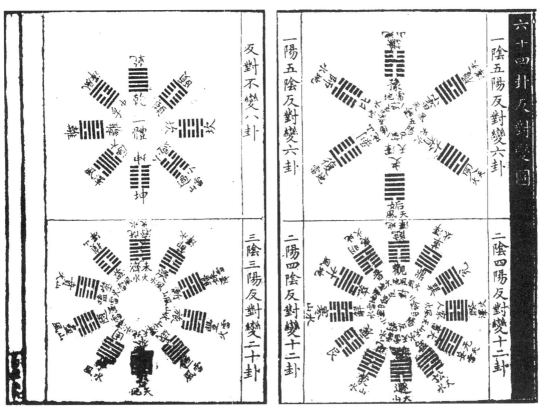

图44 六十四卦反对变图
（王皞《六经图》）

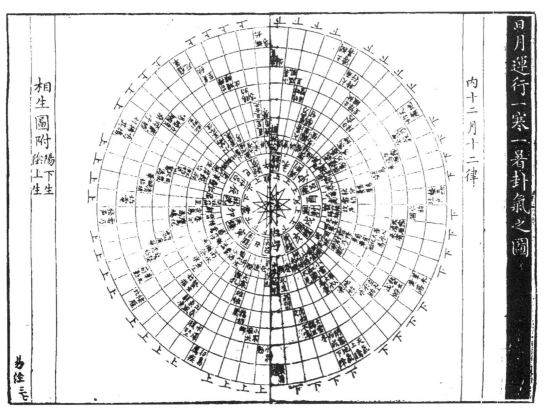

图45 日月运行一寒一暑卦气之图
（王皞《六经图》）

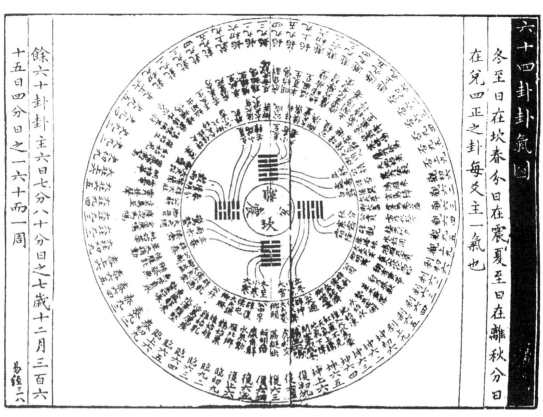

图 46 六十四卦卦气图
(王皞《六经图》)

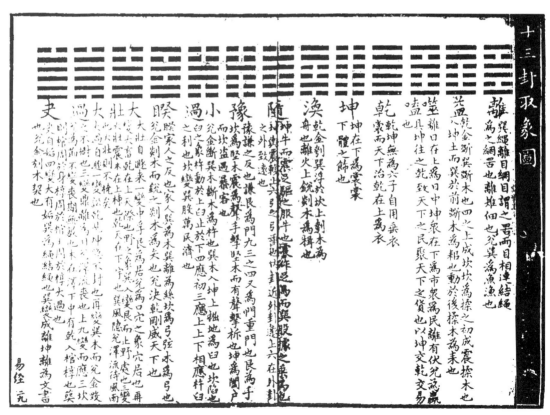

图 47 十三卦取象图
(王皞《六经图》)

三陳九卦之圖

履德之基	履和而至	履以和行
謙德之柄	謙尊而光	謙以制禮
復德之本	復小而辨於物	復以自知
恆德之固	恆雜而不厭	恆以一德
損德之修	損先難而後易	損以遠害
益德之裕	益長裕而不設	益以興利
困德之辨	困窮而通	困以寡怨
井德之地	井居其所而遷	井以辯義
巽德之制	巽稱而隱	巽以行權

上經卦三十終而九下經卦六十敘而十八履十
謙十五復二十四恆三十二損四十一益四十二困四十七井四
十八巽二十七九卦之數總一百三十有六凡三
求之四百有八也周天三百六十成數也餘四十
八陰陽所以進退也陽進於乾六月復至乾也陰退於坤六月姤至坤也此九
卦數之用也

图48　三陈九卦之图
（王皞《六经图》）

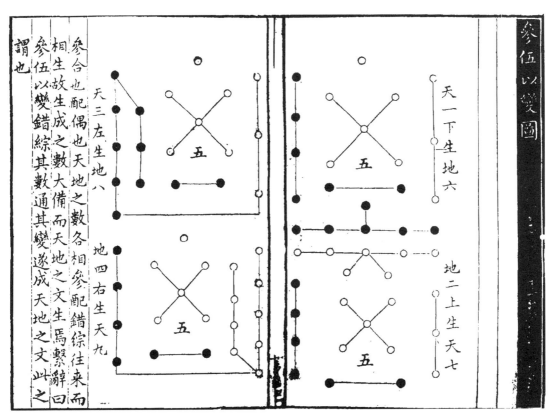

图49　参伍以变图
（王皞《六经图》）

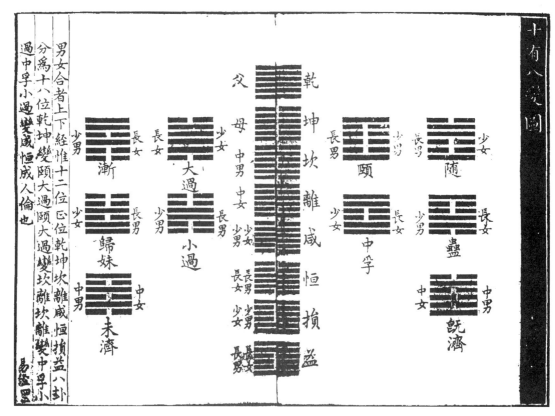

图50　十有八变图
（王皜《六经图》）

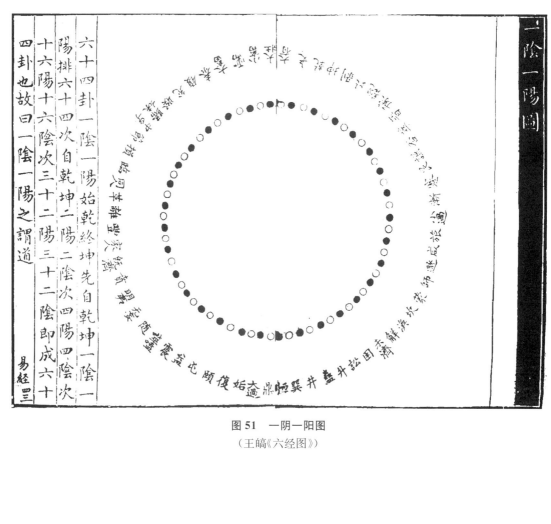

图51　一阴一阳图
（王皜《六经图》）

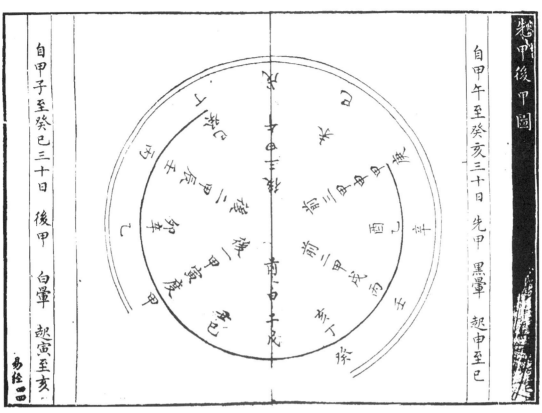

图 52 先甲后甲图
（王皞《六经图》）

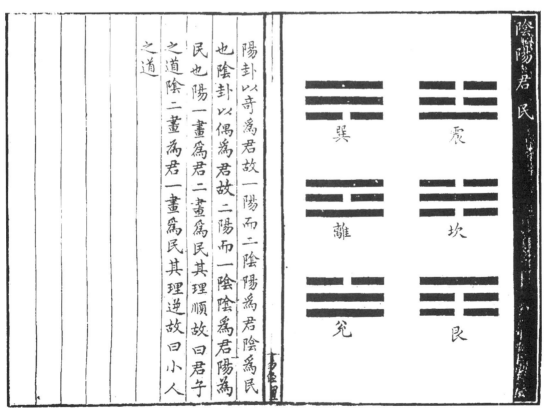

图 53 阴阳君民图
（王皞《六经图》）

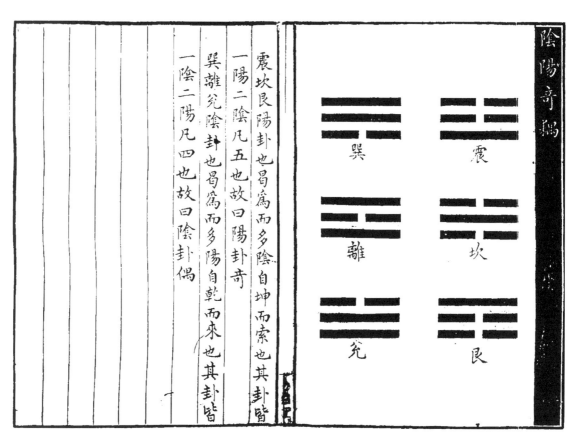

图 54　阴阳奇耦图
（王皙《六经图》）

震坎艮阳卦也昌爲而多陰自坤而索也其卦皆
一陽二陰凡五也故曰陽卦奇
巽離兌陰卦也昌爲而多陽自乾而來也其卦皆
一陰二陽凡四也故曰陰卦偶

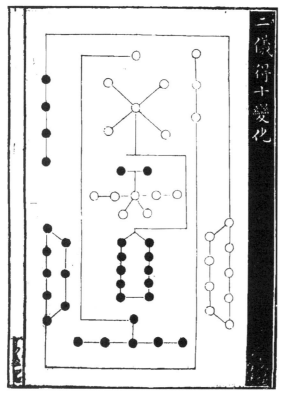

图 55　二仪得十变化图
（王皙《六经图》）

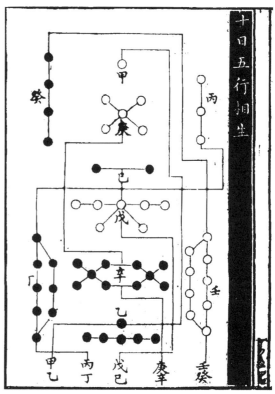

图 56　十日五行相生图
（王皙《六经图》）

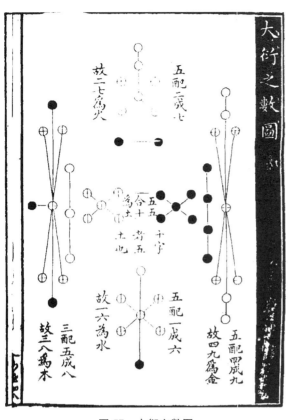

图 57 大衍之数图
（王皥《六经图》）

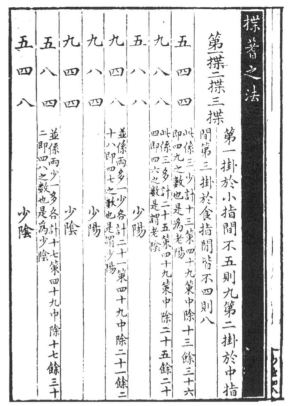

图 58 揲蓍之法图
（王皥《六经图》）

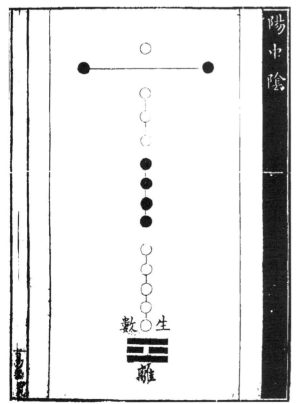

图 59 阳中阴图
（王皥《六经图》）

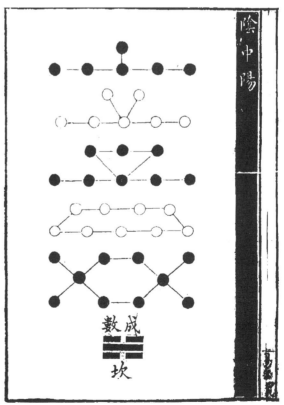

图 60 阴中阳图
（王皥《六经图》）

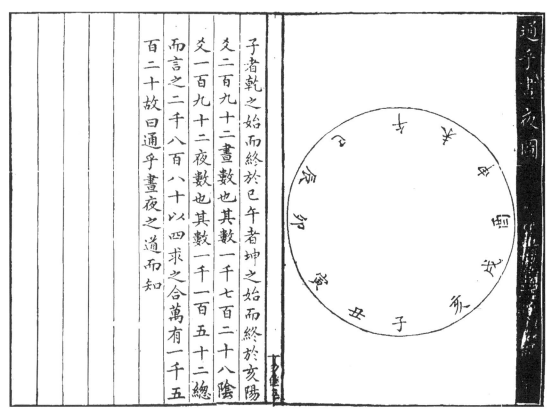

图61 通乎昼夜图
（王皞《六经图》）

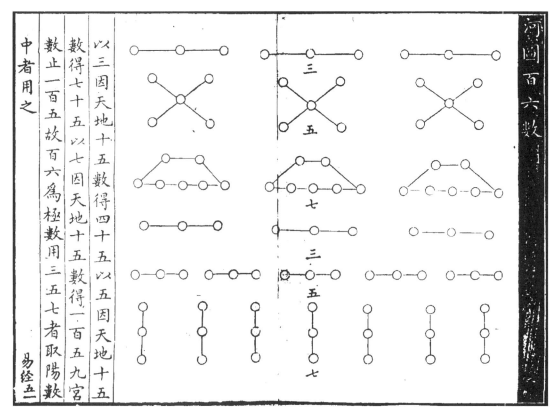

图62 河图百六数图
（王皞《六经图》）

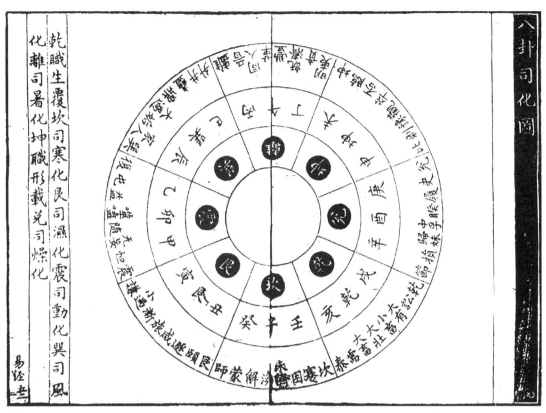

图 63　八卦司化图
（王皞《六经图》）

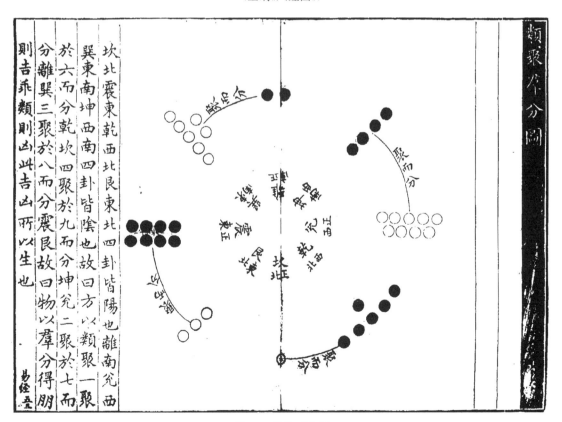

图 64　类聚群分图
（王皞《六经图》）

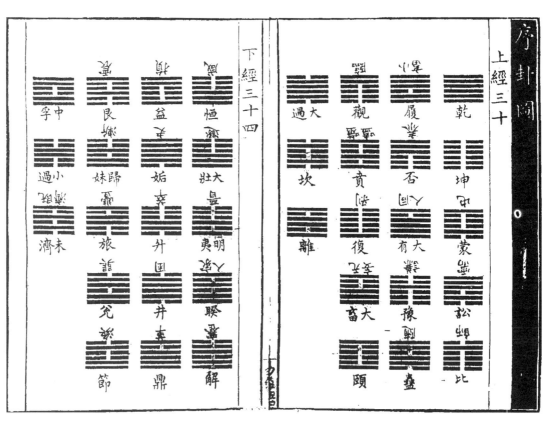

图 65　序卦图
（王皙《六经图》）

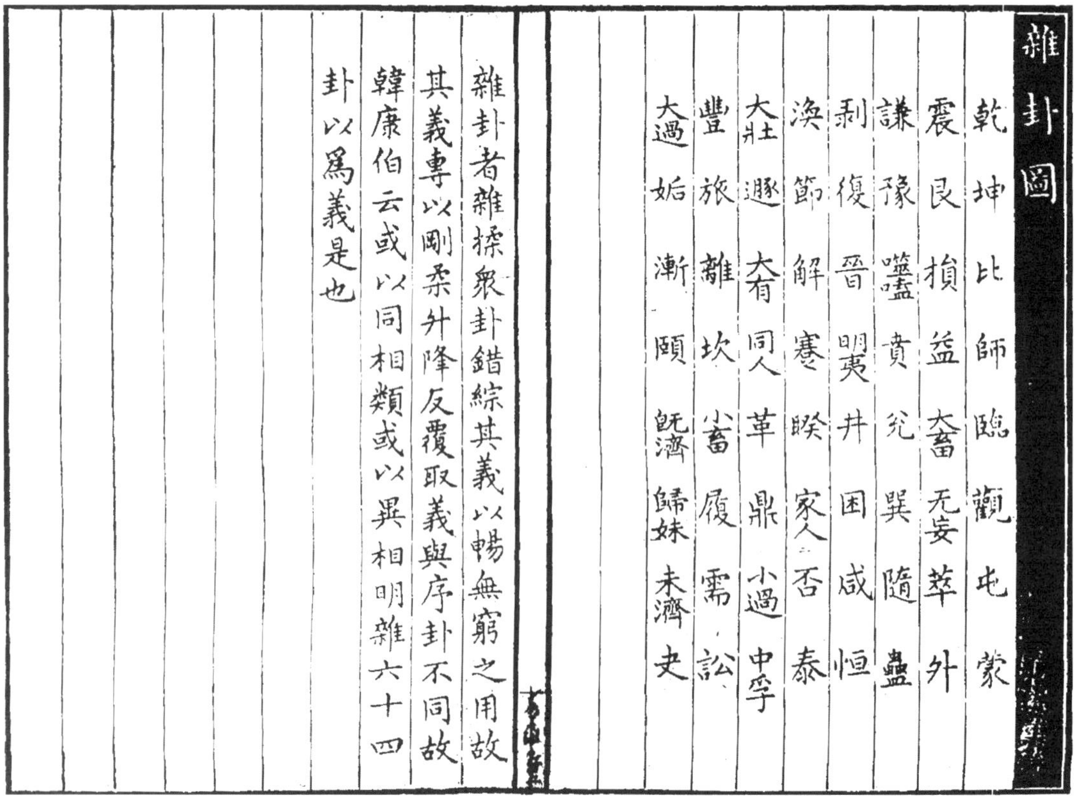

杂卦图

乾坤比师临观屯蒙
震艮损益大畜无妄萃外
谦豫噬嗑贲兑随蛊
剥复晋明夷井困咸恒
涣节解寒睽家人否
大壮遯大有同人革鼎小过中孚
豐旅離坎噬嗑履需讼
大过姤漸頤既濟歸妹未濟夬

雜卦者雜糅眾卦錯綜其義以暢無窮之用故
其義專以剛柔升降反覆取義與序卦不同故
韓康伯云或以同相類或以異相明雜六十四
卦以爲義是也

图 66　杂卦图
（王皙《六经图》）

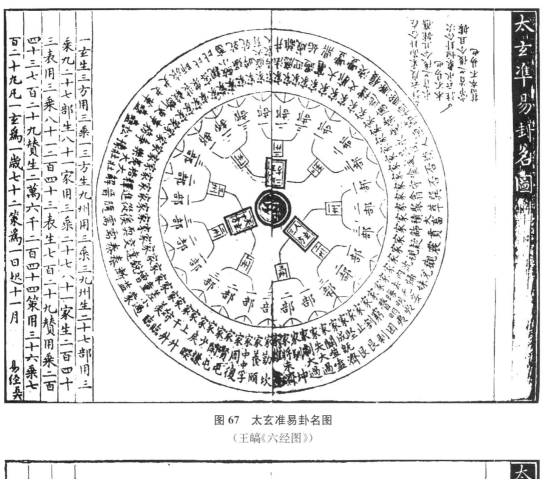

图 67　太玄准易卦名图
（王皞《六经图》）

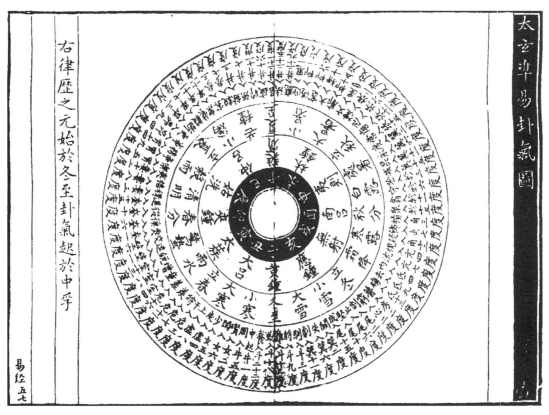

图 68　太玄准易卦气图
（王皞《六经图》）

皇極經世全數圖

一元之元日之日乾之乾一
一元之元月之日乾之乾十二
一元之元日之日兑之乾十二
一會之元月之日兑之乾一百四十四
一會之元星之日乾之兑一百四十四
二會之元世之月乾之離三百六十
三會之元世月之日乾之離四千三百二十
四會之元歲日之辰乾之震四萬三千二百
五元之歲日之石乾之巽十二萬九千六百
一會之歲月之石兑之巽一百五十五萬五千二百
二會之月月之土兑之坎一千八百六十六萬二千四百
六會之月日之土乾之坎一百五十五萬五千二百
七會之日日之火乾之艮四千六百六十五萬六千
八會之日月之火乾之艮五萬五千九百八十七萬二千
一元之辰日之水乾之坤六十七萬一千八百四十
八會之辰月之水兑之坤六萬四千
一運之元星之日離之兑三百六十
一世之元辰之日震之乾四千三百二十

图 69-1 皇极经世全数图
（王皞《六经图》）

二運之會星之月離之兑四萬三千二百
三運之會星之月離之兑五十一萬八千四百
四世之運會辰之月震之兑六百二十二萬八百
三世之運星之月離之離一百二十四萬四千一百六十
四世之運星之星離之離十二萬九千六百
五世之運辰之星震之離一百五十五萬五千二百
四運之世星之辰離之震一千八百六十六萬二千四百
五世之歲星之辰離之震四千六百六十五萬六千
四世之歲辰之辰震之巽五萬五千九百八十七萬二千
五世之月星之辰離之巽
四世之月辰之辰震之巽
五世之歲辰之石震之坎六十七萬一千八百四十
六世之土辰之土震之坎
七運之日星之火離之艮一百六十七萬九千六百一十
三運之日星之火離之艮六萬
萬四千
七世之日辰之火震之艮二千一十五萬五千三百九十
八運之辰星之水離之坤十二萬
八世之辰辰之水震之坤二千四百一十五萬八千六百四
十二萬
千七百四十萬
一歲之元石之日巽之乾十二萬九千六百

图 69-2 皇极经世全数图
（王皞《六经图》）

六一 月之元土之日坎之乾一百五十五萬五千二百
五二 歲之會石之月巽之兌一百五十五萬五千二百
六二 月之會土之月坎之兌一千八百六十六萬二千四百
五三 歲之運石之星巽之離四千六百六十五萬六千
六三 月之運土之星坎之離五萬五千九百八十七萬二千
五四 歲之世石之辰巽之震五萬五千九百八十七萬二千
六四 月之世土之辰坎之震六十七萬一千八百四十六
萬四千
五五 歲之歲石之石巽之巽一百六十七萬九千六百
一十六萬
六五 月之歲土之石坎之巽二千一十五萬五千三百
九十二萬
五六 歲之月石之土巽之坎二千一十五萬五千三百
九十二萬
六六 月之月土之土坎之坎二萬四千一百八十六萬
四千七百四萬
五七 歲之日石之火巽之艮六萬四百六十六萬一千七
百六十萬
六七 月之日土之火坎之艮七十二萬五千五百九十
四萬一千一百二十萬

图 69－3　皇极经世全数图

（王皜《六经图》）

五八 歲之辰石之水巽之坤七十二萬五千五百九十
四萬一千一百二十萬
六八 月之辰土之水坎之坤八百七十萬七千一百二十
九萬三千四百四十萬
七一 日之元火之日艮之乾四千六百六十五萬六千
八一 辰之元水之日坤之乾五萬五千九百八十七萬二千
七二 日之會火之月艮之兌五萬五千九百八十七萬二千
八二 辰之會水之月坤之兌六十七萬一千八百四十六萬
四千
七三 日之運火之星艮之離一百六十七萬九千六百一
十六萬
八三 辰之運水之星坤之離二千一十五萬五千三百
九十二萬
七四 日之世火之辰艮之震二千一十五萬五千三百
九十二萬
八四 辰之世水之辰坤之震二萬四千一百八十六萬四
千七百四萬
七五 日之歲火之石艮之巽六萬四百六十六萬一千七
百六十萬
八五 辰之歲水之石坤之巽七十二萬五千五百九十

图 69－4　皇极经世全数图

（王皜《六经图》）

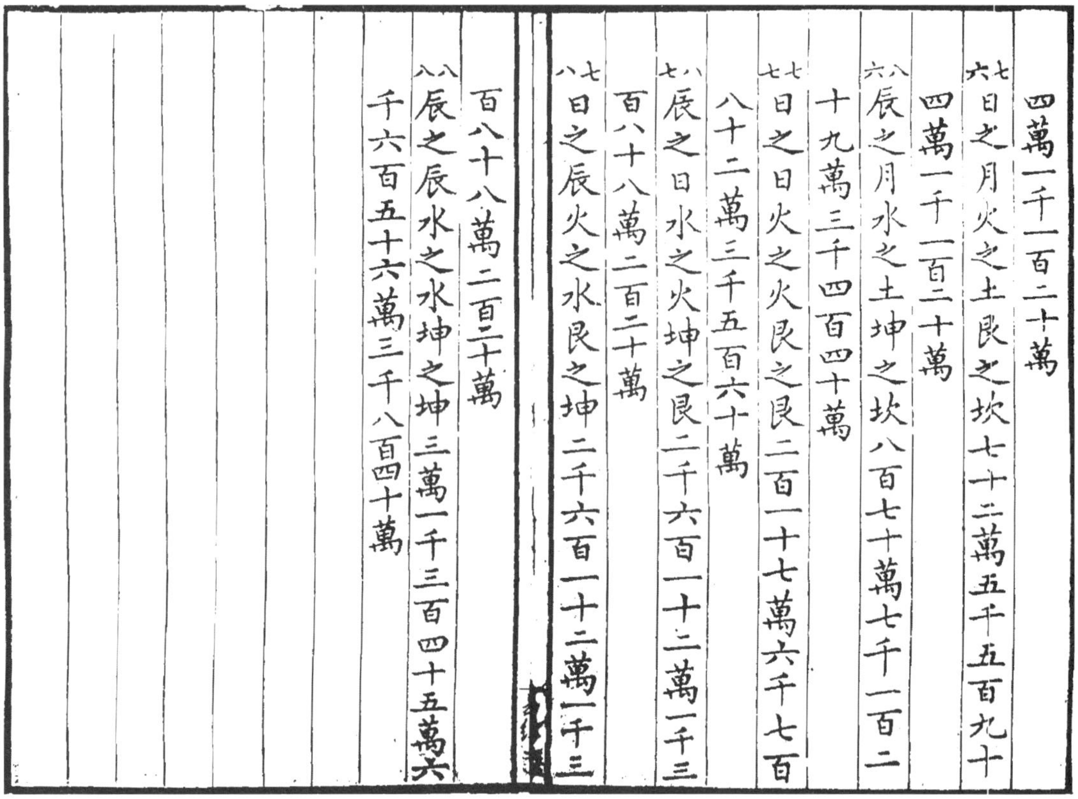

四万一千一百二十万

六日之月火之土艮之坎七十二万五千五百九十

四万一千一百二十万

六辰之月水之土坤之坎八百七十万七千一百

十九万三千四百四十万

七日之月火之火艮之艮二百一十七万六千七百

八十二万三千五百六十万

八辰之日水之火坤之艮二千六百二十一万一千三百

百八十八万二百二十万

七日之辰火之水艮之坤二千六百二十一万一千三

百八十八万二百二十万

八辰之辰水之水坤之坤三万一千三百四十五万六

千六百五十六万三千八百四十万

图69-5 皇极经世全数图
（王皞《六经图》）

邵氏皇极经世图

日元甲月子一星三十辰世三百六十
一声多可个古禾火化八 開宋受回母
一音古甲九癸口口近撰 坤巧岳弁口乾蚪
月丑二星六十辰七百二十
二声良两向兆广况 丁井豆兄永莹
二音黑花香黄华推贤 五瓦仰吾牙月尧
月寅三星九十辰一千八十
三声臣引艮君允巽 千典旦元犬半
開物星之巳七十六

月卯四星一百二十辰一千四百四十
四声夫法飞凡日伏 牛斗泰六口口王
四音普昔乎品四旁排平瓶 武晚口尾文万口未
月辰五星一百五十辰一千八百
五声安亚乙口爻王寅 刀早孝岳毛宝报霍
五音堂隐龙水贵北 夫美目跪眉民
月巳六星一百八十辰二千一百六十
六声宫孔众 龙甬用 鱼鼠去 鸟虎兔
唐虞始星之癸一百八十辰二千

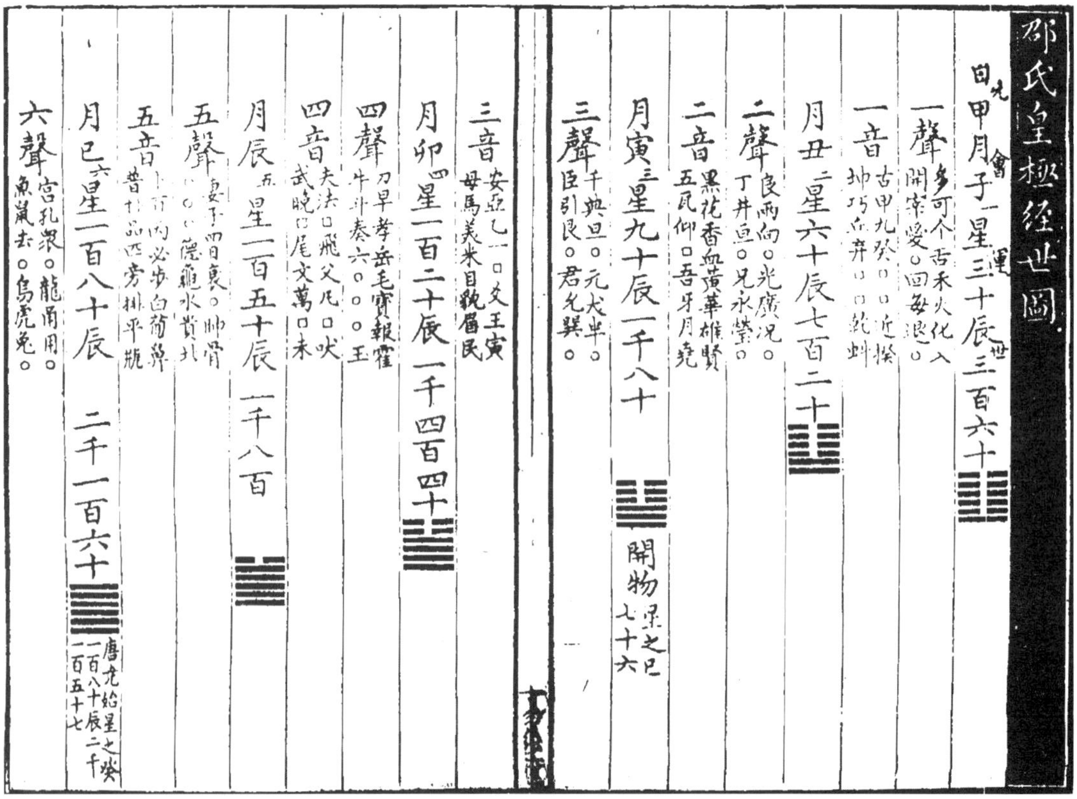

图70-1 邵氏皇极经世图
（王皞《六经图》）

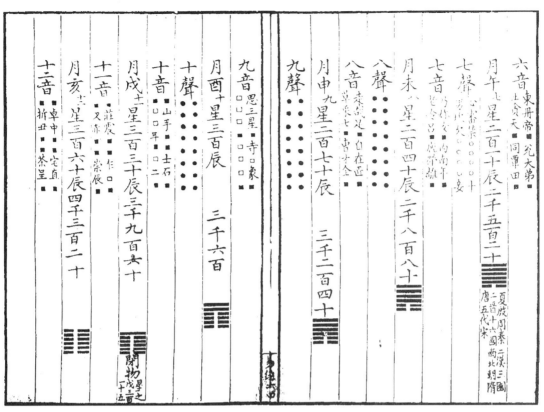

图 70-2 邵氏皇极经世图
（王皞《六经图》）

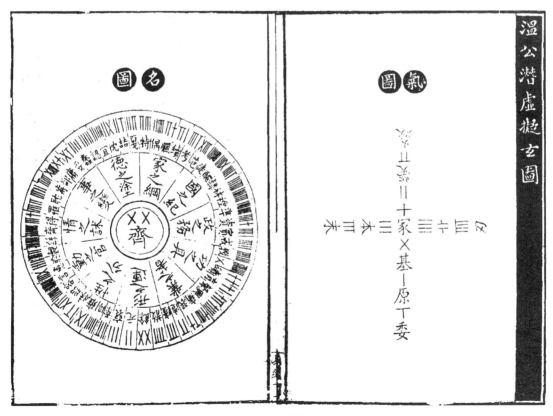

图 71-1 温公潜虚拟玄图
（王皞《六经图》）

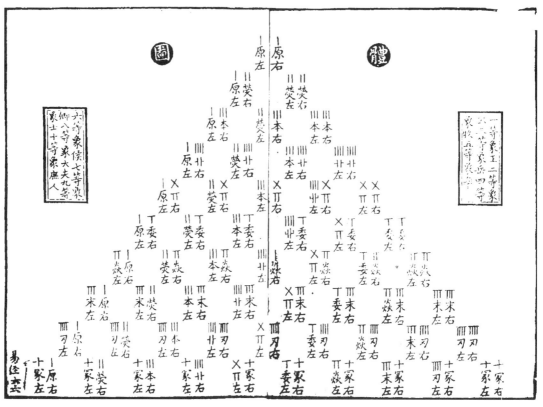

图 71-2　温公潜虚拟玄图
（王皞《六经图》）

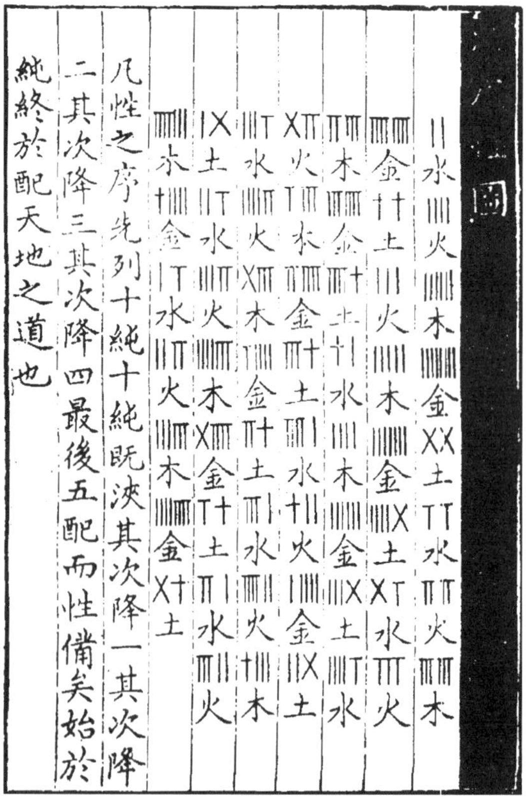

图 72　潜虚性图
（王皞《六经图》）

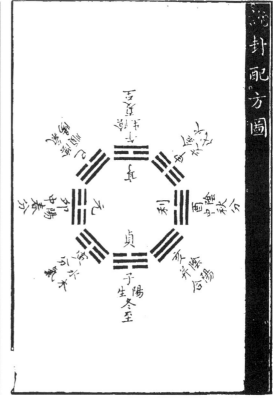

图 73　说卦配方图
（王皞《六经图》）

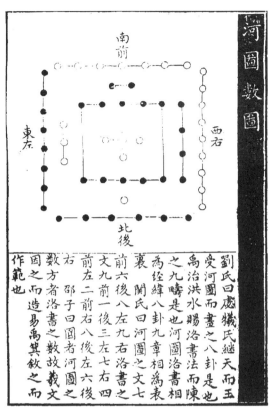

图 74 河图数图
（王皜《六经图》）

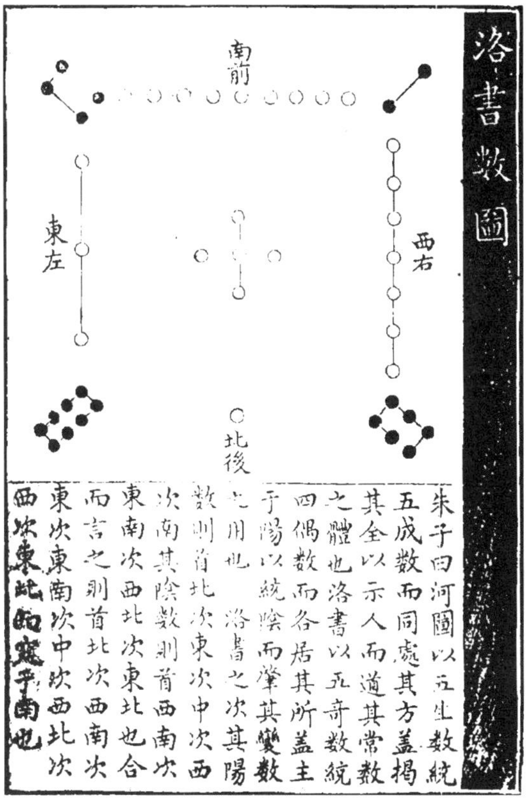

图 75 洛书数图
（王皜《六经图》）

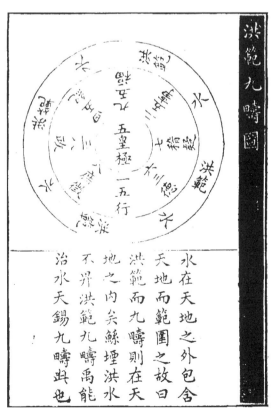

图 76 洪范九畴图
（王皜《六经图》）

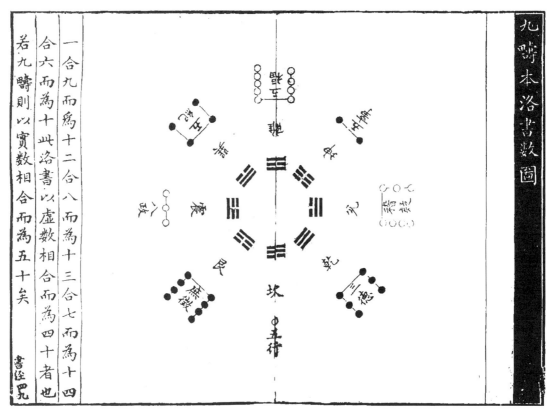

图 77　九畴本洛书数图
（王皞《六经图》）

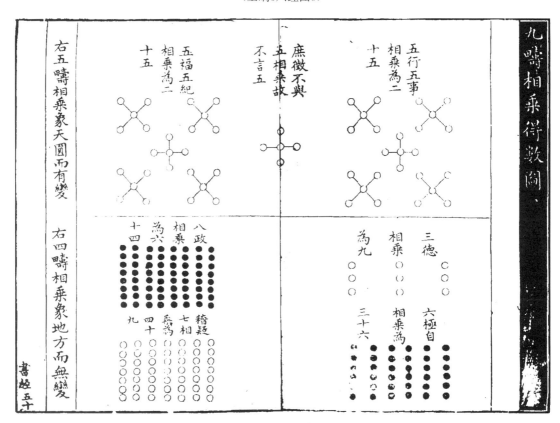

图 78　九畴相乘得数图
（王皞《六经图》）

刘琯

生卒年不详,字献白,清直隶枣强(今属河北)人。乾隆年间诸生,喜穷经,尤深于《易》。著有《大易阐微录》十二卷。现存有《周易》图像十七幅。

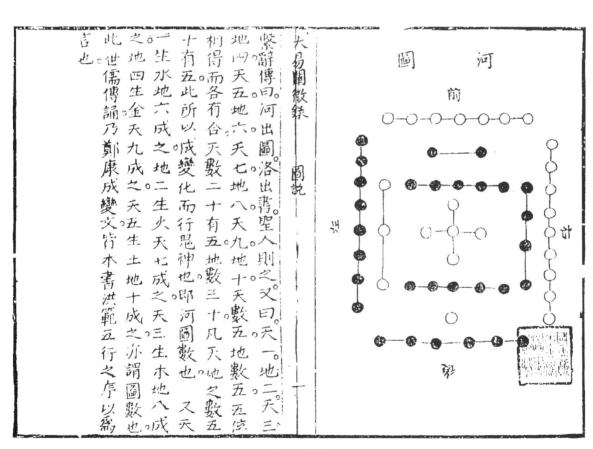

图1　河图
(刘琯《大易阐微录》)

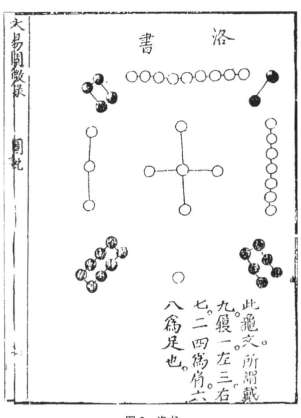

图 2　洛书
（刘瑄《大易阐微录》）

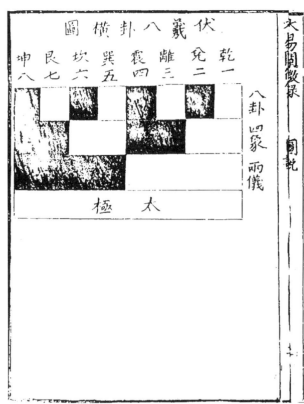

图 3　伏羲八卦横图
（刘瑄《大易阐微录》）

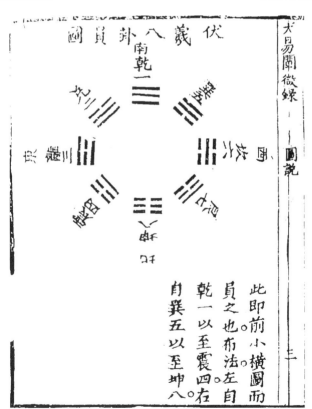

图 4　伏羲八卦圆图
（刘瑄《大易阐微录》）

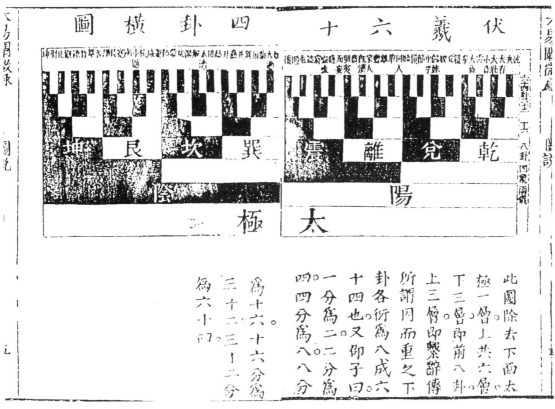

图 5 伏羲六十四卦横图
（刘瑴《大易阐微录》）

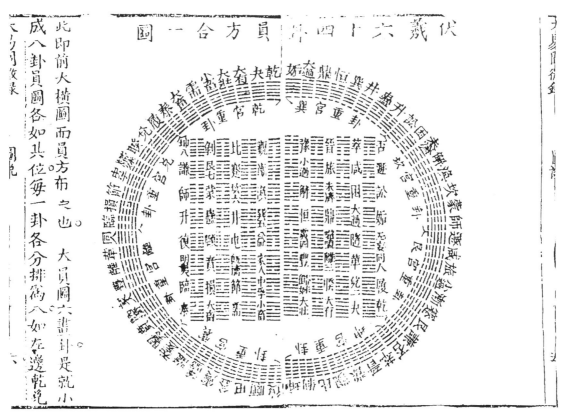

图 6 伏羲六十四卦圆方合一图
（刘瑴《大易阐微录》）

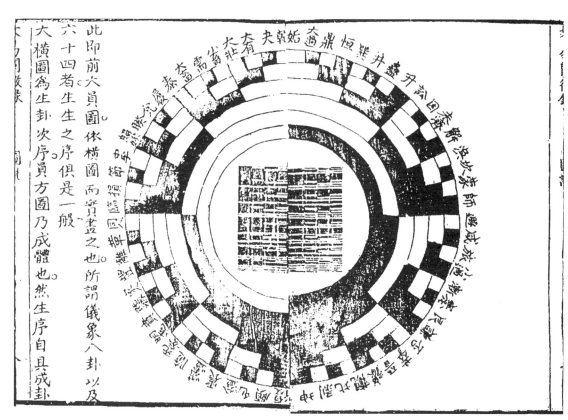

图 7 实画大圆图
（刘琯《大易阐微录》）

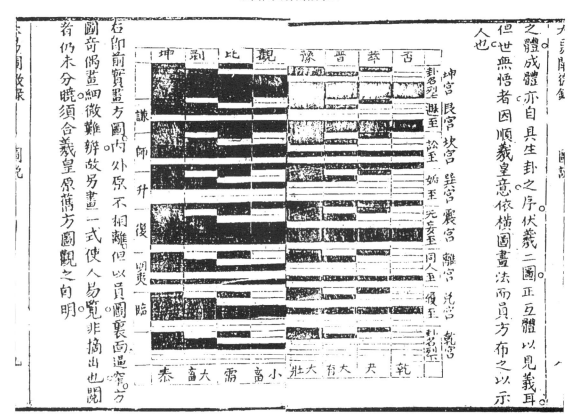

图 8 实画方图
（刘琯《大易阐微录》）

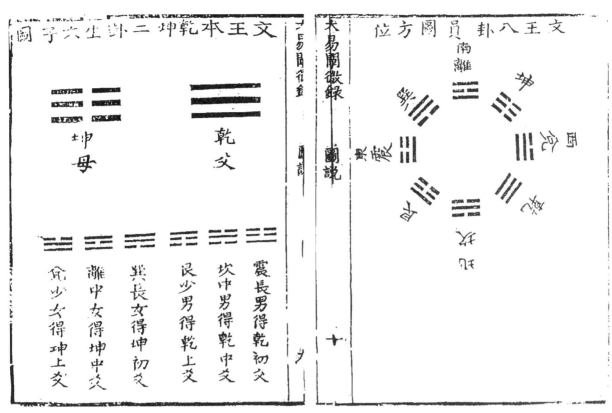

图9 文王本乾坤二卦生六子图
（刘瑴《大易阐微录》）

图10 文王八卦圆图方位图
（刘瑴《大易阐微录》）

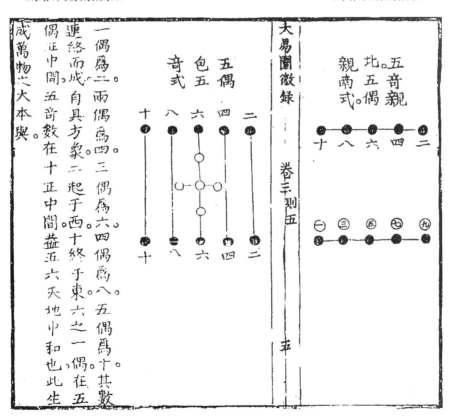

图11 五奇五偶图
（刘瑴《大易阐微录》）

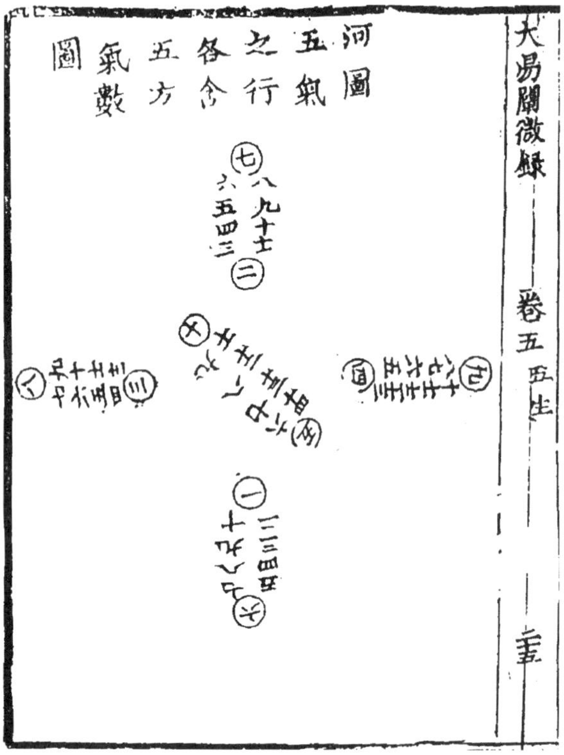

图12　河图五气之行各含五方气数图
（刘珺《大易阐微录》）

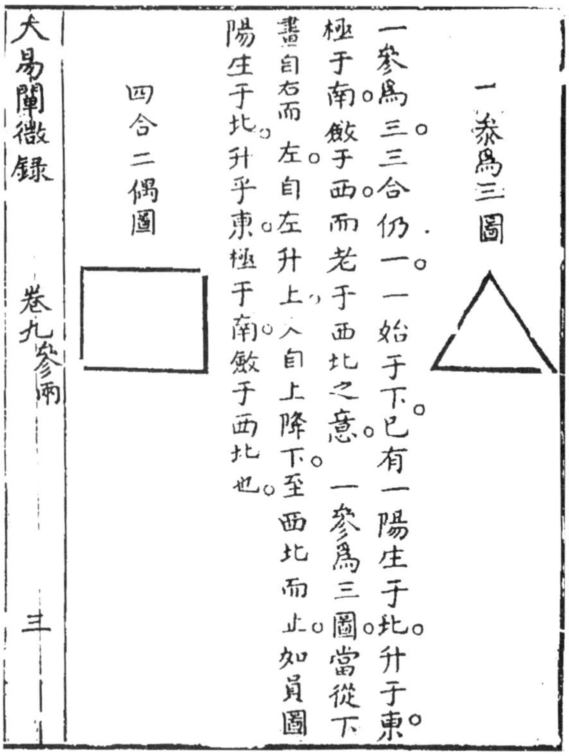

图13　一参为三图
图14　四合二偶图
（刘珺《大易阐微录》）

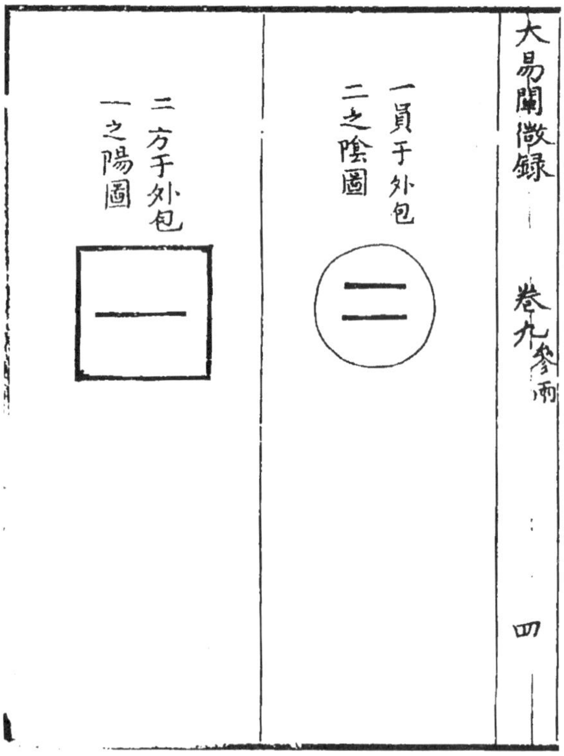

图15　一圆于外包二之阴图
图16　二方于外包一之阳图
（刘珺《大易阐微录》）

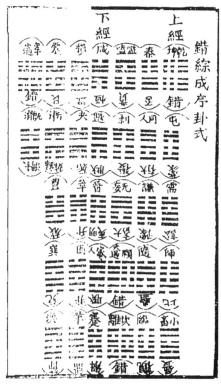

图17　错综成序卦式图
（刘珺《大易阐微录》）

张祖武

生卒年不详,清陕西长安(今陕西西安)人。乾隆三年(1738)举人。著有《来易增删》八卷、《臆说集》二卷等。现存有《周易》图像八幅。

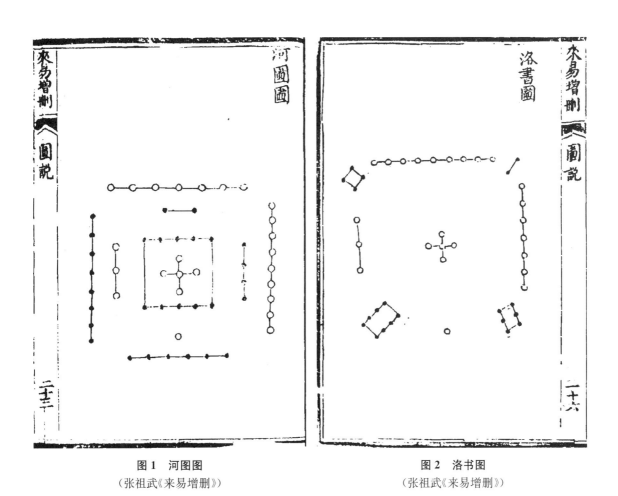

图1　河图图　　　　　　　　图2　洛书图
(张祖武《来易增删》)　　　　(张祖武《来易增删》)

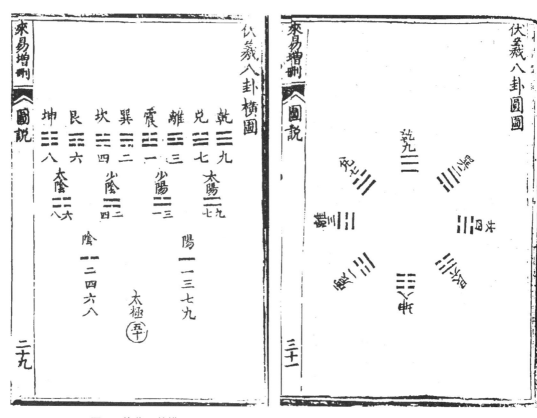

图 3 伏羲八卦横图
（张祖武《来易增删》）

图 4 伏羲八卦圆图
（张祖武《来易增删》）

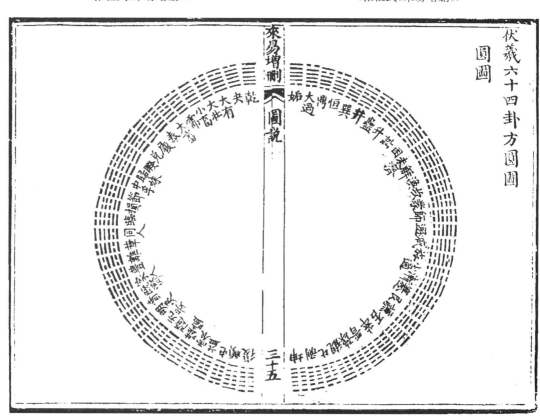

图 5 伏羲六十四卦方圆图
（张祖武《来易增删》）

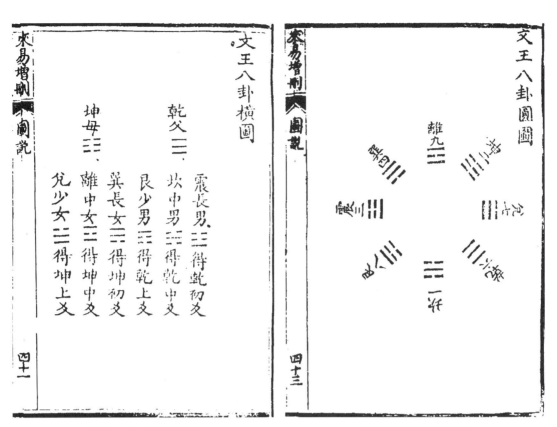

图6　文王八卦横图
（张祖武《来易增删》）

图7　文王八卦圆图
（张祖武《来易增删》）

图8　来子太极图
（张祖武《来易增删》）

沈昌基

生卒年不详,字儒珍,清浙江乌程(今浙江湖州)人。著有《易经释义》四卷。现存有《周易》图像十一幅。

图1　太极阴阳图
（沈昌基《易经释义》）

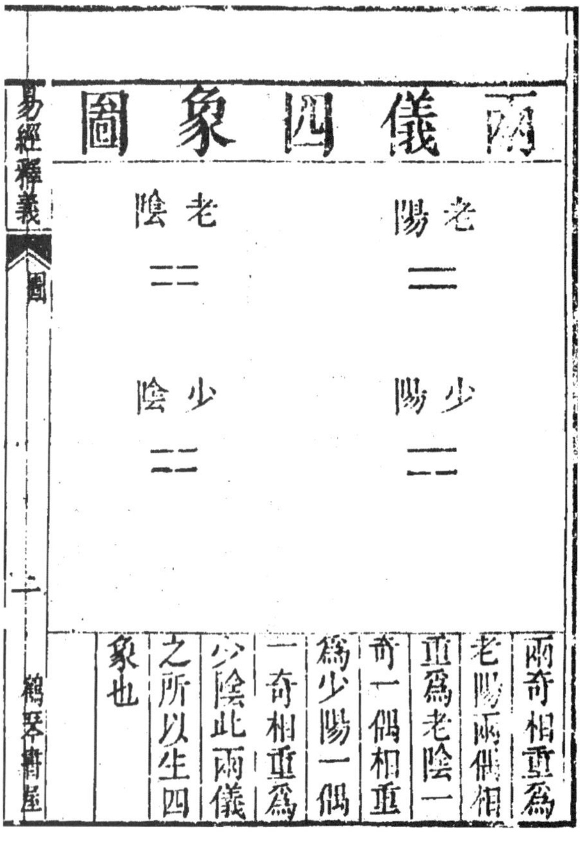

图2　两仪四象图
（沈昌基《易经释义》）

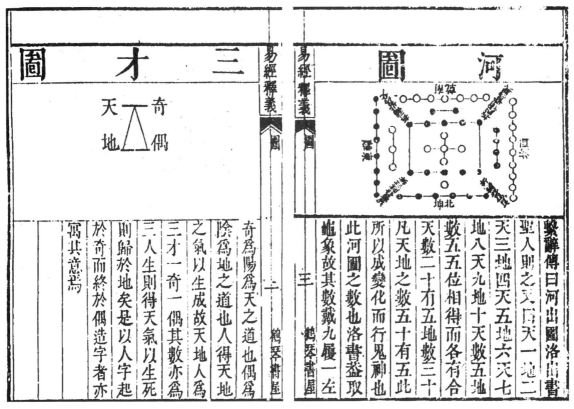

图3 三才图
（沈昌基《易经释义》）

图4 河图
（沈昌基《易经释义》）

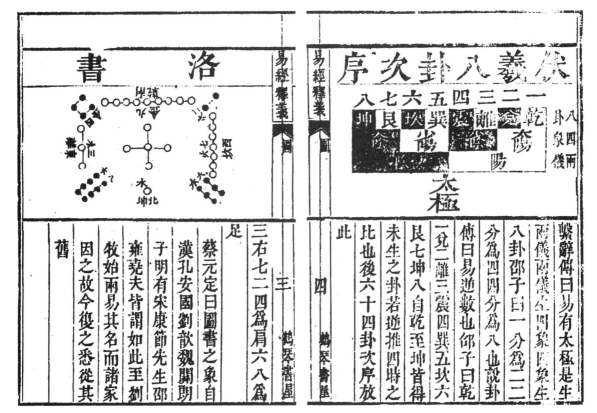

图5 洛书
（沈昌基《易经释义》）

图6 伏羲八卦次序图
（沈昌基《易经释义》）

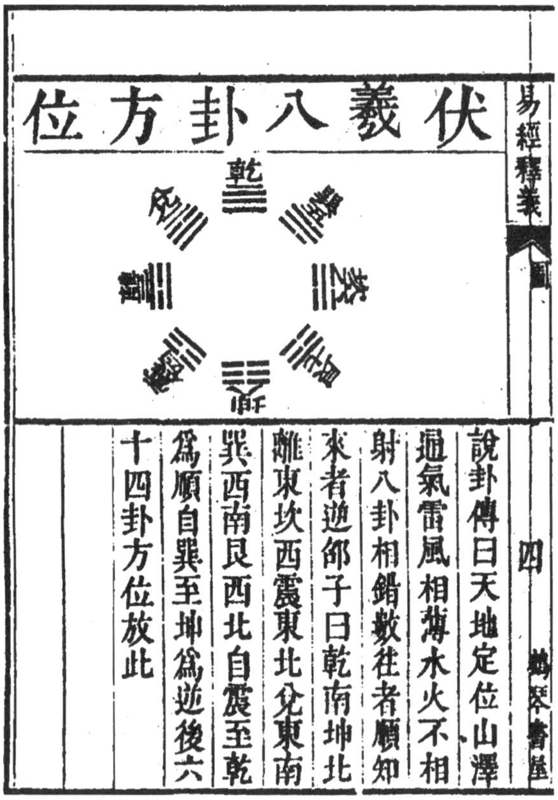

图 7　伏羲八卦方位图
（沈昌基《易经释义》）

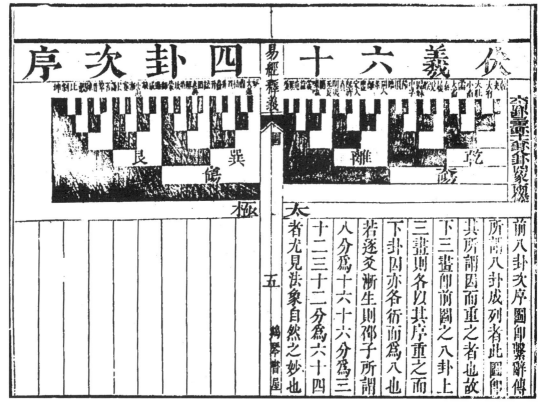

图 8　伏羲六十四卦次序图
（沈昌基《易经释义》）

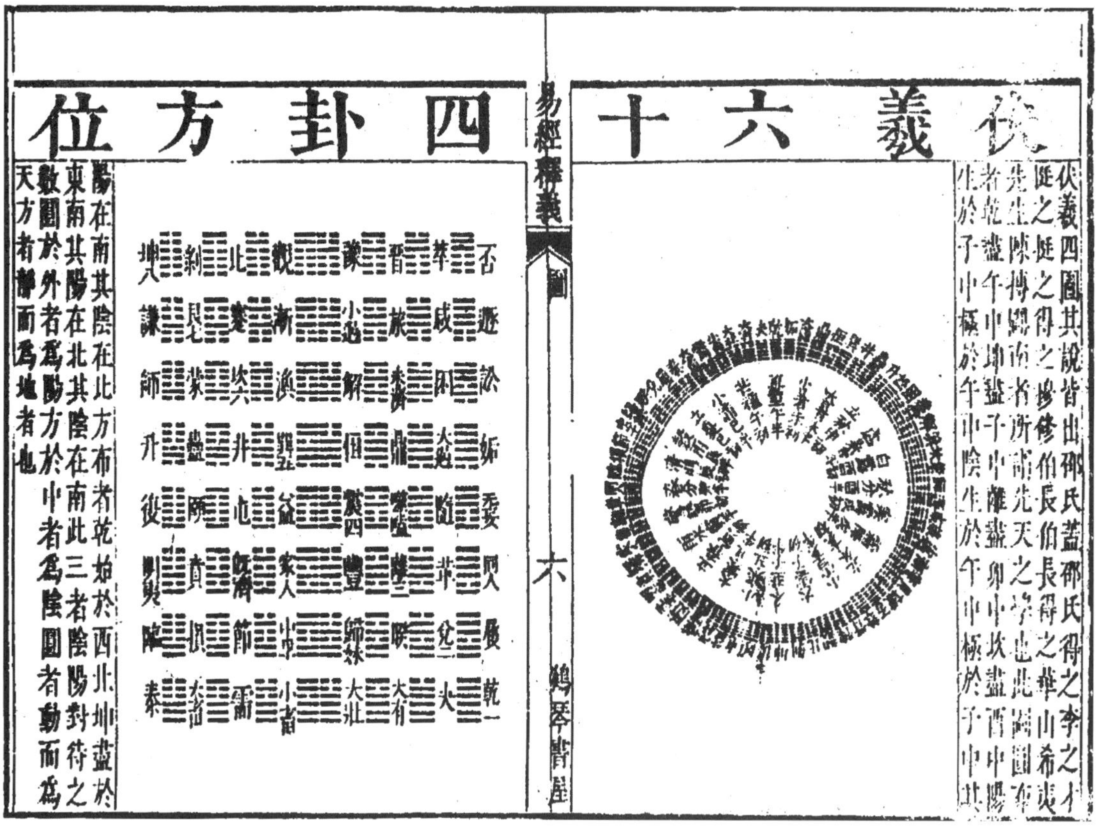

图9 伏羲六十四卦方位图
（沈昌基《易经释义》）

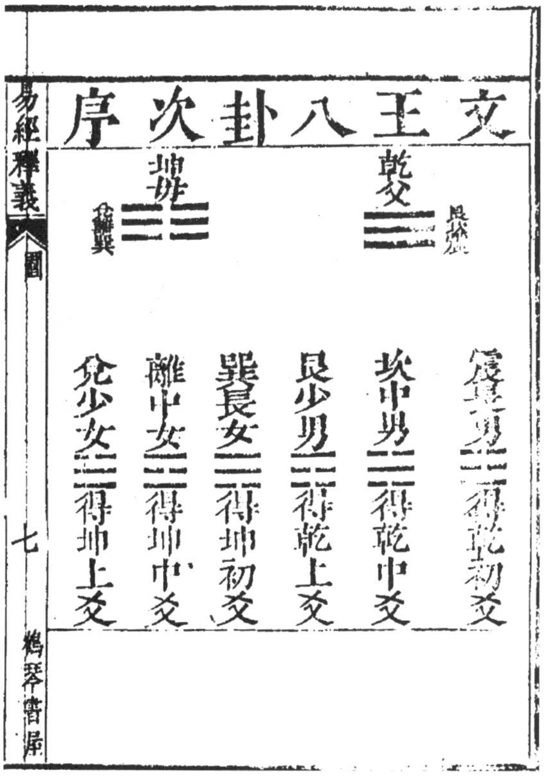

图10 文王八卦次序图
（沈昌基《易经释义》）

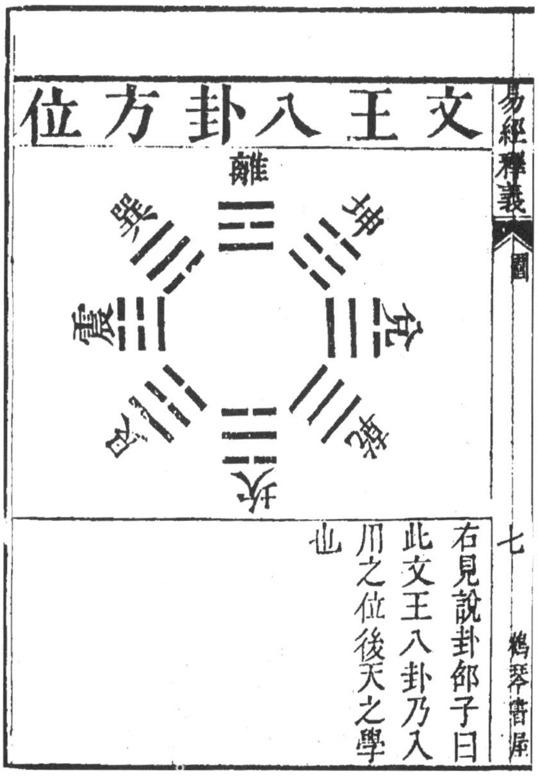

图11 文王八卦方位图
（沈昌基《易经释义》）

朱云龙

生卒年不详,字锦镐,号复斋,清浙江山阴(今浙江绍兴)人。少从戎,征吐蕃。稍长求学于燕京,奉檄为南邦小官,潜心究思,为学独于性理阴阳,必穷极其渊微。著有《河图道原》不分卷、《率性修道论》八卷等。现存有《周易》图像十幅。

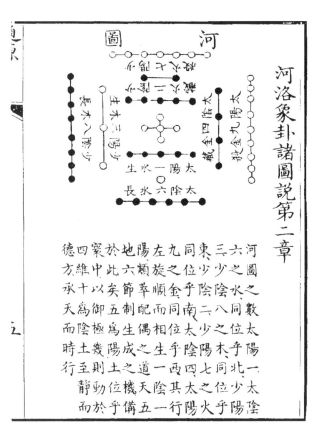

图1　河图
(朱云龙《河图道原》)

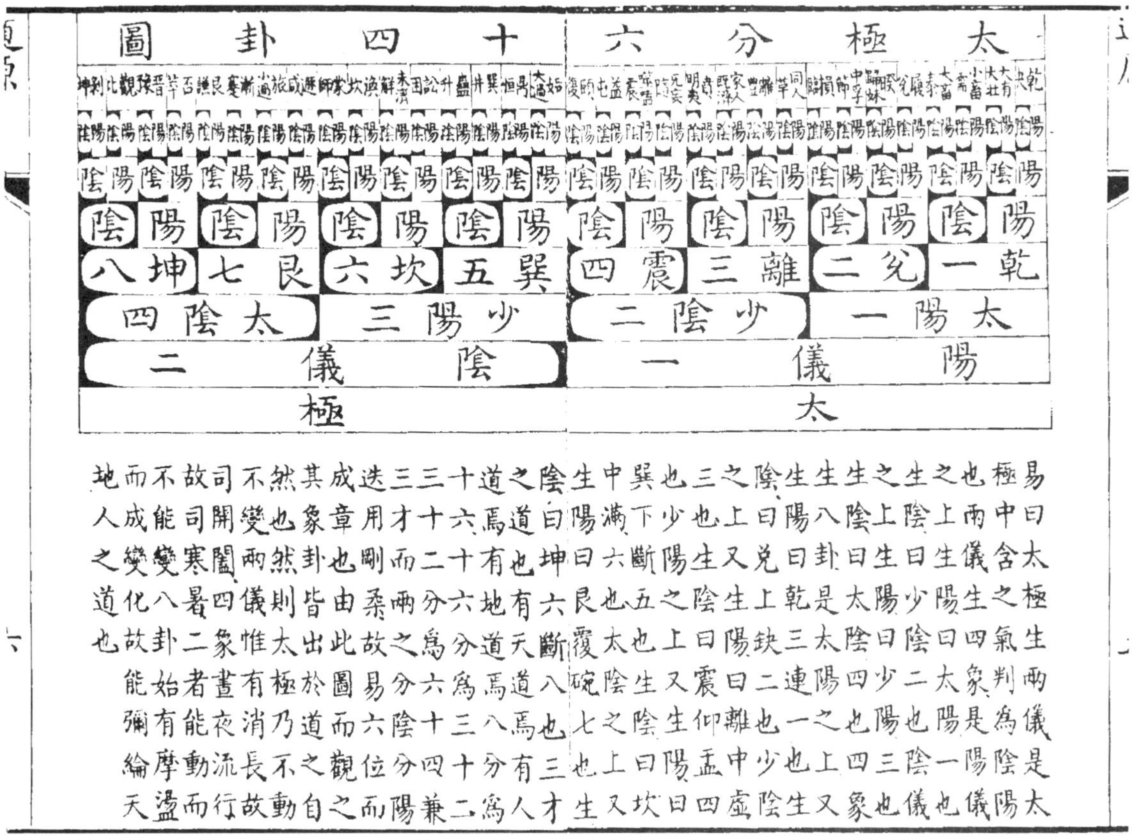

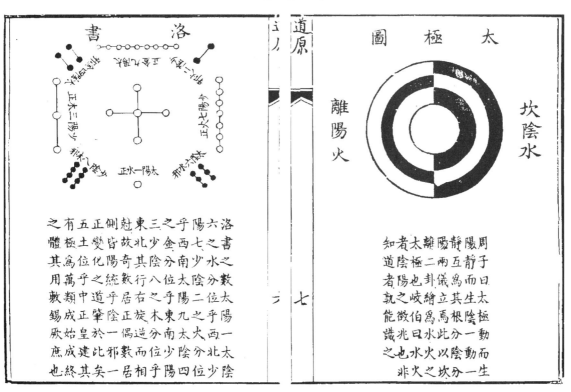

图 2　太极分六十四卦图
（朱云龙《河图道原》）

图 3　洛书
（朱云龙《河图道原》）

图 4　太极图
（朱云龙《河图道原》）

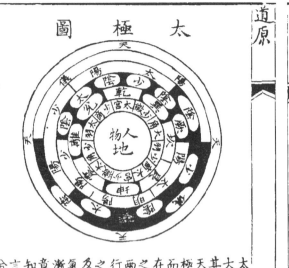

图5　太极图
（朱云龙《河图道原》）

图6　两仪图
（朱云龙《河图道原》）

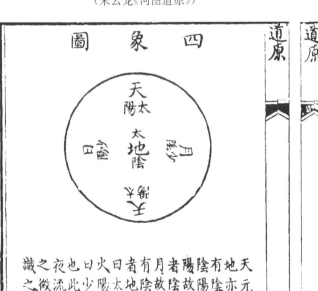

图7　四象图
（朱云龙《河图道原》）

图8　先天八卦图
（朱云龙《河图道原》）

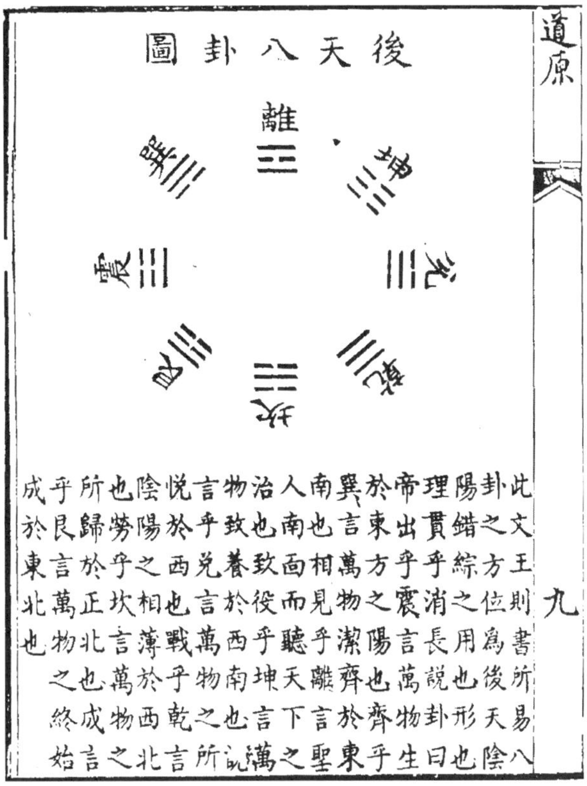

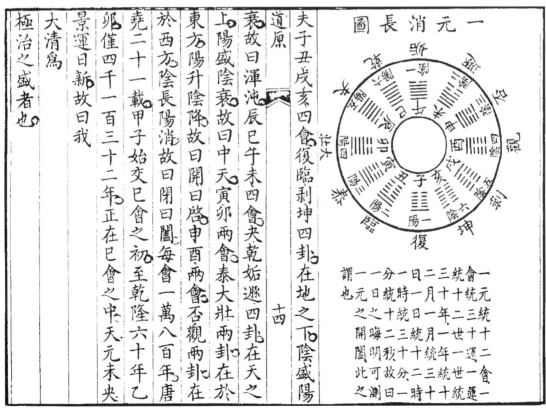

图9 后天八卦图
（朱云龙《河图道原》）

图10 一元消长图
（朱云龙《河图道原》）

杨魁植

生卒年不详,字辉斗,清福建长泰人。辑有《九经图》,以信州学宫石刻《易》《书》《诗》《礼记》《周礼》《春秋》六经图为本,析《春秋》三传为三,益以《仪礼》,原石刻本残脱仍缺。现有《周易》图像七十七幅。

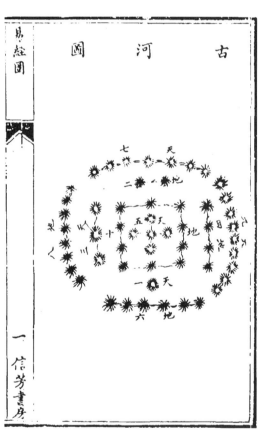 

图1　古河图　　　　　　　　图2　古洛书
（杨魁植《九经图》）　　　　　（杨魁植《九经图》）

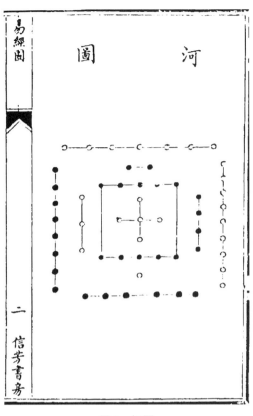

图3 河图
（杨魁植《九经图》）

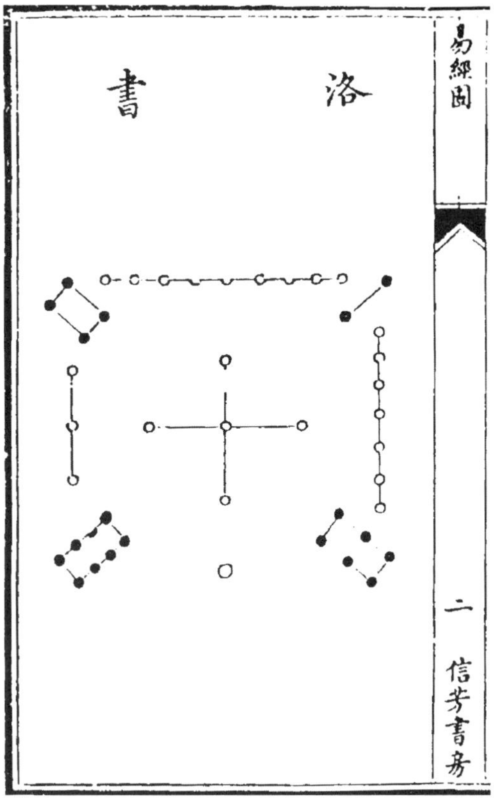

图4 洛书
（杨魁植《九经图》）

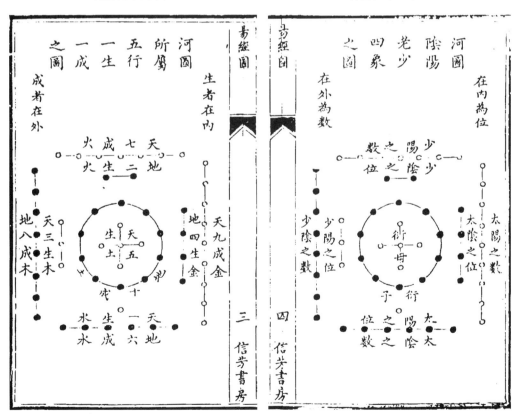

图5 河图所属五行一生一成之图
（杨魁植《九经图》）

图6 河图阴阳老少四象之图
（杨魁植《九经图》）

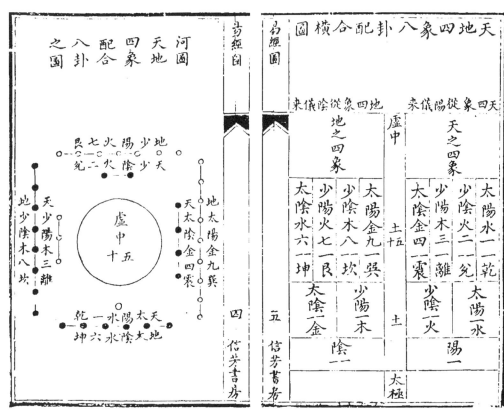

图7　河图天地四象配合八卦之图
（杨魁植《九经图》）

图8　天地四象八卦配合横图
（杨魁植《九经图》）

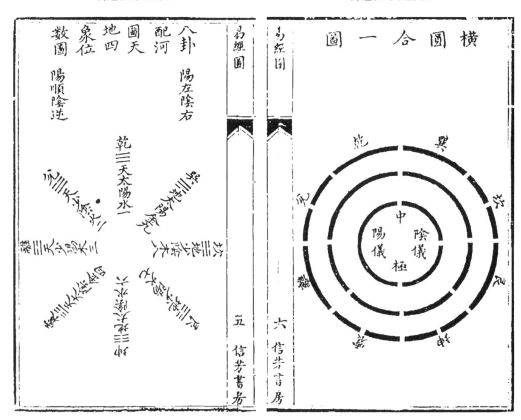

图9　八卦配河图天地四象位数图
（杨魁植《九经图》）

图10　横圆合一图
（杨魁植《九经图》）

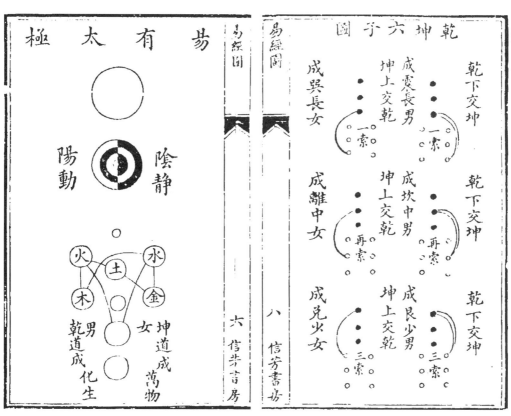

图11 易有太极图
（杨魁植《九经图》）

图12 乾坤六子图
（杨魁植《九经图》）

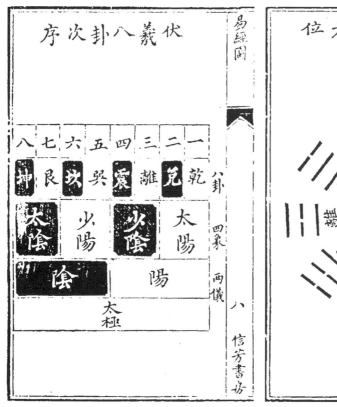

图13 伏羲八卦次序图
（杨魁植《九经图》）

图14 伏羲八卦方位图
（杨魁植《九经图》）

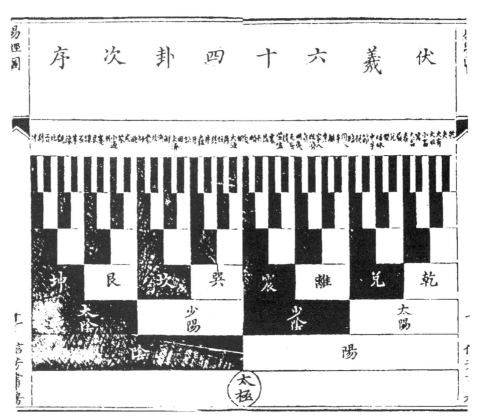

图 15 伏羲六十四卦次序图
（杨魁植《九经图》）

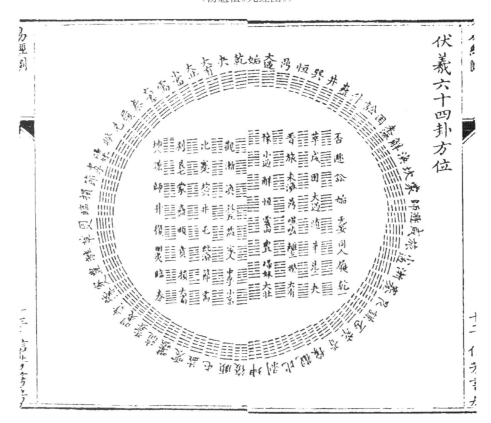

图 16 伏羲六十四卦方位图
（杨魁植《九经图》）

图 17　文王八卦次序图
（杨魁植《九经图》）

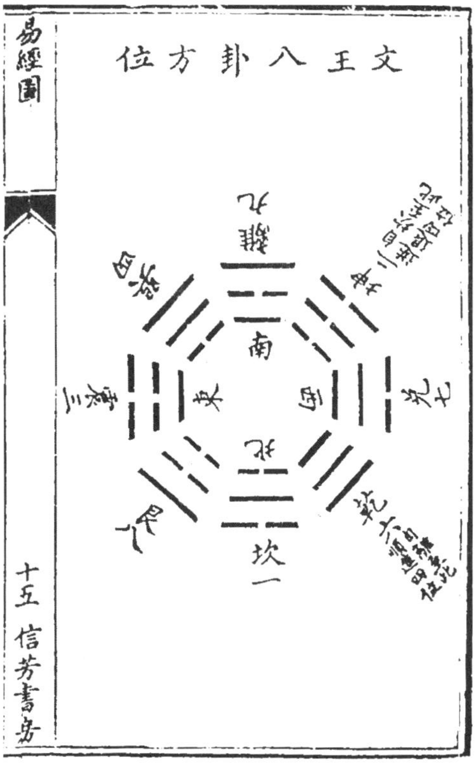

图 18　文王八卦方位图
（杨魁植《九经图》）

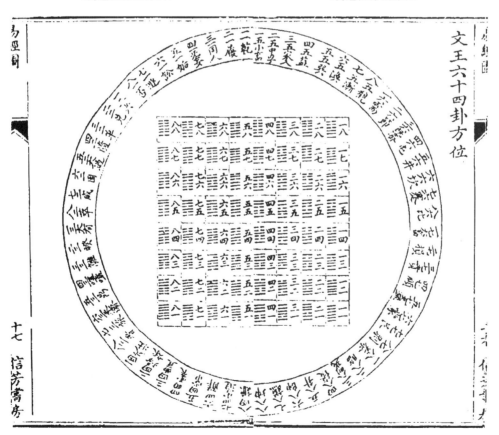

图 19　文王六十四卦方位图
（杨魁植《九经图》）

图 20　先后中天总图
（杨魁植《九经图》）

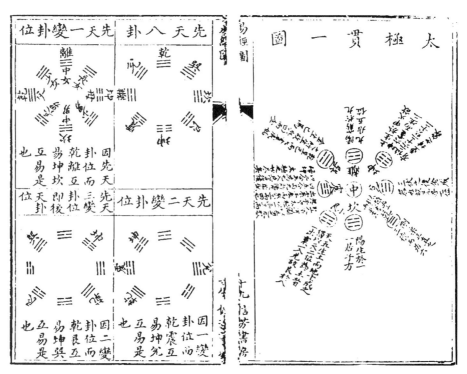

图 21　先天八卦图
图 22　先天一变卦位图
图 23　先天二变卦位图
图 24　先天三变卦位图即后天卦位图
　　（杨魁植《九经图》）

图 25　太极贯一图
（杨魁植《九经图》）

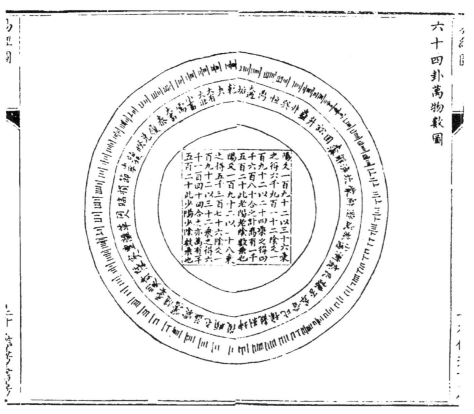

图26　六十四卦万物数图
（杨魁植《九经图》）

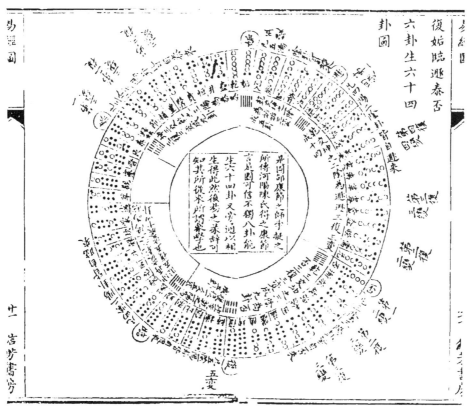

图27-1　复姤临遁泰否六卦生六十四卦图
（杨魁植《九经图》）

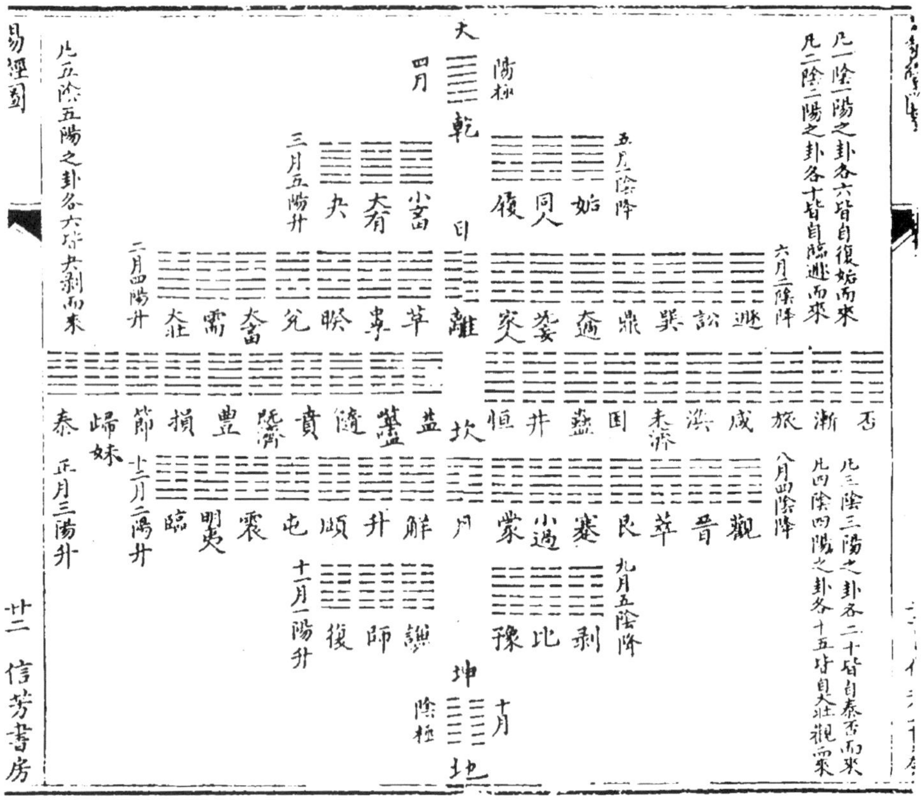

图 27-2 复姤临遯泰否六卦生六十四卦图
（杨魁植《九经图》）

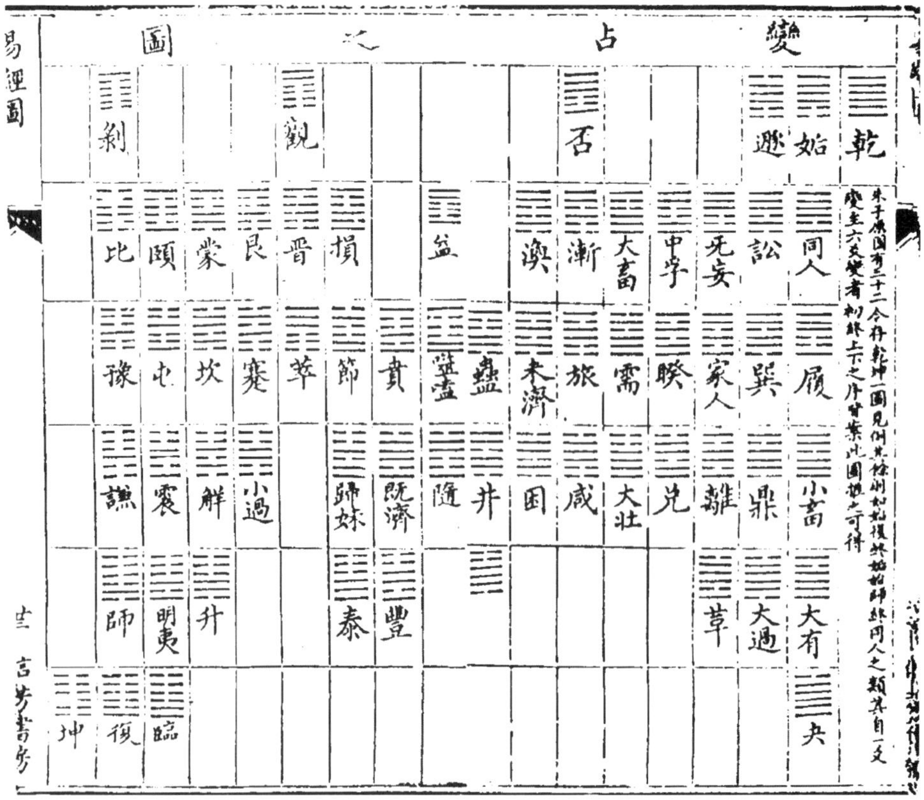

图 28 变占之图
（杨魁植《九经图》）

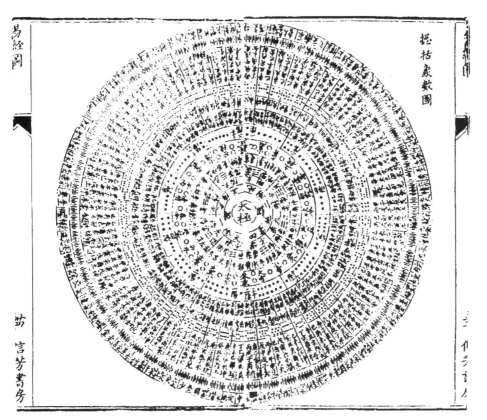

图 29 总括象数图
（杨魁植《九经图》）

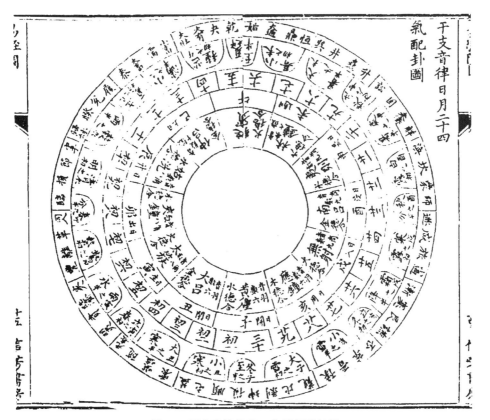

图 30 干支音律日月二十四气配卦图
（杨魁植《九经图》）

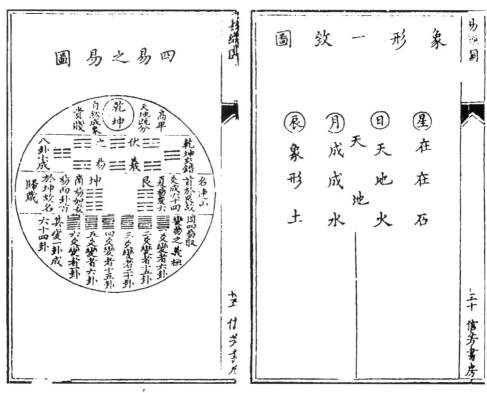

图 31　四易之易图
（杨魁植《九经图》）

图 32　象形一致图
（杨魁植《九经图》）

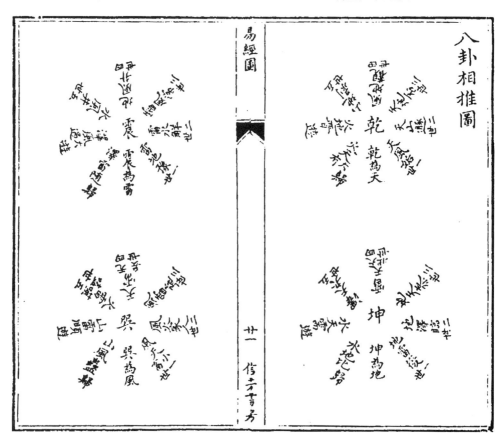

图 33-1　八卦相推图
（杨魁植《九经图》）

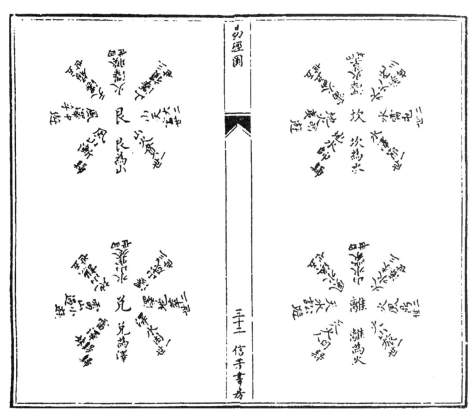

图 33-2　八卦相推图
（杨魁植《九经图》）

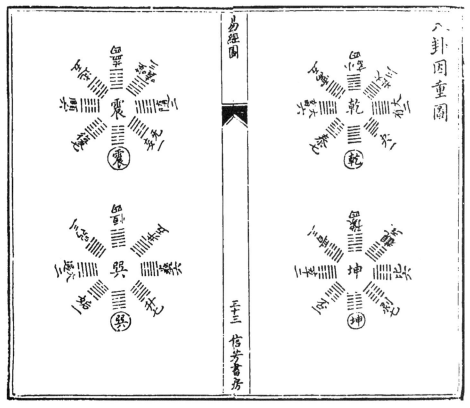

图 34-1　八卦因重图
（杨魁植《九经图》）

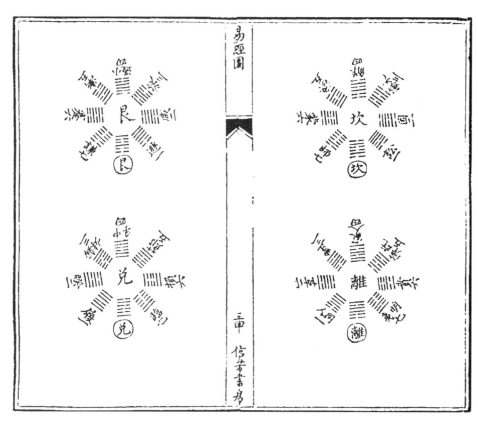

图 34-2 八卦因重图
(杨魁植《九经图》)

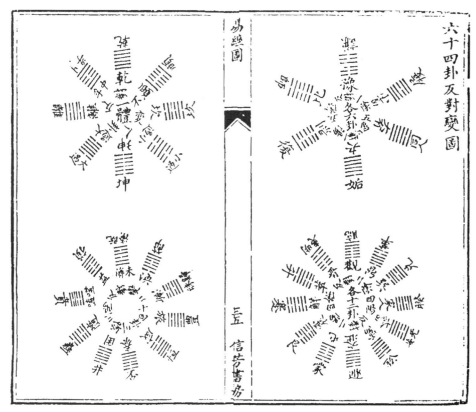

图 35 六十四卦反对变图
(杨魁植《九经图》)

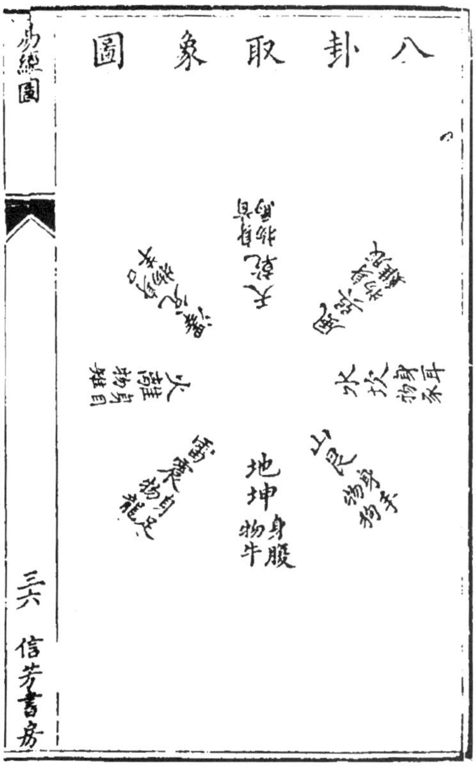
图 36　八卦取象图
（杨魁植《九经图》）

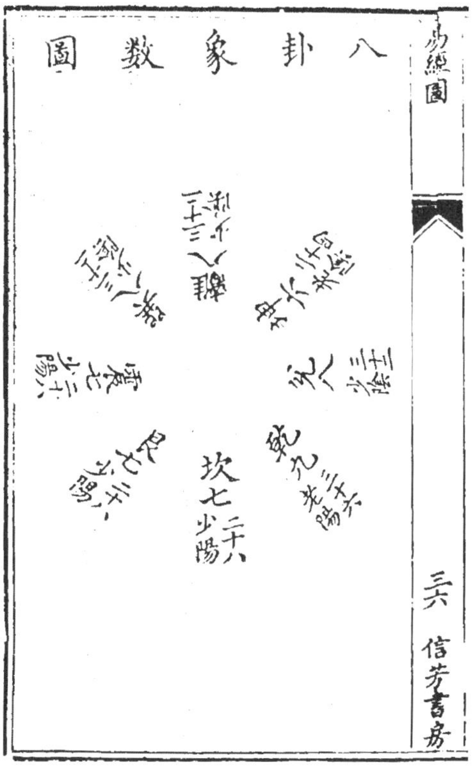
图 37　八卦象数图
（杨魁植《九经图》）

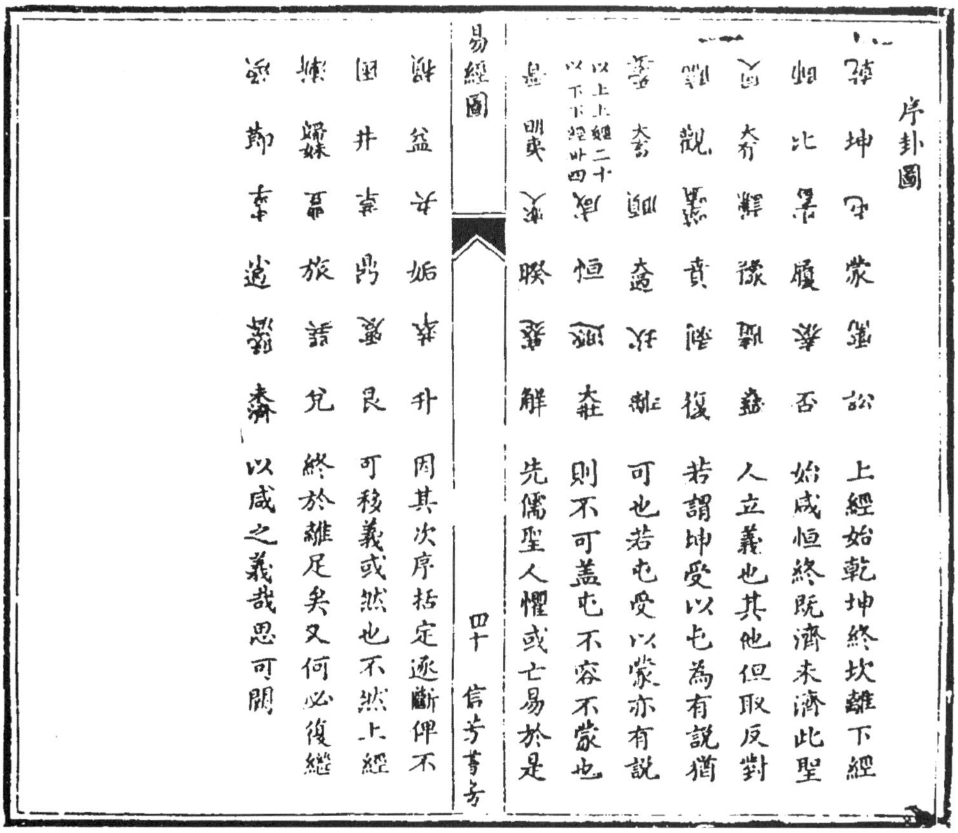
图 38　序卦图
（杨魁植《九经图》）

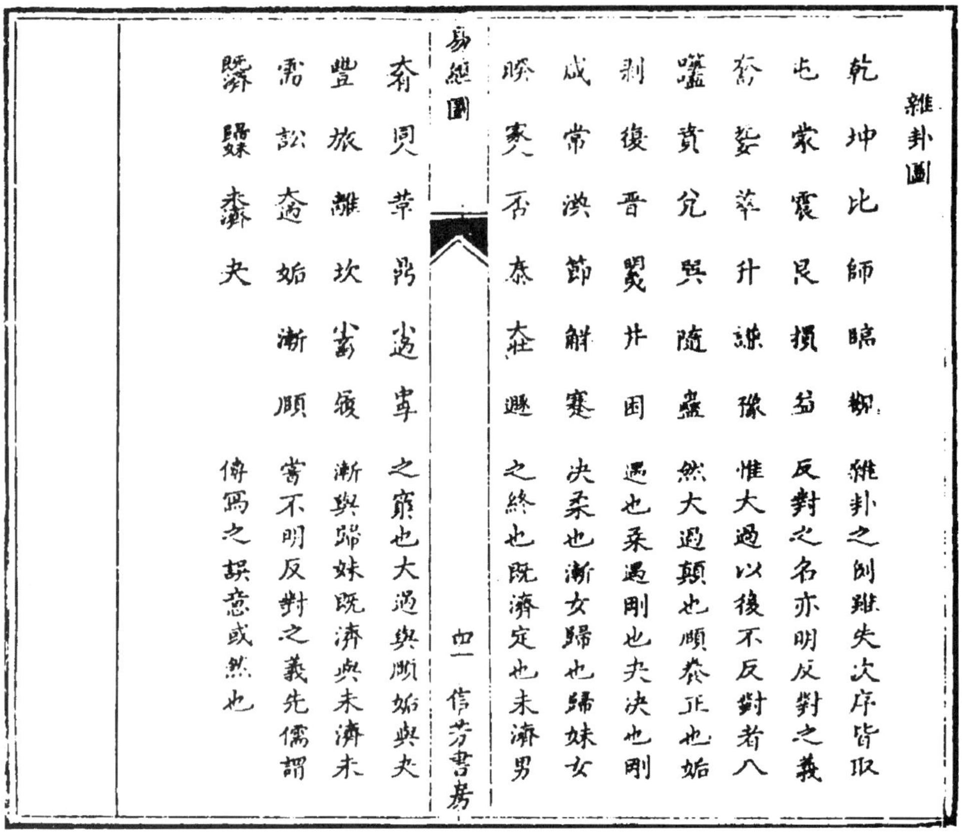

雜卦圖

乾坤比師臨觀，雜卦之則雖失次序皆取反對之名亦明反對之義也。屯蒙震艮損益，反對之義。需訟咸萃升謙豫，惟大過頤也順恭正也始嗑賁兌巽井困，然大過頤也順恭正也剝復晉解蹇，遇也采遇剛也柔剝常渙節，決也漸女歸也歸妹女既濟未濟，決也既濟定也未濟男之終也

奇耦革鼎，之窮也大過與夬豐旅離坎，漸與歸妹既濟與未濟姤漸，寄不明反對之義先儒謂睽蹇蹈夬，偶寫之誤意或然也

图 39　杂卦图
（杨魁植《九经图》）

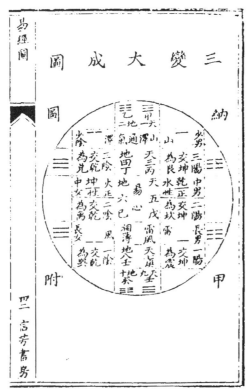

图 40　三变大成图
（杨魁植《九经图》）

图 41　八卦司化图
（杨魁植《九经图》）

图 42 天地之数图
（杨魁植《九经图》）

图 43 仰观天文图
（杨魁植《九经图》）

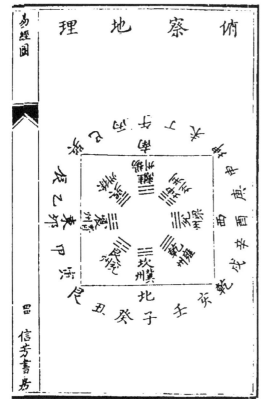

图 44 俯察地理图
（杨魁植《九经图》）

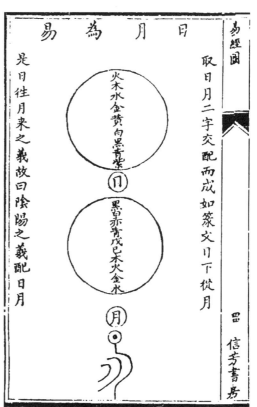

图 45 日月为易图
（杨魁植《九经图》）

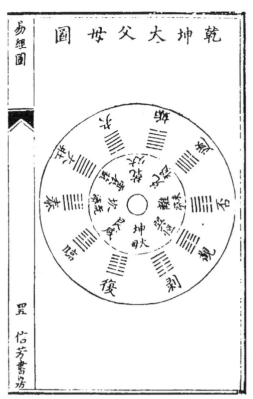

图46 乾坤大父母图
（杨魁植《九经图》）

图47 复姤小父母图
（杨魁植《九经图》）

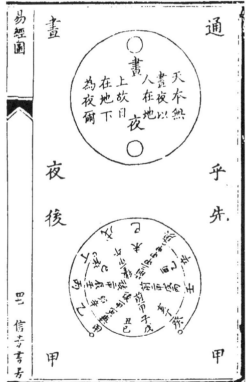

图48 通乎昼夜图
图49 先甲后甲图
（杨魁植《九经图》）

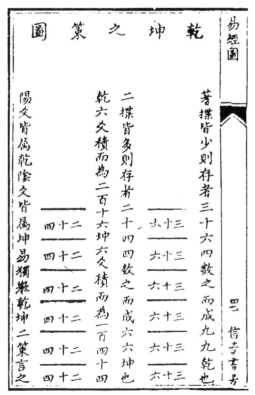

图50 乾坤之策图
（杨魁植《九经图》）

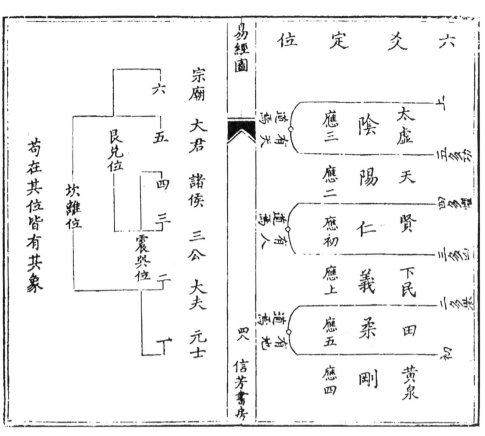

图 51　六爻定位图
（杨魁植《九经图》）

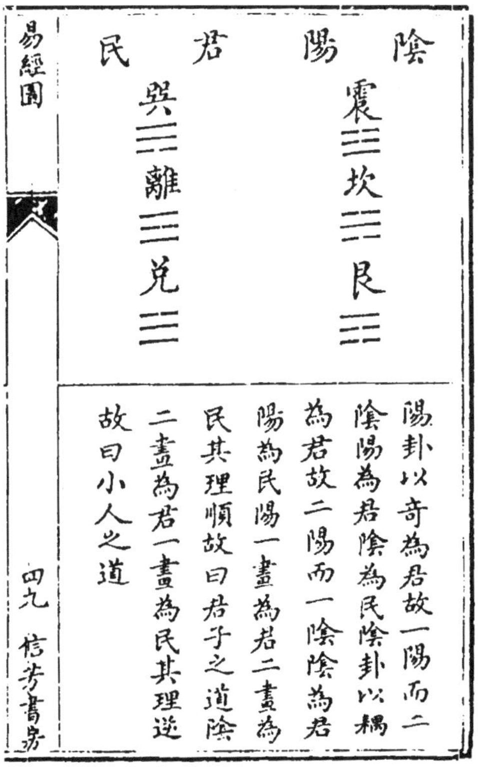

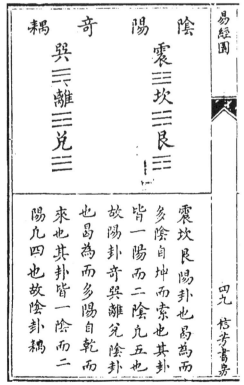

图 52　阴阳君民图
（杨魁植《九经图》）

图 53　阴阳奇耦图
（杨魁植《九经图》）

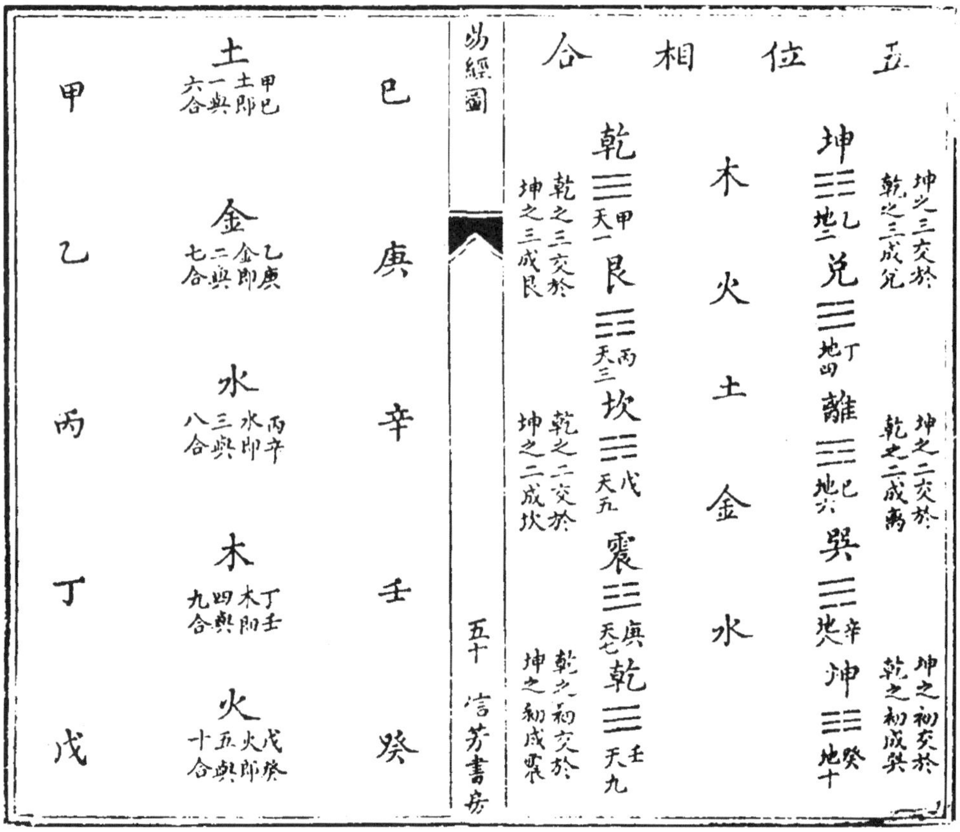

图54　五位相合图
（杨魁植《九经图》）

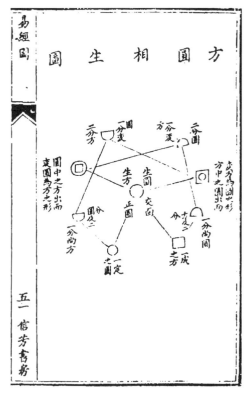

图55　方圆相生图
（杨魁植《九经图》）

图56　八卦纳甲图
（杨魁植《九经图》）

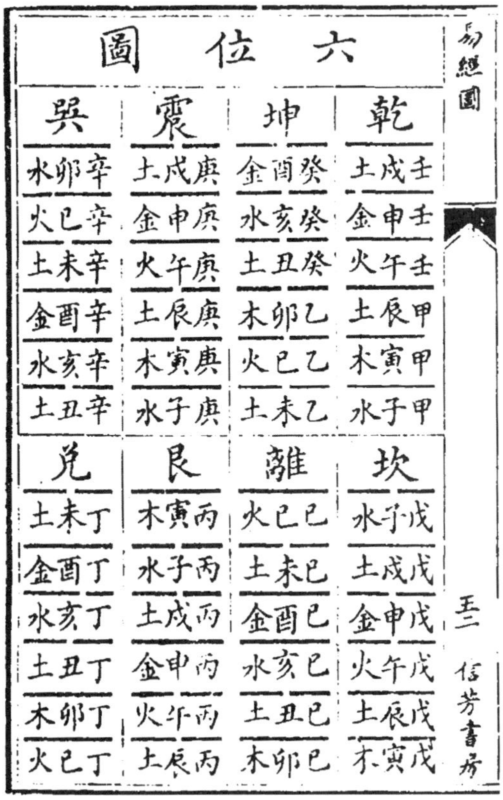

图 57　六位图
（杨魁植《九经图》）

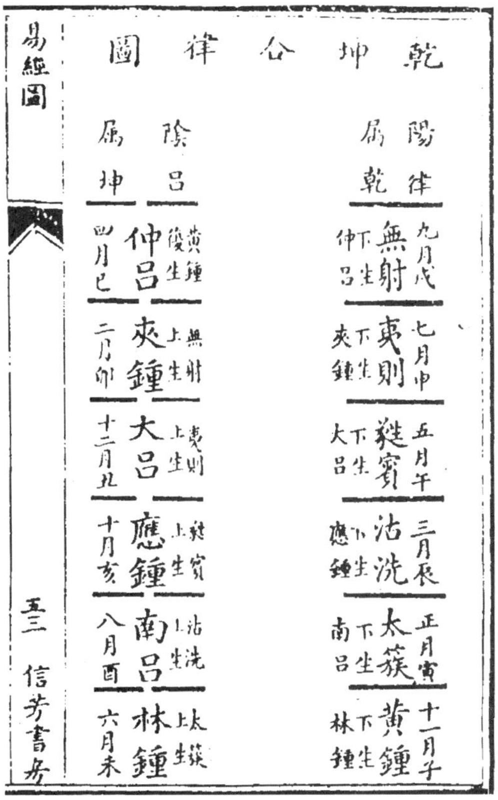

图 58　乾坤合律图
（杨魁植《九经图》）

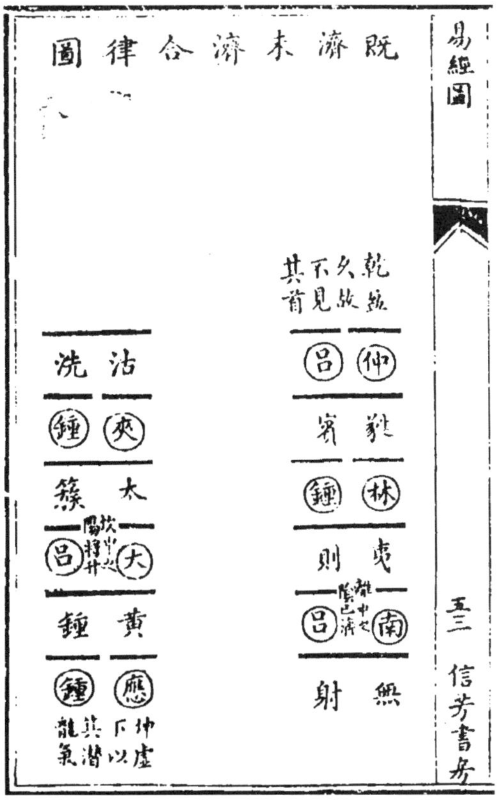

图 59　既济未济合律图
（杨魁植《九经图》）

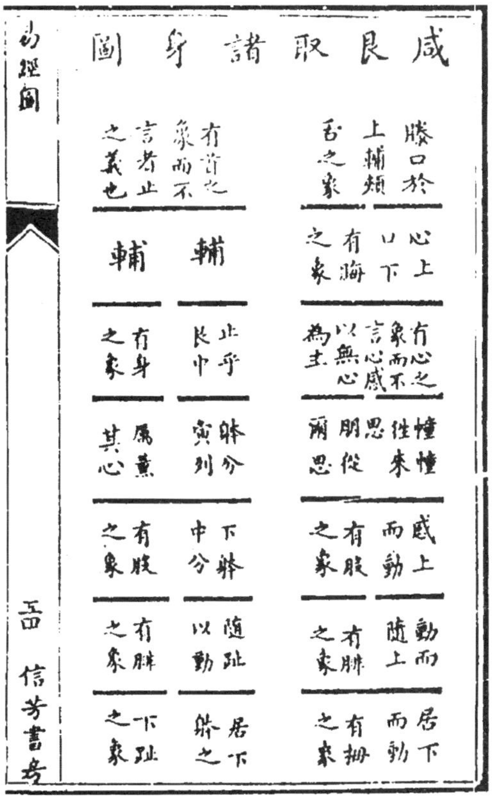

图 60　咸艮取诸身图
（杨魁植《九经图》）

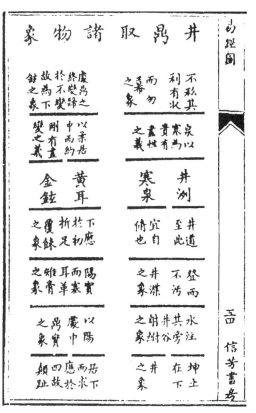

图 61　井鼎取诸物象图
（杨魁植《九经图》）

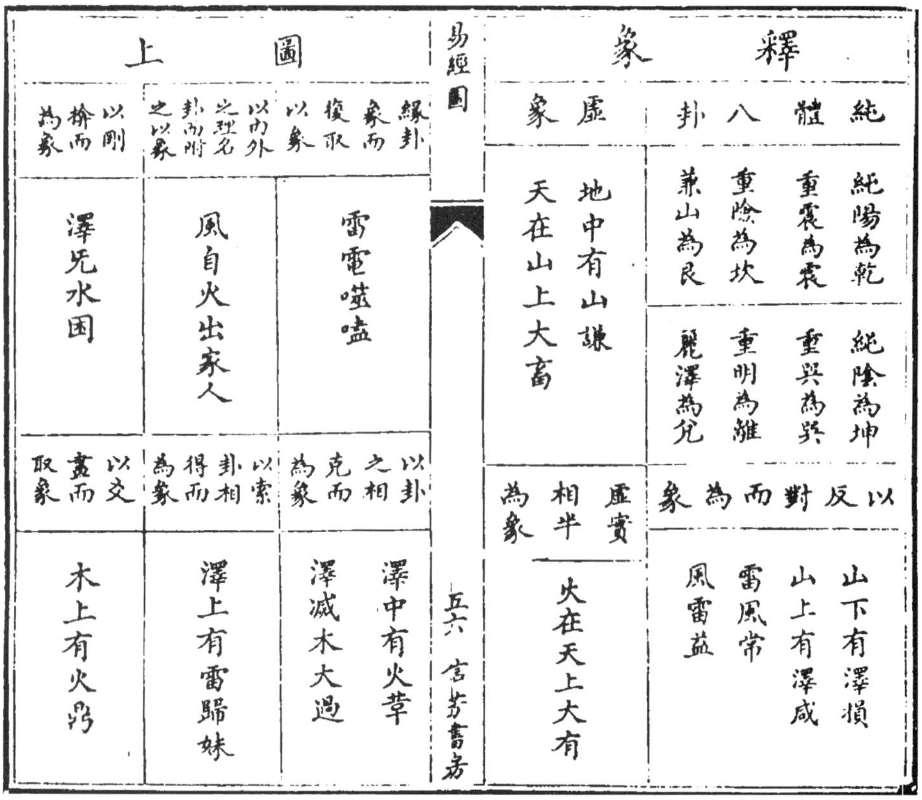

图 62-1　释象图上、释象图下
（杨魁植《九经图》）

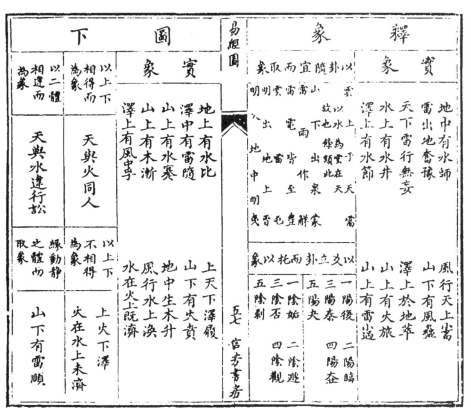

图62-2　释象图上、释象图下
（杨魁植《九经图》）

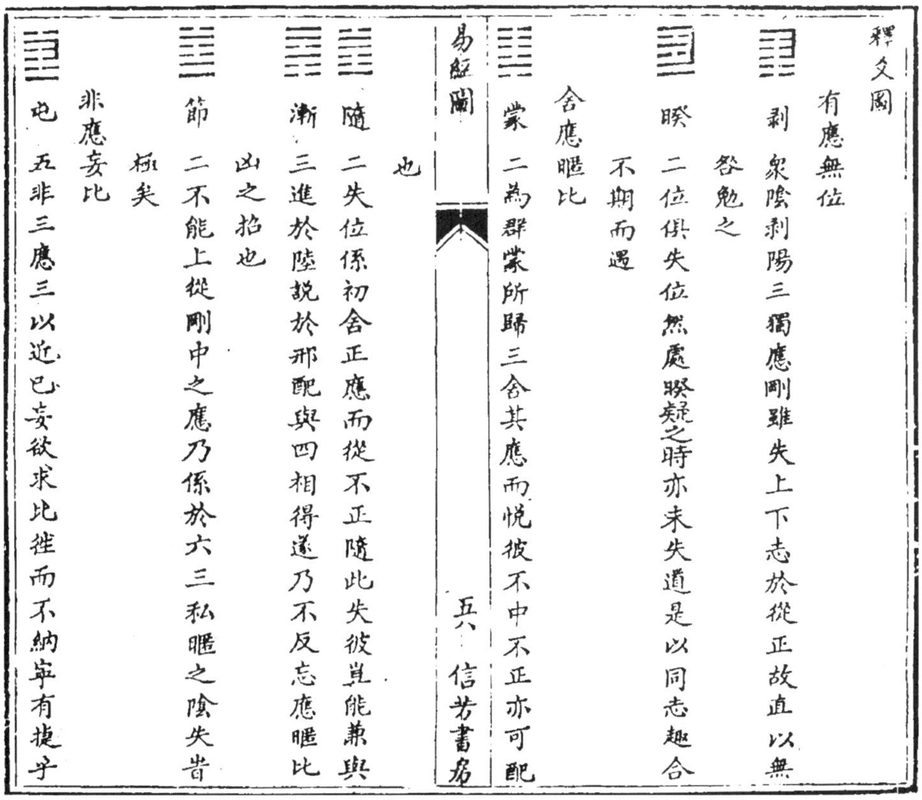

图63-1　释爻图
（杨魁植《九经图》）

頤　二不能自養求於初則失類求上則征凶
資應為輔
屯　四之才不足濟屯故求婚媾之賢共輔剛正之主
升　初柔不能自進信從二而與之同升吉孰大焉
舍應比正
比　四不應初而外比於五五陽剛中正中正賢也親賢從
上比得其正
賁　二三俱無應而相比故二以附上為賁三以二四而

易經圖　五九　信芳書房

相文
中孚　四初匹也四亡其匹而從五蓋欲成孚之功絕類而
上適其宜矣
舍近從應
賁　初應四正也與二不正也舍近比而從正應舍車徒
行固宜
復　四行群陰中自處以正而應初謂之獨復取其志於
從陽也

图 63－2　释爻图
（杨魁植《九经图》）

萃　陰無守正節當萃時初若號求四二中正得五以是
而往何咎之有
應而不相得
蒙　四遠於剛處二陰之間困於蒙昧不能用賢以發其
志故吝
訟　二以剛險訟五義所不克知其不可退歸以退則可
无眚
臨　五體雖柔不可相違二欲順之剛德不長必未順命

易經圖　六十　信芳書房

是以吉利
兌　五居兌不說九二剛中之臣而比柔邪之小人故有
剥厲之戒
姤　四居上位而失初之民由已遠之民離難將作矣
近而不相得
屯　二以陰柔守中雖為初剛所逼而志不苟合
大有　四近至尊而下比權臣故匪其朋而不親於三
小畜　二牖比不中為四所乘以況夫失道而制妻脫輻反

图 63－3　释爻图
（杨魁植《九经图》）

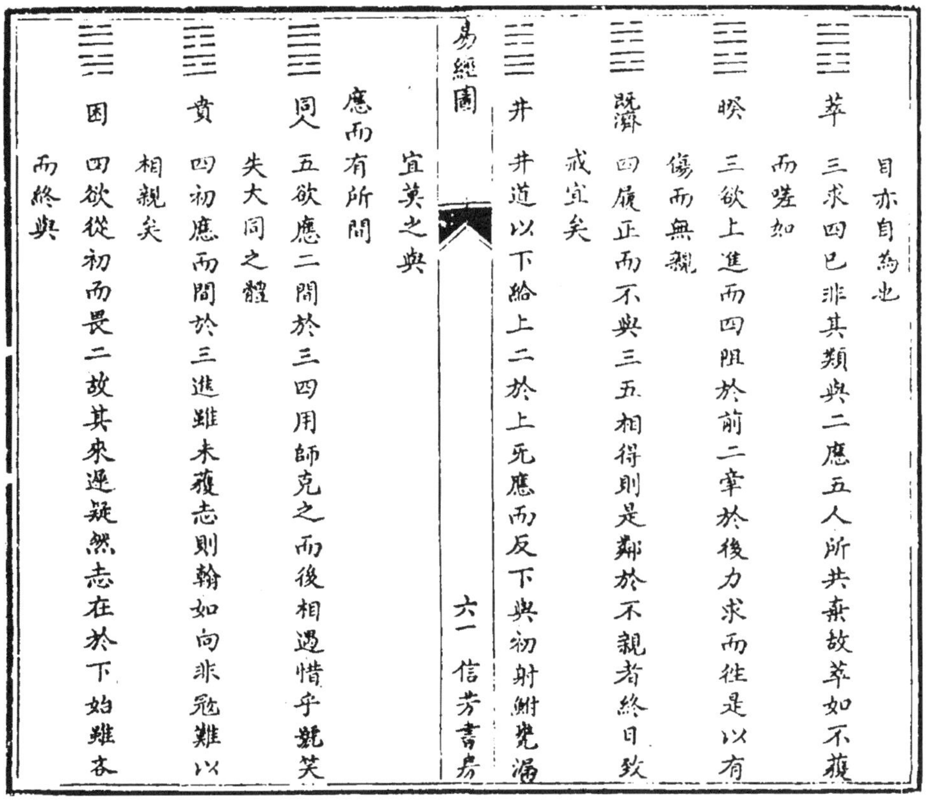

易經圖

萃
☷☱ 三求四巳非其類與二應五人所共棄故萃如不獲
而嗟如
目亦自為也

睽
☲☱ 三欲上進而四阻於前二寧於後力求而往是以有
傷而無親

暌
☲☱ 四旣正而不與三五相得則是鄰於不親者終日致
戒宜矣

井
☵☴ 井道以下給上二於上无應而反下與初射鮒甕漏
宜莫之與

同人
☰☲ 應而有所間
五欲應二間於三四用師克之而後相遇情乎就笑
失大同之體

賁
☶☲ 四初應而間於三進雖未獲志則翰如向非寇難以
相親矣

困
☱☵ 四欲從初而畏二故其來遲疑然志在於下始雖吝
而終與

六一 信芳書房

图 63-4 释爻图
（杨魁植《九经图》）

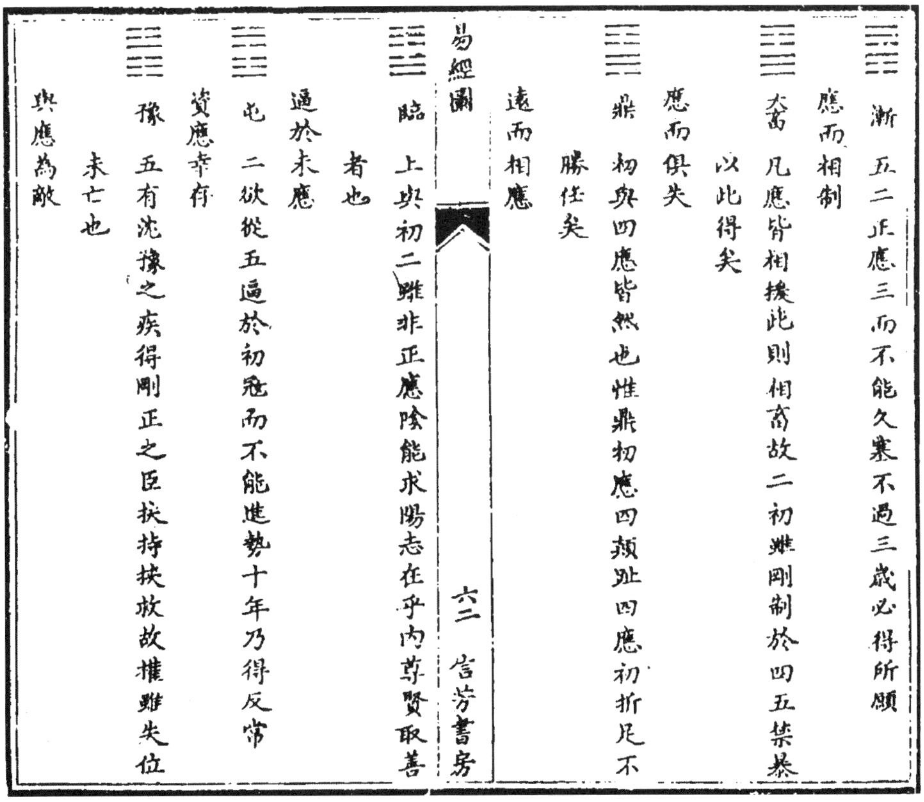

易經圖

漸
☴☶ 五二正應三而不能久寒不過三歲必得所願
應而相制

家人
☴☲ 凡應皆相援此則相商故二初雖剛制於四五禁嚴
以此得矣

鼎
☲☴ 應而俱失
初與四應皆然也性鼎初應四頗趾四應初折足不
勝任矣

蹇
☵☶ 遠而相應

臨
☷☱ 上與初二雖非正應陰能求陽志在乎內尊賢取善
者也

屯
☵☳ 二欲從五逼於初寇而不能進勢十年乃得反常
過於未應

豫
☳☷ 五有沈豫之疾得剛正之臣扶持扶救故權雖失位
資應幸存

未亡也

與應為敵

六二 信芳書房

图 63-5 释爻图
（杨魁植《九经图》）

易經圖

䷳ 三以明居下屨剛而進與上敵應以明其晻其湯武
誅紂之象
應不獲用
既濟 二應宜行志二之顧志不得行故有喪弟盲復得盲
能用之也
應非其人
豫 初六陰而四應之是不中正之人為上所寵志滿而
鳴山之所至

䷪ 夬 夬剛長三獨殊志以助上過雨若濡是以有限而無
咎也
歸妹 五以陰乘應二動於說也以況女賢而配不良凶正
自守宜矣
應而非正
解 四承五而應初五居上而覘小人也必解而相斯朋
至
比與不正

六三 言芳書房

图 63-6 释爻图
（杨魁植《九经图》）

易緯圖

䷇ 比 四陰柔不中二有應比初皆不中正人也三居其閒
所比可知
比而相求
渙 二初非正應兩皆無與相比而安故二目初為机初謂
二為馬
過以相與
大過 二得初生稊於下上得五生華於止過而相與我皆
可推

䷠ 遯 遯處遯遯之世宜遠小人三以陽附陰像於所私故有
疾偶
比非當比
解 三乘二負四應非其位小人而乘君子之器以身鈞
桷者也
乘非當乘

六四 言芳書房

图 63-7 释爻图
（杨魁植《九经图》）

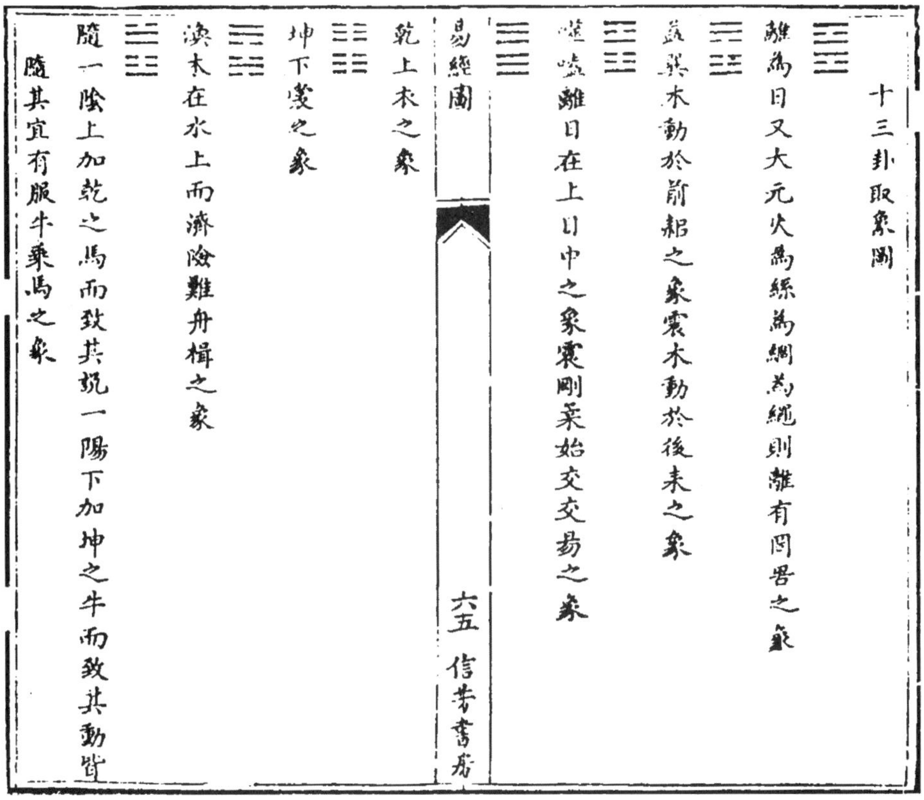

十三卦取象圖

易經圖

☰ 乾上木之象
☷ 坤下裳之象
渙木在水上而濟險難舟楫之象
☰ 隨上加乾之馬而致其說一陽下加坤之牛而致其動皆隨其宜有服牛乘馬之象

離為日又大元火為繩為網則離有罔罟之象
益巽木動於前耜之象震木動於後耒之象
噬嗑離日在上日中之象震剛來始交交易之象

圖 64-1 十三卦取象圖
（楊魁植《九經圖》）

易經圖

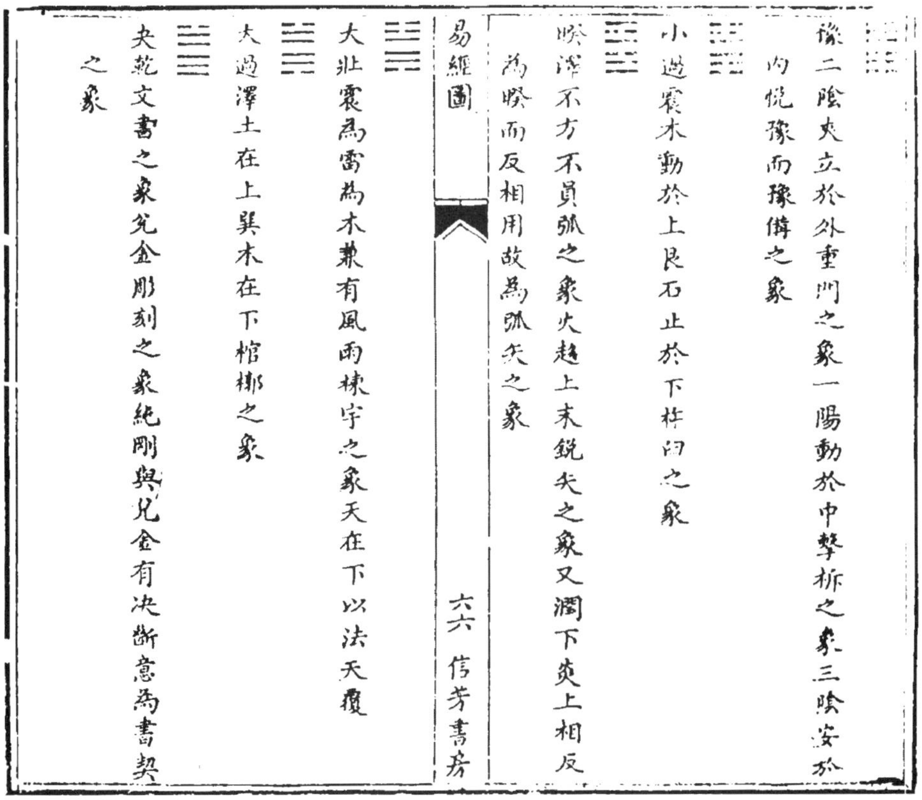

豫二陰夾立於外重門之象一陽動於中擊柝之象三陰安於內悅豫而豫傳之象
小過震木動於上艮石止於下柞臼之象
睽澤不方不員弧之象火趨上末銳矢之象又潤下炎上相反為睽而反相用故為弧矢之象
大壯震為雷為木兼有風雨棟宇之象天在下以法天覆
大過澤土在上巽木在下棺槨之象
夬乾文書之象兌金剛刻之象純剛與兌金有決斷意為書契之象

圖 64-2 十三卦取象圖
（楊魁植《九經圖》）

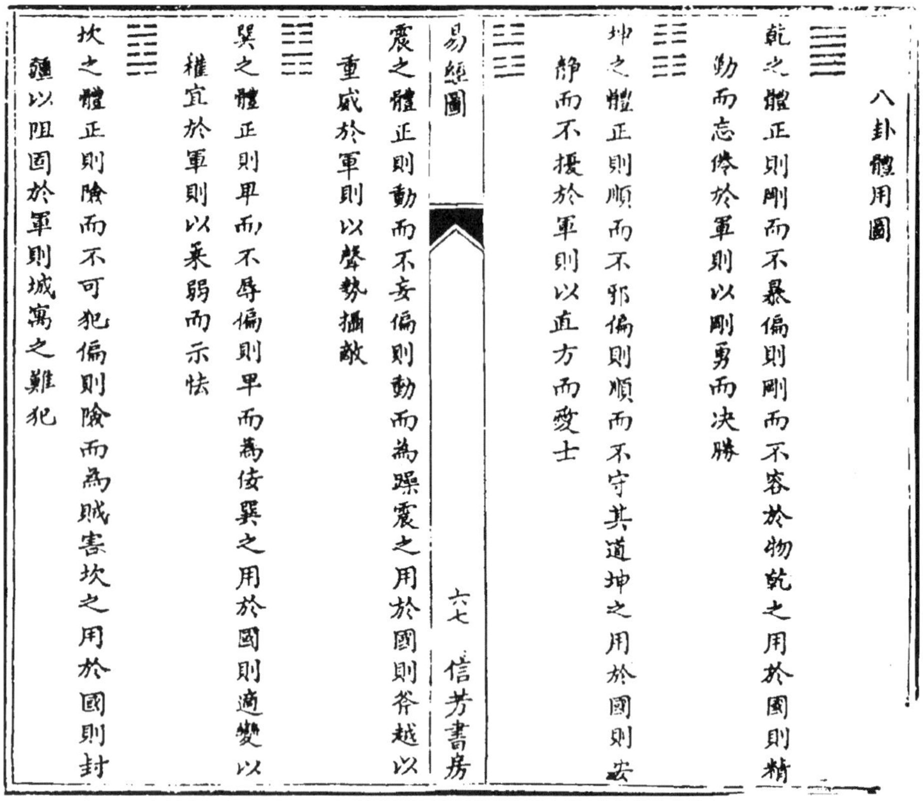

八卦體用圖

易經圖

乾之體正則剛而不暴，偏則剛而不容於物，乾之用於國則精勁而志倦，於軍則以剛勇而決勝。

坤之體正則順而不邪，偏則順而不守其道，坤之用於國則安靜而不擾，於軍則以直方而愛士。

震之體正則動而不妄，偏則動而為躁，震之用於國則斧越以重威，於軍則以聲勢攝敵。

巽之體正則甲而不辱，偏則甲而為佞，巽之用於國則適變以權宜，於軍則以乘弱而示怯。

坎之體正則險而不可犯，偏則險而為賊害，坎之用於國則彊以阻固，於軍則城寓之難犯。

六七　信芳書房

图 65-1　八卦体用图
（杨魁植《九经图》）

易經圖

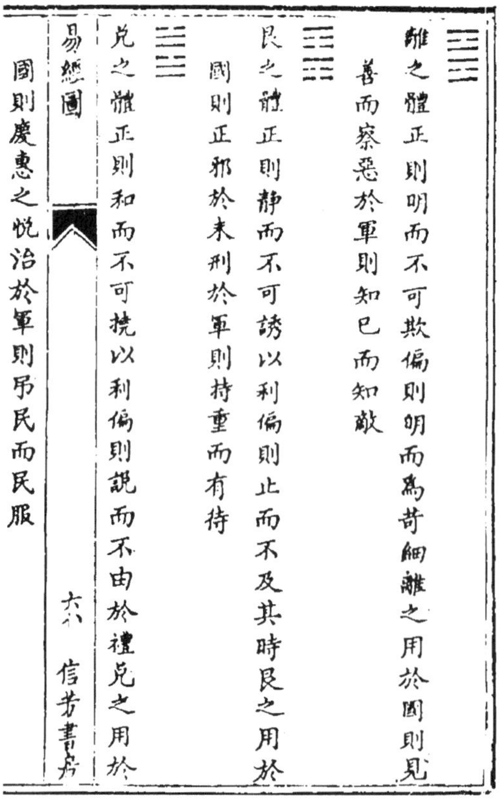

離之體正則明而不可欺，偏則明而為苛細，離之用於國則見善而察惡，於軍則知己而知敵。

艮之體正則靜而不可誘，偏則靜而不及其時，艮之用於國則正邪於末刑，於軍則持重而有待。

兌之體正則和而不可撓，偏則和而說而不由於禮，兌之用於國則慶惠之悅治，於軍則弔民而民服。

六八　信芳書房

图 65-2　八卦体用图
（杨魁植《九经图》）

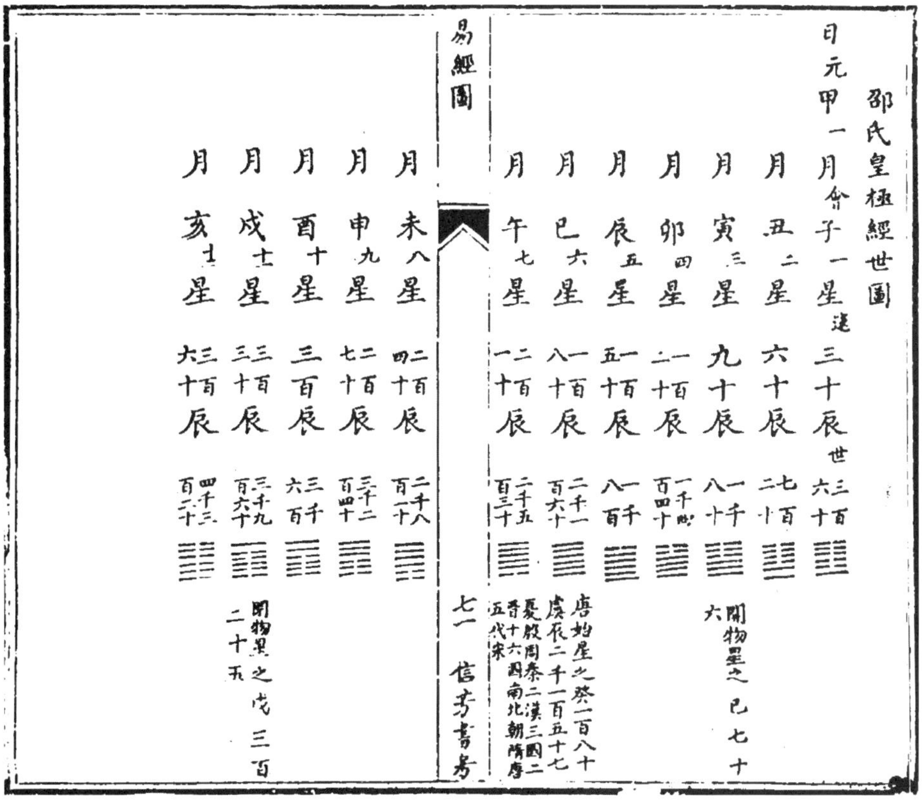

图 66　邵氏皇极经世图
（杨魁植《九经图》）

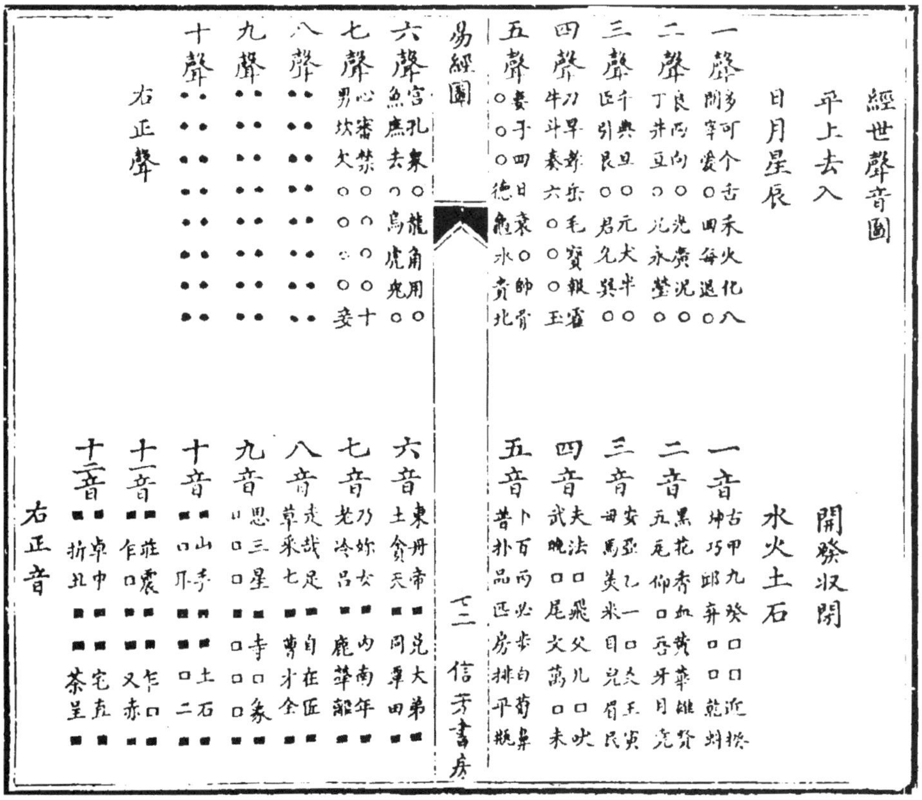

图 67　经世声音图
（杨魁植《九经图》）

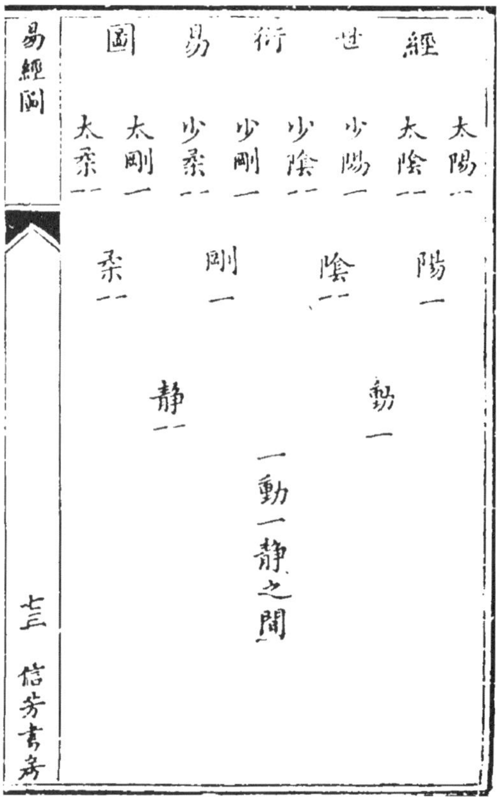

图 68 经世衍易图
（杨魁植《九经图》）

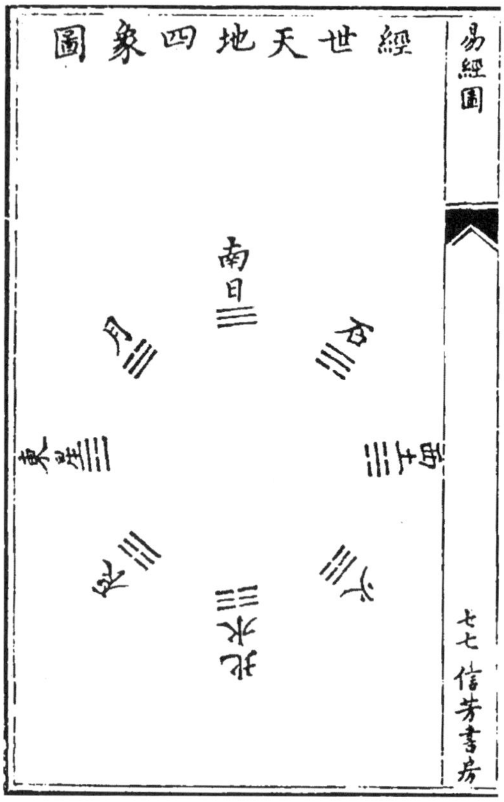

图 69 经世天地四象图
（杨魁植《九经图》）

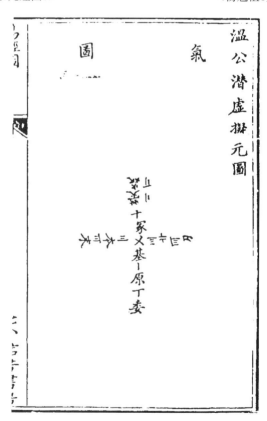

图 70 温公潜虚拟元图
（杨魁植《九经图》）

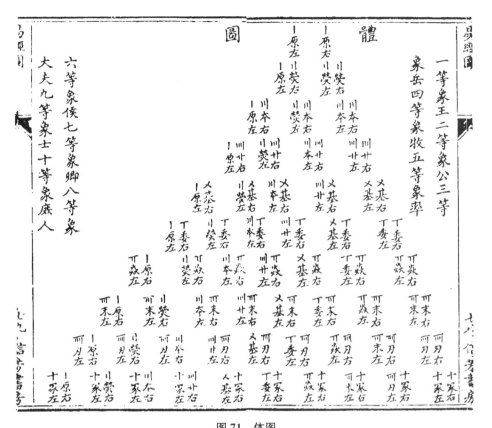

图 71　体图
（杨魁植《九经图》）

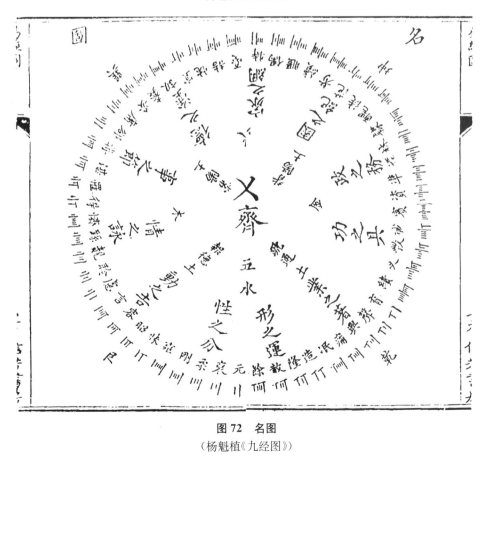

图 72　名图
（杨魁植《九经图》）

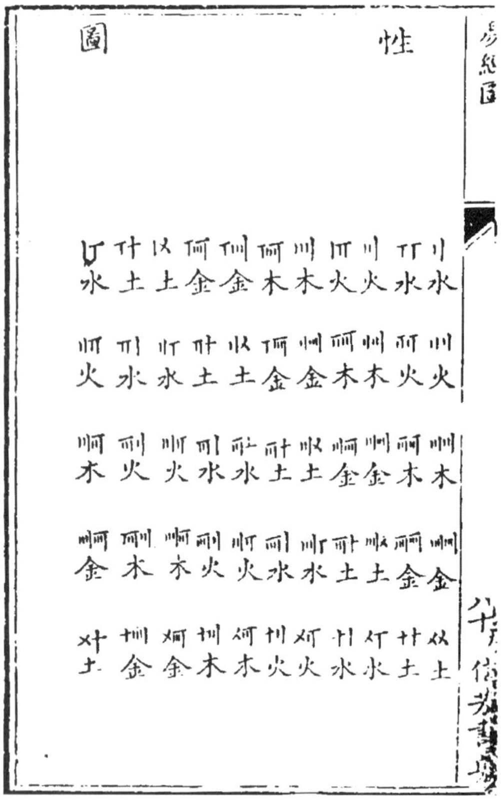

图 73 性图
（杨魁植《九经图》）

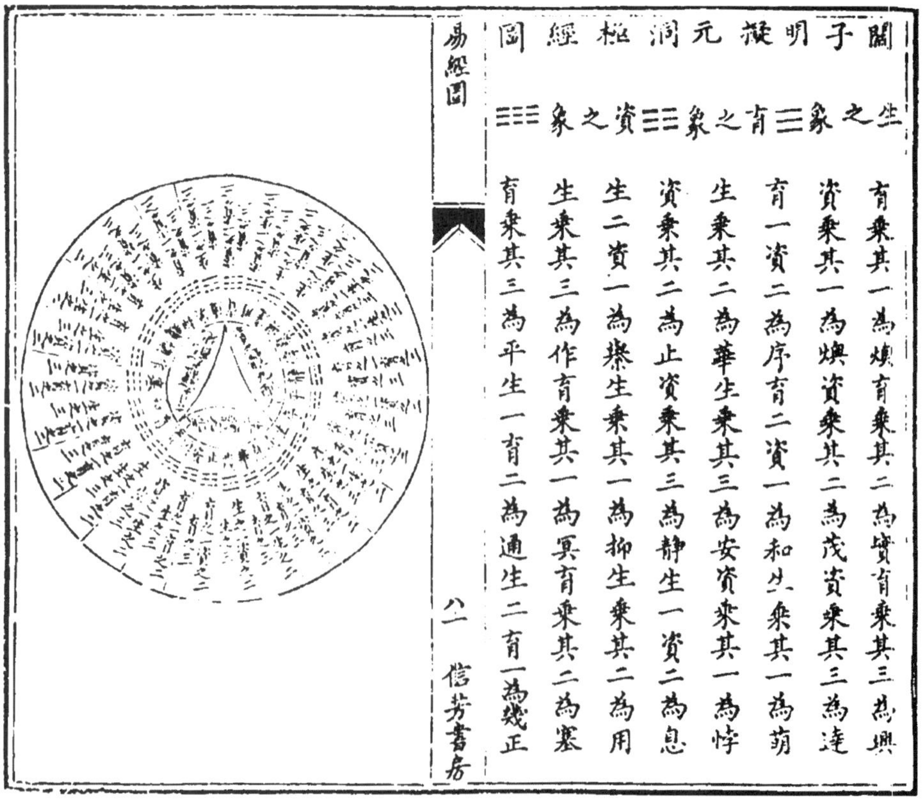

图 74 关子明拟元洞极经图
（杨魁植《九经图》）

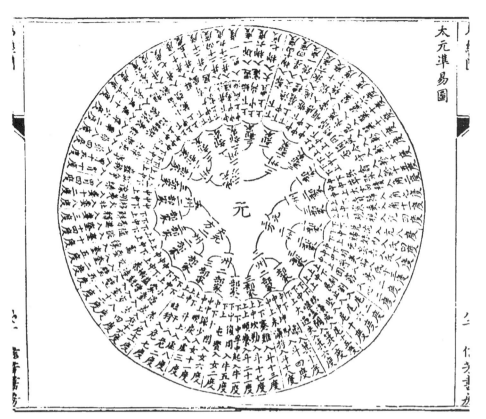

图 75　太元准易图
(杨魁植《九经图》)

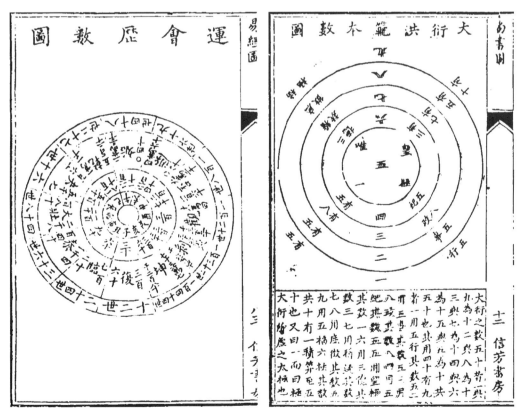

图 76　运会历数图
(杨魁植《九经图》)

图 77　大衍洪范本数图
(杨魁植《九经图》)

唐秉钧

生卒年不详,字衡铨,清江苏上海(今上海)人。著有《文房肆考》八卷。现存有《周易》图像二幅。

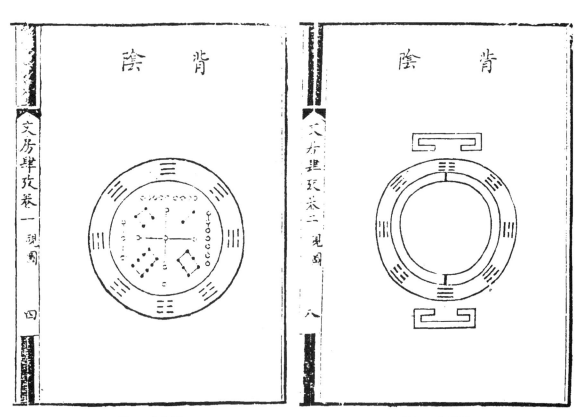

图1 背阴图
(唐秉钧《文房肆考》)

图2 背阴图
(唐秉钧《文房肆考》)

倪象占（1736—1820）

初名承天，字象占，更字九三，号韭山，又号笠亭，清浙江象山人。乾隆二十一年（1756）补诸生，三十年高宗南巡，选列迎銮，拔充优贡。调纂《大清一统志》《千叟宴诗》，善画兰竹松石。著有《周易索诂》十二卷、《韭山诗文集》八卷、《青棂馆集》四卷、《蓬山清话》十八卷、《抱经楼藏书记》等。现存有《周易》图像八幅。

周易索詁卷之首		象山倪象占編次
卦目圖	上篇三十卦	卦象 提名 內外對易 者互見下
	乾	乾爲天
	坤	坤爲地
	屯	水雷屯
	蒙	山水蒙
	需	水天需
	訟	天水訟
周易索詁 卷之首圖	師	地水師
	比	水地比
	小畜	風天小畜
	履	天澤履
	泰	地天泰
	否	天地否
	同人	天火同人
	大有	火天大有
	謙	地山謙
	豫	雷地豫
		水山蹇
		雷水解
		澤天夬
		天風姤
		山地剝
		地雷復

图1-1 卦目图
（倪象占《周易索诂》）

晋	大壯	遯	恆	咸		離	坎	大過	頤	周易索詁	大畜	无妄	復	剝	賁	噬嗑	觀	臨	蠱	隨
䷢	䷡	䷠	䷟	䷞	下篇三十四卦	䷝	䷜	䷛	䷚	卷之首　二	䷙	䷘	䷗	䷖	䷕	䷔	䷓	䷒	䷑	䷐
火地晉	雷天大壯	天山遯	雷風恆	澤山咸		離爲火	坎爲水	澤風大過	山雷頤		山天大畜	天雷无妄	地雷復	山地剝	山火賁	火雷噬嗑	風地觀	地澤臨	山風蠱	澤雷隨
天雷无妄	山天大畜	風雷益	山澤損	山澤損		風澤中孚	雷山小過	天山遯	雷天大壯		雷地豫	地山謙	火山旅	雷火豐	地風升	澤地萃	風山漸	雷澤歸妹		

图1-2　卦目图
（倪象占《周易索詁》）

豐	歸妹	漸	艮	震	鼎	革	井	困	升	周易索詁	萃	姤	夬	益	損	解	蹇	睽	家人	明夷
䷶	䷵	䷴	䷳	䷲	䷱	䷰	䷯	䷮	䷭	卷之首　三	䷬	䷫	䷪	䷩	䷨	䷧	䷦	䷥	䷤	䷣
雷火豐	雷澤歸妹	風山漸	艮爲山	震爲雷	火風鼎	澤火革	水風井	澤水困	地風升		澤地萃	天風姤	澤天夬	風雷益	山澤損	雷水解	水山蹇	火澤睽	風火家人	地火明夷
火雷噬嗑	澤雷隨	山風蠱			風火家人	火澤睽	風水渙	水澤節	風地觀		地澤臨	天澤履	天風小畜	雷風恆	澤山咸	水雷屯	山水蒙	澤火革	火風鼎	

图1-3　卦目图
（倪象占《周易索詁》）

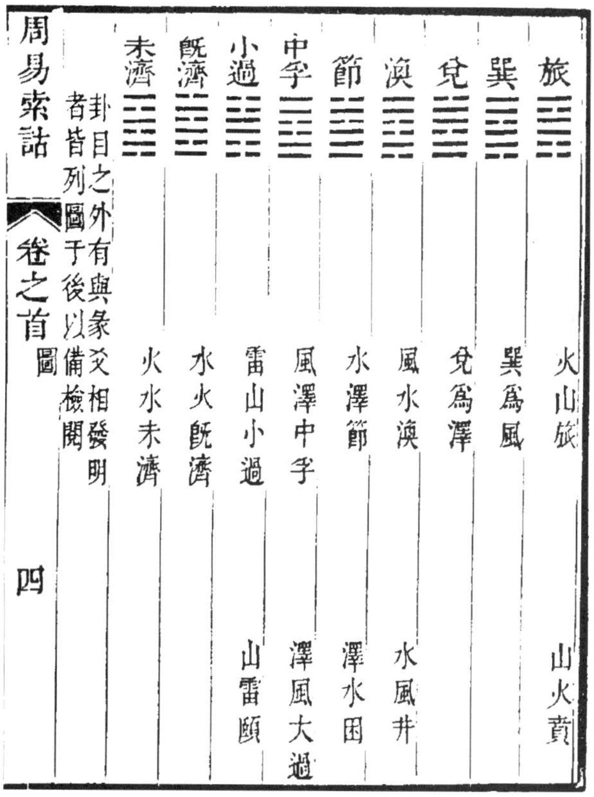

图 1-4 卦目图
（倪象占《周易索诂》）

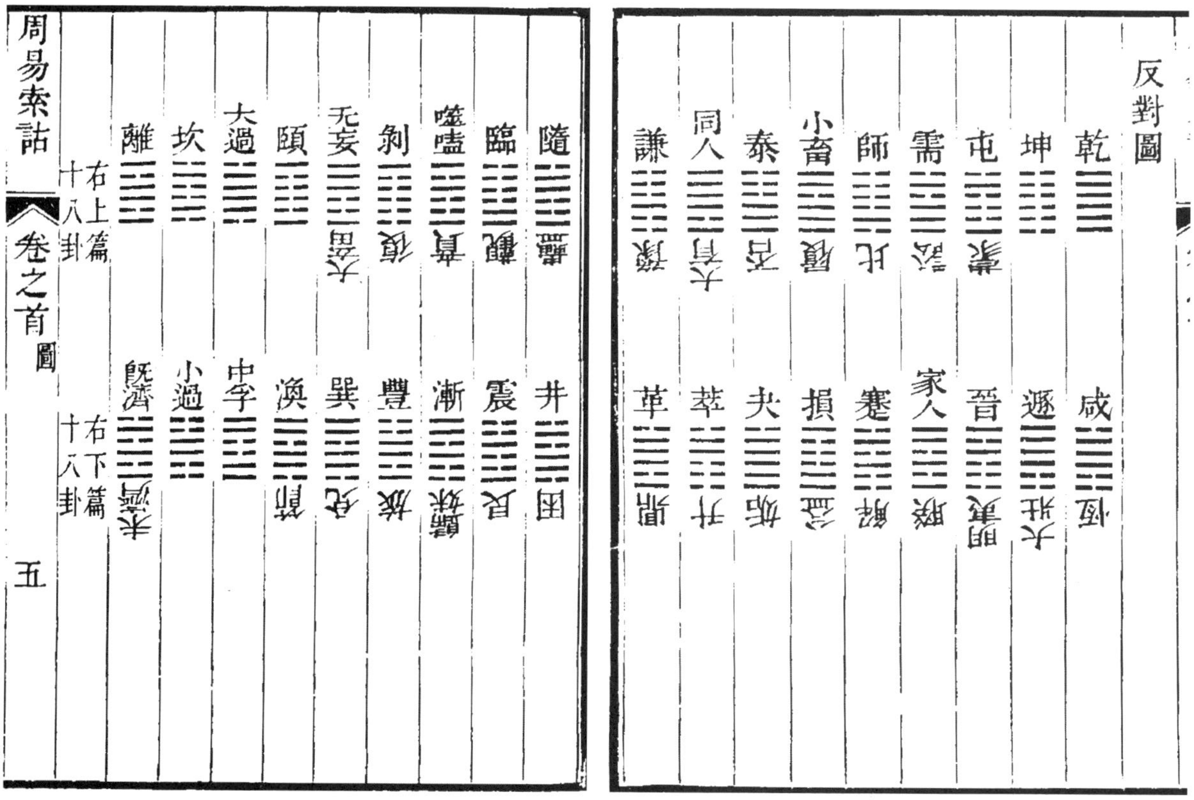

图 2 反对图
（倪象占《周易索诂》）

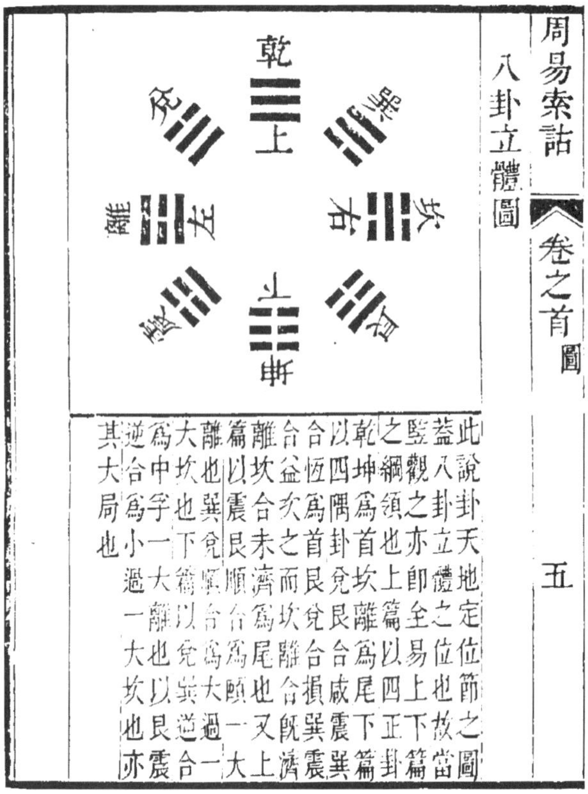

图 3　八卦立体图
（倪象占《周易索诘》）

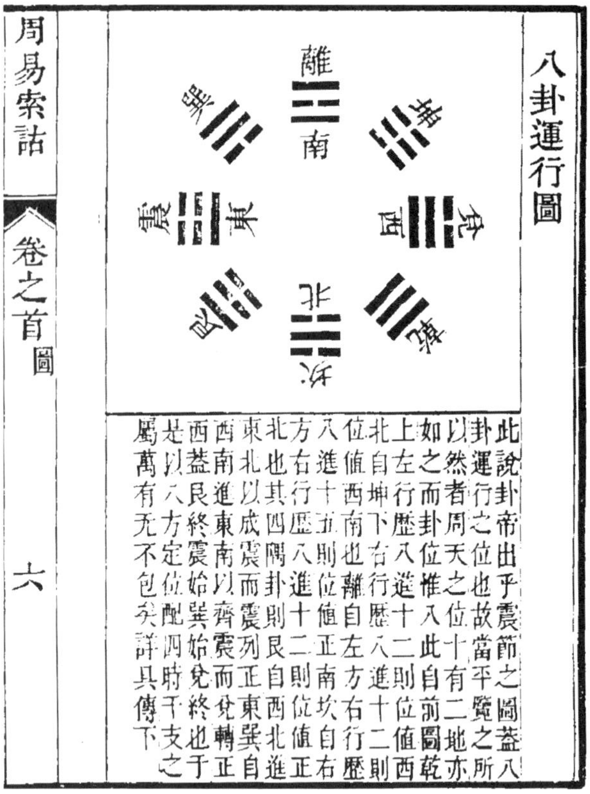

图 4　八卦运行图
（倪象占《周易索诘》）

图 5　阴阳变化图
（倪象占《周易索诘》）

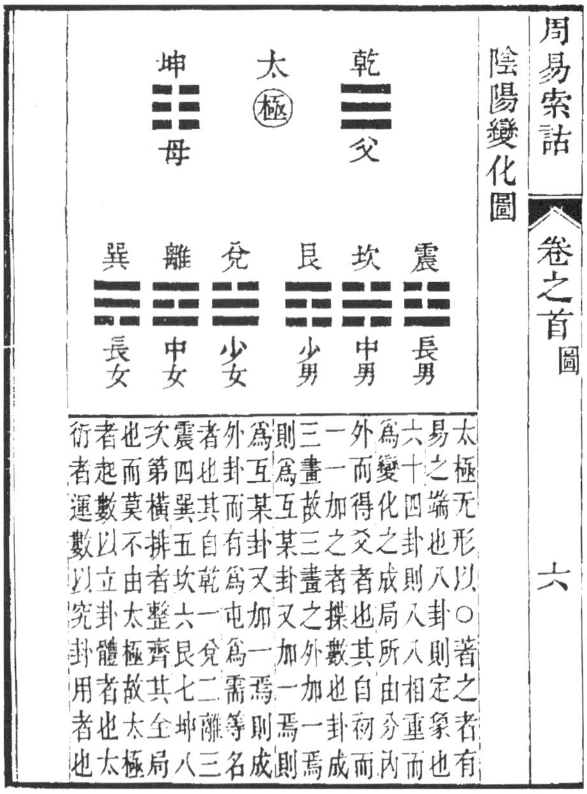

图 6　大卦图
（倪象占《周易索诘》）

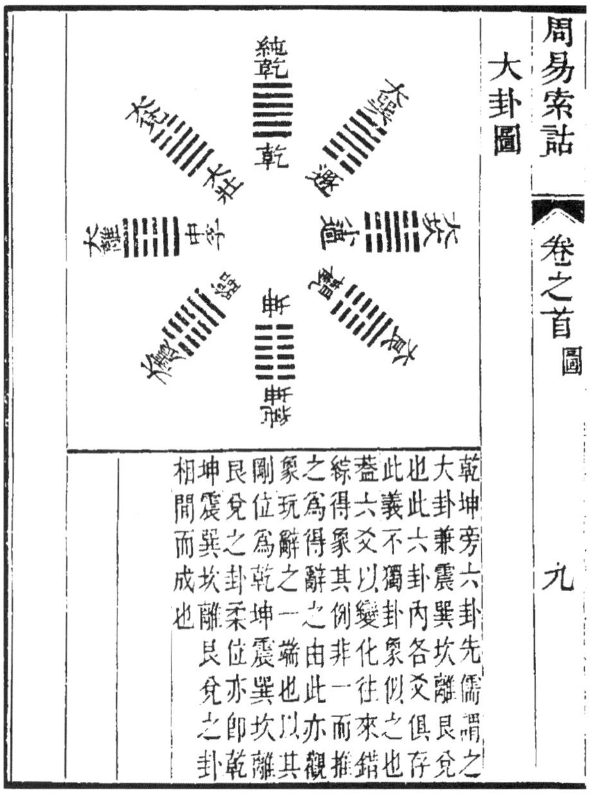

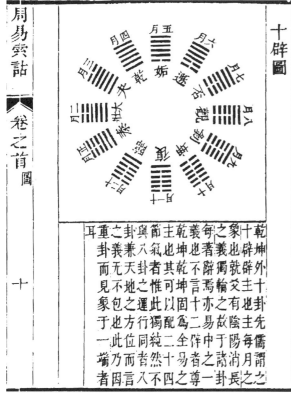

图7 十辟图
（倪象占《周易索诂》）

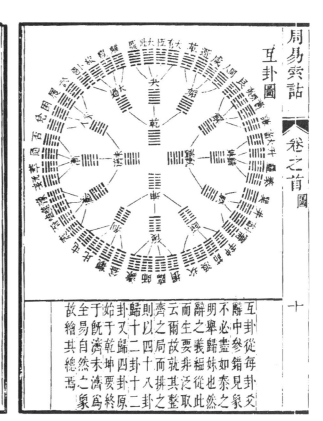

图8 互卦图
（倪象占《周易索诂》）

沈可培(1737—1799)

字养原,号蒙泉、向斋,晚年号厚斋,清浙江嘉兴人。乾隆三十七年(1772)进士,官江西上高、直隶吴桥、宝坻、安素、山东黄县知县,乾隆四十一年获御赐恩荣宴。致仕后课徒终身,历主直隶潞河、山东洙源、云门等书院。著有《洙源问答》十二卷、《郑康成年谱》一卷、《比红儿诗注》一卷、《依竹山房诗集》十二卷等。现存有《周易》图像一幅。

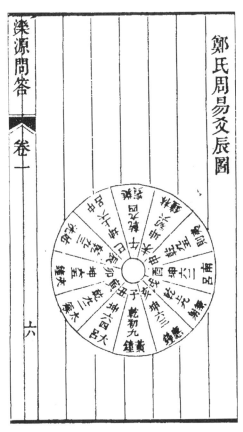

图1 郑氏周易爻辰图
(沈可培《洙源问答》)

陈本礼(1739—1818)

字嘉会,号素村,清江苏江都(今江苏扬州)人。淹贯群籍,善诗文,藏书达十五万卷。著有《屈辞精义》六卷、《汉乐府三歌笺注》三卷、《协律钩元》四卷《外编》一卷、《急就探奇》一卷,合称"鲍室四种",还有《焦氏易林考正》《杨雄太玄灵曜》等。现存有《周易》图像二幅。

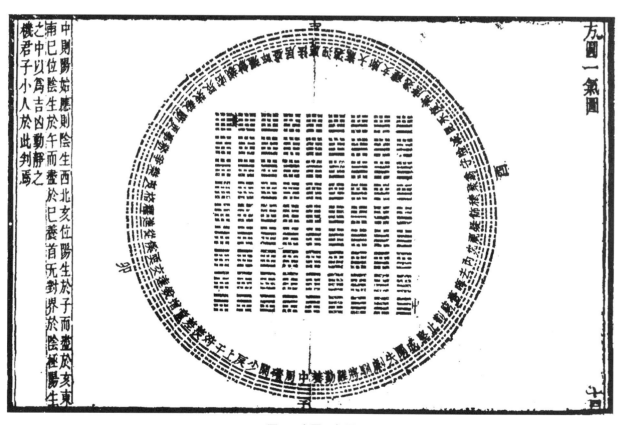

图1 方圆一气图
(陈本礼《太玄阐秘》)

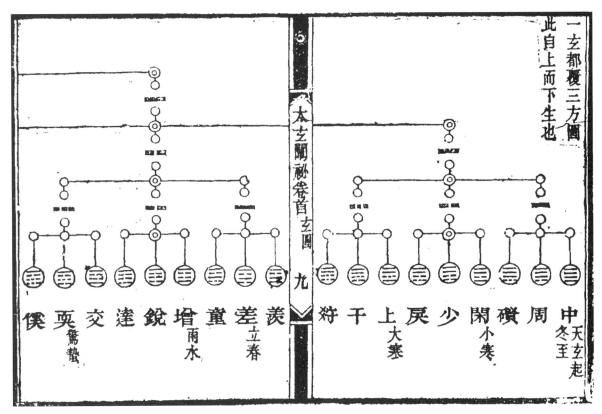

图 2-1 一玄都覆三方图
（陈本礼《太玄阐秘》）

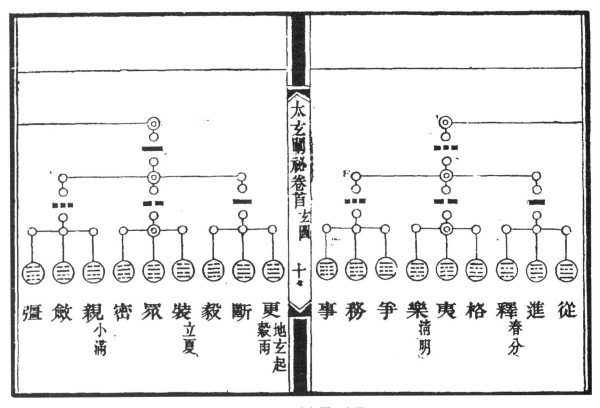

图 2-2 一玄都覆三方图
（陈本礼《太玄阐秘》）

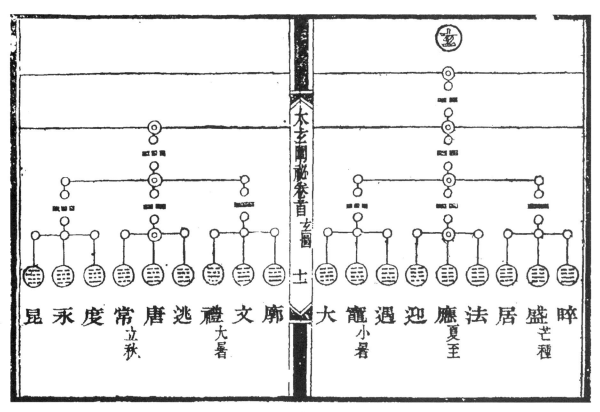

图 2-3 一玄都覆三方图
（陈本礼《太玄阐秘》）

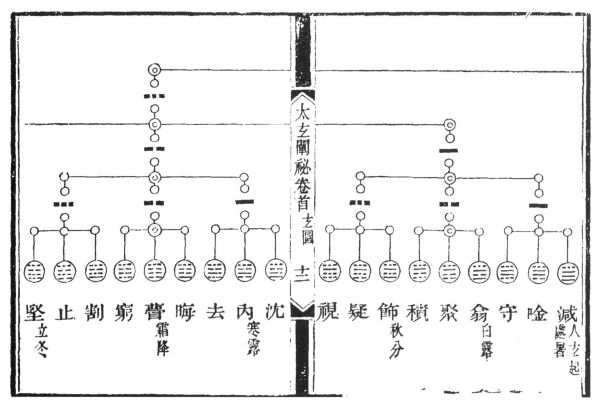

图 2-4 一玄都覆三方图
（陈本礼《太玄阐秘》）

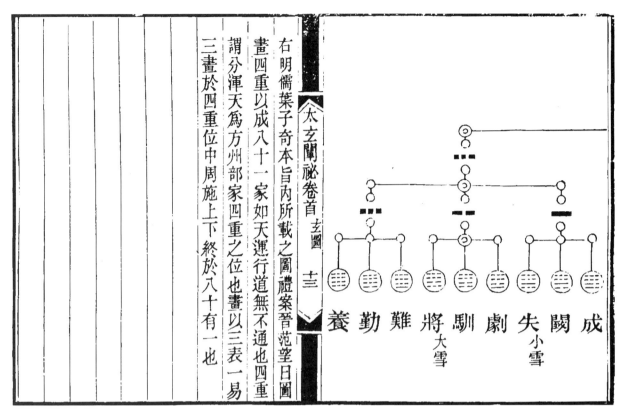

右明儒葉子奇本旨内所載之圖禮案晉范望日圖畫四重以成八十一家如天運行道無不通也四重謂分渾天為方州部家四重之位也畫以三表一易三畫於四重位中周施上下終於八十有一也

图2-5 一玄都覆三方图
（陈本礼《太玄阐秘》）

顾堃(1740—1811)

生卒年不详,字尧峻,号思亭,清江苏苏州人。乾隆三十八年(1773)举人,授丹徒教谕。工诗文。著有《觉非盦笔记》八卷、《思亭诗文钞》十卷、《鹤皋草堂集》十二卷等。现存有《周易》图像二幅。

图1　郑氏易十二月爻辰图
(顾堃《觉非盦笔记》)

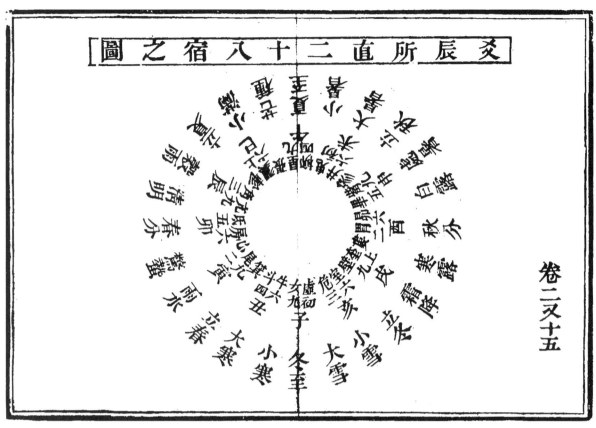

图 2　爻辰所直二十八宿之图
（顾埜《觉非盦笔记》）

崔述(1740—1816)

字武承,号东壁,清直隶大名(今属河北)人。清乾隆二十七年(1762)举人,嘉庆十一年(1806)补选为福建罗源县令,后辞官返乡,专注于学术研究。毕生疑古辩伪,考信经史,著述有三十四种,八十八卷,其中《考信录》三十六卷为其代表作。还著有《考古异录》十二卷、《易卦图说》一卷、《五服异同汇考》三卷、《大名水道考》一卷等。现存有《周易》图像八幅。

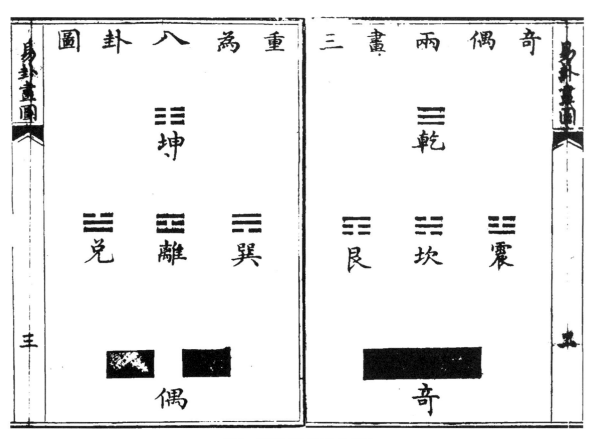

图1　奇偶两画三重为八卦图
(崔述《易卦图说》)

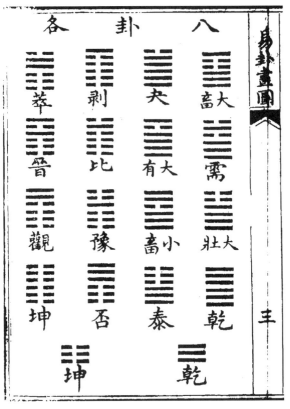

图 2-1 八卦各重八卦为六十四卦图
（崔述《易卦图说》）

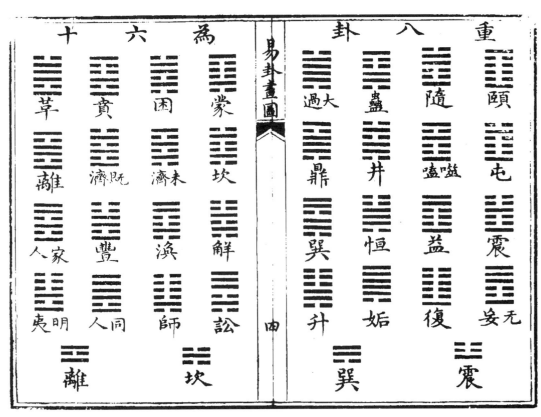

图 2-2 八卦各重八卦为六十四卦图
（崔述《易卦图说》）

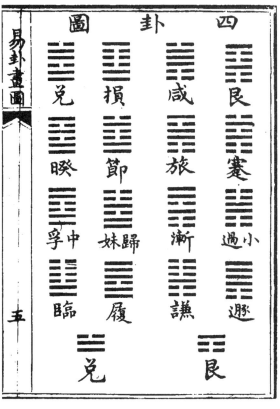

图 2-3　八卦各重八卦为六十四卦图
（崔述《易卦图说》）

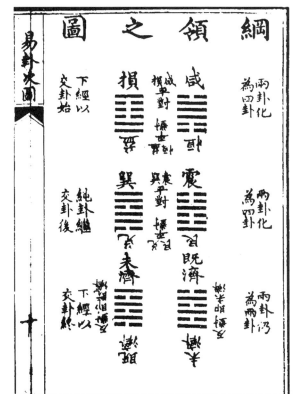

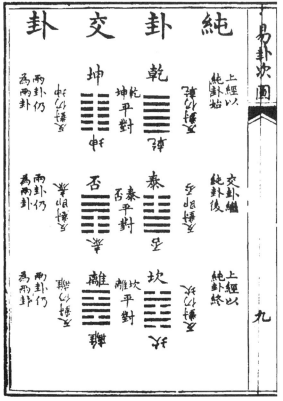

图 3　纯卦交卦纲领之图
（崔述《易卦图说》）

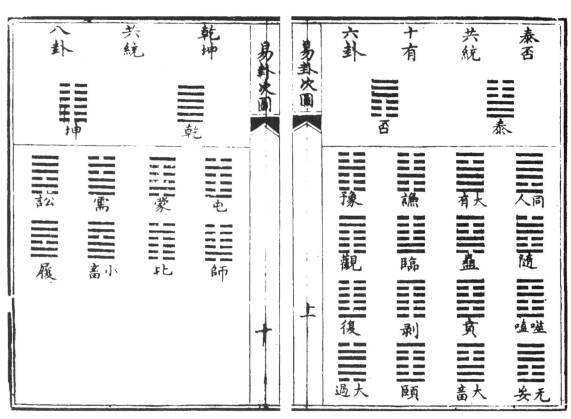

图 4　乾坤共统八卦图
（崔述《易卦图说》）

图 5　泰否共统十有六卦图
（崔述《易卦图说》）

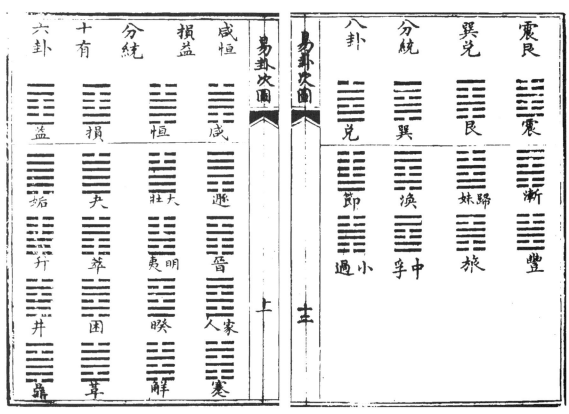

图 6　咸恒损益分统十有六卦图
（崔述《易卦图说》）

图 7　震艮巽兑分统八卦图
（崔述《易卦图说》）

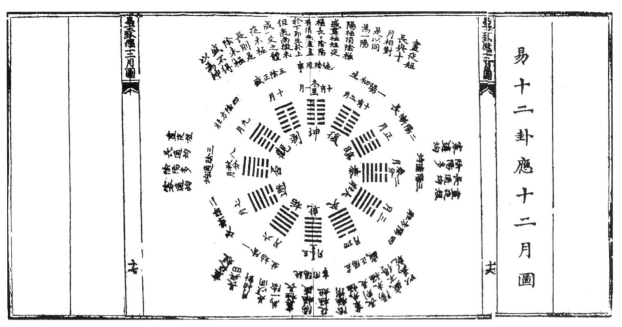

图8　易十二卦应十二月图
（崔述《易卦图说》）

雷学淇(1740—1829)

字瞻叔,一字介庵,号竹卿,清直隶通州(今属北京)人。嘉庆十九年(1814)进士,官山西和顺知县,改贵州永从知县,课士育民,治皆称职。著有《经说》十卷、《竹书纪年义证》四十卷、《古经天象考》十卷附《图说》一卷等。现存有《周易》图像十二幅。

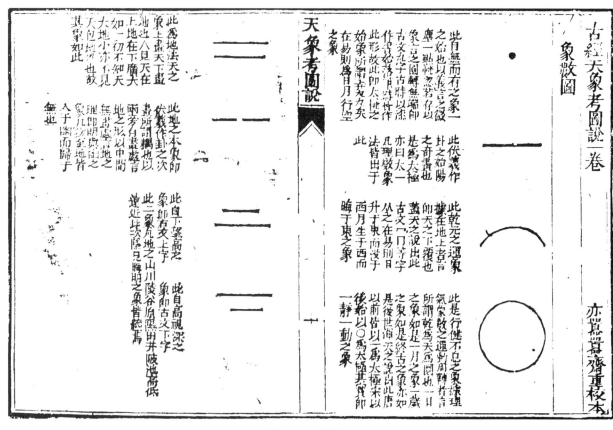

图 1-1 象数图
(雷学淇《古经天象考图说》)

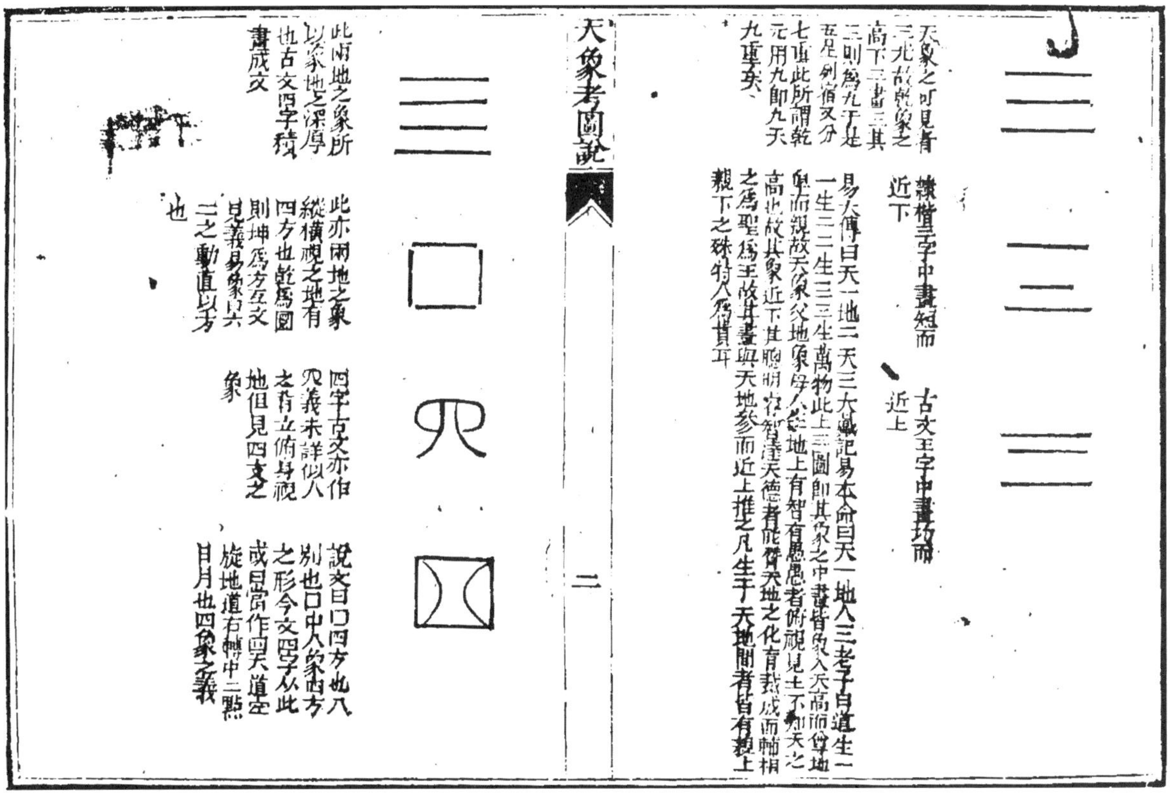

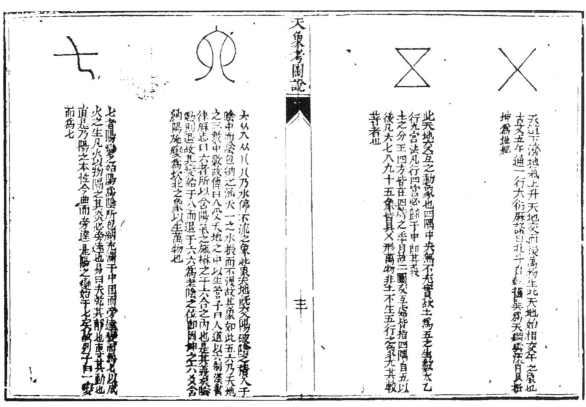

图 1-2 象数图
(雷学淇《古经天象考图说》)

图 1-3 象数图
(雷学淇《古经天象考图说》)

天象考圖說

乂者刈也陽既遇于陰中不受其包納變而為七而陰遂亦自別于陽變而為八以成木之生凡草木之生折甲以後兩葉分向其形若亦猶此卽其象爲自成象之謂乾效法之謂坤又曰乾健也坤順也今陰不敢順而自別于乾故陰之變自八始

古文九字與釋典卍字相似但九之中从乂而曲卍之中从十而直此不同耳此是陽為陰之自別乃曲折而糾正之究竟之四方中央無不徧及必使陰之自別卑以從陽以成金之生金性至堅剛柔畢達卽從革之義也

陽既糾陰章其自別之象陰從順從陽爻之義四達不悖效法而樹十十卽直方之象所以成土之生無不持載坐土之分主雖在四隅其德位則在中央乂十共之以象其充滿此卽河圖洛書之要義是二是一會其有極者也

此上十數義皆相因一至四為靜象六至九為動象又由靜而動由動而靜故自千萬億兆京垓秭皆十之積數也一二者陰陽之始數也三 者一二之積數也五六者動之始物而偶未變也七八者變之始變而失其正者也九十者變之終變而歸于正者也一六為生成之始數五十為生成之終數一二三四之生皆至五而成六七八九之成皆因十而著故五為生數之小成十為成數之大成合乂與十重而著之卽河圖九宮八極八卦九天九野及洛書九疇之全象所謂道在四方要在中央聖人執要四方來效定分乂與十上下皆之卽右丈午字乃恭己正南面之象聖人向明而治天下其中位必當乎此因此之所道在南方卽地之午位也故午字文从乂十南字文亦从十北斗居中宮制四鄉文从人排十蓋卜卽午達之象言十而乂卽寓焉此所以為大衍之數軒轅作甲子而制爻字必以乂十之象著于正南正以告萬世之南面者使日警道存顧名思義有以裁成而輔相之也故論者于後得象數之總匯焉

图 1－4　象数图

（雷学淇《古经天象考图说》）

天象考圖說

此古文午字

此乂十合成數之全象也正中為北辰太極中宮八端之所指卽八方八卦及九一三七二八四六之本位也八端之數互相乘除各有奇零惟五與十任與各數相乘除仍成數五猶動而有變十則一成而不易矣故數終于九

此卽天地萬物出一入一之象所謂九復變而爲一數皆歸于大衍也

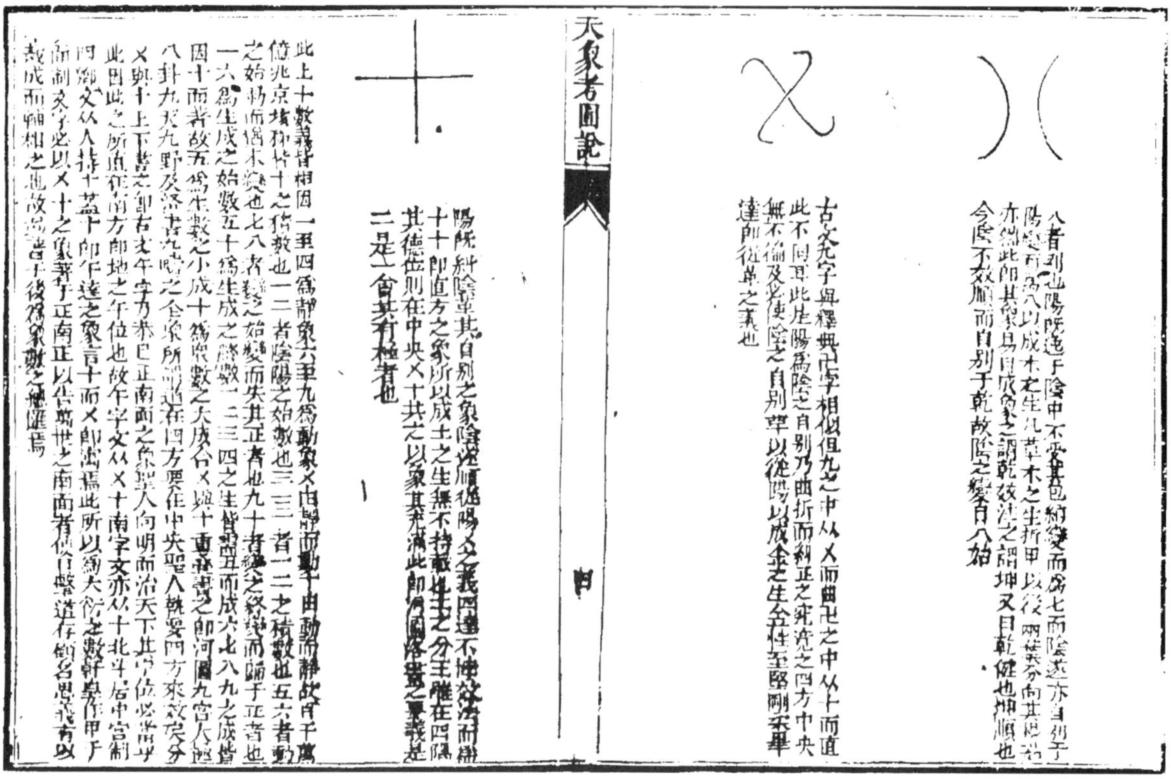

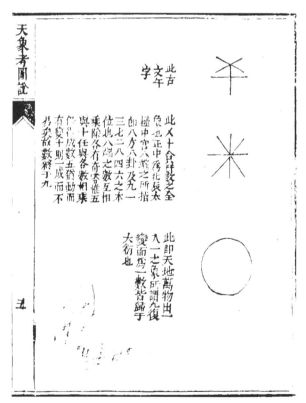

图 1－5　象数图

（雷学淇《古经天象考图说》）

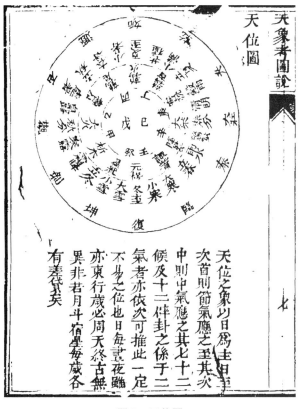

图 2　天位图
（雷学淇《古经天象考图说》）

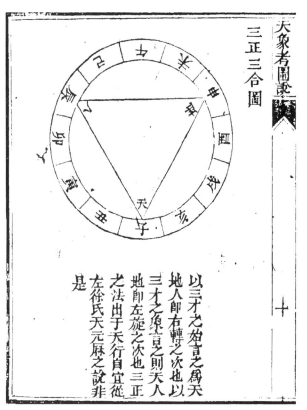

图 3　三正三合图
（雷学淇《古经天象考图说》）

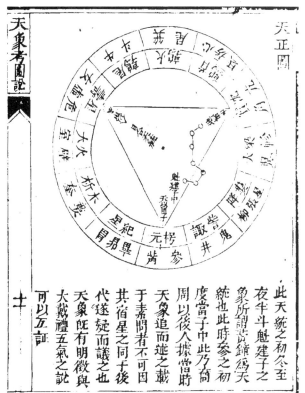

图 4　天正图
（雷学淇《古经天象考图说》）

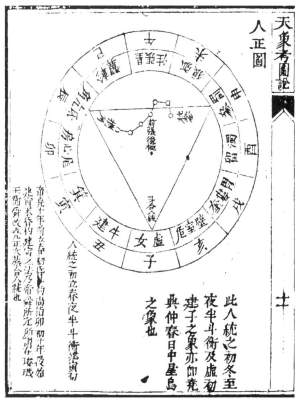

图 5　人正图
（雷学淇《古经天象考图说》）

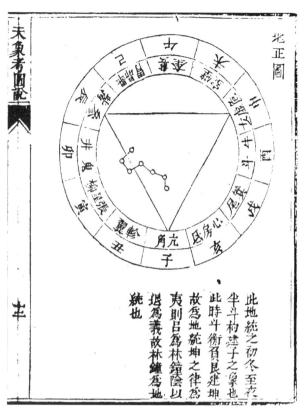

图 6　地正图
（雷学淇《古经天象考图说》）

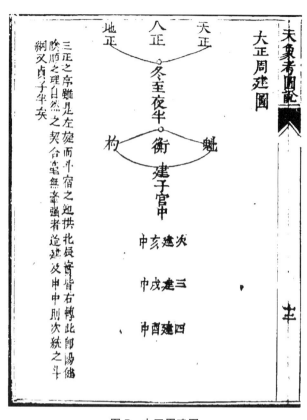

图 7　大正周建图
（雷学淇《古经天象考图说》）

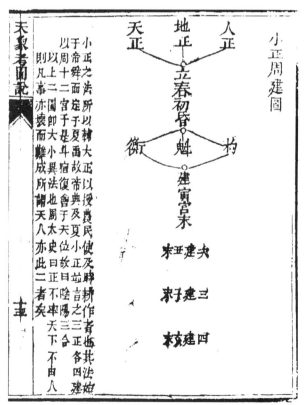

图 8　小正周建图
（雷学淇《古经天象考图说》）

图 9　卦气图
（雷学淇《古经天象考图说》）

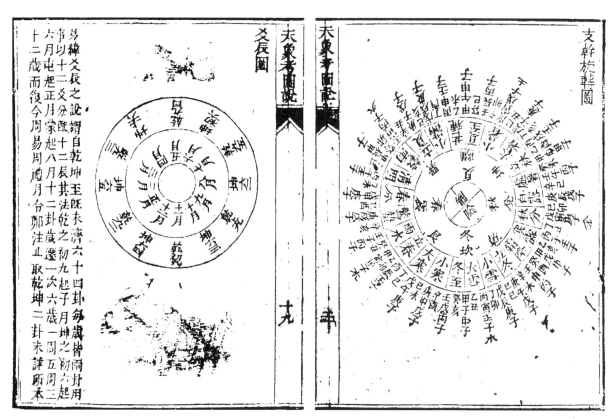

图 10　爻辰图
（雷学淇《古经天象考图说》）

图 11　支干旋转图
（雷学淇《古经天象考图说》）

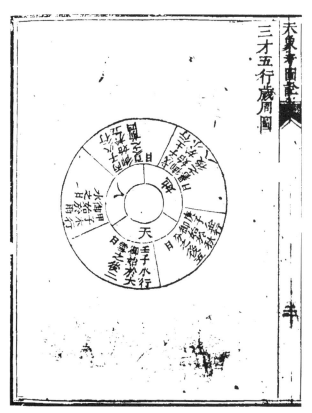

图 12　三才五行岁周图
（雷学淇《古经天象考图说》）

汪浺(1774—?)

字欲括,一字荣川,清江西浮梁(今江西景德镇)人。乾隆四十三年(1778)进士,以庶常改授知县,历广东合浦知县、博罗、石城、新会、顺德等知县,擢湖南宝庆府理瑶同知,升广东廉州知府。著有《周易衷翼集解》二十卷、《春秋比义集解》二十四卷、《获经堂稿》三十六卷等。现存有《周易》图像一百十二幅。

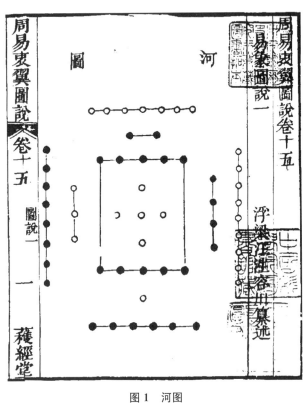

图1 河图
(汪浺《周易衷翼集解》)

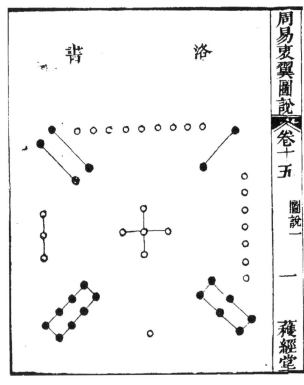

图2 洛书
(汪浺《周易衷翼集解》)

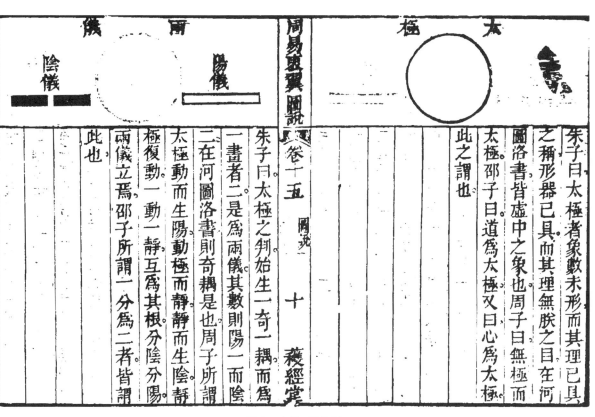

图3　太极、两仪图
（汪洋《周易衷翼集解》）

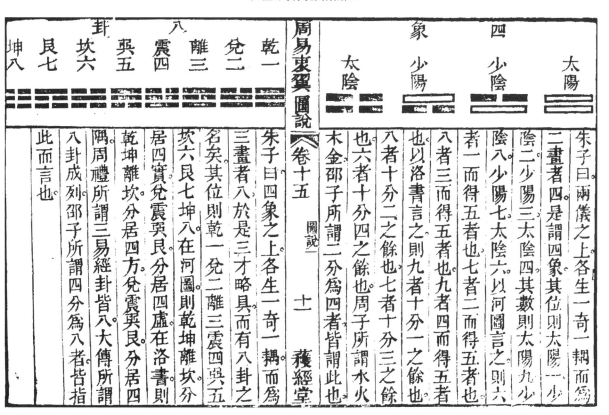

图4　四象、八卦图
（汪洋《周易衷翼集解》）

十								《周易衷翼圖說》卷十五	六								
豐	離	革	同人	臨	損	節	中孚	歸妹	睽		兌	履	泰	大畜	需	小畜	大壯	大有	夬	乾

朱子曰。六十四卦之名立而易道大成矣。周禮所謂三易之別大傳所謂因而重之爻在其中矣邵子所謂三十二分爲六十四者是也若於其上各卦又各生一奇一耦累至十一畫之上則爲二畫者。四千九十六矣。此焦贛易林變卦之數蓋以六十四乘六十四也若自十二畫以爻各生一奇一耦累至二十四畫則成千六百七十七萬七千二百一十六變以四千九十六自相乘其數

圖說一　十二　蘧經堂

亦與此合引而伸之蓋未知其所終極也雖未見其用處然亦足以見易道之無窮矣

圖 5-1　六十四卦橫圖
（汪洌《周易衷翼集解》）

卦									《周易衷翼圖說》卷十五	四								
升	蠱	井	巽	恆	鼎	大過	姤	復	頤		屯	益	震	噬嗑	隨	无妄	明夷	賁	既濟	家人

圖說一　十三　蘧經堂

圖 5-2　六十四卦橫圖
（汪洌《周易衷翼集解》）

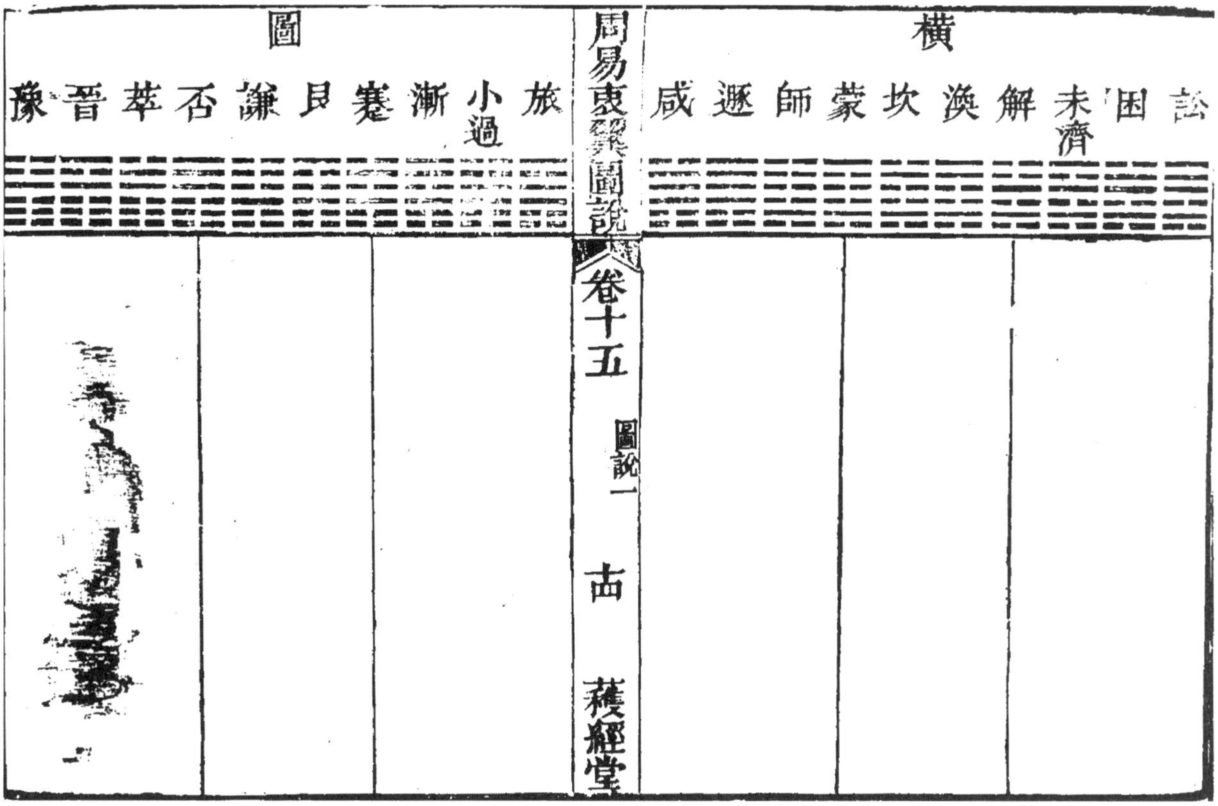

图5-3 六十四卦横图
（汪烜《周易衷翼集解》）

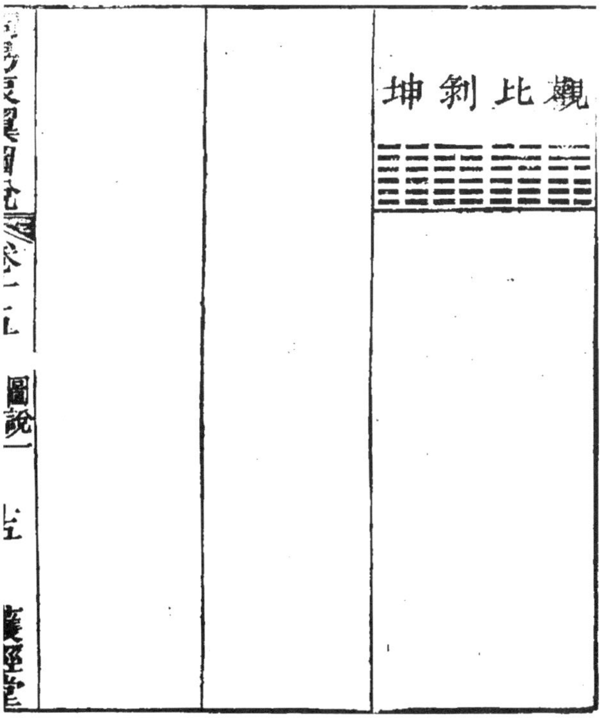

图5-4 六十四卦横图
（汪烜《周易衷翼集解》）

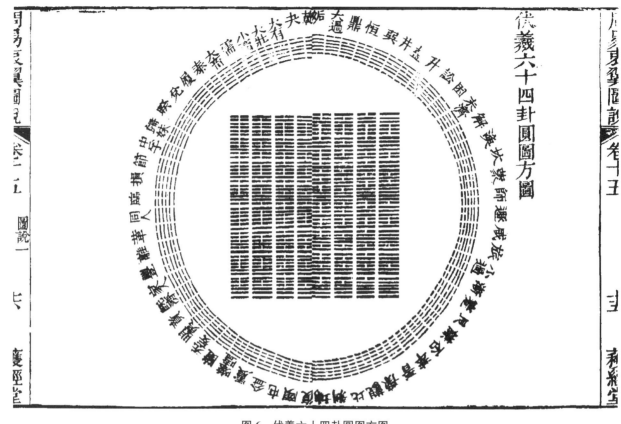

图 6　伏羲六十四卦圆图方图
（汪烜《周易衷翼集解》）

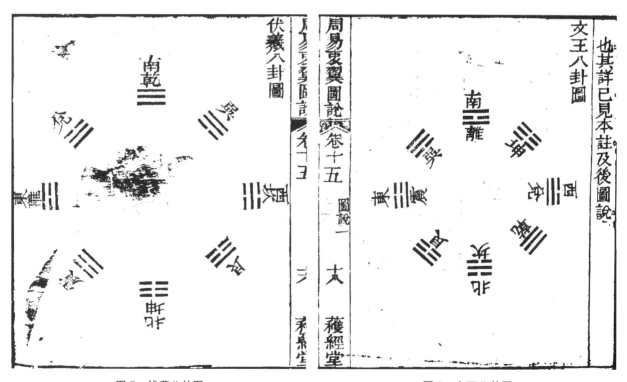

图 7　伏羲八卦图
（汪烜《周易衷翼集解》）

图 8　文王八卦图
（汪烜《周易衷翼集解》）

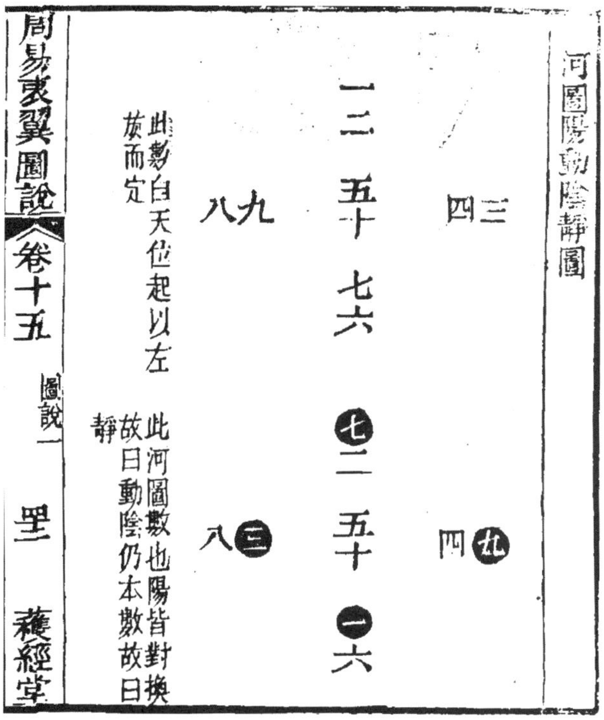

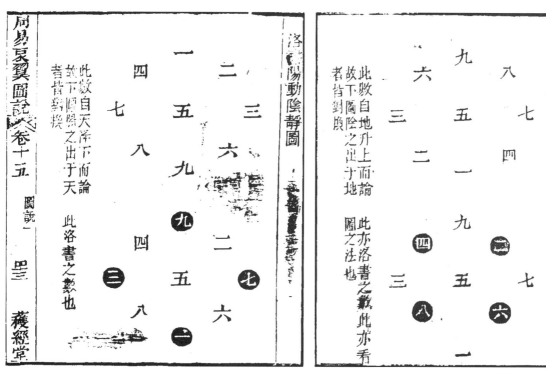

图9 河图阳动阴静图
（汪泩《周易衷翼集解》）

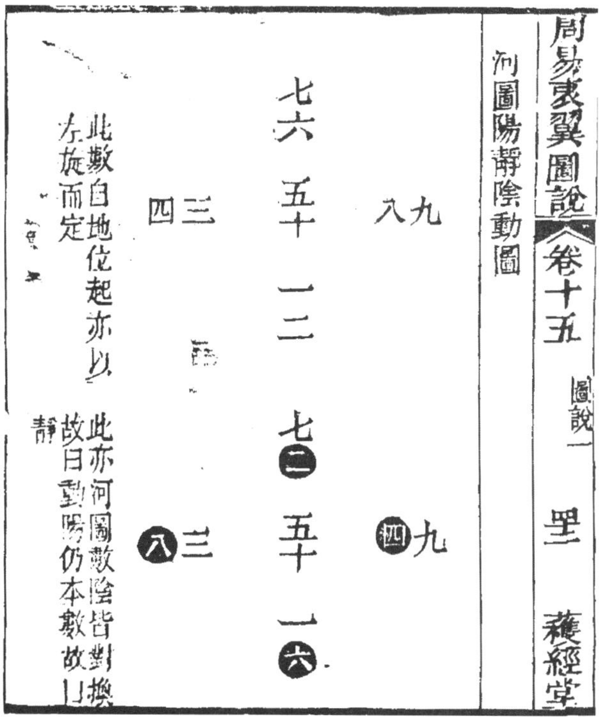

图10 河图阳静阴动图
（汪泩《周易衷翼集解》）

图11 洛书阳动阴静图
（汪泩《周易衷翼集解》）

图12 洛书阳静阴动图
（汪泩《周易衷翼集解》）

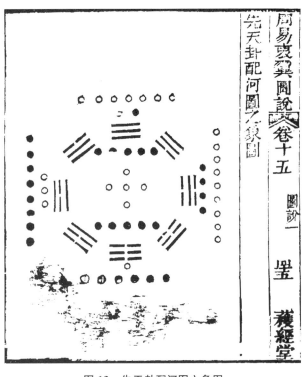

图 13　先天卦配河图之象图
（汪烜《周易衷翼集解》）

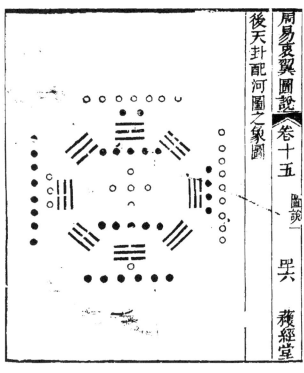

图 14　后天卦配河图之象图
（汪烜《周易衷翼集解》）

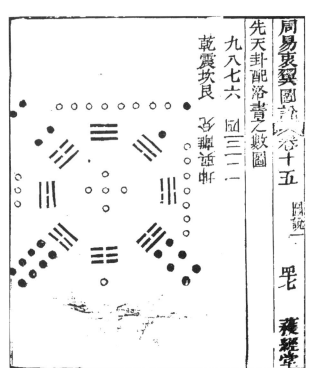

图 15　先天卦配洛书之数图
（汪烜《周易衷翼集解》）

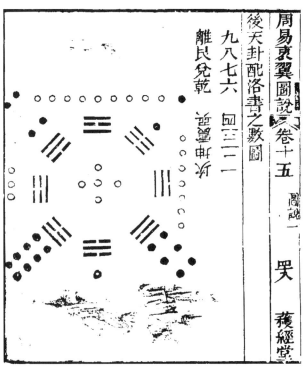

图 16　后天卦配洛书之数图
（汪烜《周易衷翼集解》）

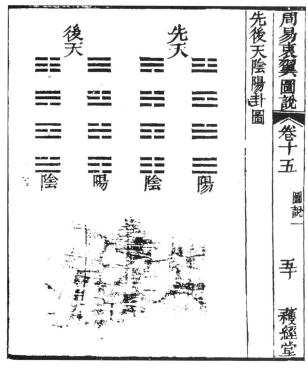

图 17　先后天阴阳卦图
（汪洴《周易衷翼集解》）

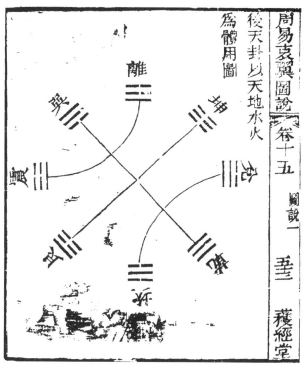

图 18　后天卦以天地水火为体用图
（汪洴《周易衷翼集解》）

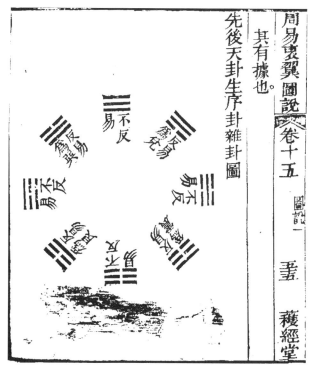

图 19　先后天卦生序卦杂卦图
（汪洴《周易衷翼集解》）

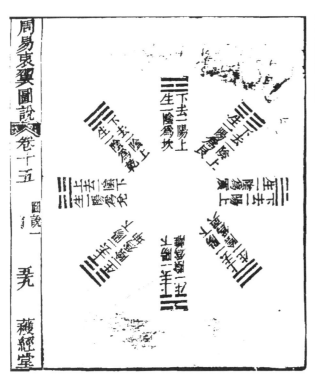

图20　先天圆者序卦之根图
（汪烜《周易衷翼集解》）

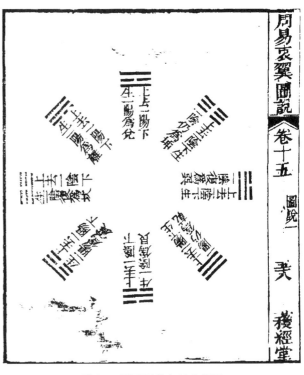

图21　后天圆者杂卦之根图
（汪烜《周易衷翼集解》）

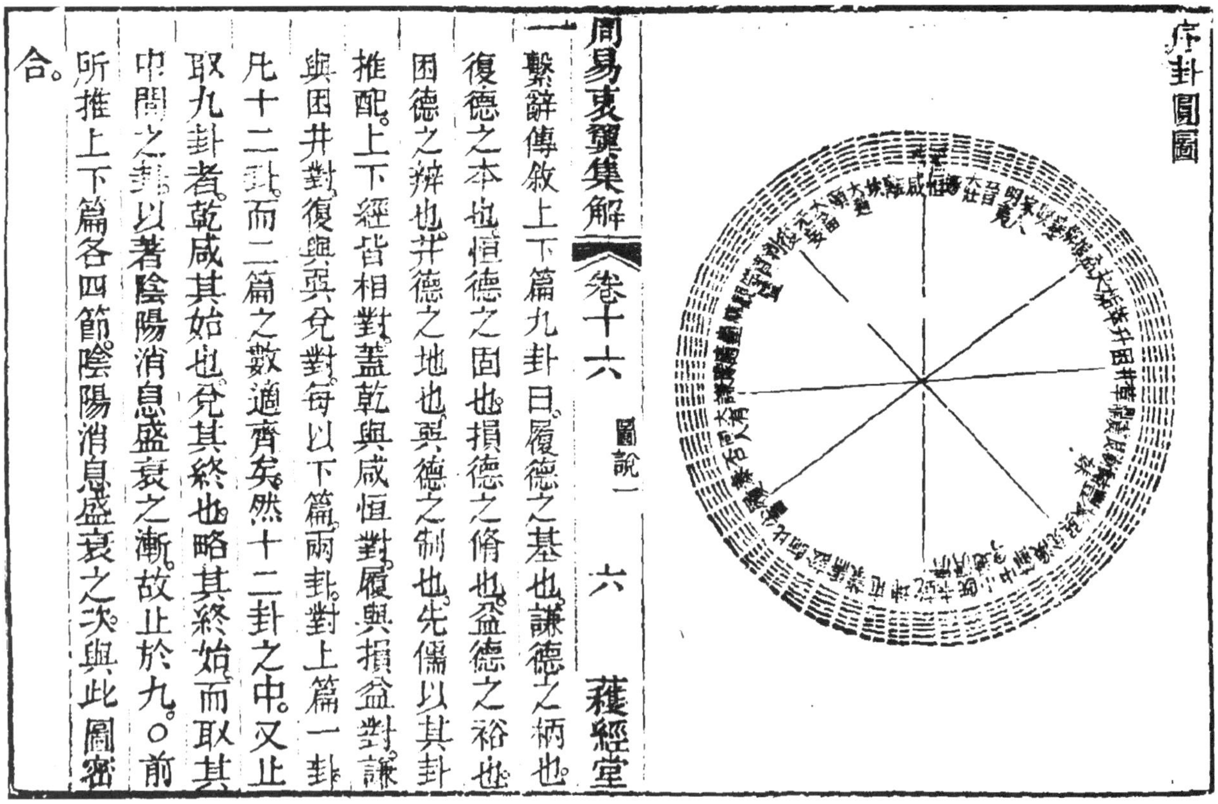

繋辞传敘上下篇九卦曰，履德之基也，谦德之柄也，复德之本也，恒德之固也，损德之修也，益德之裕也，困德之辨也，井德之地也，巽德之制也。先儒以其卦推配上下经皆相对。盖乾与咸恒对履与损益对谦与困井对复与巽兑对。每以下篇两卦对上篇一卦。凡十二卦而二篇之数适齐矣。然止取九卦者乾咸其始也兑其终也略其终始而取其中间之卦以著阴阳消息盛衰之渐。故止于九。前所推上下篇各四节阴阳消息盛衰之次。与此图密合。

图22　序卦圆图
（汪烜《周易衷翼集解》）

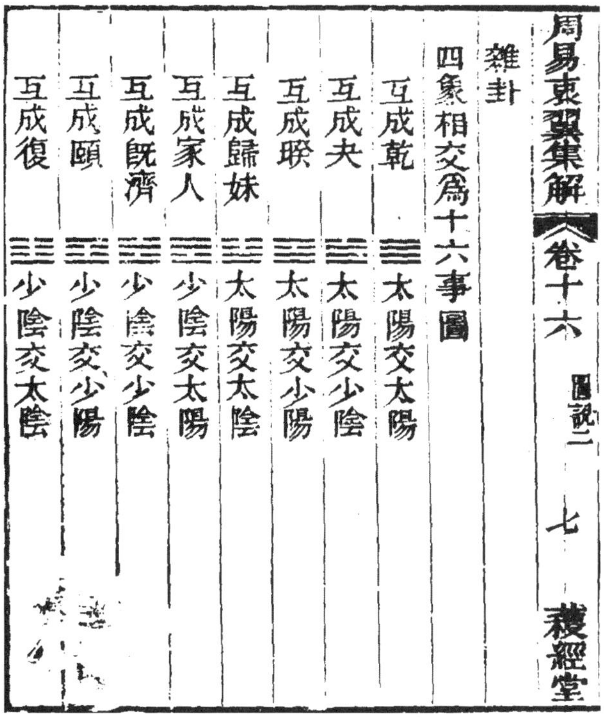

四象相交为十六事图

雜卦
四象相交為十六事圖
互成乾　　　太陽交太陽
互成夬　　　太陽交少陽
互成睽　　　太陽交少陰
互成歸妹　　太陽交太陰
互成家人　　少陰交太陽
互成既濟　　少陰交少陽
互成頤　　　少陰交少陰
互成復　　　少陰交太陰

图 23-1　四象相交为十六事图
（汪洼《周易衷翼集解》）

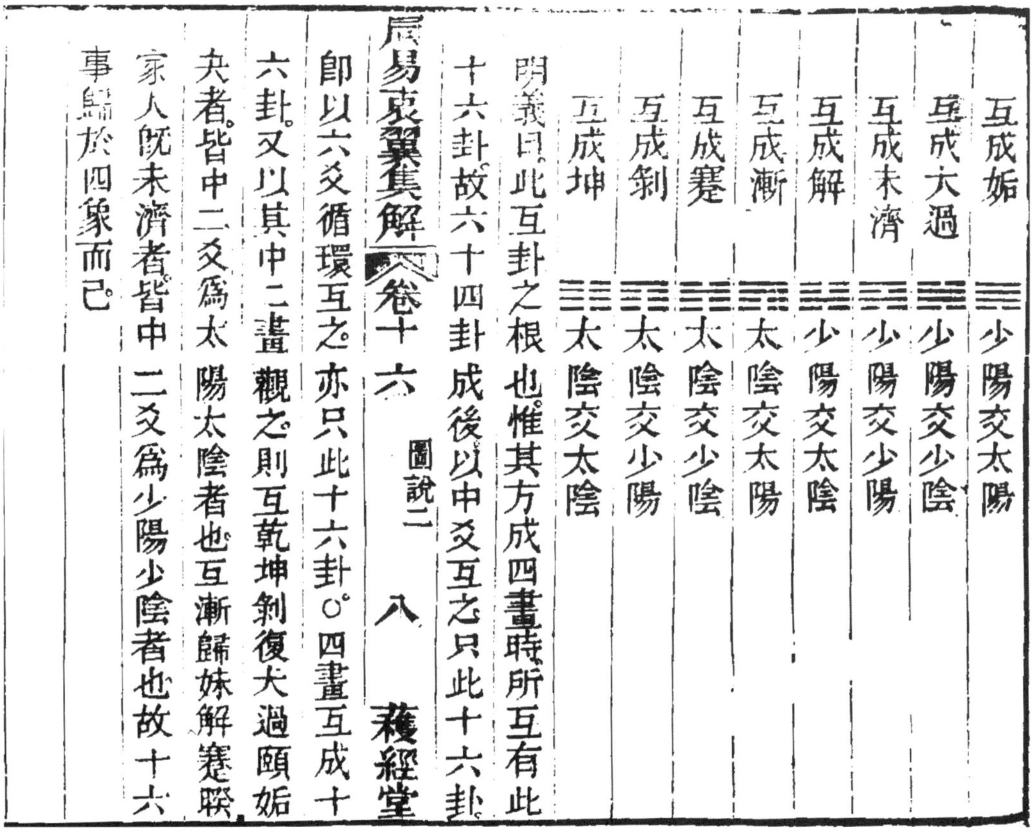

互成姤　　　少陽交太陽
互成大過　　少陽交少陽
互成未濟　　少陽交少陰
互成解　　　少陽交太陰
互成漸　　　太陰交太陽
互成蹇　　　太陰交少陽
互成剝　　　太陰交少陰
互成坤　　　太陰交太陰

陰義曰此互卦之根也惟其方成四畫時所互有此十六卦故六十四卦成後以中爻互之只此十六卦卽以六爻循環互之亦只此十六卦。四畫互成十六卦。又以其中二畫觀之則互乾坤剝復大過頤姤夬者皆中二爻為太陽太陰者也互漸歸妹解蹇睽家人既未濟者皆中二爻為少陽少陰者也故十六事歸於四象而已

图 23-2　四象相交为十六事图
（汪洼《周易衷翼集解》）

六十四卦中四爻互卦图

≣乾≣坤≣剥≣复≣遯≣姤≣颐≣大过
以上八卦皆互乾坤

≣讼≣解≣蹇≣家人≣渐≣归妹≣既济≣未济
以上八卦皆互既济未济

≣咸≣恒≣损≣益≣否≣泰≣未济≣既济
以上八卦皆互姤夬

≣临≣观≣屯≣蒙≣鼎≣革≣噬嗑≣井
以上八卦皆互剥复

≣升≣萃≣随≣蛊≣否≣泰
以上八卦皆互渐归妹

≣涣≣节≣小过≣中孚≣丰≣旅≣离≣坎
以上八卦皆互大过颐

≣震≣艮≣谦≣豫≣蛊≣贲≣晋≣明夷
以上八卦皆互解蹇

≣兑≣巽≣井≣困≣咸≣履≣需≣讼
以上八卦皆互睽家人

图24　六十四卦中四爻互卦图
（汪烜《周易衷翼集解》）

十六卦互成四卦图

≣乾　仍互乾
≣坤　仍互坤
≣剥　互坤
≣复　互坤
≣大过　互乾
≣颐　互坤
≣姤　互乾
≣夬　互乾
≣渐　互未济
≣归妹　互既济
≣解　互既济
≣蹇　互未济
≣睽　互既济
≣家人　互未济
≣既济　互未济
≣未济　互既济

互乾坤既未济之十六大卦，即诸卦之所互而成者也。故十六卦又只成乾坤既未济四卦，犹十六事之归於四象也。盖四象即乾坤既未济，四卦之具体，故以三叠之，即乾以太阳三叠之，即坤以少阴三叠之，即未济。乾坤既未济统乎易之道矣，故序卦杂卦皆以是终始焉。

图25　十六卦互成四卦图
（汪烜《周易衷翼集解》）

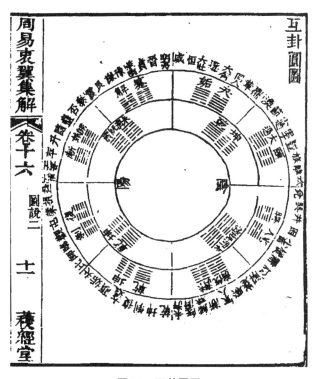

图 26　互卦圆图
（汪烜《周易衷翼集解》）

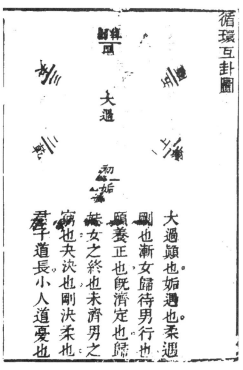

图 27　循环互卦图
（汪烜《周易衷翼集解》）

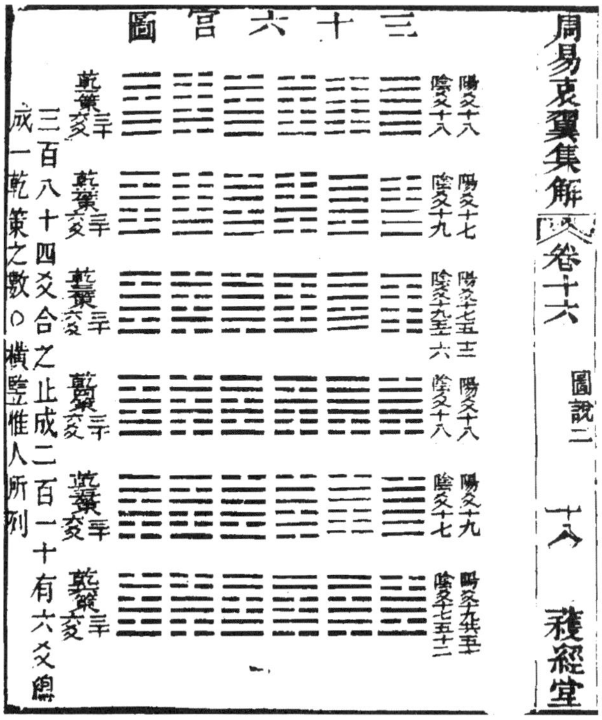

图 28　三十六宫图
（汪烜《周易衷翼集解》）

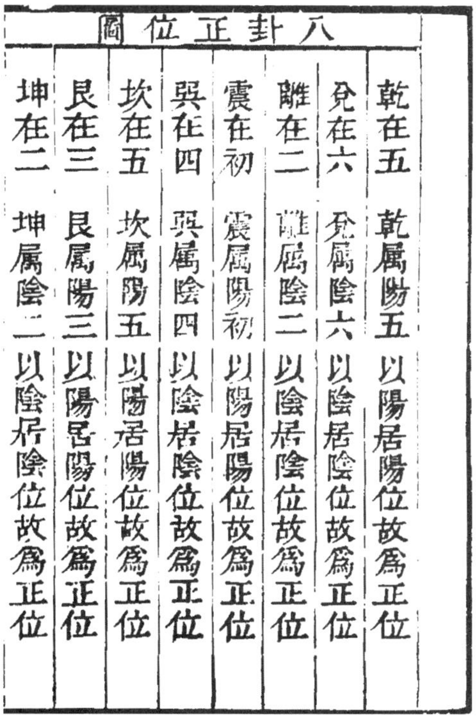

图 29　八卦正位图
（汪烜《周易衷翼集解》）

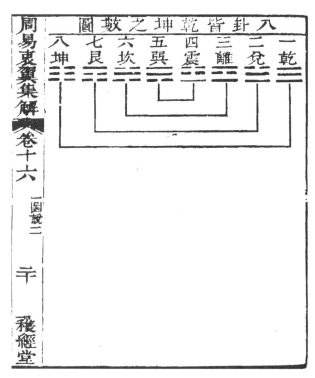

图30 八卦皆乾坤之数图
（汪洴《周易衷翼集解》）

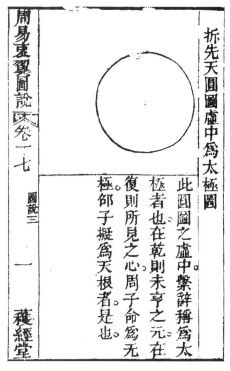

图31 拆先天圆图虚中为太极图
（汪洴《周易衷翼集解》）

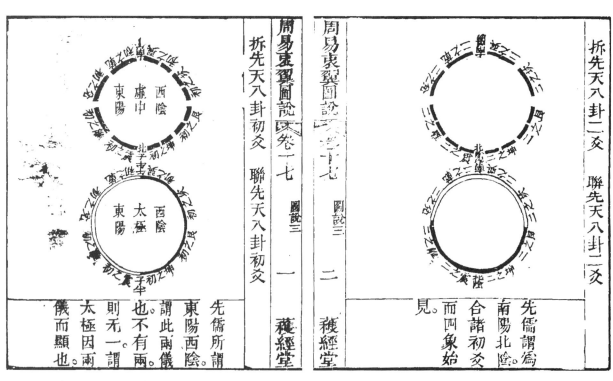

图32 拆先天八卦初爻图
图33 联先天八卦初爻图
（汪洴《周易衷翼集解》）

图34 拆先天八卦二爻图
图35 联先天八卦二爻图
（汪洴《周易衷翼集解》）

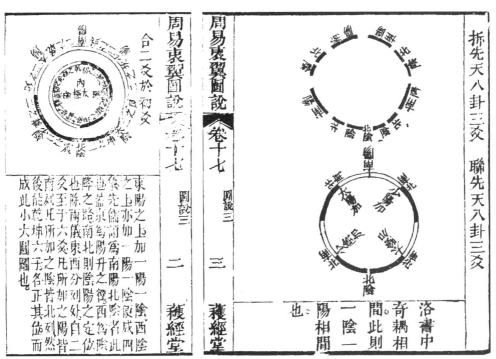

图36 合二爻于初爻图
（汪烜《周易衷翼集解》）

图37 拆先天八卦三爻图
图38 联先天八卦三爻图
（汪烜《周易衷翼集解》）

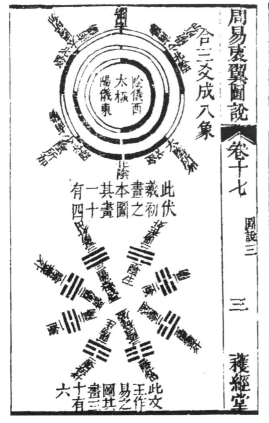

图39 合三爻成八象图
（汪烜《周易衷翼集解》）

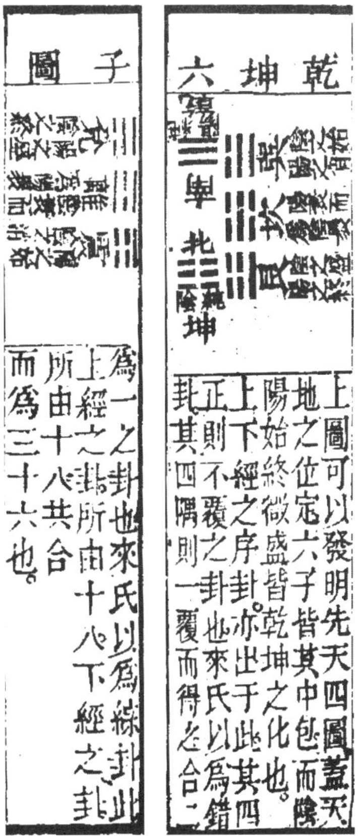

图40 乾坤六子图
（汪烜《周易衷翼集解》）

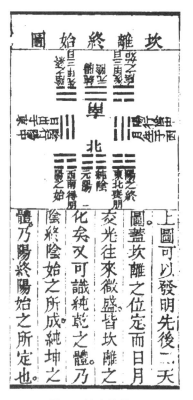

图 41　坎离终始图
（汪烜《周易衷翼集解》）

图 42　先天六卦图
（汪烜《周易衷翼集解》）

图 43　循环太极图
（汪烜《周易衷翼集解》）

图 44　先天八卦图
图 45　缝卦顺布图
图 46　缝卦逆布图
（汪烜《周易衷翼集解》）

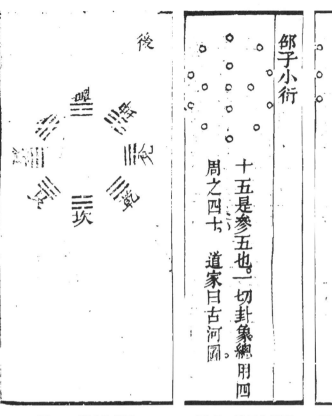

图47 后天八卦图
（汪洴《周易衷翼集解》）

图48 邵子小衍图
（汪洴《周易衷翼集解》）

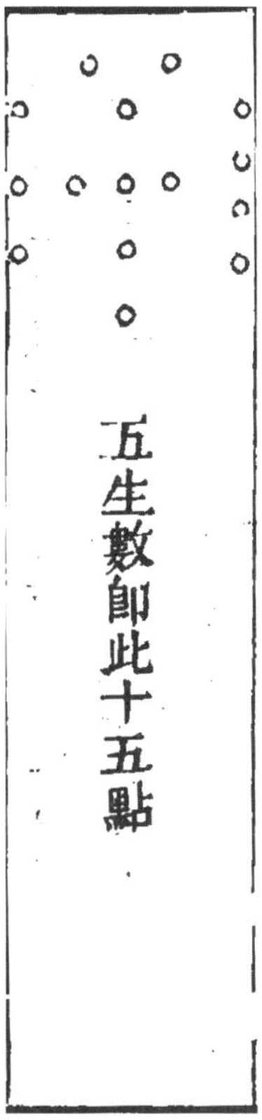

图49 五生数图
（汪洴《周易衷翼集解》）

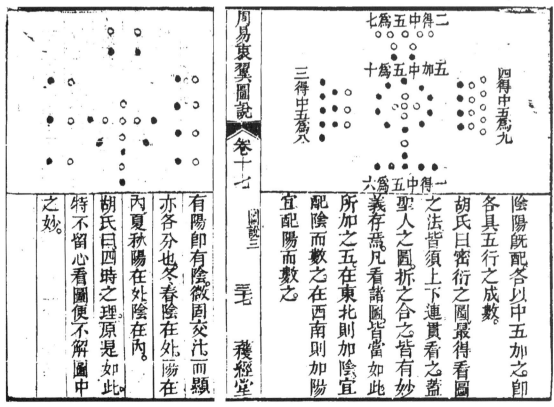

图50 中之成数图
（汪洴《周易衷翼集解》）

图51 密衍之图
（汪洴《周易衷翼集解》）

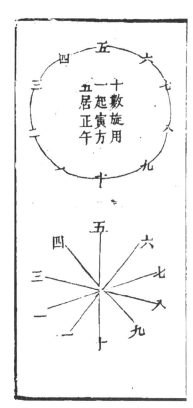

图 52　一至十环列、交对图
（汪烜《周易衷翼集解》）

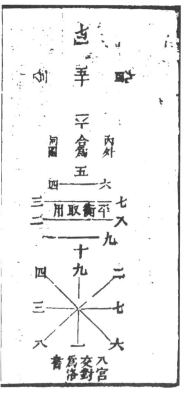

图 53　内外合为河图
图 54　八宫交对为洛书图
（汪烜《周易衷翼集解》）

图 55　八卦对十数图
（汪烜《周易衷翼集解》）

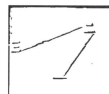
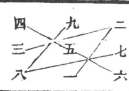

图 56　书数飞宫图
（汪烜《周易衷翼集解》）

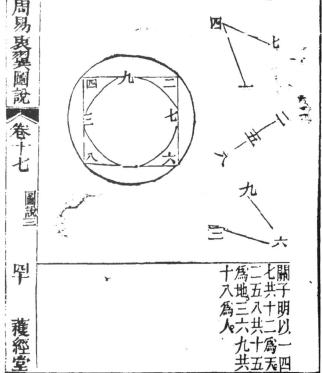

图 57　关朗天地人图
（汪烜《周易衷翼集解》）

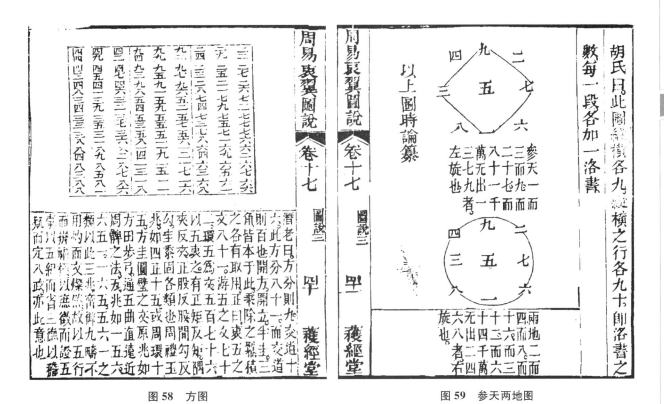

图 58　方图
（汪渀《周易衷翼集解》）

图 59　参天两地图
（汪渀《周易衷翼集解》）

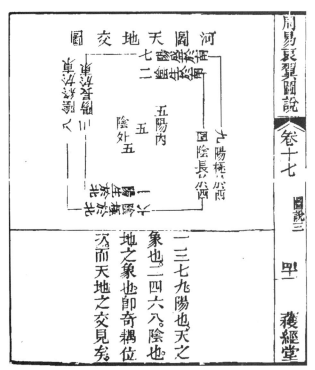

图 60　河图天地交图
（汪渀《周易衷翼集解》）

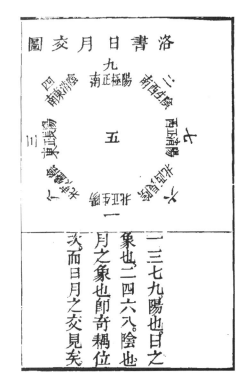

图 61　洛书日月交图
（汪渀《周易衷翼集解》）

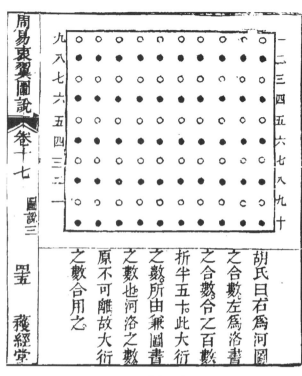

图 62　大衍之数图
（汪烜《周易衷翼集解》）

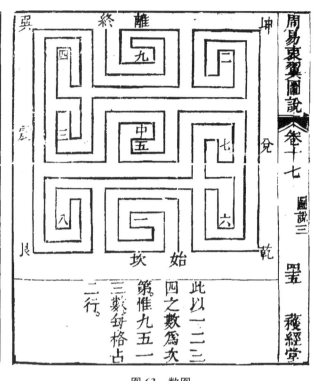

图 63　数图
（汪烜《周易衷翼集解》）

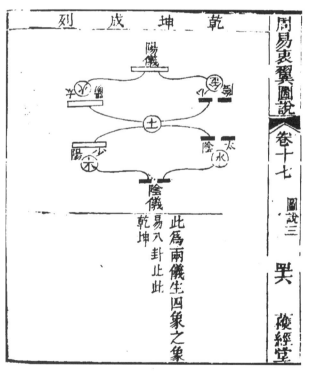

图 64　乾坤成列图
（汪烜《周易衷翼集解》）

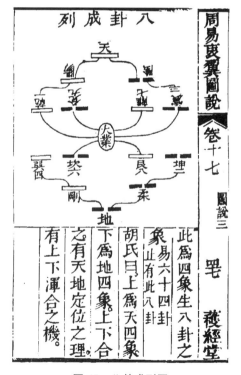

图 65　八卦成列图
（汪烜《周易衷翼集解》）

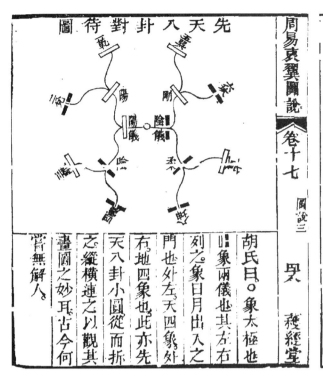

图 66　先天八卦对待图
（汪烜《周易衷翼集解》）

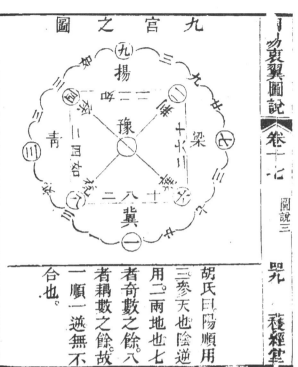

图 67　九宫之图
（汪烜《周易衷翼集解》）

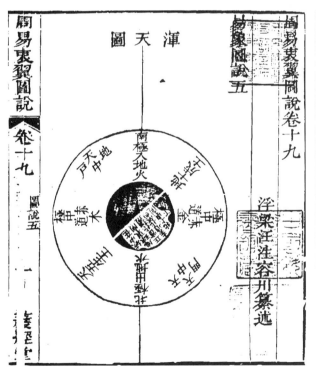

图 68　浑天图
（汪烜《周易衷翼集解》）

图 69　二气循环图
（汪烜《周易衷翼集解》）

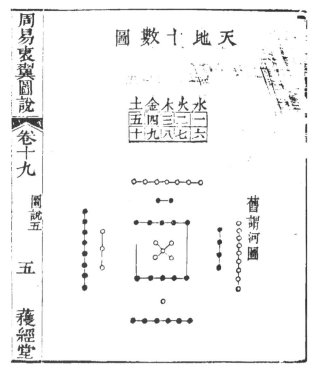

图 70　天地十数图
（汪烜《周易衷翼集解》）

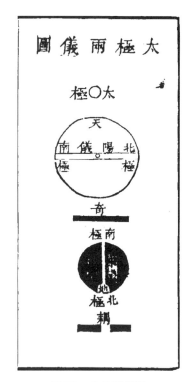

图 71　太极两仪图
（汪烜《周易衷翼集解》）

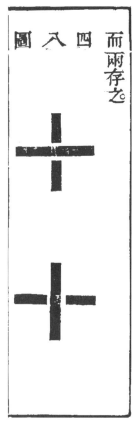

图 72　四八图
（汪烜《周易衷翼集解》）

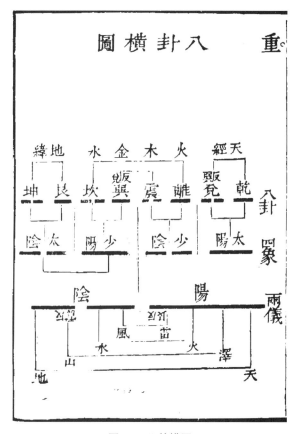

图 73　八卦横图
（汪烜《周易衷翼集解》）

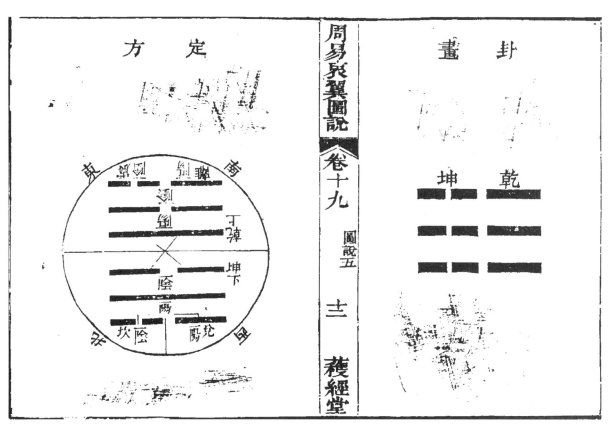

图 74-1　卦画定方之图
（汪烜《周易衷翼集解》）

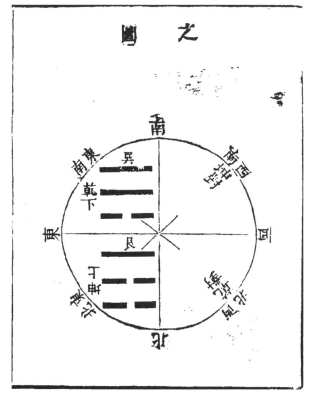

图 74-2　卦画定方之图
（汪烜《周易衷翼集解》）

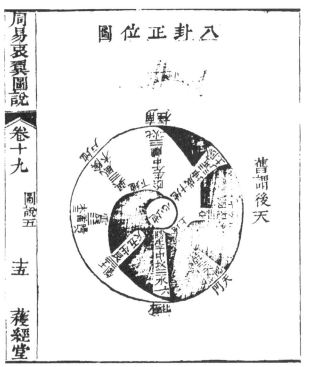

图 75　八卦正位图
（汪洪《周易衷翼集解》）

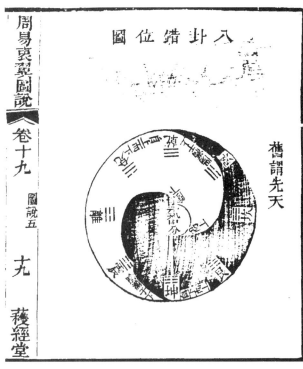

图 76　八卦错位图
（汪洪《周易衷翼集解》）

图 77　八卦正位相错图
（汪洪《周易衷翼集解》）

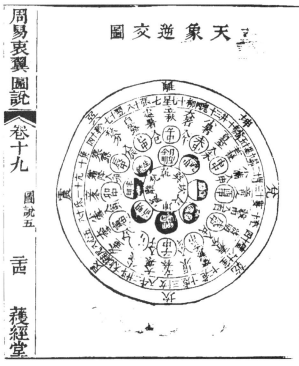

图 78　天象逆交图
（汪洪《周易衷翼集解》）

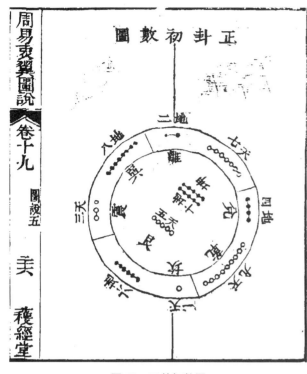

图 79　正卦初数图
（汪烜《周易衷翼集解》）

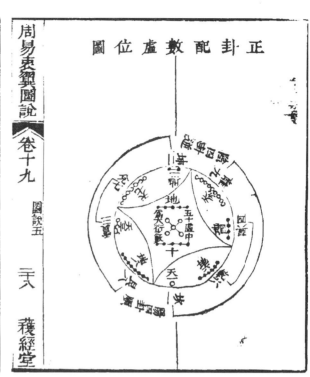

图 80　正卦配数虚位图
（汪烜《周易衷翼集解》）

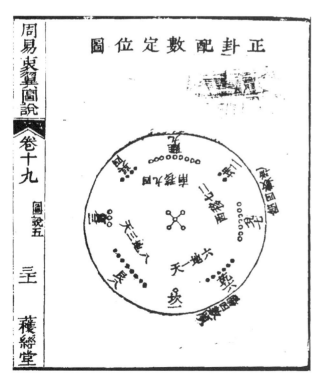

图 81　正卦配数定位图
（汪烜《周易衷翼集解》）

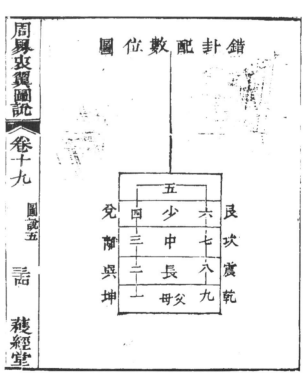

图 82　错卦配数位图
（汪烜《周易衷翼集解》）

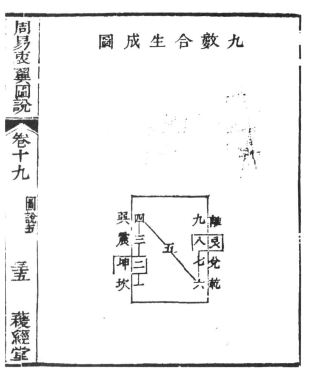

图 83　九数合生成图
（汪烜《周易衷翼集解》）

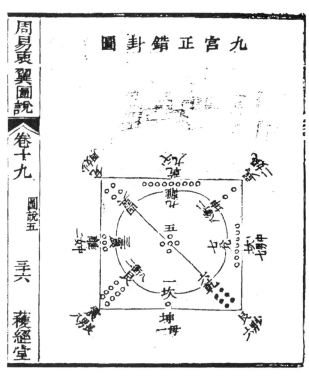

图 84　九宫正错卦图
（汪烜《周易衷翼集解》）

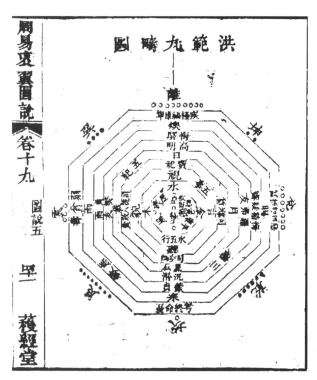

图 85　洪范九畴图
（汪烜《周易衷翼集解》）

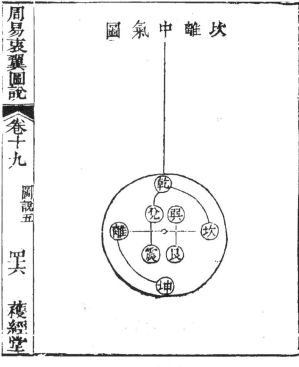

图 86　坎离中气图
（汪烜《周易衷翼集解》）

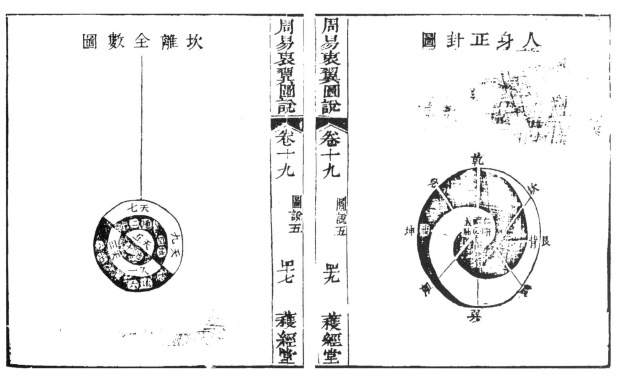

图87 坎离全数图
（汪洪《周易衷翼集解》）

图88 人身正卦图
（汪洪《周易衷翼集解》）

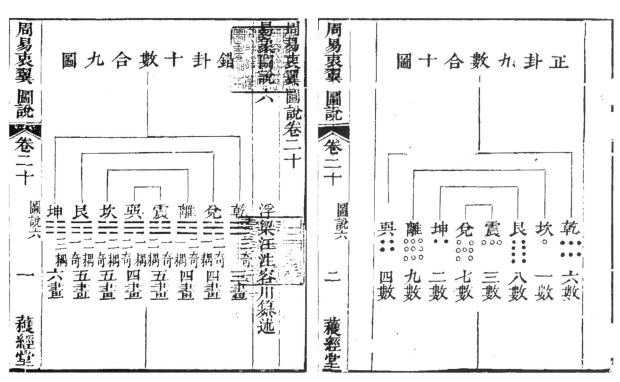

图89 错卦十数合九图
（汪洪《周易衷翼集解》）

图90 正卦九数合十图
（汪洪《周易衷翼集解》）

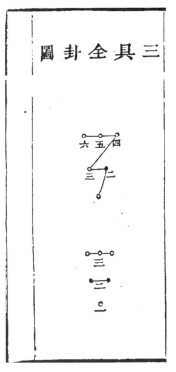

图 91 三具全卦图
（汪烜《周易衷翼集解》）

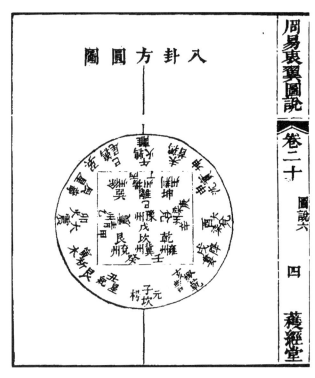

图 92 八卦方圆图
（汪烜《周易衷翼集解》）

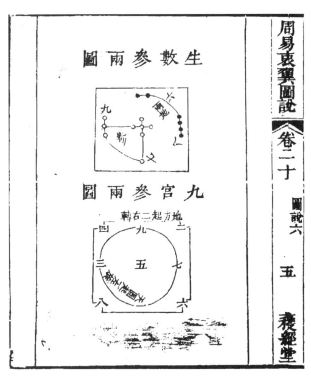

图 93 生数参两图
图 94 九宫参两图
（汪烜《周易衷翼集解》）

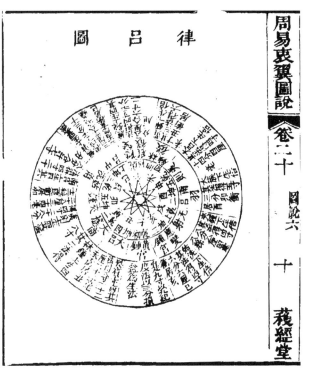

图 95 律吕图
（汪烜《周易衷翼集解》）

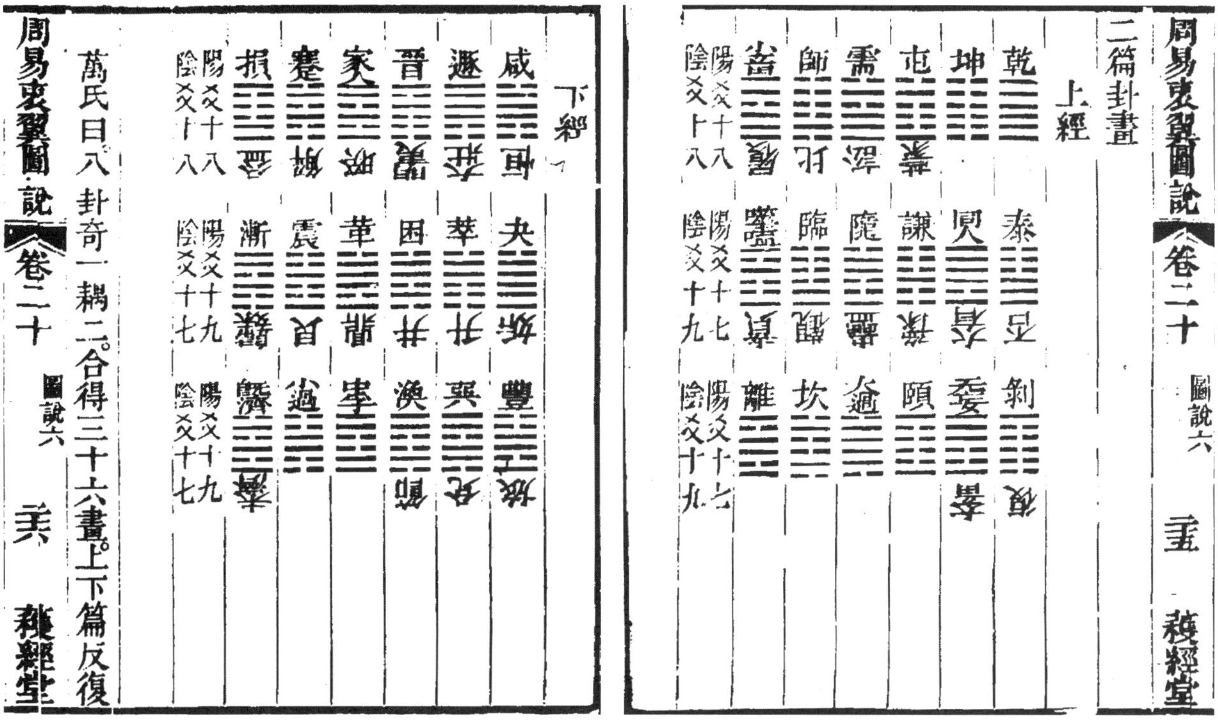

图 96　二篇卦画图
（汪洴《周易衷翼集解》）

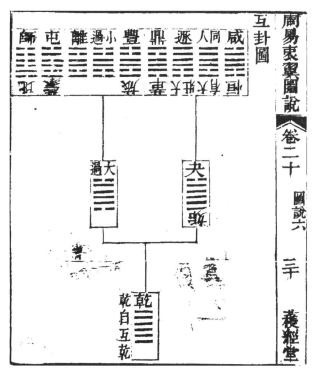

图 97-1　互卦图
（汪洴《周易衷翼集解》）

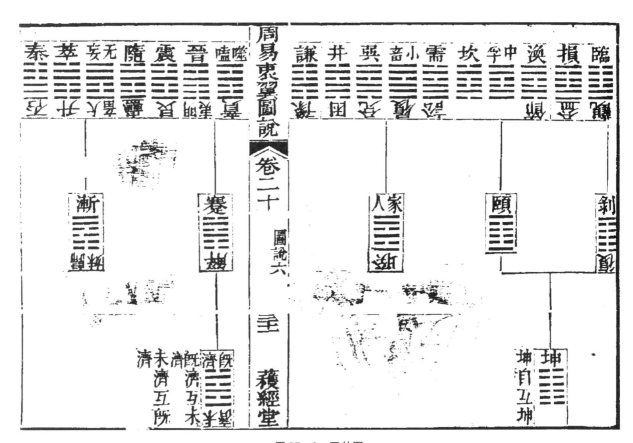

图 97-2 互卦图
（汪烜《周易衷翼集解》）

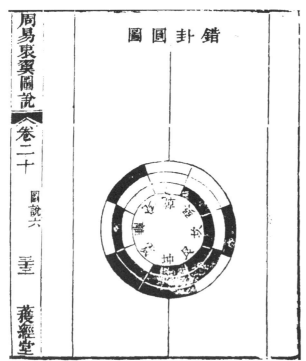

图 98 错卦圆图
（汪烜《周易衷翼集解》）

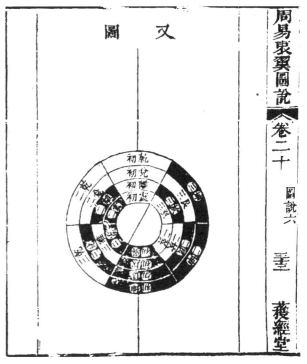

图 99 错卦圆图
（汪烜《周易衷翼集解》）

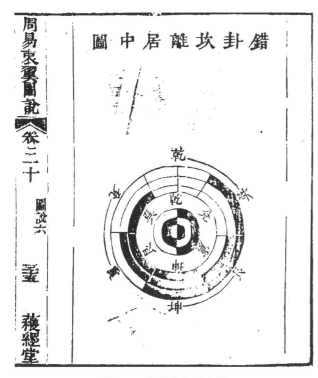

图 100　错卦坎离居中图
（汪汼《周易衷翼集解》）

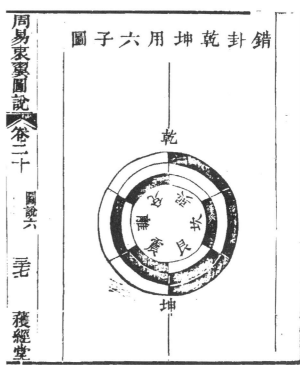

图 101　错卦乾坤用六子图
（汪汼《周易衷翼集解》）

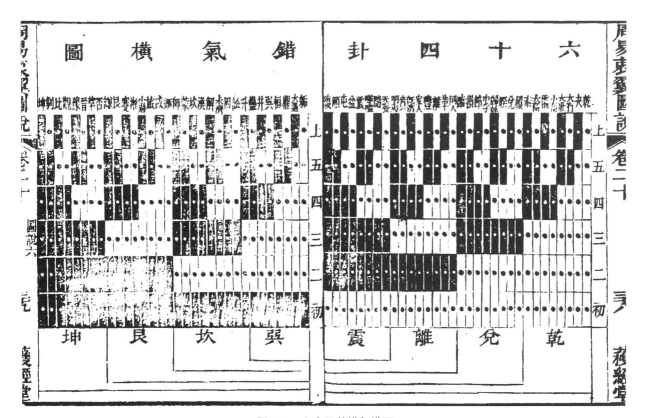

图 102　六十四卦错气横图
（汪汼《周易衷翼集解》）

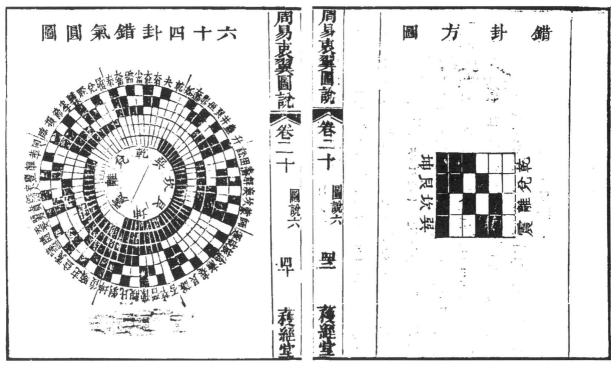

图 103　六十四卦错气圆图
（汪洴《周易衷翼集解》）

图 104　错卦方图
（汪洴《周易衷翼集解》）

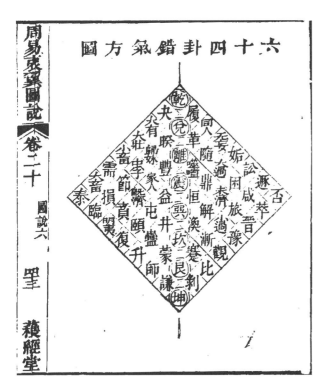

图 105　六十四卦错气方图
（汪洴《周易衷翼集解》）

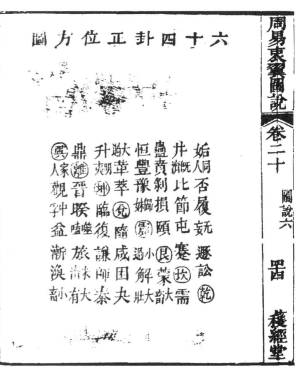

图 106　六十四卦正位方图
（汪洴《周易衷翼集解》）

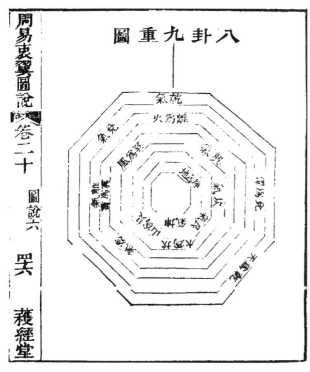

图107 八卦九重图
（汪烜《周易衷翼集解》）

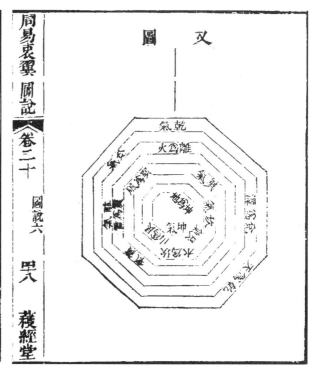

图108 八卦九重图
（汪烜《周易衷翼集解》）

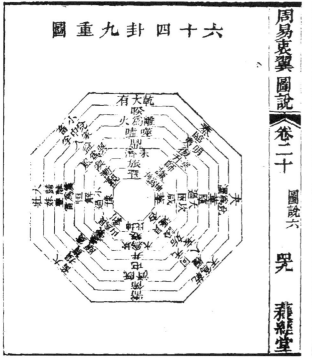

图109 六十四卦九重图
（汪烜《周易衷翼集解》）

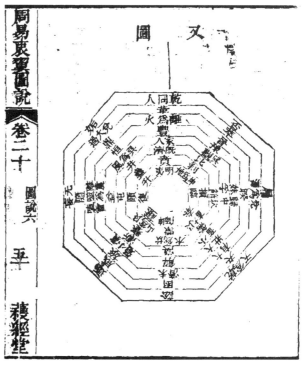

图110 六十四卦九重图
（汪烜《周易衷翼集解》）

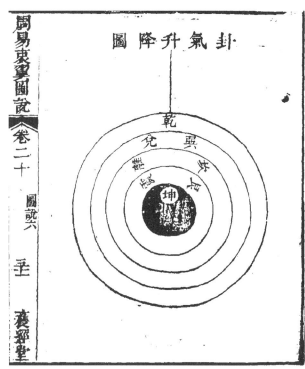

图 111 卦气升降图
（汪烜《周易衷翼集解》）

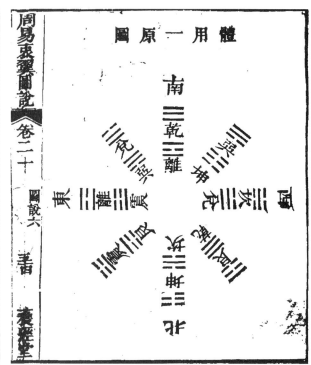

图 112 体用一原图
（汪烜《周易衷翼集解》）

李钧简（？—1822）

字秉和，号小松，清湖北黄冈人。乾隆五十一年（1786）解元，五十四年进士，授翰林院编修，詹事府左赞，詹事府左庶子，翰林院侍讲学士，侍读学士，詹事府少詹事。嘉庆四年（1799）内阁学士、文渊阁直阁事奉，六年江西学政，十二年顺天府尹，十四年出任督仓场，十六年调任顺天府尹，十八年任光禄寺卿，不久复任翰林院编修。著有《周易引经通释》十卷。现存有《周易》图像七幅。

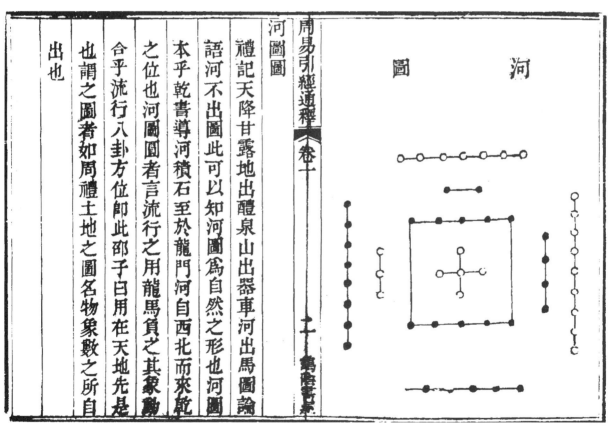

图1 河图
（李钧简《周易引经通释》）

洛書圖

洛書惟十有三祀王訪于箕子箕子曰天錫禹洪範九疇彝倫攸敘此可以知洛書為自然之數也洛書本乎坤書我乃卜澗水東瀍水西惟洛食我又卜瀍水東亦惟洛食洛在土中坤之位也洛書方者言對待之體靈龜負之其象靜合平對待八卦方位卽此邵子曰體在天地後是也謂之書者如周禮六書之文點畫形聲之所自始也

图 2 洛书
（李钧简《周易引经通释》）

太極圖

易繫傳曰易有太極朱子曰太極者象數未形而其理已具之稱形器已具而其理無朕之目在河圖洛書皆虛中之象也是其象具於易書之中所以曰易有太極

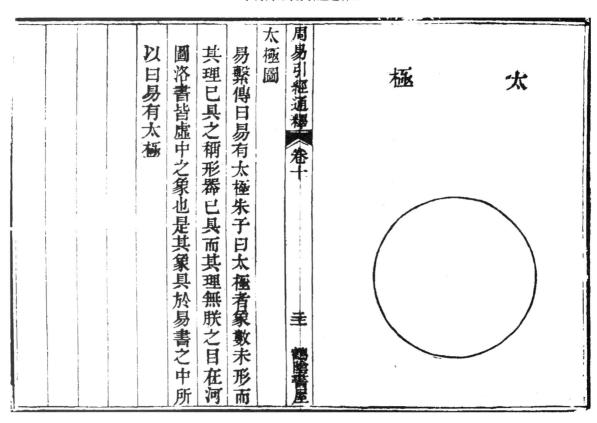

图 3 太极图
（李钧简《周易引经通释》）

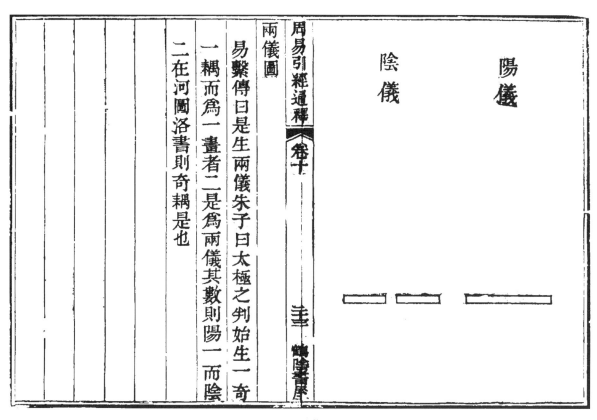

图4 两仪图
（李钧简《周易引经通释》）

图5 四象图
（李钧简《周易引经通释》）

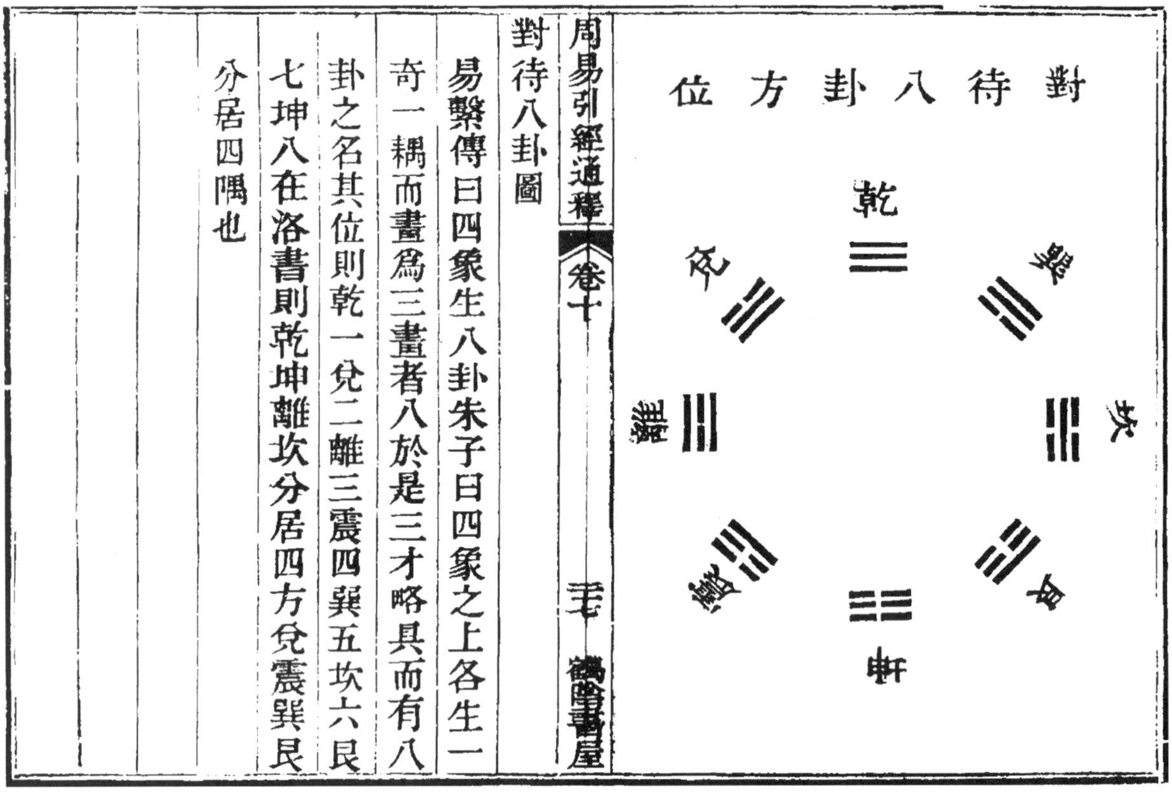
對待八卦方位
乾
巽
坎
艮
坤
震
離
兌
周易引經通釋　卷十
鶴陰書屋
對待八卦圖
易繫傳曰四象生八卦朱子曰四象之上各生一
奇一耦而畫爲三畫者八於是三才略具而有八
卦之名其位則乾一兌二離三震四巽五坎六艮
七坤八在洛書則乾坤離坎分居四方兌震巽艮
分居四隅也

图 6　对待八卦方位图
（李钧简《周易引经通释》）

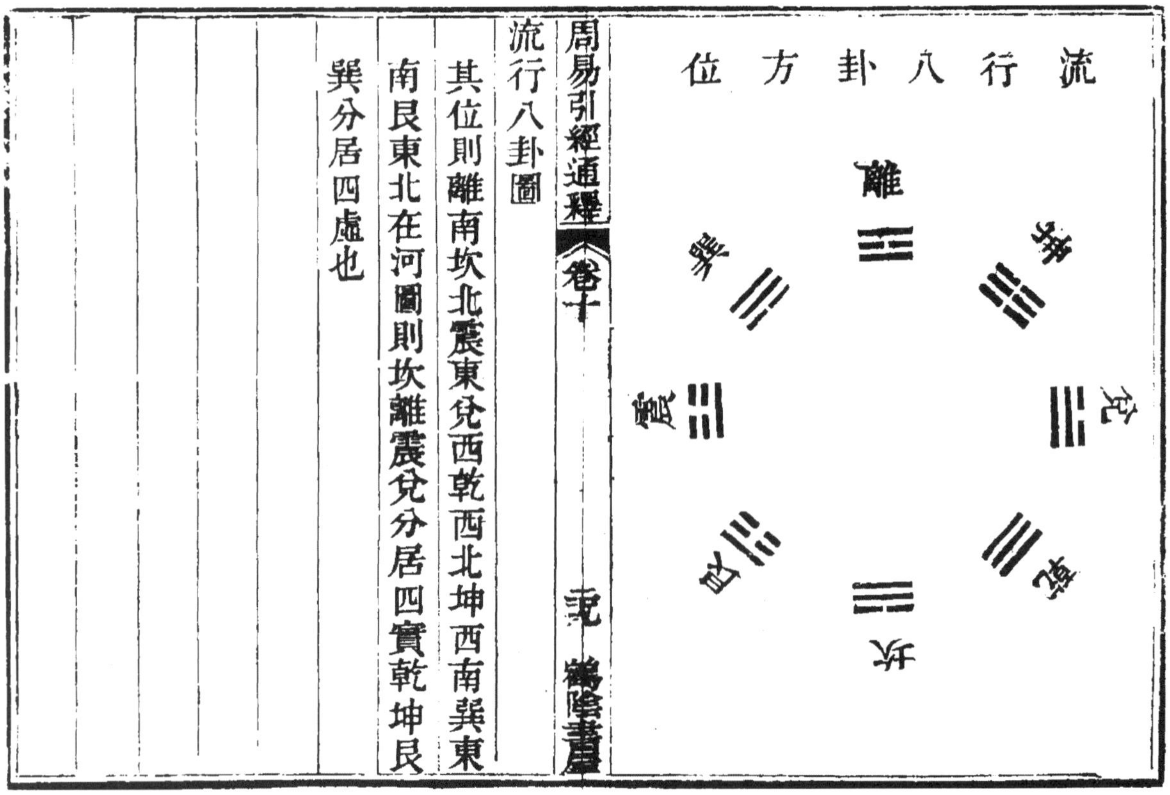
流行八卦方位
離
坤
兌
乾
坎
艮
震
巽
周易引經通釋　卷十
鶴陰書屋
流行八卦圖
其位則離南坎北震東兌西乾西北坤西南巽東
南艮東北在河圖則坎離震兌分居四實乾坤艮
巽分居四虛也

图 7　流行八卦方位图
（李钧简《周易引经通释》）

纪大奎（1746—1825）

字向辰，号慎斋，清江西临川（今江西抚州）人。乾隆四十四年（1779）举人，五十一年出任山东商河县知县，后调任邱县、昌乐、栖霞、福山、博平等县知县。嘉庆中，出任四川什邡知县，擢合州知州。著有《观易外编》六卷、《易问》六卷、《周易附义·老子约说》四卷、《六壬类聚》四卷、《周易参同契集韵》六卷、《考订河洛理数便览》一卷等。现存有《周易》图像二十五幅。

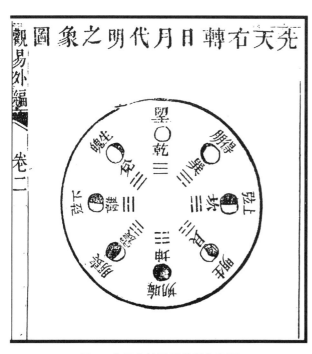

图1 先天右转日月代明之象图
（纪大奎《观易外编》）

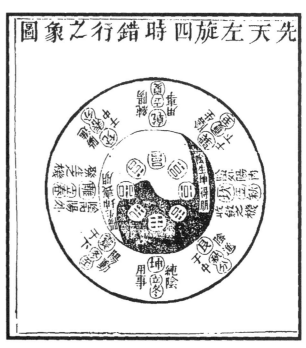

图2 先天左旋四时错行之象图
（纪大奎《观易外编》）

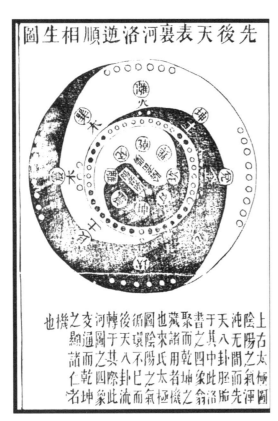

图3　先后天表里河洛逆顺相生图
（纪大奎《观易外编》）

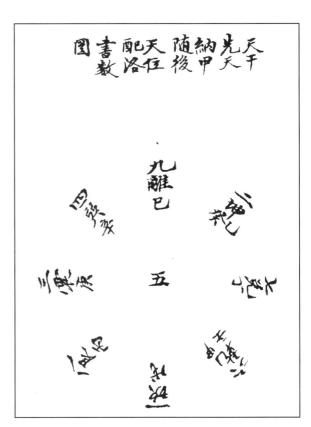

图4　天干先天纳甲随后天位配洛书数图
（纪大奎《考订河洛理数便览》）

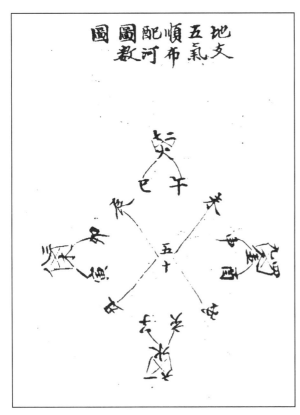

图5　地支五气顺布配河图数图
（纪大奎《考订河洛理数便览》）

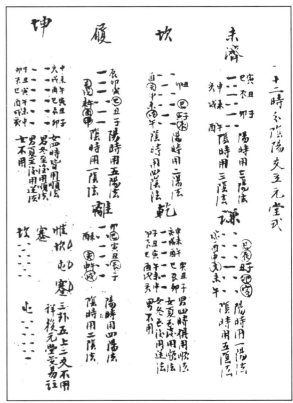

图6　十二时分阴阳文王元堂式图
（纪大奎《考订河洛理数便览》）

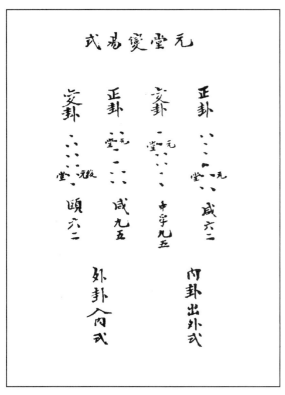

图7 元堂变易式图
（纪大奎《考订河洛理数便览》）

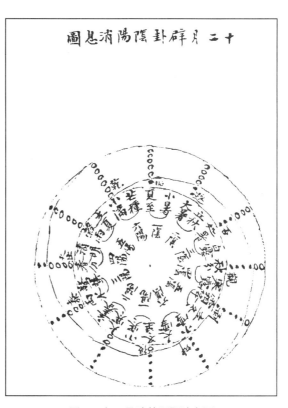

图8 十二月辟卦阴阳消息图
（纪大奎《考订河洛理数便览》）

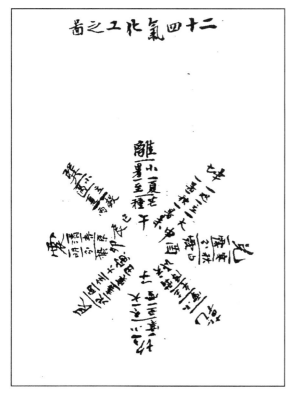

图9 二十四气化工之图
（纪大奎《考订河洛理数便览》）

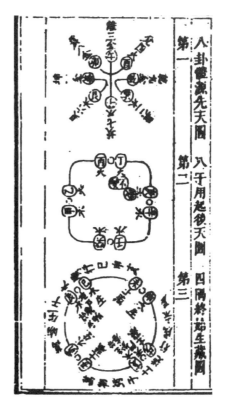

图10 八卦体源先天图
图11 八干用起后天图
图12 四隅终始生藏图
（纪大奎《双桂堂稿》）

图 13　皇极正数一图
（纪大奎《双桂堂稿》）

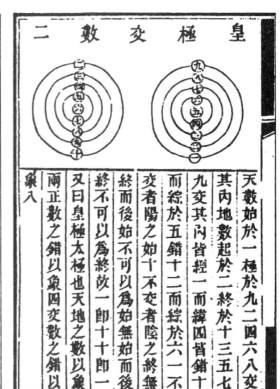

图 14　皇极交数二图
（纪大奎《双桂堂稿》）

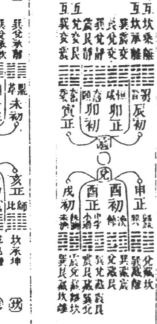

图 15　卦气图四图
（纪大奎《双桂堂稿》）

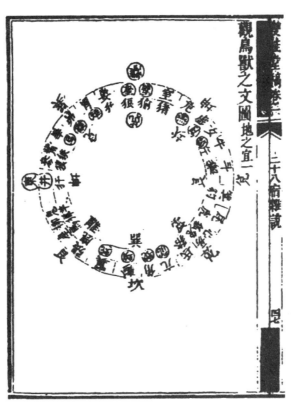

图 16 观鸟兽之文图
（纪大奎《双桂堂稿》）

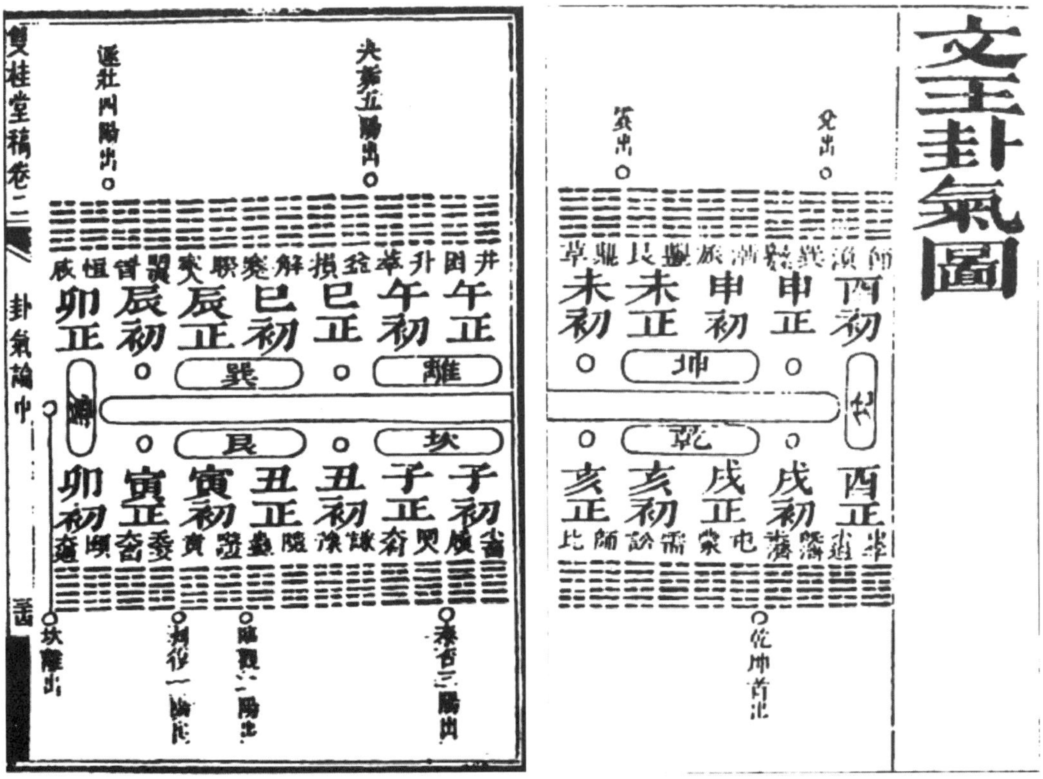

图 17 文王卦气图
（纪大奎《双桂堂稿》）

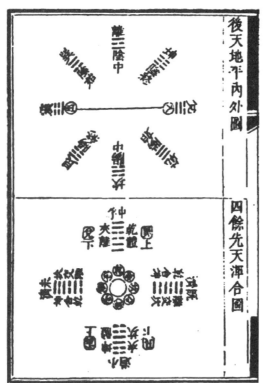

图18 后天地平内外图
图19 四余先天浑合图
（纪大奎《双桂堂稿》）

图20 后天四时十二月卦浑沦一气图
（纪大奎《双桂堂稿》）

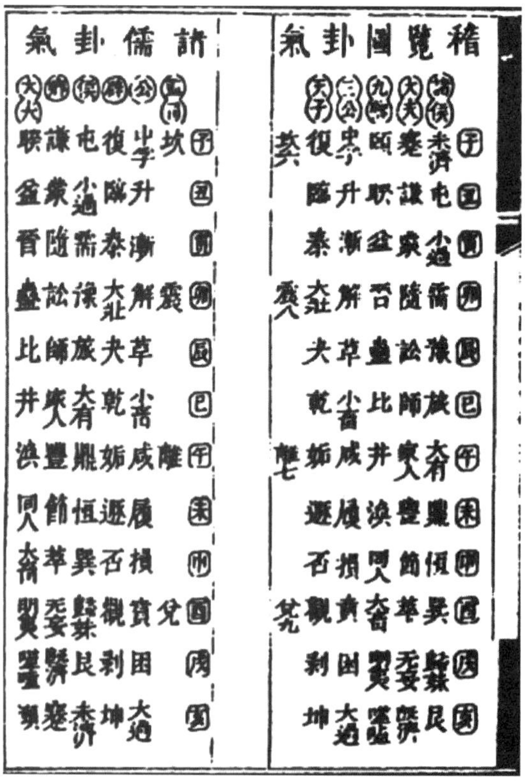

图22 诸儒卦气图
（纪大奎《双桂堂稿》）

图21 稽览图卦气图
（纪大奎《双桂堂稿》）

图 23　五运图
（纪大奎《双桂堂稿》）

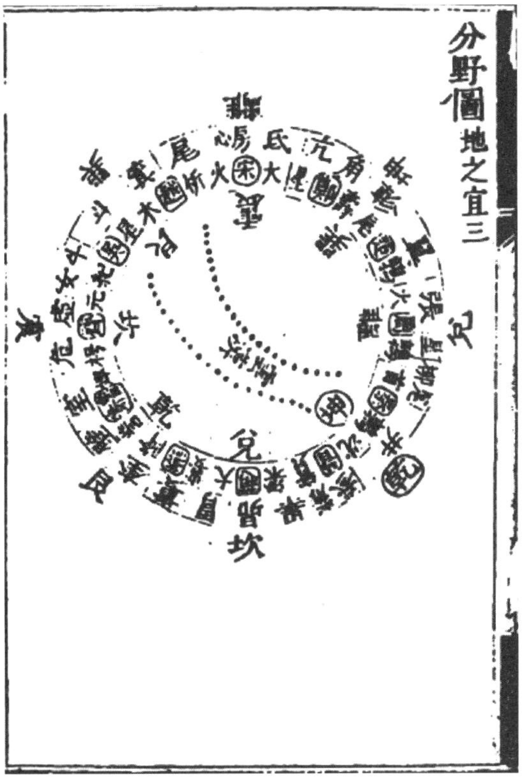

图 24　分野图
（纪大奎《双桂堂稿》）

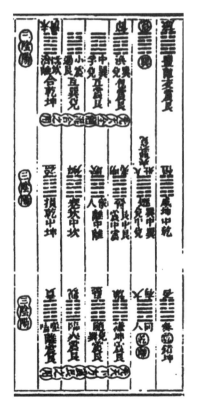

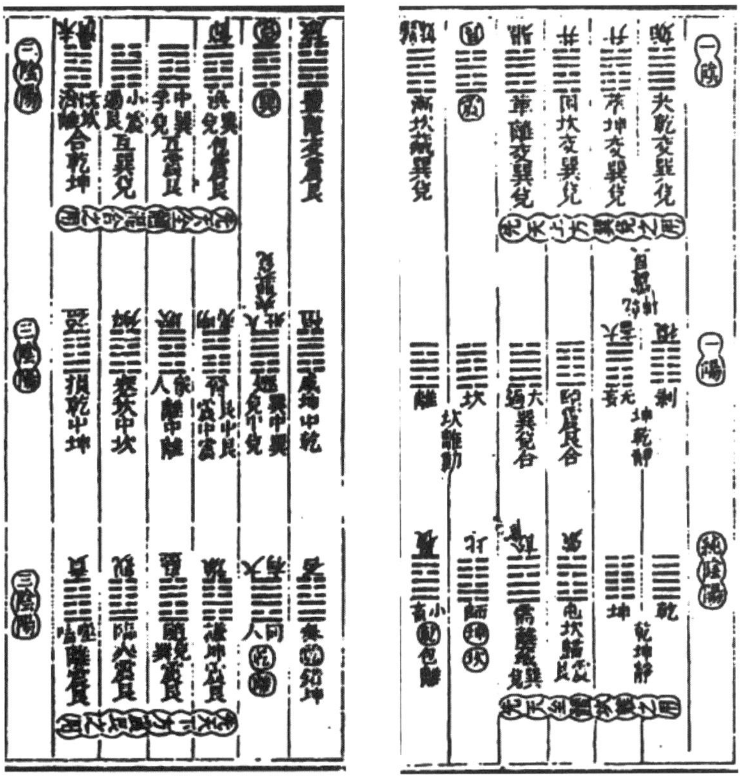

图 25　三十六卦如一大卦图
（纪大奎《双桂堂稿》）

孙星衍(1753—1818)

字伯渊、渊如，清江苏阳湖(今江苏常州)人。乾隆五十二年(1787)殿试榜眼，历任翰林院编修、刑部主事。乾隆五十九年再升刑部郎中，后任道台、署理按察使等职。先后主持南京钟山书院、泰州安定书院、绍兴书院、杭州诂经精舍等书院。著有《周易集解》十卷。现存有《周易》图像一幅。

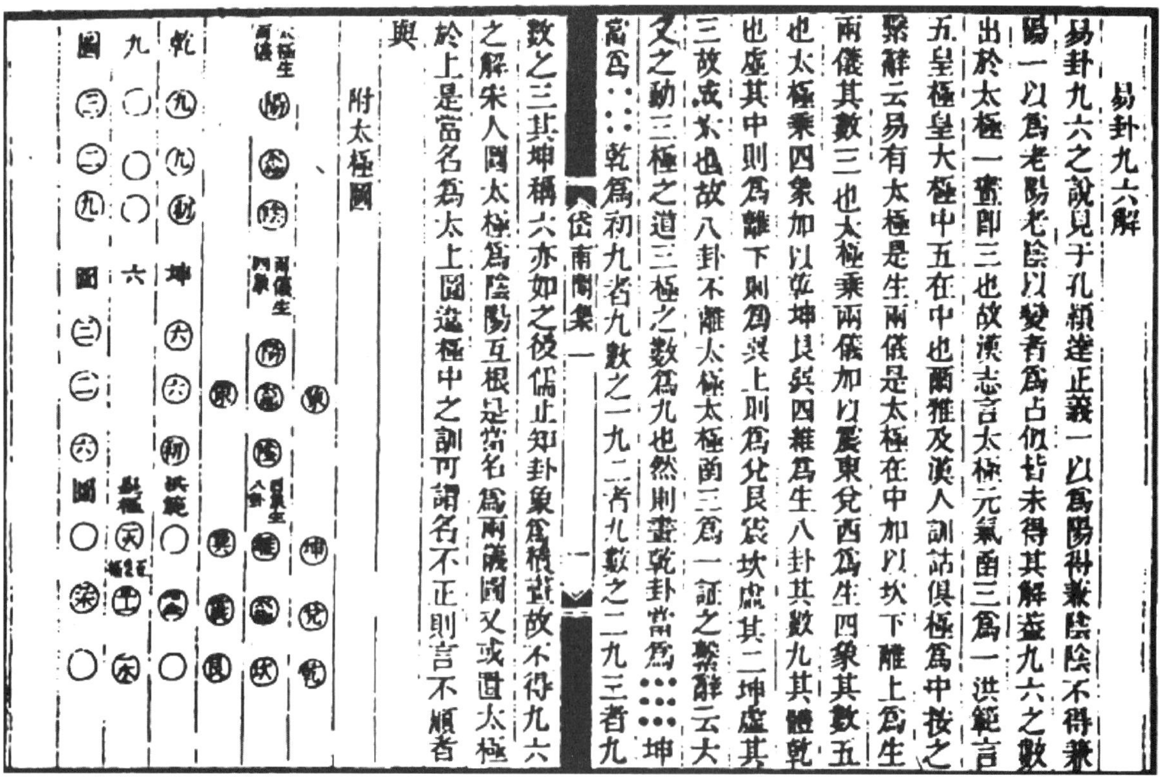

易卦九六解

易卦九六之說見于孔穎達正義一以爲陽得兼陰陰不得兼陽一以爲老陽老陰以變者爲占似皆未得其解蓋九六之數出於太極一畫即三也故漢志言太極元氣函三爲一洪範言五皇極皇大極中五在中也爾雅及漢人訓詁俱極爲中按之繫辭云易有太極是生兩儀是太極在中加以坎下離上爲生兩儀其數三也太極乘兩儀加以震東兑西爲生四象其數五也太極乘四象加以乾坤艮巽四維爲生八卦其數九其體乾也虛其中則爲離下則爲巽上則爲兑艮震坎虛其二坤虛其三故成於也故八卦不離太極太極函三爲一證之繫辭云六爻之動三極之道三極之數爲九也然則畫乾卦當爲:::坤當爲:::乾爲初九者九數之一九二者九數之二九三者九數之三其坤稱六亦如之後儒止知卦象爲積畫故不得九六之解宋人圖太極爲陰陽互根是當名爲兩儀圖又或畫太極於上是當名爲太上圖遂極中之訓可謂名不正則言不順者與

附太極圖

岱南閣集一

图1 太极图

(孙星衍《岱南阁集》)

卢浙（1757—1830）

字让澜，号容荟，清江西武宁人。嘉庆四年（1799）进士，历通政司参议、内阁侍读学士、通政司副使、太仆寺卿。潜心学问，尤精于《易》。著有《周易经义审》八卷、《周易说约》一卷、《读史随笔》二卷、《为学须知》一卷、《制艺》一卷、《散体文》五卷等。现存有《周易》图像六幅。

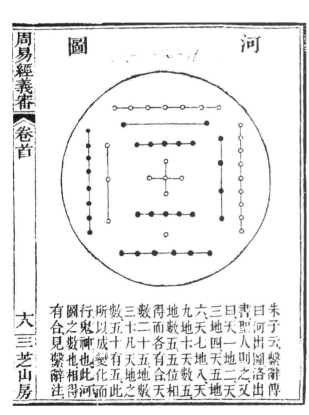

图1　河图
（卢浙《周易经义审》）

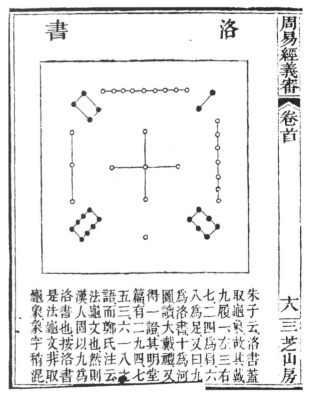

图2　洛书
（卢浙《周易经义审》）

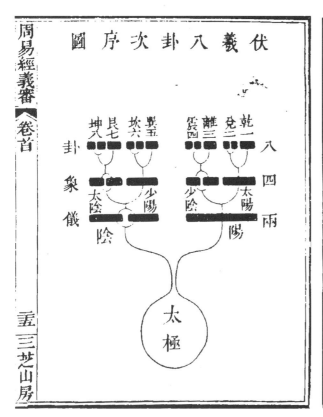

图3 伏羲八卦次序图
（卢浙《周易经义审》）

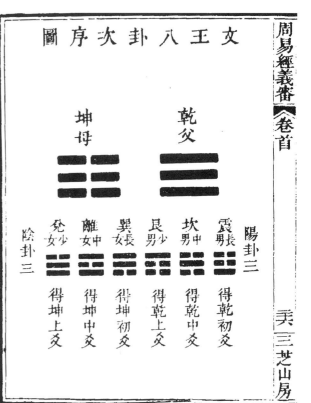

图4 文王八卦次序图
（卢浙《周易经义审》）

图5 伏羲先天八卦方位图
（卢浙《周易经义审》）

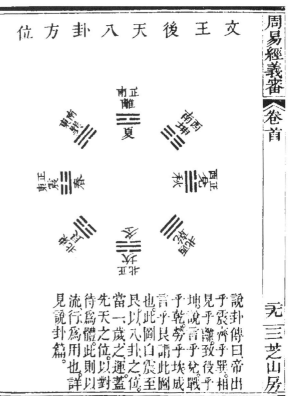

图6 文王后天八卦方位图
（卢浙《周易经义审》）

姚文田(1758—1827)

原名加畬,字经田,秋农,号梅漪,斋号邃雅堂,清浙江归安(今浙江湖州)人。嘉庆四年(1799)状元,历任广东、河南、江苏学政、日讲起居注官、祭酒、内阁学士、兵部右侍郎、左都御史、顺天副考官、工部、礼部尚书并入值上书房,谥文僖。奉敕编《秘殿珠林》、《石渠宝笈》三编。著有《学易讨原》一卷、《古音谐》八卷、《说文声系》十四卷、《邃雅堂文集》十卷《续集》一卷、《说文解字考异》等。现存有《周易》图像六幅。

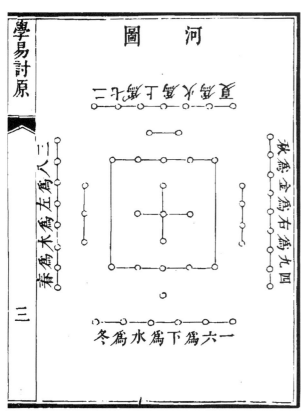

图1 河图
(姚文田《学易讨原》)

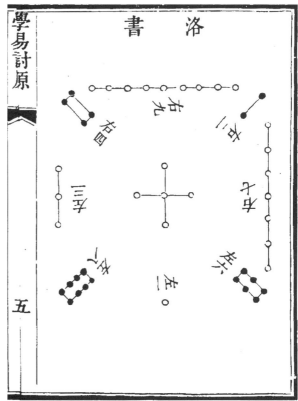

图2 洛书
(姚文田《学易讨原》)

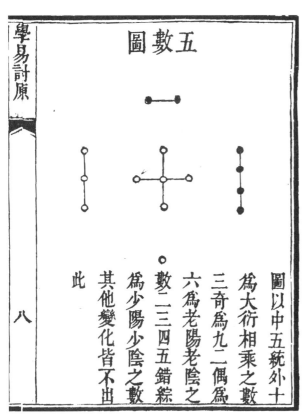

图 3 五数图
（姚文田《学易讨原》）

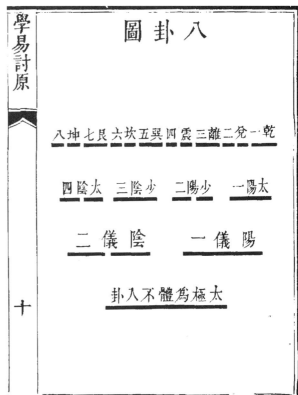

图 4 八卦图
（姚文田《学易讨原》）

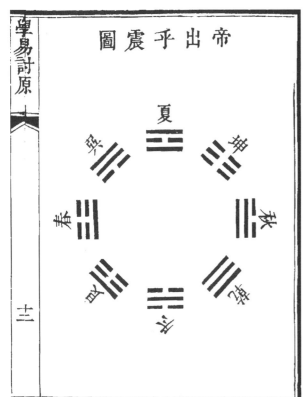

图 5 帝出乎震图
（姚文田《学易讨原》）

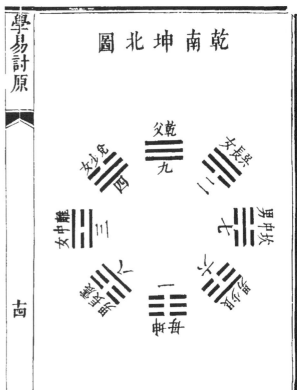

图 6 乾南坤北图
（姚文田《学易讨原》）

牟庭相(1759—1832)

又名牟庭，字默人，一字陌人，清山东栖霞人。乾隆六十年(1795)优贡生，任观城县训导。著有《雪泥书屋杂志》四卷、《天问注》、《周公年表》、《投壶算草》、《两句合与两股较》各一卷等。现存有《周易》图像一幅。

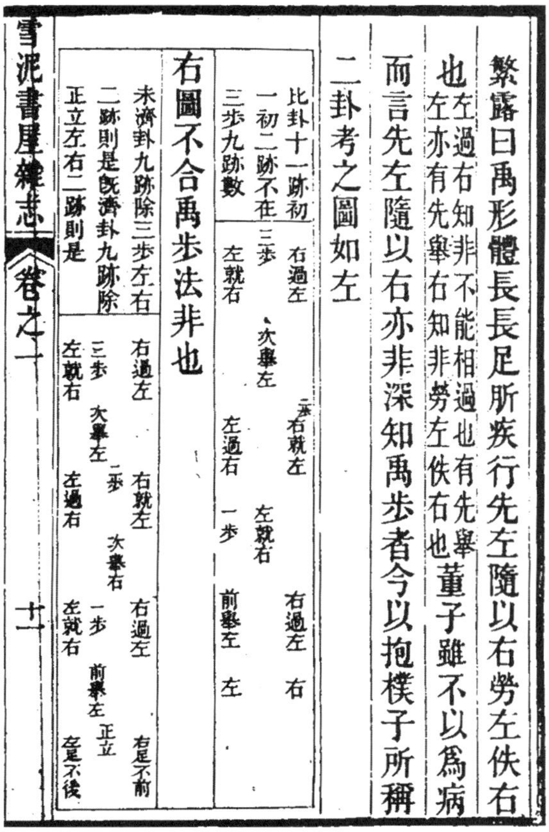
繁露曰禹形體長長足肵疾行先左隨以右勞左佚右也左過右知非不能相過也有先舉左亦有先舉右知非勞左佚右也董子雖不以爲病而言先左隨以右亦非深知禹步者今以抱樸子所稱二卦考之圖如左

比卦十一跡初一初二跡不在三步九跡數

右圖不合禹步法非也

未濟卦九跡除三步左右二跡則是既濟卦九跡除正立左右二跡則是

雪泥書屋雜志　卷之一　十一

图1　禹步图

(牟庭相《雪泥书屋杂志》)

张惠言(1761—1802)

字皋文,清江苏武进(今江苏常州)人。乾隆五十一年(1786)举人,嘉庆四年(1799)进士,授翰林院编修。嘉庆七年,卒于官。著有《周易虞氏义》九卷、《周易虞氏消息》二卷、《虞氏易礼》、《虞氏易候》二卷、《虞氏易言》二卷、《虞氏易事》、《周易郑氏义》三卷、《周易荀氏九家义》一卷、《周易郑荀义》三卷、《易义别录》十四卷、《易纬别录》、《易纬略义》三卷、《易图条辨》二卷等。现存有《周易》图像十五幅。

图1 八卦卦气图
(张惠言《周易虞氏消息》)

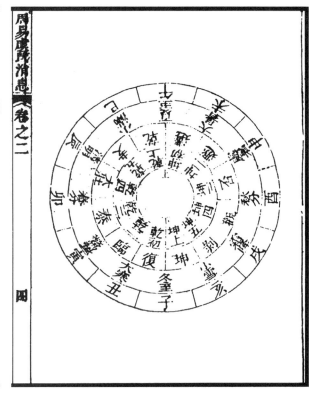

图2 十二消息卦气图
(张惠言《周易虞氏消息》)

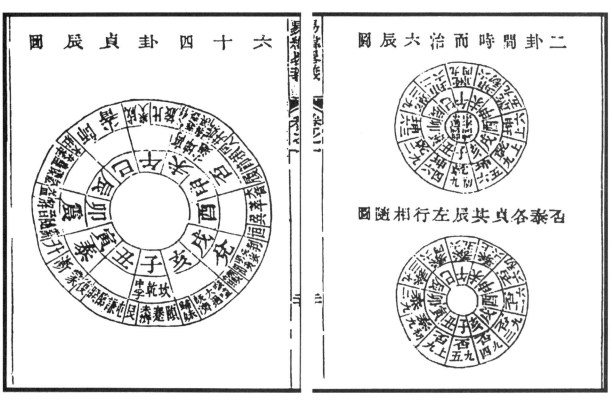

图3 六十四卦贞辰图
（张惠言《易纬略义》）

图4 二卦间时而治六辰图
图5 否泰各贞其辰左行相随图
（张惠言《易纬略义》）

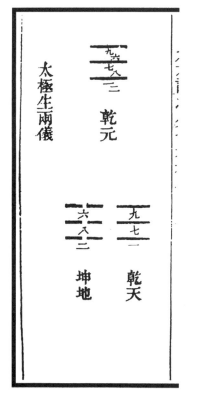

图6 太极生两仪图
（张惠言《周易虞氏消息》）

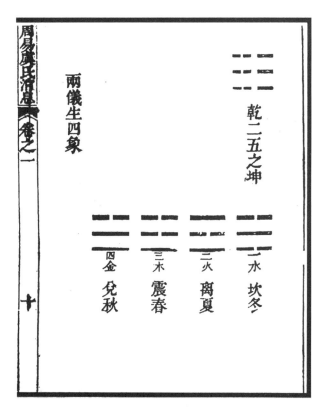

图7 两仪生四象图
（张惠言《周易虞氏消息》）

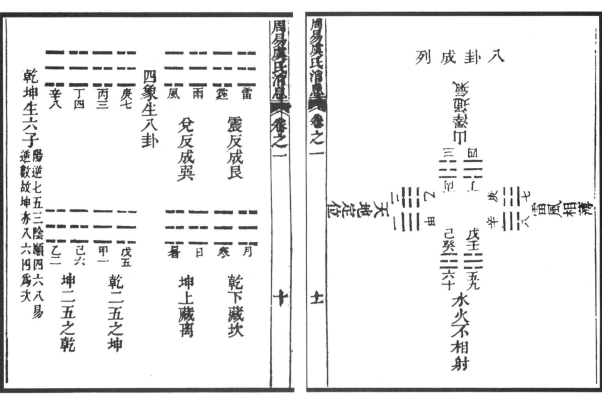

图 8　四象生八卦图
（张惠言《周易虞氏消息》）

图 9　八卦成列图
（张惠言《周易虞氏消息》）

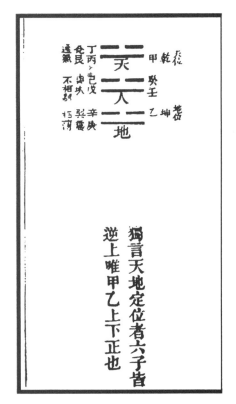

图 10　参天两地图
（张惠言《周易虞氏消息》）

图 11　天地定位图
（张惠言《周易虞氏消息》）

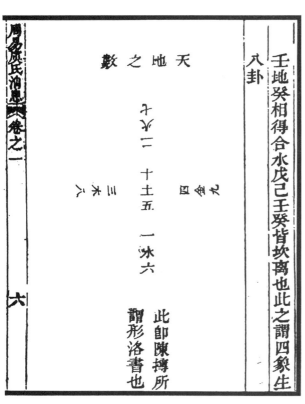

图 12　天地之数图
（张惠言《周易虞氏消息》）

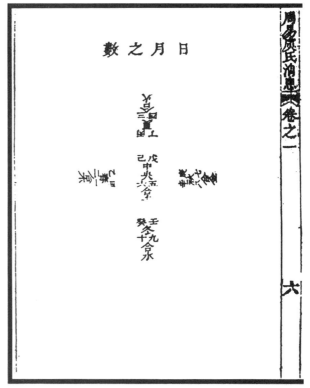

图 13　日月之数图
（张惠言《周易虞氏消息》）

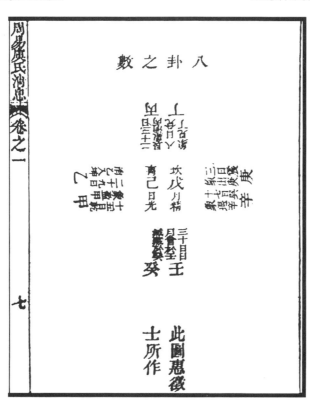

图 14　八卦之数图
（张惠言《周易虞氏消息》）

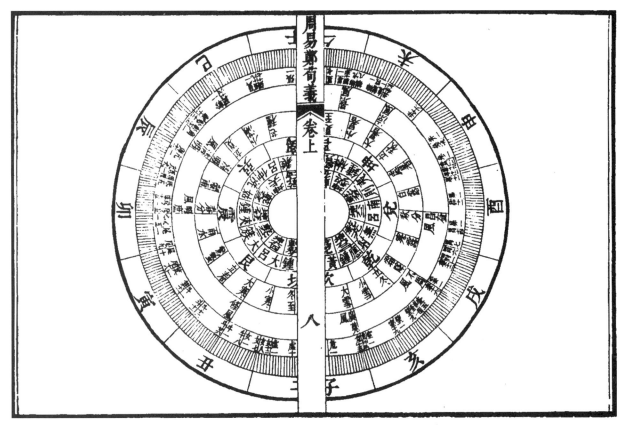

图 15　爻辰图
（张惠言《周易郑荀义》）

江藩（1761—1831）

字子屏，号郑堂，晚年自号节甫，清江苏甘泉（今江苏扬州）人。少时受业于余萧客、江声，为惠栋再传弟子。与同乡焦循齐名，并称"二堂"。后入阮元幕府，延修《皇清经解》《广东通志》。著有《国朝汉学师承记》八卷、《国朝宋学渊源记》二卷、《周易述补》四卷等。现存有《周易》图像一幅。

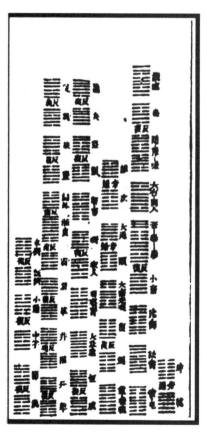

图1 易卦旁通图
（江藩《周易述补》）